启真馆 出品

# *Wittgenstein*

# 维特根斯坦传：天才之为责任

（插图本）

[英] 瑞・蒙克 著 王宇光 译

ZHEJIANG UNIVERSITY PRESS
浙江大学出版社

逻辑和伦理根本上是一回事，它们无非是对自己的责任。

奥托·魏宁格，《性与性格》

献给詹妮

# 目　录

## 第三部分　1929—1941



## 第四部分　1941—1951

# 致 谢

我首先要感谢的一定是莫妮卡·弗隆，若无她的支持这本书永不会动 xi
笔。是她劝说大卫·戈德温（海涅曼 [Heinemann] 出版社当时的主编）考虑资助这项计划。同样要谢的是大卫·戈德温本人的不懈热情和友好鼓励，以及我的美国出版商自由出版社（Free Press）的欧文·格莱克斯给予的同样慷慨的支持。

起初我们担心，这项计划会因为缺少维特根斯坦遗稿继承人的合作而搁浅。我很高兴地告诉诸位情况恰恰相反。维特根斯坦三位遗稿保管人——格奥尔格·亨里克·冯·赖特教授、G.E.M.安斯康姆教授和已故的洛什·里斯教授——全都格外友好、愿意合作并给了我帮助。除了允许我引用维特根斯坦未出版的手稿，他们还不辞辛劳地回答了我的许多问题，非常慷慨地提供了我本来无从知晓的信息。

我特别感谢冯·赖特教授非常耐心和详细地回应了我对《哲学研究》写作过程的（起初很粗糙的）推断。他论维特根斯坦两大著作来由的文章，对维特根斯坦著述的一丝不苟的编目，都是难能可贵的。安斯康姆教授多次同意跟我见面谈她自己记忆中的维特根斯坦，并答复我的询问。我特别感谢她允许我查阅弗朗西斯·斯金纳写给维特根斯坦的信件。

里斯先生向我示出的友善远远超出了责任之需。他年事渐高、身体 xii

虚弱，但还是花了许多时间跟我讨论；其间他展现出对维特根斯坦著作的无比博学，以及对维特根斯坦的人格和哲学的许多洞见。他还给我看了许多我原本无从得知其存在的资料。他非常希望尽可能将他之所知倾囊相授，有一次甚至坚持为我付斯旺西的旅馆钱，以便我们的讨论不致因我不得不返回伦敦而戛然而止。他去世的消息传来时，恰是我刚刚写完此书之时。我深深怀念他。

令人难过的是，撰写此书期间维特根斯坦的许多其他朋友也相继去世了。罗伊·弗拉克已病了很久，但他妻子仍友好地见了我，把维特根斯坦写给她丈夫的信件副本交到我手里。同样友好的是凯瑟琳·汤姆森，她丈夫乔治·汤姆森教授在去世前不久表达了跟我见面讨论维特根斯坦的苏联之行的愿望。汤姆森夫人还给我看了一些信件，跟我谈了她自己对维特根斯坦的记忆。爱德华多·贝文医生去世之前约一年我见到了他。他的回忆以及他遗孀琼·贝文的回忆构成了第 27 章的基础。维特根斯坦在爱尔兰西海岸时，托米·穆尔克里斯为其提供了不可或缺的帮助，1986 年春天我到托米的农舍见他，一位已过八旬、体弱多病但思维敏捷的老人。他的回忆编入了第 25 章。可他也已离开了我们。

令人高兴的是，维特根斯坦的另一些朋友还健在。吉尔伯特·帕蒂森先生是维特根斯坦在 1929—1940 年间的密友，他见了我多次，提供了第 11 章引用的信件。罗兰德·赫特先生既是维特根斯坦的朋友，也是弗朗西斯·斯金纳的朋友，他对我的工作很感兴趣，也很有助益，他提供了第 23 章引用的信件。我同样感谢威廉姆斯·巴灵顿·平克先生、戴斯蒙德·李爵士、巴兹尔·里弗教授、本·理查兹医生、凯什米·路易博士、基斯·柯克先生、A. 克莱门特夫人、波莉·斯麦瑟斯夫人、沃尔夫·梅斯教授、弗朗西丝·帕特里齐夫人和玛格丽特·德尚布里耶夫人，他们全都费心跟我谈——有的见了我几次——自己对维特根斯坦的记忆。我还感谢格奥尔
xiii 格·克莱塞尔教授、F. A. 冯·哈耶克教授、约翰·金先生、魏思夫·A. 海加布教授、约翰·维兹德姆教授、已故的阿尔弗雷德·艾耶尔教授和康拉

德·佩普勒神父，他们用信件答复了我的询问。

若缺少维特根斯坦下列同事的帮助，我不可能写出维特根斯坦在盖斯医院和纽卡斯尔皇家诊所的工作情况：T. 刘易斯先生、汉弗莱·欧斯蒙德医生、R.T. 格兰特医生、海伦·安德鲁斯小姐、W. 缇尔曼医生、内奥米·威尔金森小姐、R.L. 沃特菲尔德医生、伊拉兹默斯·巴洛医生和巴兹尔·里弗教授。我也感谢约翰·亨德森医生，他帮助我联系了这些同事中的许多人。安东尼·赖尔医生好心把第 21 章引用的他父亲写的信拿给我看，还允许我引用他儿时的日记。他和里弗教授还读了这一章的草稿并提出意见，对此我也深表感谢。

第 24 章写到的乔伊特学会的聚会是维特根斯坦唯一一次参加牛津的哲学聚会，我感谢奥斯卡·伍德先生、以赛亚·伯林爵士和玛丽·沃诺克女爵士对这次聚会作了回忆。

许多没见过维特根斯坦的人也提供了宝贵的帮助，在此我谨向以下各位表示谢意：W.W. 巴特利三世教授、昆廷·贝尔教授、玛格丽特·斯隆夫人、迈克尔·斯特雷特先生、柯林·威尔森先生和康拉德·翁歇教授，他们写给我的回信颇有助益；安妮·凯恩斯夫人、安德鲁·霍奇斯博士和格奥尔格·斯泰纳教授，他们好心安排跟我见面，讨论我的研究引出的问题。凯恩斯夫人还好心提供了她叔叔大卫·品生特写的一篇哲学论文。

进行这项研究我四处走了很多路，但特别要提到两次旅行：爱尔兰之行和奥地利之行。在爱尔兰，我的朋友乔纳森·库利载着我穿行于都柏林、维克洛郡和戈尔韦郡之间，他的耐心是无止境的，表现出很必要的紧迫感和守时（在其他事务上则无）。在都柏林我得到了保罗·德鲁利的帮助，在维克洛是金斯顿一家，在康尼马拉则是托米·穆尔克里斯。沿途，休·普莱斯夫妇、R. 维洛比夫人、J. 马洪先生和肖恩·肯特先生给予我协助，我对之很感激。由于我的朋友沃尔夫冈·格吕伯显出的好心和他兄弟海默的好客，我的奥地利之行愉快舒适。在维也纳，我有幸见到了海伦娜·维特根斯坦的一位孙女卡特琳娜·艾森伯格小姐和另一位家族成 xiv

员伊丽莎白·维泽医生。我还得到了赫尔曼·亨泽尔教授的好心帮助。维特根斯坦曾在维克舍尔山区的特拉腾巴赫和奥特塔尔教书，去维克舍尔山区时我得到了阿道尔夫·胡伯纳医生的极大帮助，他不仅陪我四处察看把他为科希贝格档案中心收集的极好材料的副本给了我，而且，在我发现自己拍的一组照片损毁后，他格外友善地费心重新拍摄。

我也同样感激以下诸位无微不至和有益的帮助：剑桥三一学院瑞恩图书馆的 T. 霍布斯博士，盖斯医院威尔斯图书馆的 A. 巴斯特医生，医学研究会档案部的 M. 尼科尔森小姐，以及大英图书馆、牛津波德利图书馆和剑桥大学图书馆的职员。我还感谢我的朋友沃尔夫·塞林格先生，他费心代我找出了柏林工业大学现存的维特根斯坦在那里（当时的工业高等学校）学习工程时期的一切记录。大学图书馆的职员为塞林格先生提供了帮助，我也对他们表示感谢。

本书用到的最重要的通信集之一由因斯布鲁克大学布伦纳档案馆保存。这是一组写给维特根斯坦的数百封信件（其中包括第 6、7、8、9 章用到的伯特兰·罗素和戈特洛布·弗雷格写给他的信），这组信件最近才整理妥当。牛津圣约翰学院的 P.M.S. 哈克博士提醒我这通信集的存在，布伦纳档案馆的瓦尔特·梅特拉格博士和阿兰·亚尼克教授好心允许我查阅，并花时间跟我讨论信件的内容；我对他们表示谢意。我获得了引用其中的罗素信件及其他罗素信件的许可，为此我要感谢安大略省汉密尔顿市麦克马斯特大学罗素档案馆的肯尼斯·布莱克威尔。

我要特别感谢剑桥三一学院的迈克尔·内多博士，他对维特根斯坦手稿的熟悉程度无与伦比，而且他多年收集跟维特根斯坦有关的照片、资料和资料副本，这就形成了一个极有用处的档案库。他不仅让我随心所
xv 欲地利用这资料，还花了许多时间跟我在各个方面讨论我的研究。他还提供了他对维特根斯坦手稿里的加密论述的细心誊抄的副本，对此我也深为感激。

保尔·魏德维德博士同样在许多方面给予我极大帮助。我受惠于他撰

写有关维特根斯坦设计的房子的书时所作的一丝不苟的研究，提醒我注意否则我无从知晓的已出版的资源，他还提供了他自己著作的草稿副本，以及许多他发现的涉及维特根斯坦和保尔·伊格尔曼的关系的资料。

牛津圣约翰学院的G.P.贝克博士和牛津麦格达伦学院的教授彼得·斯特劳森爵士阅读了本书的部分早期草稿并提出了意见，为此我对他们表示感谢。G.P.贝克博士和他的同事P.M.S.哈克博士也友好地允许我阅读他们手头正进行的工作。斯蒂芬·图尔敏教授好心地细读了全部手稿，提出了许多有益的建议和建设性的批评。我的编辑大卫·戈德温和欧文·格拉克斯也读了许多早期草稿，提出了大量有用的建议。为手稿的出版作准备时，艾莉森·曼斯布里奇指出了许多否则我注意不到的错误，她从事其艰苦工作时的热情和一丝不苟使我深感亏欠。大卫·麦克林托克博士好心地核查我对弗雷格信件和维特根斯坦日记条文的译文是否准确。他提出了许多重要的修正，提醒我注意许多有趣的细微之处和影射，不然我会把它们遗漏。当然，遗留下的一切错误都由我负责。

若无我的代理人吉尔·柯尔雷奇夫人的帮助，我不可能经受得住过去的四年。我最衷心地感谢詹妮陪我经受了这四年。

瑞·蒙克

1989年12月，伦敦

# 序

路德维希·维特根斯坦的形象散发着一种很特殊的魅力，他对 20 世纪哲学发展的巨大影响并未能完全解释这种魅力。即便很不关心分析哲学的人也觉得他惹人瞩目。有写他的诗，有受他之感而画出的画，有为他的著作谱的曲，还有一本以他为主角的小说——几乎就是一本文学化的传记（布鲁斯·达菲的《我见到的世界》[*The World as I Found it* by Bruce Duffy]）。此外，至少有五种关于他的电视片，无数写他的回忆录，而写回忆录的人经常只是略微认识他。（例如，只见过他四五次的 F. R. 里维斯写了一篇十六页的文章，谈自己"对维特根斯坦的记忆"。）出版过回忆维特根斯坦文章的，有教他俄语的女士，有为他的爱尔兰小屋运送煤炭的人，还有虽不太认识他、但碰巧为他拍了最后一次照片的人。 xvii

这一切都像是跟产出维特根斯坦哲学之评论的现行产业各行其事。但这一产业也在飞速进展。一个最近的 二手文献资源列出了不少于 5868 种谈他工作的文章和书籍。这里头能使学术圈外人产生兴趣的很少，而且也同样少地谈到维特根斯坦的生活和个性方面——正是那一方面引出了上一段提到的那些作品。

看上去，对维特根斯坦的兴趣虽然很大，却不幸地分化为两极：独

xviii 立于他的生活而研究他的工作的人；受到他的生活的吸引，却理解不了他的工作的人。我认为这种经验是普遍的：读了（例如）诺曼·马尔科姆的《回忆维特根斯坦》(*Wittgenstein: A Memoir*)，着迷于其中的那个形象，于是生出兴趣自己去读维特根斯坦的著作，结果却发现一个词也读不懂。必须说，有许多出色的介绍维特根斯坦工作的书籍解释他的主要哲学论题是什么、他是如何处理的。它们未解释的是他的工作与他如何相关——主导他生活的精神上和伦理上的关切与主导他工作的貌似很冷僻的哲学问题之间有什么联系。

本书的目标就是为这条沟壑架上桥梁。我希望同时描述他的生活和工作，从而说清这个人是怎样做出这种工作的，并显现出——许多读维特根斯坦著作的人本能地感觉到的——他的哲学关切与他的感情和精神生活的统一。

# 第一部分

## 1889—1919

# 第一章　自我毁灭的试验场[1]

“撒谎对自己有利的时候，为什么要说实话？” 3

路德维希·维特根斯坦的哲学思考，最早的记录就是以此为题。大约八九岁时，他在一个门口停下来想这问题。他没找到满意的答案，下结论说：在那种情况下撒谎说到底没任何错。后来他如此描述这件事：“这一经历，就算不是对我未来的生活方式有决定意义，至少也典型地体现了我那时的本性。”

这件事在一个方面典型地体现了他的整个一生。他之所以转向哲学，与（比如说）伯特兰·罗素不同；罗素转向哲学，是希望在之前只有怀疑的地方找到确定性，而维特根斯坦，则是上述那种问题激起的强制倾向把他拽进了哲学。可以说，是哲学找的他，而非他找的哲学。在他的体验里，那个问题的两难是讨厌的侵扰和费解的谜，强加于他、俘虏了他，令他不能好好过日常生活，除非哪天能用一个满意的解答将其驱除。

但在另一意义上，回答这一具体问题的那个少年是极不典型的维特根斯坦。这回答轻易地接受了不诚实，根本上不容于成年维特根斯坦身

---

[1] “the laboratory for self-destruction”，指维也纳，也指童年维特根斯坦的环境。见本章卡尔·克劳斯形容维也纳的话：“研究世界毁灭的试验场”，亦指涉本章谈到的多起自杀事件。——译者注。以下注释如无其他说明，皆为译者注。

上的令人既钦佩又敬畏之处：不留情面的诚实。恐怕也不容于他对哲学家之为哲学家的理解。“称我为真之寻求者”，他曾写信对姐姐说（她在一封信里称他为大哲学家），“我就满意了”。

这件事意味着性格的变化、而非观点的变化——他一生许多次变化
4 中的第一次；他的一生以一系列这样的转变为界标，它们发生在危机的时刻，而维特根斯坦企求转变时抱着这样的信念：危机的根源是他自己。仿佛他的一生是一场与他自己本性进行的战斗。他成就了的事情，通常都带着“不顾他的本性”的意味。就此意味而言，终极的成就是对他自己的彻底克服——一种让哲学本身不再必要的转变。

后来，有人对他说 G. E. 摩尔孩子般的单纯值得赞扬时，维特根斯坦提出了异议。“我不能理解，”他说，“除非一个孩子也值得为之得到赞扬。因为你谈的单纯不是一个人为之拼争的单纯，而是出自天然的免于诱惑。”

这评论暗藏着一种自我评价。维特根斯坦自己的性格——他的朋友和学生在许多回忆录里都提到的那种强势、不妥协、支配性的个性——曾是他为之拼争的东西。年幼时，他的性情讨人喜欢和顺从——容易取悦、听话，以及（如我们已看到的）愿意牺牲真相。他一生前十八年的故事，首先就是这个斗争的故事，是驱动这一转变的内部和外部力量的故事。

他——路德维希 · 约瑟夫 · 约翰 · 维特根斯坦——出生于 1889 年 4 月 26 日，是哈布斯堡时期维也纳一个最富有家庭里的第八个孩子，也是最小的。家庭的姓氏和财富引得一些人以为他是德国贵族“塞恩 – 维特根斯坦”的族人。并非如此。这一家姓维特根斯坦不过三代。路德维希的曾祖父摩西 · 迈尔取了这个姓，摩西是那个王族的土地经理商，1808 年拿破仑法令规定犹太人要有姓氏，于是他用了自己雇主的姓。

家庭内部有一种传言，说摩西 · 迈尔的儿子赫尔曼 · 克里斯蒂安 · 维特根斯坦是某王子的私生子（那位王子是维特根斯坦的瓦尔德克一族的，还是埃斯特黑兹一族的，则取决于传说的版本），但并无牢靠的根据使这

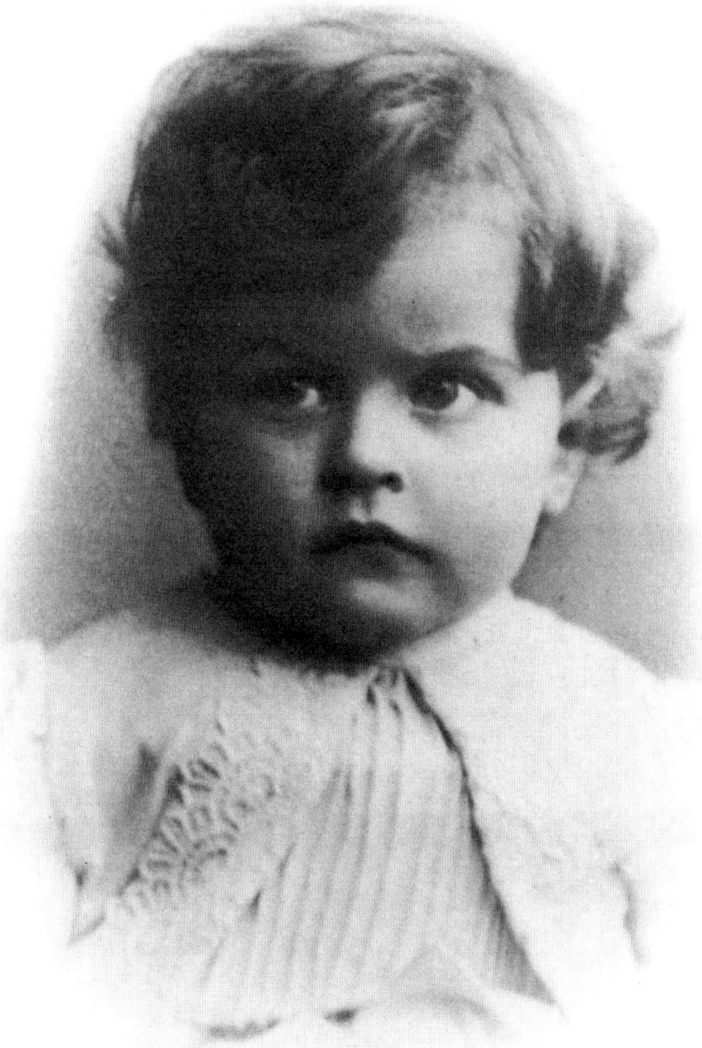

路德维希·维特根斯坦，1889 年 4 月 26 日生于维也纳

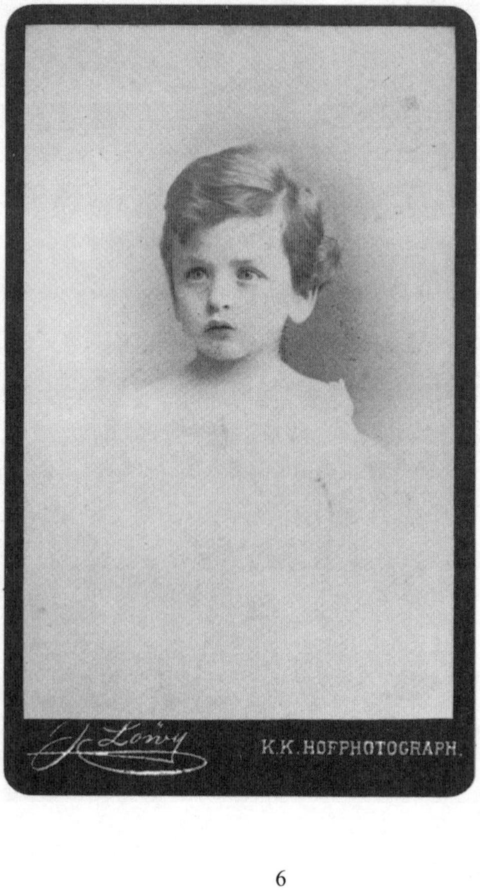


一岁和二岁时

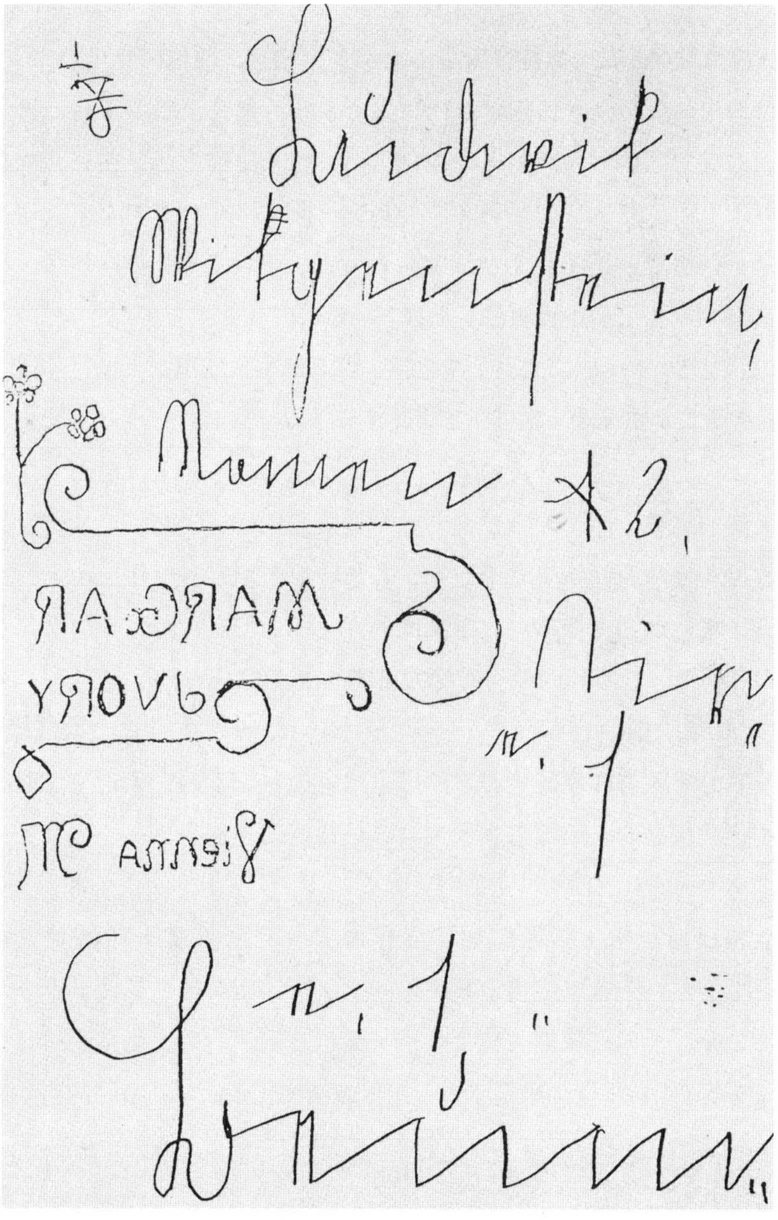

第一次试着写字，由姐姐赫尔米勒保存

传说可信。若考虑到以下情况，这故事的真假就更显可疑了：它的最早出现，似乎是家族面临纽伦堡法案努力为自身重新归类之时（我们将会看到，这一努力是成功的）。

这故事对赫尔曼·维特根斯坦本人倒真挺相宜；他取“克里斯蒂安”为自己的中名，是刻意切割自己的犹太背景[1]。他完全脱离了自己出生于其间的犹太团体，离开了出生地科尔巴赫到莱比锡生活；在那儿成功地做着羊毛商生意，从匈牙利和波兰买进，向英格兰和荷兰卖出。他选的妻子是一个显赫的维也纳犹太家庭的女儿，名叫芬妮·费格多尔，但1838年他俩结婚之前她也皈依了新教。

19世纪50年代他们搬到了维也纳，那时维特根斯坦家大概已不认为自己是犹太人。赫尔曼·克里斯蒂安甚至有了点反犹名声，他坚决禁止子女跟犹太人通婚。这是个大家庭——八个女儿和三个儿子，他们大体听从了父亲的意见，而且与维也纳新教专业阶层婚配。于是一个法官、律师、教授和牧师的网络建立了起来，若维特根斯坦家需要任何传统的专业服务，就能以之为依靠。这个家庭的同化如此彻底：赫尔曼的女儿竟问兄弟路易斯，她听到的他们有犹太血统的流言是不是真的。“纯种，米莉，”他回答，“纯种[2]。”

他们的情况与许多其他有名的维也纳家族并无不同：无论怎样同维也纳中产阶级融合，无论怎样脱离自己的出身，他们仍然——在某种神秘的意义上——是“彻头彻尾的”犹太人。

维特根斯坦家（不像比如弗洛伊德家）完全不属于任何犹太社群——除了在一个难以捉摸但很重要的意义上，而在那个意义上整个维也纳亦如是；他们的教养与犹太教也毫无瓜葛。他们的文化是全然日耳曼的。芬妮·维特根斯坦来自于一个跟奥地利文化生活联系密切的商人家

[1] 克里斯蒂安（Christian），字面意思是基督徒。

[2] “纯种”，此处是法语 pur sang。

祖母芬妮（娘家姓费格多尔，1814—1890）和三个孩子：安娜、玛丽和保尔

上图：曾祖父母：摩西·迈尔，后来的维特根斯坦，及夫人伯尔纳迪娜（娘家姓西蒙）
下图：祖父赫尔曼·克里斯蒂安·维特根斯坦（1802—1878）

庭。他们是诗人弗朗茨·格里尔帕策的朋友，是奥地利艺术家眼里热心而有鉴赏力的收藏者。芬妮的族弟约瑟夫·约阿希姆是著名的小提琴家，她和赫尔曼在其成长历程中起了决定性作用。他们收养了十二岁的约阿希
姆，让他跟随费利克斯·门德尔松学习。作曲家问该教这孩子什么，赫尔 6
曼·维特根斯坦回答："让他呼吸你呼吸的空气便是！"

通过约阿希姆，维特根斯坦家结识了约翰内斯·勃拉姆斯，他们最珍视的就是同勃拉姆斯的友谊。勃拉姆斯给赫尔曼和芬妮的女儿上钢琴课，后来常常出席维特根斯坦家举办的音乐晚会。他的主要作品中至少有一部——单簧管五重奏——是在维特根斯坦家首演的。

这便是维特根斯坦家呼吸的空气——一股子文化造诣和舒适名望的气氛，只是还染有一点反犹的坏气味，这种气味只须嗅一点点，就足以令他们永远记着自己的"非雅利安"血统。

许多年后，当路德维希·维特根斯坦力劝自己的剑桥学生莫里斯·德鲁利离开大学时，祖父对门德尔松说的话获得了应和。"剑桥没有你需要的氧气，"他对德鲁利说。他认为德鲁利到空气更健康的工人阶层中找个工作才好。至于他自己——他自己倒决定留在剑桥——这个隐喻有趣地一拧："这对我无所谓，"他告诉德鲁利，"我制造自己的氧气。"

他父亲卡尔·维特根斯坦表现出一种相似的独立性，独立于自己在其中长大的空气，同样决心制造自己的空气。卡尔是赫尔曼和芬妮孩子中的例外——唯一父母的心愿未决定其生活的孩子。他是个难弄的孩子，很小就反抗父母的规矩和权威，抗拒他们想为他提供的那种与维也纳布尔乔亚成员相宜的古典教育。

十一岁时他试图离家出走。十七岁时，他写了篇否定灵魂不朽的作文，遭学校开除。赫尔曼不放弃。他努力继续卡尔的教育，请私人教师照管卡尔通过考试。但卡尔又一次跑了，这次成功逃掉了。在维也纳城中心藏了几个月后他跑到了纽约，抵达时身无分文，几乎只带着自己的小提琴。但他却在那里坚持了两年多，做过侍应生、沙龙乐师、酒吧服

赫尔曼·维特根斯坦和芬妮·维特根斯坦的十一个子女。从左到右：芬妮，卡尔（路德维希的父亲），安娜，米莉，莉迪娅，路易斯，克洛希尔德，克拉拉，玛丽，贝尔塔和保尔

7 务生和教师（教小提琴、喇叭、数学、德语和任何他想得到的）。这次冒险确立了一个可以作自己主的卡尔，1867年回到维也纳时他得到允许——实际上是得到鼓励——做自己爱好的实干性和技术性的事情，他学习工程，而不是追随父亲和哥哥从事资产管理。

卡尔在维也纳的技术高等学校待了一年，到各种工程公司的一系列工种上做见习，然后，他小舅子的兄弟保尔·库佩维泽给了他一个职位：一家波西米亚轧钢厂的建造工程里的绘图员。这是卡尔的大好机会。随后他在公司以惊人的速度蹿升，五年的工夫就接替库佩维泽成为总经理。其后的十年，他显出自己也许是奥匈帝国最精明的工业家。公司的财富——不用说还有个人的财富——成倍增长，19世纪的最后十年他已是帝国最富有的人之一，帝国钢铁工业的领军人物。就这样，在资本主义泛滥的批判者眼里，他成了侵略性贪婪工业家的一个原型。他把维特根斯坦家族变成了奥地利的克虏伯、卡内基和罗斯柴尔德。

到1898年，卡尔·维特根斯坦已积累了巨大的个人财富——其后裔至今享用无忧——这时他突然退出了生意，辞去主持的所有钢铁公司董事会职务，把自己的投资转到了外国——主要是美国的——证券上。（这最后的行动后来证明极富远见，家族财产因而安然渡过了一战后席卷奥地利的通货膨胀。）此时他已是八个天赋异禀的孩子的父亲。

卡尔·维特根斯坦的孩子的母亲是利奥波尔蒂勒·卡尔姆斯，1873他俩结婚时，卡尔正处于通过库佩维泽公司急剧崛起的初期。卡尔选择她，再次证明自己是家族中的例外，因为在赫尔曼·克里斯蒂安的孩子的配偶里，利奥波尔蒂勒是唯一有部分犹太血统的一个。不过，她父亲雅可布·卡尔姆斯虽来自于一个犹太望族，雅可布的父母却照天主教徒的标准抚养他；她母亲玛丽·斯塔尔纳则完全是“雅利安人”——某个（天主教）

维特根斯坦的家，维也纳拉克星堡的克尼茨宫

母亲利奥波尔蒂勒·维特根斯坦，娘家姓卡尔姆斯（1850—1926）

父亲卡尔·维特根斯坦（1847—1913）

路德维希·维特根斯坦，约 1891 年

卡尔·维特根斯坦

上图：卡尔·维特根斯坦

下图：《火炬》(1899 年)是卡尔·克劳斯创办的杂志，1912 年起他是唯一的撰稿人

父母亲：卡尔与波尔蒂

霍赫海特

路德维希与玛格丽特、海伦娜、赫尔米勒与保尔

奥地利地主望族的女儿。这样，实际上（至少在纽伦堡法案[1]在奥地利施行之前）卡尔娶的不是一个犹太女人，而是一个天主教徒，因此在维特根斯坦家族融入维也纳正统的道路上又前进了一步。 8

卡尔和利奥波尔蒂勒·维特根斯坦夫妇把他俩的八个孩子按天主教信仰施洗，照奥地利上等布尔乔亚认可和尊敬的成员抚养。卡尔·维特根斯坦甚至有机会进入高贵阶层，但他拒绝在名字中加进表示贵族的“von”，他觉得人们把这种举动视作暴发户的标志。

尽管如此，庞大的财富使家族能以贵族的风格生活。他们在维也纳的家坐落于“林荫街”（现在的阿根廷人街），外人称之为维特根斯坦宫殿，它也确实是宫殿，是20世纪初期为某伯爵所建。除此之外，家族在维也纳市郊的新森林犁地人街另有一所房子，在霍赫海特的乡下还有一处很大的消暑产业。[2]

即便以最高的标准看，利奥波尔蒂勒（家里人称她“波尔蒂”）对音乐的热爱也是罕有的。在她生命中，音乐是仅次于丈夫幸福的最重要事情。因她的缘故，林荫街这栋房子成了音乐精英的汇聚之所。出席那里音乐晚会的——不说别人——有勃拉姆斯、马勒和布鲁诺·瓦尔特，“到处弥漫着人道和文化的空气”——瓦尔特曾如此描述那里的主色调。盲风琴师及作曲家约瑟夫·拉博的音乐生涯很大程度上要归功于维特根斯坦家族的支持，他们对拉博的评价极高。后来路德维希·维特根斯坦爱说，只有六个伟大的作曲家：海顿、莫扎特、贝多芬、舒伯特、勃拉姆斯以及拉博。

退出工业之后，卡尔·维特根斯坦还成了知名的视觉艺术大赞助人。在女儿赫尔米勒的协助下——赫尔米勒自己是个有天赋的画家——他收藏

---

[1] 纽伦堡法案，德国1935年通过的反犹法案，内容是定义何为犹太人、限制犹太人的权利等等。

[2] 林荫街、阿根廷人街和新森林犁地人街，分别是 Alleegasse、Argentinergasse 和 Neuwaldeggergasse。

林荫街的“红色大厅”

林荫街房子的大阶梯

了一大批珍贵的绘画和雕塑，包括克里姆特、莫塞尔和罗丹的作品。卡尔资助了分离派之家[1]（那里曾展出克里姆特、谢勒和柯柯什卡的作品），还有克里姆特的遭维也纳大学拒绝的顶篷绘画“哲学”；克里姆特感激卡尔，称之为自己的“艺术部长”。1905年路德维希的姐姐玛格丽 9
特·维特根斯坦结婚时克里姆特受托为她画了婚礼肖像。

这一时期的维也纳文化生活即便不是最辉煌的一段，也是最激荡的一段，维特根斯坦家就这样处在其中心地带。19世纪末到一战爆发之间的这一段维也纳文化史，近年来很合理地成了诸多目光的焦点。它被描述为一个“神经烁烁”（nervous splendour）的时代，而“神经烁烁”这个短语亦可用于勾勒卡尔和波尔蒂的孩子们成长时的环境。就像这整座城市一样，在这个家庭内部，在“到处弥漫着的人道和文化的空气”之下，躺伏着怀疑、张力和冲突。

世纪末维也纳[2]现今的魅力，在于它的张力预示了主宰20世纪欧洲历史的张力。从其张力里涌现出了许多塑造了这段历史的智性和文化运动。用卡尔·克劳斯常被引用的话说，世纪末维也纳是“研究世界毁灭的试验场”——它是犹太复国主义和纳粹主义的共同出生地，是弗洛伊德建立心理分析的地方，是克里姆特、谢勒和柯柯什卡开创艺术领域中“青春风格”运动[3]的地方，是勋伯格建立无调性音乐的地方，是阿道夫·鲁斯引入十足功能性、无装饰的建筑风格（现代建筑物的标志）的地方。在人类思想和行动的几乎每一个领域，新正于旧之中浮现，20世纪正于19世纪中浮现。

---

[1] “分离派之家”(Secession Buliding)，建于1898年，是1897年成立的奥地利艺术团体“维也纳分离派”（Vienna Secession）的展览馆。

[2] “世纪末维也纳”（fin de siècle Vienna）。

[3] “青春风格”（Jugendstil），类似新艺术派的建筑和装饰艺术风格，19世纪末、20世纪初时流行于欧洲的德语区。

林荫街的音乐沙龙

恩斯特·拉博（1842—1924）

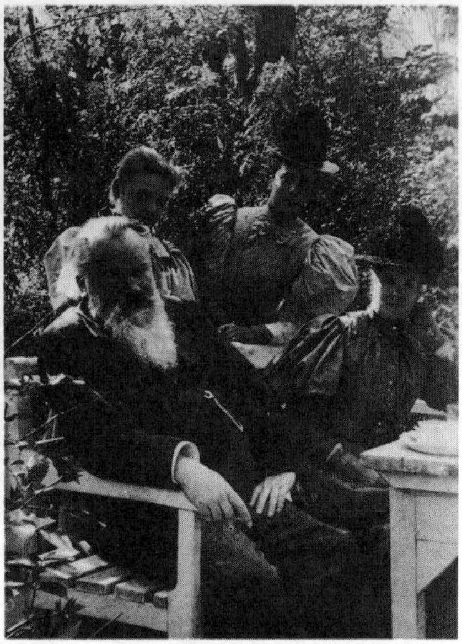

约翰·勃拉姆斯与小提琴家索尔达特－罗格以及维特根斯坦的姑母赫德维希·奥塞尔与安娜·弗兰茨

古斯塔夫·马勒（1860—1911）

玛格丽特·维特根斯坦，古斯塔夫·克里姆特绘，1905 年她与杰罗姆·斯通巴罗婚礼的场合

这发生在维也纳，则尤其值得注意，因为维也纳是一个在许多方面尚未摆脱18世纪的帝国的中心。年迈的统治者象征着这个帝国陈旧落后的本性。弗朗茨·约瑟夫1848年起是奥地利皇帝，1867年起是匈牙利国王，直到1916年依旧是双冕之王[1]；1916年后，构成哈布斯堡帝国的这个摇摇欲坠的诸王国和侯国的集团很快瓦解了，其领土分给了几个民族国家：奥地利、匈牙利、波兰、捷克斯洛伐克、南斯拉夫和意大利。由于19世纪的民族主义运动和民主运动，这集团的瓦解在发生前很长时间就已不可避免；在帝国的最后约五十年当中，它存活的方式不过是蹒跚地从一次危机走向下一次，唯有无视眼前浪潮的人才相信它能继续存活。在希望它存活下去的人们眼里，政治形势永远是“绝望的，但不严峻”。

在这么个国家里涌现出极端的革新也许并不那么吊诡：旧的东西如此明显地腐朽，新的东西必须要涌现。如罗伯特·穆齐尔的一句著名评论所言，帝国毕竟曾是天才的家园，“这一点可能恰是其祸根”。

“青年维也纳”[2]的知识分子与其先辈的区别在于，他们认出周遭的腐朽，不肯假装世道还能一如既往地延续下去。相信旧的作曲系统走到头了，是勋伯格的无调性系统的基础；确认巴洛克式的建筑装饰成了无意义的空壳，是阿道夫·鲁斯拒绝装饰的基础；感觉到某些很真实和重要的东西在社会的规矩和习俗下受到了压制和否定，是弗洛伊德假定存在无意识力量的基础。

在维特根斯坦家族里，这种代际差异的体现只部分地反映了更广大的不谐和。卡尔·维特根斯坦毕竟不是哈布斯堡旧秩序的代表。他真正代表的是一股对奥匈帝国影响出奇小的力量——形而上学上是唯物主义的、政治上是自由主义的侵略性资本主义企业家。要是在英国、德国或

[1] “双冕之王”（kaiserlich and königlich），是哈布斯堡王朝这一时期特殊政体的专称。
[2] “青年维也纳”（Jung Wien），1890年至1897年常在维也纳咖啡馆聚会的作家团体。

者——也许尤其在——美国，他会被视为时代之子。在奥地利他则身处主流之外。退出生意后他在《新自由报道》[1]上发表了一系列文章，称赞美国自由企业的价值，然而他谈论的只是一个位于奥地利政治边缘地带的话题。

奥地利缺少有效的自由主义传统，这是其政治史区别于其他欧洲国家的一个主要因素。主宰其政治的是基督教社会主义者的天主教教义和社会民主主义者的社会主义之间的争斗——希特勒崛起之前一直如此。两个派别以不同的方式都想坚持帝国的超民族性；这一主要冲突之外的一个插曲，是格奥尔格·冯·勋内尔领导的泛日耳曼运动；泛日耳曼运动对那两个派别都反对，信奉一种反犹主义的、民粹主义的国家主义[2]——后来的纳粹主义也搞出了一种这样的国家主义。

维特根斯坦家族既非旧秩序护卫者的一员，也不是社会主义者——肯 11
定也不是泛日耳曼主义的国家主义者——他们对自己国家的政治未作什么贡献。不过，那些把卡尔·维特根斯坦造就为成功工业家的价值，以另一种方式，是一种与更广大的时代张力相呼应的代际冲突的病源。作为一个成功的工业家，卡尔满意于占有文化；他的孩子，特别是儿子，则有意对文化作出贡献。

卡尔的孩子里最大的赫尔米勒与最小的路德维希差了十五年，八个孩子可划分为清晰的两拨：赫尔米勒、汉斯、库尔特和鲁道尔夫是较长的；玛格丽特、海伦娜、保尔和路德维希是较幼的。等到保尔和路德维希进入青春期时，卡尔跟第一拨孩子发生的冲突令得这两个最小的儿子要在一种很不同的家训下成长。

卡尔抚养较长儿子时的家训，主旨是决心要他们延续自己的生意。

---

[1] 《新自由报道》(*Neue Freie Presse*)，1864—1938，一份维也纳报纸。

[2] “民粹主义”译自 Volkisch，“国家主义”译自 nationalism。Volkisch 和“民粹”、“种族”、“民族”、“人”等概念关系错综。

卡尔和利奥波尔蒂勒在 1903 年银婚纪念时拍摄的家庭照，在维也纳新森林犁地人街

他们不去学校（因为在那里会染上奥地利正统的不良精神习性），而是接受一种使他们的心智练就商人式智性严格的私人教育。然后，他们将前往维特根斯坦生意帝国的某处，学会在工业上取得成功必需的技术和商业专长。

只有一个儿子取得了一点期望的效果。库尔特——公认天赋最少的孩子——顺遂了父亲的心愿，最后当了公司经理。跟其他兄弟的自杀不同，他的自杀与父权的压力没有明显的联系。他的自杀晚得多，一战末期，手下的部队拒绝执行命令时他开枪打死了自己。

在汉斯和鲁道尔夫身上，卡尔的压力招致的结果是灾难。两人都丝毫没有当工业领袖的意愿。若能得到鼓励和支持，汉斯本可成为大作曲家，起码也是成功的音乐会作曲家。即便是维特根斯坦家——家里多数人都具备相当高的音乐才能——也认为他天赋异秉。他曾是个莫扎特式的音乐神
12 童—— 一个天才。幼儿时他就掌握了小提琴和钢琴，四岁时开始写自己的曲子。音乐在他不是兴趣，而是十分热烈的激情；音乐必须处于他生活的中心而非外围。父亲执意要他在工业领域里谋职，对此，他干了父亲干过的事，跑去了美国。他意在谋求一种音乐家的生活。没人知道究竟发生了什么。1903 年家里得到消息，一年前他在切萨匹克湾里的一艘船上消失了，此后再未现身。显而易见的结论是他自杀了。

假如汉斯自由地投身音乐事业，他是否能快乐地生活？假如他去学校读书，是否能有更好的准备去对付维特根斯坦家的稀薄大气之外的生活？显然没人知道。但这个消息带给卡尔足够的震动，他改变了对保尔和路德维希这两个最小男孩的教育方法，送他们去学校，允许他们追求自己的爱好。

这改变对鲁道尔夫来得太晚了。汉斯失踪时他已二十多岁，已走上一条相似的路。他也反抗父亲的意愿；1903 年他住在柏林，去那里是为了在剧院里谋职。1904 年他自杀了，一家当地报纸报道了此事。根据这则报道，5 月的一个夜晚他走进一家柏林酒吧，点了两杯酒。他自个坐

了一会儿，为钢琴师点了一杯酒，请他弹自己最喜欢的歌“我迷失了”（I am lost）。音乐演奏之时，鲁迪[1]服下氰化物，歪倒下去。在写给家人的一封诀别信里他说自杀是因为自己的一个朋友死了。在另一封诀别信里，他说是因为他抱有“对自己不正当倾向的疑问”。死前他曾前往“科学人道主义委员会”（此委员会旨在为同性恋的解放而斗争）求助，但这个组织的年鉴上说，“我们未对他造成足够深远的影响，未使他摆脱自我毁灭的命运”。

两个哥哥自杀时，维特根斯坦家这一代里蔓延的自我毁灭病尚未在路德维希身上有丝毫显现。他童年的大部分时候，大家都认为他是这一胞卓异的孩子里较迟钝的一个。他未显出早熟的音乐、艺术或文学才能，
实际上甚至到四岁才开口说话。他缺少家庭其他男性成员身上标志性的 13
反叛和任性，而是很早就投入到父亲想灌输给他哥哥却未果的实际技能和技术兴趣上去了。他留下的最早照片中的一张，拍出来的是个相当认真的小男孩，像是正津津有味地在自己的车床边干活。就算没显露特别的天才，他起码显出自己的用心和相当灵巧的动手能力。例如，十岁时用木料和线料做了一个可运转的缝纫机模型。

十四岁之前他都安心于这种感觉：天才包围着自己，自己没有天才。日后他讲过一个故事，说的是他在清晨三点被钢琴声吵醒。他走下楼，看见汉斯正在弹自己写的一首曲子。汉斯全神贯注，近乎疯狂。他流着汗，彻底投入，全未察觉路德维希的出现。这画面是路德维希记忆中的一幅存照，是天才模样的一个范例。

我们今天也许很难理解维特根斯坦一家对音乐的崇敬程度。这种崇敬所取的形式，肯定没有一种现代形式与之对等，而是跟维也纳的古典传统有着极密切的联系。路德维希自己的音乐品味——照理也该是他家的典型品味——给他后来的许多剑桥同辈留下了极其保守的印象。他不

---

[1] Rudi，“鲁道尔夫”的昵称。

能忍受勃拉姆斯之后的任何东西，即便是勃拉姆斯，他也曾说在其音乐里“我开始能听到机器的声音了”。真正的“上帝之子”是莫扎特和贝多芬。

这个家庭里主流的音乐标准确实卓异。路德维希最小的哥哥保尔后来成了非常成功和知名的钢琴演奏家。他在一战中失去了右手，但凭着非凡的决心，自己学会了只用左手弹奏；他用左手弹得如此精熟，竟然能继续自己的演奏生涯。拉威尔 1931 年著名的左手协奏曲正是为他而写。可是，全世界都赞美保尔的演奏，他自己的家人却不。他们认为保尔的演奏缺少品味；充满了太多的过分手势。更合他们品味的是路德维希姐姐海伦娜的精致、古典朴素的演奏。母亲波尔蒂是个尤其苛刻的评论者。格蕾特可能是家里最不喜好音乐的一个，一次她勇敢地尝试与母亲二重
14 奏，但没弹几下波尔蒂就突然停手。“Du hast aber keinen Rhythmus！”（“你根本没有节奏感！”）她尖声叫喊。

这种对二流演奏的无法容忍可能妨碍了胆怯的路德维希学习乐器，大概试一试都不敢；直到三十多岁他才学习演奏单簧管，那是教师培训的一个环节。幼年时，他以别的方式让自己得到赞美和喜爱——正确无误的礼貌、对他人的感受力和乐于助人。无论如何，他放心地知道，只要自己显出对工程的兴趣，就总能得到父亲的鼓励和称赞。

日后他强调自己童年的不快乐，但在家人的印象里他是个满意快活的男孩子。这一反差无疑是前述他少年时反思诚实的症结所在。他考虑的不诚实并非琐碎的那种——比如偷了东西却否认——而是更微妙的一种，例如对人说某些话，因为那话是受期许的，而非因为那是真话。他之异于兄弟姐妹，部分就是他愿意屈从这种形式的不诚实。起码他后来是这么认为的。他记住的一个事例是哥哥保尔病倒了。家人问保尔想起床，还是想在床上多躺一会儿时，保尔平静地回答更想躺在床上。“而在同样的情况下，”路德维希回忆道，“我没说实话（说的是想起床），因为我害怕周围的人对我有不好的看法。”

敏感于别人的不好看法是他记得的另一事例的要旨。他和保尔想加入

霍赫海特的家庭晚餐，从左到右：女佣罗莎莉·赫尔曼，赫尔米勒，祖母卡尔姆斯，保尔，玛格丽特与路德维希

路德维希·维特根斯坦，九岁

一个维也纳体操俱乐部，但发觉它（跟当时多数这种俱乐部一样）只接受“雅利安”血统的人。他打算隐瞒犹太背景以获得接纳；保尔则不。

根本上，问题不在于是否在所有情况下讲实话，而在于是否压倒一切地要求自己是真实的——是否应当不顾相反的压力坚持做自己。对保尔来说，由于汉斯死后卡尔的心意转变，这个问题容易些了。他被送去文法学校，此后的人生都在从事音乐事业——他的天生爱好。路德维希的情况更 15
复杂些。要顺从别人愿望的压力已成了同样外在的和内在的。担负着这种压力，他听任大家认为，他天生爱好的是可训练他从事父亲的钟意职业的技术性事务。私下里他觉得自己对工程“既无感觉也无天分”；但在这种情形下，家人则很合理地认为两样他都具备。

于是，路德维希没读保尔上的维也纳文法学校，而是读了林茨的一所更技术化、较少学院化的实科中学[1]。大家确实也担心他通不过文法学校严格的入学考试，但觉得较技术化的教育更适合他的兴趣才是主要理由。

林茨的实科中学并未办成训练未来工程师和实业家的可靠基地。若说它还有点名气，那是因为它是阿道夫·希特勒的世界观的温床。事实上希特勒是维特根斯坦在那儿的同辈，而且（如果《我的奋斗》可信）正是这所学校的历史老师利奥波德·波奇第一次教希特勒把哈布斯堡帝国看作一个“堕落的王朝”，教他分辨忠于哈布斯堡的绝望的王朝爱国主义和（对希特勒来说）更动人的泛日耳曼运动的民粹主义的国家主义。希特勒跟维特根斯坦几乎完全同龄，但在学校却低两届。他俩在那里的日子只有 1904—1905 年的一年重合，之后希特勒就因成绩糟糕被迫离校。没有证据表明他俩有任何交涉。

1903 年到 1906 年，维特根斯坦在这所学校待了三年。他在校的成绩

---

[1] “实科中学”（Realschule），（德国、奥地利的）一种中学，学习的科目与文法学校的侧重点不同。

单还找得到，从上面可看出总体上他是个相当糟的学生。如果把学校用的五个科目等级换算成 A 到 E，那么他在校时只得过两次 A——两次都是宗教课。大多数科目他拿的是 C 或 D，偶尔在英语和自然史上进到一次 B，一次在化学上退到了 E。如果非要说他的成绩有什么特点，那就是科学和技术科目比人文科目更差。

他糟糕的成绩或许部分源于在学校的不快乐。有生以来第一次在家
16 庭的特权环境之外生活，他发觉在工人阶层为主的同学里交朋友并不容易。头一次见面他就被他们粗俗的举止吓着了。“Mist！”（“大便！”）是他的第一印象。对他们来说，他像是（其中一人后来对他姐姐赫尔米勒说）从另一个世界来的。他坚持用礼貌的“您”称呼他们，结果只是让自己更为疏离。他们哼一首带头韵的小调讥讽他，取笑他的不快乐和跟学校其他人的差异：“Wittgenstein wandelt wehmütig widriger Winde wegen Wienwärts”（“维特根斯坦，真悲惨，一步一蹒跚，维也纳，路真难，大风吹歪了小心肝”）[1]。他后来说，尝试交朋友时自己感觉到同学的“背叛和出卖”。

一个叫佩皮的男孩是他在林茨的好朋友，那是他寄宿的斯特里格尔家的儿子。在学校的三年里他和佩皮经历了爱与伤害、破裂与和好，典型的青春期友谊。

这段关系以及与同学相处的困难，对他起到的作用似乎是加强了他早先反省中暗含着的追问和怀疑的性情。他在宗教知识上拿了高分，这事不仅反映出牧师比学校教师更宽厚，也反映出他自己日益增长着的对基本问题的关注。他在林茨时期的智性发展得益于这种怀疑的促动，远胜过得益于学校能教给他的东西。

这一时期，对他产生最大智性影响的不是任何教师，而是姐姐玛格

[1] 括号里作者的英译为：Wittgenstein wends his woeful windy way towards Vienna。直译为：“维特根斯坦走在悲惨的刮着风的路上去维也纳”。

丽特（“格蕾特”）。大家公认，格蕾特是家里的知识分子，跟得上艺术和科学领域中的当前发展，最愿意接纳新的观念、挑战大人的观点。她是弗洛伊德的早期拥护者，接受过弗洛伊德对她的精神分析。后来她成了弗洛伊德的好朋友，合并[1]后当弗洛伊德逃离纳粹之手时（他的逃离迟得很凶险）她助了一臂之力。

毫无疑问，维特根斯坦是通过格蕾特第一次知道了卡尔·克劳斯的工作。克劳斯的讽刺性刊物《火炬》（*Die Fackel*）首次出版于1899年，乍一出现就在维也纳的异议知识分子中取得了极大成功。任何人，无论以什么姿态想了解政治和文化的当代趋势，都读这刊物；实际上《火炬》对此前提到的每一个重要人物——从阿道夫·鲁斯到奥斯卡·柯柯什卡——都有着巨大影响。一开始格蕾特就是克劳斯刊物的热情读者，是 17
他的几乎一切表述的强烈支持者。（克劳斯的观点在形式上天性变化多端，要完全支持他说的一切多少不太可能。）

创立《火炬》前，克劳斯的名声主要是一部题为《一顶锡安山的王冠》（*Eine Krone für Zion*）的反犹太复国主义小册子的作者；这本小册子嘲讽狄奥多尔·赫茨尔的观点反动、制造分裂。克劳斯主张，犹太人的自由只能从完全的同化中得来。

克劳斯是社会民主党成员，在《火炬》发行的前几年（一直到1904年左右），他的刊物被视作社会主义观念的代言者。他讽刺的对象很大程度上也是社会主义者乐见遭到攻击的。他攻击奥地利政府对待巴尔干人时的伪善，攻击泛日耳曼运动的国家主义，攻击《新自由报道》鼓吹的放任主义经济政策（比如卡尔·维特根斯坦发表在这份报纸上的文章），攻击维也纳媒体甘愿为政府和大企业的利益服务的腐败。他领导了一场尤为热烈的反对奥地利正统的性伪善的斗争，这种伪善体现于对娼妓的

[1] “合并”，1938年奥地利与纳粹德国合并，实际上是纳粹吞并了奥地利，但综合考虑之下译为合并。

法律迫害和对同性恋的社会谴责。他说："一次涉及性道德的审判，是蓄意从个人的不道德走向全体的不道德的一步。"

1904 年起，他攻击的性质变得较少政治性，较多道德性。他的讽刺背后是对陌异于奥地利马克思主义者的某些精神价值的关怀。他关心对伪善和不公的揭露，主要不是想维护无产阶级的利益，而是出于这种角度：试图维护一种实为贵族式的理想（即真之高贵）的无损。为此他受到了左派朋友的批评，其中有一位罗伯特·肖对他直言，他面临的选择是要么支持腐朽的旧秩序，要么支持左派。"如果必须选两种恶中较轻的一个，"克劳斯高傲地回答，"我哪个也不选。"他说政治"是一个人为了隐藏他之所是和他自己的无知而做的事情"。

成年维特根斯坦的人生态度跟克劳斯在许多方面相符，以上这句引言精辟地说出了其中一个方面。"就改善你自己好了，"后来维特根斯坦
18 对许多朋友说，"那是你为改善世界能做的一切。"对他来说，政治问题与个人完善的问题相比总是第二位的。他八岁时问自己的问题是由一种康德式的绝对律令回答的：一个人应当诚实，就是这样；问"为什么"是不恰当的，不能回答。进一步，所有其他问题的提出和回答必须在这个确定的限度之内：真实于自己是不容违背的责任。

决心不隐藏"自己之所是"成了维特根斯坦总体人生态度的一个核心。这一点正是驱使他日后对自己没做到诚实的时刻作一系列忏悔的推动力。在林茨上学时他作了第一次这种努力，彻底地坦白了自己，他对姐姐赫尔米勒（"曼宁"）作了一点忏悔。什么构成了这忏悔的主题？我们不知道；我们只知道日后他一直鄙夷这忏悔。他这样描述之："当时我设法表现得是个卓越的人"。

维特根斯坦后来说自己失去宗教信仰是在林茨上学时的事，这很可能是这种十足真诚精神的结果。换句话说，与其说他失去了信仰，不如说他此时感到必须承认自己没有信仰、必须坦承他不能相信基督徒要相信的东西。这或许是他对曼宁忏悔的一件事情。他一定跟格蕾特讨论过

这事——为了帮助他了解对失去信仰的哲学反思，格蕾特把他引向了叔本华的著作。

叔本华在其名著《作为意志和表象的世界》里表述的先验观念论构成了维特根斯坦最初哲学的基础。从许多方面讲这本书都注定会吸引一个失去宗教信仰、正寻找替代物的少年。叔本华认可“人对形而上学的需求”，但他坚称一个智性诚实的人不必也不可能相信宗教学说的字面意思为真。叔本华说，指望发生那种事情，就如同要巨人穿上侏儒的鞋。

叔本华自己的形而上学是康德形而上学的一个特殊变体。和康德一样，他认为日常世界（即感觉世界）只是表象；但跟康德不同（康德坚持本体实在[1]是不可知的），他把伦理意志的世界认作唯一真正的实在。这样的 19
理论为上述卡尔·克劳斯的态度提供了一个形而上学对应物——它是对如下看法的哲学论证：“一个人是什么”这个生存性的、“内在”的问题，比发生于“外在”世界的事情更重要。直到开始学习逻辑、服膺而接受了弗雷格的概念实在论之后维特根斯坦才放弃了叔本华的观念论。但即便在那之后，在写作《逻辑哲学论》的一个关键时期他又回到了叔本华，那时他相信自己达到了观念论和实在论的一个契合之点。[2]

把“内在”优先于“外在”的观点推向极致就成了唯我论，即否认自我之外有任何实在。维特根斯坦日后对“自我（self）”的哲学思考很大一部分是为了扑灭唯我论的幽灵。在他上学时读的、影响到他日后成长的书当中，唯我论学说在奥托·魏宁格的《性与性格》里得到了最惊人的表述。

维特根斯坦在林茨读书的第一个学期时，魏宁格成了维也纳的偶像人物。1903 年 10 月 4 日，有人发现魏宁格的尸体躺在黑西班牙人路贝

[1] “本体实在”（noumenal reality），在康德那儿与物自体大致同义。
[2] 参见第 144 页。——原注

多芬去世的那所房子的地板上。二十三岁的他采用了一种特意带象征意味的举动，在自己视之为最伟大天才的那个人的家里开枪自杀。《性与性格》出版于上一个春天，总体上得到了相当差的评价。若不是其作者之死的夸张情状，多半不会有大的影响。结果10月17日《火炬》刊出了一封奥古斯特·斯特林堡的信，说此书是："一本令人敬畏的书，可能解决了一切问题中最困难的问题。"就这样，诞生了魏宁格崇拜。

在许多人眼里，魏宁格的自杀是其书中论证的逻辑结果；他成为战前维也纳的一个争论焦点，主要也是因为这一点。他的自杀，不是被视作对苦难的怯懦逃避，而被视作一种伦理行动，一种对悲剧结论的勇敢接受。照奥斯瓦尔德·斯宾格勒的说法，它是"一种精神抗争"，奉献了
20 "晚近的宗教精神呈现过的最高贵景象之一"[1]。就这样，这事引发了许多仿效的自杀事件。实际上，维特根斯坦本人开始羞耻于自己不敢自杀，羞耻于自己不直面一个背后的声音：自己在世界里是多余的。这种感觉持续了九年，直到伯特兰·罗素确信他有哲学天才后才得以克服。他哥哥鲁道尔夫的自杀只比魏宁格迟六个月，如我们所见，其实施风格同等戏剧化。

维特根斯坦对魏宁格影响的承认，比起他对任何其他影响的承认，都更能把他的生活和工作连结到他长大的环境。魏宁格是个最典型的维也纳人物。他的书的主题，连同他的死法，构成了一种有力的象征：象征着维特根斯坦生长于斯的世纪末维也纳的社会、智性和道德的张力。

贯穿此书的是对现代的衰败的关注，这正是维也纳式的。和克劳斯一样，魏宁格把这衰败归结于科学、商业的兴起和艺术、音乐的没落；他用一种实为贵族式的态度将其刻画为卑微对伟大的胜利。魏宁格在一段话里对现代时期的谴责令人联想起维特根斯坦在20世纪30年代为自己的哲学著作写的前言，魏宁格写道：

---

[1] 此句出自《西方的没落》第二卷第九章，斯宾格勒认为魏宁格是伊斯兰神秘主义的圣徒。

……一个艺术满足于乱涂乱抹、到野兽的运动那里寻求灵感的时代；一个有着肤浅的无政府状态的时代，对正义和政邦（State）毫无感觉；一个共产主义伦理的时代，有着最愚蠢历史观、对历史作唯物解释的时代；一个资本主义和马克思主义的时代；一个历史、生活和科学只是政治经济和技术性指导的时代；一个把天才视作一种疯癫形式的时代；一个没有伟大艺术家和伟大哲学家的时代；一个没有创造却对创造有着最愚蠢瘾头的时代。

仍然跟克劳斯一样，魏宁格倾向于把现代文明中他最不喜欢的方面归结为犹太性，而且按照雄性和雌性的性两极描述这个时代的社会和文化趋向。不过，跟克劳斯不同的是，魏宁格对这两个论题的强调到了着迷的、几乎错乱的程度。

统贯《性与性格》的是一个精工细作的理论，其目的是证明魏宁格 21
的反女性论（misogyny）和反犹主义之正当。他在前言里说，此书的首要之点是"把男人和女人的全部对照归于一条单一原则"。

这本书分为两部分："生物－心理"部分和"逻辑－哲学"部分。第一部分力求确立的是，所有人在生物学上都是双性的，都是男性和女性的混合。只是比例上有差异——他以此解释同性恋的存在：他们要么是女性化的男人，要么是男性化的女人。此书的"科学"部分结束于"解放的女人"一章，他在这一章里用其双性理论反对妇女运动。他主张："一个女人对解放的要求和她获得解放的资格，跟她有多少男性成分直接成比例。"因此这样的女人通常是女同性恋，从而处于比多数女人更高的层面。应该给予这些男性化的女人自由，但若让大部分女人仿效她们，那就大错特错了。

此书的第二部分规模大得多，其中讨论的男人和女人[1]不是生物类别，而是“心理的类型”——在他的设想里那是某种柏拉图理念。一方面，所有实际的男人和女人都是雄性和雌性的混合；另一方面，男人和女人——除了以柏拉图的形式存在——并不存在。不过，我们都在心理上要么是男人要么是女人。古怪的是，魏宁格认为，尽管一个人有可能在生理上是男性，在心理上是女性，但反过来却不可能。于是，即便是解放了的女人，即便是女同性恋，她在心理上仍是雌性的。由此得出，他对“女人”说的一切适用于所有女人及某些男人。

他说，女人的本质是她专注于性。除了性欲她一无所是；她是性欲本身。男人拥有性器官，“女人的性器官拥有女人”。性事务完全占据了女人，男人则对许多其他事情也感兴趣，如战争、体育、社会事务、哲学和科学、商业和政治、宗教和艺术。魏宁格有一个解释此点的奇特认识论，这一理论基于他的“涵拟”[2]概念。“涵拟”是一段尚未成为观念的心理材料。女人在涵拟中思考——这就是思考和情感对女人是一回事的原因。她指望男人——用明白清晰的观念思考的男人——澄清她的
22 材料、解释她的涵拟。这就是女人只会爱上比自己聪明的男人的原因。于是，男人和女人的本质差别就是，“男人有意识地活着，女人无意识地活着”。

魏宁格从这一分析得出了深远得吓人的伦理推论。女人缺乏澄清她自己涵拟的能力，从而无法形成清晰的判断，所以真和假的区别对她毫无意义。于是自然地、不可避免地，女人是不真实的。鉴于此，女人不是不道德，她们根本没进入道德领域。女人就是没有对错标准。而且，由于她对道德或逻辑律令的无知，不能说她有灵魂——这就意味着她缺乏自由意志。由此推出，女人没有自我（ego）、没有个体性，也没有性

[1] “男人”、“女人”，原文为 Man，Woman，以区别于 man 和 woman，这里以楷体区分。

[2] “涵拟”（henid），魏宁格生造的词，指某种尚不是概念的感觉。

格。女人在伦理上注定无望。

从认识论和伦理学转向心理学时，魏宁格用另外两个柏拉图式的类型分析女人：母亲和妓女。每一女人都是两者的组合，但其中一个是主导。两者并无道德差别：母亲对孩子的爱，妓女想跟她看见的每一个男人做爱的欲望，一样是不经思考的和无所辨别的。（魏宁格丝毫未依据社会和经济的条件解释卖淫。他说，女人当妓女是出于“女人本性深处”的“卖淫意向和倾向”。）两种类型的主要差别是着迷于性的方式：母亲着迷于性的目的，妓女着迷于性行为本身。

所有女人（无论母亲或妓女）都共有一个单一的特点——“一个确实属于女性、也专属于女性的特点”——即做媒本能。看到男人和女人结合是所有女人永远具有的欲望。固然，女人首要的兴趣是她自己的性生活，但那其实是她的“唯一要紧的兴趣”的一种特殊情况——那唯一要紧的兴趣就是：“对发生性结合的兴趣；希望它尽可能多地、在任何情况下、任何地点和时间发生”。

魏宁格还写了附属于他的女人心理学研究的论犹太教的一章。犹太人又是一个柏拉图式的理念和一种心理学类型，对所有人类都是一种可能性（或一种危险），“但只有在犹太人身上才以最显著的形式成为现
实”。犹太人“浸透了女性气质”——“最男性化的犹太人也比最不男性 23
化的雅利安人更女性化”。跟女人一样，犹太人具有配对的强大本能。他的个体感很差，相应地就具有保存种族的强大本能。犹太人对善恶没有感觉，没有灵魂。他是非哲学的，他是彻底非宗教性的（犹太人的宗教“仅是个历史传统”）。犹太教和基督教是对立的：后者是“最高信仰的最高表达”；前者是“怯懦的极致”。基督是所有人里最伟大的，因为他：“在自身中征服了犹太教（最大的否定之物），又创造了基督教（最强的肯定之物和犹太教最直接的对立面）”。

魏宁格本人既是犹太人又是同性恋（因而有可能是心理上的女性类型）；这种想法——他的自杀是某种“解决”——容易被吸收到最粗俗的

反犹或反女性的态度中去。例如，据说希特勒曾讲过："迪特里希·艾克哈特告诉我，他一生只知道一个好犹太人：奥托·魏宁格，此人认识到犹太人以人的腐烂为生后就自杀了。"在世纪之交的维也纳，对女人解放的恐惧、尤其对犹太人解放的恐惧是人们普遍关心的事；这一点无疑在某种程度上解释了此书的风行。日后它将为纳粹的宣传广播提供便利的材料。

可为什么维特根斯坦如此推崇此书呢？他从中学到了什么？真正说来，这书主张的科学生物学明显不实，其认识论显然无意义，其心理学是简陋的，其伦理方案惹人厌恶，那么他又可能从中学到什么呢？

我认为，要弄清这一点，我们得抛开魏宁格的——全然否定性的——女人心理学，去看他的男人心理学。只有在那里，我们才能在此书中找到偏执和自卑之外的东西，才能找到这么一种东西：它们与我们所知的维特根斯坦十几岁时（实际上终其一生）思考的核心主题有着共鸣，它们至少提供了某些线索，提示维特根斯坦在此书中推崇的可能是什么。

根据魏宁格，和女人不同，男人可以选择：他能、也必须——在雄
24 性和雌性之间、在有意识和无意识之间、在意志和冲动之间、在爱和性欲之间——作出选择。选择这几个对子中的前者是每个男人的伦理责任，他能做到多大程度，就意味着在多大程度上逼近男人的最高类型：天才。

天才的意识是最远离涵拟阶段的；"它具备最强最清澈的明确和清晰"。天才具有最发达的记忆力，具有形成明确判断的最强大能力，因此对于真假好坏的差异有着最精细的感觉。逻辑和伦理根本上是一回事："它们无非是对自己的责任"。天才"是最高的道德，因此它是每一个人的责任"。

男人并非生而有灵魂，而是有此潜能。要实现这潜能，就得找到真实的、更高的自我，挣脱（不真实的）经验自我的限制。通向这种自我发现的一种途径是爱，通过爱，"许多男人第一次认识到自己的真正本

性，第一次确信自己拥有灵魂”：

在爱中，男人只爱他自己。爱的不是他的经验自我，不是软弱和粗俗，不是他外表显出的挫败和卑微；而是爱他想要成为的一切，爱他应该成为的一切，爱他的最真和最深的清晰本性——免于一切必然性的束缚和尘世的败污。

这儿魏宁格谈的自然是柏拉图式的爱。实际上对他来说只存在柏拉图式的爱，因为：“任何其他所谓的爱都属于感官王国”。爱和性欲不止不是一回事，它们是互相对立的。这就是为什么婚后之爱的观念是虚伪的。性的吸引随身体的接近而增加，爱则在爱人缺席时最强。真正说来，爱需要分离、需要一定的距离才得以保持：“那世上一切旅行不能到达的、时间不能成就的，可通过意外的、无心的、跟所爱对象的身体接触而达到，在这样的身体接触中，性的冲动被唤醒，足以把爱当场杀死”。

对女人的爱，尽管能在男人身上唤起他更高本性的一点苗头，但最终注定引向的要么是不幸福（若发现了女人无价值的真相），要么是不道德（若维护她之为完美的谎言）。唯一具有持久价值的爱是“系于绝对者上的、系于神的观念上的”爱。

男人应该爱的不是女人，而是他自己的灵魂、他自身中的神性、“住 25
在我胸中的上帝”。因此他必须抵制女人的配对本能，不顾女人的压力让自己摆脱性。但若普遍采纳此建议人类将灭绝——对此反驳魏宁格的回答是：那只是肉体生活的灭绝，取而代之的将是“精神生活的完全发展”。此外他还说：“只要是对自己诚实的人，谁也不觉得自己一定要为人类的延续付出”：

人类要存在下去，这事对理性没有任何好处；谁让人类永存，也就让那问题和那罪恶永存，那唯一的问题和唯一的罪恶。

魏宁格的理论给出的选择确实是阴郁和可怕的：天才或死亡。若只能作为“女人”或“犹太人”而活，——即，若不能让自己免于肉欲和尘世的欲望——那么他根本无权活着。唯一值得过的生活是精神生活。

严格地分离爱和性欲，毫不妥协地认为天才成果之外的任何东西都没有价值，确信性欲不容于天才要求的诚实——在魏宁格的工作中有如此多的东西跟（我们看到）维特根斯坦一生一再表达的人生态度相互应和。这种东西如此之多，以至于有理由相信，在他青春期读过的所有书中，对他人生态度有着最大最持久影响的就是魏宁格的书。

尤为重要的也许是魏宁格对康德道德法则的独门歪解：根据他的解释，康德的道德法则不仅规定了诚实是不可违背的责任，而且同时提供了所有男人发现自身拥有的任何天才的途径。按照这个观点，拥有天才不只是高贵的抱负，它是一条绝对律令。1903 年至 1912 年间维特根斯坦多次产生自杀念头，只是在罗素认可他的天才之后，这种念头才得以缓解——这事提示我们：他接受了这条律令，全盘接受了其恐怖的严厉。

维特根斯坦在中小学时期的智性发展就说到这里；我们看到，这一
26 发展首先受哲学反思的激发，又（在格蕾特的引导下）通过阅读哲学家和文化批评家而注入了养分。但他在技术科目中的发展又如何呢——要在他所选的职业中取得成功，就需要特定的技能和知识，他在这方面的进展如何呢？

对此我们只听说了一点点，少得惊人。他十几岁时读过的科学家著作——海因里希·赫兹的《力学原理》和路德维希·玻尔兹曼的《通俗文集》——给人的感觉是，读这些书的人的兴趣不在机械工程，甚至（特别是）也不在理论物理，而倒是在科学哲学。

这两本书（跟之前讨论过的那些书一样）都赞成一种根本上是康德式的对哲学本性和方法的看法。赫兹在《力学原理》里处理的问题是如何理解牛顿物理学用到的神秘概念“力”。赫兹提出，面对这个问题，不

路德维希·玻尔兹曼（1844—1906）

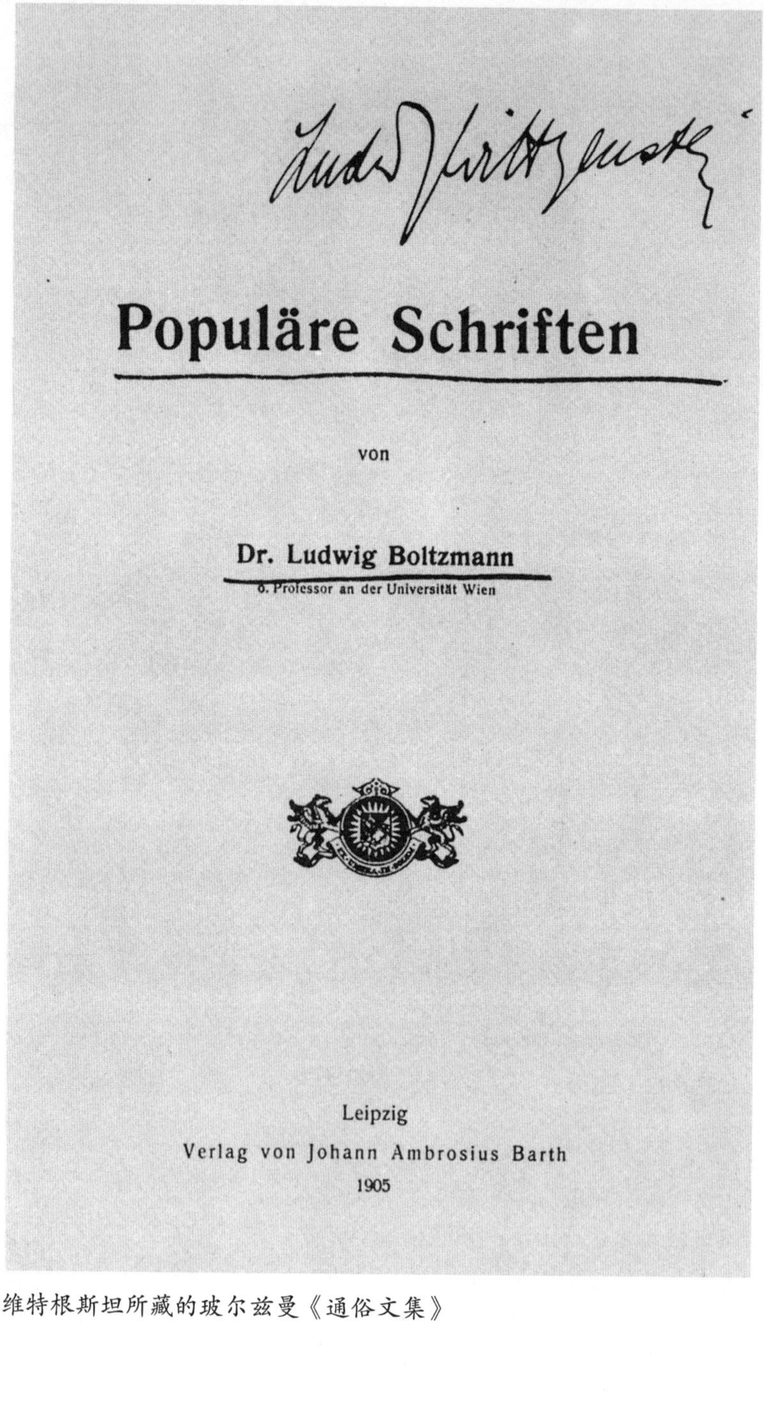

# Populäre Schriften

von

**Dr. Ludwig Boltzmann**

ö. Professor an der Universität Wien

Leipzig

Verlag von Johann Ambrosius Barth

1905

维特根斯坦所藏的玻尔兹曼《通俗文集》

应该直接回答“什么是力”，而应该不拿“力”当基本概念而重新表述牛顿的物理学。“消除这些折磨人的矛盾之时，”他写道，“并非是力的本质问题得到了回答，而是我们的心智不再苦恼，停止追问不合法的问题。”

维特根斯坦近乎逐字逐句记住了赫兹的这段话，他常常援引它来描述自己对哲学问题和解决哲学问题的正确途径的观念。如我们所见，对他来说，哲学思考始于“折磨人的矛盾”（而非罗素式的对确定知识的渴求）；其目标总是解决那些矛盾，用清晰取代混乱。

把他引向赫兹的，很可能是他对玻尔兹曼《通俗文集》的阅读；此书出版于 1905 年，是玻尔兹曼较为通俗的讲座的一个合集。这些讲座提出了一个类似的对科学的康德式看法；按照他的观点，我们的实在模式是加到我们的世界经验上的，而不是（如经验主义传统认为的）得自于经验。这个观点深深植根在维特根斯坦的哲学思考中，乃至他觉得连设想经验主义的观点都很难。

玻尔兹曼是维也纳大学的物理学教授，传说维特根斯坦在中学毕业后曾跟随玻尔兹曼学习过。1906 年，维特根斯坦离开林茨的那年，玻尔兹曼对自己得不到科学界的认真对待感到绝望，自杀身亡。

维特根斯坦进一步的教育方向——跟玻尔兹曼的自杀无关——看上去 27
已然定下：他应该增进他的技术知识，而不是发展对哲学和理论科学的兴趣。相应的，离开林茨后他——无疑是在父亲的催促下——到柏林夏洛腾堡的工业高等学校（现在的工大）学习机械工程。

对于维特根斯坦在柏林的两年我们所知甚少。学校记录显示，于 1906 年 10 月 23 日注册入学，上了三个学期的课，圆满完成了学位课程之后，于 1908 年 5 月 5 日被授予文凭。那时的照片上，他是个英俊的、穿着整洁的年轻人，很有可能——跟传闻一年后在曼彻斯特时一样——是一个“女士最青睐的人”。

他寄宿在教授约勒斯博士的家里，约勒斯博士把他当作自己的“小

柏林夏洛腾堡的工业高等学校

青年路德维希·维特根斯坦，约十八岁

维特根斯坦”抚养。很久以后，第一次世界大战已在他身上产生了可跟他 1903—1904 年经历的变化相比拟的，甚或更为深刻的转变之后，维特根斯坦和约勒斯家分享过的亲密使他颇感困窘，他收到约勒斯夫人友好而热情的来信，却回以生硬的礼貌。但在柏林时，以及在离开后的许多年里，他是非常感激他们给予的热切关心的。

这是一个各种兴趣和义务相互竞争的时期。对父亲的责任感迫使维特根斯坦坚持学习工程，而且他对一门还年轻的科学（航空学）产生了兴趣。但他日益发觉，哲学问题——几乎违背自己的意志——紧紧抓住了自己。受到哥特弗里德·凯勒[1]日记的启发，他开始在笔记本上用日期条目的形式写下自己的哲学思索。

眼下，父亲的愿望占了上风，他离开柏林到曼彻斯特继续学习航空学。但长远来看，他可能已经清楚，唯一值得过的生活是实现他负有的更大责任的生活：对自己的责任——对自己天才的责任。

[1] 哥特弗里德·凯勒（Gottfried Keller，1819—1890），瑞士德语作家。

# 第二章　曼彻斯特

1908年春，十九岁的维特根斯坦——压抑着自己对哲学问题日益增长的关切——来到曼彻斯特从事航空学研究。看来，他的打算是建造自己设计的飞机，最终让它飞上天。 28

那是航空学的草创时期，这一课题正捏在美国和欧洲各国的一群群互相较劲的业余爱好者、狂热分子和怪人手里。奥维尔·莱特和威尔伯·莱特尚未以整整两个半小时的飞行惊动世人。尽管尚无实质性的成果，媒体和公众对此课题亦抱着消遣和嘲笑的态度，但科学家和政府都意识到这一研究的潜在价值。在这个领域中，成功的发明能带来可观的回报，无疑维特根斯坦的父亲完全支持他的计划。

维特根斯坦的研究始于设计和制作风筝的实验。为此目的他到风筝飞行高空站工作，那是临近格罗瑟普的一个气象观测中心，那里的观测是用搭载各种仪器的箱式风筝进行的。中心由新近退休的物理学教授阿瑟·舒斯特建立，阿瑟仍延续着对这项工作的积极兴趣。中心主管是曼彻斯特的气象学讲师J.E.佩特弗尔，此人渐渐对航空学产生了浓厚的兴趣，后来成了这一课题的主要权威之一。

在观测站工作时维特根斯坦住在格劳斯旅馆，这是德比郡沼地的一 29
家孤零零的路边旅馆。5月17日，他从这儿写信给赫尔米勒，描述了自

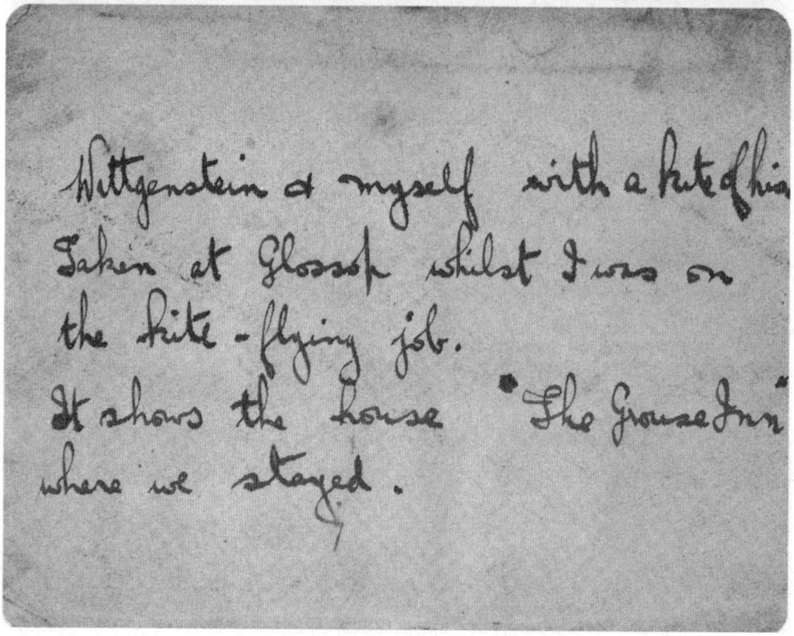
Wittgenstein & myself with a kite of his
Taken at Glossop whilst I was on the kite-flying job.
It shows the house "The Grouse Inn" where we stayed.

格罗瑟普风筝飞行站，维特根斯坦和埃克尔斯在一起

曼彻斯特大学工程系

维特根斯坦在曼彻斯特的住处

己的工作条件，他为格劳斯旅馆的茕茕孑立而兴高采烈，但也抱怨下不停的雨，以及乡村的食物和卫生设施：“我正在适应这里，有少许麻烦，但已经开始喜欢这里了。”

他说，他的工作“是我能期望的最愉快的了”：

> 我得给观测站准备风筝——以前都是到外头定购的——通过试验和纠错来搞清它们的最佳设计；所需的材料由观测站为我采购。当然，一开始我得帮着观测，熟悉对这种风筝都有什么要求。不过，前天我得知可以开始独立实验了……昨天我开始制作我的第一只风筝了，希望下周内能弄好它。

他接着描述自己的身体和情感的孤独，对一个亲密伙伴的深深渴望。在旅馆里他是唯一的住客，除了“某个里默先生，搞气象观测的”；在观测站，只有星期天佩特佛尔带着一些学生过来时，他才有伴：

> 因为是如此的隔绝，我自然格外强烈地想要一个朋友，星期天学生们过来时，我总在想会不会是他们中的一个。

他太过沉默寡言，没法打入学生里去，但写过这封信后，很快一个朋友自己来了。比他大四岁的工程师威廉·埃克尔斯到观测站指导气象学研究。埃克尔斯到了格劳斯旅馆，走进公共客厅，看见了维特根斯坦，还有维特根斯坦周围散落在桌上和地上的书和纸。想走动却不碰到它们是不可能的，于是他立刻动手收拾起来——对此维特根斯坦很是高兴和感激。两人很快成了好朋友，而且一直维持着——期间也有中断——直到第二次世界大战。

30 1908年秋天，维特根斯坦注册为曼彻斯特大学工程系的研究生。那时曼彻斯特的研究生很少，对他们的安排有点儿随意。没有设置正式的课程，也没有指导研究的导师。学校并不认为维特根斯坦是为获得学位而工作，而是认为他将从事自己的研究，大学的实验设施可供他使用，要是引起了教授们的关注，他需要的话亦可加以利用。

有一位教授是数学家霍勒斯·兰姆，他主持一个研究生的研讨班，学生在班上提出问题，由他给出意见。看来维特根斯坦对这一安排加以利用了。在10月份写给赫尔米勒的一封信里，他描述了跟兰姆的一次谈话，他说兰姆：

> ……将试着解我碰到的、拿给他看的一些方程。他说他不确定它们用今日的方法是否可解，于是我急切地等着他的尝试结果。

他对解决这问题的兴趣显然并未限于航空学的应用。他对纯数学生出了兴趣，开始听J.E.李特尔伍德的数学分析理论课；每周有一个晚上，他还跟另两个研究生一起讨论数学问题。这些讨论引得他去思考为数学提供逻辑基础的问题，一个同学向维特根斯坦介绍了伯特兰·罗素论此题目的著作，即五年前出版的《数学原则》[1]。

阅读罗素的著作，后来证明是维特根斯坦生命中的一个决定性事件。虽然随后两年继续航空学的研究，但他越来越着迷于罗素讨论的问题，工程工作做得越来越无兴味。他已找到了一个能令他全神贯注的题目，就像哥哥汉斯弹钢琴时那样专注；在这个题目中，他可以指望自己作出 31
不只值得去作的贡献，而且作出伟大的贡献。

《数学原则》的中心论题是：跟康德和其他多数哲学家的观点相反，能够从少量基本的、逻辑的原则导出全部纯数学。换句话说，数学和逻辑是同一回事。罗素的意图是为此提供一个严格的数学证明；他的做法

---

[1] 《数学原则》(*The Principles of Mathematics*)，此书与更著名的 *Principia Mathematicica* 是两本书，均可译为“数学原理”，但一般已将后者译为《数学原理》，这里将前者译为《数学原则》。

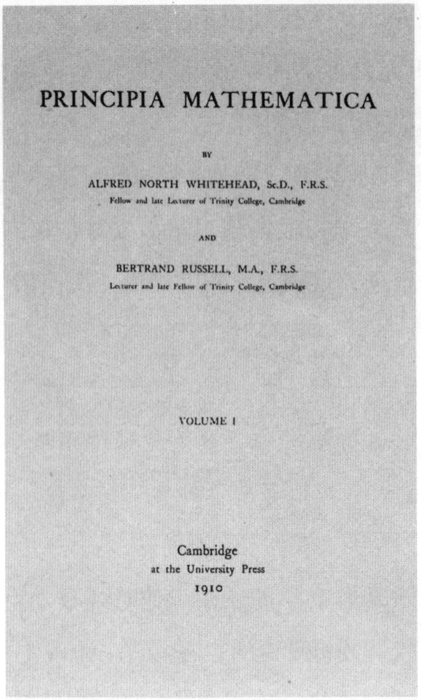
PRINCIPIA MATHEMATICA

BY

ALFRED NORTH WHITEHEAD, Sc.D., F.R.S.
Fellow and late Lecturer of Trinity College, Cambridge

AND

BERTRAND RUSSELL, M.A., F.R.S.
Lecturer and late Fellow of Trinity College, Cambridge

VOLUME I

Cambridge
at the University Press
1910

《数学原理》

阿尔弗雷德·诺斯·怀特海（1861—1947）

伯特兰·罗素（1872—1970）

戈特洛布·弗雷格（1848—1925）

是，实际作出从少数平凡自明的公理出发证明数学分析的一切定理所需的所有推导。他说这是此书第二卷的工作。实际上，此书演变成了三卷本巨著《数学原理》。而他在这“第一卷”中奠定了这一无畏事业的哲学基础，主要是反对当时影响广泛的康德的观点——数学和逻辑很不一样，其基础是“表象的结构”[1]，是我们对空间和时间的基本“直觉”。对罗素来说，这一问题的重要性在于这两种观点间的差别：一种观点认为数学是一套确定的、客观的知识，另一种认为数学根本上是人类心灵的主体建构。

直到《数学原则》付印后罗素才注意到，在自己的事业的主要方向上德国数学家戈特洛布·弗雷格已先行了一步；弗雷格在《算术基本法则》[2]中（其第一卷出版于 1893 年）试图完成的正是罗素为自己设定的任务。罗素迅速研习了弗雷格的书，并在自己书里添上一篇赞扬《算术基本法则》的文章《弗雷格的逻辑和算术学说》。

在那之前几乎没人注意过《算术基本法则》。很少人费心读它，理解它的人就更少了。罗素也许是意识到其重要性的第一人。不过，在快速研习弗雷格著作时，他注意到弗雷格忽视了的一个困难。这个困难引起的问题乍看起来不大，但其解决方案很快成了数学基础的首要问题。

为了提供数的逻辑定义，弗雷格使用了类的概念，他把类定义为概念的外延。于是，概念“男人”和男人的类对应，概念“桌子”和桌子的类对应，依此类推。他系统中的一条公理是，每一个有意义的概念都对应于一个对象，即一个类，即此概念的外延。罗素发现，经由一串特 32
定的推理，这公理导致一个矛盾。因为给定上述前提，那么，某些类属于自身，某些则不是：所有类的类自身也是一个类，所以就属于自身；男人的类自身不是一个男人，所以不属于自身。由此就构造出了“所有不属于

[1] “表象的结构”（structure of appearance）。
[2] 《算术基本法则》（*Grundgesetze der Arithmetik*），此书不同于 1884 年首版的《算术基础》（*Grundlagen der Arithmetik*）。

戈特洛布·弗雷格

自身的类的类”。现在我们问：这个类是不是自身的一个成员？无论回答是或否，都导致矛盾。显然，如果可从弗雷格的公理中推出一个矛盾，那么他的逻辑系统之为构筑全部数学的基础，就是不合格的。

发表自己的发现之前罗素写信到耶拿大学向弗雷格告知此事。那时弗雷格正在准备《算术基本法则》的第二卷；虽然在其中放进了对此悖论的一个匆忙且不成功的回应，但他明白这悖论表明他的整个系统在根本上有缺陷。罗素本人提出，用他称为“类型论”的策略来避免这个矛盾，对“类型论”的勾勒构成了《数学原则》的附录二。类型论预设一个对象类型的层级，对象聚集起来可合法地组合在一块而形成集合：于是，第一层类型是个体，第二层是个体的类，第三层是个体的类的类，依此类推。集合必须是同一类型的对象的集；于是就没有“是自身成员的类”这种东西了。

类型论确实避免了矛盾，但代价是把一个有点儿特设的尺度引入了系统。或许真有不同类型的事物；或许也真没有“是自身成员的类”这样的东西——但这些不太可能是罗素原本打算当作出发点的那种平凡自明的逻辑真理。罗素自己对此并不满意，他的书结束于一声檄讨：

> 此困难的完全解决会是什么，我尚未成功地发现；但因其损害了推理的最终基础，我诚挚地提请每一个逻辑学学生注意对之的研究。

这正是钓住维特根斯坦所需的饵；照着罗素的建议，他热切地致力于解决这个悖论。在曼彻斯特的头两个学期，他花了许多时间细致地研 33
习罗素的《数学原则》和弗雷格的《算术基本法则》。1909 年 4 月前的某个时候，他对自己首次尝试的解决方案作了系统的表述，并寄给了罗素的朋友、数学家和数学史家菲利普 · E . B . 乔丹。

维特根斯坦把自己的解决方案寄给乔丹而不是罗素或弗雷格，也许说明此举带有某种程度的试探性。他大概是在《哲学杂志》( *Philosop-*

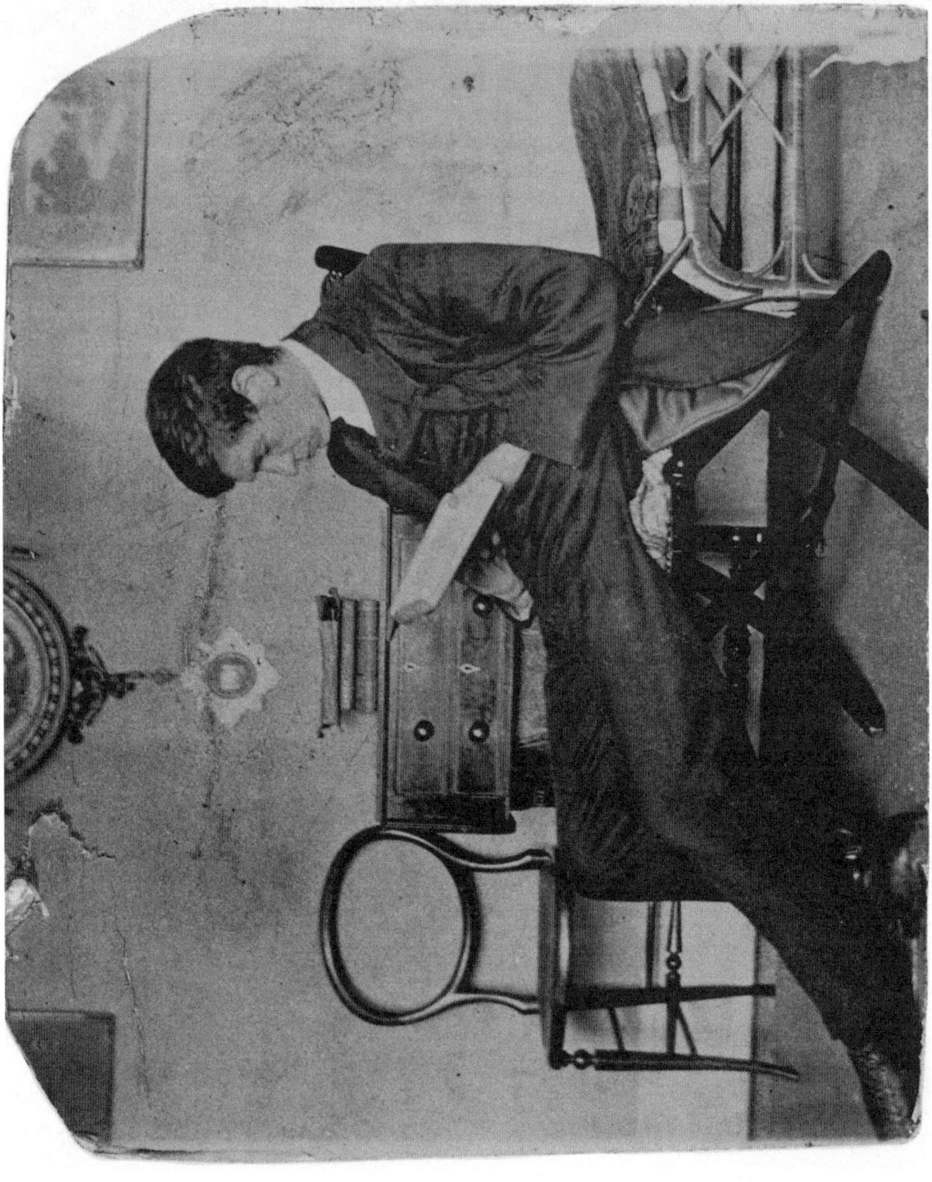

菲利普·乔丹（1879—1919）

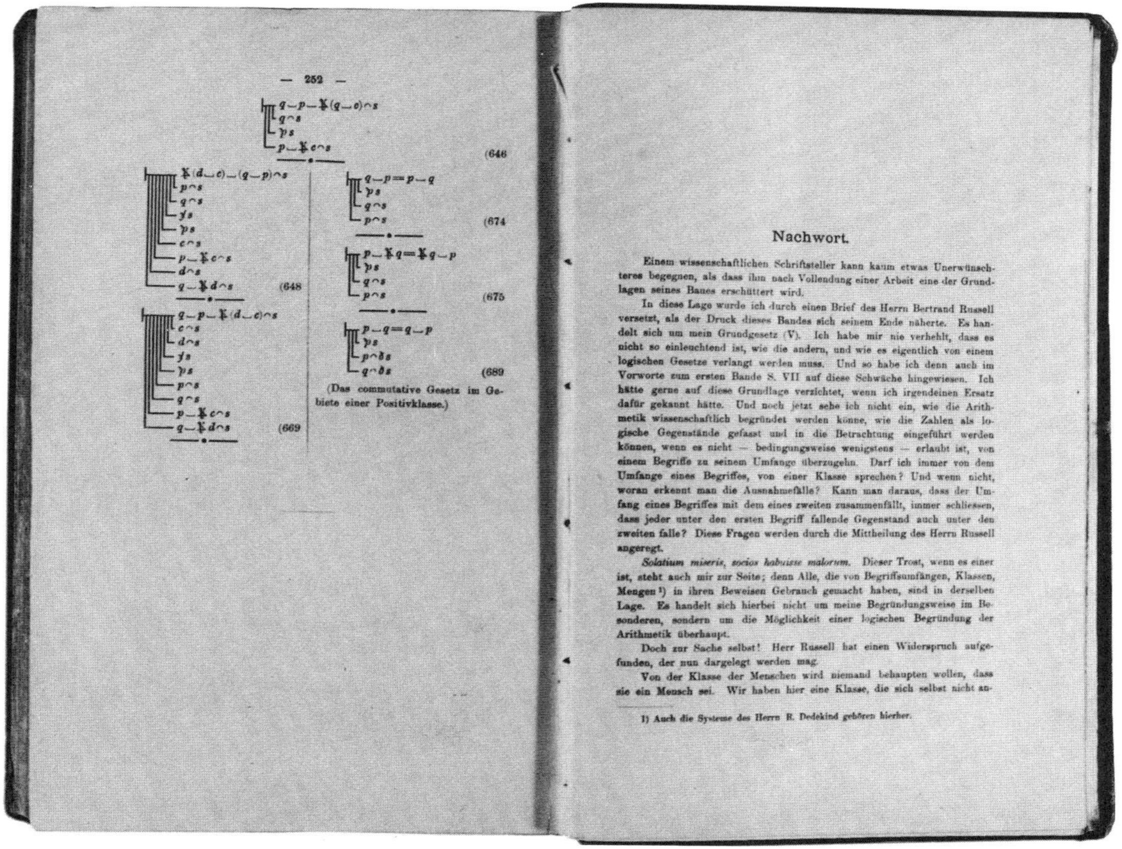

— 252 —

(Das commutative Gesetz im Gebiete einer Positivklasse.)

Nachwort.

Einem wissenschaftlichen Schriftsteller kann kaum etwas Unerwünschteres begegnen, als dass ihm nach Vollendung einer Arbeit eine der Grundlagen seines Baues erschüttert wird.

In diese Lage wurde ich durch einen Brief des Herrn Bertrand Russell versetzt, als der Druck dieses Bandes sich seinem Ende näherte. Es handelt sich um mein Grundgesetz (V). Ich habe mir nie verhehlt, dass es nicht so einleuchtend ist, wie die andern, und wie es eigentlich von einem logischen Gesetze verlangt werden muss. Und so habe ich denn auch im Vorworte zum ersten Bande S. VII auf diese Schwäche hingewiesen. Ich hätte gerne auf diese Grundlage verzichtet, wenn ich irgendeinen Ersatz dafür gekannt hätte. Und noch jetzt sehe ich nicht ein, wie die Arithmetik wissenschaftlich begründet werden könne, wie die Zahlen als logische Gegenstände gefasst und in die Betrachtung eingeführt werden können, wenn es nicht — bedingungsweise wenigstens — erlaubt ist, von einem Begriffe zu seinem Umfange überzugehn. Darf ich immer von dem Umfange eines Begriffes, von einer Klasse sprechen? Und wenn nicht, woran erkennt man die Ausnahmefälle? Kann man daraus, dass der Umfang eines Begriffes mit dem eines zweiten zusammenfällt, immer schliessen, dass jeder unter den ersten Begriff fallende Gegenstand auch unter den zweiten falle? Diese Fragen werden durch die Mittheilung des Herrn Russell angeregt.

*Solatium miseris, socios habuisse malorum.* Dieser Trost, wenn es einer ist, steht auch mir zur Seite; denn Alle, die von Begriffsumfängen, Klassen, Mengen[1]) in ihren Beweisen Gebrauch gemacht haben, sind in derselben Lage. Es handelt sich hierbei nicht um meine Begründungsweise im Besonderen, sondern um die Möglichkeit einer logischen Begründung der Arithmetik überhaupt.

Doch zur Sache selbst! Herr Russell hat einen Widerspruch aufgefunden, der nun dargelegt werden mag.

Von der Klasse der Menschen wird niemand behaupten wollen, dass sie ein Mensch sei. Wir haben hier eine Klasse, die sich selbst nicht an-

1) Auch die Systeme des Herrn R. Dedekind gehören hierher.

弗雷格的《算术基本法则》

*hical Magazine*）1905 年的某一期上瞥见乔丹的名字的，那一期上刊载了乔丹论数学基础的一篇文章，还有维特根斯坦在曼彻斯特的教授霍勒斯·兰姆的一篇文章。根据乔丹的通信记录本 4 月 20 日那一则，他是先跟罗素讨论然后才答复了维特根斯坦的解决尝试。看上去他俩都不愿接受它：

> 罗素说，我在答复维特根斯坦（他"解决"了罗素的矛盾）时说的看法跟他自己的看法一致。

据维特根斯坦的姐姐赫尔米勒说，由于当时对数学哲学的着迷，他受尽了两种冲突的召唤产生的撕扯感的折磨。乔丹对他的"解决"的驳回可能使他服了气，暂时坚持从事航空学。两年以后他才又回去面对这一冲突：终于直接联系弗雷格和罗素，向他们呈出一种更为深思熟虑的哲学立场。虽然他对哲学问题有足够的感受力，但仍然有待某个人使他相信自己有哲学天分。

维特根斯坦仍然认为自己对航空工程既无天分也无感觉，但还是坚持设计和建造飞行器引擎的努力。他提出的引擎设计方案保存了下来，从这个方案里看出，他的想法是用燃烧室喷出的高速气体转动螺旋桨（有点像用软管中的水压转动旋转式草地喷洒器）。这个想法在根本上有缺陷，而且就驱动一架飞机而言很不实际。不过，第二次世界大战期间，这个想法被成功地用于某类直升机的设计。

维特根斯坦拥有一个燃烧室，这是一家当地厂商特别为他建造的；
34 他的研究的大量工作是拿各种排放喷嘴在燃烧室里做实验。他有位帮手，一位名叫吉姆·巴姆伯的实验室助理；他后来说吉姆是"我在曼彻斯特期间相处融洽的极少数人之一"。他对自己不得不投身于工程工作的总体性烦躁，其程度由于这差事要求精度的本性而增强了，巴姆伯回忆道："他神经质的脾气使他极不适合搞这种研究"：

> ……事情不对头时——这是常有的事——他就跺足捶胸、喋喋不休地用德语咒骂。

据巴姆伯说，维特根斯坦午餐后不休息，而是连续地干到晚上，然后去放松：或是在很热的水里泡澡（“他常常吹嘘水的温度”），或是听哈勒交响乐团的音乐会；偶尔巴姆伯陪他去音乐会，巴姆伯描述：“他经常整场音乐会坐在那里一言不发，完全沉浸其中。”

别的消遣还有跟埃克尔斯一起外出散步；那时埃克尔斯已离开了大学，在曼彻斯特得到了一个工程师职位。某个星期天下午的事留在了埃克尔斯的记忆里。维特根斯坦决定要去海边，去布莱克浦。发现没有合适的火车后，他没想别的法子，而是提议单为他俩租一趟专列。埃克尔斯最终劝阻了他，劝他采纳了不那么昂贵（虽然照埃克尔斯看还是很奢侈）的方案；他们乘出租车去利物浦，在那儿坐了默西河渡船[1]。

在曼彻斯特的第二年，维特根斯坦放弃了设计和建造喷气引擎的努力，专心设计螺旋桨。大学很认真地对待他的这项工作，决定给予他一年的研究奖学金；那是他在那儿的最后一年，即1910—1911年。他对自己工作的重要性和原创性足够自信，为自己的设计申请了专利。他的申请——以及对他的设计“用于航空器的螺旋桨的改进”的一个临时性描述——的登记日期是1910年11月22日。1911年6月21日他递交了完整的描述，当年8月17日专利获得了批准。

然而，相比于在工程领域谋职的决心，此时维特根斯坦对哲学问题 35
的着迷已占了上风。虽然奖学金又延了一年，而且1911年10月他仍被列为曼彻斯特大学的学生，但他当飞行器制造者的日子已在那年暑假结束了；在那个暑假，“在持续的、无法形容的、几乎病态的躁动中”，他为自己设想的一本哲学著作拟定了方案。

[1] “默西河渡船”，默西河在利物浦入海，默西河渡船是著名的观光项目。

# 第三章　罗素的爱徒

36 1911 年暑假末，维特根斯坦已为自己设想的哲学著作拟定了方案；他前往耶拿找弗雷格讨论这个方案——大概是想弄清是否值得写下去，或者是否应该继续搞他的航空学研究。赫尔米勒·维特根斯坦知道弗雷格是个老人，很担心这次访问，她害怕弗雷格缺乏处理这种局面的耐心，或不能同情地了解这次见面对她弟弟的重大意义。结果——维特根斯坦后来告诉朋友——弗雷格“轻松摆平”了他的方案；这或许是这本他设想的著作销声匿迹的一个原因。不过弗雷格还是给予充分的鼓励，建议维特根斯坦到剑桥跟随伯特兰·罗素学习。

这建议的好处超出了弗雷格的想象；它不只引出了维特根斯坦生命中一个决定性的转折点，还对罗素的生活产生了巨大的影响。因为正当维特根斯坦需要一位良师之时，罗素也恰好需要一位爱徒。

1911 年多少是罗素生命里的一条分水岭。上一年，他在付出十年筋疲力尽的劳作后写完了《数学原理》。“我的智力再也没从这损耗里完全恢复，”他在自己的《自传》里写道，“从此我处理困难的抽象问题的能力确实比以前差了。”写完《数学原理》后，罗素的生活在个人方面和哲学方面都进入了一个新阶段。1911 年春天他爱上了自由党下院议员菲利普·莫瑞尔的贵族妻子奥特琳·莫瑞尔，两人展开了一段持续到 1916 年

的关系。激情最盛时他每天给奥特琳写信多达三封。这些信几乎逐日记 37
录了维特根斯坦带给罗素的感受——他后来也讲过维特根斯坦的轶事，但对好故事的热衷常常胜过了对准确性的考虑，所以这份记录对于其中的某些故事是有益的校正。

部分因为奥特琳的影响，部分因为《数学原理》的写作对他能力的削弱效果，罗素的哲学工作开始变化了。《数学原理》之后他的第一本著作是《哲学问题》，即他的“廉价小说”[1]；这本书是他的许多通俗作品中的第一本，也首次显现出他清晰地表述艰深思想的卓越天赋。同时他取得了三一学院的数理逻辑讲师职位。教学工作，他在写一本普及自己思想的书——还有《数学原理》耗尽了他的力气——这些事合起来令他相信，从此以后，在发展《数学原理》中的思想这件事上，他的主要任务在于鼓励别人从他停下的地方继续前行。1911 年末他写信给奥特琳：“我曾认为留待我做的技术性的哲学真的非常重要。”但现在：

> 总的说来我对哲学有点不自在；留待我做的哲学（我指技术性的哲学）看上去不具有头等的重要性。我真觉得廉价小说是更值得写的……我确实认为重要的事情是使我的想法易懂。

这段时期里，奥特琳的影响最清楚地体现于罗素写一本论宗教的书的计划，书名定为《牢狱》；尚在完成《哲学问题》时他就开始着手此书了，但 1912 年的某个时候他放弃了这个计划。书名取自《哈姆雷特》的一句台词——“世界是一所牢狱，丹麦是一间最坏的牢房”；此书的中心思想是，“冥想的宗教”可提供逃出困住人类生命的牢狱的办法。罗素的“冥想的宗教”指的不是对上帝或不朽的信仰——即便醉心于极虔诚的奥特琳，他也不能相信那种事。他指的是一种与宇宙的神秘结合，在那种

[1] “廉价小说”（shilling shocker），应是罗素自嘲之语。

38 结合里，我们的有限自我得到克服，我们与无限合而为一。因为，照他对奥特琳的说法（口气确切得可疑），“你叫作上帝的东西正是我叫作无限的东西。”

可以合理地把这个计划视为罗素想调和自己的怀疑主义的不可知论和奥特琳的虔诚信仰的一次努力。在一封写给奥特琳的信中，他描述了她的爱对他的解放效果，这封信又一次提到了此书的核心想法：

> ……现在已没有我的牢狱。我伸展出去，触到星辰，穿越时间，到达每一个你的爱为我照亮了世界的地方。

因此，1911 年维特根斯坦遇到的罗素，远非他后来成为的那个尖锐的理性主义者和信仰的冒犯者。他是个正被浪漫抓住的男人，比从前和以后都更能欣赏人性中非理性和情绪化的一面——甚至到了接纳一种超验神秘主义的程度。或许更重要的是，他此时已认定自己对技术性哲学的贡献到此为止了，正在寻觅某个具备青春、活力和能力的人来发展开创的事业。

有迹象表明，维特根斯坦起初倾向于不理睬弗雷格的建议，继续在曼彻斯特工作。因此我们看到，秋季学期开学时他仍被列为工程学系的研究生，他的奖学金又延了一年。可能是这样：在自己的论证被弗雷格驳倒之后，他决心克服自己对数学哲学的执念，坚持从事工程师的职业。

10 月 18 日——米迦勒节学期[1]开始两周后——他突然出现在三一学院罗素的屋子里介绍自己时，显然事先没跟罗素联系过。

罗素正和 C. K. 奥格登（后来是《逻辑哲学论》的第一个译者）一起喝茶，这时：

---

[1] “米迦勒节学期”（Michaelmas term），剑桥大学（以及其他一些大学）一学年的第一个学期，即秋季学期，因米迦勒节得名，9 月或 10 月开学，到圣诞节结束。

玫瑰新月街 4 号，维特根斯坦在剑桥的首个住址，玛丽·格林约 1910 年绘

> ……一个陌生的德国人出现了，他几乎不会说英语，但拒绝说德
> 39 语。结果他是这么个人：曾在夏洛腾堡学工程，但在那期间自己对数学哲学产生了热情，现在来剑桥是想听听我怎么说。

立刻引起我们注意的，是维特根斯坦介绍自己时的两处省略。第一处是他没有提及是弗雷格建议他来找罗素的。第二处是，他没告诉罗素他曾在曼彻斯特学习工程（真正说来，以身份而论他仍旧在学）。这些省略虽然很奇怪，但也许只是说明了维特根斯坦的极度紧张；如果罗素的印象是他几乎不会说英语，那他肯定是真的很不在状态了。

从我们了解的随后几周的事来看，维特根斯坦的意图似乎不只是听罗素的课而已，他还要在罗素面前表现自己，而这是为了一次性地——仿佛要从伯乐的嘴里——搞清楚自己有没有真正的哲学天赋，从而搞清楚自己放弃航空学研究是否合理。

罗素的数理逻辑课吸引了很少的学生，常常只对着三个人讲课：C. D. 布洛德、E.H. 内维尔和 H. T. J. 诺顿。因此，首次见到维特根斯坦的那天，发现他在班上“正襟危坐”时，罗素有理由感到高兴。“我对我的德国人很感兴趣，”他写信给奥特琳，“我希望经常见到他。”结果他们的见面比他指望的更多。维特根斯坦缠住了罗素，缠了四个礼拜——课上讨论时他是一霸，课后又跟着罗素回屋，继续为自己的立场争辩。罗素的反应混合了赏识的兴致和不耐烦的怒意：

> 我的德国朋友有成为负担的危险，他在课后跟着我回去，争论到晚饭时间——顽固，执拗，但我觉得不蠢。［1911 年 10 月 19 日］
>
> 我的德国工程师很爱争辩，很烦人。他不肯承认，这屋子里确确实实没有一头犀牛……［他］又回来了，我换衣服时他一直在争辩。［1911 年 11 月 1 日］
>
> 我的德国工程师，我觉得，是个笨蛋。他认为经验的东西都不可

> 认识——我要他承认这屋子里没有一头犀牛，但他不肯。[1911年11月2日]
>
> [维特根斯坦]拒绝承认任何东西的存在，除了断言命题[1]。 40
> [1911年11月7日]
>
> 我的课进展顺利。我的德国前工程师照例主张他的论点，说除了断言命题世界上没有任何东西，但我最后告诉他这个论点太大了。[1911年11月13日]
>
> 我的野蛮的德国人来了，他在课后跟我争论。他对任何理性的批驳都置若罔闻。跟他讨论真的只是浪费时间。[1911年11月16日]

日后罗素颇渲染了这些讨论，声称他到课堂所有的桌子椅子底下都看了个遍，企图使维特根斯坦信服并无犀牛在此。但很清楚的是，对维特根斯坦来说问题是形而上的而非经验的，关系到的是何种东西组成了世界，而非一只犀牛在此与否。事实上，他在这里如此固执地提出的观点，预示了《逻辑哲学论》著名的第一句话所表达的东西："世界是事实的总和，而非物的总和。"

从上文的摘录可看出，罗素对维特根斯坦的哲学才能尚无把握。可是，为维特根斯坦的前途作决定的责任很快就落到了他身上。米迦勒节学期快结束了，11月27日，维特根斯坦去找罗素征询意见，他的问题是于他最要紧的问题，其答案将决定他对职业的抉择，并最终平息他为之挣扎了两年多的兴趣上的冲突：

> 我的德国人正在哲学和航空学之间犹豫；他今天问我是否认为他在哲学上肯定没有希望，我告诉他我不知道但我觉得不是。我要

---

[1] "断言命题"（asserted propositions），即作出断言的句子。

他给我一点成文的东西帮助我判断。他有钱，对哲学有强烈的兴趣，但他认为，除非他还不错，否则不应当献身。我颇感觉到自己担负的责任，我真的不知道他的才能如何。[1911年11月27日]

41 离开剑桥前维特根斯坦和罗素有一次社交性的接触，这次他总算在罗素身边放松了下来，不再只是全然潜心于哲学问题，展现出了某些除此之外的自己。罗素终于发现他是奥地利人而非德国人，还有他“爱好文学，非常爱好音乐，举止宜人……而且，我觉得真是聪明”，因此：“我开始喜欢他了”。

不过，1912年1月维特根斯坦带着自己假期写的手稿回到剑桥时，真正的转折点才到来。读了手稿之后罗素对他的态度立刻改变了。他告诉奥特琳，手稿“非常好，比我的英国学生写的好得多，”又说：“我一定会鼓励他。也许他会做出大事。”维特根斯坦后来告诉大卫·品生特，罗素的鼓励使他确定得以获救，并结束了他九年的孤独和痛苦，在那九年里他不断地想到自杀。由于罗素的鼓励，他能够最终放弃了工程学，扫除了“那个背后的声音：他在这世界里是多余的”——这个声音以前令他为自己没有自杀而感到羞耻。由此可得出，罗素鼓励他从事哲学，肯定他放弃工程学的想法之正当，是在完全字面的意义上救了维特根斯坦的命。

在下一个学期里，维特根斯坦学习数理逻辑的能量如此之足，以至于学期末罗素说他已把该学的都学会了，甚至还学得更多。“是的，”他对奥特琳断言，“维特根斯坦是我生活中的一大事件——无论结果是什么”：

我爱他，觉得他将解决我因为太老而解决不了的问题——我的工作提出的、有待新鲜的头脑和年轻的活力去解决的所有种类的问题。他正是你会期待的那种年轻人。

仅仅指导了维特根斯坦一个学期，罗素就认定他是自己寻觅的爱徒。

这个学期的三个月当中维特根斯坦实际做了什么哲学工作，我们并不知道。在罗素写给奥特琳的信里只透露了一点叫人干瞪眼的口风。1月26日维特根斯坦提出了“对逻辑形式、而非对逻辑内容[1]的定义”。一个月 42
后，他“就逻辑的一个重要问题，提出了一个非常好的创意，我认为是对的”。不过，这点口风足以提示出，维特根斯坦的工作从一开始针对的就不是“什么是数学”这个问题，而是更加基本的问题：“什么是逻辑”。这一问题，罗素自己觉得，是《数学原理》尚未回答的最重要问题。

1912年2月1日维特根斯坦被接纳为三一学院的成员，罗素当他的导师。罗素得知他从未上过正式的逻辑课程，觉得这种课程对他有好处，就安排了著名逻辑学家、国王学院理事[2] W.E.约翰逊“指导”他。这一安排只持续了几个礼拜。维特根斯坦后来告诉F.R.利维斯：“第一个小时我就发现他没什么可教给我。”利维斯也从约翰逊那里听到：“第一次见面他就给我上起课来了。”这两句评论的差别是，约翰逊是在挖苦，维特根斯坦则完全是认真的。事实上提出结束这个安排的是约翰逊，于是罗素不得不凭借其全部的老练和机敏，向维特根斯坦指出他的过错而又不弄得他心烦意乱，这是第一次，这种场面还将有许多次：

> 我正在准备我的讲演，维特根斯坦很兴奋地来了，因为约翰逊（我建议他接受约翰逊的指导）写信说不再教他了；约翰逊的真正意思是，维特根斯坦在他课上争论的太多，而不是像个好孩子一样学习他的课程。他来找我，想知道约翰逊这样看他是否正确。他现在

[1] 原文为“a definition of logical form as opposed to logical matter”。form和matter相对，多半指向亚里士多德的形式和质料，这里把logical matter译为“逻辑内容”。

[2] “国王学院理事”，“理事”译自fellow；在剑桥大学，教师组成理事会（Governing Body），理事会选出委员会进行学院的日常管理，理事会的成员就是fellow，学院的教师（包括Lecturer、Reader、Professor等职衔）都是fellow。

W.E. 约翰逊（1858—1931）

约翰·梅纳德·凯恩斯（1883—1946）

> 特别顽固，别人几乎插不进话，大家普遍当他是个讨厌的家伙。我确实非常喜欢他，所以我能就这类事情给他一点暗示，还不伤害到他。

这个学期维特根斯坦开始听 G.E. 摩尔的课，他给摩尔留下的印象大不一样。“摩尔对维特根斯坦的头脑评价极高，”罗素告诉奥特琳，“——说当他俩有分歧时，他总觉得 W.[1] 一定是对的。他说在他课上 W. 总是一副极其困惑的样子，但其他人看上去却没那么困惑。我很高兴我对 W. 的赞赏得到了支持。——年轻人并不重视他，或者就算重视他也只是因为摩尔和我称赞他。”对于维特根斯坦，罗素则“说他是多么喜爱摩尔，说他是怎样由于人们的思考方式而喜欢或不喜欢他们的—— 43
摩尔拥有我所知道的最美的微笑，那微笑打动了他”。

维特根斯坦和摩尔的友谊仍待以后发展。不过，在他和罗素之间，一条热烈的情感纽带迅速形成了。罗素的赞美是无止境的。他在维特根斯坦身上看到了“完美的学生”，这种学生“用强烈且非常聪明的异议表达热烈的钦佩”。维特根斯坦跟布洛德正相反，布洛德是罗素带过的最可靠的学生——“几乎肯定会做出许多有用的工作，但不是杰出的工作”——而维特根斯坦“充满了会使他无所不往的沸腾激情”。

罗素日益认同维特根斯坦，日益在他身上看见一个同道心灵，看见一个把一切力量和激情都投注在理论问题上的人。“这是罕见的激情，发现它是快乐的事。”甚至“他对哲学具有比我更多的激情；他的是雪崩，相形之下的我似乎只是雪球”。罗素的描述中再三出现“激情”：维特根斯坦（跟罗素自己一样）“在最高等级上”具备的“一种纯粹的激情”，“它令我爱他”。几乎像是他在维特根斯坦身上看到了自己的镜像——或许更恰当的说法是，像是他把维特根斯坦视作自己的子嗣：

[1] W.，指维特根斯坦，下同。

> 他的性情是艺术家式的，直觉的，喜怒无常的。他说自己每个早晨怀着希望开始工作，每个夜晚结束工作时却伴着绝望——当他不能理解事物时，他生出的正是我生出的那种愤怒。[ 1912 年 3 月 16 日 ]
>
> 我对他有着最完全的智性上的同情——同样的激情和热切，同样感到人必须要么理解要么死，以及打断思考的极度紧张状态的突然蹦出的玩笑。[ 1912 年 3 月 17 日 ]
>
> ……他甚至跟我作同样的比喻——一面墙把他和真理隔开，他必须设法将其推倒。我们上一次讨论后，他说："唔，弄倒了一点儿墙。"他的态度证明我对我的工作抱有的一切希望都是正当的。[ 1912 年 3 月 22 日 ]

罗素赞许地注意到维特根斯坦具备极好的礼貌，不过更赞许"争论时他忘记了礼貌而只是说出他想的"：

> 44 没有人比维特根斯坦更真诚，或更无妨碍真理的虚假礼貌；他让自己的感觉和感情流露，这一点温暖人心。[ 1912 年 3 月 10 日 ]

例如，维特根斯坦碰到了一个碰巧是修士的本科生，罗素就这件事开心地向奥特琳报告说，他"比我更不待见基督徒"：

> 他是喜欢 F.[1] 的，那个本科生修士，得知 F. 是修士后他觉得很恐怖。F. 来和他喝茶，W. 立即抨击他——跟我预想的一样，伴着十足的狂怒。昨天他再次发难，并不论证而只是宣布要诚实。他一般性地憎恨伦理和道德；他蓄意做一个冲动的动物，而且认为人应该这样。[ 1912 年 3 月 17 日 ]

[1] F.，即下文的法默（Farmer）。

“我不会为他的实际道德担保，”罗素总结道。

这评语自相矛盾。它表明罗素弄错了维特根斯坦论点的要害。既然维特根斯坦鼓吹要诚实，显然他并非在为不道德辩护的意义上憎恨道德规范。他辩护的是一种基于忠实[1]、基于真实面对自己及自己的冲动的道德——一种来自于自我内部的道德，而非规则、原则和责任从外部强加的道德。

对维特根斯坦来说许多事情都系于这个问题。他为了哲学放弃工程学，难道不是摒弃了本被视作他责任的东西，去追寻某种在他内部灼烧的东西？还有，如我们看到的——也是罗素最初就得知的——这决定需要一种辩护，即这样做不仅仅是心血来潮，而是走上一条他颇有可能作出重要贡献的道路。

罗素对这一点的误解是将来发生之事的一种预示，它提示了，他和维特根斯坦的“理论激情”终究并非如他设想的那么相似。这个学期末他俩的关系到了这样的程度：维特根斯坦觉得自己可以告诉罗素，在罗素的工作中自己喜欢的和不喜欢的是什么。他谈到《数学原理》的美，觉得很棒，他说——这大概是他能给出的最高赞美——它就像是音乐。但他很不喜欢那些通俗作品——特别是《一个自由人的崇拜》，和《哲学问题》的最后一 45
章“哲学的价值”。他甚至不喜欢说哲学有价值：

> ……他说喜欢哲学的人会做它，别的人不会，到此为止了。他的最强烈冲动是哲学。[1912年3月17日]

很难相信维特根斯坦的态度完全像罗素提示的那样直截了当。毕竟，

[1] “忠实”(integrity)，integrity的词源是整体、完全之意，强调自我的一致性。这里强调的是其本义，译作“正直”似不妥，勉强译为“忠实”。

在成为罗素学生之前的数年里，哲学是他最强烈的冲动这件事在他身上造成的责任和冲动的冲突一直令他深受折磨。他确实相信，人应当——像他父亲、他哥哥汉斯和一切天才那样——是冲动的动物。但他也具有几乎压倒一切的责任感，而且易于产生反复的极度自我怀疑。罗素的鼓励之所以是必需的，恰是因为他能由此而克服这怀疑，快乐地听从自己最强烈的冲动。罗素鼓励他做哲学工作后，他身上立刻发生的变化令家人吃了一惊。他自己在这个学期末告诉罗素，他生命里最快乐的时光是在罗素的屋子里度过的。但快乐的原因不仅仅在于他得以听从自己的冲动，还在于他确信——既然他有非同寻常的哲学天赋——自己有权这么做。

罗素要在这一点上理解他，这对维特根斯坦是重要的；下个学期他回到剑桥的那天他俩又谈到了这个话题。罗素发现他“穿得好极了……正如我预料的那样好。我发现他莫名地兴奋”，罗素仍然倾向于认为他俩的性情态度没有根本的不同：“他和我活在同样强烈的活力之中，很难坐得住或者读一本书。”维特根斯坦说到贝多芬：

> ……一个朋友描述他如何来到贝多芬的门前，听到贝多芬对着自己的新赋格曲“诅咒、咆哮和歌唱”；整整一个小时后贝多芬终于开了门，看上去像跟魔鬼干了一架；他已经36个小时没吃东西了，因为他一发狂厨子和女佣人都躲开了。这就是应当去做的那种人。

46 但又一次地，这指的可不是“诅咒、咆哮和歌唱”着的任何人。如果这样猛烈的倾注只产生出平庸的作品，维特根斯坦还会觉得那是“应当去做的那种人”吗？他隐含的意思是，如果一个人最强烈的冲动是作曲，而且如果完全沉溺于这冲动能够写出崇高的音乐，那么他不只有权听从冲动而行动，他还背负着这么做的责任。

类似地，罗素在维特根斯坦身上认出了天才的特质，因此就给予了他以同样方式行动的许可。他后来这样说维特根斯坦：

> ……也许是我所知道的传统观念里的天才的最完美范例，激情、深刻、强烈和强势。

夏季学期开学时他已开始在维特根斯坦身上看到这些特质。在4月23日的信里他告诉奥特琳：“只要他上手了，我就不觉得我放弃那题目是怠慢”，仿佛为了说明这项任务所需的特质，他添上一笔：“我以为今天他要撞碎我房间里的所有家具，他太兴奋了。”

维特根斯坦问他，他和怀特海将如何写完《数学原理》。罗素回答说，他们将不会有结论；此书将只是结束于“随便哪个刚好最后得到的公式”：

> 他最初显得惊讶，然后看出那是对的。我觉得，只要此书包含了一个有可能省去的词，就会毁掉它的美。

维特根斯坦无疑同情和认可这种对作品的美的诉求，在《逻辑哲学论》精简的文体中，他将把罗素在这儿提出的简朴美学提升到新的高度。

夏季学期初两人的关系已开始转变。虽然形式上仍然是维特根斯坦的导师，但罗素愈来愈渴望得到他的赞许。复活节假期时罗素开始写一篇要递交给加的夫大学哲学学会的论“物”的论文。他希望，这项工作将展现一种更新了的活力——“一个激情而冷静的分析的样板，全然不顾人类感情，作出最痛苦的结论”。冷静和激情？罗素解释说： 47

> 对于物，我至今从未有过足够的勇气。我从未足够怀疑。我想写一篇我的敌人将称之为“实在论的破产”的文章。没有任何东西能与给予人冷静洞见的激情相比拟。我最好的工作大多是得了悔恨的启

> 示[1]而做出的，但强大的激情也一样能做到。哲学是一位不情愿的女士——只有激情之手握住的冰冷的剑，才能触到她的心。

“激情之手握住的冰冷的剑”——这说法完美地描画了这种景象：维特根斯坦把一个严格的逻辑心灵和一个冲动的、着了迷的本性结合于一身。他正是罗素的哲学典范的化身。

不过，维特根斯坦对此计划的反应让罗素失望了。他把整个题目斥为“无用的问题”：

> 他承认，如果没有物，那么除了他自己没有人存在；但他说这并无害处，因为仍然能把物理学和天文学和所有其他科学解释为是真的。

几天后维特根斯坦实际读了部分论文，罗素欣慰地注意到他的意见有点变化：维特根斯坦喜欢它的彻底性。罗素论文的开头直截了当地宣称，迄今为止哲学家为了证明物之存在而提出的全部论证，简简单单全都是靠不住的。维特根斯坦称这是罗素做过的最好的事。看到论文的余下部分时他意见又变了，告诉罗素他还是不喜欢；“但只是因为不同意，而不是因为它写得糟”，罗素告诉奥特琳——仿佛抓到了救命稻草。这篇罗素最初寄予如此厚望的论文一直没发表。

罗素对维特根斯坦格外高的评价必定要引起他的剑桥朋友们的好奇，特别是在“使徒”（the Apostles）中间；“使徒”是一个自居精英的
48 交流社团（罗素自己也是成员），此时的主脑是约翰·梅纳德·凯恩斯和利顿·斯特雷奇。用“使徒”的切口来说，维特根斯坦成了所谓的“胚胎”——正在考察的入会对象。斯特雷奇（他住在伦敦）前往罗素的住

[1] “得了悔恨的启示”(in the inspiration of remorse)，即悔恨给了他灵感。

利顿·斯特雷奇（1880—1932）

处跟维特根斯坦喝茶，亲自考察这个潜在的使徒。维特根斯坦最近读过斯特雷奇的《法国文学的地标》，但并不喜欢。他对罗素说，它给人的印象是很用力，像哮喘病人的喘息。不过，喝茶时他还是费神出了点风头，足以打动斯特雷奇。“每一个人都正开始发现他，”罗素过后告诉奥特琳，“现在他们都认识到他有天才。”

至于维特根斯坦是否想加入“使徒”，罗素有点怀疑：

> 有人在跟他们说维特根斯坦的事，他们想听听我对他的看法。他们在考虑把他选进社团。我告诉他们我认为他不会喜欢社团。我真的很确定他不会。他会觉得那很乏味，实际上它是成了那样，这是由于他们习于相爱的缘故，我那时候没这种事——我认为主因是利顿。

他推想维特根斯坦会讨厌那种同性恋韵事的“乏味”气氛，当时这种气氛笼罩着社团；无论这话是对是错，结果证明，他说维特根斯坦不会喜欢“使徒”是说对了。

同时，斯特雷奇对维特根斯坦的印象有点混杂。5月5日他请维特根斯坦吃午饭，但这第二次会面他没什么感觉。“辛克－维克先生[1]跟我吃午饭”，他写信给凯恩斯，“安静的小人物。”两周后两人在斯特雷奇的兄弟詹姆斯的屋子里再度见面。这一次斯特雷奇得到的感受是一种弄得人筋疲力尽的才华：

> 辛克－维克先生使劲研究一般和个别。辛克－维克先生呀！多么光彩——但又多么遭罪[2]！哦上帝！上帝！“如果A爱B”——“也

[1] “辛克－维克先生”（Herr Sinckel-Winckel），指维特根斯坦。

[2] “多么遭罪”，原文是法语 quelle souffrance。

> 许有一个共同的性质[1]”——“用那种方式根本分析不了，复合[2]具有特定的性质。”我要怎样才能平静下来睡觉？

维特根斯坦和“使徒”的接触到此暂告一段落，直到这年的10月，在见 49
过凯恩斯之后“辛克－维克先生”短暂而灾难性地变成了“维特根斯坦兄弟”。

剑桥的年轻人曾把维特根斯坦“普遍视作一个讨厌的家伙”，现在他们则认为，他是“有趣的、讨人喜欢的，虽然幽默感口味有点重”。至少这是其中一人的评价，即大卫·品生特；夏季学期初，在罗素的一次“碎南瓜”[3]（社交晚会）上他见到了维特根斯坦。那时品生特是数学本科二年级学生。上一年他也曾是“使徒”的“胚胎”，但未获选。这事也许说明了剑桥时下的知识精英是如何看他的——有趣但不迷人，聪明但没有天才。

不过，由于其音乐感受力和安静的性情，品生特是维特根斯坦的一个理想伙伴。维特根斯坦像是立刻看出了这一点，认识还不到一个月，就邀请品生特到冰岛度假，一切费用由维特根斯坦父亲承担，品生特为此吃了一惊。“我真的不知道该怎么想”，品生特在日记里写道：

> ……这肯定会很好玩，我自己出不起钱，费特根斯坦［原文如此］[4]似乎非常盼望我去。我推迟了决定，写信问家里的意见：冰岛听起来很诱人：我猜所有的内陆旅程都要在马背上走，这实在太好玩了！这整个主意吸引着我，也令我吃惊：我认识费特根斯坦只有三周左右——但我们看起来处得不错：他喜爱音乐，品味跟我一

[1] “也许有一个共同的性质”，意思是也许A和B有一个共同的性质。
[2] “复合”译自complex，例如，“A爱B”是一个complex。
[3] “碎南瓜”（squashes）。
[4] “费特根斯坦”，品生特把维特根斯坦拼成了“Vittgenstein”。

大卫・品生特（1891—1918）

剑桥大学心理学实验的老实验室

> 样。他是个奥地利人——但英语讲的很流利。我得说他的年纪跟我差不多。

在这之前他们的来往仅限于此：品生特是维特根斯坦在心理实验室做的实验的一个实验对象。看起来，维特根斯坦想用科学的方法研究节奏在音乐欣赏中的作用。为此他大概需要一个懂点音乐的实验对象。品生特没有在日记里描述实验，只是注明参与进去“还挺好玩”。在这项工
50 作上，维特根斯坦得到了心理学家 C. S . 迈尔斯的帮助，迈尔斯颇认真地看待这些实验，将其引荐给英国心理学学会作一次展示。实验得出的主要结论是，在某些情形下，实验对象在某些音符上听到了实际上没有的重音。

受到跟维特根斯坦一起度假的邀请之前，除了一周两次或三次的实验，品生特和维特根斯坦的接触就只剩下罗素的星期四晚会“碎南瓜”了。5 月 30 日的那次晚会之后，品生特记录道，他发觉维特根斯坦“非常有趣”：

> ……他正在这儿攻读哲学，但只是刚刚开始系统阅读：他表达了最天真的惊讶：所有他曾无知崇拜的哲学家归根结底都是愚蠢和不诚实的，并犯下了恶心的错误！

不过，只是在维特根斯坦出乎意料的邀请之后亲密的友谊才发展起来。第二天两人一起去听一场音乐会，随后去了维特根斯坦的屋子，聊到十一点半。维特根斯坦“非常健谈，告诉我许多他的事”。就在那时他告诉品生特，在想自杀的孤独和痛苦中度过了九年之后，罗素对他从事哲学的鼓励是他的救星。品生特又写道：

> 我知道，罗素对他的评价很高：他曾指出他（罗素）在哲学的一

> 两个地方弄错了，罗素也信服了：而且罗素不是唯一一位费特根斯坦令其承认有错的这儿的哲学教师。费特根斯坦几乎没有业余爱好，这很能解释他的孤独。人的生长不能全部扎根于像学位考试那样大而重要的事情。但他相当有趣和讨喜：我想他现在已完全克服了他的病。

此后维特根斯坦和品生特来往甚密，他俩听剑桥大学音乐俱乐部的音乐会，一起在联盟[1]进餐，到对方的屋子里喝茶。维特根斯坦甚至参加了学院教堂的一次仪式，只为了听品生特朗读经文。

罗素先前曾说他“不待见”基督教徒，但他去教堂不见得如看上去 51
那样违背本性。事实上，大约也在这个时候，他的一段话曾令罗素感到惊讶，他突然说自己非常赞赏这段经文：“若一人赢得整个世界却失去自己的灵魂，于他又有何益[2]”：

> ［他］然后接着说，没失去灵魂的人是多么少。我说这依赖于有一个真心追求的大的目标。他说他认为这更依赖于痛苦和承受痛苦的力量。我很惊讶——我没想到会从他那里听到这类东西。

维特根斯坦在这儿表达的斯多葛主义，似乎跟他日后告诉诺曼·马尔科姆的一件事相关。有一次在维也纳家里度假时，由于看了一出戏，他此前对宗教的轻蔑态度改变了；这出戏是奥地利剧作家和小说家路德维希·奥岑格鲁贝所作的《画十字的人》[3]。这是一部平庸的剧作，但其中的某个

[1] “联盟”（Union），是著名的剑桥大学学生辩论社团，这儿指联盟的房子。

[2] 这段经文见《马可福音》8：36。

[3] 他告诉马尔科姆，这事发生时他大约二十一岁；那么时间上就是1910年或1911年初。但，罗素注意到，维特根斯坦对宗教态度的改变是在1912年夏天，这就令人禁不住设想，此事其实发生在1912年的复活节假期。——原注

角色表述了这种思想：无论世界上发生什么，没有任何坏的事情能发生在他身上。他独立于命运和环境。这种斯多葛式的思想强烈地打动了维特根斯坦，他对马尔科姆说，他第一次看到了宗教的可能性。

尽其余生他都一直把“绝对安全”的感觉当作典型的宗教经验。我们发现，在上面罗素引述的对话发生了几个月后，他读起了威廉·詹姆斯的《宗教经验种种》，并告诉罗素：

> 这书给了我很多帮助。我的意思不是说我快成一个圣徒了，但我不敢说它没令我在一条道路上改进了一点点，正是在那条道路上，我想要非常多地改进[1]：就是说，我认为它有助于我摆脱Sorge［烦恼，焦虑］[2]（在歌德《浮士德》的第二部用这个词的意义上）。

52 讨论了失去和保有灵魂的两天之后罗素和维特根斯坦还有另一场对话，这次对话揭示了他们各自伦理观的某些深层差异。事由是对狄更斯的《大卫·科波菲尔》的讨论。维特根斯坦主张，科波菲尔为了斯提福兹和小爱弥丽的私奔而责怨斯提福兹，是错误的。罗素回答，在同样的情况下你也会做同样的事。维特根斯坦“很难过，拒绝相信；认为人能够而且应该总是对朋友忠诚、坚持爱他们”。

然后罗素问他，如果他同一个女人结婚，而她跟另一个男人跑了，他的感觉会是怎样：

> ［维特根斯坦］说（我相信他）他不会感到愤怒或仇恨，只有完全的悲伤。他的本性是彻头彻尾的善；这就是他为什么看不到道德

---

[1] 此处不容易译得顺口。原句为“I am not sure that it does not improve me a little in a way in which I would like to improve very much”。

[2] “烦恼”，“焦虑”，分别为英文的worry，anxiety。Sorge，德文，大约为“操心”、“烦”之意。

> 的必要。我原先完全错了；他在激情中会做所有事情，但不会实行任何冷血的不道德。他的态度非常自由；他觉得原则这种东西是无意义的，因为他的冲动是强烈的，从不是可耻的。

“我觉得他热烈地全心全意对我，”罗素补充说，“一点点感情的反差都令他很受伤。我对他的感情是热烈的，不过，由于我专心对你，这感情对于我，比起他的感情对于他，重要性当然就少一些。”

罗素似乎未能敏锐地看出，之所以他们的感情差异对维特根斯坦是重要的，是因为他们触碰到了对他有根本重要性的问题。他也未敏锐地看出，维特根斯坦对于自我忠实[1]（以及上述例子里的忠诚[2]）的强调，并非是反对道德，而是在建构一种不同的道德。就他们根本上相反的人生态度而言，这是个典型的例子；即便在这个也许最内省的时期，罗素也认为保有灵魂依赖于一个“真心追求的大的目标”——他倾向于在自我之外寻找支撑自己的东西。维特根斯坦则（也是很典型地）坚持认为，保持不堕落的可能性完全依靠自我——依靠在内部觅得的品质。如果一个人的灵魂是纯粹的（对朋友不忠诚是一件令它不纯的事情），那么无论什么事“从外部”发生在他身上——即便是妻子跟别的男人跑了——都不能动他的自我分毫。于是最应该关心的不是外部事务，而是 53
自我。于是，跟任何由于他人的行动落到我们头上的不幸相比，妨碍我们镇静面对世界的 Sorge 才更是当务之急。

当最根本的态度相冲突时，无所谓赞同或不赞同，因为一个人说的或做的一切都得从那态度里来理解。因此，双方都觉得挫败和不理解便不令人惊讶了。令人惊讶的是，罗素相当天真地假定，他面对的不是一套异于自己的理想，而就是一个相当罕见的人，这个人的“冲动是强烈

---

[1] “自我忠实”（personal integrity）。

[2] “忠诚”（loyalty）。

的、从不是可耻的”。仿佛是，为了理解维特根斯坦的观点罗素必须诉诸某些关于他的、可解释他为什么持有那观点的事实。一旦发觉维特根斯坦的态度是陌异的和无法了解的，罗素只能努力解释，而非理解。可以说，他没有能力进到它里面。

读罗素写给奥特琳的信，我们一再感到他抓不住维特根斯坦的“理论激情”的精神。他在不同时候把“自我忠实”观念在维特根斯坦的人生态度里的中心地位解释为：对传统道德的拒绝，一个纯粹的、未堕落的本性的迹象——甚至至少有一回解释为一个玩笑。在罗素的一次“碎南瓜”晚会上，维特根斯坦辩称学习数学能提高人的品味：“因为好品味是真诚的品味，因此任何使人诚实思考的事都滋养它。”从罗素对奥特琳的转述来看，仿佛他觉得不可能严肃对待这个论证。他说维特根斯坦的观点是一个“悖论”，说“我们都反对他”。然而完全有理由认为，维特根斯坦说这话是全然认真的：对于他，诚实和好品味是紧密交织的概念。

维特根斯坦不是会为最根本的信念争辩的人。必须跟他同有那些信念，才可能跟他对话。（因此，跟罗素讨论伦理问题很快就变得不可能了。）不跟他同有根本态度的人恐怕始终无法理解他说的东西——无论是关于逻辑
54 还是伦理的。罗素开始忧虑这趋势。“我当真担心，”他告诉奥特琳，“没人看得出他写的东西要干什么，因为他不用针对相左观点的论证来支持它。”罗素告诉他，不应只陈述他的思想，还要提供论证；他的回答是论证将毁掉它的美。他将感到像是用泥手弄脏了一朵花：

> 我告诉他，我不忍心说什么来反对这个，他最好搞来一个奴隶说出论证。

罗素很有理由担心维特根斯坦得不到理解，因为他日益觉得自己的逻辑工作的未来在维特根斯坦的手里。他甚至觉得，应该在三一学院的五年

讲师职位到期之后让位给维特根斯坦。“这真的很惊人，我竟然渐渐觉得学问的世界不真实，”他写道，“数学完全淡出了我的脑海，除了某个证明猛地把它送回来的时候。我不常想到哲学，我没有做哲学的冲动。”不管在《哲学问题》的最后一章里写过什么，他已失去了对哲学价值的信念：

> 我确曾认真地想回到哲学上去，但发觉我实在没法认为它很有价值。这部分是由于维特根斯坦，他使我越发是个怀疑论者了；部分是一种变化的结果——我找到你之后这变化一直在进行着。

他提到的“变化”是指他受了奥特琳的触发、不断增长的对非哲学工作的兴趣。起先，是论宗教的书《牢狱》；接着是一本自传（他放弃了，而且显然将其销毁了）；最后是一本名为《约翰·福斯蒂斯的迷茫》的自传体中篇小说，这本书无疑使用了他为自传所写的某些素材，并大量引用了他写给奥特琳的信；他试图用虚构的形式描述自己的智性跋涉——起初是孤立，经由道德和政治的迷惘，到达清晰和从容。在这类写作上罗素尚未达到其最佳水准，而且终其一生上述作品也没有一部问世。“我真但愿我具备更多的创造性，”他对奥特琳悲叹，“莫扎特那样的人令我们自惭形秽。”后来他同意在身后出版《约翰·福斯蒂斯的迷茫》， 55
不过带着慎重的保留：

> ……第二部分表达了我仅在一个极短时期中持有的看法。我在第二部分中的观点非常感性，太过温和，对宗教太过赞许。这一切，我受到了奥特琳·莫瑞尔女勋爵的过度影响。

好也罢坏也罢，正是在这个“极短时期”里维特根斯坦在逻辑分析上有了非凡的进展。或许，他之被认可为哲学天才多少得归功于奥特琳对罗素的影响。假如不是正经历这么一个感性的阶段，罗素可能不会那么喜欢维特根斯坦：“今天维特根斯坦给我带了最可爱的玫瑰。他是个宝贝”（1912年4月23日）；“我爱他，仿佛他是我的儿子”（1912年8月22日）。或许，如果不是失去了对数理逻辑作出自己的贡献的信念和兴趣，他可能不会那么情愿地把这个课题交给维特根斯坦。

事实上，维特根斯坦到剑桥快一年时罗素就预言他将是自己的接班人。夏季学期末赫尔米勒来剑桥探望，见到了罗素；她吃惊地听见他说：“我们期待哲学的下一大步由你的弟弟跨出。”

暑假初，G. E. 摩尔提出把他原先住的学院屋子让给维特根斯坦。直到那时维特根斯坦都寄宿在玫瑰弯月街，他感激地接受了摩尔的提议。屋子的位置对他很完美：位于惠韦尔庭院的K楼梯顶，由此向三一学院望去，景色美妙。他喜欢住在塔楼顶端[1]，此后在剑桥的日子他都留着这套屋子，即便他日后重返剑桥，当了研究员[2]，再后来当了教授而有资格住更大更尊贵的房子时也是一样。

维特根斯坦极细心地为自己的屋子挑选家具。品生特协助了他：

> 我出去帮着他在形形色色的店里看了许多的家具：他下学期要搬进学院。相当好玩：他极其挑剔，我们带着店主跳了一圈吓人的舞，对店主拿给我们的百分之九十的东西，费特根斯坦都叫道“不——太恐怖了！”

56 罗素也被拉进了维特根斯坦在此事上的斟酌，发觉这令人很不耐烦。“他

---

[1] “惠韦尔庭院”（Whewell's Court），是剑桥三一学院的一个院子，院子四周一圈楼房，多处楼梯按字母编号，维特根斯坦住在K楼梯的顶楼，此处较左右更高，是惠韦尔庭院的两座塔楼之一。

[2] “研究员”，译自fellow，这儿指research fellow，是剑桥的一个带薪的研究职位，薪水从学院获得的捐款里出，它和学院的理事（fellow）不是一个概念。

剑桥三一学院惠韦尔庭院

非常麻烦，”他告诉奥特琳，“昨天根本什么都没买。他给我上了‘如何制造家具’的一课——他讨厌一切不是结构成分的装饰，他永远找不到足够简单的东西。”最后维特根斯坦专门定制了家具。家具搬来时品生特的评价是“相当古怪，但不错”。

要理解维特根斯坦在此事上的苛刻，品生特和罗素的背景都不好。为了理解他对设计和手艺的关切，就得有制作的经验。因此我们看到，若干年后，他的曼彻斯特工程师朋友埃克尔斯把自己的一些家具设计寄给他意见，维特根斯坦的回复是一个仔细考虑过的评判，埃克尔斯则感谢他，接受了那评判。

而要看出维特根斯坦对多余装饰的反感的力量——要看出这一点对他的伦理重要性——就得是个维也纳人；就得与卡尔·克劳斯和阿道夫·鲁斯感同身受：自海顿到舒伯特，曾经高贵的维也纳文化胜过了世上任何别的东西；而19世纪后半叶以来它却已经萎缩，用保尔·伊格尔曼的话说，成了一种“冒牌的低级的文化—— 一种变成自身反面的、被错误地用作装饰和面具的文化”。

7月15日维特根斯坦回到了维也纳，他已安排好在9月的第一周跟品生特（对提议中的冰岛度假，品生特的父母已给予了祝福）在伦敦碰头。维也纳家里的日子并不好过。他父亲得了癌症，接受了数次手术；格蕾特怀孕并经历了难产；他自己接受了疝气手术，那是一次兵役体检查出来的。这件事他对母亲隐瞒了，她正近乎发狂地照顾着他病中的父亲。

他在维也纳写信给罗素说：“我又很健康了，竭尽全力地做哲学。”他的思想有了进展，从思考逻辑常项（即罗素的“v”、“～”、“⊃”等符号[1]）的意义，到认定“我们的问题可以追溯到原子命题”。[2]但在写

[1] 逻辑常项，指逻辑连接词，“V”是逻辑或，“～”是逻辑非，“⊃”是逻辑蕴涵。

[2] 原文是prop［osition］s，维特根斯坦将propositions简写为props。

维特根斯坦的母亲在林荫街房子里，1913 年

维特根斯坦的父亲

给罗素的信里，对于这进展将导致什么样的逻辑符号理论，他只给出了点暗示。 57

“我很高兴你读了莫扎特和贝多芬的传记，”他对罗素说，“他们是神的真实儿子。”他对罗素讲他读托尔斯泰的《哈吉·穆拉特》时的喜悦：“你读过吗？如果没读过你应该读，它好极了。”

9 月 4 日，即抵达伦敦的当天，他到罗素在比里街的新公寓做客。罗素在他身上感到了不同于布鲁姆斯伯里[1]的朝气扑面的新意——“和斯蒂芬们、斯特雷奇们[2]以及此类自命天才的人相比，是个极好的对照”：

> 我们很快钻进了逻辑，并且有了很棒的论证。他具有看出什么是真正重要问题的极棒的能力。
>
> ……他让我产生了如此愉快而懒散的情绪：我能把全部困难的思考留给他，以前这事只能靠我自个。因此我可以更容易地放弃技术性工作。只是我觉得他的健康很不稳定——他给人一种感觉，好像他的生命很不安全似的。而且我认为他正在变聋。

对维特根斯坦听力问题的提及或许是一句嘲讽；无论如何，维特根斯坦都不是听不见，只是不愿听——特别是罗素给他某些“明智的忠告”时：罗素劝他不要非等到解决了所有哲学问题之后才开始写作。罗素告诉他，那一天永远不会到来：

---

[1] “布鲁姆斯伯里”（Bloomsbury），伦敦中部的一个地区。此处指布鲁姆斯伯里圈子（Bloomsbury Group），是一个非正式的松散文化圈子，成员大多在布鲁姆斯伯里附近或生活或学习或工作。圈中人有弗吉尼娅·伍尔芙、林顿·斯特雷奇、奥特琳·莫瑞尔、凯恩斯等人，也许还包括罗素自己。

[2] “斯蒂芬们”、“斯特雷奇们”，“斯蒂芬们”指 Thoby Stephen、Adrian Stephen、弗吉尼娅·伍尔芙和 Vanessa Bell，这四人是一胞兄妹，后两人是女孩，本姓斯蒂芬，“斯特雷奇们”指林顿·斯特雷奇、詹姆斯·斯特雷奇兄弟。

> 这引起了他猛烈的爆发——他有着艺术家的感觉：要么做出完美的东西，要么什么也不做——我向他解释，除非学习写作不完美的东西，否则他拿不到学位，教不了书——这都使他愈来愈狂暴——最后他恳求我，即便他令我失望也不要放弃他。

第二天品生特到了伦敦，维特根斯坦去接他，坚持乘出租车带他到特拉法加广场的格兰德饭店。品生特徒劳地尝试提出去较不豪华的饭店，但维特根斯坦听都不听。照品生特的日记所写，很显然这次旅行是不惜成本的。一到饭店品生特就得知了财务安排：

58 维特根斯坦，确切说是他的父亲，坚持为我们两人付钱：我预计他会很慷慨——但他超出了我的一切预期：维特根斯坦给我超过一百四十五镑的纸币，他自己也留有同样数量的纸币。他还有一张约二百镑的信用证！

他们从伦敦坐火车去剑桥（“不用说我们坐头等车厢！”），维特根斯坦要在那儿办理跟他的新学院屋子有关的某些事务，然后他们坐火车去爱丁堡，在那儿过完夜就坐船出航。在爱丁堡维特根斯坦带品生特逛了趟商店；他坚持认为品生特没带够衣服：

> 带够衣服这事对他也太麻烦了：他自己有三包行李，我仅有的一个箱子叫他很不安。在剑桥他要我买了第二条旅行毛毯，今天早晨在爱丁宝[1]又要我买了不少别的零碎：我颇抗拒了一番——尤其这么猛花的不是我的钱。不过我扳回了一城，诱使他买了他还没有

---

[1] 此处的，以及其他品生特信里的古怪拼写，是原文照录。——原注（译者说明：此处品生特把 Edinburgh 拼成 Edinborough）

的油布雨衣。

9月7日他们从利斯动身，上了斯特林号；这艘船的模样很像普通的海峡渡轮，对此维特根斯坦很是厌恶——他期待的是更豪华的船。他们在船上发现了一架钢琴；品生特带了套舒伯特歌曲的谱子，在其他乘客的起劲怂恿之下他坐下来弹奏，维特根斯坦这才平静了下来。他们得在相当狂躁的海面上航行五天，品生特和维特根斯坦都遭了罪；不过品生特好奇地发现，虽说维特根斯坦在自己舱里躺着的时间挺长，但从没真的生病。

9月12日，他俩抵达雷克雅未克，一住进旅馆就雇了个内陆旅行的向导，第二天就启程。他俩在旅馆发生了第一次争论——关于公共学校。争论相当热烈，直到——照品生特的记录——他俩发觉误解了对方："他
极端痛恨一种态度，一种对待残酷和苦难的他称之为'非利士人[1]'的 59
态度——一切铁石心肠的态度——他还以此责难吉卜林：他以为我同情那种态度"。

一周后他俩又谈到"非利士人"态度的话题：

> 维特根斯坦在不同的时候对"非利士人"谈了很多——他把这名称给了所有他讨厌的人！（见上文——9月12号周四）我想，他觉得我表达的某些观点有点像非利士人（即有关实际事务的观点[不是哲学]——例如这个时代比之过去时代的优越性，等等），他颇为困惑，因为他不认为我真是个非利士人——我也不认为他讨厌我！他这样让自己释怀：说我会有不同的想法的，只要我年纪再大一点！

[1] "非利士人"（Philistine）。

挪威之旅的明信片。1913 年 8 月—9 月与大卫·品生特

353

Bergensbanen
Langs Finsevand

我们不禁在这些争论里看见一种对照：维也纳人的 Angst[1] 的悲观主义和英国人的迟钝的乐观主义（至少在第一次世界大战前是这样，一战后，甚至连英国式的对“这个时代比之过去时代的优越性”的信念也削弱了）。但若是如此，品生特身上就拥有一些品质，他因此不可能分享维特根斯坦的文化悲观主义，而他恰恰因此是维特根斯坦的理想伙伴。

然而，甚至连品生特欢畅而平静的性情有时也受累于维特根斯坦的神经质——他的“麻烦”[2]（品生特的说法）。在雷克雅未克的第二天，他们到轮船公司的办事处定回程铺位。对方一下子听不懂他们的话，但最终事情搞定了，起码品生特是满意的：

> 可是，维特根斯坦极其麻烦，说什么我们根本回不去了，我对他十分生气：最后他自个出去，到堤岸上找了个人作翻译，在轮船办事处把整个流程重新搞了一遍。

品生特的好脾气也这样失控——虽然很少发生——令维特根斯坦很不安。我们读到，9 月 21 日：

> 维特根斯坦整个晚上都有点绷着脸：他非常敏感于我对某些琐事的片刻恼怒——像我今晚那样——我忘了是为了什么：结果是，之
> 60 后的整晚他都沮丧而沉默。他一直恳求我别急躁：我也尽力了，而且我觉得，这次旅行我真的不常这样！

这次度假里有十天的骑矮种马的内陆旅行。还是不惜成本。马队由维特根斯坦、品生特和向导组成，每人骑一匹矮种马，还赶着前头的

---

[1] Angst，德文，大意为焦虑，也可译成“畏”。

[2] “麻烦”（fussiness）。

两匹驮行李的矮种马和三匹空闲的矮种马。白天，他们骑行、在乡间村口探访，晚上维特根斯坦教品生特数理逻辑，品生特发觉那“格外有趣”——“维特根斯坦是非常好的老师”。

偶尔他们步行于乡间游历，甚至试了一次攀岩，这事两人都不在行。维特根斯坦为此“极其紧张”：

> 这回他又变得非常麻烦——他一直求我别拿生命冒险！他会这样子真是好笑——在其他方面他是个相当好的旅伴。

他们步行时谈的最多的是逻辑，维特根斯坦继续教品生特这个科目：“我从他那儿学到了许多。他确实聪明非凡。”

> 在他的推理中，我尚未能找到最最小的一点儿错误：而他已经在若干问题上令我的想法完全改变了。

结束了在冰岛乡间的远足回到雷克雅未克的旅馆时，品生特趁便和一个刚到的“非常奇妙的粗人”[1] 闲谈了一回。这激起了一场对“这种人”的长时间讨论：“他就是不跟他们说话，但我觉得他们真的相当有趣。”第二天“维特根斯坦搞的麻烦死了”。他极厌恶品生特的“奇妙的粗人”，绝不允许自己可能与之在一张桌子上吃饭。为了确保不发生那种事，他下令无论如何他们的膳食要比旅馆的客饭提前一小时供应。午饭时旅馆忘了这事，维特根斯坦不愿留下来冒险，带品生特出门看看能不能在雷克雅未克找到什么东西吃。他们没找到。于是维特根斯坦在自己房间里吃了 61
点饼干，品生特吃了旅馆的客饭。傍晚时品生特发现维特根斯坦“仍然为

[1] “非常奇妙的粗人”（a very splendid bounder），大约指那种粗俗、甚至邪恶、但颇有魅力的人。

了午饭的事紧绷着脸”，不过他们按计划提前一小时得到了晚饭，还喝了香槟，“他因此高兴了一点，最后他就很正常了”。

品生特一直是乐于倾听的和高高兴兴的。在回程的船上维特根斯坦带他到轮机舱，向他解释引擎如何工作。他还描述自己正在作的逻辑研究。“我确实相信他已发现了某些不错的东西”，品生特评论道——遗憾的是他没提那是什么。

在返程途中品生特说服维特根斯坦去伯明翰与他的家人共度一晚——他渴望让父母见识一下维特根斯坦。契机是市政厅的一场音乐会，节目单上有勃拉姆斯的《安魂曲》[1]、施特劳斯的《莎乐美》、贝多芬的《第七交响曲》和巴赫的一部经文歌《不要害怕》[2]。维特根斯坦陶醉地听了勃拉姆斯，拒绝进场听施特劳斯，等贝多芬一结束就离开了市政厅。晚饭时，品生特请维特根斯坦把度假时教的逻辑对他父亲讲了一点，他父亲果然印象不错。“我觉得父亲感兴趣，”他写道，又说——用更肯定的语气——“无疑事后他赞同我的看法，维特根斯坦真的非常聪明和敏锐。”

对品生特而言，这是“我有过的最美妙的假期”！

> 乡村的新鲜感——完全不用考虑节约的新鲜感——刺激感以及一切——这一切合起来使这次度假成了我有过的最奇妙经历。它几乎留给我一个“神秘－浪漫”的印象：最大的浪漫在于新鲜感——新鲜的环境——等等，无论什么反正是新鲜的。

维特根斯坦不是这样。他记住的是他俩的差异和分歧——也许正是品

[1] 《安魂曲》(Requiem)，全名为《德意志安魂曲》。

[2] 《不要害怕》(*Be not afraid*)，全名为 *Be not afraid, I am with thee*。

生特日记提到的那些场景——品生特偶尔的烦躁、品生特身上的“非利士人”迹象和“粗人”事件。后来他告诉品生特，他喜欢这次旅行，“只因彼此什么都不是的两个人也有这样做的可能[1]”。

[1] 此句的意味较难译出，原句为“as much as it is possible for two people to do who are nothing to each other”。

# 第四章　罗素的导师[1]

62 若转而考虑有天赋的男人，我们会看到，在他们身上，爱的开端常常是自我折磨、自轻自贱和自我克制。一种道德转变出现了，被爱的对象像是生出一种净化作用。

——魏宁格，《性与性格》

维特根斯坦在不安和烦躁之中结束了同品生特的度假，回到剑桥。没几天他和罗素有了第一次严重的分歧。维特根斯坦不在时罗素在《希伯特期刊》(*Hibbert Journal*）上发表了一篇论“宗教本质”的文章。这篇文章是从他放弃的书稿《牢狱》里抽出来的，也是受奥特琳启发的一次尝试；它提出一种其中心概念为“我们生命的无限成分”的“冥想的宗教”，那一成分“并非从某一视角看待世界：它无所偏颇地照耀着，就像阴天照在海面上的弥散的光”：

与有限的生命不同，它是无所偏颇的；它的无所偏颇通向思想的

[1] “导师”(master)，此处既有“老师”之意，又有“主宰者”（左右罗素对自己写作的判断）之意。

> 真理、行动的正义和感情的博爱。

在许多方面，这篇文章先行提出了维特根斯坦自己将在《逻辑哲学论》
里发展的神秘主义；特别是它提倡斯宾诺莎的“摆脱了有限自我的自由”
（即《逻辑哲学论》里说的从永恒的角度[1]沉思世界），以及对于某种要
求的批判——罗素称之为“那个坚决的要求：我们的理想应当已经在世界
里实现了”（比较《逻辑哲学论》6.41）。不过，和《逻辑哲学论》不同的 63
是，罗素的文章毫不犹豫地表述了这个神秘主义，而且（例如）毫不犹豫
地以严格来说无意义的方式使用了“有限”和“无限”这样的词。无论如
何维特根斯坦厌恶这篇文章，回剑桥没几天就冲进罗素的房间，说出了自
己的感觉。他刚巧打断了一封正写给奥特琳的信：

> 维特根斯坦刚进来了，为了我的《希伯特》文章极为痛苦，显然憎恨它。因为他我不得不停笔了。

数天后罗素详细解释了维特根斯坦爆发的原因：“他觉得我背叛了对严格性的信仰；还有，这种东西太个人化，不宜付印。”“我非常在意，”他又说，“因为我部分同意他。”随后的几天他仍对那次攻击念念不忘：

> 维特根斯坦的批评使我深深不安。他希望对我有好的评价，他如此难过、如此温顺、如此受伤。

由于愈来愈愿意把维特根斯坦视作自己的天然接班人，罗素对此事就更为在意了。他自己在逻辑分析上的努力正变得越发三心二意。在写出了一篇题为“逻辑是什么？”的论文初稿后，他发觉自己没办法再写下去，感

[1] “从永恒的角度”，原文为拉丁文：sub specie aeterni。

到“非常想把它留给维特根斯坦做”。

在10月的这前几周里，摩尔也感觉到了维特根斯坦的直率批评的力度。学期之初，维特根斯坦首先听了摩尔的心理学讲座。“那些讲座让他很不高兴”，摩尔写道，“因为我花了大量时间讨论沃德的观点：心理学与自然科学在主题上并无不同，不同的只是视角。”

> 他告诉我这些讲座非常糟——我应当作的是说出我的思考，而不是讨论别人的思考；他也不再来听我的讲座了。

摩尔又说：“今年他和我都仍然去听罗素的数学基础讲座；但W.还习惯傍
64 晚到罗素的屋子待几个钟头跟他讨论逻辑。”事实上，维特根斯坦——像是正经历着魏宁格描述的自我折磨和道德转变的过程——在这几个钟头里讨论他自己和讨论逻辑一样多。据罗素讲，他“在骚动的沉默中，像野兽般在我屋里踱来踱去三个小时”。有一次罗素问：“你是在思考逻辑还是你的罪？”“两者皆是。”维特根斯坦回答，继续踱他的步。

罗素认为他濒临精神崩溃——“离自杀不远了，他觉得自己是个可耻的造物，浑身是罪”——并倾向于把这神经衰弱归咎于这事：“他的心智恒常绷得最紧，专注于困难到令人沮丧的东西。”他这个看法得到了一位医生的支持；维特根斯坦对自己身上不时发作的晕眩以及工作能力的丧失感到非常忧虑，请了一位医生来，这位医生断言：“这全是神经的问题。”于是，尽管维特根斯坦真切地希望得到道德上的治疗，罗素坚持在身体上治疗他，建议他吃好点，出去骑骑马。奥特琳则送来了些可可。“我会记下用法，”罗素向她保证，“并想法子让W.用——但我肯定他不会吃。”

不过，维特根斯坦倒接受了罗素的建议，骑马去了。这学期余下的日子，每周一次或两次他和品生特雇了马出行；品生特称之为“温驯的”骑行（即不含跳跃），他们或沿着河岸的纤道骑到克莱西厄，或沿着特兰平顿路骑到格兰切斯特。无论这对维特根斯坦的情绪产生了什么效果，反正一点也没减弱他的这个倾向：突然爆发出对他自己的和别人的道德过失的愤怒。

11 月 9 日，罗素安排好跟维特根斯坦散步。可在同一天，他觉得有必要去观看怀特海的儿子诺斯参加的划船比赛。因此他带维特根斯坦到河边，在那儿两人看着诺斯输了比赛。照罗素的话讲，这事给了他一个“激情的下午”。他自己觉得比赛的“刺激及其传统上的重要性”惹人心焦，由于诺斯“极为在乎输掉比赛”，就更是如此了。但维特根斯坦觉得整件事情令人作呕：

> ……说我们一样可以去看一场斗牛（我自己也有这感觉），说那统统是邪恶，等等。我很难过诺斯输了，所以耐心地一点点解释竞赛的必要性。最后我们谈起了别的话题，我以为挺顺利的，但他 65
> 突然站住了，说我们度过这个下午的方式是如此败坏，我们不应该这么活，至少他不应该，他说任何事都不可忍受，除了创造出伟大作品或欣赏别人的伟大作品，说他一事无成而且永远成不了，等等——他说这一切时都带着一股几乎把人击倒的力量。他让我觉得自己像一只咩咩叫的羔羊。

几天后罗素受够了：“昨天我告诉维特根斯坦，他考虑自己考虑得太多了，如果他又来这套我将拒绝听，除非我觉得他很绝望。现在他再多说已经对他没好处了。”

但在 11 月末，我们看到罗素再次被拖进了一场跟维特根斯坦谈维特根斯坦的讨论：

> 我陷入了对他缺陷的讨论——他为他的不受欢迎而烦恼，问我为什么这样。这是一场漫长而困难而热烈（就他而言）的谈话，持

剑桥河上，左侧把手臂放在座位顶上的是约翰·梅纳德·凯恩斯；画面右边船尾处，戴花帽和长围巾的是弗吉尼娅·伍尔芙；她左侧第二人，穿运动夹克、白裤子，戴怀表的是鲁伯特·布鲁克。1911 年 5 月。

> 续到一点半，所以我现在很缺觉。他是个很大的难题，但完全值得。他有点太简单了，不过我担心，如果我说太多而令他较少如此，倒会损害他的某些美好品质。

我们能从品生特的一则日记中推断出，罗素说维特根斯坦“有点太简单了”这话的某种含义（也许还能推断出，维特根斯坦以为自己不受欢迎的缘由）。河边“激情的下午”之后的那个晚上，维特根斯坦和品生特一起听了剑桥大学音乐俱乐部的音乐会，随后去了维特根斯坦的屋子。此前罗素提到过的那位本科生修士法默来了。品生特说，他是“一个维特根斯坦讨厌并且认为其内心不诚实的人”：

> ……［维特根斯坦］非常激动地努力诱导他读一些精确科学的好书，去看看诚实的思想是怎样的。这显然对法默有好处——实际上对谁都有好处：但维特根斯坦非常专横，把他对法默的真实想法告诉了法默，说话完全像是课业老师！法默统统领教了——他显然确信维特根斯坦是个疯子。

66 维特根斯坦相信自己不受欢迎，但并非全然如此。就在这个学期，他神经烦躁最盛之时，他也成功地获得了某些新的和重要的友谊。尤其是获得了约翰·梅纳德·凯恩斯的尊重和友爱，在维特根斯坦一生的大部分时间里，凯恩斯都是一个宝贵的、施以援手的朋友。10 月 31 日，罗素第一次把他俩带到一起——“但那次不成功”，他记录，“维特根斯坦病得厉害，无法真正地讨论。”但是到 11 月 12 日，我们看见了凯恩斯写给邓肯·格兰特的信：“维特根斯坦是个最奇妙的人物——我上次见你时说他的话完全不对——他也格外的好。我极愿和他在一起。”

凯恩斯的支持很有力，就算林顿·斯特雷奇对维特根斯坦是否堪当“使

剑桥道德俱乐部成员，约1913年在三一学院。在前排，左起第三人是詹姆斯·沃德，他右侧第二人是伯特兰·罗素，罗素右边是W.E.约翰逊；第二排，最右侧是麦克塔格特，右数第三人是G.E.摩尔。

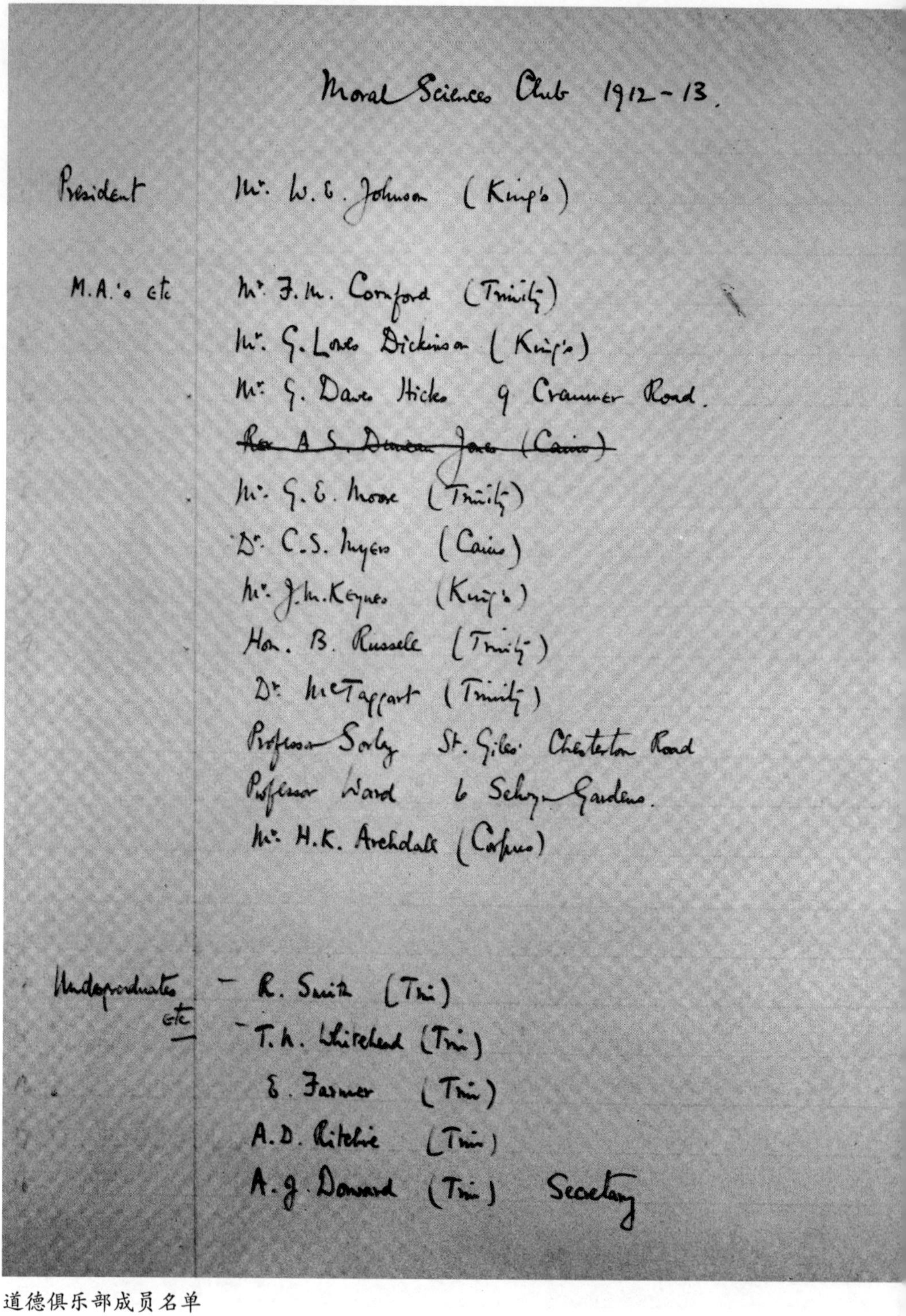

Moral Sciences Club 1912–13.

President — Mr. W. E. Johnson (King's)

M.A.'s etc — Mr. F. M. Cornford (Trinity)
Mr. G. Lowes Dickinson (King's)
Mr. G. Dawes Hicks 9 Cranmer Road.
~~Rev. A. S. Duncan Jones (Caius)~~
Mr. G. E. Moore (Trinity)
Dr. C. S. Myers (Caius)
Mr. J. N. Keynes (King's)
Hon. B. Russell (Trinity)
Dr. McTaggart (Trinity)
Professor Sorley St. Giles' Chesterton Road
Professor Ward 6 Selwyn Gardens.
Mr. H. K. Archdale (Corpus)

Undergraduates etc — R. Smith (Tri)
T. N. Whitehead (Tri)
E. Farmer (Tri)
A. D. Ritchie (Tri)
A. J. Dorward (Tri) Secretary

道德俱乐部成员名单

19 L. Wittgenstein (Trin) –

20 L. Maene (Emmanuel) –

21 B. Muscio (Caius) 49 Park St –

22 W. Tye (Christ's) 56 Devonshire Road –

23 C.K. Ogden (Magdalene)

24 A. de H. Bevington (Peterhouse) –

25 L.C. Robertson (Queen's) –

26 D.J. Jones (Emmanuel) 30 St Andrew's St.

27 Rev. J. H. Rawson (John's) 1 Portugal Place –

28 A.R. Wadia (Non-Coll) 27 New Square. –

29 E. Hildyard (Queen's) –

30 J.L. Howson (King's) –

31 E.M. O'R. Dickey (Trinity) 27 Trinity Street.

32 W. S. Thompson (Queen's)

33 C.A. Mace (Queen's) 8 Tenniscourt Road.

34 C. Seaver (Emmanuel)

35 H.H. Farmer (Peterhouse)

36 M.A. Candeth (King's) –

37 F.C. Bartlett (John's)

38 R.D. Whitehorn (Trin)

39 S. Wajid Ali (Christ's) 87 New Square. –

40 F.A. Redwood (Queen's) –

41 E.D. Moncley (Emmanuel) 40 Warkworth Street

徒”的一员仍有疑虑，都足以因此而克服了；凯恩斯宣告维特根斯坦有天才之后事情就定下来了。唯一尚存的疑问是维特根斯坦是否想要成为其中的一员——他是否真的认为跟其他成员定期讨论是值得的。从“使徒”的角度来看这是相当意外的。“你听说没有”，凯恩斯惊讶地写信给斯特雷奇，“我们的新兄弟对社团的唯一反对是，社团并不是使徒[1]的传人？”

罗素虽抱有一点疑虑，但仍然尽量促成此事。“显然”，他写信给凯恩斯：

> 照［维特根斯坦的］观点，社团只是浪费时间。但出于对他的关爱，或许可以想办法使他觉得值得做这件事。

于是，他“关爱地”尽可能把社团往好里说。他向维特根斯坦解释，虽然以社团目前的情况，从中什么也收获不到，但从前它曾经是好的，若他愿意支持它可能还会变好。我们已看到，罗素自己主要反对的是社团里对同性“私情”的偏好。但维特根斯坦的疑虑关乎的是这件事：虽然他喜欢协会里的“天使”（本科毕业了的人）：摩尔、罗素，特别是凯恩斯；但他对同辈“兄弟”——本科生成员——怀有强烈的厌恶，不确定自己是否受得
67 了将与他们进行的讨论。他反对他们的不道德，他告诉凯恩斯，观看“使徒”聚会上的他们就像看着尚未梳洗完的人——梳洗虽是必要的程序，但不雅观。

成问题的“兄弟”是弗兰克·布利斯和一个匈牙利贵族弗伦克·贝克什，来国王学院前贝克什曾在比得莱斯学校[2]待过。两人都卷进了罗素反对的私情，特别是贝克什；据詹姆斯·斯特雷奇说，贝克什第一次去

[1] “使徒”，这儿是其本义，即耶稣的使徒。
[2] “比得莱斯学校”，一所有名的英国私立中学。

“使徒”的聚会时，凯恩斯和杰拉尔德·夏夫对他充满了情欲，竟至于想在那块典礼炉前的地毯上当场“搞他”。维特根斯坦反对他们，几乎不可能是因为他们卷入这种韵事：否则就完全不能解释他为何对凯恩斯没意见。他之讨厌贝克什，也许与奥地利和匈牙利的对立有关。但他反对的主要是布利斯——“他受不了他”，罗素告诉奥特琳。

于是，维特根斯坦怀着很大的犹豫和疑虑接受了会籍，11 月 16 日第一次参加了星期六聚会。会上摩尔读了一篇论宗教皈依的文章，维特根斯坦在讨论中说了自己的观点：就他所知，宗教经验在于摆脱烦恼（即他跟罗素提过的 Sorge），宗教经验的后果是给予人不在乎会发生什么事的勇气（因为没有什么能发生在有信仰的人身上）。会后林顿·斯特雷奇对社团的未来很乐观，觉得新成员带来的冲突和贱性[1]的前景“尤为令人振奋”：

> 我们的兄弟布［利斯］和维特根斯坦如此下流，我们的兄弟贝克什如此的棒，协会现在应该能向前冲入最激进的水流。星期天我看望了布［利斯］，他看来完全同鲁伯特［鲁伯特·布鲁克］过去一样下流。

同一天他写信给悉尼·撒克逊·特纳，详细谈了罗素对维特根斯坦入会的反对：

> 那个可怜的人处于悲哀之中。他看上去大约九十六岁——有着长而雪白的头发和无限枯槁的面容。维特根斯坦入选对他是个大打击。他深深希望把维特根斯坦全留给自己，实际上也极为成功，直到凯 68
> 恩斯坚持跟维特根斯坦会面，并立刻看出他是个天才，必须将他选入。其他人（在贝克什的轻微摇摆之后）也便猛烈地赞同。他们的

[1] “贱性”（bitchiness）。

决定是突然宣布给伯蒂[1]的，伯蒂几乎昏了过去。当然，他对选举提不出任何反对的理由——除了那个卓越的理由：社团是如此堕落，他的奥地利人一定会拒绝成为其中一员。他念叨这个理由渐渐念到癫狂，甚至自己都相信它了——但那没有任何用处。维特根斯坦毫无反对社团的迹象，虽然他厌恶布利斯，布利斯也报之以憎恨。我认为大体上前景是最光明的。贝克什是个如此宜人的伙伴，他和布利斯相爱时，还设法去爱维特根斯坦。他们三个应当会搞得很好，我认为。伯蒂真是个悲剧人物，我为他感到很遗憾；但他也是最蒙在鼓里的。

斯特雷奇在好几条上弄错了。罗素毫不希望“把维特根斯坦全留给自己”；若能免除对维特根斯坦的“罪”的整晚整晚的检视，他高兴还来不及——这事已缠了他整个学期。他对选维特根斯坦进“使徒”的疑虑——除了他自己不赞成他们的同性恋外——主要是感觉到那将“引起某种灾难”。就这个观点而言，他并非如斯特雷奇以为的那样蒙在鼓里。

12月初，斯特雷奇的兄弟詹姆斯告诉他：“维特－吉特人[2]正在退出的边缘摇晃。”在摩尔的提醒下斯特雷奇到剑桥劝维特根斯坦留下来，但即使跟维特根斯坦和摩尔两人见了几次，他仍没能做到。学期末罗素向奥特琳报告：

维特根斯坦已经离开了社团。我认为他是对的，虽然出于对社团的忠诚我不会事先就这么说。

他又加了几句，显露出他确实远非想把维特根斯坦全留给自己：

[1] “伯蒂”(Bertie)，罗素的昵称。

[2] “维特－吉特”(the Witter-Gitter man)，指维特根斯坦。

> 我已花了颇多力气应付他。想到一段时间不用见他，真是个解 69
> 脱，虽然我觉得自己这么想很恐怖。

罗素对“金子”洛斯·迪肯森重复了自己的观点，即维特根斯坦离开是对的，又说自己劝阻过他：“他是我自摩尔后遇到的最像使徒的人和最有能力的人。”

维特根斯坦在这个米迦勒节学期中的工作的性质是什么，缺乏证据来说明。10 月 25 日品生特记录了维特根斯坦的一次来访，期间他通报了对一个问题的一种新解决——“在最根本的符号逻辑领域”——在冰岛时这问题令他大为困扰，那时他只给出了一种权宜的解决：

> 最新的解决相当不同，考虑得更全面，如果可靠的话，将根本改变符号逻辑的许多内容：他说罗素觉得它是可靠的，但说没人会理解它：可是我觉得自己弄懂了（！）如果维特根斯坦的解决可行，他将是第一位解决了某个困扰罗素和弗雷格多年的问题的人：它也是个最精巧和最有力的解决。

由此，我们既推想不出那个问题，也推想不出那个解决，虽然看上去那很可能跟维特根斯坦夏天写给罗素的那则短评有关：“我们的问题可以追溯到原子命题”。学期快结束时维特根斯坦递交给道德科学俱乐部一篇论文；道德科学俱乐部是剑桥的哲学学会，也许可把这篇论文视作那则短评的扩充。这个学期，俱乐部的讨论维特根斯坦参与得很多，在摩尔的帮助下他说服俱乐部采用了一套新规则：任命一位主席，职责是防止讨论变得无效，而且规定任何论文的宣读都不能超过七分钟。维特根斯坦自己的论文是新规则下的首批论文之一。11 月 29 日的备忘录上记载：

> 维特根斯坦先生读了一篇题为“什么是哲学？”的论文。读这篇 70

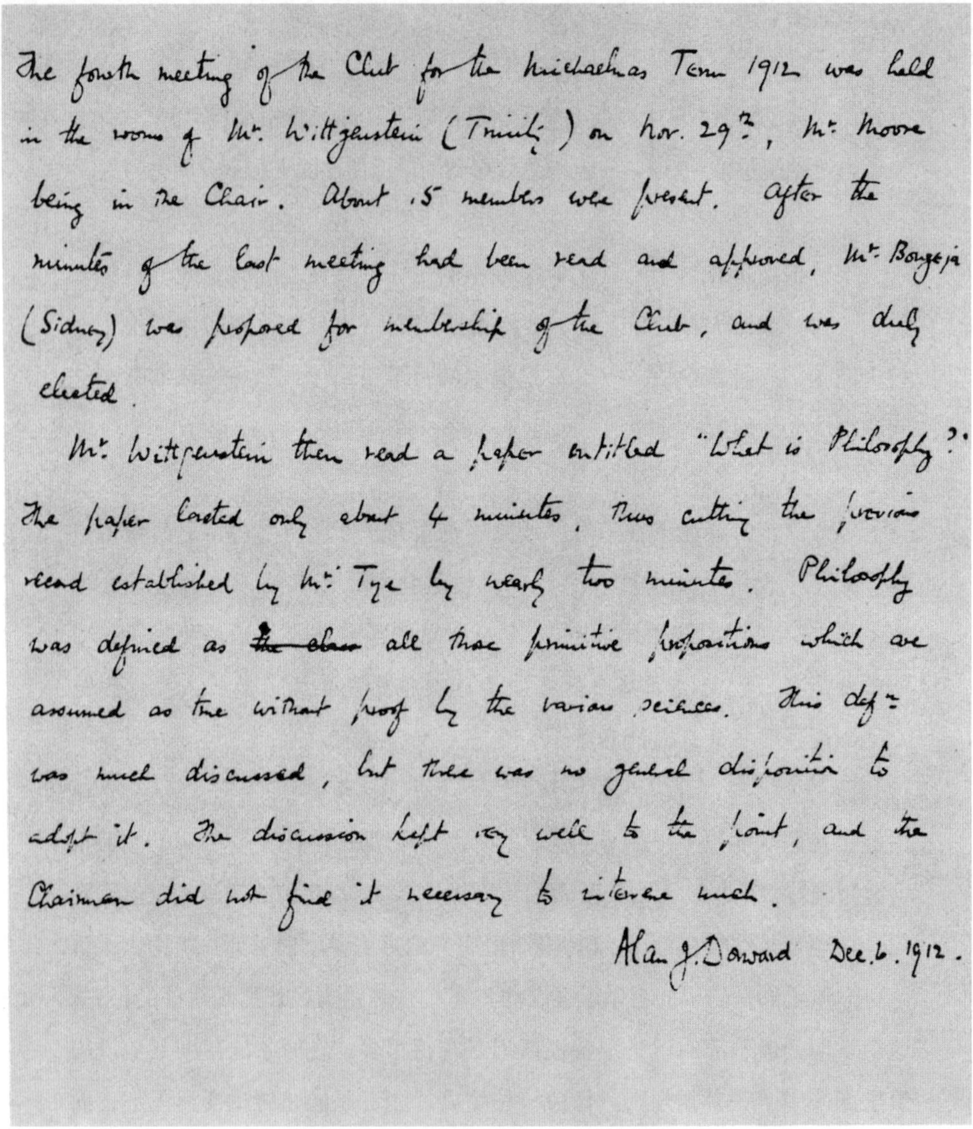

The fourth meeting of the Club for the Michaelmas Term 1912 was held in the rooms of Mr. Wittgenstein (Trinity) on Nov. 29th, Mr Moore being in the Chair. About 15 members were present. After the minutes of the last meeting had been read and approved, Mr Bongeja (Sidney) was proposed for membership of the Club, and was duly elected.

Mr. Wittgenstein then read a paper entitled "What is Philosophy?" The paper lasted only about 4 minutes, thus cutting the previous record established by Mr Tye by nearly two minutes. Philosophy was defined as ~~the class~~ all those primitive propositions which are assumed as true without proof by the various sciences. This defn. was much discussed, but there was no general disposition to adopt it. The discussion kept very well to the point, and the Chairman did not find it necessary to intervene much.

Alan J. Dorward Dec. 6. 1912.

维特根斯坦第一次报告的记录，出自剑桥大学道德科学俱乐部的备忘录

论文只花了约四分钟，从而把泰先生保持的前记录缩短了几乎两分钟。哲学被定义为一切这样的原始命题：未得到各种科学给出的证明，它们就已被设定为真。这个定义得到了很多讨论，但并无接纳它的普遍倾向。讨论进行得很是切题，主席不觉得有必要作过多干预。

学期结束后，在回维也纳的路上维特根斯坦到耶拿拜访了弗雷格；他告诉罗素，自己和弗雷格长谈了一次，“讨论了我们的符号理论，我觉得，他理解它的大体要点”。他一月份写给罗素的信表明他正在考虑“复合问题”——若一个原子命题为真，与之对应的是什么？例如，假定“苏格拉底是有死的”是这种命题，那么，与之对应的事实是一个由两样“东西”（苏格拉底和有死）组成的“复合（complex）”吗？这个观点需要一种柏拉图式的假定，即假定形式的客观存在——即假定不仅存在着个体，也存在着“有死”这样的抽象实体。当然罗素在其类型论中已作了这样的假定，而维特根斯坦对此越来越不满。

在假期中，这种不满引得他宣布了他的新逻辑中的一个核心观念。“我认为不能有不同类型的东西！”他写信给罗素：

……对于每一种类型论，都一定有一种适当的符号理论使之成为多余：例如，如果我把命题“苏格拉底是有死的”分析为苏格拉底、有死和（Ex，y）el（x，y）[1]，我就需要一种类型论来告诉我，“有死是苏格拉底”是无意义的；因为若我把“有死”当作一个专名（如我做过的那样），就没有任何东西阻止我作出这种错误的代入。但如果我［把它］分析为（如我现在做的这样）苏格拉底和（Ex）x

[1] （Ex，y）el（x，y），逻辑符号，（Ex，y）表示“存在 x，y”，el 表示“基本命题”（elmentary proposition）。

> 是有死的，或一般地分析为 x 和（Ex）(x)[1]，这种错误的代入就成了不可能的事，因为现在这两个符号自身属于不同的种类。

他告诉罗素，他不十分确信他目前对“苏格拉底是有死的”的分析方式是
71 正确的。但在一点上他有着最高程度的确信：“所有类型论必定要由某种符号理论加以废除，这种符号理论显示出：看上去不同种类的事物，要由不可能代入彼此位置的不同种类的符号表征。”

这是彻底拒斥了罗素的理论，对此，罗素本该为自己的立场作出某种高调的辩护——起码针对如何能不用类型论就在他的数学的逻辑基础里避免矛盾而提出一点厉害的诘问。但此时他已几乎完全放弃了逻辑。假期里他搞了一个相当不同的题目——物的存在。11 月他向道德科学俱乐部提交了一篇论此题目的论文，论文重申了那一年早些时候他在加的夫表达的观点：“对于物的存在，迄今为止还没有提出任何好的论证，无论赞成或反对”；他还提了这个问题：“那么，我们能从我们私有的感觉与料（sense-data）里认识一个满足物理学假设的对象吗？”他在假期里拟定了一个大纲，建议循此大纲处理此问题：

> 物理学把感觉呈现为物理对象的函项。
>
> 但认识论要求，物理对象应当呈现为感觉的函项。
>
> 于是我们得去解用物理对象给出感觉的方程，把它们变成用感觉给出物理对象的方程。
>
> 这就是全部。

“我确定我命中了一个真家伙，”他告诉奥特琳，“我的未来几年很有可

[1] （Ex）(x)，表示“存在 x，使某个式子（x）成立”，这里的（x）表示某个的包含 x 的谓词，不只指“有死”，所以说是“一般地”。

能花在这上面。”那将需要“物理学、心理学和数理逻辑的一种结合”，甚而创立“一种全新的科学”。在1913年1月的信里，维特根斯坦对这整个计划表现出轻微的排斥：“我不能想象你从感觉与料出发的工作方式。”

于是到1913年初，我们看到罗素和维特根斯坦正在按非常不同的计划工作——罗素在创立他的“新科学”，维特根斯坦在做逻辑分析。现在罗素完全愿意承认后者是维特根斯坦的领地，不是他自己的。

品生特觉察到了他俩关系的这个新基础，快开学时他描述了一件事，72
当时他和维特根斯坦都在他屋子里：

> 这时罗素来了——来通知我他对自己的讲座时间作的一点改动——他和维特根斯坦谈了起来——后者解说自己在逻辑基本原则上的一个最新发现——我想这发现是他今天早上得到的，它显得相当重要和非常有趣。罗素默许了他说的东西，一声没吭。

几个星期后，当维特根斯坦向罗素断言《数学原理》里的某些较早的证明非常不精确时，罗素对奥特琳说：“幸运的是，把它们弄对是他的事，不是我的。”

两人的合作走到头了。在逻辑的领域，维特根斯坦远不再是罗素的学生，而成了罗素的老师。

维特根斯坦的父亲在受了癌症两年多的折磨之后去世了，这是大家预备了很久的；为此维特根斯坦开学回来迟到了。抵达尽头是一种解脱。1月21日他写信给罗素：

> 我亲爱的父亲昨天下午死了。他的死是我能想象的最美的；连最轻微的痛苦也没有，像一个孩子般入睡！在最后的全部时间里，我一刻也没有感到悲伤，而是感到最大的快乐，我认为这一死配得上

*The Science of Logic*: an inquiry into the principles of accurate thought and scientific method. By P. Coffey, Ph.D. (Louvain), Professor of Logic and Metaphysics, Maynooth College. Longmans, Green & Co. 1912.

In no branch of learning can an author disregard the results of honest research with so much impunity as he can in Philosophy and Logic. To this circumstance we owe the publication of such a book as Mr Coffey's 'Science of Logic': and only as a typical example of the work of many logicians of to-day does this book deserve consideration. The author's Logic is that of the scholastic philosophers, and he makes all their mistakes—of course with the usual references to Aristotle. (Aristotle, whose name is so much taken in vain by our logicians, would turn in his grave if he knew that so many Logicians know no more about Logic to-day than he did 2,000 years ago). The author has not taken the slightest notice of the great work of the modern mathematical logicians—work which has brought about an advance in Logic comparable only to that which made Astronomy out of Astrology, and Chemistry out of Alchemy.

Mr Coffey, like many logicians, draws a great advantage from an unclear way of expressing himself; for if you cannot tell whether he means to say 'Yes' or 'No,' it is difficult to argue against him. However, even through his foggy expression, many grave mistakes can be recognised clearly enough; and I propose to give a list of some of the most striking ones, and would advise the student of Logic to trace these mistakes and their consequences in other books on Logic also. (The numbers in brackets indicate the pages of Mr Coffey's book—volume I.—where a mistake occurs for the first time; the illustrative examples are my own).

I. [36] The author believes that all propositions are of the subject-predicate form.

II. [31] He believes that reality is changed by becoming an object of our thoughts.

III. [6] He confounds the copula 'is' with the word 'is' expressing identity. (The word 'is' has obviously different meanings in the propositions—

'Twice two is four'
and 'Socrates is mortal.')

IV. [46] He confounds things with the classes to which they belong. (A man is obviously something quite different from mankind).

V. [48] He confounds classes and complexes. (Mankind is a class whose elements are men; but a library is not a class whose elements are books, because books become parts of a library only by standing in certain spatial relations to one another—while classes are independent of the relations between their members).

VI. [47] He confounds complexes and sums. (Two plus two is four, but four is not a complex of two and itself).

This list of mistakes could be extended a good deal.

The worst of such books as this is that they prejudice sensible people against the study of Logic.

LUDWIG WITTGENSTEIN.

左：维特根斯坦第一篇发表的文字，于1913年6月3日《剑桥评论》
右：维特根斯坦的父亲

整个一生。

最后他于 1 月 27 日到达剑桥，直接去了品生特的屋子。大约一星期后品生特记下一段争论，说明了罗素和维特根斯坦的差别的另一方面。1907 年罗素曾是妇女选举权党（Women's Suffrage Party）的议会候选人。也许受了这事的触动（他们刚从罗素的一次讲座上回来），维特根斯坦和品生特陷入了一场关于妇女选举权的争论。维特根斯坦“非常反对它”：

> ……并无特别的理由，除了“他认识的所有女人都那么白痴”。 73
> 他说曼彻斯特大学的女生把所有时间用于对教授卖弄风情。这使他非常恶心——因为他讨厌一切种类的折中方法[1]，他谴责一切不是极真诚的事。

看上去，维特根斯坦的逻辑工作完全未增加他在思考政治问题时的严格性。

或许，正是由于维特根斯坦没有能力——更可能是不愿意——把他的分析能力用于涉及公共事务的问题，才引得罗素批评维特根斯坦处于“变得狭隘和荒蛮的危险中”。罗素建议他读点法语散文作为校正——这一建议把罗素拖进了一场“厉害的辩论”：

> 他大怒并咆哮，而我只是微笑着，这就愈来愈激怒他。我们最后和解了，但他仍然相当不服气。我对他说的也就是你会对我说的，如果你不怕那种话将引起的雪崩——而他的雪崩正是我的雪崩会是的样子！我感觉他缺少教化而且为此受到伤害——奇怪的是音乐在教化人这件事上做得那么少——音乐太孤立、太激情、离语词太远。

[1] “折中方法”（half measures）。

> 对于广泛地探索世界，他没有充分开阔的好奇心，或充分的愿望。这不会毁了他的逻辑工作，但会使他一直是个非常狭隘的专家，而且会使他过多地做一群人里的冠军——嗯，这是用最高的标准评判的。

罗素拿自己和奥特琳的状况来比较，说明他困惑地发觉自己处在提倡综合而非分析的一方。但应当记住，那时连他的哲学注意力也在朝那个方向移动——离开逻辑分析的“狭隘”，走向一种更广泛的物理学、心理学和数学的综合。结果和维特根斯坦的讨论对他来说成了单向的，他为此感到沮丧：

> 我发觉我不再跟他讨论我的工作，而只讨论他的。在没有清晰的论证，只有须加以平衡的不确定的意见，或须加以对照的不充分的
> 74 观点的地方，他没什么用；他残忍地对待雏形理论，那种残忍是唯当理论发育完毕后才能经受的。结果我变得完全缄默了，即使谈的是工作。

作为罗素的逻辑衣钵的主人（很难记住维特根斯坦仍只有二十四岁，身份只是攻读学士学位的本科生），维特根斯坦受邀为《剑桥评论》写一本逻辑教材——P. 科菲的《逻辑科学》——的书评。这是他发表过的唯一书评，也是他第一次发表自己的哲学观点。在这篇书评里他以罗素的方式拒斥科菲改进的亚里士多德逻辑，但措辞甚至比罗素更尖锐、几近刻薄：

> 在任何学问的分支里，作者都不能不顾诚实研究的结果，却像在哲学和逻辑里那样不受惩罚。我们认为，正是由于这种状况，科菲先生的《逻辑科学》这样的书才得以出版：只有把它当作今日许多逻辑学家的工作的一个典型例子，此书才值得看看。这作者的逻辑是经院哲学家的逻辑，他犯了他们的一切错误——当然，他们通常

> 都参考亚里士多德。（我们的逻辑学家如此频繁徒劳地祭出亚里士多德的名字，若知道今日这么多逻辑学家对逻辑的知识跟两千年前的他一样多，他本人会在坟墓里背过气去。）这位作者对现代数理逻辑学家的伟大著作未给予最轻微的注意——而那些著作在逻辑里引起的进展，唯有从占星学到天文学、从炼金术到化学的进展可与之比拟。
>
> 和许多逻辑学家一样，科菲先生用一种不清楚的方式表达自己，从中获得了很大的好处；因为若说不出他想说的是“对”还是“错”，就很难辩倒他。然而，即便在他朦胧的表述里，也能足够清楚地认出许多严重的错误；我打算列出某些最惊人的错误，并建议逻辑学学生在别的逻辑书里追踪这些错误及其后果。

接着他就列出了这样的错误，大部分是罗素数理逻辑的拥趸惯于指出 75
的传统（亚里士多德的）逻辑的弱点——例如，传统逻辑假定一切命题都具有主—谓形式，是混淆了系词“是”（如“苏格拉底是有死的”）和同一的“是”（“二加二是四”），等等。“这种书的最坏的地方，”书评的结尾写道，“是使有判断力的人生出对逻辑学习的偏见。”

维特根斯坦说的“有判断力的人”大约是指在数学和科学中受过某种训练的人，我们大概可以假定科菲先生（以及多数传统哲学家）受过古典训练，这两种训练彼此相对。维特根斯坦在此附和去年 12 月罗素对奥特琳提过的一个观点：

> 我相信，有一种数学家比从事哲学的多数人具备多得多的哲学才能。迄今被吸引到哲学上的多数人是热爱大的普遍原则的人，但那些原则全是错的，所以具备精确心智的人很少从事这个学科。很久以来我都梦想创立一个具备数学心智的哲学家的大学派，但我不知道到底能不能做成。我对诺顿抱有希望，但他没有那种体格，布洛德挺好，但他没有根本上的原创性。维特根斯坦当然分毫不差就是

伯特兰·罗素

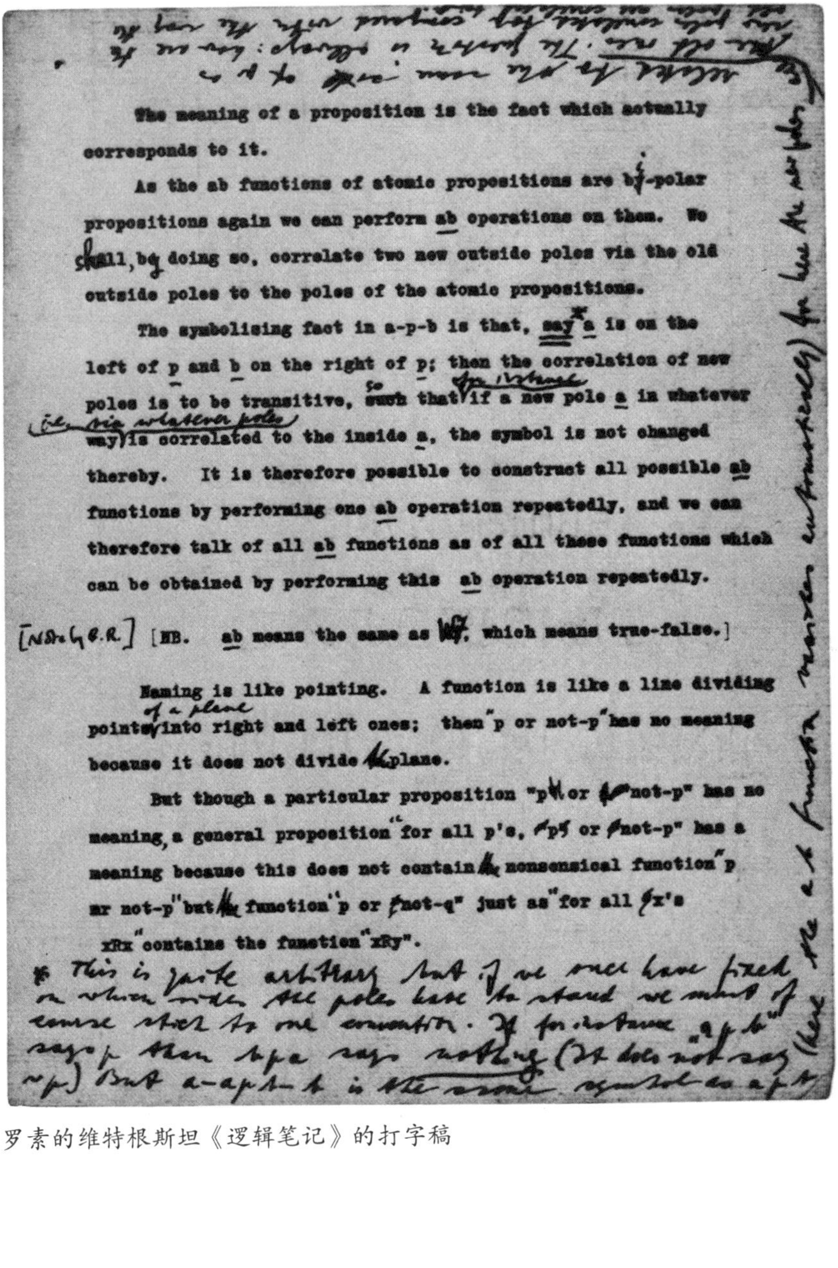

The meaning of a proposition is the fact which actually corresponds to it.

As the ab functions of atomic propositions are bi-polar propositions again we can perform ab operations on them. We shall, by doing so, correlate two new outside poles via the old outside poles to the poles of the atomic propositions.

The symbolising fact in a-p-b is that, say* a is on the left of p and b on the right of p; then the correlation of new poles is to be transitive, so that if a new pole a in whatever way (i.e. via whatever poles) is correlated to the inside a, the symbol is not changed thereby. It is therefore possible to construct all possible ab functions by performing one ab operation repeatedly, and we can therefore talk of all ab functions as of all those functions which can be obtained by performing this ab operation repeatedly.

[NB. ab means the same as WF, which means true-false.]

Naming is like pointing. A function is like a line dividing points of a plane into right and left ones; then "p or not-p" has no meaning because it does not divide the plane.

But though a particular proposition "p or not-p" has no meaning, a general proposition "for all p's, p or not-p" has a meaning because this does not contain the nonsensical function "p or not-p" but the function "p or not-q" just as "for all x's xRx" contains the function "xRy".

* This is quite arbitrary but if we once have fixed on which order the poles have to stand we must of course stick to one convention. If for instance "apb" says p then bpa says nothing (It does not say ~p) But a-apb-b is the same symbol as apb

罗素的维特根斯坦《逻辑笔记》的打字稿

我的梦想。

我们已看到，罗素在四旬斋学期[1]里稍稍修改了自己的看法：维特根斯坦是精确的，但狭隘。他的“广泛地探索世界的愿望”过于少了，他坚持向雏形理论要求过高的精确度，他对“不确定的意见”和“不充分的观点”太缺乏耐心。或许，面对维特根斯坦的一根筋，罗素觉得热爱大的普遍原则毕竟不是那么糟糕。

维特根斯坦在逻辑问题上的专注是彻底的。它们不是他生活的一部分，而是全部。于是，在复活节假期里发觉自己一时丧失了灵感时，他陷入了绝望。3月25日他写信给罗素，说自己是“十足贫瘠的”，怀疑自己还能不能有新想法：

76 > 每当我努力思考逻辑时，我的思想是如此含糊，从中永远结晶不出任何东西。我感觉到的正是加在每一个只具备一半天分的人身上的诅咒；就像有人在黑暗的走廊里用灯火领着你，就在你走到一半时，灯火灭了，只剩下你自己。

“可怜的倒霉蛋！”罗素对奥特琳说。“我很知道他的感觉。拥有创造性的冲动是个可怕的诅咒，除非你具备总能靠得住的天分，莎士比亚或莫扎特那样的天分。”

罗素赋予维特根斯坦的责任——“哲学的下一大步”——同时是骄傲和痛苦的来源。维特根斯坦以完全和绝对的严肃担起了这责任。他也担起了罗素数理逻辑领域的某种监管人的任务。于是，当弗雷格写信对乔丹谈自己在无理数理论上的工作计划时，我们看到乔丹借维特根斯坦的名字指责他：

---

[1] “四旬斋学期”（Lent Term），剑桥大学的春季学期，跨度是1月到3月。

> 你的意思是你正在写《算术基本法则》的第三卷？想到你可能正这样做，维特根斯坦和我挺不安，因为无理数理论——除非你已有了一个很新鲜的无理数理论——似乎要求预先排除矛盾；而在新的基础上处理无理数的那部分工作已在罗素和怀特海的《数学原理》中很棒地做好了。

据罗素说，从复活节假期中归来时维特根斯坦处于“极糟的状态——总是阴沉着，踱来踱去，有人跟他说话才如梦方醒”。他告诉罗素逻辑正在把他逼疯。罗素倾向于赞同：“我认为有这种危险，所以我催他丢开逻辑一段时间，做点别的工作。”

并无记录显示维特根斯坦在这一时期做了任何别的工作——有记录的是他玩起了一种意想不到的娱乐，虽然很短暂。4 月 29 日品生特记道：“我和维特根斯坦打网球：他以前从没玩过这游戏，我正试着教他：所以打的
很慢！”但一周后：“我在维特根斯坦家里喝茶，五点钟我们动身到‘新场 77
地’打网球。他今天不在状态，最后打毛了，打了一半就不打了。”这是我们最后一次听到网球的事。

维特根斯坦又有了一种想法：自己需要的不是消遣，而是更大力度的专注。为此目的他愿意做任何事，甚至是催眠，他请一位罗杰斯医生催眠自己。“想法是这样，”品生特在日记里写，“在催眠的恍惚状态下——我相信——人确实能施加特殊的肌肉作用力：那为什么特殊的精神作用力不行呢？”

> 所以，他进入恍惚状态后罗杰斯会问他逻辑方面的某些他还不明白的问题，(——尚未有人成功澄清的特定的未定之论[1])：而维特希望那时他能看明白。这听起来是个多疯的计划！维特已被催眠两

---

[1] “特定的未定之论”（certain uncertainties），原文玩了个文字游戏，意思是“某些尚未有定论的问题”。

> 次了——但直到第二次见面快结束时，罗杰斯才成功地令他入睡：不过一旦做到却做得如此彻底，又花了半小时才完全唤醒维特根斯坦。维特说他始终有意识——能听到罗杰斯说话——但彻底缺乏意志或力量：不能理解对他说的话——不能施加肌肉作用力——那感觉就像被麻醉了。告别罗杰斯后有一个小时他感到非常困。总之这是件奇妙的事情。

这也许是奇妙的；但没用。

罗素显得对此计划一无所知（如果真知道的话，他记录的许多对维特根斯坦的回忆就漏掉了一个太好的故事）；此时品生特是更受信任的密友。据说在罗素的一次“碎南瓜”晚会上，他俩“彼此谈话，对其余的世界视而不见”。品生特也许是唯一能让维特根斯坦放松下来，至少暂时抛开逻辑的人。维特根斯坦发觉，和品生特在一起时自己能消受剑桥本科生常见的一些消遣——骑马，打网球，甚至偶尔“在河上瞎玩”：

> ……跟维特根斯坦坐一只小船，在河上划。我们往上游划，去了格兰切斯特的“果园”[1]，在那儿吃了午饭。一开始维特根斯坦处
> 78 于他的一种阴沉情绪中，但午饭后突然清醒了（这种事总在他身上发生）。随后我们又去拜伦潭戏水。我们没有毛巾或游泳裤，但很好玩。

不过，他俩最牢固的共同纽带是音乐。品生特的日记里记了数不清的剑桥大学音乐俱乐部的音乐会，还有他俩一起演奏音乐的时光。维特根斯坦用口哨吹出舒伯特歌曲的声乐部分，品生特用钢琴为他伴奏。他们具有相同的音乐品味——贝多芬、勃拉姆斯、莫扎特，特别是舒伯特。维特根斯坦似乎还试过引起大家对拉博的兴趣，品生特提到，维特根斯坦曾尝试

[1] “果园”（the Orchard），格兰切斯特的有名景点。——译者注

让拉博的一部五重奏在剑桥演出。他们也都讨厌品生特称之为“现代音乐”的东西。于是：

> ……我们去 C.U.M.C.[1]，在那儿看见林德利……他和维特根斯坦就现代音乐发生了争论，相当有趣。林德利从前并不喜欢现代的东西，但他已经堕落了！这种爱现的家伙最后总是这样。[1912 年 11 月 30 日]
>
> 维特根斯坦和林德利喝茶：许多对现代音乐的生动讨论——林德利对我俩为现代音乐辩护。[1913 年 2 月 28 日]
>
> 我跟他回屋。不久某个麦克鲁尔（Mac’Clure）来了——一个音乐本科生——一番关于现代音乐的猛烈讨论——麦克鲁尔反对维特和我。[1913 年 5 月 24 日]

诸如此类。维特根斯坦抨击的不必是非常现代的音乐；品生特日记提到的讨论，谈的可能是勋伯格，但同样可能是（比如）马勒。拉博之外，没有记录表明维特根斯坦和品生特赞赏过勃拉姆斯之后的任何音乐。

维特根斯坦请品生特再度陪他度假，这次是西班牙，还是维特根斯坦付钱；品生特的母亲说这个提议“好得无法拒绝”。无疑，儿子朋友的慷慨引起了品生特父母的好奇：他们来到维特根斯坦的屋子里喝茶。这种场合下他出奇好的礼貌能起到好作用。喝茶用的是化学烧杯（“因为他觉得普 79
通的陶杯太丑了！”），“除了有点着迷于主人的责任，[维特根斯坦]表现很好”。

品生特的父母走了以后维特根斯坦就评讲起朋友的性格来。他说，品生特“在一切方面都完美”：

[1] C.U.M.C.，剑桥大学音乐俱乐部的缩写。

……除了他［维特根斯坦］担心，跟除他自己外的别人在一起时，我缺少大方的天性。他特地说——不包括他自己——但他担心我并未那么大方地对待我的其他朋友。他用“大方”指的不是那平常的粗鄙之义——而是指同情心等等。

这些话品生特全都认真听了。“他这样子真很好，他说的方式完全不叫人生恨。”然而他倾向于对维特根斯坦的判断提出异议。毕竟，维特根斯坦很少知道品生特的其他朋友以及他们的关系。不过他承认自己可能真是以不同的方式对待维特根斯坦——毕竟维特根斯坦跟其他人如此不同（“要说的话他有点疯”），不得不以不同的方式对待他。

维特根斯坦和品生特的友谊愈加热烈了，但和罗素的关系则日益紧张。罗素愈来愈容易在维特根斯坦身上看到放大了的他自己的缺点——他觉得，对着维特根斯坦就知道了别人对着他时的感觉。“他困扰我就像我困扰你”，他告诉奥特琳：

看着他怎样令我烦躁和沮丧，我渐渐知道了我怎样令你烦躁和沮丧的点点滴滴；而同时我爱他，欣赏他。而我也困扰他，就像冷淡时的你困扰我。这个平行的对应奇妙地全然紧密。他不同于我就像我不同于你。他更清澈，更有创造性，更有激情；我更宽广，更富同情，更健全。为了对称我夸大了这一对应，但这有点意思。

80 强调这一对应有可能把罗素引入歧途。他想把维特根斯坦的缺点视作“逻辑学家典型的”缺点：“他的缺点正是我的——总是分析，追根究底，试图抓住感觉就在眼前的东西的严格真理。我明白这很累人，而且令情感失去活力。”但从他为说明这一点而讲的故事里也能读出一种不同的寓意——不是维特根斯坦太好分析了，而是他自己太冷淡了：

> 昨天喝完茶还没吃晚饭时，我和维特根斯坦度过了一段糟糕的时光。他分析起他和我之间所有不对劲的事情，而我告诉他，我认为那只是双方都有点神经过敏的缘故，说到底是完全没事的。然后他说他永远不知道我是在说真话还是在客气，我就生气了，不肯再说一个字。他继续说呀说呀说。我坐到桌子旁，拿起笔，开始翻一本书，但他还在说。最后我严厉地说“你需要的只是一点点自我控制。”最后他在一种高度悲剧的气氛里走了。他已经请了我去听晚上的一个音乐会，但他没去，我就害怕他会自杀。不过后来我在他屋子里找到了他（我离开了音乐会，但起先没找到他），我对他说，对不起我发了脾气，然后安静地谈他能怎样改进自己。

或许为了不被淹没，罗素必须让自己游离于外。不过，虽然罗素能对维特根斯坦私人性质的长篇大论充耳不闻，却抵挡不住维特根斯坦在哲学上的冲击能量。这年夏天，罗素的哲学发展受到了维特根斯坦的决定性影响——主要是他对自己判断力的信心动摇了。三年后回头再看，罗素说那是“我生命里头等重要的一个事件”、“影响到了自那以后我做的每件事”：

> 你还记得吗，你去看维托兹（奥特琳的医生）的那段时间，我写了许多知识论的东西，维特根斯坦对之作了最严厉的批评？……我看出他是对的，我看出我再也不能指望在哲学里做根本性的工作。我的冲动被击碎了，就像波浪在防波堤上撞成碎片。我充满了彻底的绝望……我不得不为美国之行准备讲稿，但我定的是形而上学的 81
> 题目，虽然过去和现在我都确信，哲学中一切根本性的工作都是逻辑的。我的理由是，维特根斯坦使我相信，逻辑需要做的工作对我来说太难了。所以，在那项工作中并无我的哲学冲动的真正至关重要的满足，哲学失去了对我的把持。这一点，维特根斯坦的缘故多过战争的缘故。

罗素提到的“知识论的东西”是一项工作的开头——他希望它是自己的一项主要工作。这项工作的萌芽是他对物的论述，而他之受邀到美国作讲座，也部分地促动了这项工作。写完第一章后他才对维特根斯坦提起这事。“它全是流淌出来的，”5 月 8 日他快活地写信给奥特琳，“它全在我脑子里备好了，我的笔有多快就写多快。我感觉快乐得像个国王。”只有对维特根斯坦秘而不宣自己的工作时，他的快活才能延续下去。他的这种做法似乎说明他从未像写给奥特琳的信里表现出的那样确信其价值。他似乎本能地知道维特根斯坦对一项有着形而上学的而非逻辑的性质的工作会有什么反应。果真：维特根斯坦讨厌这想法本身。“他认为它会像那本他憎恨的廉价小说。他是个暴君，你也许会说。”

尽管如此罗素还是奋力去写，5 月末前已写了六章，这明显将是一本大部头的书。然后那一击就来了：那一击粉碎了他的冲动，令他确信自己再也没有能力在哲学里做根本性的工作。谈论这项工作时，维特根斯坦先是对罗素的判断理论[1]提出了一个看似相对不重要的反对。最初罗素有信心克服这问题。“他是对的，但我认为所需的修正不是很严重，”他告诉奥特琳。然而仅过了一个星期，他就觉得自己工作的真正基础已经动摇了：

> 我们俩都热得躁了——我给他看我正写的东西的一个要紧部分。他说它全是错的，说它没认识到困难——说他已经试过我的观点，知道不行。我不能理解他的反对——事实上他说得很不清楚——但我在
> 82 骨子里感到他必定是对的，他已看到了我遗漏的某些东西。如果我也能看到，我不会在意，但事实却是这样，这很烦人；这已在相当程度上摧毁了我的写作乐趣——我只能继续写我看见的东西，却感觉这可能全是错的，如果再写下去，维特根斯坦会认为我是不诚实的无赖。好吧，好吧——年青一代在敲门了——我必须及时为他腾出空间，否

[1] “判断理论”，关于判断的理论（Theory of Judgement）。

则我将成为一个大包袱。但此刻我很烦躁。

即使不理解维特根斯坦的反对，他仍感到它们一定是合理的——可见罗素缺乏信心的程度。“但即便他的反对是合理的”，他写道，带着不可信的镇静，“也不会摧毁此书的价值。他的批评总要和我想交给他思考的问题相关。”换句话说，维特根斯坦的批评不是形而上学的，而是逻辑的。但如果像罗素相信的那样，哲学问题根本上是逻辑的，那如何能不损害这书的价值呢？如果这书的基础不可靠，这书怎么能可靠呢？当维特根斯坦终于把他的反对写成文字时，罗素无保留地承认了失败。“听到我对你的判断理论的反对使你的工作瘫痪了，我非常遗憾，”维特根斯坦写道，“我认为只有某种正确的命题理论才能解决之。”做出这样的理论是罗素想交给维特根斯坦的一件事情。罗素确信这事是当务之急而且超出了自己的能力，于是觉得自己不再能对哲学作出最根本的那种贡献。

这种确信在他身上产生了几乎导致自杀的沮丧。知识论上的庞大工程，开工时带着那样的活力和乐观，如今却遭遗弃。但既然在合同上有义务去美国发表系列演讲，就只好继续准备此事，即便他现在确信自己为此写的东西根本上不对。“我一定快完蛋了，”他告诉奥特琳，“这是我有生以来第一次在工作上不诚实。昨天我觉得可以自杀。”四个月前他曾写道：“十年前我能用已有的想法的存货写一本书了，如今我对精确有了更高的标准。”这个标准是维特根斯坦设定的，但现在他觉得自己没能力实践。直到维特根斯坦离开他的视野后，他才恢复对自己工作的信心——即便到那时，维特根斯坦不在眼前时，他仍感到有必要鼓励自己：“维特 83
根斯坦会喜欢我近来做的工作。”

罗素的大度很好地体现于此：虽然遭受了维特根斯坦对他工作的批评的蹂躏，1913 年夏末听维特根斯坦说他的工作进展顺利时，罗素还能感到喜悦。他写信给奥特琳：“你很难相信这卸下了我胸中多大的负担——为此我感觉几乎年轻了起来，而且欢快。”

维特根斯坦觉得自己作出一种实质性的突破。8月末在伦敦见到品生特时，他几乎欣喜若狂地向品生特解释自己“最新的发现”；据品生特说，那“真的惊人，解决了他去年一直在研究的但解决不了的所有问题”。他的发现创立了一个系统，“简单和精巧得令人惊叹，看上去澄清了一切”：

> 当然他搞乱了罗素的许多工作（即罗素在逻辑基本概念上的工作：他的纯数学工作——例如他的《数学原理》的大部分内容——就没什么关系。维特根斯坦的主要兴趣在这个题目最根本的部分上）——但罗素是最不憎恨此事的人；真正说来他的工作的伟大为此受到的损害很少——因为显然维特根斯坦是罗素的一个弟子，而且受惠巨大。但维特根斯坦的工作确实惊人——我确实相信，哲学的泥泞沼泽终于结晶出一种严格的逻辑理论——哲学里唯一人类可能知道点什么的部分——形而上学（等等）受制于完全缺乏凭据[1]。（逻辑确实是全部哲学。其他宽泛地列于哲学名下的所有东西，要么是形而上学——缺乏凭据它是无望的——要么是自然科学，例如心理学。）

但令人泄气的是——尽管维特根斯坦显然已提出一种彻底改造了哲学的逻辑系统——对他的这项工作尚无文字记录。说这个系统“澄清了一切”而且“解决了所有问题”，这大话是出自维特根斯坦还是出自品生特，没办
84 法判断。但我们从维特根斯坦几星期后写给罗素的一封信里得知：“还要解决一些非常困难的问题（和非常根本的问题），若尚未获得对它们的某种解决，我是不会动手写作的。”

---

[1] “凭据”，译自 data，这里有根据之意，也有加以检验的东西的意思。它比较接近于经验科学说的经验，但如陈嘉映教授指出的，“经验科学”不是个恰当的名称，科学里的“经验”不再是平常说的经验，而是某种特殊的东西，可能恰是 data。在这个意义上，把 data 译作数据也许倒较合理，但品生特此处想的不大可能是数据。

品生特已安排好了，先和维特根斯坦见面，然后就跟他到西班牙度假。但见面时得知计划有变。（由于某种未说明的原因）西班牙已让位给了其他三个选项：安道尔、亚述尔群岛或挪威的卑尔根。品生特得选一个——“他非常在意地不肯显露对某种方案的偏好，要我无成见地作出选择”——但十分明显维特根斯坦选的是挪威，所以品生特就选了挪威。（实际上他喜欢亚述尔群岛，但维特根斯坦害怕在船上遇到成群的美国游客，“他受不了那个！”）

> 所以，最后我们要去挪威而不是西班牙！为什么维特根斯坦在最后一刻突然改了主意我无从去想！但我期待挪威也一样很好玩。

出发前，维特根斯坦去剑桥向罗素和怀特海说明自己的新工作。据品生特说，罗素和怀特海都很热情，赞同现在得依据维特根斯坦的工作重写《数学原理》第一卷（如果真是这样，怀特海一定是日后改变了心意），也许由维特根斯坦本人重写前十一章，“那对他是一次辉煌的胜利！”

对于罗素的数理逻辑的未来，维特根斯坦承担着（或看上去承担着）愈来愈多的责任，他的神经变得比以往任何时候更加敏感。从赫尔启航前往克里斯蒂安尼亚（现在的奥斯陆）时，他的情绪显得特别焦虑：

> 我们启航不久，维特根斯坦突然现出可怕的恐慌——说他的旅行皮箱，里面有他的全部手稿，落在了赫尔……为此，维特根斯坦的状况很恐怖。然后，正当我想发无线电报询问此事时，皮箱在另一人舱位外的走廊上找到了！

他们到了克里斯蒂安尼亚，在那儿过了夜，随后于 9 月 1 日坐火车去 85
卑尔根。在旅馆里维特根斯坦显然想起了去年他俩在冰岛时偶尔发生的分歧，他对品生特说：“我们迄今为止处得极好，不是吗？”品生特的反应带

维特根斯坦寄给埃克尔斯的明信片

有典型英国式的保留。“对于他的炽热的情感喷发，我总是发觉自己极难回应，我认为这次我出于本能地想轻巧地把它打发掉——我极羞于在那类事情上表现出热情。”他的寡言深深地惹恼了维特根斯坦，那一晚再没跟他说一句话。

第二天早上他仍然“绝对地愠怒和暴躁”。在火车上他们必须在最后一刻换座位，因为维特根斯坦坚持要跟其他旅客隔开：

> 接着一个很亲切的英国人来了，和我说话，后来坚持请我们到他的车厢吸烟——我们的车厢不许吸烟。维特：不肯动，而我当然得至少去一小会儿——拒绝是极粗鲁的。我尽快赶了回来，发现他的情绪非常糟糕。我说了说那英国人是个怪人——这时他转过身说“如果我高兴我可以同他一起走完全程”。然后我推心置腹地和他谈，终于使他恢复了正常的、亲切的情绪。

“他这样愠怒地发作时我必须十分地小心和宽容，”品生特又说，“他——他的尖锐的敏感——很像《安娜·卡列尼娜》里的列文，他发作时把我想得极为不堪——但过后深感懊悔。”

> 我恐怕得说，他目前的神经质甚至比平常更敏感，完全避免摩擦是很困难的。在剑桥我们一直能避免，那时我们见面没这么多：但他永远不会理解，当我们像现在这样老在一起，避免摩擦的难度就无限变大了：他为此至为困惑。

火车上的争吵似乎标志了他俩关系的某种转折点。品生特的日记从此用“路德维希”指代维特根斯坦。

一到卑尔根，他们就去一个游客事务所询问，哪儿能找到维特根斯坦 86
想要的那种地方：一家小旅馆，在某个海湾里，位于舒适的乡间，完全没

维特根斯坦寄给凯恩斯的明信片

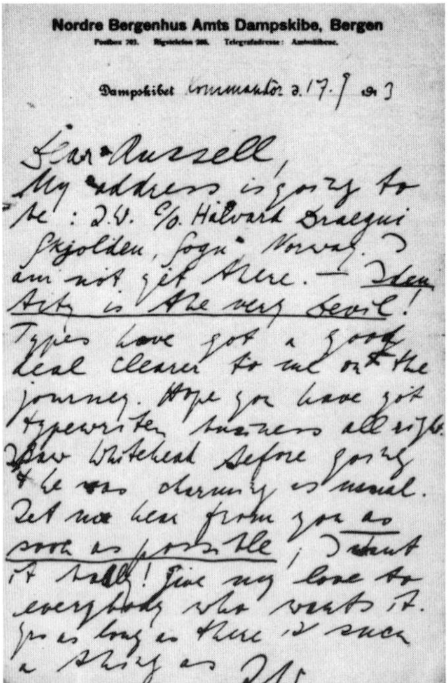

**Nordre Bergenhus Amts Dampskibe, Bergen**

Dampskibet Commandatör 2. 17.9.13

Dear Russell,
My address is going to be: L.W. c/o. Halvard Draegni Skjolden, Sogn, Norway. I am not yet there. — Identity is the very devil! Types have got a good deal clearer to me on the journey. Hope you have got typewriter answers all right. Saw Whitehead before going & he was charming as usual. Let me hear from you as soon as possible; I want it badly! Give my love to everybody who wants it. for as long as there is such a thing as L.W.

维特根斯坦致罗素的信，1913 年 11 月—12 月

游客。换句话说，一个维特根斯坦不受干扰地研究逻辑的完美地点。（现在应该很明显了，这才是最后一分钟改变计划的原因。）在卑尔根的旅馆里他已开始工作。“工作时，”品生特记录，“他对自己咕哝着（混合着德语和英语），一直在房间里来回踏步。”

旅行社为他们找到了满足所有条件的地方——一个叫做埃斯德叙的小村子里的一家小旅馆，位于哈朗格峡湾；他俩将是那儿唯一的外国游客，另十位客人是挪威人。一到那儿他们就简短地走了走，品生特一向是个热心的摄影师，随身带着他的照相机，“这引起了跟维特根斯坦的又一场冲突”：

> 我们的散步十分平和——我走开了一会儿去拍张照片：再追上他时，他沉默而阴沉。我和他在沉默中走了半小时，然后我问他怎么了。看上去我对拍照的热衷：令他反感——“像一个思考不了任何事情的人——在散步时——除了思考该如何把这块田野造成高尔夫球场”。我和他就此谈了很久，终于我们又和解了。他现在确实极为神经质：今天晚上他甚是自责，表达了最令人怜悯的自我嫌恶。

品生特作了一种吊诡但恰当的比较，说：“眼下，不夸张地讲他就像贝多芬那类人一样糟（就那种神经质的敏感而言）。”或许他还未得知维特根斯坦认为贝多芬正是“应当去做的那种人”。

自此以后品生特谨小慎微地不去触犯或惹恼维特根斯坦，这次度假期间再没有过冲突。他们很快遵行起了一种完全适宜维特根斯坦的作息：上午工作，午后散步或坐船，下午晚些时候工作，晚上玩多米诺骨牌。品生特觉得这一切都很无趣——“刚刚够让人不感无聊”。全然没有冰岛乡间矮种马队的新鲜和浪漫；在日记里，他被迫细细玩味在一个挪威的隔绝地带 87
的空空旅馆（品生特和维特根斯坦到了之后其他旅客很快就走了）里能找到的一点点刺激——例如，一次次地写到他俩怎样想办法捕掉在旅馆屋顶

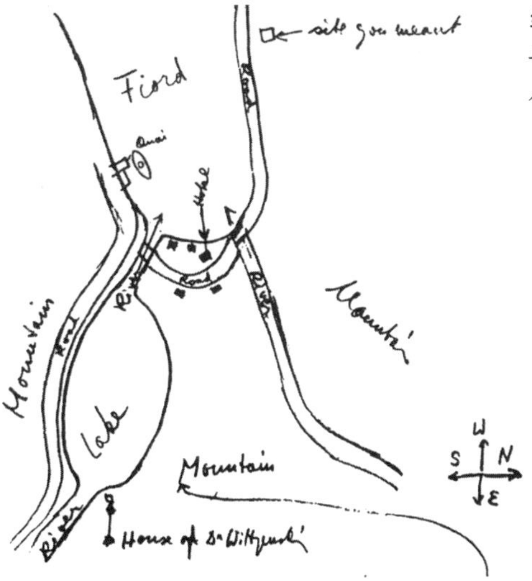


维特根斯坦在挪威的房子，以及1936年10月维特根斯坦给摩尔的信中指示房子位置的草图。

上发现的一个黄蜂窝。

然而，维特根斯坦觉得这是完美的。他用一种称心如意的情绪给罗素写信：

> 我正坐在这儿，一个美丽海湾里的一个小地方，思考那残忍的类型论……品生特在这儿对我是个巨大的慰藉。我们雇了一条小航船，坐着在海湾里逛，实际上品生特全包了开船的活，我坐在船里工作。

一个问题困扰着他：

> 我会做出什么来吗??！如果我没有，那将是可怕的，我所有的工作将会失败。然而我并不是正在失去我的勇气，而是继续思考下去……我现在常常有一种无法描述的感觉，仿佛我的工作肯定会以某种方式全部失败。但我仍然希望那不会是真的。

维特根斯坦的情绪——一如既往地——随着工作能力而起伏。他对自己的进展感到沮丧时，就得是品生特去使他振作。例如我们读到，9月17日：

> 整个上午和下午的大部分时间，路德维希非常阴郁和冷淡——始终在做逻辑……我设法使他振作——回复到他正常的心情——喝完茶后我们一起闲逛（今天是个好晴天）。我们聊起来，看上去，他整天的情绪低落是源于“类型论”的某个很严重的困难。他病态地害怕自己会死掉：在把类型论搞好之前，在用一种能让世界理解、对逻辑科学有用处的方式写出他的其他所有工作之前。他写下了许多——罗素已许诺如果他死了会帮忙出版他的工作——但他确定自己写下的东西表
> 88 述得不够好，不能绝对地说清他真正的思考方法等等——他的思考方

法理所当然比他的明确结论更有价值。他总是说他肯定会在四年之内死掉——但今天他说的是两个月。

维特根斯坦的这种感觉——自己会在能发表自己的工作成果之前死掉——在挪威之行的最后一星期里加强了，因此他写信问罗素是否愿意见他，“越早越好，而且要给我充足的时间，让我向你勾勒我迄今搞完的全部领域，若有可能，让我当着你的面给你写份笔记”。因此我们才有了《逻辑学笔记》——留存下来的维特根斯坦思想的最早呈现。

在他焦虑时，“自己可能很快会死”的感觉成了一个坚定不移的信念：自己注定会那样。这个假定成了他说的和做的一切的前提。他告诉品生特他不怕死——“但为了不浪费他生命剩下的片刻而极其忧虑”：

> 这全系于他的完全病态和疯狂的信念：他很快要死了——我看不出什么明显的理由，为什么他不能再活很长时间。但想用道理驱散那信念或他对之的忧虑，是没用的：他抑制不住的信念和忧虑——因为他疯了。

与此相关，他还忧虑自己的逻辑工作可能终究并无真正的用处：“于是，他的神经脾气带给他一种悲惨的生活，也带给别人很大的不便——而且毫无意义”。

看起来，这种濒临绝境的焦虑侵袭着维特根斯坦时，品生特很出色地振作了维特根斯坦的精神——品生特鼓励他，恢复他的信心，跟他玩多米诺骨牌，带他去划船，也许最重要的是，和他一起演奏音乐。度假期间他俩把舒伯特的约四十首歌曲编成一套曲目，维特根斯坦用口哨吹旋律，品生特弹伴奏。

或许不奇怪——他俩对这次度假的感受差别甚剧。维特根斯坦说自己从未如此享受一个假期。品生特则没那么热烈：“我自个儿是挺有乐趣

89 的……但路德维希现在这么神经质，和他单独在一起有时是种考验。”回去之后——10月2日——他发誓永远不再和维特根斯坦出行。

度假结束时维特根斯坦“突然宣布了一个最吓人的计划”：

> 也即：他要流放自己，远离他认识的所有人生活若干年——比如说在挪威。他要彻底地独居，就他自己——隐居生活——什么也不做只做逻辑。他给出的理由我觉得很古怪——但无疑他觉得很真实：首先他认为，在那种环境下他做的工作将无限地多过和好过在剑桥，他说在剑桥老是容易受干扰和分心（例如音乐会），这是可怕的障碍。其次，他觉得自己无权生活在一个不同情他的世界里（跟他投合的人当然是很少的）——在那个世界里他永远感觉自己轻蔑别人，永远看见自己的神经脾气触怒他人——但那轻蔑（等等）却没有正当的理由：比如他是个真正伟大的人而且做出了真正伟大的工作。

这观点中的一部分是我们熟悉的：如果他的行为像贝多芬，那么他就应当像贝多芬那样做出真正伟大的工作。新鲜的部分是他确信在剑桥不可能做到。

不过，维特根斯坦并未下定决心施行此计划，继续为自己先前答应在伦敦工人学院开的一门哲学课程做准备。回程途中抵达纽卡斯尔时，事情才最后定了下来。维特根斯坦在那儿收到一封格蕾特的信，得知她及其美国丈夫杰罗姆·斯通巴罗就要到伦敦居住。看来这件事把问题解决了。他告诉品生特，如果斯通巴罗夫妇随时可能前来探访，那么他就无法忍受住在英格兰。

他甚至使品生特相信，他终究应该到挪威做逻辑——品生特原本觉得这想法是荒谬的。因为：“他已解决了许多困难，但仍有其他未解决的。”

还有：“他的特殊类型工作的巨大困难是——除非他彻底解决了逻辑基础的
所有问题——他的工作对世界就没什么价值。”因此：“要么做出真正伟大 90
的工作，要么其实什么都没做，没有中间状态。”

看上去品生特认可了这一论证的力量，即便这一论证跟斯通巴罗夫妇住在英格兰毫无关系，也未解释为什么维特根斯坦必须独自生活，而且，这一论证还跟他一周前刚认可的观点（即重要的是维特根斯坦的*方法*而非*结论*）有着尖锐的对立。事实上，这一论证看起来是魏宁格提出的极端两分——伟大或虚无——的重述。但是，这一论证若要是离开剑桥生活的说得通的理由，或许还得加上魏宁格的另两个论题：爱通向伟大，性欲是伟大之敌；“性欲随身体的接近而增加，爱则在爱人缺席时最强；爱需要分离、需要一定的距离而得以保持”。

因此，要离开所爱的人，才可能达到伟大。

# 第五章　挪威

91　可想而知，罗素认为维特根斯坦到挪威独自生活两年的计划是疯狂和错乱的。他提出了各种反对意见，想打消维特根斯坦的念头，但全都被置之不理：

> 我说那儿黑，他说他恨日光。我说那儿孤独，他说跟聪明人说话是滥用他的心智。我说他疯了，他说上帝留他不必做精神健全的人。（上帝一定会的。）

维特根斯坦再度动身去卑尔根前，他和罗素都觉得重要的一件事是弄一份他的工作的文字记录：对维特根斯坦来说，是因为确信自己只有几年（甚至几个月）可活了；对罗素来说，是因为希望在即将到来的美国系列演讲里用上维特根斯坦的想法——还因为也觉得机不可失（他很担心维特根斯坦在挪威的孤独旅居期间彻底疯掉并 / 或自杀）。

困难在于，由于其"艺术良心"（照罗素的说法），维特根斯坦极不愿意用不完美的形式写出自己的思想，因而——既然他尚未找到完美的表述——憎恨任何写作。他只想向罗素口头解释他的想法。罗素觉得维特根斯坦的工作"不比逻辑领域已做过的任何工作差"，尽其所能地跟上维特根

斯坦的解说，但最后发现这些想法太微妙了，自己一直记不住，于是请求 92
维特根斯坦把它们写出来：

> 哼哼了好一阵子后，他说他做不到。我严厉地骂了他，我们大吵了一架。然后他说，他将说出和写出一切我认为值得说出和写出的他的论述；于是我们这么做了，效果很不错。但我们俩都搞得筋疲力尽，而且进展缓慢。

他没有放弃，只因为他下定决心要“把 W. 的思想用钳子拽出来，无论他疼得如何尖叫”。

最终他搞到了维特根斯坦思想的一些文字记录，他请（到罗素屋子里借一本书的）菲利普·乔丹的秘书在维特根斯坦讲话和自己发问时作速记。这些笔记之外，还增补了维特根斯坦几天后到伯明翰向品生特道别时口述的一份打字稿。记录稿和打字稿一起构成了《逻辑学笔记》——维特根斯坦的第一个哲学作品。

可把这一作品视作他此前在夏天对罗素所作论述的扩展，当时他说：类型论“一定有一种适当的符号理论使之成为多余”；类型论是提出此种理论的一种预备性尝试。就这一作品的细节及其对罗素的批评而言，它确实很微妙。但它的基本思想之简单则十分令人错愕。那就是：“‘A’和‘A’是同一个字母”（这说法引得速记员加了个短注，“唔，这反正是对的”）。这个看上去平凡的真理引向位于《逻辑哲学论》核心处的显示和说出的分别。想法是——在这儿还只是其雏形——类型论说的东西不能被说出，必须由一种符号体系显示（我们看出，“A”和“A”是同一个字母，“A”和“B”是同一类型的字母，“A”与“x”、“y”和“z”是不同类型的字母）。

除了这个符号理论的雏形，《逻辑学笔记》还包含了一系列对哲学的论述，毫不含糊地表述了维特根斯坦对哲学的观念；这观念终其一生——至少在多数方面——没有改变：

> 哲学中没有推导：它是纯粹描述性的。
>
> 哲学不给出现实的图像。
>
> 93 哲学既不和科学研究一致，也不反驳科学研究。
>
> 哲学由逻辑和形而上学组成：逻辑是其基础。
>
> 认识论是心理学的哲学。
>
> 不信任语法，是做哲学的第一个必备条件。

辞别品生特后，维特根斯坦于10月8日离开了伯明翰。“跟他分别是伤感的”，品生特写道：

> ……但明年夏天他可能来英格兰稍停（在那之前住在挪威，随后再回到挪威），那时我将再见到他。我们的相处已乱了套，但我仍心存感激：我肯定他也一样。

第二年夏天战争的爆发意味着这是他俩最后一次见面。

1913年维特根斯坦需要的（或觉得自己需要的）是孤独。他找到了理想的地点：卑尔根北边、松恩峡湾旁的一个叫舒登的村子。他寄宿在当地邮政官汉斯·克林恩伯格家。“我在此地几乎碰不到人，”他写信给罗素，“我的挪威语进步极慢。”这两个陈述都不全对。事实上他和许多村民交朋友。柯林斯伯格一家；还有哈瓦德·德拉格尼，一家当地木箱厂厂主；安娜·勒伯尼，一个农民；阿尔纳·伯斯塔德，当时是个十三岁的男学生。他的挪威语进步神速，一年之内就能与这些朋友用其母语通信。诚然，这些信里的语言并不过于复杂或老练。但这更多源于友谊的性质，而非受限于他的挪威语水平。实际上那是他最喜欢的那种简单、直接和扼要的信件：“亲爱的路德维希，你好吗？我们常常想到你”也许是个典型的例子。

所以他并未完全脱离跟人的接触。但他——也许这是最重要的——离开了社会，抛开了布尔乔亚生活强加给人的义务和期待——无论是剑桥的布尔乔亚生活还是维也纳的布尔乔亚生活。他对布尔乔亚生活的恐惧，部分源于这种生活强加给人的人际关系的肤浅本性，但也部分源于这个事实：面对布尔乔亚生活时，他自己的天性把一种几乎无法忍受的冲突强加 94
给他——必须抵抗那种生活和必须顺从那种生活这两者之间的冲突。

在舒登他能免于那种冲突；他能做自己，不用紧张可能搞烦或触怒别人。这是一种巨大的解脱。他能够完全专注于自己，或不如说完全专注于他的逻辑；他觉得他的逻辑和他自己实际是一回事。这一点，还有乡村的美——对于他需要的既是放松也是沉思的漫长孤独的散步而言，这乡村的美是完美的——在他内心生出了某种欢快。这一切合起来为他的思考创造了理想的环境。也许是一生中唯一的一次，他毫不怀疑自己待在正确的地方，做着正确的事；他在舒登度过的很可能是他一生中最多产的一年。多年后他常回顾这段时间，将其视作一个他产生过一点完全属于自己的思想的时期，在这段时间里他甚至“孕育了思考的新乐章”。“那时我的心智正火着！”他常说。

没几周他就能写信向罗素通报重要的新想法，新想法看似惊人的结果是：“整个逻辑只从一个 P. P.[1][原始命题]中导出！！”

同时，罗素正竭尽全力消化《逻辑学笔记》，以便为他的哈佛演讲做好准备。他在演讲出版稿的前言里说明：

> 在纯逻辑中——这题目只在这些演讲中很简要地论及——我受惠于我的朋友路德维希·维特根斯坦先生的极为重要、尚未出版的发现。

但他仍弄不清楚某些要点；他寄给维特根斯坦一系列问题，希望得到解释。维特根斯坦的回答是简洁的，大部分有帮助。但他脑子里塞满了新想法，

[1] P. P.，即 primitive proposition 的缩写，原始命题。

实在不觉得在老地方打转是惬意的事：“对一般不可定义项[1]作一说明？哦主啊！那太无聊了！！！改天吧！”

> 真的——有一天我会写信对你谈谈它，如果到那时你还没把它全
> 搞清。（因为手稿里完全写清楚了，我觉得。）但眼下同一性[2]把我
> 95 搞得这么烦，我实在写不出长一点的闲话。所有各种新的逻辑的东
> 西像是从我心里长出来，但我尚不能谈。

身处这智性创造顶峰的兴奋中时，他发觉解释自己认为已搞清楚而且已妥为论证的要点是特别可厌的。在 11 月的一封信里他试图解释，为什么他认为整个逻辑得从某个单一的原始命题中导出。但罗素仍然弄不明白时他的耐心耗光了：

> 我请求你自己思考这些事情；我无法忍受重写甚至第一遍时我也是怀着极度厌恶写出的文字解释。

尽管如此，他还是努力澄清这一要点。关键在于他的这个信念：若给出列出命题真值可能性的正确方法，就能表明一个逻辑命题是真是假，而无须知道构成这命题的各部分的真假。因此：“要么在下雨要么没在下雨”是真的，无论“在下雨”是真还是假。类似地，我们无须知道天气如何，就知道“既在下雨又没在下雨”这个陈述肯定是假的。这样的陈述是逻辑命题：第一个是重言式（总是为真），第二个是矛盾式（总是为假）。现在，如果我们有一种确定任一给定命题是重言式、还是矛盾式，或两者皆不是的方法，那么我们就有了一条判定所有逻辑命题的单一规则。如果在一个

[1] “一般不可定义项”（general indefinables）。
[2] “同一性”（identity）。

命题里表述这条规则，那么就已经表明，整个逻辑是从某个单一的（原始）命题中导出的。

只有我们承认所有逻辑命题都是重言式，这个论证才成立。这就是为什么维特根斯坦写给罗素的信起首是如下神谕似的宣告：

> 所有逻辑命题都是重言式的一般式，所有重言式的一般式都是逻辑命题。没有别的逻辑命题。（我认为必定如此。）

他告诉罗素，“现在的大问题”是：“为了能**以同一种方式**辨认出每 96
一个重言式，必须如何建构一种记号系统？这是逻辑的根本问题！”

后来他用所谓真值表方法（今日每一个逻辑本科学生都熟悉这方法）处理这问题。但此刻，渐强乐段的顶峰过去了。随着圣诞节临近，欢乐让位给阴郁，维特根斯坦重拾他的病态信念：自己活不了多久，因此有生之年什么也发表不了。“我死之后，”他罗素，“你必须看着我的记录册子付印，全部素材都要在里面。”

信的结尾是：“我常觉得自己正在变疯。”这精神错乱具有两面性：从前几个月的癫狂，转为圣诞节临近时的沮丧。因为圣诞节时：“我**不幸**必须去维也纳。”没办法逃掉：

> 事实是，我母亲非常想我去，非常想；如果我不去她会很伤心；她对去年的此时有很坏的记忆，我不忍心赖在外面。

还有：“回家的想法吓坏了我”。幸好此行是短暂的，很快就会回到舒登：“在这儿独居对我有无止境的好处，我觉得我现在不能忍受人群里的生活。”

动身前一周他写道：“我的一天在逻辑、吹口哨、散步和沮丧中度过”。

> 我对上帝发愿，愿我更聪明些，愿我最终搞清楚一切——否则我

不必再活多久！

彻底清晰，或者死——没有中间道路。如果不能解决“全部逻辑的根本问题[1]”，他无权——至少没有欲望——活着。不妥协。

维特根斯坦答应圣诞节回家是在妥协——跟他自己的冲动相抵触——为了履行他感到的对母亲的责任。一旦到了家，进一步的妥协是不可避免
97 的。他已成功地注入他的逻辑的能量再一次不得不在人际关系的紧张里散失。为了母亲和其他家人扮演尽责儿子的角色时，他真正关注的事情就得被逐入地下。最糟的是，他没有力量、也没有清晰的意图不这样做：他不能允许自己做任何可能使母亲很伤心的事。这种感受把他抛进致人瘫痪的迷茫之中。他被迫意识到，无论自己在逻辑领域里怎样接近彻底的、不妥协的清晰，在个人生活里——在他自身之中——他还差得很远。他在反抗和顺从间徘徊，在骚动和无动于衷间徘徊。“可是”，他告诉罗素：

> ……我内心深处有一汪永恒的热流，就像温泉的底部；我一直希望来一次一劳永逸的喷发，于是我就能变成一个不同的人。

在这种状态下他当然什么逻辑工作也做不了。但是，经受这种折磨时，难道他不是正在对着一组同样重要，甚至关乎逻辑的问题布下战阵？“逻辑和伦理，”魏宁格曾写道，“根本上是一回事，它们无非是对自己的责任。”维特根斯坦在写给罗素的信里应和了这一观点；而维特根斯坦——依据他俩在剑桥时的谈话——知道罗素不太可能用同样的眼光去看：

[1] 此句英文为 the question [ that ] is fundamental to the whole of logic，“that”是本书作者蒙克补上的。

或许你认为这种对我自己的考虑是浪费时间——但我怎么能在是一个人之前是一个逻辑学家！最最重要的是跟自己清算！

跟他的逻辑一样，这项关乎自身的工作只有在孤独之中才能做到最好；他尽可能早地回了挪威。“非常难过”，他写信给罗素，“但我又一次没有逻辑的新消息给你”：

原因是过去几周我过得极糟糕。（我的维也纳“假期”的结果。）每天，我轮流受到一种可怕的Angst的折磨和沮丧的折磨；即便在间隙中我也筋疲力尽，无法设想做一点工作。这种恐怖超过了一切可描述的精神折磨。直到两天前我才能在地狱的号叫之上听到理智 98
的声音，我又开始工作了。也许我现在好一点了，能做出点体面的东西了。但我永远不曾知道，感觉自己离疯狂仅一步之遥意味着什么。——让我们盼望最好的结果！

回挪威时他决心毕其功于一役，摆脱自己生活里的肮脏妥协。而且——虽然这有点像胡乱出气——他先拿自己和罗素的关系开刀。第一炮足够温和——他柔和、隐蔽地责备了罗素本人的妥协倾向：

向你的美国讲座致以最好的祝福！也许它起码能给你一个比通常更有利的机会，向他们说出你的思想，而不仅仅是修剪过的、干巴巴的结果。对于你的听众，那是能够想象的最大价值——去了解思想的价值，而非修剪过的、干巴巴的结果的价值。

这很难使罗素为随后的事情做好准备。照他对奥特琳的说法，自己回信的方式“太尖锐”了。我们不知道他实际说了什么，不过这样设想是合理的：他对维特根斯坦就他即将进行的演讲作出的刺耳评论显出了不耐烦；他批评了维特根斯坦的完美主义（如他以前做过的那样），也为自己情愿出版不完美的作品作了辩护。

无论罗素说了什么，反正他的话足以——以维特根斯坦目前的心态——令维特根斯坦相信和罗素断绝一切关系的时候到了。他给罗素写了一封信，明显打算当成写给罗素的最后一封信；他解释道，他对他俩的关系想了很多，已经“得出了结论，我们确实不适合对方”：

> 这么说不是想要责怪谁！无论对你或对我。但这是个事实。我们聊起特定话题时经常出现不愉快的谈话。这不愉快不是缘于哪一方的坏心情，而是源于我们本性的巨大差异。我最真诚地请求你，不要认为我
> 99 有任何责怪你的意思，也不要认为我想对你说教。我只想把我们的关系说说清楚，以便作出结论。——我们最近一次的争吵也肯定不只因为你的敏感或我的不体谅。它源于更深的东西——源于这件事：你一定从我的信里看出了我们的观念完全不同，例如，对科学工作的价值的观念。我在信里那么冗长地谈那一问题，当然是我愚蠢：我本该告诉自己，那种根本差异是不能用一封信解决的。这只是许多例子中的一个。

他承认，罗素的价值判断和他自己的价值判断一样好、一样根深蒂固，但——正因如此——他们之间不可能有任何真正的友谊：

> 我将在我的整个一生中全心全意地感激你和忠实于你，但我不会再给你写信，你也不会再见到我。既然我此刻再次同你和解了，我便想和平地与你分开，这样我们就不会有一天再惹恼对方，然后也许作为敌人而分开。我对你的一切致以最好的祝愿，并且请求你别忘了我，经常带着友好的感情想起我。再见！
>
> 你永远的
>
> 路德维希·维特根斯坦

“我敢说过一段时间他的情绪会变的，”把这封信拿给奥特琳看了以后罗素对她说，“我发觉自己不是为了他而在意，而只是为了逻辑的缘故而在意。”不过，“看着这封信我真的非常在意。这是我的错——我对他太尖锐了。”

他设法在回信里软化了维特根斯坦永不再写信的决心。3 月 3 日维特根斯坦写了信，说罗素的回信“那样充满了善意和友谊，我觉得我无权不回复”。然而，维特根斯坦在核心问题上仍旧坚定：“我们的争吵并不只是外在的理由引起的，比如神经紧张或太疲劳，而是——至少在我这一方——非常根深蒂固的”：

> 你说我们自身不是那么不同，你也许是对的，但我们的理想就不那么一致了。而这就是为什么我们从未能够、也永远无法谈论关乎我们的价值判断的任何事而不致伪善或吵翻。我认为这是无可争辩 100
> 的；我很久以前就注意到这一点了；这一点对我是可怕的，因为它污染了我们两人的关系；我们像是并肩站在沼泽里。

如果他俩竟还要维续一种关系，那只能建立在一个不同的基础之上：在那种关系中“两人都能彻底坦诚而不会伤害对方”。他们的理想根本上不可调和，所以就没有那种可能性。要避免伪善或争斗，他们只能“让我们的关系只限于就能够客观确立的事实作交流，也许还可提一提我们对彼此的友好感情”：

> 现在你也许会说，“迄今为止，事情多少还过得去。为什么不照样继续下去呢？”但对于这恒常的肮脏妥协，我实在厌烦了。我的人生到今天一直是污秽的一团糟——但真要无限期地那样下去吗？

于是他提出了一个方案，他觉得这一方案能让他俩的关系在一种“更真实的基础”上维续：

> 让我们写信给对方，谈我们的工作、我们的健康等等，但让我们在通信中回避任何种类的价值判断。

在以后和罗素的通信中他都按此计划行事。他继续署名为“你忠实的朋友”；他写到自己的工作，描述自己的健康。但从前的那种使他俩能谈论“音乐、道德和一堆逻辑以外的事”的亲密感消失了。在这一破裂中幸免的智性上的同情也将彻底消失，原因是第一次世界大战给他俩都带来了变化——加重和加深了他们本性差异的变化。

正如维特根斯坦在信里一再强调的，他和罗素的差异已使他们的友谊有一年多都处于紧张状态中——尽管罗素误以为麻烦的起因是他们的相似。
101 甚至，远在维特根斯坦去挪威之前他们的哲学讨论也已失去了其合作的性质。事实上，在剑桥的最后一年他根本没有真正和罗素讨论过他的想法；他只是把想法报告给罗素——仿佛是向罗素发布逻辑通报。早在去年 11 月，他写信催摩尔来挪威讨论他的工作时，他就表达了这种观点：和剑桥的人讨论他的工作是不可能的——剑桥没有一个“尚未变得陈腐而且对这一学科真感兴趣的人”：

> 甚至罗素——就其年龄而言他当然是最格外有生气的——也不再适宜此事。

维特根斯坦和罗素的关系先是切断了，随后到了一个不再那么亲密的境地；而他向摩尔作出的表示甚至变得更决绝。摩尔对计议中的挪威之行有点拖拉，可能正在后悔自己竟然答应了。但维特根斯坦的要求不容拒绝：“你必须学期一结束就过来”，他在 2 月 18 日写道：

> 我盼望你的到来，这盼望无法诉诸言语！“逻辑”[1]和其他事把我烦死了。但我希望自己在你到来之前不会死掉，那样的话我们就不能谈很多了。

“逻辑”大概指维特根斯坦那时在写的一份稿子，他打算拿给摩尔看，想凭之申请学士学位。3月份他写道：“现在我认为，《逻辑》肯定很接近完成了，如果不是已经完成了的话。”虽然摩尔此时有了一个新借口——要留在剑桥写一篇论文——但维特根斯坦不接受：

> 究竟为什么你不能在这儿写你的论文？你会有一个**完全属于自己**的看得到壮丽风景的起居室，我会让你爱自个待多久就自个待多久（事实上待一整天也行，若必要的话）。另一方面，只要我们都想我们就能随时见到对方。我们甚至能谈谈你的工作（那也许会是有趣的）。或者你真需要有那么多书？你看——我有**大量的**事要做，所以一点不会妨碍到你。一定搭那趟17号从纽卡斯尔启程19号到卑 102
> 尔根的船，到这儿来做你的工作（由于我会阻挠你过多地重复自己，我甚至可能对你的工作有好的影响）。

摩尔最终克服了不情愿——他不情愿面对旅途的艰苦，也不情愿面对更加使他畏缩的和维特根斯坦独处的前景——答应前往。他于3月24日动身去卑尔根，两天后维特根斯坦在卑尔根接到了他。他的来访持续了两星期，每天晚上都进行“讨论”，其形式是维特根斯坦说、他听（“他讨论”，摩尔在日记里抱怨）。

4月1日维特根斯坦开始向摩尔口述一系列逻辑论述。无论这些论述构成了此前提到的“逻辑”的全部、抑或只是其选集，我们至少可以假定

---

[1] “逻辑”，译自logik，见下一段。

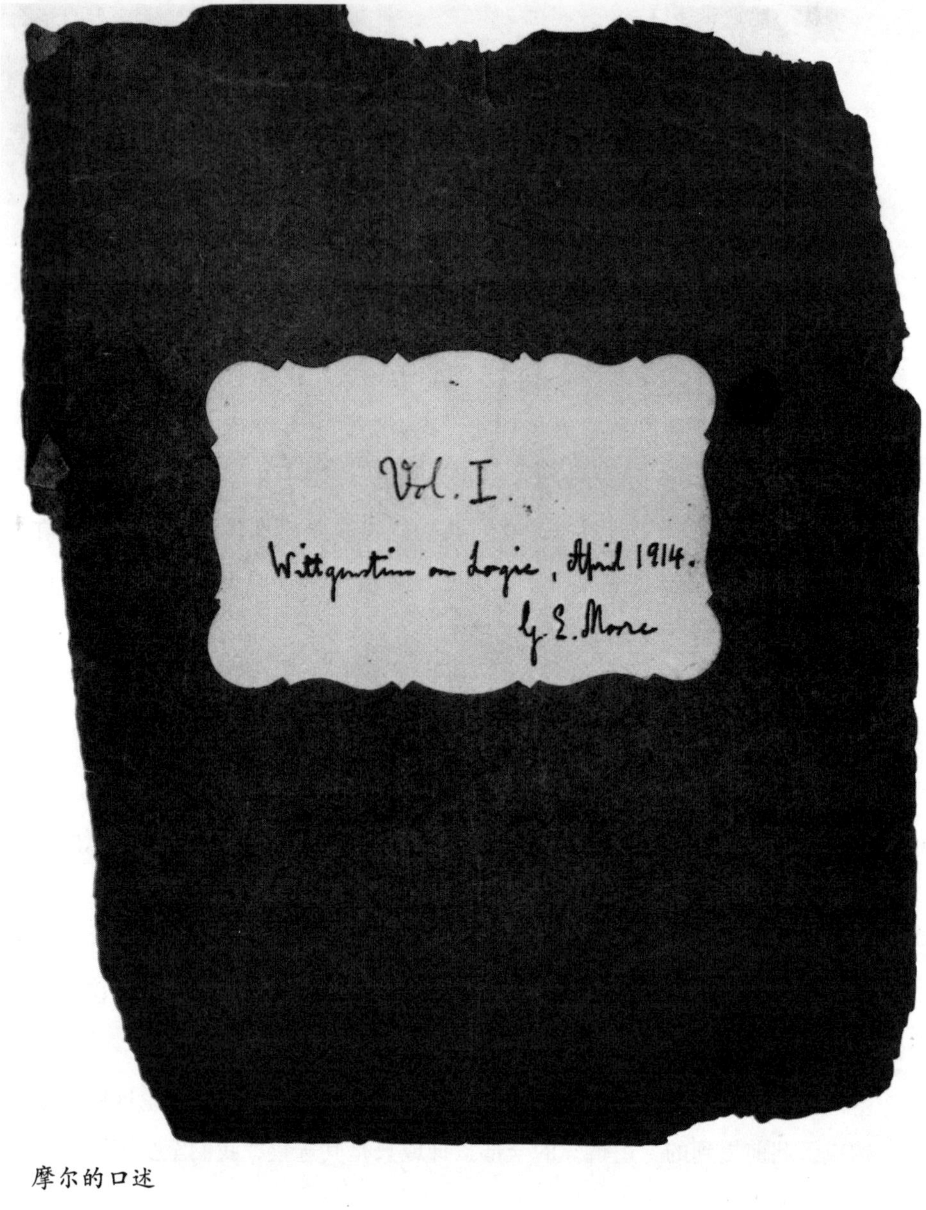
Vol. I.
Wittgenstein on Logic, April 1914.
G. E. Moore

摩尔的口述

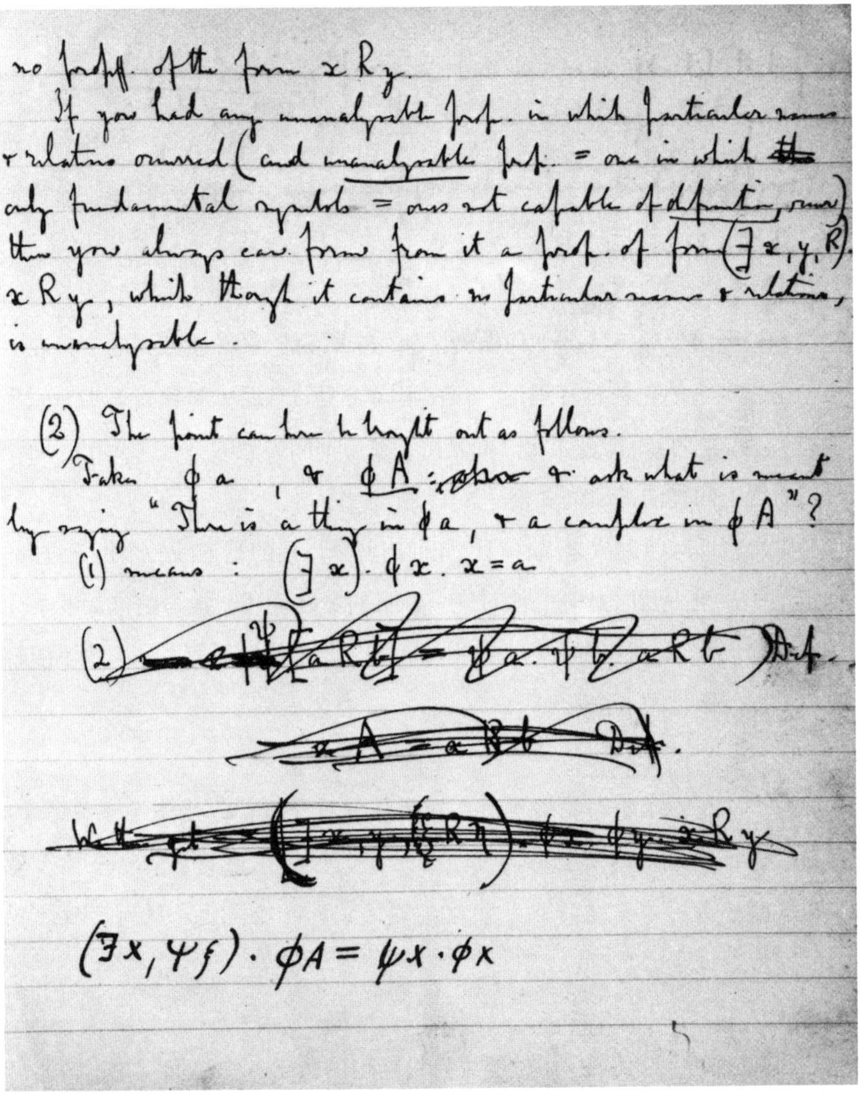
no props. of the form $xRy$.

If you had any unanalysable prop. in which particular names & relations occurred (and unanalysable prop. = one in which the only fundamental symbols = ones not capable of definition, names) then you always can frame from it a prop. of form $(\exists x, y, R) . xRy$, which though it contains no particular names & relations, is unanalysable.

(2) The point can here be brought out as follows.

Take $\phi a$, & $\phi A$ & ask what is meant by saying "There is a thing in $\phi a$, & a complex in $\phi A$"?

(1) means: $(\exists x) . \phi x . x = a$

$(\exists x, \psi \xi) . \phi A = \psi x . \phi x$

维特根斯坦在摩尔笔记里所做的校正

乔治·爱德华·摩尔（1873—1958）

它们涵盖了其中最重要的部分。它们的中心观点是断然地坚持说出和显示的区分；在前一年向罗素口述的笔记里，这种区分只是暗含着的。摩尔笔记的开头是：

> 逻辑的所谓命题显示语言的逻辑性质，因而显示宇宙的逻辑性质，但什么都不说出。

这笔记勾勒出，这一区分如何做到了他先前告诉罗素必须做到的事：表明类型论之多余的一种符号理论。存在不同类型的东西（对象、事实、关系等等），但这一点不能被说出，而是由存在着不同类型的符号显示出，而符号类型之不同则能被即刻看出。

维特根斯坦将此成果视作自己先前向罗素口述的笔记的一个可观进展，这也是——至少暂时是——他对这一题目的最终论述。他写信催促罗素读摩尔的笔记。"我现在再次陷入枯竭的状态，既不能做任何工作，也不能解释自己以前做过的工作"：

> 不过，摩尔在我这里时我对他详细解释过了，他作了各种记录。所以你最好从他那里尽力发掘。里面的许多东西是新的——完全理解它的最好办法是你自己读摩尔的记录。可能得过一段时间我才能做出进一步的东西。

103 回到剑桥后，摩尔——按照维特根斯坦的指示——去询问《逻辑》可否当学士论文。他就此事征询了 W. M. 弗莱彻（维特根斯坦在三一学院的辅导员）的意见；他得知，根据管理此类论文的规章，维特根斯坦的工作照现在这副样子不符合条件。论文需要包含一篇序言，一些注释：说明其资料的来源，指明作者自认为论文的哪些部分是原创性的，哪些部分参照了他人的成果。

摩尔随之写信向维特根斯坦说明情况。维特根斯坦勃然大怒。他的工作——“哲学的下一大步”——没有资格获授一个学士学位！？只是因为没有裹上本科生学业的惯常行头！这超出了底线。必须明珠暗投已经够糟了，被驳回则是不可容忍的。5月7日，他在一封写给摩尔的猛烈讥讽的信里发泄了自己的情绪；这封信暂时把他同摩尔的友谊和获得剑桥学位的希望都葬送了：

亲爱的摩尔：

你的信惹恼了我。我写《逻辑》时没有查阅规章，因此我认为，如果你不过多查阅规章便给我学位，那不过是公平起见！至于序言和注释，我认为我的审查人很容易看出我从鲍桑葵[1]那里抄袭了多少——如果我不值得你为我甚至在一些愚蠢的细节上破一次格，那我最好直接下地狱；如果我值得，你却不去做那么——凭着上帝之手——你会去那儿。

整个事情太愚蠢了，太禽兽了，写不下去了所以——

L.W.

对摩尔的攻击是没道理的：制定规章的不是他，执行规章也不是他的职责——他只是告知维特根斯坦规章和其论文间的形势。此外他不习惯听到这种风格的语言，这封信的口气令他深感不安。他为这种不公甚感震惊，其猛烈的程度竟使他的身体感到不适。他的5月11日到15日的日记说明，收到信数天后他仍旧为了这一击昏眩着。他没回信。

大约两个月之后的7月3日，摩尔收到了一封较为友好、几乎是悔罪 104
的信，那是维特根斯坦从挪威到维也纳过夏天后写的，但他也没有回信。

[1] 鲍桑葵（Bernard Bosanquet，1848—1923），英国哲学家、政治理论家、社会改革家。

亲爱的摩尔：

离开舒登前整理文件时，我瞥见了你的那封曾令我那般狂野的信。再次细读之下，我发觉自己可能没有充分的理由写那样的信给你。（但不是说现在我有点喜欢你的信了。）但至少我的怒火已冷却了，我还是情愿再和你做朋友。我认为我现在这样做已够费劲的了，因为我不会给许多人写这种话；如果你不回这封信，我不会再给你写信。

“我觉得不会回信，”摩尔在日记里写，“因为我确实不想再见到他。”随后的数年里他的决心有几回几乎动摇了。和罗素或德斯蒙德·麦卡锡谈话时维特根斯坦的名字会被提到；每一次他都怀疑自己不回信是否正确。但即便维特根斯坦（间接地通过品生特）恳求他再联系，他也没有那样做；直到维特根斯坦 1929 年回到剑桥，和他碰巧在火车上碰面，他俩的绝交才得以修复。但这些年里有关维特根斯坦的念头一直缠绕着摩尔，他竟考虑写一部专门的日记：“我对维特根斯坦的感受”。

如我们所见，摩尔来过后维特根斯坦再次陷入了枯竭。因为暂时不能做进一步的逻辑工作，他转而专心建造一所小房子，地点在松恩峡湾边上，离他的村子约一英里远。他打算把这所房子当一处有点儿永久性的住所——至少是他最终解决所有逻辑根本问题之前的住处。但 7 月份他为了避开挪威的旅游季回维也纳时房子还没完工。他打算只离开一个夏天，这段时间里先去奥地利的家人那儿，再和品生特去度假。但直到 1921 年夏天他才回到挪威，那时逻辑的根本问题已经——至少暂时地——解决了。

# 第六章　火线之后

1914 年 6 月末维特根斯坦回到了霍赫海特。他的计划是在那儿度过 105
夏天的前一段时间，然后于 8 月末动身，携品生特度假两周，最后到英格兰探望老朋友（如埃克尔斯），再于秋天返回挪威，住进他的新房子写完他的书。

整个 7 月，弗朗茨·斐迪南大公遭暗杀引起的危机在恶化，欧洲列强在为战争做准备，维特根斯坦则同品生特信来信往，讨论他俩计议中的度假。他们是照原计划去西班牙呢，还是去某个更偏僻的地方？最后他们同意 8 月 24 日在特拉法加广场的格兰德饭店碰头，到时再决定去哪里。6 月 28 日（正是暗杀那天）埃克尔斯写信给维特根斯坦谈到自己的新房子和宝宝——“小陌生人”——他的妻子预计在 8 月生产；在维特根斯坦的回信里，我们看到他信心满满地保证，无论他和品生特决定去哪里，事后他将于 9 月 10 日左右到曼彻斯特看埃克尔斯。“我希望小陌生人顺顺当当，”维特根斯坦回答，“而且我希望是个男孩。”

埃克尔斯曾写信就一套卧室家具征询维特根斯坦的意见——包括衣柜、医药箱和梳妆台——那是埃克尔斯自己设计、打算付诸制作的。他非常信任维特根斯坦在这种事情上的判断；他的新客厅仿照维特根斯坦在剑桥的屋子：蓝地毯，黑油漆，黄色的墙。“效果，”他告诉维特根斯 106

霍赫海特

上图：维特根斯坦和家人在霍赫海特
下图：路德维希、海伦娜和保尔在霍赫海特

坦，“每个人都大加赞赏。”

埃克尔斯在信里勾勒了自己对于好设计的标准：最大的效用、最容易的制作方式；他说绝对的简单是他考虑的唯一事情。这是维特根斯坦乐意赞同的标准。“极棒”是他给埃克尔斯设计的判词；只是出于纯粹功能性的考虑，他建议对衣柜作一点改动。“我看不到床的图样”，他又说：

> ……或者你想要家具制造商提供的床？若是这样，一定坚持要他们割掉一切小气的奇幻床脚。为什么床要立在滚轮上？你不会在房子里乘着床旅行的吧？！千万要照你的设计制造其他东西。

虽然维特根斯坦和埃克尔斯同样偏爱袪除了一切种类装饰的功能性设计，但我认为，可以设想这件事在维特根斯坦那里具有某种在埃克尔斯那里不具有的文化的，甚至伦理的重要性。在“青年维也纳”的知识分子那里，对不必要装饰的憎恨位于一种更一般的反感——对他们眼里的空洞姿态的反感——的核心处，这种空洞姿态是哈布斯堡帝国正在腐烂的文化的标志。卡尔·克劳斯向报纸副刊[1]开战，阿道夫·鲁斯在米西勒广场建造那栋出了名不加装饰的建筑，不过是同一斗争的两个方面。维特根斯坦至少在一定程度上认同此斗争；这一点是明显的，因为他赞赏这一斗争的两位主角的工作。

在挪威时维特根斯坦就请人寄来克劳斯的《火炬》，他曾看过克劳斯写路德维希·冯·费克尔的一篇文章；费克尔是克劳斯的一位仰慕者，自己编辑一本在因斯布鲁克出版的克劳斯式刊物，名为 *Der Brenner*（《火炉》）。7 月份维特根斯坦写信给费克尔，说自己愿转给他十万克朗，条件是把这笔钱分配给“缺乏生计的奥地利艺术家”。“我在这事情上求助于

[1] “报纸副刊”，译法语 feulleton，并非指某一具体报纸的副刊。

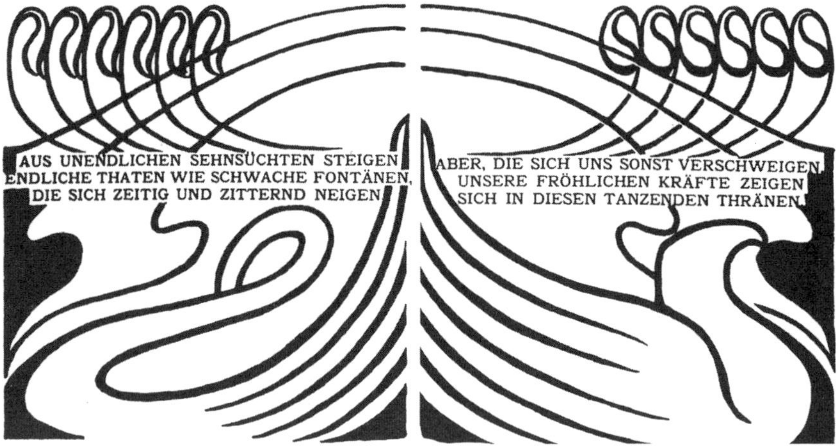
AUS UNENDLICHEN SEHNSÜCHTEN STEIGEN
ENDLICHE THATEN WIE SCHWACHE FONTÄNEN,
DIE SICH ZEITIG UND ZITTERND NEIGEN.
ABER, DIE SICH UNS SONST VERSCHWEIGEN,
UNSERE FRÖHLICHEN KRÄFTE ZEIGEN
SICH IN DIESEN TANZENDEN THRÄNEN.

上：里尔克的六行诗
下左：埃尔瑟·拉斯克尔-许勒自画像
下右：卡尔·达拉戈

上左：阿道夫·鲁斯与彼得
上右：格奥尔格·特拉克尔
下左：格奥尔格·特拉克尔，马克斯·冯·埃斯特勒所绘素描
下右：卡尔·克劳斯

你，”他解释道，“因为我料想你认识不少我们最有天赋的人，知道他们当中谁最需要扶持。”

相当自然地，这封信令费克尔目瞪口呆。他没见过也没听说过维特 107
根斯坦；他觉得需要核实这个让自己处置这么一大笔钱（十万克朗在1914年等于四千英镑，因此约相当于今日的四万至五万英镑）的提议。他回信问，自己是否真能认为这提议完全严肃，而不是玩笑。“为了使你相信我的提议是真诚的”，维特根斯坦回答，“也许做什么都不如把这笔钱实际转给你更好；我下次去维也纳时将那样做。”他解释说，父亲去世后自己有了一大笔财富，“在这种情况下为慈善捐一笔钱是惯例。”他选择了费克尔，“因为克劳斯在《火炬》上写你和你的刊物的文章，也因为你写克劳斯的文章”。[1]

费克尔收到了这封信，商定于7月26—27日到新森林犁地人街见维特根斯坦；然后他尽力从自己的维也纳朋友那儿了解一点维特根斯坦。从画家马克斯·冯·埃斯特勒那儿，他得知维特根斯坦的父亲是帝国最富有的犹太富翁之一，也是一位视觉艺术的慷慨赞助人。费克尔确认维特根斯坦的提议是真诚的，到维也纳见了他本人，讨论钱的分配方案。费克尔在新森林犁地人街维特根斯坦的房子里住了两天。维特根斯坦（费克尔在1954年出版的回忆录里说）使他想起《卡拉马佐夫兄弟》里的阿辽沙和《白痴》里的梅什金那样的人物：“第一眼瞥去，那模样是令人心悸的孤独。”

有点出乎费克尔的预料，他们一起度过的这个周末很少提及手头的

---

[1] 克劳斯曾谈论费克尔的刊物：“奥地利唯一诚实的评论刊物是在因斯布鲁克出版的，这一点人们应当知道；如果在奥地利不应当知道，至少在德国应当知道；德国唯一诚实的评论刊物也是在因斯布鲁克出版的。”《火炉》创办于1910年。它的名字应和了克劳斯的刊物（《火炬》），宣示了延伸克劳斯工作的意图。克劳斯讽刺盛行于奥地利的劣质思维和写作，费克尔则试着出版不劣质的作品。他最大的成功，或许是他最有资格获得名望的一件事，是他第一个认出了诗人格奥尔格·特拉克尔的天才。从1912年10月到1914年7月，《火炉》的每一期都有特拉克尔的作品。他也发表了赫尔曼·布洛赫、埃尔瑟·拉斯克尔—许勒、卡尔·达拉戈和狄奥多尔·赫茨尔的作品；维特根斯坦写信给费克尔的时候，《火炉》已确立了日耳曼先锋派的一本首要文学刊物的声望。——原注

108 事务。实际上直到此行的第二天才谈到钱的分配。起初维特根斯坦似乎更渴望对费克尔说说自己。他描述了他的逻辑工作，他的工作与弗雷格和罗素的工作的关系。他也说到他在挪威的小屋子，他现在是怎样生活在挪威农民中，他打算回挪威继续工作。很难不得出这样的结论：维特根斯坦向费克尔提出这笔资助，动机不只是做慈善，也是想跟奥地利的智性生活建立一些联系。毕竟，绝望于剑桥的朋友罗素和摩尔不能理解自己的理想和感受，他已切断了与之的交流。或许奥地利人能更好地理解他。

在维也纳时，费克尔把维特根斯坦引见给阿道夫·鲁斯。对维特根斯坦来说，费克尔的引见是他此行的亮点。“能见到他我非常高兴”，8 月 1 日他写信对费克尔说。事实上，他们此时的关切和看法是如此接近，据说鲁斯本人见维特根斯坦时惊呼：“你就是我！”

他们终于谈起了钱的支出，维特根斯坦的一个条件是一万克朗就给《火炉》；剩下则由费克尔自行分配。

费克尔已选定了三个主要受益人：赖内·马利亚·里尔克、格奥尔格·特拉克尔和卡尔·达拉戈。每人得到两万克朗。就我们所知，维特根斯坦欣赏的现代诗人只有很少几个，里尔克是其中之一；维特根斯坦欢迎费克尔的提议。他也乐意认可特拉克尔这个名字。对达拉戈他没说什么。达拉戈是个波西米亚式的人物，是当时知名的作家和哲学家。他是《火炉》的固定作者，拥护一种反唯物主义的、反科学的态度，这种态度里包含了东方神秘主义和一种对人性中情感的、“女性化”一面的称颂。

剩下的三万克朗，作家卡尔·豪尔（特拉克尔的一个朋友，从前给《火炬》供稿）和画家奥斯卡·柯柯什卡各得五千；埃尔瑟·拉斯克尔—许勒（一个诗人，《火炉》的固定作者）四千；阿道夫·鲁斯、作家台奥多尔·赫克尔、台奥多尔·多布勒、路德维希·埃里克·特萨、里查德·魏
109 斯和弗兰茨·克哈勒维特各两千；赫尔曼·瓦格纳、约瑟夫·奥伯科夫勒、卡尔·海因里希和雨果—诺因格鲍尔各一千。

另一位《火炬》的作者表现主义作家阿尔伯特·埃亨斯泰因像是也受益于费克尔分配的钱。起码维特根斯坦这么认为。他告诉保尔·伊格尔曼，“我曾在金钱上帮过他，但其实不是有意为之”。出于感谢，埃亨斯泰因寄去两本自己的书《图布茨》(*Tubutsch*)和《人在尖叫》(*Man Screams*)；维特根斯坦断定它们“就是垃圾，如果我没弄错的话”。

他是否了解自己帮助的多数艺术家的作品，是很可怀疑的；更可怀疑的是若了解的话他是否欣赏。费克尔把致谢信转交给他，在他的回信里对多数艺术家完全没有赞赏的迹象；甚至他的反应揭示出对整件事情的某种不屑。他收到的第一封这种信是达拉戈的，维特根斯坦径直寄还给费克尔：“我不知道这信对你是否有一点用，但总之我还给你。”后来费克尔把一批这种信一块寄到他那里，他全部寄还了，说自己无需将其存档；他还说：“这些感谢信——老实说——绝大部分我很讨厌。某种低声下气的、几乎是行骗的语气——等等。”

他对自己资助的“穷困”艺术家的这种疏离，至少有一个受益人有所感觉，即台奥多尔·赫克尔；赫克尔把克尔凯郭尔译成德语发表在《火炬》上，对激起一战前奥地利知识分子对这位丹麦哲学家的兴趣起了很大作用。赫克尔起初想拒绝这笔钱。维特根斯坦向费克尔开出的条件是钱要给穷困的艺术家，赫克尔的论点是自己不满足这个条件。若是一个富人喜欢他翻译的克尔凯郭尔，希望给予报答，那就不同了：“但这是一项馈赠，出资者明确将其跟接受者的穷困绑定，我不能也不愿接受”。费克尔回信力劝，说这笔捐助中要有一份赠予赫克尔，是合适的，也符合捐助者的意愿。赫克尔打消了疑虑，接受了这笔钱；不过，没有任何迹象表明，帮助赫克尔比帮助埃亨斯泰因更令维特根斯坦引以为傲。

只对三个受益人才能稍微确定地说维特根斯坦了解也赞赏其工作： 110
鲁斯、里尔克和特拉克尔。甚至这儿我们还得附上一句：虽然赞赏特拉克尔作品的调子，但他坦言自己读不懂；后来他不喜欢里尔克的后期诗作；战后他斥责鲁斯是个混子。

尽管如此，他称里尔克的致谢信是“友善的”和“高贵的”：

> ［它］感动了我，也令我深感喜悦。在我生活的摇摆的平衡中，任何高贵之人的友爱都是一种支持。我完全配不上这份出色的礼物；我把它存在心中，当作这友爱的痕迹和记忆。如果你能，请向里尔克转达我对他最深的谢意和可靠的忠诚。

至于特拉克尔的诗，在费克尔寄来一个选集之前他大概一无所知。他回信：“我读不懂，但喜欢它们的调子。这调子属于真正的天才。”

维特根斯坦和费克尔讨论把钱分配给奥匈帝国的艺术家的那个周末，也正是帝国的命运成了定局的那个周末。7 月 23 日奥匈帝国向塞尔维亚发出了最后通牒，接受条款的最后期限是 7 月 25 日星期六下午六点。他们未收到条款获得接受的消息，于是 7 月 28 日奥地利向塞尔维亚宣战。

即便在这么晚的阶段——一周之内整个欧洲将开战——人们普遍仍未认识到这事将影响到奥匈帝国和英国的关系。英国的舆论——就其对此事的关注而言——同情哈布斯堡、反对塞尔维亚人。英国报纸几乎和奥地利报纸一样激昂地谴责对大公的刺杀。

那么，我们在一封落款日为 7 月 29 日的写给维特根斯坦的信里读到品生特蛮有把握地核实了他俩的安排（8 月 24 日在格兰德饭店碰头）时，也许就不必惊讶了。他提出的唯一疑问是他们的目的地。是安道尔还是法罗群岛？或许别的什么地方？“我猜马德拉岛[1]不适合你，”他乐观
111 地设想着。“当然，”他写道，没显出一点儿热衷，“在英国的岛屿上是有不为人知的好地方。”但：“我认为我们最好别去爱尔兰，那儿几乎肯定就要有叛乱和内战之类的事！”苏格兰或许可以（这明显是维特根斯坦提

[1] “马德拉岛”，葡萄牙在大西洋上的一个岛屿。

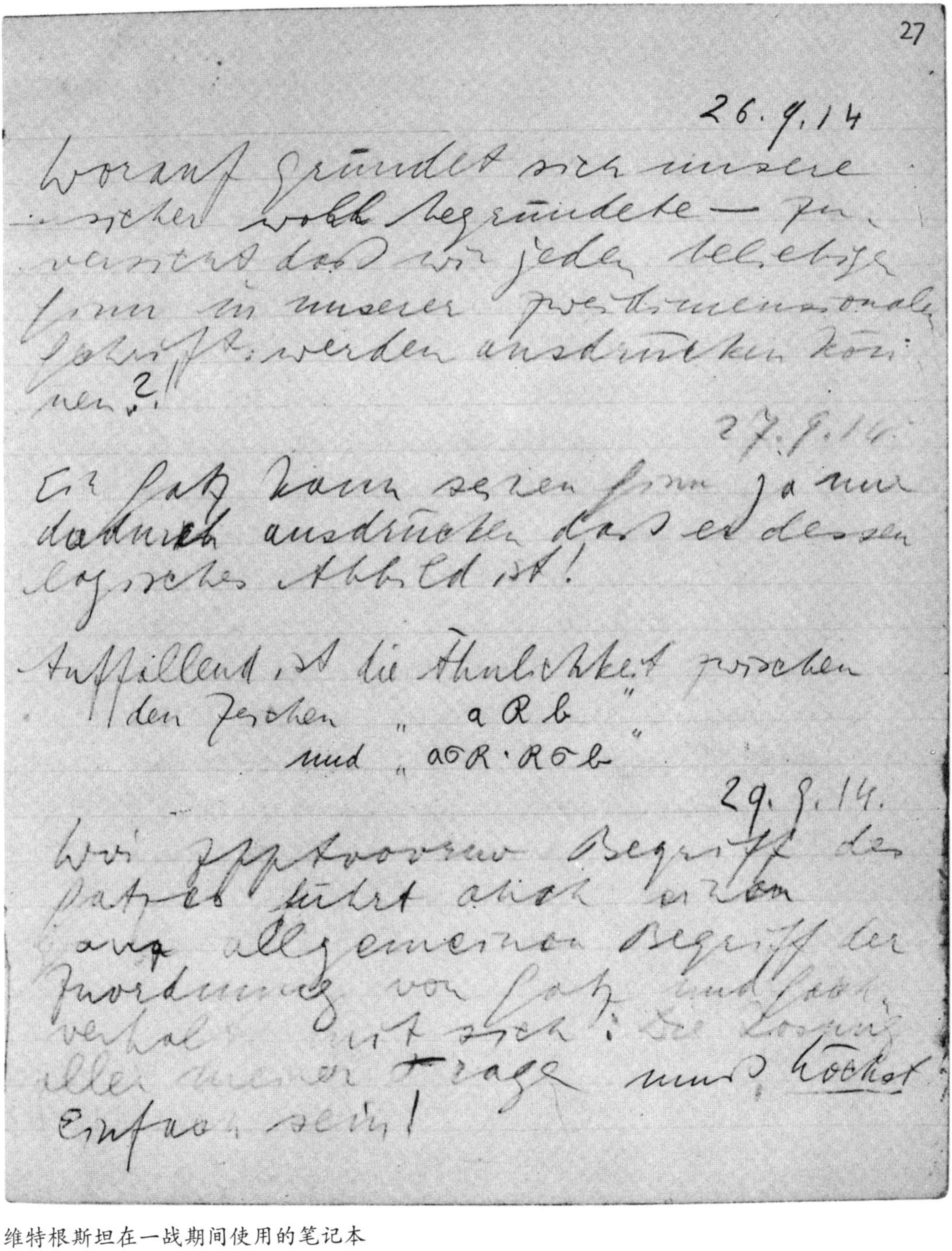
27

26.9.14

Worauf gründet sich unsere — sicher wohlbegründete — Zuversicht, dass wir jeden beliebigen Sinn in unserer zweidimensionalen Schrift werden ausdrücken können?!

27.9.14

Ein Satz kann seinen Sinn ja nur dadurch ausdrücken, dass er dessen logisches Abbild ist!

Auffallend ist die Ähnlichkeit zwischen den Zeichen „aRb" und „aσR.Rσb"

29.9.14.

Der allgemeine Begriff des Satzes führt auch einen ganz allgemeinen Begriff der Zuordnung von Satz und Sachverhalt mit sich: Die Lösung aller meiner Fragen muss höchst einfach sein!

维特根斯坦在一战期间使用的笔记本

议的）——比如奥克尼或设得兰，或赫布里底。确实，从某方面来讲这可能是比在大陆上度假好。因为：

> 也许考虑到欧洲战争的这档子事，我们最好别去安道尔——可能不容易回来。

依照 A. J. P. 泰勒称为“按时刻表进行的战争”[1]的荒诞逻辑，维特根斯坦收到这封信没几天，“欧洲战争的这档子事”已然令他和品生特的国家成了第一次世界大战中的敌对方。

维特根斯坦的第一反应似乎是设法离开奥地利，也许去英格兰或挪威。他没走成，而且得知自己不能离开；随后他作为志愿兵加入了奥地利军队——去年得的疝气已免去了他服兵役的义务。“我认为他入伍的行为是高尚的，”品生特在日记里写道，“但又是极度悲哀和不幸的。”

虽然维特根斯坦是个爱国者，但他入伍的动机不只想保卫祖国这么简单。他姐姐赫尔米勒认为，此举关乎的是“一种强烈的愿望：让自己经受一点困难的事，做一点跟纯粹的智力工作不同的事”。入伍关乎他一月份以来强烈感受到的一种愿望：“转变为一个不同的人”。

他当时常用来描述自己情绪的比喻，同样适用于描述 1914 年夏天在欧洲弥漫的感受——永恒的沸腾感，希望“来一次一劳永逸的喷发”。因此，每个交战国都出现了为宣战而欢喜庆祝的场面。仿佛整个世界都分享着维特根斯坦 1914 年的疯狂。罗素在自传里描述，穿过特拉法加广场欢呼的人群时，他吃惊地发觉“普通的男人女人因为要打仗而欢喜”。甚至某些他最好的朋友——如乔治·特里维廉和阿尔弗雷德·诺斯·怀特海——也陷入了狂热，变得“野人般好战”。

---

[1] A. J. P. 泰勒（Alan John Percival Taylor, 1906—1990），英国历史学家。他这解释的大意是，一战时军队运输全靠火车，火车时刻表早已制定好，若改动会引起混乱，故一战是按照火车时刻表进行的。

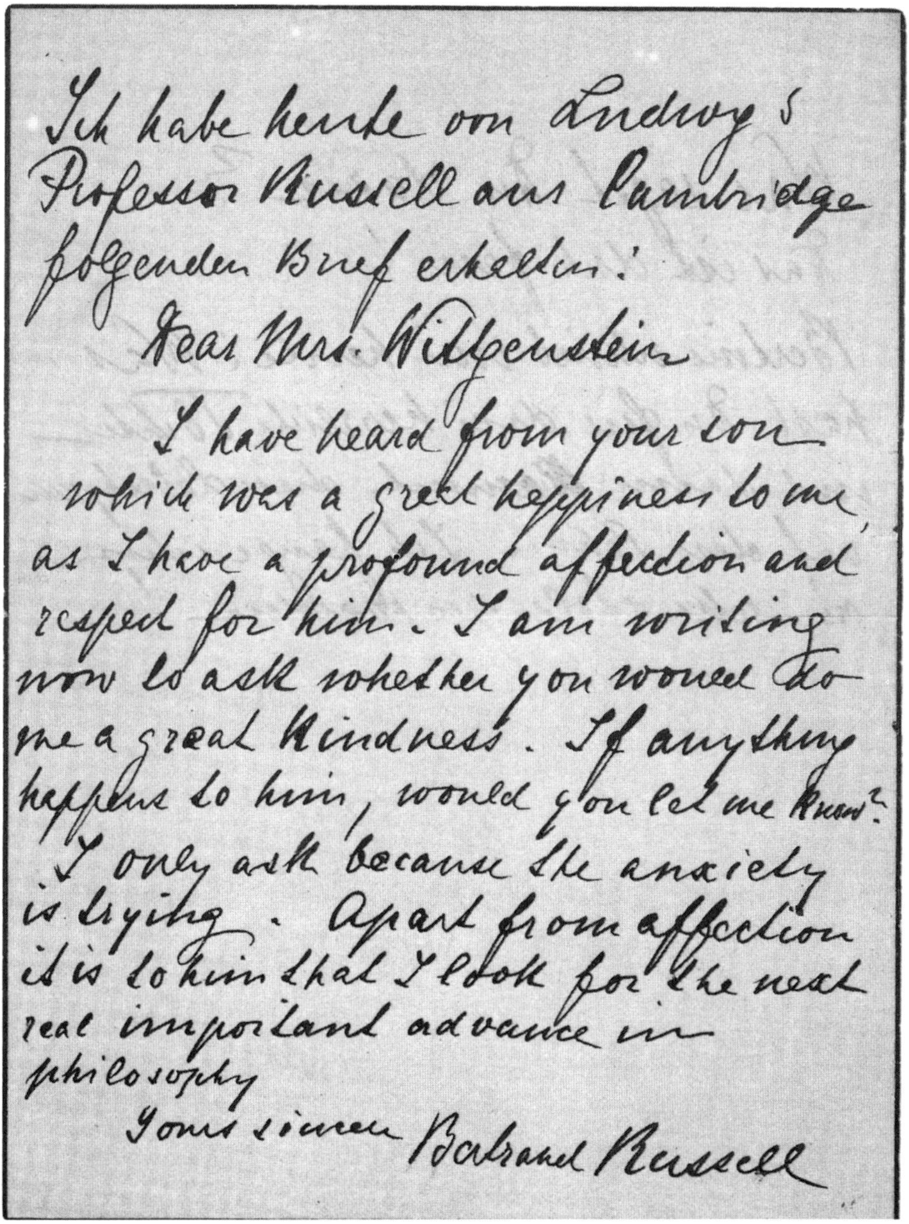
Ich habe heute von Ludwigs Professor Russell aus Cambridge folgenden Brief erhalten:

Dear Mrs. Wittgenstein

I have heard from your son which was a great happiness to me, as I have a profound affection and respect for him. I am writing now to ask whether you would do me a great kindness. If anything happens to him, would you let me know? I only ask because the anxiety is trying. Apart from affection it is to him that I look for the next real important advance in philosophy

Yours sincerely Bertrand Russell

维特根斯坦的母亲抄写的一封罗素来信

112 我们不应想象这样的画面：维特根斯坦带着摆脱枷锁的喜悦迎接向俄国开战的消息，或他陷身于那时掌控了欧洲民族的歇斯底里的仇外情绪。然而，他在某种意义上欢迎战争似乎不容置疑，即便主要原因是个人的，而非民族主义的。和许多同代人一样（其中包括——举例来说——他在剑桥的某些同辈，如鲁伯特·布鲁克、弗兰克·布利斯和弗伦克·贝克什），维特根斯坦觉得直面死亡的经验将以某种方式改进自己。可以说，他走向战场不是为了国家，而是为了他自己。

威廉·詹姆斯在《宗教经验种种》里谈到过英勇直面死亡的精神价值——照维特根斯坦在1912年对罗素的说法，他觉得这本书也许令他在一条道路上改进了自己：正是在那条道路上，他想要非常多地改进。“无论一个人在其他方面如何脆弱”，詹姆斯写道：

> 如果他愿意冒死亡的风险，更进一步，如果他在自己选择的事业上英勇地经受了死亡的风险，这一事实将永远祭奉他。

在维特根斯坦的战时日记里（其中的私人部分是用很简单的密码写的），有迹象表明他正是祈望这种祭奉。“现在我有机会做一个得体的人了，”第一次撞见敌人的时候他写道，“因为我站在这儿，盯着死亡的眼睛。”开战两年后他才真正前往火线，他立刻想到的是这件事的精神价值。“也许，”他写道，“接近死亡将把光带进生命。上帝照耀我。”那么，维特根斯坦在战争里要求的，就是他全部个性的转变，是将不可逆转地改变他生活的“某种宗教经验”。在这意义上战争对他来得正是时候：战争到来的那一刻，他的“转变为一个不同的人”的愿望甚至比解决逻辑根本问题的愿望更强烈。

他于8月7日——奥地利向俄国宣战的第二天——入伍；被编入正在东线克拉科夫效命的一个炮兵团。他立刻就因为维也纳军事机构的友好

态度而鼓舞。“每天有千百人向他们征询意见，但他们却友好地、详细地
作答，”他评论道。这是个好迹象，令他想起英国人做事的方式。8 月 9 113
日他到了克拉科夫，兴奋地期待着：“我现在就可以工作了吗？！我急切想知道前头是什么。”

维特根斯坦的团编入了奥地利第一军，因此参与了战争头几个月最荒谬的低能战役中的一场。俄国和奥地利的司令部都在执行基于错觉的战略：俄国人认为奥地利的大部队将在伦贝格（现在的利沃夫）集结；奥地利人期待在再北一点的卢布林周围找到大批俄国军队。因此，奥地利军队在俄属波兰不费力地推进，俄国人则向奥地利加利西亚地区的最大城市伦贝格进军，两军都吃惊于自己面对的抵抗之少。等到奥地利司令官康拉德弄明白发生了什么，伦贝格已经陷落，他的第一军面临被南面的俄军切断供给线的严重威胁。因此他被迫下令撤退。原本是深入俄国领土的一次大胆进攻，结果是可耻地退缩到奥匈帝国境内一百四十英里处的防线。然而，若不撤退，奥地利军队可能要被人数更多的俄军歼灭。事实上，在混乱无果的加利西亚战役中，康拉德指挥的九十万人中有三十五万阵亡。

这一战役的大部分时间，维特根斯坦待在维斯瓦河上的一艘船里——此船名为哥普拉纳，是最初推进时从俄国人手里缴获的。即便在这头几个月里看到过任何真正的战斗，他的日记也未记录。我们读到的，则是他听说却没看到的战斗，还有“俄国人在后面追我们”的谣传。他实在太轻易地相信了俄国人占领伦贝格的传闻，却很快就不相信德国人占领巴黎的谣言：或许这是维特根斯坦悲观倾向的典型作风（这次是对了）。他从这两个传闻当中得出了同一个结论：“现在我知道我们战败了！”10 月 25 日，有关巴黎的谣传还特别引得他悲观地思索起轴心国的局势：

> 这种不可信的消息总是一个坏兆头。如果真有我们的好事情发生，那会被通报，人们则不会热衷于此种谬论。因为这个，今天我

114 比任何时候都感觉到我们的——日耳曼种族的——局势的悲惨。英格兰——世上最好的种族——不可能失败。但我们能失败，而且将要失败，不是今年就是明年。我们的种族将被击败，想到这个我极其沮丧，因为我是个彻头彻尾的日耳曼人。

他倾向于从种族的角度看待这场战争，这一点也许部分解释了，为什么他发觉自己跟多数战友很难相处。欧洲的所有军队里，奥匈帝国的军队是种族最多样的。虽然多数军官是日耳曼人或马扎尔人，但大批普通士兵来自于帝国统辖的各斯拉夫民族。维特根斯坦觉得自己的长官们“友好、有时非常好”；但是一见到同伍士兵，就断言他们是“一伙罪犯”：“对任何事都没有热情、难以置信地粗鲁、愚蠢和恶毒。”他几乎不能把他们当作人类：

> 听到中国人说话时，我们往往以为他的话是不清不楚的咯咯声。懂汉语的人能从听到的声音里分辨出语言。类似地，我常常不能在一个人身上分辨出人性。

陌异的存在围绕着他——在他们眼里他也一样陌异——维特根斯坦发觉这很像自己在林茨学校的境况。8 月 10 日，领到制服的第二天，他忽然看出了这种相似性；结果某种压抑着的焦虑突然浮出了水面：“今天醒来时我感觉自己仿佛身处那种梦境里：出乎意料地、荒谬地发现自己回到了学校。”而在哥普拉纳上，遭到船员的戏弄后他写道：“糟透了。如果我还搞清了什么，那就是这件事：全部船员中没有一个得体的人”：

> 前方是极艰难的一段日子，因为现在我被出卖和背叛，就像很久以前在林茨学校里一样。

这孤立的感觉圆满了：他明白，去林茨读书以来曾在生活里帮助他克服孤独感的人——罗素、凯恩斯、品生特——“属于敌对的一方”。“过 115
去几天我经常想到罗素，”10 月 5 日他写道，“他仍想着我吗？”他收到一封凯恩斯的信，但是封纯事务性的信，询问战后该如何处理他安排给约翰逊的钱。[1]“从一个过去信任的人那里收到一封事务性的信件，令人伤心，尤其在这种时候。”但他想念的主要是品生特：“没有大卫的消息。我被彻底遗弃了。我想到自杀。”

维特根斯坦向自己为数不多的德国和奥地利朋友寄去了问候的军用明信片，收到了鼓励和支持的回信。特别是柏林的约勒斯一家跟他频繁热情地通信。他们上了年纪、爱国，读到前线的“小维特根斯坦”的消息时，产生了一种身临其境的愉快；整个战争期间，他们缠着要他更详细地说明自己的功绩。“我从未像现在这样，如此经常地、心中满是喜悦地想起你，”斯坦尼斯洛斯·约勒斯于 10 月 25 日写道，“愿经常听到你的消息，而且要尽快。”他们“尽了自己的一份力”，定期寄给他巧克力、面包和香烟包裹。

他也从弗雷格那儿收到了含着爱国热情的最好祝愿。“你作为志愿兵入伍”，10 月 11 日弗雷格写道：

> 我得知了这件事，特别满意，我吃惊地听说你仍能投入科学工作。愿我能有福，看到你健康地从战场回来，再次和你讨论问题。毫无疑问，那时我们将终于能更亲近、更好地理解对方。

然而，把他从自杀的念头里拯救出来的不是约勒斯和弗雷格送来的鼓励，而就是他到战场上寻求的那种个人的转变和宗教的皈依。可以说，

---

[1] 战前，维特根斯坦和凯恩斯商定，向国王学院管理的一项研究基金每年捐赠二百英镑，资助约翰逊继续逻辑工作。——原注

拯救他的是《圣经》。在加利西亚的头一个月他进了一家书店，在这家店
116 里他只找出一本书：托尔斯泰的《福音书摘要》。这本书迷住了他。它像是成了他的护身符：无论去哪儿都带着，反复地读，整段整段记熟了。他在同伴中成了有名的“带着福音书的人”。他一度——战前罗素曾深感他比自己“更不待见基督徒”——不只成了一个信徒，还成了一个福音传教士，向每一个痛苦着的人推荐托尔斯泰的《福音书摘要》。“如果你不熟悉它，”后来他告诉费克尔，“那你就不能想象它能在人身上产生什么效果。”

他的逻辑和他对自身的思考是“对自己的责任”的两个方面；这一热忱的信念必定要对他的工作发生影响。最终它发生了影响——使他的工作从弗雷格和罗素一脉的逻辑符号系统分析，转变成我们今天看到的奇特混血：把逻辑理论和宗教神秘主义如此这般地结合在一起。

但这一影响几年之后才明显起来。战争的头几个月里，阅读托尔斯泰的《福音书摘要》获得的精神营养“养活了他”；这话的意思是——照他的说法——使他看起来快乐些了，“于是我的内部存在不受打扰了”。

也就是说，由于这一阅读，他把两年（或三年）前观看《画十字的人》（*Die Kreuzelscheiber*）时触动他的想法付诸实践了，即无论“外部”发生什么，什么事都不能加诸于他之上、加诸于他最内部的存在之上。于是我们在他的日记里看到，他再三恳求上帝帮助他别“失去自己”。这一点对他比活下去重要得多。加诸于他身体上的事情是——或他觉得应该是——无关紧要的。“如果我现在就要活到头了”，11 月 13 日（谣传俄国人正向他们进击的那段日子里的一天）他写道，“愿我好好地死，做我自己。愿我永不失去自己。”

对维特根斯坦而言身体只属于“外部世界”——他此时生活于其间的那帮“粗鲁、愚蠢和恶毒”的罪犯也属于这个世界。然而，他的灵魂必定栖息在一个完全不同的领域里。11 月份他告诉自己：

克拉库

列夫·托尔斯泰《福音书摘要》(雷克拉姆版袖珍本)

> 不要依赖于外部世界，这样你就不恐惧那里发生的事……独立于事物要比独立于人容易无数倍。但必须同样能够做到。

117 他在船上的职责是夜里操控探照灯。由于执行这任务的孤独，做到独立于人容易得多；他觉得，为了忍受船上的条件这是必须做到的。“通过它”，他写道，“我成功地避开了同伴的邪恶。”或许，由于和外部环境隔开的强烈愿望，他也更容易再捡起逻辑工作。8 月 21 日他怀疑自己是否还能再次工作：

> 我的工作中的所有概念对我已变得“陌异”。我根本看不到任何东西!!!

但随后的两星期他写了许多——这期间他晚上干着探照灯的活，也正是在此期间他第一次捧起托尔斯泰的《福音书摘要》，并从中找到了慰藉。这两星期快过完时他说：“我正在通向一个伟大发现的路上。但我会触到它吗?”

可身体和精神的分离并不彻底。怎么可能呢？能把自己跟环境隔开，甚至跟同伴隔开，但他不能分离自己和自己的身体。事实上，一种新续了元气的肉欲伴随着他做逻辑工作的新续了的能力。上面引用的那段几近欢呼的话的下文是：“我感觉比以前更有肉欲。今天我又自慰了。”两天前他记录，自己三周来第一次自慰，期间几乎完全没感觉有性欲。他记下自己的自慰之事——虽然明显不引以为傲——并无自诫之意；只是相当事务性地记录下来，就像记录健康状况一样。他的日记似乎揭示出，自慰的欲望和工作的能力是互补的迹象：他在完整的意义上*活着*。几乎可以说，肉欲和哲学思想在他身上难分难解——激情勃发在身体方面和精神方面上的显现。

9月的后半个月，即奥地利撤退的这段时间，维特根斯坦的笔记本里没有加密札记。不过，正是在这期间他作出了自己曾感到就在眼前的大发现。其中包括现在所称的“语言图像论”——即“命题是其描述的现实的图像”这个想法。维特根斯坦后来对朋友G.H.冯·赖特讲了一个此后许多人都传过的故事：那想法是怎样闪现在他头脑里的。故事是这样的：在东线服役时维特根斯坦读到杂志上的一桩诉讼报道，这桩诉讼发生在巴黎，涉及一场汽车事故，法庭展示了一个事故模型。他忽然想到，模型之所以能表示事故，是因为模型各部分（微缩的房子、汽车、人）与真实事物（房子、汽车、人）之间的对应。他进而想到，照这个比喻，可以说，凭借其各部分和世界之间的类似对应，一个命题起到一个事态模型或图像的作用。命题各部分结合的方式——命题的结构——描画了现实中各元素的一种可能的结合、一种可能的事态。 118

我们可以从维特根斯坦的笔记本推断，图像论初创的日期是9月29日前后。那一天他写道：

> 在命题中，像是实验性地拼出了一个世界。（如同在巴黎的法庭上用玩偶等东西表示一场机动车事故。）

整个10月维特根斯坦都在发展这一想法的推论，他称之为“逻辑描画理论”。他想到，正如一幅图画或绘画以图像的方式描画，一个命题逻辑地描画。也就是说，在一个命题（“草地是绿的”）和一个事态（草地是绿的）之间，有——且必须有——一个共同的逻辑结构；正是这结构之共同使语言能描述现实：

> 我们能立刻用“这命题表示如此这般的情形”这话替代“这命题有如此这般的意思”这话。命题逻辑地描画之。
>
> 只有这样，这命题才能是真的或假的：只有是一种事态的一幅图

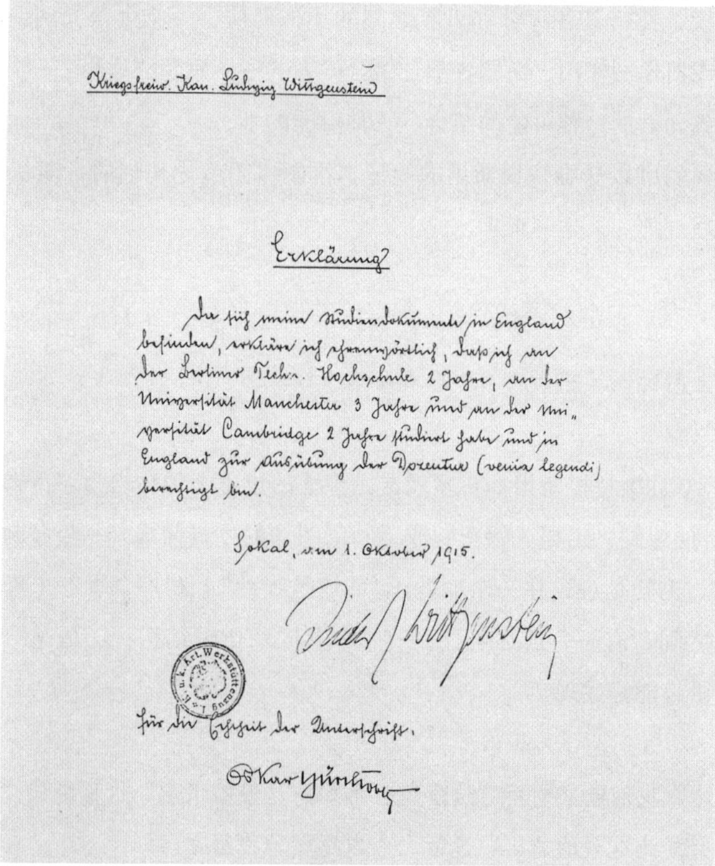

Kriegsfreiw. Kan. Ludwig Wittgenstein

Erklärung

Da sich meine Studiendokumente in England befinden, erkläre ich ehrenwörtlich, daß ich an der Berliner Techn. Hochschule 2 Jahre, an der Universität Manchester 3 Jahre und an der Universität Cambridge 2 Jahre studiert habe und in England zur Ausübung der Dozentur (venia legendi) berechtigt bin.

Sokal, am 1. Oktober 1915.

Ludwig Wittgenstein

Für die Echtheit der Unterschrift.

上图：维特根斯坦在第一次世界大战时的军中身份证
下图：宣誓具结书

像，这命题才能与现实一致或不一致。

维特根斯坦认为这想法是一个重大突破。可以说，若要征服逻辑，它就是一个必须夺取的重要堡垒。“工作了一整天”，10 月 31 日他写道：

> 猛攻这问题，徒劳地！但我宁愿在这堡垒前抛洒热血，而非两手 119
> 空空地走掉。最大的困难在于确保已攻克的诸堡垒的安全。只要整个城市还未陷落，就不能在它的某一工事里感到彻底安全。

不过，他自己发起攻势时，奥地利军队正混乱无序地撤退。哥普拉纳掉头向克拉科夫驶去，那里已深入奥地利领土，军队将在此驻扎过冬。抵达克拉科夫前维特根斯坦收到诗人格奥尔格·特拉克尔的一封短笺，当时，特拉克尔是克拉科夫军队医院里的一个精神病人。此前费克尔曾对维特根斯坦说过特拉克尔的状况；费克尔去克拉科夫探望过特拉克尔，从那儿写信请维特根斯坦来看看这位诗人。费克尔写道，特拉克尔感到极度孤独，在克拉科夫不认识会去看自己的人。“我将非常感激，”特拉克尔自己写道，“如果有幸得到你的探望……再过几天我也许能出院返回战场。在有定论之前，我很愿意同你说说话。”维特根斯坦很高兴受到邀请，尤其是自己正置身于那样一帮同伴中间：“要结识他是多么愉快！等到了克拉科夫我希望和他见面！他可能是对我的一大激励。”哥普拉纳终于抵达克拉科夫的那一天（11 月 5 日），他“怀着见到特拉克尔的期盼和希望而兴奋得发抖”：

> 我非常怀念有人和我交流的日子……那将大大鼓舞我……在克拉科夫。今天才去看特拉克尔已太晚了。

最后一句话里含有最可怕的、不知情的嘲弄。维特根斯坦第二天早晨赶到医院时确实已太晚了：特拉克尔已于 1914 年 11 月 3 日——就在维特根斯坦到达前两天——服用过量可卡因自杀。维特根斯坦大受震动："Wie traurig，wie traurig!!!"（"多么悲惨，多么悲惨！！！"）是他对此能说的一切。

随后几天，维特根斯坦的日记里写的满是自己生活的困难、环境的
120 野蛮，以及想找一个得体的人帮自己挺过去却屡遭失败。特拉克尔这样的一个人被夺走了，于是他转念想起品生特："我是多么频繁地想起他！他想起我会不会有一半多。"他发现可经由瑞士同英格兰通信，便立即寄了一封信给"心爱的大卫"。随后的几星期他焦急地等待回信。12 月 1 日品生特的一封信终于寄到，这事带来了如此大的解脱，他亲吻了这封信。

品生特在信里告诉维特根斯坦，自己曾想加入英国军队，但没有通过士兵体检（"我太瘦了"），也没能被委任为军官。所以他并不情愿地仍在为法律考试而念书。"这场战争结束后，"他写道，"我们会再度见面。让我们盼望那很快到来！""我认为你志愿加入军队是很棒的事，"他又说，"虽然必须这么做是极为可悲的。"

维特根斯坦立刻回了信，然后越发焦急地等待回信。如此反复再三。整个冬天，"Keine Nachricht von David"（"没有大卫的消息"）和"Lieben Brief von David"（"收到大卫可爱的信"）是他日记里一再出现的句子。

在克拉科夫过冬，维特根斯坦最烦恼的不是寒冷（虽然他频频抱怨此事），而是必须和其他人同宿于营房——他祷告"愿上帝免了我这件事"。结果他的祷告灵验了：他们答应给他一个自己的房间，他因此大为解脱。甚至还更好：12 月他们给了他一个新岗位，于是他有机会从此彻底摆脱忍受了四个漫长月份的"那群恶棍"。他曾想加入一个气球分队，但他们发现他受过数学训练，改派他去一个炮兵工场工作。

实际上炮兵工场分派给维特根斯坦的任务是普通的文书工作，无需

数学专长，内容是汇编军营里全部车辆的清单。有一阵子，他要在日记里记录的只是“Ganzer Tag Kanzlei”（“整天在办公室”）；这话出现得太频繁了，他开始把它缩写成“G . T . K.”。但这活儿有其补偿，其中并非不重要的一条是，他有了一个自己的像样房间：“四个月来我第一次独自呆在一个真正的房间里！！一种我尽情享受的奢华。”更重要的是他身处他有可能喜欢、尊敬、与之交流的人中间。尤其是，他和顶头上司古尔 121
特中尉建立了迄今他在军中经历过的最接近友谊的关系。

也许因为现在有说话的人了，这段时间他的日记条目变得较短和较程式化。除了“G . T . K .”，另一句常常重复的话是：“Nicht gearbeitet”（“未工作”）。吊诡的是（但想一想也许不奇怪），较之于在激烈战斗时操控探照灯直面死亡、生活在厌恶的人中间，在办公室合意的同事中间度过漫长的一天后他更难专心于逻辑工作。在工场里，他既无机会也不想获得专注于哲学问题所需的彻底孤独。

不过他设法读了一点东西。11 月他开始读爱默生的《随笔集》。“也许，”他想，“它会对我产生好的影响。”是否的确如此，他没有说；他的日记里也没再提起爱默生。可以肯定的是，在他这一时期（实际上是任何时期）写的东西里并无受到爱默生影响的痕迹。

更触动他的是另一位作家，这位作家的观点跟维特根斯坦渐已信奉的托尔斯泰式的基督教精神对立到了极点：弗里德里希 · 尼采。维特根斯坦在克拉科夫买了八卷本的尼采文集，包括那本严酷抨击基督教的《反基督》。尼采在这本书里责骂基督信仰是一种堕落的、腐烂的宗教，是“与现实不共戴天之敌意的一种形式，尚未有别的形式胜过它”。据他说，基督教起源于人类心理最虚弱和最低劣的方面，根本上无非是懦弱地退缩出敌对的世界：

> 我们看到一种生理状况，触觉的病态敏感令得生物每一次触碰、每一次抓住一个坚实物体时都惊恐地缩回。将此生理体质转译为其

终极逻辑，就是——本能地憎恨每一种现实，逃进“不可把握的东西”，逃进“不可想象的东西”，憎恶每一种形式、每一种空间和时间概念，憎恶任何坚实的东西……安逸地呆在一个不为任何种类的现实干扰的世界里，一个只是“内部的世界”，一个“真正的”世界，一个“永恒的”世界……“上帝的王国在你之内”……

122 按照尼采的观点，这种对现实的憎恨，以及此种憎恨引出的“需通过上帝的爱得到拯救”的观念，其来由如下：“对痛苦和刺激有极度的感受力，根本不想再‘碰’它们，因为对每一次触碰都感受得太深切……对疼痛——即便是无限小的疼痛——的恐惧不能终止，除非在爱的宗教里。”

虽然尼采对基督教的敌意“强烈触动”了维特根斯坦，虽然感到不得不承认尼采的分析里有一点真理，但他没有动摇自己的信念：“基督教确实是通往快乐的唯一可靠的途径”：

……但如果有人蔑视这种快乐呢？在和外部世界无望的斗争中不快乐地毁灭，会不会更好？但那种生活没有意义。但为什么不过一种没意义的生活呢？那是不值得的吗？

甚至在这里也能看出，尽管维特根斯坦有自己的信念，但他是多么接近于接受尼采的观点。他满足于用尼采的心理词汇讨论这问题；在他看来，问题不在于“基督教是否为真”，而在于基督教是否提供了一点帮助：帮助我们对付一种原本不可承受、无意义的存在。用威廉·詹姆斯的话说，问题在于它是否有助于医治“患病的灵魂”。这儿的“它”不是一种信仰，而是一种践行、一种生活方式。这一点尼采讲得很透：

想在一种“信仰”里、或说在靠上帝得救的信仰里看到基督教的独有特性，这错到了荒谬的地步：只有基督教的践行，只有死于十

> 字架前的人过的生活，才是基督教的……甚至在今天这样的生活也是可能的，对特定的人甚至是必须的：纯正的、原初的基督教在一切时代都是可能的……不是信而是做，最重要的是不做许多事，一种不同的存在……意识状态、任何种类的信仰（例如坚持某些事为真）——每个心理学家都知道——这些东西跟本能的价值相比只是无关紧要的和等而下之的……把“是一个基督徒”（即基督徒性）简化为坚持某些事为真、简化为单纯的意识现象，意味着否定基督徒性（Christianness）。

我们能感觉到，这肯定是使维特根斯坦相信尼采著作中有一点真理 123
的一个《反基督》里的段落。宗教的本质在于情感（或照尼采的说法，本能）和践行，而非信仰，这个观念在维特根斯坦此后对这问题的思考中一直是个恒常的主题。对（这个时候的）他来说，基督教是“通往快乐的唯一可靠的途径”——不是因为它应允了一种死后的生活，而是因为，在基督的言谈和形象里，给出了可供效仿的、使苦难可承受的一个范例、一种态度。

1914年至1915年冬天的几个月，我们在维特根斯坦的日记里没读到更多关乎他信仰的话。不再呼唤上帝给自己力量，不再有结束于“愿你的旨意行在地上”的日记。看上去，承受工场里的生活无需神的协助。除了只有很少做哲学的自己时间，生活几乎是愉快的，起码跟前四个月相比是这样。

无论如何这种生活比维也纳的生活更合意。圣诞节没有探亲假，但他一点儿也不为这事烦恼。圣诞夜那天他晋升为Militärbeamter（“军官”）；圣诞节他受邀到军官食堂用餐；节礼日晚上，他同结识且喜欢的一个在伦贝格上大学的年轻人去了家咖啡馆。他的圣诞季就这么过去了——平静地，显然毫不渴望回家和家人共度。他从军事邮局收到了一些圣诞节问候，有约勒斯的（当然，含一个巧克力包裹），有挪威的柯林斯伯格家的，还有弗雷格的（“让我们祝愿”，弗雷格写道，“我们的勇士获胜，未来持久和平。”）

但在新年夜，维特根斯坦突然得知自己要陪上司古尔特中尉去一趟维也纳，古尔特在那儿有点公务要办。这一出乎意料之行自然使维特根斯坦的母亲欣喜。从维特根斯坦的日记里可以推测，他本人抱持着一份冷漠的疏离。对于家人团聚，他只是说，因为元旦整天都跟他们在一起，他什么工作也没法做。他冷淡地加上（明显是另起话题）：“我希望指出我现在的道德等级比以前（比如复活节时）低得多。”他在维也纳住了十
124 天，其中两天是和此时上了年纪的作曲家拉博一起过的，余下大部分时间则和古尔特在一起。回克拉科夫后他对此行的唯一评论是“和古尔特度过了许多愉快的时光”。

这种对家人的冷淡，似乎表明他决心不让他们侵犯他的内部生活，或许也表明，他害怕若是那样将可能丢掉自己从战争经历里获得的自我发现和自我主宰上的进步。但看上去，这也隶属于一种更一般性的懒散。这一时期他频繁地谈到自己的枯竭，特别在工作方面。例如，1 月 13 日他说自己在工作上没什么大的能量：

> 我的思想累了。我没精神看透事物，而是呆板地、无生气地看。仿佛一簇火焰熄灭了，我只能等待，等它再自己烧起来。

他觉得自己依赖外来的激励：“只有依靠奇迹，我的工作才能成功。只有等我眼前的面纱从外头被掀开。我只能完全听任命运的摆布。这于我一直是定数，将来也一样。我在命运的手心里。”

他再次想起自己的英格兰朋友。他又给品生特写信，焦急地等待回信。“何时能听到大卫的消息?!”他在 1 月 19 日的日记里乞求道。他收到凯恩斯的一封信，但称这封信“不是很好”。事实上那是一封非常友好

的短信，但或许语气太过轻浮，构不成真正的慰藉。“我希望此刻你已安全地当了俘虏”，凯恩斯写道：

罗素和我暂时放弃了哲学——我在财政方面供职于政府，他为了和平而游说。但摩尔和约翰逊一如既往。顺便说一句，罗素在快开战时写出了一本好书。

10月中旬时品生特还没加入军队，但后来我就没听过他的消息了。

你亲爱的朋友贝克什在你们的军队里，你非常亲爱的朋友布利斯是我们军队里的士兵。

参加战争一定比在挪威思考命题愉快得多。但我希望你很快停止这种自我放纵。

终于，2月6日维特根斯坦能够宣布：“收到大卫可爱的信！”信是 125
1月14日写的；品生特在信里说他没什么要说的，“除了向上帝祈愿我们在战后再次见面”。跟凯恩斯信里亲热却疏离的“机智”相对照，这种对友情的直抒胸臆正是维特根斯坦渴望和需要的。

更合维特根斯坦口味的大概还有舒登的农民寄来的短信：哈瓦德·德拉格尼，阿尔纳·伯斯塔德和柯林斯伯格一家。“谢谢你的卡片。我们都健康。常提起你”，一张典型的德瑞格尼卡片这样写。维特根斯坦的回复显然和他收到的一样简单和亲切。挪威方面的新闻是他的小屋已建成了。“我们都希望，”柯林斯伯格写道，“你很快回来，回到你的新房子，现在它完工了。”维特根斯坦通过德瑞格尼把钱付给了工人，德瑞格尼很吃惊收到钱；他写道，他以为维特根斯坦回去之后才付钱。德瑞格尼为价钱致歉：“如果想如你那样把房子造得那么棒，”他解释说，“价钱总是会比最初估计的贵。”

2月初维特根斯坦受命主管工场的锻造间，新添的责任令他更难专心于哲学。除了得花更多时间在锻造间，他的管理身份逼得他和同事之

上图：新森林犁地人街的餐室
下图：保罗·恩格尔曼(1891—1965)

维特根斯坦回家探亲与亲人在新森林犁地人街家中。从左到右：库尔特，残疾军人保尔，赫尔米勒，马克斯·萨尔泽（海伦娜的丈夫），母亲，海伦娜与路德维希·维特根斯坦。

间有了更多麻烦。选择他承担这一任务大概是因为他有出众的工程技能，但即便如此他也难以担任工头之职。他记录了许多自己和手下之间的麻烦。有一次几乎要同一个年轻军官决斗：想必那人不喜欢军衔比自己低的人告诉自己该做什么。他努力把自己的意志加于一群不妥协的劳动力上——这些人既不尊重他的军衔，也不打算认可他出众知识的权威；这种努力耗尽了他的所有精力，他的神经紧张得几乎要断了。仅仅干了一个月后——这个月他几乎没做一点哲学——维特根斯坦对自己还能不能再工作感到绝望，他想到了自杀。

“不能继续这样下去，”2 月 17 日他写道。很清楚，必须作出某种改
126 变：要么晋升，要么换到别的岗位。他开始恳求古尔特改变他的境况；但由于低效或疏漏，很长一段时间什么也没发生。这段时间他的日记里除了反复出现的“Nicht gearbeitet”（“未工作”），又新添了一句话：“lage unverändert”（“境况照旧”）。谈到维特根斯坦的战争经历时，赫尔米勒写到他一再努力前往前线，写到那“源于以下事实的可笑误解：他必须与之打交道的军事机构总以为他想得到一个更轻松的岗位，而实际上他想得到一个更危险的岗位”；赫尔米勒写下这些话时想的一定是这一时期。

我觉得可能是这样：与其说他们误解了维特根斯坦加入步兵的请求，不如说他们没有理睬；他们觉得，他当主管修理库的熟练工程师比当普通步兵对军队更有用处。整个 3 月份，尽管他再三向古尔特请求，境况照旧。

哲学方面，1915 年的前三个月几乎完全荒芜。在其他方面维特根斯坦同样感到死寂，反应迟钝。（但令他困惑的是，在对任何别的东西都没感觉的时候他却能感觉到性欲、想自慰。）2 月份费克尔寄来了特拉克尔死后出版的作品集，他作出的唯一评论惊人地呆滞：“大概很好”。他感谢费克尔的惠赠，解释说自己正处在一个贫瘠的时期，“没有吸取外来思

想的欲望”。不过，甚至在这种反应迟钝里也有可寄予希望的东西：

> 我这个样子，只是生产力的一次下滑，而不是彻底终止了。然而——**不幸的是**我现在觉得自己彻底燃尽了。只能保持耐心。

他觉得，他只能等待上帝，等待神灵帮助和启示自己。

同时，因为无话可说他陷入了沉默。他收到一封阿德乐·约勒斯的信，含蓄地斥责他传回的战地消息太简略。她告诉他，有一件事是确定的——他做不了好的战地记者或电报通讯员。他就不能好好写一次信， 127
让大家知道他在哪里、过得怎样、在做什么？他怎么看意大利人？他们是不是一群无赖，就那样背弃了三国同盟？“如果让我来写对他们的看法，”她说，“我的信极可能通不过审查。”她继续供应面包、巧克力和水果蛋糕，显然为她的“小维特根斯坦”在交战中起到的作用而骄傲。“你志愿入伍，”她告诉他，“这一点恒久如新地使我高兴。”

她的丈夫则为维特根斯坦终于去了一个可运用其技术知识的岗位而感到骄傲。“无论如何，”他写道，“你的技能有用武之地，以加利西亚糟糕的路况，必定有极多的车辆要修理！”维特根斯坦显然回信说，自己宁愿到前线当步兵，而不是在后方修车。约勒斯挺吃惊：“难道你不认为在工场里更能运用自己的技术才能？”他妻子——尽管怀有炽热的爱国热情——对此也很担忧：“但愿你前往前线的愿望不会实现，”她怀着母亲式的焦急写道，“在那儿你是许多人中的一个，也不是最强壮的一个，在这儿你能更安全地发挥作用。”

这些关心无疑是他乐见的，也许甚至是必需的，但还不够。直到收到品生特的一封信后维特根斯坦才能够挣脱懒散。3 月 16 日他又能在日记里写：“收到大卫可爱的信。”“给大卫回了信。很有性欲。”一份回信的草稿保存了下来。如下：

我亲爱的大卫[1]：

今天收到你1月27日写的信。极限到了。此刻我正又肥沃起来。

维特根斯坦曾请品生特带话给摩尔，说明如何把信寄过来。品生特照做了，说“我希望他写信给你”。这是一个无望的希望。“如果摩尔的行为不像一个基督徒，那我感到非常遗憾，”四月份品生特写道，“事实上他从未表示收到了我的信。”

摩尔并不能完全不想维特根斯坦。1915年10月12日他在日记里记道：“梦见维特根斯坦”：

128 ……他看着我，仿佛在问我还好吗，我禁不住笑了仿佛我还好，虽然我知道我不太好；然后他在海里游泳；最后他是个正努力逃脱追捕的外国敌人。

4月22日维特根斯坦受命主管整个工场；按照他的记录，这只是带给他更多的要应付的不快之事。为了帮他缓解局势，古尔特允许他穿上工程师制服，并暂时给了他这一军衔。[2]

4月30日维特根斯坦记下了又一封“大卫的可爱来信”，其中讲到一则可能令人惊讶的消息。“我在写一篇哲学论文”，品生特告诉他，“也许是彻底的胡闹！”他说自己试着解释“逻辑作为整体是关于什么的，‘真理’和‘知识’是什么”。虽然这论文的主题和维特根斯坦的一样，但其成果（至今尚存）跟《逻辑哲学论》或较早的《逻辑学笔记》几乎没有相似之处。品生特用“一致性”而非“重言式”定义逻辑，其思想的大体要旨更多参照的是英国经验主义传统（特别是摩尔和罗素）而非维特

[1] “大卫”，原文为昵称“Davy”。

[2] 1915年夏末轴心国军队突破东线后，整个军库搬到了更北的、伦贝格以北的索卡尔，此时维特根斯坦的军衔仍未获得正式任命。——原注

根斯坦。不过，品生特自己明显认为他是在研究维特根斯坦关心的问题。“我希望你能在我这里，和我详细地讨论，”他写道。信的结尾是：

> 我祈愿上帝终止这一恐怖的悲剧，我渴望再次见到你。

无论是不是由于受到品生特的信的触动，值得注意的是，在克拉科夫的最后几个月——那时他正为了不能换岗位而感到极为不快和强烈受挫——维特根斯坦发觉自己又能以焕然一新的活力工作了。5月份和6月份他都很多产。后来出版的《战时笔记：1914—1916》里的很大一部分（约三分之一）论述是这时写下的。

这一时期他主要关心的问题是语言如何描画世界——语言和世界的哪 129
些特征使得这一描画之进行成为可能：

> 我写的一切都围绕一个大问题，即：世界里有一种先验的（a priori）秩序吗；如果有，这秩序在于什么？

他被迫得出结论——几乎违背着自己的意愿——存在一种这样的秩序：如他对罗素坚持过的，世界由事实而非事物组成——即世界由处于某种相互关系中的事物（对象）组成。命题中诸符号间的关系反映和描画了这些事实——存在于对象之间的关系。但若能把语言分析为原子命题（如他先前坚持过的），那么看来必须存在跟原子命题对应的原子事实。而且，正如原子命题是不能再进一步分析的命题，原子事实是简单对象（simple）之间的关系，而非复合对象（complex objects）之间的关系。维特根斯坦给不出原子命题或原子事实的例子，也说不出“简单对象”是什么；但他觉得，单单分析之为可能，就要求得有那样的东西：它们给出语言和世界的结构，从而让语言的结构能反映世界的结构。

> 我们至今不能把命题分析到可以指名道姓地谈元素的程度，这一点并不违反我们的感觉：不，我们感到世界必须由元素组成。而看上去这似乎等价于这一命题：世界必须是其所是，世界必须是确定的。

我们可以是不确定的和靠不住的，但世界一定不行："世界有一个固定的结构。"这一点使得语言之有明确的意义成为可能："要求有简单的东西，就是要求意义之确定。"

在这一哲学多产时期，维特根斯坦收到过一封罗素的信；信是 5 月 10 日用德语写的。罗素告诉维特根斯坦，自己看过了维特根斯坦在挪威向摩尔口述的笔记，但发觉很难理解它们。"我衷心希望，"他写道，"战后你当面把一切讲给我听。""开战后，"他又说，"我已不可能考虑哲学。"

130 "你不能理解摩尔的笔记，我极为遗憾"，维特根斯坦回信说：

> 我感到，没有进一步的解释是很难理解它们的，但我认为它们本质上是明确的。现在我担心我近来写的东西还更不好懂，如果我不能活着看到这场战争结束，我一定得为我的所有工作付诸东流做好准备——假如是那样，你一定要刊印我的手稿，无论有没有人理解它。

"问题正变得愈来愈质朴和一般，"他告诉罗素，"而方法变化得很厉害。"随后两年他的书将经历一种厉害得多的变化；够奇怪的是，在品生特论文的进展里竟预示了其变化的方式。在一封 4 月 6 日的信里（维特根斯坦可能是五月份收到的），品生特说自己的哲学论文已经从逻辑拓展至"伦理学和一般哲学"。下一年，维特根斯坦自己的工作将有类似的趋向。

维特根斯坦的哲学工作重获新生的同时，轴心国的东线局势也取得了戏剧性的改善。3 月份奥匈军队的处境看上去毫无希望。俄国人逼迫他们更深地退入喀尔巴阡山脉，锋芒直指匈牙利本土。3 月 22 日普热梅西尔要塞陷落；很显然，若要避免灾难，奥地利人需要德国盟友给予强力和高效的援助。于是，整个4月德国和奥地利都在为加利西亚地区的一次联合攻击作准备；5月1日发起了攻击，指挥官是德国将军冯·马肯森。发动进攻的地点选在了哥利斯和塔罗夫的中间地带。连计划的制定者都惊讶于攻击之成功，他们取得了一次决定性突破。1915年的夏季月份，德国和奥地利军队异常轻易地扫清了俄国的抵抗，最后阵地推进了三百英里。他们收复了普热梅西尔和伦贝格，夺取了华沙和布列斯特–立陶夫斯克。

就算维特根斯坦为哥利斯–塔罗夫的突破而高兴过，他的日记也未曾 131
提到。进军期间他始终留在克拉科夫的工场里，而且日益愤恨这一现实。但他有一个总是准时为军事成功而欢呼的通信者——约勒斯。3月25日约勒斯写信悲叹普热梅西尔的陷落（“在勇敢的抵抗之后”），希望春季时能从俄国人手里解救可怜的加利西亚。战役期间，约勒斯的信始终就像东线消息的爱国解说词。“看样子俄国在喀尔巴阡山脉的进攻已陷于停顿，”他于4月16日写道，“也许加利西亚的沦陷区现在能成功解放了！”5月4日他写道，听说有望把马肯森的胜利打成一场大胜仗，“愿很快就从俄国人手里救出可怜的加利西亚！”

鉴于马肯森取得了突破，5月17日他写信说自己太能理解维特根斯坦前往前线的迫切心情了。他妻子则更关心维特根斯坦的安全以及食物是否充足。“我很少写信，”4月8日她解释道，“因为你自己写得很少，一成不变，总是写同样的几个字——使人觉得你对自己要写的东西几乎没有兴趣。”“你不去前线，留在原地”，她又说，“我为这事而高兴。”她在每封信里都问，食物短缺吗？维特根斯坦需要什么吗？维特根斯坦在回信里含糊地提到自己必须面对的“不愉快”。“哪一种不愉快？”阿德乐·约勒斯问，“听到你要对付这么多事情，我们很遗憾；但你如此无畏地承受了下来，这很棒，为此我感到最真挚的喜悦。”

7月份他收到一封费克尔的信，此时费克尔自己也在奥地利军队里，服役于一个驻扎在布里克森的阿尔卑斯团。费克尔抱怨自己的生活条件极糟：一个房间三十六个人，白天晚上都毫无独处的机会——而且这状况很可能要持续到9月份。他抱怨失眠和精神枯竭；他太疲惫了，几乎不能读或写。“有时候，亲爱的朋友，仿佛我的整个存在都耗尽了……这环境已如此彻底地破坏了我的抵抗力。”

132 这语气似曾相识。在回信里，维特根斯坦根据自己相似的绝望经验给出了一条建议。“我十分理解你报告的糟糕消息”，他写道：

> 你仿佛活在黑暗中，听不见得救的诺言。而如果我——我本质上和你非常不同——竟想给你一点建议，那可能令我像一头蠢驴。不过总之我斗胆一试。你熟悉托尔斯泰的《福音书摘要》吗？这本书当时真正救了我的命。你愿买这书并且读吗？！如果你不熟悉它，你就不能想象它能对人产生什么影响。

也许出乎意料，这建议被热情地采纳了。“上帝保佑你！”费克尔回答。是的，维特根斯坦是对的，他是活在黑暗里：“因为没人给我诺言”。而维特根斯坦不只给了他诺言，其给予的做法也是他永远忘不了的：“上帝保佑你！”

给费克尔的信是维特根斯坦在医院写的。由于工场的一次爆炸，他的神经遭到了冲击，身上也受了几处轻伤。在医院里住了约一星期后他前往维也纳休假三周，这是他很需要的。“三周的假期，”阿德勒·约勒斯啧啧赞叹，“在一年多的服役之后，在受伤和病痛之后，实在很短。”不过在维特根斯坦看来三周可能太多了。

他销假时修理部已搬离了克拉科夫。哥利斯—塔罗夫突破后修理部迁往伦贝格北边的索卡尔，安置在当地火车站的一列炮兵工场火车里。

索卡尔的这段时期未留下维特根斯坦的笔记本，但有理由认为这是他的一个相对快乐的时期。他至少有一个相当亲密的朋友：马克斯·比勒尔医生；此人主管停在工场火车边上的一列红十字医院火车。比勒尔受邀和工场的军官共同进餐，那时他第一次见到维特根斯坦。他回忆：

> 第一顿饭时，我就在全是军官的在席者中间注意到一个削瘦敏捷的人，他没有军衔、约二十五岁。他吃得很少，喝得很少，不抽烟，同桌的其他人狼吞虎咽非常聒噪。我向邻座询问，得知他的名字是路德维希·维特根斯坦。我很高兴在很年轻的、没头脑的职业军官中间发现一个有大学文化的人，还是一个如此称心的人。我有一种印象：他不属于这一氛围；他不得已才在那儿。我觉得称心是相互的，因为饭后他邀请我去他在火车上的隔间。于是我们的友谊开始了，持续了好几个月（几乎一年）；我们每天成小时地交谈，既不喝威士忌也不抽烟。几天后他提出我称他“你”[1]。 133

1915 年秋天及随后的整个冬天，几乎每样东西的供应都短缺，前线条件极端艰苦，比勒尔和维特根斯坦的友谊对两人都是巨大的慰藉。他们就哲学和形而上学的问题进行长而活泼的交谈，虽然——也许不意外——谈话中两人的地位并不对等。维特根斯坦曾说，比勒尔会是个好信徒，但不是先知。“我能说他的是，”比勒尔写道，“他具有先知的一切特征，但没有信徒的一点儿特征。”

军事上这是个平静的时期，俄国人在上个夏天的灾难后需要重新集结，轴心国则专注于西线，满足于维持东线的局势。显然对修理部而言这也是个平静的时期。维特根斯坦满意自己近来的逻辑工作成果，现在能初步试着写一本书。这是《逻辑哲学论》的第一个版本，但不幸未保留下来。只是从一封写给罗素的落款日为 1915 年 10 月 22 日的信里我们才知道它的存在；他在信里告诉罗素，自己正在把工作成果写成文章。

---

[1] “你”，英文是 thou，德文是 du，是较为亲密的称谓，相当于不说“您”而说“你”。

“无论发生什么，”他告诉罗素，“你没有看过之前我什么也不会出版。”而这事当然只在战后才可能发生：

> 但谁知道我能不能活到那时候？如果我没活下来，我就让我的人把我的手稿寄给你；你会在里面看到用铅笔写在散页上的最后概要。要全部理解它，你或许有一点麻烦，但请你不要因此而却步。

134 罗素回信的落款日是11月25日。“我甚是欢喜，”他写道，“你正在写一篇打算出版的文章。”他急切地想看，并告诉维特根斯坦，没啥必要等战争结束。维特根斯坦可以把文章寄到美国，寄给哈佛的拉尔夫·佩里；通过罗素，佩里已知晓了维特根斯坦较早的逻辑理论。然后佩里会把文章寄给罗素，而罗素会出版它。“我们终于再次见到对方，那将多么棒啊！”罗素最后写道。

弗雷格也听说了维特根斯坦的文章。11月28日他写了信，口气与罗素相仿：“你仍有余下的时间和精力做科学工作，我很高兴。”若是维特根斯坦听从罗素的建议，那么这本在1916年出版的著作将在许多方面跟我们现在所知的《逻辑哲学论》相似。也就是说，这本著作将包含：意义的图像论、“逻辑原子主义”的形而上学、用“重言式”和“矛盾”这对概念作出的逻辑分析、在说出和显示之间的区分（以便使类型论成为多余）和真值表方法（用以表明逻辑命题要么是重言式要么是矛盾式）。换句话说，这本著作将包含《逻辑哲学论》现在包含的几乎所有内容——除了结尾处对伦理、美、灵魂和生活意义的论述。

因此，在一个意义上，它将是一本完全不同的著作。

此书经历其最终——也是最重要——转变的几年，是维特根斯坦和罗素没有联系的那几年。1915年10月22日的那封信后罗素再没听到过维特根斯坦的消息——直到意大利人俘虏维特根斯坦之后的1919年2月。罗素在战争的最后一年写了《数理逻辑导论》（由于被控危害英国和美国的关系，当时他正在监狱里服刑）；他在此书中提出了一个问题：应该如何定义“重言式”；他添进了如下脚注：

> 我过去的学生路德维希·维特根斯坦向我指出“重言式”对定义数学的重要性，当时他正研究这问题。我不知道他是否解决了这问题，甚至不知道他是死是活。

战争的最后两年，和品生特的通信也中止了。1915 年 9 月 2 日品生 135
特写信说，自己已“放弃了该死的法律学业”，正为政府工作。1916 年，品生特设法寄来了三封信——都是用德语写的——其中第一封强调“战争不能改变我们的个人关系，战争与之毫不相干”。品生特在这些信里告诉维特根斯坦，自己现在接受了一点机械方面的训练，受聘当了工程师。维特根斯坦收到的品生特的最后一封信，落款日为 1916 年 9 月 14 日。

那么，此书在观念上的变化——以及同时出现的维特根斯坦自身的转变——是在他和他的英格兰朋友相互隔绝之时发生的。因此也就不奇怪，战后他会怀疑他的英格兰朋友是否能理解自己。对于催生出他之变化的环境，他们了解多少？——他们又能了解多少？

从他在索卡尔和比勒尔的谈话里，或许能看出这一变化的性质的一点预兆——比勒尔说谈话“有时令我们完全沉浸其中，忘了时空”：

> 我记得一件好笑的事。那是 1915 年的新年夜。当地司令官邀请所有人到军官餐厅庆祝新年。晚餐结束时快十点了，我们俩回到维特根斯坦的房间继续讨论昨天的话题。大约十一点，火车上的军官提醒我们，要赶上聚会就该出发了。维特根斯坦对他们说，他们先走好了，我们随后就到。我们很快忘记了邀请这回事，也忘记了时间，继续讨论问题，直到听见外面有喧哗声。凌晨四点我们的同事快活地回来了——我们觉得还没到午夜呢。第二天我们不得不请求

当地司令官原谅，向他致以迟到的新年问候。

这种讨论强度意味着维特根斯坦全力投入其中了。可讨论的主题却不是逻辑：维特根斯坦没像先前对品生特那样，试着把自己的工作成果
136 教给比勒尔。他们谈的是托尔斯泰的《福音书概要》和陀思妥耶夫斯基的《卡拉马佐夫兄弟》。后一本书维特根斯坦读得如此频繁，竟整段整段地记熟了；特别是佐西玛长老的言谈，对维特根斯坦而言，佐西玛长老是强有力的基督教徒的一个理想形象，一个能“直接看透别人灵魂”的圣人。

维特根斯坦和比勒尔在一起时，东线处于一个最平静的时期。这是维特根斯坦相对舒适的一段时间。他不是军官，但在许多方面被待以军官之礼。他甚至有了一个佣人——来自附近战俘营的名叫康斯坦丁的年轻俄国男孩。比勒尔回忆道：“康斯坦丁是个好男孩，很热心地照顾维特根斯坦。维特根斯坦待他非常好，没多久，就把这个消瘦、虚弱、脏兮兮的战俘改造成了整个驻地最肉乎乎、最干净的士兵。”

1916 年 5 月这一相对宁静的时期结束了，此时，为了缓解法国的压力，俄国人在波罗的海一翼发动了进攻。同时，奥地利官方在一年多之后就维特根斯坦的身份问题作出了裁决。裁决是：维特根斯坦不能保留“工程师（Ingenieur）”的军衔或制服，但可以满足他调到前线当普通士兵的长久愿望。比勒尔说，这裁决“对我们两人都是沉重一击”。维特根斯坦和他道别时，就像一个不指望活着回来的人：

> 他只带上了绝对必需品，其他一切都留下了，请我在部队里分送。这时他告诉我，他在挪威的一个海湾边上建了所房子，以便不时躲起来安静地工作。现在他要把这栋房子当礼物送给我。我拒绝了，而是收下了一支沃特曼牌的钢笔。

维特根斯坦打包的少数几件个人财物里有一套《卡拉马佐夫兄弟》。

假使他都觉得自己不会活着从前线回来，那么他就更确信自己不能毫无改变地回来。在这个意义上，对他来说战争在1916年3月真正开始。

# 第七章　在前线

137 毫无疑问，哲学反思和对世界作形而上学解释的最强烈冲动，来自对死亡的认识，以及对苦难和生活之悲苦的考虑。

——叔本华，《作为意志和表象的世界》

如果维特根斯坦在火线之后度过整个战争，那么《逻辑哲学论》就将仍是1915年首次动笔时的那个我们几乎能断定的样子：一篇论逻辑本质的论文。《逻辑哲学论》里对伦理、美、灵魂和生活意义的论述，其源头正是叔本华描述的“哲学反思的冲动”，刺激这种冲动的是对死亡、苦难和悲苦的认识。

1916年3月末，如长久之所愿，维特根斯坦调往对俄前线的一支战斗部队。他被编入隶属于奥地利第七军的一个炮兵团，此军驻扎在靠近罗马尼亚边境的东线最南端。他的团被推向前线之前的那几周里，他竭力在心理上和精神上准备面对死亡。“上帝照亮我。上帝照亮我。上帝照亮我的灵魂。”3月29日他写道。第二天：“尽全力做。再多你也做不了：要快活”：

138 用尽你的力气帮助自己和别人。而且同时要快活！但自己需要多少力气，别人又需要多少？很难好好活！！！但好好活是好的。但将得行的不是我的，而是你的[1]意愿。

可是，等待已久的时刻到来时他却病倒了，指挥官说可能得把他留下来。“如果真是那样，”他写道，“我会杀了自己。”4月15日他得知自己还是获准和团部同行，他祷告道：“只愿他们允许我拿自己的生命冒险，执行一点困难的任务。”他算着日子，直到自己终于上了火线；而等到那个时刻到来时他向上帝祈求勇气。他注意到，抵达前线后自己完全没了性欲。

一到前线他就要求去最危险的地方：观察哨所。这样他就肯定是敌人火力的目标。“有人向我射击，”4月9日他记录，“想到上帝。愿你的旨意得行。愿你的旨意得行。上帝与我同在。”他觉得这种经验令自己更接近光照。5月4日他得知自己要在观察哨所值夜班。由于炮击在晚上更猛烈，这是他能得到的最危险的岗位。“只有那时，”他写道，“战争才对我真正开始。”

> 还有——也许——甚至生命。也许接近死亡将带给我生命的光。愿上帝照亮我。我是虫豸，但经由上帝我成为人。上帝与我同在。阿门！

第二天，在观察哨所他以极大的期盼等待夜间炮击的到来。他觉得自己“像魔法城堡里的王子”。

> 现在，白天时，一切都是宁静的，但晚上一定是可怕的。我会经受得了吗？今晚将见分晓。上帝与我同在！！

[1] “你的”，译自Thy，指上帝的。

第二天他记录说，自己的生命一直处于危险之中，但靠着上帝的仁慈他活了下来。“我不时会害怕。那是对生命的错误看法的过错。”几乎在岗的每一夜他都准备去死，并祈求上帝不要抛弃他，赐予他不畏惧地、直
139 率地睁眼看死亡的勇气。只有那时他才能肯定自己体面地活着：“只有死亡给予生活意义。”

跟在哥普拉纳时一样，维特根斯坦更喜欢待在孤独危险的岗位上，而不是和同事在一起。与面对敌人相比，他需要上帝给他一样多的、甚至更多的力量来面对同事。他们是“一伙醉鬼、一伙恶劣和愚蠢的人”：

> 人们，除了少数例外，恨我，因为我是个志愿兵。于是我几乎总是被恨我的人包围着。而这是我仍然无法忍受的一件事。这儿的人是恶毒和无情的。几乎不可能在他们中找到一丝人性的痕迹。

就像奋力反抗面对死亡的恐惧，奋力要自己停止恨这些人也是对他的信仰的检验：“一个真正信仰者的心理解一切。”于是他催促自己：“一旦你觉得自己在恨他们，就转而努力去理解他们。”他试了，但明显很费劲：

> 与其说我周围的人是低劣的，不如说他们狭隘得吓人。所以几乎不可能和他们一起工作，因为他们永远误解。这些人不是愚蠢，而是狭隘。在他们的领域里他们足够聪明。但他们缺乏品质，从而缺乏宽度。

最后，他断定自己不恨他们——但他还是那样厌恶他们。

在前线的最初几个月（从 3 月到 5 月），维特根斯坦一直能做一点逻辑。他继续思考函项和命题的本性以及预设简单对象之存在的要求。但他加进了以下这一孤立的对“现代世界观念”的有趣论述，这论述未加

改动地出现在《逻辑哲学论》里（6.371 和 6.372）：

> 整个现代世界观念建于一个错觉之上：所谓自然法则是对自然现象的解释。
>
> 于是今日人们停在自然法则那里，视之为不可违背的，就像过去 140
> 的时代看待上帝和命运一样。
>
> 而事实上两者都对也都错：尽管现代系统努力显得自己解释了一切，而古代的观点就其有一条清楚和公认的界限而言更为清楚。

他收到一张弗雷格写的鼓励他坚持逻辑工作的明信片。“你想要不丢掉自己的智性工作，”弗雷格写道，“对此我很理解。”他感谢维特根斯坦邀请自己到维也纳讨论他的工作，但不确定自己能不能去。不过他希望能以某种方式继续他们的科学讨论。但维特根斯坦在战争的剩余时间里只做了很少的逻辑。而当弗雷格终于有机会读到《逻辑哲学论》时，他无法——在维特根斯坦看来——读懂一个字。

4 月和 5 月，东线的战斗是轻微的；但 6 月份俄国发动了准备已久的大规模进攻，这就是以谋划和指挥这次进攻的将军命名的“布鲁西洛夫之击”。于是整场战争里最惨烈的一些战斗打响了。维特根斯坦的团所属的奥地利第七军首当其冲，遭受了巨大的伤亡。正是在这个时候维特根斯坦著作的性质发生了改变。

6 月 11 日，一个问题打断了他对逻辑基础的思索：“对上帝和生命的目的我知道点什么？”他列了一张表予以回答：

> 我知道世界存在。
>
> 我处于其中，就像我的眼睛在眼睛的视域中。
>
> 有关它的某事是成问题的，我们称之为它的意义。
>
> 这意义不在它之中，而在它之外。

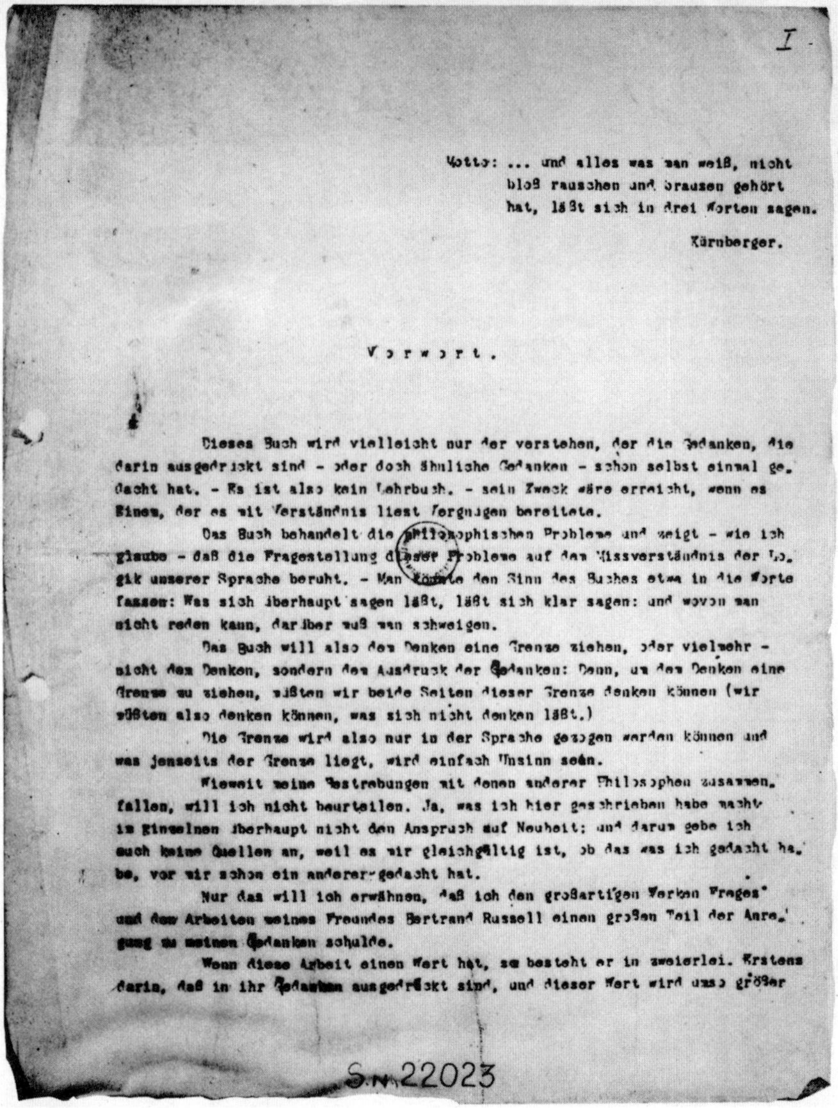
I

Motto: ... und alles was man weiß, nicht bloß rauschen und brausen gehört hat, läßt sich in drei Worten sagen.

Kürnberger.

Vorwort.

Dieses Buch wird vielleicht nur der verstehen, der die Gedanken, die darin ausgedrückt sind – oder doch ähnliche Gedanken – schon selbst einmal gedacht hat. – Es ist also kein Lehrbuch. – Sein Zweck wäre erreicht, wenn es Einem, der es mit Verständnis liest Vergnügen bereitete.

Das Buch behandelt die philosophischen Probleme und zeigt – wie ich glaube – daß die Fragestellung dieser Probleme auf dem Missverständnis der Logik unserer Sprache beruht. – Man könnte den Sinn des Buches etwa in die Worte fassen: Was sich überhaupt sagen läßt, läßt sich klar sagen; und wovon man nicht reden kann, darüber muß man schweigen.

Das Buch will also dem Denken eine Grenze ziehen, oder vielmehr – nicht dem Denken, sondern dem Ausdruck der Gedanken: Denn, um dem Denken eine Grenze zu ziehen, müßten wir beide Seiten dieser Grenze denken können (wir müßten also denken können, was sich nicht denken läßt.)

Die Grenze wird also nur in der Sprache gezogen werden können und was jenseits der Grenze liegt, wird einfach Unsinn sein.

Wieweit meine Bestrebungen mit denen anderer Philosophen zusammenfallen, will ich nicht beurteilen. Ja, was ich hier geschrieben habe macht im Einzelnen überhaupt nicht den Anspruch auf Neuheit; und darum gebe ich auch keine Quellen an, weil es mir gleichgültig ist, ob das was ich gedacht habe, vor mir schon ein anderer gedacht hat.

Nur das will ich erwähnen, daß ich den großartigen Werken Freges und den Arbeiten meines Freundes Bertrand Russell einen großen Teil der Anregung zu meinen Gedanken schulde.

Wenn diese Arbeit einen Wert hat, so besteht er in zweierlei. Erstens darin, daß in ihr Gedanken ausgedrückt sind, und dieser Wert wird umso größer



《逻辑哲学论》打字稿

生活就是世界。

我的意志渗入世界。

我的意志是善的或恶的。

于是，那善和恶与世界的意义有某种联系。

生活的意义，即世界的意义，我们可称之为上帝。 141

而与此相联系的是，把上帝比作父亲。

祈祷就是思考生活的意义。

我不能令世界里发生的事情屈服于我的意志：我是完全无能的。

我只能让自己独立于世界——从而在一个特定意义上控制世界——通过拒绝对发生的事情施加任何影响。

这些论述不是用密码写的，看上去它们像是隶属于之前的逻辑论述。从此这类思索主宰了笔记本。仿佛是，个人的事和哲学的事融合起来了；伦理和逻辑——“对自己的责任”的两个方面——终于走到了一起：不只是同一个人目标的两个方面，而是同一哲学工作的两个部分。

例如，在笔记本的 7 月 8 日那条里我们看到：“面对死亡时的恐惧，是一种虚假的（即一种坏的）生活的最好标志。”——这一次，这话不是在陈述个人信条，而是在努力作哲学思考。

战争初期他哥哥保尔严重受伤，恐怕再也当不了职业钢琴演奏家了；他得到消息后写道：“多么糟糕！到底什么哲学能帮助人战胜这种事情？”现在，在自己经历过战争的全部恐怖之后，他似乎不仅需要一种宗教信仰，也需要一种哲学。

这就是说，他不仅需要信仰上帝——向之祈求勇气和光照；他需要理解自己信仰的是什么。当他祈求上帝时，他在做什么？他在对谁祈祷？他自己？世界？命运？看起来他的回答是：三者都是：

信仰上帝意味着理解生活的意义。

> 信仰上帝意味着，看出“世界里的事实不是问题的全部”。
>
> 信仰上帝意味着看出生活有一个意义。
>
> 世界是给予我的，即，我的意志完全从外部进入世界，像是进入某种已在那里的东西。
>
> 142 （至于我的意志是什么，我尚不知道。）
>
> 不管其方式如何，无论如何我们在某一意义上是有所依赖的，我们所依赖的，我们称之为上帝。
>
> 在这意义上，上帝就是命运，或世界（跟命运是一回事）——世界独立于我们的意志。
>
> 我能令自己独立于命运。
>
> 有两个神：世界和我的独立的我。
>
> ……当我的良心扰乱我的宁静，我就和某种东西不一致。但那是什么？是世界吗？
>
> 这么说一定是对的：良心是上帝的声音。

稍后我们读到：“事物如此这般（how things stand），是上帝。上帝是，事物如此这般。”这儿的“事物如此这般”，既指事物在世界中如此这般，也是指事物在自我中如此这般。因为照魏宁格和叔本华的说法，自我是世界的小宇宙。

这些思想像是强加给他的——几乎是出其不意地抓住了他。7月7日他记道：“上个月付出了巨大的努力。在每一个可能的题目上想了许许多多。但奇怪的是我不能建立它们和我的数学思考模式之间的联系。”而在8月2日他谈到自己的工作——仿佛它有自己的生命——已“从逻辑基础拓展到世界的本质”。

维特根斯坦对逻辑的思考和对生活意义的思索，这两者之间的联系将在他先前作出的说出和显示的区分中觅得。他说过，逻辑形式不能在语言内部表述，因为它是语言自身的形式；它在语言中显露自身——它必须被显示。类似地，伦理和宗教真理虽不可表述，却在生活中显露自身：

> 生活问题的解答要随着这问题的消失而现身。
>
> 这不就是之所以如此——在长久的怀疑之后明白了生活的意义的人却说不出这意义在于什么——的原因吗？

于是："伦理不指涉世界。伦理必须是世界的一个前提，就像逻辑。"
正如必须把语言看作整体才能理解逻辑形式，也必须把世界看作整体才 143
能理解伦理。人们试图描述在这种景观里看到的东西时，不可避免地说出无意义的话（维特根斯坦谈到自己的这种尝试："我意识到这一切句子都是完全不清晰的"），但这一景观之可获得是不容否认的："确实有不能诉诸言词的东西。它们显露自身。它们就是神秘的东西。"

谈论对世界的这一景观（把世界看作一个有限整体）时，维特根斯坦采用了斯宾诺莎用过的拉丁短语：sub specie aeternitatis（在永恒的形式下）。这景观不只是伦理的，也是审美的：

> 艺术作品是在永恒的形式下看到的对象；而善的生活是在永恒的形式下看到的世界。这是艺术与伦理的联系。
>
> 通常的观看方式仿佛是，在对象中间看对象，在永恒的形式下的看则是从外部看。
>
> 这样，整个世界是它们的背景。

这些论述显出明白无误的叔本华的影响。在《作为意志和表象的世界》里，叔本华用相当类似的方式讨论了一种沉思，作这种沉思时的我们丢开了"平常考虑事物的方式"，"不再考虑事物之何处、何时、为何和去何处，而只考虑什么（the what）"：

> 进一步，我们不让抽象思想和原因概念占据我们的意识，而是丢掉这一切，把我们心灵的全部力量专用于感知（perception），让我们自己完全沉入，让我们的全部意识都注满了对实际在场的自然对象的平静沉思，无论那是一片风景、一棵树、一块石头、一面峭壁、一栋建筑还是任何别的东西。换一种意味深长的说法：我们在这对象里全然失去了自己……

这正是斯宾诺莎写下这句话时所想的：Mens aeterna est quatenus res sub specie aeternitatis（就心灵在永恒的形式下构想事物而言，心灵是永恒的）。

无论是否在1916年重读了叔本华，无论是否记起了那些少时印象深
144 刻的段落，毫无疑问维特根斯坦在1916年写下的论述带有明显的叔本华味。他甚至采用了叔本华的术语Wille（“意志”）和Vorstellung（“表象”，有时是“观念”），比如：

> 我的观念是世界，同样我的意志是世界—意志[1]。

在许多方面，维特根斯坦对意志和自我的论述只是重述了叔本华的“先验观念论”，重述是用叔本华的这一两分进行的：“作为观念的世界”，时空的世界；“作为意志的世界”，实体的、无时间的自我世界。可把这一学说看作尼采所嘲弄的宗教心态的哲学对等物：对痛苦的病态敏感——从现实逃进“一个只是‘内部的世界’、一个‘真正的’世界、一个‘永恒的’世界”。把这一心态用作某种哲学的基础时，就成了唯我论，即认为这世界和我的世界是同一回事。于是我们看到维特根斯坦说：

---

[1] “世界—意志”（world-will）。

> 这是真的：人是小宇宙：
>
> 我是我的世界。

维特根斯坦和叔本华对这一学说的表述的区别在于，维特根斯坦对之加了一个限制，即诉诸言辞时这一学说严格讲是无意义的：“唯我论者的意思是很正确的；只是它不能被说出，而是显露自身。”

他认为自己走到了一个交汇点上——在这里叔本华的唯我论和弗雷格的实在论结合在同一观点里：

> 这是我走过的路：观念论把人作为唯独之物从世界里挑出来，唯我论单把我挑出来；最后我看到，我也归属于世界的其他东西；于是一方面没有什么剩下来，另一方面，唯独的是世界。这样，若是严格地遵循观念论，观念论就走向了实在论。

对维特根斯坦来说，弗雷格是把早先的自己从叔本华的观念论中解放出来的思想家，而弗雷格看上去并未得知维特根斯坦又回到了观念论。在一封落款日为 6 月 24 日的明信片上，弗雷格再次说自己很高兴维特根 145
斯坦能做科学工作。“我很难这样说自己，”他写道。占据他心思的是战争，还有他认识的参与战争的人遭受的苦难；其中一人最近第二次负伤，另一人在波兰遇难。他对“布鲁西洛夫之击”什么也没说，而是说他很高兴收复了伦贝格。在下一封落款日为 7 月 2 日的明信片上，他对维特根斯坦不能工作抱以同情。他说自己也做不了科学工作，但希望战后他和维特根斯坦能再次投身逻辑问题的研究。7 月 29 日他又一次谈到维特根斯坦近来的通信里明显低落的情绪，希望很快能收到一张情绪更好的卡片，但：“无论收到什么，只要说明你还活着，我总是很高兴。”

从这些卡片里一点也看不出他知晓了维特根斯坦的思想此时发生的根本改变——一点也看不出他知道维特根斯坦的关切正从逻辑基础拓宽

到世界的本质，或他知道维特根斯坦相信自己找到了唯我论和实在论的结合点。

写自己的书时维特根斯坦从未丢开对品生特的挂念。7 月 26 日他记下了又一封品生特的来信。信是用德语写的，品生特告诉维特根斯坦自己的兄弟死了，是在法国被杀的。“战争不能改变我们的个人关系，”品生特强调，“战争与之毫不相干。”“这友好和可爱的信，”维特根斯坦写道，“令我睁开了眼睛，看到了自己在这一流放中的活法。这或许是有益的流放，但我现在觉得是一次流放。”

这时奥地利军队已被逐回喀尔巴阡山脉，获胜的俄军在身后追击。条件是艰苦的——“冰冰冷，雨和雾，”维特根斯坦记道。这是“充满折磨的生活”：

> 极难不失去自己。因为我是个软弱的人。但精神将有助于我。最好是我病了，那样至少我能有一点安宁。

146 但进军的俄国人在身后开着火追击，为了避免被俘或死亡他得不停地动。“有人向我射击，”7 月 24 日他写道，“每一枪打来，我的全部存在都缩成一团。我多想活下去。”

在这种环境下，“哲学的自我”——作为道德价值承担者的自我——的身份问题特别凸显出来。在穿过喀尔巴阡山脉的撤退途中，维特根斯坦可能有生第一次发现，忘掉那个自我，被一种本能的、动物性的存活意志压倒是怎么回事，在这种状况下道德价值是不相干的：

> 昨天有人向我射击。我吓坏了！我害怕死亡。现在我想活命的欲望是如此之强。当你享受生命时，很难放弃生命。这正是“罪”之所是，这正是不理智的生活，一种错误的人生观。我不时变成一个

大卫·品生特

> 动物。那时我想不到别的，只有吃、喝和睡。可怕！而那时我也像动物一样受苦，没有从内部得救的可能性。那时我处于欲和怕的支配之下。那种时候本真的生活是不可思议的。

随后的三个星期，他的日记表明他在斥责自己的这一陷入有罪生活的倾向。“你知道为了快乐地活着你得做什么，”8月12日他告诉自己。“为什么你不去做？因为你是不理智的。坏的生活是不理智的生活。”他向上帝祈求跟自己的软弱本性作斗争的力量。

虽然这样劝谏自己，但实际上在战役期间他始终体现出卓越的勇气。“布鲁西洛夫之击”的头几天里，由于他几次置换班的要求于不顾，勇敢地坚守岗位，他们为他申请勋章。“他这种非凡的行为，”报告里写道，“正起到了使他的伙伴镇静下来的效果。”他很快晋升了，起初是准下士（一种无委任状的炮兵军衔，类似英国陆军炮兵的一等兵），随后是下士[1]。最后，当8月末俄国的进军已是强弩之末时，他被送往位于摩拉维亚的奥尔姆茨（奥洛穆茨）的团总部接受军官训练。

147 去奥尔姆茨前维特根斯坦回维也纳休了一次假。他在日记里写，自己在那儿感到沮丧和孤独，但一个喜讯是鲁斯还活着。鲁斯把一个奥尔姆茨熟人的姓名地址给了他：此时，鲁斯的一个前学生正在此地的自己家里休养，此人此前因结核病的缘故而退伍了。

8月28日维特根斯坦收到一封弗雷格的信，信中提议他们就逻辑问题通信。弗雷格提出，在有空的时候，维特根斯坦能否把自己的思想写成论文寄过去？然后他将试着用信件回应维特根斯坦的思想。“用这种方式，”弗雷格写道，“或许我们能进行一点科学交流，这样多少可代替面对面的讨论。”看上去，直到写完自己的书后维特根斯坦才对这提议作出了反应。也许这提议来得太晚了；1916年秋天，他找到了沿着自己思想

[1] “准下士”和“下士”分别译自 vormeister 和 korporal。

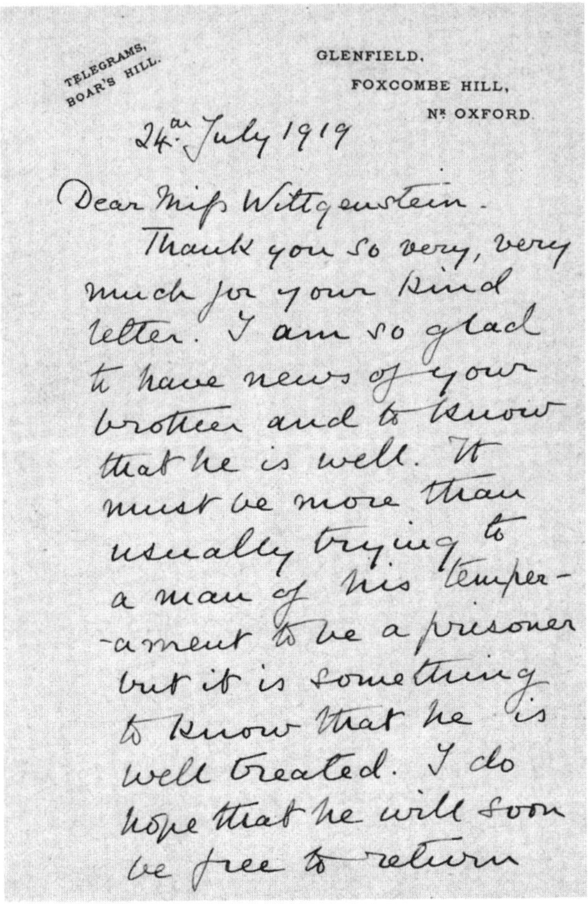

TELEGRAMS,
BOAR'S HILL.

GLENFIELD,
FOXCOMBE HILL,
Nr OXFORD.

24th July 1919

Dear Miss Wittgenstein.

Thank you so very, very much for your kind letter. I am so glad to have news of your brother and to know that he is well. It must be more than usually trying to a man of his temper-ament to be a prisoner but it is something to know that he is well treated. I do hope that he will soon be free to return

上图：罗素、凯恩斯与斯特雷奇
下图：品生特母亲写给维特根斯坦姐姐赫尔米勒的信

的新方向前行所需的讨论伙伴。

鲁斯提到的学生是保尔·伊格尔曼；在奥匈帝国的一个原本文化相当贫瘠的边远地区，一群年轻人形成了一个自觉受教育的绿洲；伊格尔曼是这群年轻人中的一员。那儿有弗里茨·茨威格，一个有才华的钢琴家，后来成了柏林国家歌剧院的首席指挥；有弗里茨的堂兄弟马克斯·茨威格，一个法律学生和剧作家；有海因里希（“海尼”）·格罗格，也是法律学生，后来是成功的大律师。伊格尔曼说格罗格是“我遇过的最机智的人之一”。伊格尔曼的兄弟也是个敏锐机智的人——后来成了维也纳有名的漫画家“彼得·恩”——尽管此时他和维特根斯坦彼此嫌恶。伊格尔曼自己是阿道夫·鲁斯和卡尔·克劳斯两人的信徒。退伍后他致力于协助克劳斯的反战运动，帮忙收集剪报；这些剪报是克劳斯的讽刺性反战宣传的材料。

在1916年10月维特根斯坦到了奥尔姆茨，一直待到临近圣诞节。他原想住在奥尔姆茨市政厅的塔楼里，但看守说那地方不出租，他就在镇
148 郊的一所公寓楼里找了个房间。搬进去不久他得肠炎病倒了，伊格尔曼照料他至痊愈；伊格尔曼的母亲也来帮忙，她为维特根斯坦煮便餐，由伊格尔曼送给病人。伊格尔曼初次行此好意时，在上楼去维特根斯坦的房间时弄洒了一点汤。他进门后维特根斯坦叫道：“我亲爱的朋友，你在用好意泼我。”弄脏了外套的伊格尔曼回答：“恐怕我是在泼我自己。”这正是维特根斯坦欣赏的那种简单的好意和简单的幽默，这一幕留在了他心里。回前线后他写信给伊格尔曼：“我常想起你……想起你给我送汤的时候。但那是你的也是你母亲的错！我也永远不会忘记她。”

亏得有伊格尔曼的那群朋友，维特根斯坦在奥尔姆茨的时光是快乐的。他参与了他们排演的莫里哀的《无病呻吟》，挺欣赏地听了弗里茨·茨威格的钢琴独奏会；最重要的他参加他们的讨论——谈文学、音乐和宗教。尤其是伊格尔曼——这是一位同情的、投合的倾听者，维特根斯坦能与之谈论此前在前线的六个月里进入自己脑海的所有想法。伊格

尔曼回忆，有时候谈话在路上进行——他把维特根斯坦从自己的屋子送回后者在镇郊的屋子。如果到了公寓楼后谈兴仍浓，他们就掉头继续交谈，由维特根斯坦送伊格尔曼回去。

伊格尔曼是维特根斯坦离开英格兰后最亲密的朋友。这友谊颇归功于这一事实：相遇时两人都正经历一种宗教觉醒，而且对这觉醒的解释和分析是相似的。伊格尔曼对此的表述颇佳，他谈到，自己的精神困境：

> ……使我能理解——仿佛是从内部理解——他的令其他所有人迷惑不解的言谈。正是由于我的这种理解，那时我是他不可或缺的。

维特根斯坦自己常说："如果我没办法说好一句话，在伊格尔曼的连拉带拽之下它就会冒出来。"

这幅画面使人想起罗素的说法：用钳子把维特根斯坦的思想拽出来。 149
确实，很难不把《逻辑哲学论》孕育期间伊格尔曼和罗素在维特根斯坦的生活里扮演的角色相提并论。伊格尔曼写下这段话时似乎已作了这种比较：

> 维特根斯坦意外地遇到了我这样一个人：这个人跟较年轻一代的许多人一样，为了世界实际的样子和他以为世界应当是的样子之间的反差而饱受折磨；这个人还倾向于到自己的内部而非外部去寻觅这种反差的源头。他从未在别的地方见过这种态度，同时，若想对他的精神境况有任何真正的理解或有意义的讨论，这种态度又是至关重要的。

谈到罗素为《逻辑哲学论》写的序言，他说：

> 今日虽然公认这书在逻辑领域是一件决定性的大事，但却没有把

> 它理解为一本更广意义上的哲学著作，[它][1]大概是主因之一。维特根斯坦一定深感伤心地看到，如此杰出的人——他们也是有助于他的朋友——竟无法理解他写《逻辑哲学论》的意图。

在时序上，这说法有着某种程度的张冠李戴。这也说明，伊格尔曼几乎没有意识到，1916年他和维特根斯坦的相遇与1911年罗素和维特根斯坦的相遇并不一样。1916年和1911年，维特根斯坦写《逻辑哲学论》的意图也不一样。当维特根斯坦的工作“从逻辑基础拓展到世界的本质”时，罗素和他并无接触；就罗素所知，他写这书的意图是为了阐明逻辑的本质。可以说，伊格尔曼对1911年维特根斯坦之为哲学家的发展不会有什么用处，那时维特根斯坦的注意力集中在罗素悖论引起的问题上。

不过这倒是事实：在1916年——就像在1911年——维特根斯坦的处
150 境是幸运的，他能跟一个亲近的心灵每天交谈，而且这心灵的几乎全部注意力都放在他身上。

值得一提的是，这段时间维特根斯坦的日记里没有加密札记；有了伊格尔曼就不必那么做了。不过日记里有不少哲学笔记。大体上，这些笔记延续了肇始于前线时期的叔本华一路的思考。我认为，他和伊格尔曼长时间的交谈很可能帮着他搞清了这书的神秘部分和逻辑部分之间的联系。他一定跟伊格尔曼深入讨论了这书；伊格尔曼回忆录里的《对〈逻辑哲学论〉的观感》一文也说明，伊格尔曼有一个牢固的印象：“逻辑和神秘主义在这儿从同一根源生出”。把逻辑和这神秘主义连起来的核心线索——“不可说的真理显露自身”——是伊格尔曼自然就有的一个想法。实际上后来他为维特根斯坦提供了一个例子，两人都觉得这个例子极佳：乌兰德[2]的一首题为《艾伯哈德伯爵的山楂树》(Count

[1] [它]，指罗素的序言。

[2] 乌兰德(Johann Ludwig Uhland，1787—1862)，德国诗人、文学史家。

Eberhard’s Hawthorn）的诗。

在维也纳过完圣诞节后，1917 年 1 月维特根斯坦回到对俄前线，现在他是个炮兵军官，服役于奥地利第三军的一支驻扎在喀尔巴阡山脉北坡下的部队。此时俄国人正乱成一团，前线相对平静。他写信给伊格尔曼说自己又能工作了（这一时期的手稿不幸未保留下来）。他这时的写作十有八九是在谈伦理和审美真理的不可说。在一封落款日为 1917 年 4 月 4 日的信里，伊格尔曼附上了乌兰德的诗《艾伯哈德伯爵的山楂树》；这首诗讲述了一个士兵的故事——十字军远征时他在一片山楂丛中折了一根小枝；回家后把枝条种在自家地里，年迈时，他坐在长成的山楂树的树荫下，这颗树是他青春的活生生的纪念。故事讲得很简单，没有修饰，没有说任何道理。可是，用伊格尔曼的话说，“整首诗在二十八行里给出了一生的图景”。他告诉维特根斯坦，它是“一个客观性的奇迹”：

> 几乎其他所有诗（包括好诗）都试图说出不可说的，这儿则没打算那么做，恰恰因此之故它却做到了。

维特根斯坦同意。他写信对伊格尔曼说这首诗确是“真正的佳品”： 151

> 事情就是这样子：只有你不去说出不可说的，才不会丧失任何东西。但不可说的东西将——不可说地——包含在所说的东西中！

此时，有理由认为战争很快将以轴心国的胜利而告终。俄国政府垮台了；德国人在西线对法国取得了突破；与英国的潜艇战看来得胜了。至少弗雷格是这么认为的。“让我们抱最好的希望！”4 月 26 日他写信给维特根斯坦，列出了以上所有的理由。

俄国革命后的那段平静时期里，维特根斯坦回维也纳休了一个短假。维特根斯坦邀请弗雷格来维也纳讨论自己的工作，弗雷格回信为自己不能前往而致歉。“就我目前的境况而言，”他解释道，“往返维也纳的路程太艰巨了。”很清楚，维特根斯坦若想跟弗雷格讨论自己的工作就得去耶拿。

沙皇政府的垮台起初倒是引起了东线的新动向。新的战争部长亚历山大·克伦斯基（7月份起是首相）决心继续战斗，7月份俄国人发动了以他名字命名的注定要倒霉的进攻。可这时普通士兵继续坚持战斗的意志已然耗尽，俄国的进军很快陷于停顿。奥匈军队在茨亚尼（Ldziany）坚守住了阵地，因为这一战役中的表现，维特根斯坦获授银质勇士勋章。在随后的反攻中他参加了普鲁特河一线的进军，这次进军的结果是在八月份夺取了乌克兰的切诺维茨（切尔诺夫茨）城。

俄国的战争努力此时彻底崩溃了，克伦斯基政府也随之崩溃了。轴心国已赢得了东线战争。喊着“面包与和平”的口号掌权之后，新的布尔什维克政府能做的只是从不可避免的投降中尽量挽回损失。随后的冗
152 长谈判时期，维特根斯坦一直随军驻扎在乌克兰；直到1918年3月3日，列宁和托洛茨基最终在布列斯特—立陶夫斯克条约苛刻的条款上签字后，他才跟随奥匈军队转移到意大利前线。

在实际上无战事的这六个月里，他似乎已着手整理自己的哲学论述，把它弄得有点像《逻辑哲学论》的最后模样了。此书的一个早期版本（后来出版的《逻辑哲学论初稿》[1]）的手稿像是写于此时期；我们从伊格尔曼那儿得知，维特根斯坦前往意大利之前此书的一个打字本就已存在。那不可能是最终版本，但很清楚，这一著作在1917—1918年的冬天已开始最终定型。

这期间维特根斯坦与弗雷格和伊格尔曼都有通信。弗雷格写来卡片，表明自己希望在战后和维特根斯坦见面讨论逻辑——这愿望如今已是老生常谈了。伊格尔曼此时受雇于维特根斯坦家，为之改造新森林犁地人街的房子，他的信写得更多的是个人事务。1918年1月8日，他大胆地

[1] 《逻辑哲学论初稿》（*Protortractatus*）。

对维特根斯坦的精神状况议论了一番。他说，圣诞节假期他们在维也纳见面时自己就想说了，但却忘了说。“若我这话对你有任何不公，原谅我”：

> 我觉得你似乎——跟你在奥尔姆茨的时期相比，那时我没这么觉得——没有信仰。我写这话不是为了影响你。但我请求你考虑我的话，我祝愿你做确实最有利于你的事。

维特根斯坦对此的答复甚为克制。“这是真的，”他说，“现在的我和我们在奥尔姆茨见面时的我有差异。就我所知，差异在于现在的我稍稍得体一点了。我这话的意思只是说，对自己的不够得体我心里更清楚一点儿了。”

> 若你对我说现在我没有信仰，那你完全正确，只不过我以前也没有信仰。这不是很明白么，一个想发明一台让自己得体的机器的人是没有信仰的。但我将做什么？我明白一件事：我太糟糕了，远 153
> 不能系统地反思自己；事实上，我将要么仍是猪猡，要么有所长进，就这样！只是，当整件事像一记耳光一样直白时，就让我们丢掉超验的废话。

信的结尾是：“我确信你说的一切都完全正确”。看来，伊格尔曼同时说了废话和真理。维特根斯坦认为自己在《逻辑哲学论》里说的话也是这种结合，但罗素——作为逻辑学家——却对之深感不满足。

1918 年 2 月 1 日维特根斯坦晋升为少尉，3 月 10 日被调到一个正在意大利前线作战的山炮团。现在他的书差不多写完了；3 月 25 日他写信给弗雷格，向这位年长的、仍籍籍无名的逻辑学家致谢，说自己的工作从他那儿受益良多。弗雷格回信说，读到这样一则热情洋溢的致谢自己很吃惊：

> 我认为，在我们的智性工作中，我们都从对方那里有所借鉴。如果我对你的工作的助益比我料想的更多，那我对此感到很高兴。

在这本书最终版的序言里维特根斯坦再次强调，自己受惠于“弗雷格的大作和我的朋友伯特兰·罗素的著作，我的思想受他们激发甚多”。

到意大利没一个月，维特根斯坦患肠炎病倒了，在奥尔姆茨时这种病也困扰过他；他向伊格尔曼索取当时用过的药——“唯一对我有过效的药”。伊格尔曼的回应很慢，5 月 28 日终于动笔写信时，却是询问维特根斯坦知不知道什么能治疗意志薄弱！他的信和维特根斯坦寄的一包裹书是交叉寄出的，维特根斯坦在包裹里写道：“你不配得到这些书，你太懒了，竟不答复一个紧急的请求”。

同时，维特根斯坦在波尔查诺的一家军队医院里住了一阵；在那里他
154 大概能继续写自己的书。弗雷格在 6 月 1 日写了一封信，说很高兴维特根斯坦的工作就要有结果，希望那项工作很快就印出来，“从而不致丢失”。

同一天阿德勒·约勒斯写信给他，语气有一点伤心；约勒斯为自己又写了封信来烦他表示歉意，因为维特根斯坦那样轻视信件，那样不情愿作表面的交流。战争经历让维特根斯坦发生了变化，他的朋友里，约勒斯一家也许是第一个吃到这变化的苦头的，但绝非最后一个。

6 月 15 日奥地利发动进攻时，维特根斯坦的身体已无碍，可以参加行动；他所在的炮兵部队要进攻特伦蒂诺山区里的法国、英国和意大利军队，他的职务是观察哨。又一次他因为勇敢而受到表彰。“他异常无畏的行为，他的镇静、沉着和英勇，”报告里写道，“彻底赢得了队伍的敬佩。”他们建议授予他金质勇士勋章——奥利地的维多利亚十字勋章——但他实际获得的嘉奖是剑条军事勋章；军方裁定，他的作为虽然勇敢，但战果配不上最高荣誉。进攻很快被击退了：这是维特根斯坦参加的最后一次进攻，也是奥地利军队有能力发动的最后一次进攻。撤退之后，7 月份他获准休一次长假，一直休到 9 月末。

我们现在知道的《逻辑哲学论》，其最终定型不是在维也纳，而是在维特根斯坦的保尔叔叔的一所位于萨尔茨堡附近哈莱恩的房子里。1918年夏季的一天，保尔·维特根斯坦在火车站与侄子不期而遇。他发现侄子极不快乐、想自杀，不过设法说服他到哈莱恩去。维特根斯坦在那里写完了他的书。

这一自杀念头的最可能原因是艾伦·品生特夫人写来的一封信；信的落款日是7月6日，她告诉维特根斯坦自己的儿子大卫死了——在5月8日的一次飞机失事中遇难。他从事空气动力学的研究，死时正调查此前的一次失事。"我想告诉你，"她写道，"他是多么爱你，多么珍视你的友谊，直到最后。"维特根斯坦把写完的书题献给品生特，以志怀念。他写信给品生特夫人，说大卫是"我第一个和唯一的朋友"：

> 我确实认识许多同龄的年轻人，也和一些人处得不错，但只在他 155
> 那里寻得了一个真正的朋友；我和他一起度过了生命里最好的时光，对我而言他是兄弟和朋友。我每天都想到他，盼望再次见到他。上帝将赐福予他。如果我活着见到战争的结束，我会去看你，谈谈大卫。

"还有一件事，"他又说，"我刚刚做完了在剑桥就已着手做的哲学工作。"

> 我一直希望能有一天拿给他看，在我心里这工作一直与他相连。我将把书献给他，以志怀念。他一直对它有很大的兴趣；我得有快乐的情绪才可能工作，而我的绝大部分快乐情绪都多亏了他。

如我们所见，最后一句话指的不只是他俩在剑桥、冰岛和挪威度过的时光，还有战争期间品生特写来的信，有时，唯一能振作维特根斯坦的精神，使他能专注于哲学的就是这些信。

现在他已写完了书——解决了自己最初着手解决的问题——他最强烈

的感触是自己做完的事相对而言不重要。“这儿呈现的思想之为真，”他在序言里写道，“在我看来是无懈可击的和决定性的。他相信自己“在所有根本之点上”找到了哲学问题的解答。但：

> ……若我的上述信念没有错，那么这工作的第二项价值在于，它表明当那些问题获解时其成就如此之少。

他引用库恩伯格的一句话当书的题铭：“……一个人知道的一切东西，听到的一切不只是聒噪的东西，都能用三个词说出”。卡尔·克劳斯以前引用过这话，维特根斯坦可能是在克劳斯那儿看到的；但这话同样
156 可能直接取自库恩伯格（维特根斯坦寄给伊格尔曼的书里就有库恩伯格的）。无论如何这句话极为妥贴。他在序言里说，此书的全部意义“可概述如下：能说出的东西能清楚地说出；不能说的东西必须对之保持沉默”。

此书的最终模样是维特根斯坦自1911年首次到剑桥后的写作的高度浓缩的精华。其中的各条论述是从一系列手稿（也许是七卷）里挑出来的，都编了号，构成层级，如2.151是对2.15的细化，2.15是对2.1中论点的细化，依此类推。只有很少的论述有论证；照罗素的说法，每个命题就那样放在那儿，“仿佛是恺撒的谕旨”。战前他在挪威做的逻辑理论，战争头几个月他做出的命题图像论，战争后半程他接纳的叔本华式的神秘主义，都在水晶般的结构中各得其所；对之的陈述都带有某种定局感，暗示它们全是同一个颠扑不破真理的一部分。

在一切方面，此书的核心都是显示和说出之分：要理解逻辑的类型论之为多余，要认识伦理真理的不可表达，这一区分都是关键。类型论试图要说的，只能由一种正确的符号系统来显示；人们在伦理上想说的，只能通过在永恒的形式下沉思世界来显示。从而：“确实有不可表述的东西。它显示自身；它就是神秘之物。”

此书著名的结语——“不能说的东西必须对之保持沉默”——表述的

既是一条逻辑—哲学的真理，也是一条伦理训示。

就此而言——正如伊格尔曼指出的——此书的核心要义与卡尔·克劳斯保卫语言纯洁性的斗争是同一阵营的；在那一斗争里，克劳斯的战术是曝露因语言的误用而滋生出的混乱思想的荒谬。想说出只能被显示的东西，这种努力导致的无意义的胡话不只在逻辑上站不住脚，在伦理上也不合要求。

书写完时维特根斯坦明显认为，这些伦理含义与此书在逻辑理论上的含义同样重要——若不是更重要的话。他想让此书和克劳斯的著作并
肩出版。刚写完他就把书送到克劳斯的出版商雅霍达那里，仿佛指望它 157
和克劳斯著作的关联能一望而知。同时他写信给弗雷格，表示要送他一本。9 月 12 日弗雷格写信说自己真的很高兴去读。他写道，维特根斯坦觉得这工作终将徒劳无益，他能理解这感觉：当你在一座此前无人攀登过的陡峭山峦上开出一条上山的小路时，一定会怀疑有没有别人想跟上。他自己体验过这种疑虑。但他相信维特根斯坦的工作不至于完全徒劳。在一封稍后的信（10 月 15 日）里他写道：“愿你看到自己的工作付印，愿我读到它！”

维特根斯坦也许诺送伊格尔曼一本。9 月下旬，就在回意大利之前维特根斯坦去了趟奥尔姆茨，伊格尔曼正是在此时首次读了此书。在一封 11 月 7 日写给维特根斯坦的信里，他说自己经常研读它：“我理解得越多，它就带给我越多的喜悦。”

9 月末维特根斯坦回到意大利前线，随后的一个月他急切地等待雅霍达的消息。“还是没有出版商的答复！”10 月 22 日他写信给伊格尔曼：

> 我极不愿写信向他询问，对这做法克制不了地厌恶。魔鬼知道他正对我的手稿做什么。若你哪天去维也纳，请大发善心找找那个该死的下流胚，然后让我知道结果！

几天后他得知雅霍达不能出版这一著作，“由于技术原因”。“我真想知道克劳斯对此说了什么，”他告诉伊格尔曼，“如果你能有机会弄清楚，我会很高兴。也许鲁斯晓得一点。”

维特根斯坦回意大利时奥匈帝国正开始崩溃。由于捷克人、波兰人、克罗地亚人和匈牙利人对哈布斯堡帝国的效忠，帝国组织了大量军队；现在这效忠不再是对帝国的了（就其达到过的程度而言），而是对各民族国家的了；创立这些国家是协约国的承诺，也是哈布斯堡帝国自己的承
158 诺。10 月 30 日协约国取得最终的突破，在这之后，未等签订任何停战协定，大量的人就组成了同胞团体，就此退出了战争，他们走上回家的路，前去协助建立自己的新国家。奥地利军官常常发觉自己名义上管辖的部队丝毫不受控制。这种局面的一个受害者是维特根斯坦的哥哥库尔特，10 月或 11 月，当手下拒不服从命令时他开枪自尽。

除了诉求和平之外奥地利人别无他法，而意大利人手握搜刮战利品和赢回领土的黄金机会，一点儿也不心急。10 月 29 日，一个奥地利代表团举着休战旗去找意大利人，但被挡了回来，理由是他们没有恰当的凭信。五天后才终于签订了一个停战协定。这几天里意大利人收获了约七千支枪和约五十万战俘——维特根斯坦是其中之一。

被俘之后他进了科摩的一座战俘营。在那儿他遇到了另两个军官，日后一直是他可贵的朋友：雕刻家米埃尔·德罗比尔和教师路德维希·亨泽尔。赫尔米勒·维特根斯坦讲过一个故事：由于维特根斯坦的破旧衣服和不摆架子的外表，德罗比尔以为他出身低微。一天他们谈到克里姆特为某个维特根斯坦小姐画的肖像。德罗比尔吃惊地听见维特根斯坦称这幅画为“我姐姐的肖像”。他不相信地瞪大眼睛：“那你是一个维特根斯坦了，是吗？”

亨泽尔在给某些打算获释后受训当老师的战俘上一门逻辑课，维特根斯坦去了一次，便认识了亨泽尔。此后两人经常讨论，维特根斯坦给

哥哥库尔特

亨泽尔一点点讲符号逻辑的各原理，阐述《逻辑哲学论》的想法。他们还一起阅读康德的《纯粹理性批判》。

1919 年 1 月，维特根斯坦（和亨泽尔、德罗比尔一起）被转到位于卡西诺的另一座战俘营。作为意大利人的讨价砝码，他们在那儿待到 8 月份。

正是囚于卡西诺的时候，维特根斯坦决定回维也纳后自己将受训当小学教师。不过，跟他在战俘营有过短暂友谊的作家弗朗茨·帕拉克说，
159 维特根斯坦最想当一个神父，“和孩子一起读圣经”。[1]

2 月份维特根斯坦设法写了张明信片给罗素。“11 月起我在意大利当俘虏”，他说，“并盼望着能在三年的中断后跟你取得联系。我做了很多逻辑工作，我极想在出版前让你看到它。”

明信片竟寄到了罗素手里；罗素正在加辛顿庄园当奥特琳·莫瑞尔的客人，并正在竭力写完去年在布里克斯顿监狱里动笔的《心的分析》。

罗素经历了一段几乎和维特根斯坦同样艰难的日子，当然他的艰难是另一种样子。他四十二岁了，打仗是太老了；但他毫不妥协地反对战争，绝不以任何方式参与志愿服务。因为反战，他丢了三一学院的教职，还跟 D.H. 劳伦斯进行了短暂合作；合作很难搞，伤人甚剧，此后他更坚定地厌恶人性里非理性和冲动的一面。

他不知疲倦地跟强制征兵作斗争，发表了无数政治评论；由于其中一篇，他被控损害英美两国的关系。为此他入狱六个月。在公众心目中，他现在更有名的身份是政治运动家而非哲学家或数学家。比起《数学原则》和《数学原理》，《社会改造原理》和《通向自由之路》的读者广泛得多。但他在监狱里回到哲学工作上，写了《数理哲学导论》，并动笔写

[1] 帕拉克觉得这段友谊实在太短暂了。帕拉克年轻七岁，对维特根斯坦产生了一种近乎崇拜的敬重。他爱念维特根斯坦说的每个词，希望——照他在回忆录里的说法——尽量多地吸取维特根斯坦的上等知识和智慧。不久维特根斯坦厌烦了，开始“像含羞草一样”逃脱帕拉克的依附。他说，帕拉克使他想起他妈。——原注

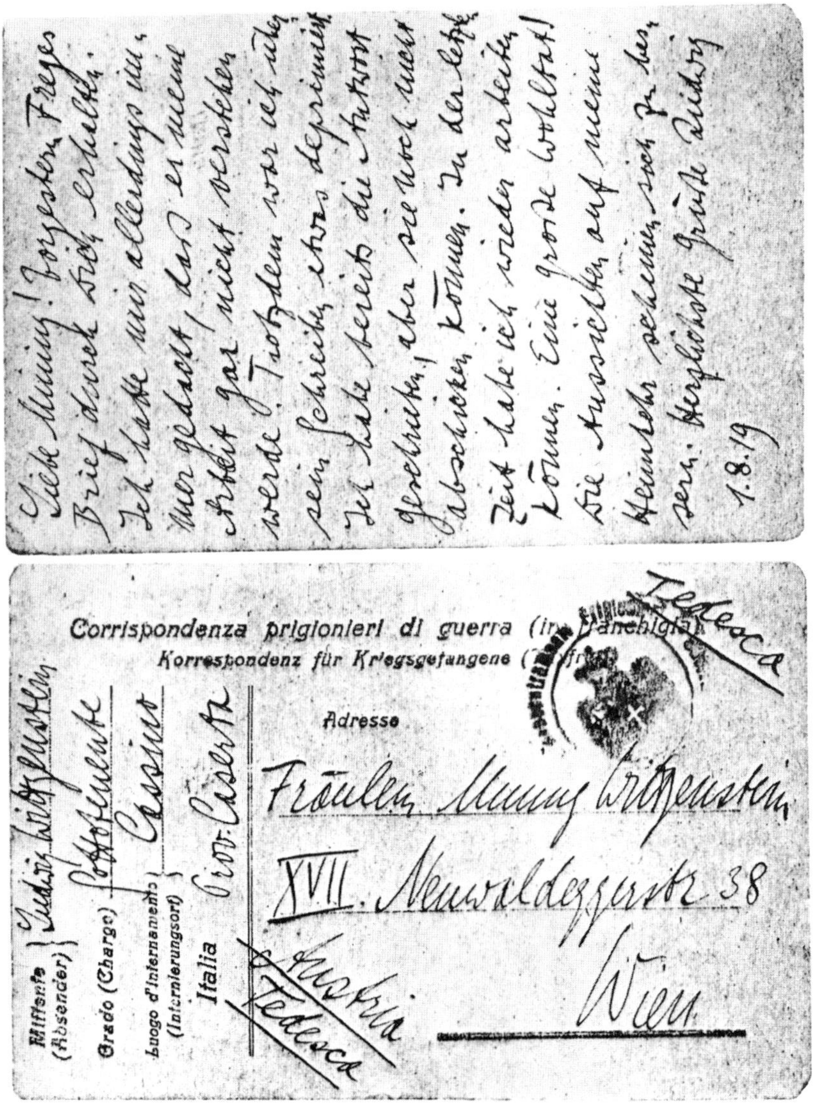


维特根斯坦从战俘营寄给罗素的明信片和书信

《心的分析》。现在他暂时抛开了公共争论，利用加辛顿的平和环境重回
160 哲学思考；能和维特根斯坦重建联系他实在太高兴了。他急急地两天写出两张明信片：

> 听到你还活着真是谢天谢地。有可能的话请谈谈逻辑。我希望很快我们就能当面讨论。我在哲学等方面也有很多要说的。[1919年3月2日]

> 非常高兴听到你的消息——盼望了很长时间。我很有兴趣了解你做的逻辑工作。我希望很快就有可能听到它的一切。很愿意听到更多的消息——你的健康状况，等等。[1919年3月3日]

“你无法想象收到你的卡片我多高兴！”维特根斯坦回信说，除非罗素愿意到卡西诺去，他们无望“很快”见面。他不能谈逻辑，因为他们只允许他一周写两张明信片；但他说明了核心要点：“我已写了一本书，我一回到家就会出版。我认为我已最终解决了我们的问题。”几天后，趁一个学生启程回奥地利之便，他有机会寄一封长信，终于能够详述了。“我已写了一本题为《逻辑哲学论》(*Logisch-Philosophische Abhandlung*)的书，包含了过去六年我的所有工作，”他说明道：

> 我相信我已最终解决了我们的问题。听起来也许傲慢，但我禁不住这么相信。1918年8月我写完了这书，两个月后我当了俘虏[1]。我把手稿带在了身边。但愿我能为你抄写一份；但它挺长，而我无法把它安全地寄给你。事实上它是用很简短的评论写成的，若没有预先的解释你不会理解它。(这当然意味着没人会理解它；虽然我相

[1] “俘虏”，原文为意大利语 Prigioniere。

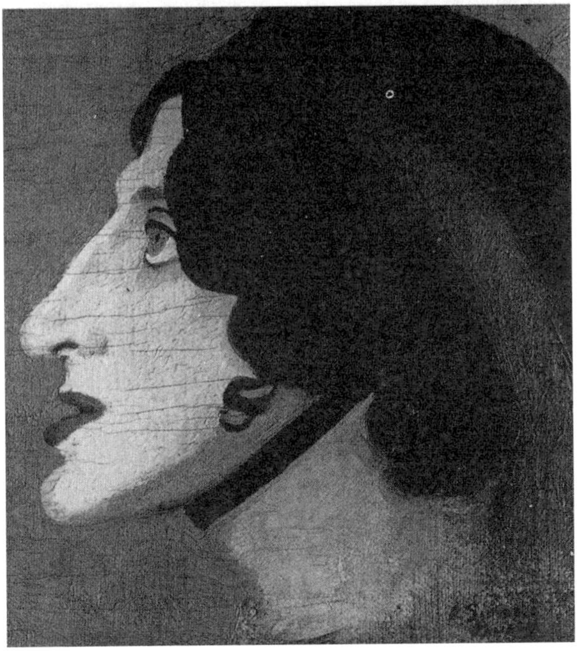

上图：伯特兰·罗素
下图：奥特琳·莫瑞尔夫人

> 信它完全像水晶一样清晰。但它推倒了我们在真理、类、数和所有其他方面的所有理论。）我一回家就会出版它。

他再次说自己大概还会在战俘营待一阵。但他试探着问：“我想你不可能到这儿来看我？”

161 > ……或者，你也许觉得这种事我即便只是想想都太厚颜了。但如果你在世界的另一头而我能去看你，我会去的。

事实上罗素不可能到卡西诺看他，倒是维特根斯坦自己后来有机会离开战俘营。为了让意大利人释放他，通过一个在梵蒂冈有关系的亲戚，维特根斯坦家正在暗中进行活动。一名医生对他作了检查，宣布他的身体状况不适宜长期监禁。但维特根斯坦拒绝这一特权待遇，并在检查时激烈地坚称自己完全健康。

罗素也在暗中活动，通过凯恩斯（这时凯恩斯身处凡尔赛和平会议的英国代表团里）设法让意大利人准许向维特根斯坦寄书，而且免除了一周寄两张明信片的限制，于是他就能作学术通信。维特根斯坦没拒绝这些特权。这样一来，他既能把手稿寄给罗素，也能收到罗素新出版的书《数理逻辑导论》；罗素认为这本书受惠于自己对维特根斯坦《逻辑学笔记》的阅读[1]。

然而，在维特根斯坦看来，这书印证了他的疑虑——罗素是否能理解自己的最新工作。“我从不敢相信，”他读后写道，“你竟完全不留痕迹地忽略了六年前我在挪威口述给摩尔的东西。”

> 简言之，我恐怕很难跟你达成任何理解。我可能尚存的一点点希

[1] 罗素致谢的原脚注见本书第134页。——原注

望——你多少能理解我的手稿——全部破灭了……现在我比任何时候都更急切地想看到它付印。不得不身陷囹圄，拖着完成的工作原地转圈，而且看到外面的自由之地毫无意义，这是多么糟糕！而想到即便付印也没人会理解它，这也一样糟糕！

罗素的回复甚是和善。“的确如此，”他写道，“我理解不了你口述给 162
摩尔的东西，他也帮不了我。”关于自己的书，他解释道：

战争期间我一直没思考过哲学，直到去年夏天我发觉自己在监狱里，就写了一本通俗教科书消磨时间，在那种环境里我顶多能做做那个。现在我回到了哲学，更具理解事物的心境。

“别气馁，”他劝说道，“最后你会被理解的。”

1919年夏天，维特根斯坦最希望和最期待自己的工作得到其理解的那三个人——伊格尔曼、罗素和弗雷格——都收到了一个副本。就算我们假定，因此维特根斯坦自己都没有备份了（他后来写给罗素的一封信证实了此假定），我们还是有点想不通他是怎样弄出三个副本来的。

在一封4月6日的信里，为了表达自己的敬意，伊格尔曼善意地戏仿了此书的编号系统：

别在行间写字！

1. 亲爱的维特根斯坦先生，我很高兴听到，
2. 你的家人说你很好。我
3. 这么长时间没写信，但愿
4. 你不要往坏处想；但我有这么
5. 多要写的，所以我宁愿留到

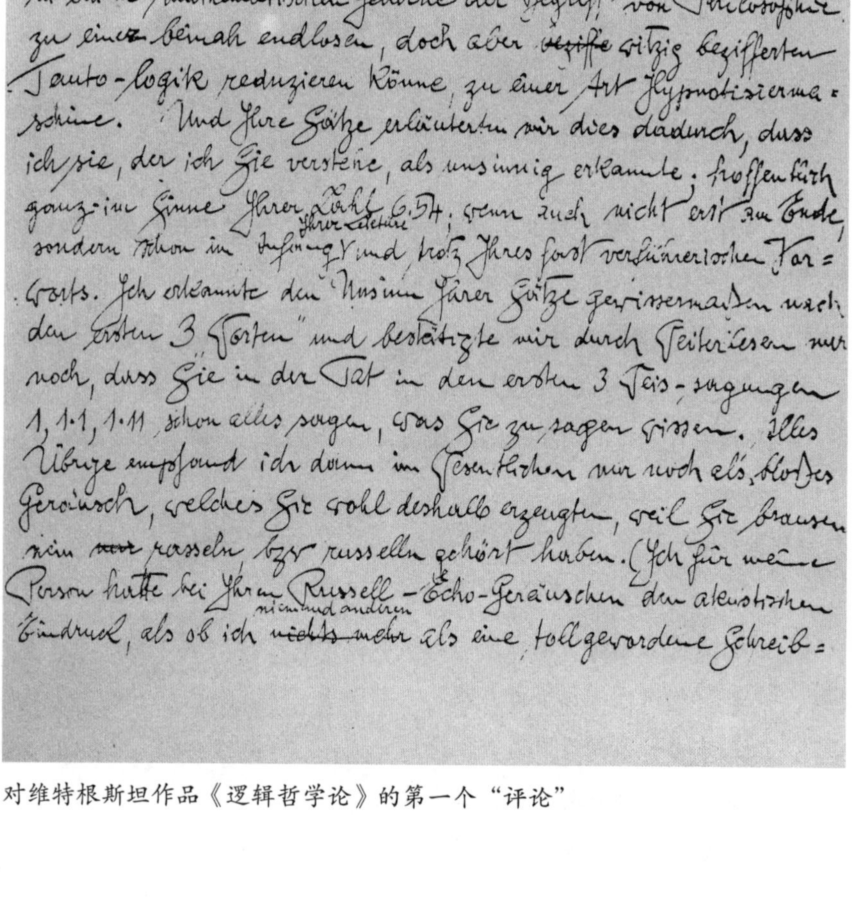

Innsbruck, den 2. Dezember 1919

Geehrter Herr Wittgenstein!

Durch Herrn von Ficker zum Leser Ihrer „logisch-philosophischen Abhandlung" erkoren, möge mir nun auch erlaubt sein, Ihnen mein Urteil über dieselbe kundzutun.

Ihre Sätze erläuterten mir Manches, vor allem: wie sich in einem mathematischen Gehirne der Begriff von Philosophie zu einer beinah endlosen, doch aber ~~ziffe~~ witzig bezifferten Tauto-logik reduzieren könne, zu einer Art Hypnotisiermaschine. Und Ihre Sätze erläuterten mir dies dadurch, dass ich sie, der ich Sie verstehe, als unsinnig erkannte. Hoffentlich ganz im Sinne Ihrer Zahl 6.54; wenn auch nicht erst am Ende, sondern schon im Anfang (Ihrer Lektüre) und trotz Ihres fast verführerischen Vorwärts. Ich erkannte den „Unsinn" Ihrer Sätze gewissermaßen nach den ersten 3 „Worten" und bestätigte mir durch Weiterlesen nur noch, dass Sie in der Tat in den ersten 3 Weis-sagungen 1, 1.1, 1.11 schon alles sagen, was Sie zu sagen wissen. Alles Übrige empfand ich dann im Wesentlichen nur noch als bloßes Geräusch, welches Sie wohl deshalb erzeugten, weil Sie draussen ~~nur~~ rasseln, bzw russelln gehört haben. (Ich für meine Person hatte bei Ihren Russell-Echo-Geräuschen den akustischen Eindruck, als ob ich ~~nichts mehr~~ niemand anderen als eine tollgewordene Schreib=

对维特根斯坦作品《逻辑哲学论》的第一个“评论”

6. 重聚时再谈，我希望尽快重聚。但我现在
7. 必须全心全意地感谢你，为了你的
8. 手稿：一段时间前，我从你姐姐那儿
9. 收到的那一本。我认为现在我
10. 大体理解了它，至少在我身上你已
11. 完全实现了你的目的：通过这本书
12. 为一些人提供一点乐趣；我
13. 确信你的思想为真，而且
14. 辨出了其意义。祝一切都好，
15. 你诚挚的，保尔·伊格尔曼

伊格尔曼显然乐在其中，在下一封 8 月 15 日的信里他又用了这种形式；
维特根斯坦曾请他寄一本弗雷格的《算术基本法则》过去，他向维特根 163
斯坦解释为什么自己至今未搞到。

有迹象表明，维特根斯坦最热切期待的是弗雷格对此书的回应。若真是这样，那么他得知弗雷格的反应时一定尤为失望。

弗雷格的第一印象写在 6 月 28 日的一封信里。他首先致歉，因为自己回应迟缓，而且事太多，没什么时间读维特根斯坦的稿子，因此给不出确定的判断。几乎整封信谈的都是他对维特根斯坦的语言精确性的疑问：

> 一开头我见到短语“实际情况”和“事实”[1]，我猜实际情况和是一个事实是一回事。世界是所有实际情况和世界是事实的总和[2]。每一个事实不都是实际情况吗？实际情况不是一个事实吗？我说 A 是一个事实，或说 A 是实际情况，这不是一回事吗？那为什

[1] “实际情况”译自 is the case，“事实”译自 fact。

[2] “世界是所有实际情况”，这是《逻辑哲学论》的第一句话，即命题 1。“世界是事实的总和”出自《逻辑哲学论》的命题 1.1。

> 么要有双重的表达？……然后又有了第三个短语："实际情况，事实，是诸基本事态[1]的存在。"我觉得这话的意思是，每一个事实是一种基本事态的存在，于是另一个事实是另一种基本事态的存在。就不能去掉"存在"、说"每一个事实都是一种基本事态，另一个事实是另一种基本事态"吗？也许还可以说"每一种基本事态是一个事实的存在"？

"你看，"弗雷格写道，"一开始我就发觉自己陷入了疑惑，搞不清你想说的是什么，所以无法真正进入。"他不确定维特根斯坦用的词"Tatsache"，"Sachverhalt"和"Sachlage"[2]是什么意思，他说他需要用例子澄清维特根斯坦的术语。有没有不存在的基本事态？每一个对象集都是一种Sachverhalt吗？[3]维特根斯坦一定对弗雷格的信深为失望。从信里完全看不出弗雷格翻到过第二页；他的问题全都与书中的大约前十
164 句话有关，而且全在谈术语而非实质。对于维特根斯坦的符号理论，以及这理论在理解逻辑上的意义，弗雷格显然丝毫未领会；更不用指望他能理解此书的伦理含义了。

维特根斯坦沮丧地把希望寄托在罗素身上。在8月19日写给罗素的一封信里，他提到了弗雷格对此书的反应："我想他一个词也没理解"：

> 于是我唯一的希望是很快见到你，把一切解释给你听，因为理解自己的灵魂一个也没有，这非常难受！

---

[1] "基本事态"译德语词Sachverhalt。见下面的原注。

[2] Tatsache（事实）；Sachverhalt（基本事态）；Sachlage（事态）；见下面的原注。

[3] 这里我保留德语词，因为对英语读者来说，译本的差异和弗雷格的困惑会混在一起。奥格登把Sachverhalt译作"原子事实（atomic fact）"，把Sachlage译作"state of affairs"；皮尔斯和麦克吉尼斯用"state of affairs"译Sachverhalt，用"situation"译Sachlage。奥格登的译法至少有这个好处：表明——如维特根斯坦向弗雷格和罗素都解释过的——Sachverhalte对应于（真）原子命题，因此是Tatsachen（事实）的构成部分。——原注

确实有理由期望罗素最终能理解此书。比起弗雷格，他最初的反应更包含理解，也更为赞许。他至少努力读完了全书——“认真读了两遍，”他告诉维特根斯坦。而且对于这书讲的是什么，他有了一些想法（即便是错的）。“我确信，”他于 8 月 13 日写道，“你的主要论点是正确的：逻辑命题是重言式，它们的真和实质命题的真是不同意义上的真。”

事实上这不是此书的主要论点——至少在维特根斯坦看来。尽管如此，罗素的话表明他理解了维特根斯坦在逻辑上想说的东西。不过，维特根斯坦在 8 月 19 日的信中解释，那只是他主要论点的一个“推论”：

> 主要之点是这一理论：能用命题——即语言——说出（gesagt）的东西（以及能被思考的东西——都是一回事），和不能用命题说出、只能被显示（gezeigt）[1] 的东西；我相信，这是哲学的首要问题。

他此前说，《数理哲学导论》说明罗素完全“忽略”了他口述给摩尔的笔记；我相信，这话的意思和上述引文是连在一起的。虽然罗素借用了维特根斯坦的重言式概念，但在书里没有用到说出和显示之区分，而维特根斯坦口述给摩尔的笔记已引入了这一区分。并非罗素未理解它，而是他觉得这一区分含糊、不必要。他后来称之为“逻辑神秘主义的一种古怪版本”；他认为，至少在逻辑里，能够通过引入一种高阶语言（一种“元语言”）说出不能用原本的“对象语言”说的东西，从而废除这一区分。 165

罗素随信附上了一张表，列出自己对此书的疑问和质疑。和弗雷格一样，他想知道 Tatsache 和 Sachverhalt 的差别。维特根斯坦的回答和他给弗雷格的回答一样：

[1] gesagt 和 gezeigt 是维特根斯坦用的德语词，意为“说出”和“显示”。

> Sachverhalt 是一个真 Elementarsatz（基本命题）对应的东西。
>
> Tatsache 是基本命题的逻辑积为真时对应的东西。

罗素提出的其他疑问多数都在某种意义上源于他不愿接受这一想法：某些东西——例如逻辑形式——不能在语言里表达而必须被显示。例如，维特根斯坦在命题 3.331 中简要地摒弃了类型论；罗素对此提出异议："以我之见，类型论，"他告诉维特根斯坦，"是一种正确符号体系的理论：（a）一定不能用一个简单符号表达任何复合的东西；（b）更一般地，一个符号必须与其意义有同样的结构。""那正是不可说的东西"，维特根斯坦回答：

> 你不能规定可以用一个符号表达什么。一个符号**能**表达的一切，它都**可以**表达。这是一个简短的回答但它是对的！

对于罗素提出的其他两点，维特根斯坦回答时强调的还是同一要义：

> ……就这么想："那儿有两个东西"这句貌似命题的话想要说的东西，是由存在着两个意义不同的名称所显示的。
>
> ……"有必要给出'一切基本命题都给出了'这个命题。"这是不必要的，因为这甚至是不可能的。没有这样的命题！一切基本命题都给定了，这是如此**显示**出的：并无未给出的具有基本意义的命题。

这些疑问和回答关系到的虽然是逻辑理论的具体论点，但在其后不远处就是一个更一般和更重要的分歧。罗素对元语言之可用性的坚持，废除了神秘之域；而维特根斯坦对于"不可能说出只能被显示的东西"的坚持，保留了神秘之域；这并非巧合。

但罗素的一个疑问尚未得到回答，而这也许是罗素最严重的疑问。
这个疑问指向的是维特根斯坦对数学的简短讨论，特别是对集合论的 166
生硬摈弃。“类的理论，”他在命题 6.031 里写道，“在数学里是完全
多余的。”这切断了罗素的所有数学成就的根基，罗素很自然地感到
不安：

> 如果你说类在逻辑里是多余的，我会想，若假定逻辑和数学之间有某种区别，也许我还能理解你；但你却说类在数学里是多余的，这使我困惑。

对此维特根斯坦只是说，回答这问题得写很长，而“你知道我在逻辑上写东西有多难”。

对此书的末尾部分罗素没什么可评论的：“我同意你对归纳、因果等等所说的；至少我没看到反对的根据。”对伦理、美、灵魂和生活意义方面的论述，他什么也没说。

“你认为这书具有一流的重要性，我肯定你是对的”，他总结道。“但在某些地方它由于简短而含糊”：

> 我有见你的最强烈愿望，既是想详谈这书，也是因为就想见到你。但我还不能出国。可能在我能自由出国之前，你已能自由地来英格兰了——一旦知道该寄去哪里，我就会寄还你的手稿，但我希望你很快就能自由。

这封信里的鼓励足以令维特根斯坦动心，谋求一次尽可能快的会面。“我很愿去英格兰，”他写道，“但你能想象，现在日耳曼人去英格兰是相当麻烦的。”最好是在某个中立国家见面——比如荷兰或瑞士。而且

要快。“后天,”他告诉罗素，“我们有可能离开战俘集中营回家。感谢上帝!”

两天后，1919年8月21日，他被释放了。

# 第二部分

1919—1928

# 第八章　印不出的真理[1]

和古往今来的许多战争退伍兵一样，维特根斯坦发觉适应和平环境 169
的困难几乎无法克服。他已当了五年兵，这一经历在他个性上留下了抹不掉的印记。战后许多年他仍穿着制服，仿佛制服已成了他身份的一部分，而且是一个根本的部分，若不穿就会迷失。制服可能也象征了他的一种感觉——一种伴随他终生的感觉——他属于一个过去的时代。这是一支不再存在的军队的制服。奥匈帝国不再存在了，而且，那个他 1919 年夏天回到的国家自身也正经受着痛苦的调整。维也纳曾是一个王朝的皇权中心，那个王朝曾控制着五千万各民族臣民的生活；如今，维也纳是一个微小、穷困和无足轻重的阿尔卑斯山区共和国的首都，居民人口六百万多一点，多数是日耳曼人。

维特根斯坦曾身处其中、为保卫自己当时的祖国而战的那些帝国区域，如今已成了外国。伦贝格和克拉科夫现在属于新的波兰；意大利获得了特伦蒂诺山区一带的地方；奥匈文化的最后前哨地奥尔姆茨现在属于捷克斯洛伐克——这国家本身是一个“民族自决”的混种产物——保

[1] “印不出的真理”（the unprintable truth）指《逻辑哲学论》出版的难产，戏仿了《逻辑哲学论》里的一个思想：不可说的真理（unsayable truth）。

尔·伊格尔曼不情愿地当了其公民。(申请捷克斯洛伐克护照时伊格尔曼遇到了点问题，因此好几个月无法到维也纳看维特根斯坦。)对许多奥地利人来说，奥地利之为独立一体的存在根据整个被摧毁了；1919年多数人投票赞成与德国合并。他们觉得，如果他们不过是一个日耳曼国家，
170 那么当然最好是祖国的一部分。协约国否决了他们的选择；而且，由于凡尔赛条约和圣日耳曼条约要求的战争赔偿，协约国注定要令这两个日耳曼国家的日耳曼人在两次大战之间的岁月里处于贫穷、愤恨和一心复仇的状态中。

维特根斯坦参战时希望战争能改变自己，战争确实改变了他。经受了四年的战时服役和一年的监禁；面临过死亡，经历了宗教觉醒，为别人的生命担负过责任，忍受过长期的封闭监禁——狱友是一些他从前不会与之共坐一个火车车厢的人。这一切令他成了一个不同的人——给了他一种新的身份认同。在某种意义上1919年他没有返回任何地方：一切都改变了，他再也不能悄悄回到自己1914年放下的生活，正如不能回去做那个约勒斯认识的柏林的“小维特根斯坦”。他面临的事情是重新打造自己——为过去五年的经验造就的这个人找到新的角色。

看到他身上的变化，他的家人感到灰心。他们不能理解他为什么要受训当小学教师。伯特兰·罗素本人不是已经认可他的哲学天才了吗？不是说哲学里的下一大步将由他跨出吗？为什么现在要把那份天才浪费在无知的穷人身上？他姐姐赫尔米勒说，这就像用精密仪器开板条箱。对此维特根斯坦回答：

> 你令我想起了一幅景象：有人从关着的窗户看出去，不能解释一个过路人的奇怪运动。他不知道外面是哪种风暴在肆虐，也不知道那人只是吃力地想站稳。

人们当然会想，维特根斯坦比喻里的那人的最自然做法是进屋避开

风暴。但维特根斯坦不能这样做。他在战争中经受的艰难对他来说不是某种避之不及的东西，而恰是给予他的生命以意义的东西。若躲进家庭的富足和自己的教育提供的舒适和安全里避开风暴，将牺牲掉他与苦难作斗争时的一切收获。那将是为了生活在平原上而放弃攀登山峰。 171

维特根斯坦觉得这是必须的：他不仅不应利用自己继承到的财富特权，而且还得想利用也利用不了。战后回到家时他是欧洲最富有的人之一；这一点要归功于父亲在财务上的机敏——战前把家庭财富转换成美国债券。但回家后的一个月之内他已遣散了自己的全部财产。出于对家人的考虑，他坚持把他全部的继承财产转让给姐姐海伦娜和赫尔米勒，以及哥哥保尔（他认定，格蕾特已经太富有了，不必列入）；他家的会计师为这事大吃一惊。家庭的其他成员——如他叔叔保尔·维特根斯坦——不能理解他们怎么可能接受这钱。他们会不会起码偷偷存一部分，以备他以后反悔？赫尔米勒写道，那些人不会了解，他操心的恰是这种可能性：

> 成千上百次地，他要确保不可能有任何钱以任何形态和方式仍然属于他。他一次又一次回到这一点，把实施转让的公证人搞得很绝望。

最终维特根斯坦说服公证人不折不扣地照他的意愿执行。“那么，”公证人叹气，“你想在金钱上自杀！”

1919 年 9 月，剥夺了自己的财产，注册了库尔曼街的师范学校后，维特根斯坦进一步从自己的特权背景里独立出来；他搬出了新森林犁地人街的家门，在维也纳第三区的下维亚杜克特街租了个寓所，这里走路去学校很近[1]。

那是维特根斯坦极为痛苦的时期之一，在这几个月里，他不止一次

---

[1] 他在这寓所住了几乎不超过一个月，但是，在作家威廉姆斯·沃伦·巴特利三世提出了某些主张后，他在那儿的日子已成了一个争论激烈的话题。见第 581—586 页。——原注

叔叔保尔

上左：海伦娜，上右：保尔
下左：格蕾特，下右：赫尔米勒

172 地盘算着结束自己的生命。他筋疲力尽，失去了方向。“我仍未完全正常”，回家不久后他写信对罗素说；对伊格尔曼他则说：“我不太好（就我的精神状态而言）。”他请罗素和伊格尔曼一有可能就来看他，但两人都无法成行。伊格尔曼在申请捷克斯洛伐克护照时碰到了麻烦；罗素正在伦敦经济学校开一门课（开课的材料构成了《心的分析》的基础），因为这门课，直到圣诞节假期他都得待在英格兰。此外罗素确实可能得不到出国的批准——“你大概知道，”他写信给维特根斯坦，“我跟政府闹翻了。”不过他建议，他们可以争取圣诞节时到海牙见面：“我能腾出一个星期，如果政府让我去的话。”

不能和伊格尔曼或罗素重聚，这一挫折无疑加强了维特根斯坦正遭受的情绪紧张。他有一种感觉：自己失去了所有老朋友，也不能结交任何新朋友。过去五年里他最盼望的会面，已经因“亲爱的大卫”（在给品生特夫人的信里他这样写）的死而遭否决；他渴盼的其他会面要么受挫，要么结果是糟糕的失望。他拜访了阿道夫·鲁斯，但告诉伊格尔曼他感到“惊恐和恶心”：

> 他感染上了最恶性的伪智性主义！他给了我一本小册子，谈的是他提议的“美术局”[1]，他谈到一种反对圣灵的罪。这绝对超出了底线！我去看鲁斯的时候已经有点沮丧，但最后的救命稻草竟是那样！

在教师培训学校里他和十几岁的少年一起上课；他——一个三十岁的战争退伍兵——也不想在他们当中交什么朋友。“我再也不能像语法学校的男孩那样行事了，”他写信对伊格尔曼说，“而且——跟听起来一样好笑——我是这么丢脸，我经常觉得自己几乎受不了了！”他向罗素抱怨的事是相似的：

[1] “美术局”（fine arts office），鲁斯提议创立这么一个政府部门。

> 板凳上满是十七八岁的男孩，而我快三十了。那引起了一些非常好笑的状况——许多状况也是非常不愉快的。我经常感到可悲！

虽然正着手新的职业和新的生活，而且在许多方面正故意切断把他 173
束缚在家庭背景上的纽带，但他需要在战前的那个自己和他已变成的这个自己之间建立某种连续性。在去师范学校听课前他花了约十天时间住在霍赫海特；他的目的——照他对伊格尔曼的说法——是“要再次找到一点自我，如果能的话”。

他对罗素提到的不愉快状况中的一次，是他的家庭关系和他对家人的矛盾情绪引起的。他的老师问他是不是那个维特根斯坦家——富有的维特根斯坦家——的亲戚。他回答是。是很近的亲戚吗？老师继续问。对此维特根斯坦觉得必须得撒谎：“不很近。”

祖国的战败和穷困，最心爱朋友的死，不能重温旧友情的挫折，把整个生活置于一个新立足点时的紧张——这些就足以解释 1919 年秋天维特根斯坦的自杀倾向。但他消沉的最重要原因也许是找不到《逻辑哲学论》的出版商——甚至连一个理解它的人也找不到。

他认为，自己写就的这本书为哲学问题提供了决定性的、牢不可破的正确解决。他又怎能料到找一个愿意出版它的人这么难？即便在遭雅霍达拒绝后，卡西诺战俘营的维特根斯坦还能自信地写道：“我的书等我一回到家就会出版。”

回来没几天他就带着书到奥托·魏宁格《性与性格》的出版商威廉·布劳穆勒的维也纳办公室。他告诉罗素，布劳穆勒“自然既不知道我的名字，也对哲学毫无理解，[因而] 需要某些专家的判断，以确保这书的确值得付印”。

> 为此，他想向这儿他信赖的一个人（可能是一个哲学教授）征询

> 意见。于是我告诉他这儿没人能对这书作出判断；但你或许会足够
> 好心，愿意给他写一个对此书价值的简要评估，如果这评估刚好是
> 174 赞许的，就足以令他出版此书。出版商的地址是：维也纳第十一区
> 塞维腾大街五号，威廉·布劳穆勒。现在请给他写几句话——就你的
> 良心允许的程度。

得到罗素的断词之后布劳穆勒同意出版，条件是维特根斯坦自己承担印刷和纸的费用。获得这一承诺时他没有付这种费用的钱，但即便有钱他仍会拒绝。“我认为，”他说，“把一部作品这样强加于世界是不得体的——这位出版商亦属于这世界。写作是我的事；但世界必须照正常的方式接受它。”

等待布劳穆勒的决定时他收到一封弗雷格的信——这是一封迟来的回信，既是回复维特根斯坦在卡西诺写的最后一封信，也是回复他回维也纳后写的另一封信。弗雷格仍然很不满意维特根斯坦用的 Sachverhalt（基本事实）一词的清晰性：

> 你现在写：“与一个基本命题对应的东西，若为真，是一个 Sachverhalt 的存在。”这儿你没有解释“Sachverhalt”，而是解释了“一个 Sachverhalt 的存在”这整个短语。

维特根斯坦就此书意图说的话也使他感到不解。“也许只有自己已然有了书中表述的思想的人才会理解此书，”维特根斯坦在前言里写道（他一定也给弗雷格写了类似的话），“所以这不是一本教科书。如果一个读懂它的人得到了乐趣，那么它的目的就达到了。”弗雷格觉得这很奇怪：

> 因此，读你的书的乐趣，不再是由于其已被知晓的内容，而只是由于作者给予它的独特形式。于是这书的成就是艺术上的，而非科

学上的；和说的方式相比，书中说的东西是第二位的。

不过，维特根斯坦信里的一个句子让他有话要说。弗雷格曾说，“世 175
界是所有实际情况”和“世界是事实的总和”这两句话有相同的意义；维特根斯坦回应道：“两个句子的意思是同一个，但写下它们时，我系于其上的观念[1]则不一样。”这儿弗雷格到了（或认为自己到了）自家领地，全心全意地赞同维特根斯坦的思路，尤其因为这里触及了他此时珍视的一个思想。他论证道，维特根斯坦的思路要可行，就必须区分命题和命题的意义，从而就有这种可能性：两个命题可能有相同的意义，系于其上的观念却不同。“一个命题的实际意义，”他对维特根斯坦写道，“对每个人都是一样的；但一个人系于命题上的观念只属于他自己……没人能有别人的观念。”

这个论题是弗雷格在最近发表的一篇文章中处理的，写给维特根斯坦的信里附了这篇文章。文章题为“Der Gedanke”（“思想”），发表于《德国观念主义哲学学报》（*Beiträgen zur Philosophie des Deutschen Idealismus*）。尽管弗雷格澄清此书意义的吃力尝试令维特根斯坦颇不耐烦（“我的工作他一个词也不理解，”收到弗雷格的信后他写信对罗素说，“为了给出纯粹直白的解释我彻底耗尽了力气”），他还是抓住机会把自己的著作送到另一个有可能抱有同情的出版商那里。在拒绝布劳穆勒提出的自费出版后，他请弗雷格帮忙探问，看看有没有可能把自己的书发表在那本发表弗雷格文章的刊物上。

弗雷格的回复不很使人振奋。他告诉维特根斯坦，他可以写信给刊物的编辑，并说“我清楚地知道你是一个应当被十分认真对待的思想者”，但“我不能对文章本身给出评判，不是因为我不赞同其内容，而是因为其内容对我而言还不清晰”。他可以问问编辑是否想看一看维特根

[1] “观念”，译自 idea。此段同。

斯坦的书，但“我认为这不太可能有什么结果”。这书印出来要占用五十页，几乎是整期刊物了，而“我觉得编辑应该不会把整期刊物全都交给一个作者，一个尚无名气的作者”。

不过，如果维特根斯坦愿意把书分成几段，那么在期刊上发表就更可行（而且弗雷格本人大概也会更支持）：

176 你在前言里写，此书呈现的思想之为真，在你看来是无懈可击的和决定性的。那么有没有可能，这些思想中的一个——其中包含了对某一哲学问题的解决——自身当一篇论文的主题，这样，整本书处理了多少哲学问题，它就分为多少部分。

弗雷格论证说，这样有一个优点：不至因为书的长度而吓跑读者。还有：“如果打下基础的第一篇论文赢得了赞赏，那么论著的其余部分就更容易在期刊上得到一席之地。”

他认为，这样还有助于把维特根斯坦的工作弄得更清晰。他告诉维特根斯坦，读者读过前言后，并不真的知道第一个命题讲的是什么。读者期待的是，看到一个问题，看到作者描画出一个问题的概貌——这本书将研究这个问题。结果呢，读者劈头见到一个干巴巴的断言，其根据却未给出。若说清楚这书要为哪些问题提供决定性的解答，不更好吗？

“不要把这些评论往坏处想，”弗雷格最后说，“它们是出于好意。”

弗雷格的提议对维特根斯坦不会有任何意义。在他看来，照建议的方式分割书是“把它从头到尾都破坏了，总之是用它搞出了另一个东西”。如弗雷格先前议论过的，维特根斯坦思想的表述方式对这一著作的本性而言是根本的。收到弗雷格的信后，他放弃了把书发表在《德国观念主义哲学学报》上的企图。

维特根斯坦下一步想到的是冯·费克尔和《火炉》；他也许是这么想的，若这书对哲学刊物太文学化了，也许倒可以试试文学刊物。他打算

上图：《火炉》杂志
下图：路德维希·冯·费克尔

见鲁斯要费克尔地址的那天，一封费克尔的信碰巧寄到了，费克尔告诉他《火炉》要继续发行，问要不要寄一本给他。维特根斯坦立即写了一封长信给费克尔，说明自己这书的历史。“大约一年前，”他写道，“我做完了一项做了七年的哲学工作”：

177 它在完全严格的意义上呈现了一个系统。而这呈现是极度简练的，因为我只在其中保留了我确实有的思想——以及那思想在我那儿的模样。

他继续说，一做完这项工作自己就想找一个出版商，“而那有很大的困难”：

> 作品很短，只有约六十页长。谁会写一本六十页的哲学小册子呢？……［只有］某种完全无望的无聊文人——既无伟大的心灵，也无教授的博学，却想不惜代价印出一些东西。因此这种产品通常是私人印行的。但我真的不能让我的生命之作——事实就是如此——混同于那些文字。

然后他告诉费克尔，迄今为止克劳斯、魏宁格和弗雷格的出版商给他的反馈都不令人满意。最后他说到了重点：“我想到，你会不会愿意把这可怜的东西置于自己的保护之下。”如果费克尔觉得有可能把它发表在《火炬》上，维特根斯坦将把手稿寄给他。“在那之前，我只想这么说它”：

> 这项工作是严格的哲学工作，同时也是文学的，这么说并非胡言乱语。

费克尔的回应混杂着鼓励和谨慎。“为什么你没有立刻想到我？”他问，“因为你很可以想象，与心里只有商业利益的出版商相比，我对你的工作的兴趣——即一种更深刻的兴趣——是完全不同的。”奇怪的是，他的信里接着大段谈论的却是他需要考虑他的商业利益。他说，他以前发行《火炬》是为了爱而非为了钱。但这不能持续；世道艰难，他要赡养妻儿，可印刷费用高得令人望而却步。在战后笼罩着奥地利的艰难财政气候之下，出版是一种冒险的生意，他必须保证自己不冒不必要的风险。不过，在说了“严格的科学工作并不真的是我们的领域”之后（他也意识到，因为1914年的捐助，他还欠维特根斯坦一点什么），他请求看一看维特根斯坦的手稿：“放心，亲爱的维特根斯坦先生，我会尽力满足你的愿望。” 178

这给了维特根斯坦足够的鼓励，他把手稿寄给了费克尔。“我把希望寄托在你身上”，他在一起寄去的信里写道；这封信也谈了他希望这书该被如何理解，这是我们所知的他对此的最直接说法之一。他需要对这书说点什么，他告诉费克尔：“因为你不会——我确实相信——读出多少来。因为你不会理解它；你会觉得它的内容是陌异的。”

> 其实它对你不是陌异的，因为书的要点是伦理的。我曾想在前言里写几句话，但实际上没写；但我现在要把这些话写给你，因为那将是你的一把钥匙：我曾想写，我的论著包含两部分：写下的这个部分，和我未写的一切。恰恰第二个部分是重要的部分。可以说，我的书从内部为伦理划界；我相信，严格地说只能以这种方式为之划界。简而言之，我认为：许多人今日对之胡言不休的一切东西，我在我的书里都对之保持沉默，从而确定了它们。因此，除非我完全错了，这书说了你自己也想说的许多东西，但也许你不会注意到书里面说了。我暂且推荐你读前言和结论，它们最直接地表述了要点。

如果这番话是想向费克尔证明，不管《逻辑哲学论》给人的表面印象如何，它的要义和《火炉》的目标是合拍的，那么维特根斯坦就打错了算盘。维特根斯坦要费克尔承认，费克尔想在伦理上说的话最好通过保持沉默来说出——还隐含地要费克尔承认，《火炉》上发表的许多东西只是“胡言不休”。他的信也几乎没打算打消费克尔在财政上的担心。对于一个关心自己偿付能力的出版商而言，不能指望一本未写出其最重要部分的书是一项有吸引力的提案。

费克尔的反应是冷淡的。他于11月18日写道，他不能给出确定的回答，但有可能无法出版维特根斯坦的著作。当时主管杂志的是他的一位
179 朋友及同事；他在上一封信里解释过，此人要对出版社的财务负责。这位同事的观点是，这一作品太过专门，不适宜发表在《火炉》上——尽管这未必是他对此事的最后结论。不过费克尔找了里尔克，询问在哪儿能找到其他出版社。最后，他能不能把书给某个哲学教授看看？他认识因斯布鲁克大学的一个人，此人熟悉罗素的著作，也有兴趣读读维特根斯坦写的东西。谁知道呢，也许那人还能帮忙为书找一个出版商呢。

这封信使维特根斯坦陷入了沮丧。“你记不记得，”他写信给罗素，“你总是逼我发表东西？现在我想发表了却发表不了。爱咋咋地吧！”他给费克尔回信：“很自然地，你的信并不使我高兴，虽然你的回答其实不出我的意料。我也不知道什么地方能接受我的书。我只愿自己不在这个龌龊的世界里！”是的，费克尔想把书拿给某个教授看是可以的，但把一本哲学著作给一个哲学教授看就像对牛弹琴——“反正他一个词也不会理解”。

> 而现在我只剩一个请求：给我一个痛快。快告诉我“不行”，而不是慢慢地；我的神经此刻不够坚强，经受不了这种奥地利式的委婉。

这绝望的声调吓到了费克尔，他发了封电报：“别担心。无论形势如

何论著都将发表。”大受安慰的维特根斯坦回信说，他希望费克尔接受这书是因为觉得它配出版，而不是因为想帮个忙。不过看上去他愿意接受这允诺：“我觉得我能说，如果你印了达拉戈、赫克尔等人的东西，那也可以印我的书。”但他收到的下一封信增强了他可能尚存的疑虑。费克尔写道，他仍希望里尔克寻找出版社的尝试能有一点结果。但要是没有，因为维特根斯坦上一封信里明显的痛苦和悲伤深深打动了他，他已决定——即便这意味着拿他的一切去冒险——自己出版维特根斯坦的著作。他情愿如此，而不愿辜负维特根斯坦给予他的信任。（他又说，顺便问一 180
句，若真出版的话，是否绝对有必要保留数字编号？）

这样显然不行。维特根斯坦写信给他：“我不能承担这种责任：由于出版我的书而令一个人（无论是谁）的生计面临风险。”费克尔并未背叛他的信任：

> ……因为我的信任，或不如说仅仅是我的希望，所求的只是你能慧眼看出这文章不是垃圾——除非我在欺骗自己——而不是在你对它没想法的时候，仅出于对我的、却不利于你的善意就接受它。

是的，编号是绝对必要的：“因为唯有它们给了这书透明和清晰，没有它们这书将是一团不可理解的乱麻”。书必须照其现有的样子出版，也必须是因为他们觉得它配出版才出版。别的法子都不行。如果里尔克能设法安排他将非常高兴，但“如果没有那种可能，我们就忘了这事吧”。

很难知道里尔克为维特根斯坦费了多少力。在一封寄自伯尔尼、落款日为 1919 年 11 月 12 日的信里，他问费克尔，他自己的出版商岛屿出版社是否合适，他又提到康特·凯瑟林的出版商奥托·海歇尔。两个提议都无结果，也没有别的谈论此事的通信保留下来。

这时维特根斯坦对整件事情已厌烦得要命。“是不是有一个克兰普斯[1]在抖落出邪恶的出版商？”他问费克尔；11月16日他写信给伊格尔曼：

> 我在下坡路上走了有多远，你知道这事就明白了：我已好几次盘算结束自己的生命。不是因为我为了自己的糟糕而感到绝望，而是纯外部的原因。

11月份维特根斯坦离开下维亚杜克特街的寓所，搬进索格伦家位于
181 维也纳第十三区圣维特街的屋子，这时他的绝望在某种程度上减轻了。索格伦家是维特根斯坦家的终生朋友；父亲阿尔费德·索格伦曾是一家属于维特根斯坦集团的钢厂的经理，而母亲米玛——此时是个寡妇了——是维特根斯坦的姐姐赫尔米勒的一个特别亲密的朋友。米玛独自抚养三个儿子有点困难，维特根斯坦家觉得维特根斯坦——作为屋子里的一个男人——或许能帮助她。如果他拒绝享用跟自己家人一起生活的好处，也许能劝他分担照顾另一个家的责任。他们觉得这样或许能在他身上产生安抚的效果。

在某种程度上确实如此。这一年也许是他一生最不快乐的一年，就此而言，维特根斯坦和索格伦家一起度过的日子是相对愉快的。“正常人对我是一剂草药，”他写信给伊格尔曼，“同时也是一种折磨。”特别是，他和第二个儿子阿尔费德产生了亲密的友谊；在阿尔费德眼里他确实有几分父亲的样子。阿尔费德·索格伦是一个壮硕、笨拙和粗鲁的男孩——后来被称作“熊人”——在一生的大部分时间里，他都继续在道德上征询维特根斯坦的指引。在维特根斯坦的影响下，他抛弃了对大学的一切念想，而去接受技工训练。在这个意义上，他也许是维特根斯坦的第一个

[1] 克兰普斯（Krampus），在奥地利的一种传说里，克兰普斯和圣诞老人一同出现，圣诞老人送礼物，克兰普斯则惩罚做了坏事的孩子。

弟子，20 世纪 30—40 年代剑桥的光彩而年轻的本科生的先驱者——那些人同样地选择了某种诚实的行业，而不是从事其教育和特权背景为之备好的职业。

11 月维特根斯坦和罗素一直在通信，谈论他俩 12 月份到海牙会面的计划；他们要安排日程，绕过官僚障碍，而且，至少维特根斯坦需要为此行筹钱。“想到你得谋生，我感觉很糟糕，”罗素听说他放弃了所有钱后写信给他，“但我不吃惊你这样做。我也比以前穷多了。他们说荷兰的消费很贵，但我想我们能熬一个礼拜而不致破产。”为了支付维特根斯坦的费用，罗素把维特根斯坦去挪威前留在一个剑桥交易商那儿的一些家具和书买了下来。其中包括维特根斯坦 1912 年秋天煞费苦心挑选的家具。罗素付了一百英镑；他在自传里说，这是他做过的最好买卖。

12 月 10 日，罗素的新情人（后来的妻子）多拉·布莱克陪他到了 182
海牙。他们住进了双城旅馆。“你到了海牙就尽快来这儿，”罗素写信给维特根斯坦，“我急切地想见你——我们会找到办法出版你的书——有必要的话去英格兰出版。”几天后维特根斯坦到了，阿尔费德·索格伦（多拉·罗素这样回忆阿尔费德：“一个茫然的、影子般的人，很少说话，甚至吃饭时也是”）陪着他。这一周罗素和维特根斯坦深入地讨论维特根斯坦的书。12 月 12 日罗素写信给柯莱特，说维特根斯坦“满心是逻辑，我几乎无法跟他谈点个人的事”。维特根斯坦一刻也不想浪费他俩在一起的时间。他早起，捶打罗素的门直到弄醒他，然后连续不停地讨论逻辑几小时。他们一行一行地读这书。讨论是富有成效的：罗素对这书的评价比以前更高了，维特根斯坦则欣喜地感到终于有人理解了它。

罗素并非完全赞同这书。特别是他拒绝接受维特根斯坦的这个观点：任何对世界整体的断言都是无意义的。对罗素来说，命题“世界里至少有三个东西”既有意义也为真。讨论这一点时罗素拿了张白纸，在上面弄了三个墨水斑点：“我求他承认，既然这儿有这三个斑点，那世界里至少有三个东西；但他坚决拒绝。”

双城旅馆，海牙莫伦街53号

> 他愿承认纸上有三个斑点，因为那是个有限的断言，但他绝不肯承认，可以对世界之为整体有所说。

“他的学说的这个部分，”罗素坚持，“我觉得肯定是错的。”

与此相关，罗素也拒绝接受维特根斯坦先前对他说过的这书的“主要内容”：“不能由命题说出的东西能被显示”的学说。对罗素来说，这仍是一个没意思的神秘观念。他写信对奥特琳说，自己吃惊地发现维特根斯坦成了一个彻底的神秘主义者。“他深深陷入了思想和感觉的神秘之维，但我认为（虽然他不会赞同），他在神秘主义里最喜欢的东西是那种 183
能让他停止思考的力量。”

不过书里的逻辑理论足以打动罗素，他答应在海牙讨论的基础上写一篇导言，尝试解释书里最困难的部分。有了罗素——现在是个畅销作家——的导言，书的出版几乎板上钉钉了。维特根斯坦喜气洋洋地回到维也纳。“我非常享受我们在一起的时光”，1920 年 1 月 8 日他写信给罗素，“我有这种感觉（你有没有？）：我们在那个星期做了一大堆真正的工作。”他写给费克尔：“现在这书对出版商的风险小得多了，也许甚至全无风险，因为罗素非常有名，确保这书有一群特定读者。”

> 我这么说的意思自然不是它因此就能落到恰当的人手里；但无论如何，有利的形势不是那么不可能了。

两个多星期费克尔都没回信；显然他仍不相信，除了是个财务包袱，这书还能有什么别的意义。“不管有没有罗素，”1 月 16 日他写道，“在目前的形势下，出版你的论著都是今日奥地利任何出版商都没能力冒的风险。”他建议维特根斯坦先用英语出版此书，然后——如果有了机会——再出德语版的。

维特根斯坦预见到在费克尔那儿没戏，已经接触了另一个出版商。

通过伊格尔曼，某个赫勒博士把他推荐给了莱比锡的雷克拉姆出版社；听说罗素导言的事后，雷克拉姆简直太愿意考虑这本书了。

维特根斯坦马上从费克尔那儿要回了手稿，寄给了雷克拉姆；2 月和 3 月他一直急切地等待罗素的导言。导言寄来后他立刻就失望了。“里面有那么多我不赞同的话，”他告诉罗素，“既在你批评我的地方，也在你只想阐明我的观点的地方。”不过他还是找人把它译成了德语，为印刷做准备，但这只是使事情更糟。“你的英语风格的所有雅致，”他写信给罗素，“在译文里明显丧失了，剩下的是肤浅和误解。”他把导言寄给雷克
184 拉姆，但说自己不想出版它；导言只是帮助出版商对这书作出自己的判断。结果，如维特根斯坦预料到的，雷克拉姆拒绝了这书。他用下面这个理由安慰自己，他告诉罗素，这理由“在我看来是无可反驳的”：

> 要么我的东西是一项最上等的工作，要么它不是一项最上等的工作。若是后一种情况（也是更可能的情况），我自己都宁愿它不付印。若是前一种情况，那么它早点晚点付印，二十年后还是一百年后，都无所谓。毕竟，谁会问（比如）《纯粹理性批判》是写于 17XX 年还是 17YY 年。

此时罗素正随一个劳动党代表团访问苏联，直到 6 月份回国后才看到维特根斯坦的信。他的反应非常大度。“我一点儿也不关心那篇导言，但若你的书没有付印，我真的感到遗憾。要是那样的话，我是否该试试在英格兰出版它？”是的，维特根斯坦回答，“你可以对它做你想做的”。他自己已经放弃了努力：“但若你想印出它，那任由你处置。”

虽然有那个先前写给罗素的安慰的理由，但在遭雷克拉姆拒绝后维特根斯坦还是陷入了深深的沮丧。5 月末他写信给伊格尔曼：“我许多次地想结束自己的生命，这种想法仍不时缠绕着我。我已沉到了最低谷。

愿你永不会到那地步！我还能让自己再撑起来吗？唔，看吧。”

这时他又自己住了。4月初他搬出了索格伦家，再次搬进了公寓；这次是在拉祖莫夫斯基路，和前一所公寓一样也位于维也纳的第三区。“这次搬家时发生的事情，我永远都会带着一种沉陷的感觉回忆。”他告诉伊格尔曼。事实是，索格伦夫人明显爱上了他，然后他逃离了那座房子。[1]

这一时期维特根斯坦写给罗素的信，特别是写给伊格尔曼的信，表 185
明他的沮丧令他绝望、想自杀。而其中包含的自我谴责之严厉，即便对于一向苛求自己的维特根斯坦也是极端的。他把自己的悲惨归咎于自己的“低等和腐烂”，他说担心“有一天魔鬼把我收走”。[2]

对维特根斯坦和伊格尔曼来说，宗教是和意识到自己的失败分不开的。事实上，对伊格尔曼来说这种意识是宗教态度的核心之点：

> 如果我不快乐，而且知道我的不快乐反映了自己和实际生活间的严重分歧，我就什么也没解决；我将在错误的轨道上，永远找不到摆脱自己的感情和思想混乱的出路，只要我没有达到那至高的和关键的洞见：那种分歧不是实际生活的错，而是我这个人自己的错……
>
> 达到而且坚守此洞见的人，一次次努力照此洞见生活的人，是有宗教性的人。

照这种观点，不快乐就是挑出自己的错：人的悲惨只能是自己的“低等

[1] 至少索格伦家和维特根斯坦家的一些人是这么认为的，两家人（见布莱恩·麦克吉尼斯，前引书，第285页）此后刻意不邀请米玛和维特根斯坦去同一场合。——原注

[2] 巴特利的书出版以来，人们开始理所当然地把这些自责解释成跟所谓“普拉特事件”有某种关系。然而，就算有什么联系，伊格尔曼自己并没意识到。维特根斯坦死后，他写的一则日记谈到，他经常被问及维特根斯坦的同性恋问题，但他一点也说不了——他和维特根斯坦没讨论过这种事。——原注

拉祖莫夫斯基路 24/11 号，维也纳第三区

和腐烂”的结果；有宗教性，就是认识到自己的不配，并且担负起改正的责任。

这是一个在维特根斯坦和伊格尔曼的谈话和通信里占据首要地位的话题，例如1月份伊格尔曼寄给维特根斯坦一组对宗教的议论：

> 基督之前，人之体验神（或诸神），是将其当作外在于他们的东西。
>
> 基督以来，人（不是所有人、而是学会通过基督去看的人）把神看作他们之内的东西。于是可以说，通过基督，神被带进了人类……
>
> ……通过基督，神成为了人。 186
>
> 魔鬼想成为神而不得。
>
> 基督不想成为神而成为了神。
>
> 所以邪恶之事是，不配愉悦却想要愉悦。
>
> 但若一个人不想愉悦而行事正确，喜悦就自已到来。

在对这议论置评时，维特根斯坦提出异议的不是其真假与否，而只是其表述是否恰当。“它们还是不够清楚，”他写道，“我相信，一定有可能把这一切说得更恰当。（或者，甚至更可能的是，什么也不说）。”就算它们最完美的表述是沉默，它们还是真的。

维特根斯坦认为伊格尔曼是“一个理解人类的人”。由雷克拉姆出版《逻辑哲学论》的尝试无果而终，在感情和精神上都觉得消沉时，他急切地想跟伊格尔曼谈谈。5月末到了“最低谷”，老想自杀时，他向伊格尔曼寻求支持。他获得了支持；伊格尔曼写了封长信谈自己的经验。伊格尔曼写道，他近来为自己工作的动机而焦虑——它们是否是得体和诚实的动机。他已花了点时间在乡间独处，考虑这事。头几天不甚满意。

> 但接着我做了点事；我能告诉你，因为你很了解我，不会把那

看作蠢行。即，我写下了某种“忏悔”，我试着回忆我生活里的一系列事件，在一个小时的时间里尽可能详细地回忆。对每一个事件，我试着自己弄清楚我本该如何作为。通过这种一般性的综观（übersicht）[1]，混乱的画面简明多了。

第二天，在这新的洞见的基础上，我修改了自己对未来的计划和意图。

“我完全不知道，”他写道，“类似的举动是否对现在的你是好的或必要的；但也许我告诉你这个，会帮现在的你找到点什么。”

“对于你谈到的自杀念头，”伊格尔曼又说，“我是这么想的。”

187 在这种念头背后，就像在别的念头背后一样，可能是有一点高贵的动机。但这动机以这个方式呈现，即它采取的形式是盘算自杀，这一定是错的。自杀一定是个错误。只要活着，一个人永远不会完全迷失。但驱使人自杀的是对自己完全迷失的恐惧。根据已谈到的观点，这种恐惧没有根据。在这种恐惧里，一个人做了他能做的最坏的事，他剥夺了自己的时间，在那时间中他本可能逃离迷失。

“你无疑比我更知道这一切，”伊格尔曼写道，为自己貌似在教维特根斯坦什么而找台阶下，“但有时人会忘了自己知道的东西。”

后来，维特根斯坦自己多次用筹备一次忏悔的方法厘清自己的生活。不过这一次帮到他的不是这个建议，而就是听伊格尔曼讲自己的努力。“多谢你友好的信，”6 月 21 日他写道，“那给了我很多喜悦，因此大概帮到了我一点，虽然就我的情况的特点而言，外部的帮助是帮不了我的。”

---

[1] übersicht，维特根斯坦后期著作中的一个重要概念。此处虽不是维特根斯坦说的话，但仍统一依陈嘉映教授的译法译作“综观”。

> 事实上我处于一种我觉得很可怕的心境里。过去我曾几次经历过它：这种状态是，不能克服一个具体的事实。我知道这是一种可怜的状态。但我只能看到一种救治，那当然就是和那一事实达成妥协。但这就像不会游泳的人掉进了水里，手脚乱扑乱打，觉得自己不能把头挺在水面之上。那就是我现在所处的位置。我知道自杀总是一桩肮脏的行为。一个人当然不能意欲自己的毁灭；随便谁，只要他想象自杀行为实际牵涉的东西，就知道自杀总是一股为自己辩护的急切冲动。但没有比不由自主地突然夺走自己的生命更糟的了。
>
> 当然这全可归结为这件事：我没有信仰！

不幸的是，不可能知道他此处谈到的是哪个事实。毫无疑问，那是有关他自己的什么事，而他觉得对这事的唯一救治是宗教信仰。没有这种信
仰他的生活是无法忍受的。他所处的位置是：希望自己死掉，但无法自 188
杀。照他对罗素的说法："也许对我最好的事，是能在某个晚上躺下，不再醒来。"

"但也许尚有某种对我更好的事"，他在括号里补充。信写于7月7日，他收到教师证书的那天：这暗示他也许能在教学里找到值得为之活下去的东西。

维特根斯坦圆满地完成了师范学校的课程，但并非没有疑虑。他告诉伊格尔曼，这事最好的一面是能在教学时给孩子读童话故事："这使他们高兴，而且减轻我的紧张。"它是"眼下我生活里的一件好事"。

他得到了战俘营朋友路德维希·亨泽尔的帮助和鼓励；亨泽尔自己是个教师，是维也纳教育界的知名人物。他至少有一次考虑放弃课程，因为（他告诉亨泽尔）他和同伴的关系糟糕。亨泽尔敏锐地把这归咎于维特根斯坦一贯的敏感。"你和你的同伴之间没有墙，"亨泽尔写道，"我有一个更厚的外壳包着我。"

上图：维特根斯坦获准学习的证件照
下图：克罗斯特新堡修道院

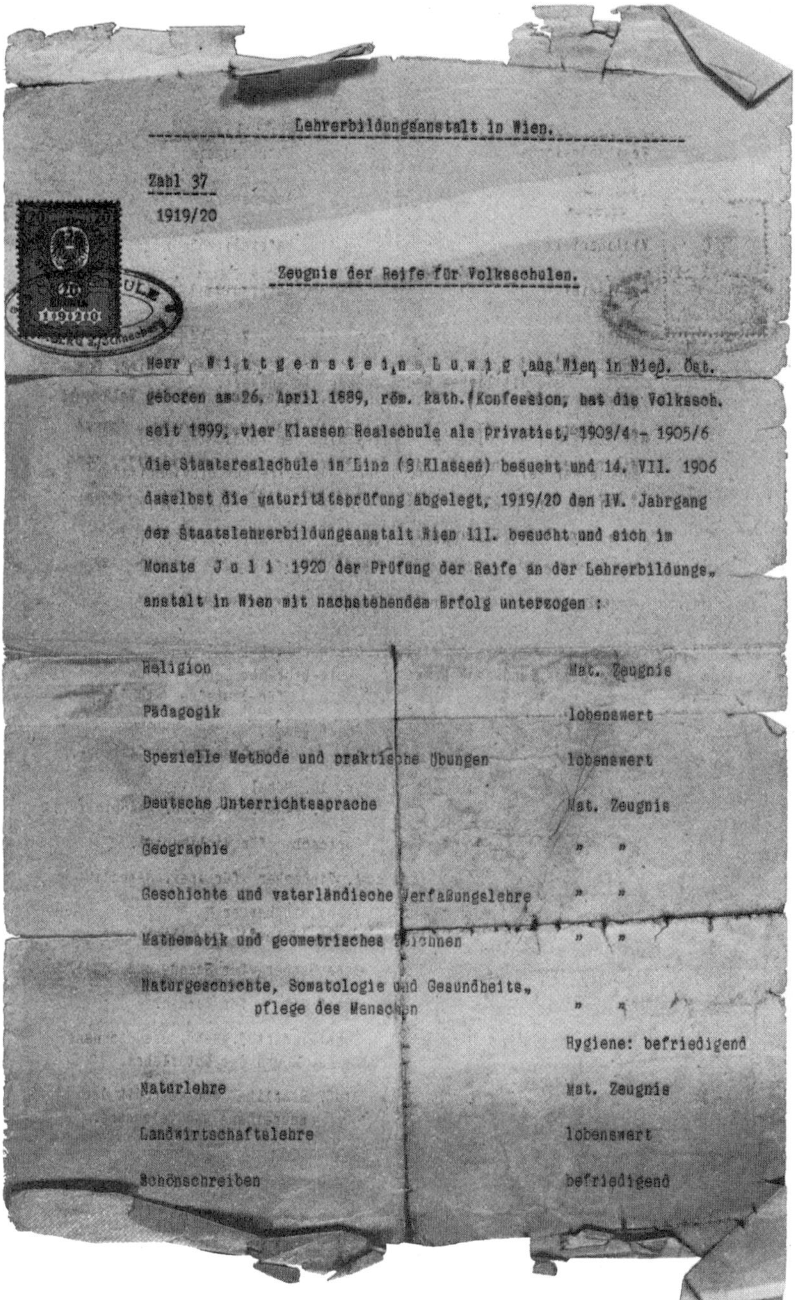

Lehrerbildungsanstalt in Wien.

Zahl 37
1919/20

Zeugnis der Reife für Volksschulen.

Herr Wittgenstein Luwig aus Wien in Nied. Öst. geboren am 26. April 1889, röm. kath. Konfession, hat die Volksch. seit 1899, vier Klassen Realschule als Privatist, 1903/4 – 1905/6 die Staatsrealschule in Linz (3 Klassen) besucht und 14. VII. 1906 daselbst die Maturitätsprüfung abgelegt, 1919/20 den IV. Jahrgang der Staatslehrerbildungsanstalt Wien III. besucht und sich im Monate Juli 1920 der Prüfung der Reife an der Lehrerbildungsanstalt in Wien mit nachstehendem Erfolg unterzogen :

| | |
|---|---|
| Religion | Mat. Zeugnis |
| Pädagogik | lobenswert |
| Spezielle Methode und praktische Übungen | lobenswert |
| Deutsche Unterrichtssprache | Mat. Zeugnis |
| Geographie | " " |
| Geschichte und vaterländische Verfaßungslehre | " " |
| Mathematik und geometrisches Zeichnen | " " |
| Naturgeschichte, Somatologie und Gesundheitspflege des Menschen | " " Hygiene: befriedigend |
| Naturlehre | Mat. Zeugnis |
| Landwirtschaftslehre | lobenswert |
| Schönschreiben | befriedigend |

维特根斯坦师范学校毕业证书

在师范学校，维特根斯坦该受到按“学校改革运动”的原则进行的训练；这一运动由教育部长奥托·格洛克尔领导，试图重塑战后新奥地利共和国的教育。运动是用世俗的、共和主义和社会主义的理想滋养的，引起了大量著名奥地利知识分子的好感甚至参与。但维特根斯坦自己并不欣然认同这一运动。触发他去当教师的并非是“使学生适应民主国家的生活”的观念；这样的社会和政治动机，与他和伊格尔曼共有的根本上的宗教道德，是陌异的。

亨泽尔也是一个有宗教性的人，也正是为此，他与“学校改革运动”相牴牾。他将成为一个名叫“新大陆联盟”的保守天主教组织的领袖人物；这一组织寻求的是改革教育，同时保持、其实是增加天主教会的影
189 响。但维特根斯坦对这一运动和格洛克尔的纲领同样不认同。主导战后奥地利公共生活的是牧师和社会主义者之间的斗争，维特根斯坦在此间的立场是摇摆的。他和社会主义者一样讨厌天主教体制和一般的平均主义，又坚定地拒绝社会主义者的世俗主义及其对社会和政治改革的信念。不过，在 20 世纪 20 年代政治动荡和日益两极化的世界里，这种摇摆和超脱总是容易遭到误解：对于保守的牧师，他之轻视传统足以把他断为社会主义者；另一方面，对于社会主义者，他的个人主义和根本上的宗教态度说明他是个牧师反动派。

于是，维特根斯坦在格洛克尔的纲领下受训，但疏离于它的某些目标。他对自己在学校里的形象很没把握，问亨泽尔有没有听到那儿的教员说他什么。亨泽尔报告说，全体教员一致赞扬他，认为他是一个严肃的、胜任的受训教师，很知道自己在做什么。他所有课程——教育理论、自然史、书法和音乐——的教师全都满意他的工作。“心理学教授很自得地说，他非常满意高贵的维特根斯坦阁下。”

接受教师训练的那一年，维特根斯坦一直定期看望亨泽尔，有时和战俘营的同僚米埃尔·德罗比尔结伴前往。他和亨泽尔不只讨论教育事

务，也讨论哲学。亨泽尔是个博学的参事长[1]，对哲学保持着热烈的兴趣，一生发表了约二十篇主题为哲学（多数是伦理学）的文章。在 5 月 23 日的一封信里，我们发现他写给维特根斯坦一个摘要，概述了“批判现实主义者”奥斯瓦尔德·库尔佩在其著作《实现》（*Die Realisierung*）里区分的三类对象（实际的、理想的和真正的）。维特根斯坦对此的兴趣究竟如何，可能将一直是个谜，因为库尔佩没在别处被提到过。但另有一个证据说明，维特根斯坦此时在关注观念论和实在论这两种互相竞争的形而上学，即弗雷格写来的一封信——我们知道的弗雷格写给维特根斯坦的最后一封信——落款日为 4 月 3 日。

弗雷格明显在回应维特根斯坦对其文章《思想》作的批评，在那一批评里维特根斯坦谈到观念论的“深刻基础”。“当然我不是反对你的直 190
率”，弗雷格起首写道：

> 但我想知道，你觉得观念论的什么深刻基础是我没领会的。我想你自己并不坚持知识论上的观念论是正确的。所以，我想你明白最终没有这种观念论的深刻基础，那么它的基础只能是表面的基础，而非逻辑的基础。

这封长信的余下部分，弗雷格对《逻辑哲学论》的缺乏清晰作了一番分析。这次他完全专注于第一个命题：“世界是所有实际情况”。他论证道，假定这句话里的“is”是“同一性的是”，并进一步假定它意在传递信息而非只提出一个“世界”的定义，那么，它要有任何意思，就必须有某种方法确认“世界”和短语“所有实际情况”的意义是同一的，而且这方法要独立于对这种同一性的陈述。怎样做到这点呢？“如果你能回答我的问题，从而使我较容易理解你的思考成果，”他写道，“我会

[1] “参事长”（Hofrat Diretor），一种行政部门的领导，具体不详。

很高兴。”

这是保存下来的两人的最后一次沟通。四年后弗雷格去世，他的理解大概就到这儿了，他从未理解这本受他自己著作启发的著名的书里的哪怕一个词。维特根斯坦体会的观念论的“深刻基础”，无疑关系到《逻辑哲学论》命题 5.6—5.641 给出的对世界的说明。“世界是*我的*世界”，“我是*我的*世界（小宇宙）”，而我不在我的世界*里*：“主体不属于世界；主体是世界的界限。”因此，唯我论——“当其含义被严格地推出时”——与纯粹的观念论相合：“唯我论的自我收缩成一个没有广延的点，剩下的是与之相协调的现实。”这样，弗雷格的实在论就被视为与叔本华的观念论和魏宁格的唯我论相一致。

这个观点为维特根斯坦和伊格尔曼采取的宗教个人主义给出了一种哲学支撑。我是我的世界，因此，若世界让我不快乐，唯一对此有决定意义的做法是改变我自己。“快乐的人的世界和不快乐的人的世界是不同的。”

不过，弗雷格觉得这种观点的形而上学不可理解，在一个意义上是
191 正确的。照维特根斯坦自己的理论，这种形而上学的语言表述只能导致胡话。可是，虽然无法对弗雷格解释清楚，无法让罗素信服它为真，也无法找到一个出版商，把这一表述当一个逻辑符号系统理论的成果而出版，但维特根斯坦坚定地确信它无懈可击。尽管去年由于“外部”原因——品生特的死、哈布斯堡帝国的失败、出版他的书的麻烦——经受了诸多痛苦，他只寻求某种“内部”解决。归根结底，如果他的书一直出版不了又怎么样呢？最最重要的是“跟我自己清算”。

于是，完成了教师培训并把自己的书丢给罗素之后，夏天他专注于自己最紧急的任务：克服自己的不快乐的斗争，抗击把他从“快乐的人的世界”拖出去的“内部的魔鬼”。为此目的，他夏天到毗邻维也纳的克罗斯特新堡修道院当了园艺工。整天的扎实劳作似乎起到了某种治疗作用。“傍晚干完活，”他告诉伊格尔曼，“我累了，那时我不觉得不快乐。”

这是一个实际的、动手的活儿，他可以运用自己惯有的能力。一天，修道院院长在他干活时路过，评论道："于是我明白了智力对园艺这样的事也是有用的。"

但这治疗只是部分成功。"外部"原因带来的痛苦继续把维特根斯坦困在"不快乐的人的世界"里。"我每天都想到品生特"，8 月份他写信给罗素，"他把我的一半生命带走了。魔鬼将拿走另外一半。"暑假接近尾声，小学教师的新生活临近时，他告诉伊格尔曼他对自己未来的生活有"阴暗的不祥之感"：

> 除非地狱里的所有魔鬼换个方向使劲，我的生活一定会变得非常悲惨，如果不是根本活不下去的话。

# 第九章 “一个纯农村的岗位”

192 虽然格洛克尔纲领追随者的改革热情并未触动维特根斯坦，但进入教师行业时他却带着一套更理想化的目标，而且，对于在乡村穷人中间生活和工作，他有一种相当浪漫的、托尔斯泰式的观念。

遵循着自己的一般伦理世界观，他寻求的不是改善他们的外部条件，而是“内在地”改进他们。他想教他们数学，发展他们的智力；想让他们见识德语里的伟大经典，拓展他们的文化意识；想和他们一起读《圣经》，提升他们的灵魂。使他们摆脱贫困不是他的目标；他也不把教育视为一种令他们凭之过上城里“更好”生活的方法。他想让智性成就的价值自身打动他们——就像日后他反过来让体力工作的内在价值打动剑桥本科生一样。

无论在奥地利乡下还是在剑桥大学，他的教学里浮现出的理想是罗斯金式[1]的诚实苦干理想，再加以精巧的智力、深刻的文化感受和虔诚的严肃；收入贫乏，但内在生活丰富。

在贫困的乡村地区工作对他有重要意义。然而，照师范学校毕业生的惯例，他被派往森梅岭附近马里亚—舒尔茨的一所学校履行一年的教

---

[1] 罗斯金（John Ruskin，1819—1900），英国艺术评论家、社会思想家。

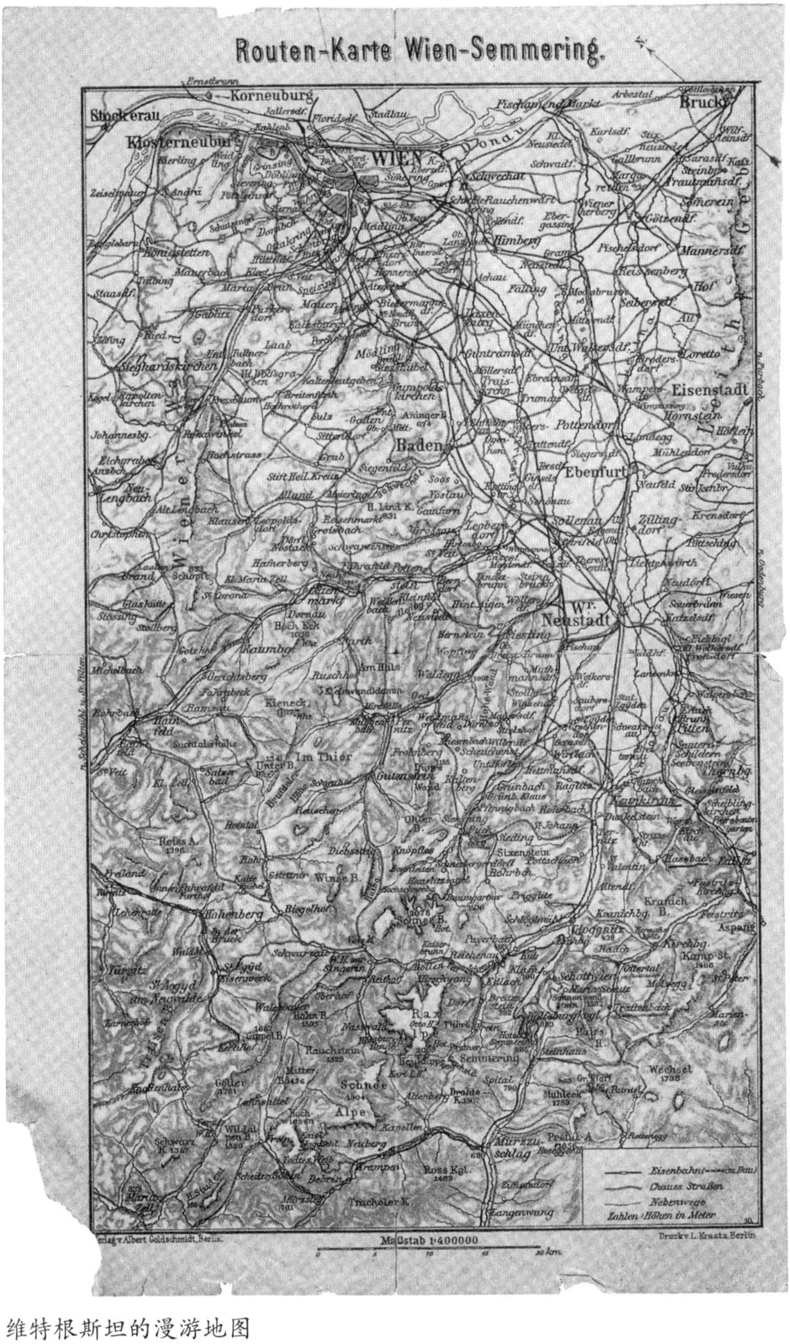
Routen-Karte Wien-Semmering.
Korneuburg
Stockerau
Klosterneuburg
WIEN
Donau
Schwechat
Fischamend Markt
Bruck
Mödling
Baden
Eisenstadt
Ebenfurt
Wr. Neustadt
Neunkirchen
Gutenstein
Semmering
Schnee Alpe
Mürzzuschlag
Aspang
Wechsel
Mariazell
Hohenberg
Eisenbahn
Zahlen: Höhen in Meter
Maßstab 1:400000

维特根斯坦的漫游地图

学试用期；这是维也纳南部乡下的一个舒适和相对繁荣的小镇子，是有
193 名的朝圣地。在简短察看了这地方后他认定不行。他对吃惊的校长说，他注意到镇子里有一个带喷泉的公园：“那不属于我，我要一个纯农村的岗位。”校长建议，那样的话他应当去特拉腾巴赫：镇子旁边的山的另一头的一个村子。维特根斯坦立刻动身步行了九十分钟，很高兴地找到了正合他想象的那种地方。

特拉腾巴赫小而贫穷。有工作的村民要么受雇于当地的纺织厂，要么受雇于毗邻的农场。这些村民的生活是艰难的，尤其在 20 世纪 20 年代的贫困岁月里。但这地方（至少起初）迷住了维特根斯坦。到达后不久他写信给罗素；此时罗素在中国，刚刚开始在北京大学的一年访问讲学；维特根斯坦得意地把地址写成“特拉腾巴赫的 LW 老师”，陶醉于自己的新岗位之隐僻：

> 我要在一个名为特拉腾巴赫的小村子里当小学教师。它在山里，维也纳向南约四小时的路程。这一定是特拉腾巴赫的教师第一次和一个北京的教授通信。

一个月后他对伊格尔曼的说法甚至更热烈。他说特拉腾巴赫是“一个美丽的小地方”，报告自己“快乐地在学校工作”。但加上了暗暗的一笔，“我特别需要它，否则地狱的所有魔鬼将从我内部挣脱出来。”

最初几个月他写给亨泽尔的信带着相似的欢快情绪。他给学生读的书靠亨泽尔供应，他还写信要求订多册同一本书，如格林童话、《格利佛游记》、莱辛的寓言和托尔斯泰的传奇文学。亨泽尔周末定期来看他，阿尔费德·索格伦、莫里茨·勒厄（维特根斯坦家的摄影师）和米埃尔·德罗比尔也一样。不过，这些访客势必会突出维特根斯坦和村民（包括同事）之间已然明显的差别，没多久他就成了传闻和猜测的主角。一次，同事格奥尔格·贝尔格撞见维特根斯坦和亨泽尔在学校办公室坐着。维特

上图：寄自教堂山的明信片
下图：特拉腾巴赫的学校

特拉腾巴赫的纺织厂

根斯坦直接问他村子里在说自己什么。贝尔格踌躇着，但在逼迫之下告
诉维特根斯坦："村民当你是个有钱的男爵"。 194

贝尔格没有明说，但维特根斯坦肯定被视作一个古怪的贵族。"Fremd"（奇怪）是村民描述他时最常用的词。他们问，为什么这样一个有钱有文化的人要选择在穷人中生活，尤其是，他对他们的生活方式表现出的认同这么少，而且显然更喜欢优雅的维也纳朋友的陪伴？为什么他要过这样贫乏的日子？

最初维特根斯坦寄宿在当地"棕鹿"旅馆的一间小屋子里，但很快发觉楼下传来的舞曲声太吵，便搬走了。他在学校厨房给自己弄出了一张床。据贝尔格说（贝尔格很可能是村民讲的维特根斯坦故事的一个主要源头），他在厨房窗户边看着星星一坐就是几小时。

他很快证明了自己是个精力充沛、热情但相当严格的学校教师。如他姐姐赫尔米勒所写，在许多方面他是天生的教师：

> 他自己对一切都感兴趣，他知道如何挑出任何事的最重要方面，并对别人讲清楚。我自己有机会看到路德维希多次的教学，他把某些下午的时间花在我的职业学校的男孩子身上。那对我们每个人都有非凡的助益。他不仅讲授，还试着用提问的方式把男孩们带向正确的解答。有一次他让他们发明一种蒸汽引擎，另一次是在黑板上设计一座塔楼，还有一次是画运动的人形。他唤起的兴趣是巨大的。甚至缺乏才能和通常不专心的男孩也拿出了好得惊人的答案，他们热切地良性地你争我夺，想得到回答或论证某个问题的机会。

尽管维特根斯坦对"学校改革运动"存有疑虑，但他的教师生涯里的最大鼓励和支持却来自改革者那里——如普特雷和地区学校检查官威
廉·昆特。他的教学方法和改革运动具有某些相同的基本原则；其中最 195

重要的是，不能仅仅用重复讲过的东西来教孩子，而是应该鼓励孩子自己对问题进行思考、得出结论。这种实践练习在他的教学里占很大分量。教孩子解剖学时，搭起一只猫的骨架；教天文学时，在夜晚注视天空；教植物学时，在乡间漫步辨认植物；教建筑学时，在去维也纳的远足途中辨认房屋的风格；诸如此类。不管教什么，维特根斯坦都努力在孩子身上唤起他自己投到一切兴趣上的那种好奇和提问精神。

自然地，某些孩子比其他孩子表现更好。维特根斯坦在他教的某些男孩身上取得了尤其好的效果；他把喜欢的学生——多数是男孩——编成优选班，给予课外的额外指导。对于这些孩子，他扮演起了父亲式的角色。

然而，对于没有天赋的孩子，或兴趣未被他的热情激起的孩子，他没成为父亲般和蔼的角色，而是成了暴君。因为他强调数学教育，每天早晨头两小时都讲数学。他相信学代数越早越好，他教的数学程度之高超出了对这个年龄组的要求。他的一些学生——特别是女孩——多年后回想一天的前两个钟头时都伴着惊骇。其中一人，安娜·布伦纳，回忆道：

> 在算术课上，我们学代数的要坐在第一排。一天，我朋友安娜·福尔克尔和我决定什么也不回答。维特根斯坦问：“你们的答案？”对三乘六这个问题安娜说：“我不知道。”他问我一公里有多少米。我什么也没说，挨了一耳光。后来维特根斯坦说：“如果你不知道，我就到学校最小的班里找一个知道的人来。”课后维特根斯坦带我去办公室，问：“你是不想［做算术］，还是不会？”我说：“是的，我想做。”维特根斯坦对我说：“你是个好学生，但至于算术……或
> 196 者你病了？你头疼吗？”然后我撒了谎：“是的！”“那么，”维特根斯坦说，“请你，布伦纳请你，请你原谅我行吗？”他说这话时伸出手祷告。我立刻感到自己撒谎很丢脸。

正如这叙述表明的，维特根斯坦的方法和格洛克尔改革推荐的方法之间的一个尖锐差别是他使用体罚。另一个数学差的女孩记得，有一天维特根斯坦拽她的头发拽得很厉害，事后梳头时头发掉了不少。在前学生的回忆中，有大量在他手上吃到“Ohrgeige”（耳光）和“Haareziehen”（拽头发）的故事。

这种暴行的消息传到孩子父母耳朵里，助长了一股反对他的情绪。并非村民不赞同体罚，也不是这种惩戒方法不常见——尽管格洛克尔建议不体罚。但村民认为，难以管教的男孩如果行为不端可以打他耳光，但不会代数的女孩不该受到同样的对待。实际上他们不觉得女孩应当学会代数。

无论如何，村民（包括他的一些同事）倾向于讨厌这个贵族气的、古怪的生客，他的怪异行为有时好玩，有时吓到他们。“古怪”轶事口耳相传，结果他成了村里的某种传奇人物。例如，一个故事说，有次他找来两个同事一起演奏莫扎特的一部三重奏——他自己吹单簧管，格奥尔格·贝尔格拉中提琴声部，校长鲁佩特·科尔纳弹钢琴声部。贝尔格回忆：

> 一次又一次，我们不得不从头开始，维特根斯坦完全不知疲倦。终于我们得到了一次休息！然后，校长鲁佩特·科尔纳和我无意中没动脑子地脱谱奏起了某个舞曲曲调。维特根斯坦的反应很愤怒：“瞎搅和！瞎搅和！”他叫道。然后他理理东西走了。

另一个故事讲的是他出席当地天主教会的一次教义问答会。他仔细地听了牧师向孩子们提的问题——地区主教也在场——他突然清楚地说：“胡话！”

但最惊人的事——也是村民记得最牢的他的故事——是他在当地工厂 197
修好蒸汽引擎的那回，他的做法看上去像是行了个神迹。这儿的讲述人是维特根斯坦一个同事的妻子比切迈尔太太，她就在那家工厂工作。

> 引擎死机时我在办公室，厂子不得不停产了。那时候我们全靠蒸汽。然后许多工程师来了，他们搞不定。回到家我告诉了丈夫厂里的事，我丈夫又在学校办公室说了这事，维特根斯坦老师对他说："我能去看看吗，你能让他们允许我去看看吗？"然后我丈夫对厂长说了，厂长说行，他可以直接去……然后他和我丈夫就来了，他径直走进引擎房，到处走走，什么也没说，只是到处看看。他就说："能找四个男人来吗？"厂长说：行，就来了四个人，两个锁匠，两个别的人。每个人都要拿个锤子，然后维特根斯坦给每个人分派一个序号和一个不同的位置。我记得，他们得依次敲打自己的那个点：1、4、3、2……
>
> 就这样他们修好了机器的毛病。

因为这个"奇迹"，他们送维特根斯坦一点亚麻布作酬劳；他起初拒绝，后来代表学校的穷孩子接受了。

但村民对这一奇迹的感激未胜过渐渐增长的对他的"古怪"的猜疑；整个秋季学期他和他们的关系一直在恶化。这一学期，他姐姐赫尔米勒一直留心地、像母亲似的注意着他新职业的进展。她得通过亨泽尔间接地做——维特根斯坦欢迎维也纳朋友的来访，却给他的家人严格的指令，不得去看他或给他任何帮助。食物包裹被原封不动地退回，信件则不予回复。

亨泽尔做到了让赫尔米勒放心：维特根斯坦的第一个学期虽有点压力，但过得相当好。12月13日她写信给他，带着明显的宽慰：

198 我真的很感激你友好的信。首先它令我放心，路德维希在特拉腾巴赫人和他们好奇的目光中间挺过来了；他那时候的信令人对他很有信心，加上他简洁的写法，这就双重可靠了。其次我非常欣赏你谈我弟弟的每句话，虽然实际上那跟我自己想的没什么不同。你说

> 的当然是对的，虽然有一个圣人弟弟并不容易；英国有句话：“我情愿是活的狗，也不愿是死的哲学家”，我要在后面加上：我（常常）情愿我弟弟是个快乐的人，也不愿他是个不快乐的圣人。

讽刺的是，这封信之后仅仅几星期的1921年1月2日，维特根斯坦写信给伊格尔曼痛斥自己未选择天上的事业：

> 我很遗憾圣诞节没去看你。我忽然有一种相当可笑的想法——你想躲着我——理由是：我已在道德上死了一年以上！你可以由此自己判断我过得好不好。也许我是今日根本不稀奇的案例中的一个：我有一个任务，却没去做，如今这失败在毁坏我的生活。我本该用我的生活做点正面的事，本该成为天空中的一颗星。但我还是困在地面上，而现在我正渐渐消失。我的生活已真的变得没意义，只包含微不足道的情节。我周围的人没有注意到这个，也不会理解；但我知道我有一种根本缺陷。就为我感到高兴吧，若你不理解我这儿写的话。

结果伊格尔曼不理解。他回信说，如果维特根斯坦感到自己有个未完成的任务要做，为什么现在不去做呢——或至少在未来准备好的时候去做呢？而且，他谈到一种根本缺陷，这肯定不对；如他们以前讨论过的，没人会如此迷失竟致处境不可挽回。但这次伊格尔曼的信敲错了琴键。“我此刻不能在一封信里分析自己的状态，”维特根斯坦写信给他，
“我不认为——顺便说一句——你完全理解了我的话……对我来说，近期 199
你不适宜来看我。眼下我们很难知道如何与对方相处。”

至少暂时，亨泽尔取代了伊格尔曼，成了维特根斯坦希望理解自己内在生活的人。亨泽尔在其维特根斯坦回忆录里写道：“当教师时，一天晚上他有种感觉：他被召唤了，但他拒绝了。”这也许解释了维特根斯坦

对伊格尔曼提到的任务；履行这一任务将把他带到天空，但若忽略之，就要被判处仍困于地面。[1]

200 或更具体地说，困在特拉腾巴赫。1921 年的春季和夏季学期，维特根斯坦起初对特拉腾巴赫的喜悦之情渐渐转为厌恶——他以超常的要求教育农村孩子的努力遭到父母、孩子自己（觉得自己达不到维特根斯坦高要求的孩子）和同事愈来愈多的误解和抵制。

3 月份他收到罗素对他 9 月份写的热情的信的回复。“我惊讶你这么

---

[1] 这还跟巴特利引的一个梦（从哪儿引的我们不得而知）有关，他说维特根斯坦“可能在 1920 年 12 月初”做了这个梦。梦如下：

> 我是一个牧师。我房子的前厅有一个圣坛；一截楼梯通向圣坛右边。那是个铺着红地毯的大楼梯，很像林荫街的楼梯。圣坛脚下是东方地毯，地毯盖住了圣坛的一部分。某些其他的宗教物品和标志放在圣坛上面和旁边。其中有一支贵金属杖。
>
> 但一个贼出现了。贼从左边进来，偷走了杖。这就得报警，警察局派来一个代表，他要求描述那根杖。例如，是用哪种金属做的？我说不出来；我甚至说不出它是银的还是金的。警官怀疑根本没有那根杖。接着我开始检查圣坛的其他部分和配件，并注意到那地毯是个祷告垫。我的眼睛开始专注于垫子的边沿。边沿的颜色比中间漂亮的部分淡。以一种古怪的方式，它看上去褪色了。不过它还是坚固的。

巴特利书里的这一部分，最强烈地暗示他得到了一部维特根斯坦的手稿。巴特利不只是引用这个梦，仿佛这是维特根斯坦本人讲述的；他还给出了维特根斯坦和“某个别的参与者，可能是亨泽尔”提出的对这梦的解释。此外，不像“普拉特事件”，巴特利的资料——梦的内容、时间，甚至亨泽尔和维特根斯坦给出的解释——与其他来源的资料契合得挺合理。巴特利甚至给出了维特根斯坦对亨泽尔解释的反应（亨泽尔把梦中的符号联系到来自《旧约》的形象）：

> 维特根斯坦很困惑：若把这种解释加在梦上，它还是他的梦吗？

这反应也是合理的。据巴特利说，维特根斯坦自己倾向于用炼金术解释这个梦。那杖同时是一个生殖器符号（他的“低等自我”）和一个炼金术炼化的符号（低等金属化为金或银）；怀疑的警察象征了他无法使自己的良心相信这种炼化。

因此，若允许我们把维特根斯坦写给伊格尔曼的信、亨泽尔的回忆和巴特利引的梦结合起来，就得到了一个对他性情状态之深刻变化的可信说明，这一变化在 1921 年圣诞节假期期间是明显的。他不能说服自己：他如此渴望的自身转变是实际能发生的；所以他拒绝听从那个召唤的声音——他觉得那是要他当牧师的召唤。这拒绝只能由一种“根本缺陷”解释，否则那渴望的转变当然是可能的。他确实是低等金属；他不得不仍困在地面上。——原注

喜欢当小学教师，”罗素写道，“还有你和孩子们相处得这么好。”

> 这是个诚实的工作，也许就是真正的诚实；今日的每个人都参与某种形式的欺骗，你却得以避免。

罗素自己情绪不错；他喜爱北京，公开跟多拉·布莱克“有罪地”生活在一起，由于这事不时引发的对（英国）传统道德的冒犯，他颇感快活。“我喜欢中国和中国人”，他告诉维特根斯坦：

> 他们懒惰、脾气好、爱笑，很像好孩子——他们待我非常亲切友好——所有国家都攻击他们，说一定不能让他们按自己的方式享受生活——他们被迫发展陆军和海军，挖煤，铸铁，但他们想做的是写诗画画（很美的画），还有弄奇怪的音乐，优雅但几乎听不见，用带绿流苏的多弦乐器演奏。布莱克小姐和我住在一间建在院子周围的中国房子里，寄给你一张我在研究室门口的照片。我的学生全 201
> 是布尔什维克，因为那是风尚。他们吃惊地看到我本人不是那么布尔什维克。他们的程度不够学数理逻辑。我教给他们心理学、哲学、政治和爱因斯坦。我偶尔晚上带他们聚会，他们在院子里放爆竹。比起上课他们更喜欢这个。

维特根斯坦立刻告诉罗素，自己先前对特拉腾巴赫的着迷已让位于对其居民的厌恶。“很遗憾你发觉自己的邻居这样讨厌，”罗素回答，“我不认为任何地方的人性平均水平会高到哪里去，我敢说无论在哪里，你都会发觉你的邻居可憎。”不，维特根斯坦坚持，“这儿的人比任何别的地方的人都没用和不负责任得多。”罗素未被说服：

> 很遗憾你觉得特拉腾巴赫的人这样难相处。但我不肯相信他们比

> 其余人类更糟：我的逻辑本能反对这想法。

“你是对的，”最后维特根斯坦让步了，“特拉腾巴赫的人并不唯独比其余人类更糟。”

> 但特拉腾巴赫是奥地利的一个格外不重要的地方，战争以来，奥地利人沉沦到可悲的低处，令人沮丧地没法说。就是这样的。

罗素告诉过维特根斯坦，他把《逻辑哲学论》的手稿留给了英格兰的一个朋友多萝茜·瑞因齐，她是“一个好数学家和一个数理逻辑学生”，他交代她试着将书付印。“我决心要出版你的手稿，”他肯定地说，“我不在时若没做到，一回去我就着手处理。”

除了这个鼓舞人心的消息，1921 年夏季学期期间维特根斯坦生活里的一个亮点是他和一名学生的关系；这个男孩来自村里一个最穷的人家，名叫卡尔·格鲁贝尔。格鲁贝尔是个有天赋的男孩，很适应维特根斯坦的
202 方法。和维特根斯坦的许多学生一样，他起初觉得代数很难。“我不能领会，”他日后回忆，“怎么能用字母表的字母来计算。”不过，吃了维特根斯坦一记耳光后他开始发奋：“不久我是班上代数最好的。”夏季学期末，他该离开学校，去当地工厂干活了。维特根斯坦决心尽一切努力继续这男孩的教育。7 月 5 日他写信向亨泽尔说明格鲁贝尔的情况，征询建议。他父母不能负担他上寄宿学校的费用，那该怎么办呢？能为他在维也纳的某个中学里找到一个免费或便宜的座位吗？“我的看法是，”他写道，“若他不能进一步发展自己，将是一大憾事。”亨泽尔在回信里建议考虑一下卡拉桑茨协会——维也纳的一个接受贫困学生的机构。但这时维特根斯坦已决定自己教这男孩，即便他退学了；亨泽尔则要当他的临时考官，测试他，看他是否满足了进入维也纳某家高级中学所需的标准。

暑假维特根斯坦和阿尔费德·索格伦去挪威旅行。这是1914年以来他首次去那儿，此行期间他终于见到了他不在时为他建造的房屋。他们带着很少的钱出发，途中不得不在汉堡的一家救世军宿舍过了一夜。如他在一封信里对亨泽尔说明的，这是一次工作度假："我在一个木匠工场那样的地方从一大早干到傍晚，我和阿尔费德做板条箱。这样我给自己赚了一堆钱。"尽管如此，他在辛苦工作里寻求的报酬仍然是内心的平静。"我觉得这次旅行很好"，他告诉亨泽尔。

回到特拉腾巴赫不久，维特根斯坦从罗素那儿得知自己的书终于要出版。罗素和多拉·布莱克8月份从中国回来了，布莱克已怀有六个月的身孕；回到英格兰的头两个月里，罗素奔忙安排，确保自己的孩子是合法的。在中国他曾破釜沉舟，写信向三一学院辞去给他的讲师职位（"因为，"他后来说，"我正公开有罪地生活"），并着手和妻子艾丽丝离婚。但一位可能的伯爵继承人即将诞生时，他被迫走向体面。9月21日他从 203
艾丽丝那儿拿到了离婚判决，六天后同多拉结婚；宝宝约翰·康拉德，即未来的罗素伯爵四世，出生于11月16日。

采取必要措施保证儿子可继承自己的头衔之后，罗素能够把注意力转到安排出版维特根斯坦的书上来了。通过朋友C.K.奥格登，他敲定了，这本书将列在一套单行本丛书里用英语出版；这是"柯甘·保罗"[1]策划的一套书，名为"心理学、哲学和科学方法国际丛书"，奥格登最近当上了这套书的编辑。他们还是把此书视作一个财务负担，不过是个可以容忍的负担。"他们做这事扔掉的钱不会少于五十镑，所以能让他们接下这书我很满意，"11月5日奥格登写信给罗素，"当然，如果很快发行第二版，印刷费用猛降，他们会赚回成本。"

罗素还在中国的时候，他朋友多萝茜·瑞因齐已搞定了一家德语期刊，使他们接受了此书；这家期刊叫做《自然哲学年鉴》（*Annalen Der*

[1] 柯甘·保罗（Kegan Paul），英国的一家出版社。

*Naturphilosophie*），编辑是威廉·奥斯特瓦尔德；这件事独立于上述罗素和出版商的协商。罗素知道维特根斯坦对自己导言的德语译文的观感，所以他把导言留给瑞因齐小姐时，是要她找英语出版商。然而，在遭到剑桥大学出版社的拒绝后，瑞因齐小姐——她（无疑正确地）认为这么做是唯一的成功机会——接触了三家德语期刊的编辑。只有奥斯特瓦尔德给了她肯定的答复，而且也只是因为有罗素的导言。“在别的情况下我都会拒收这篇文章”，2 月 21 日奥斯特瓦尔德写信给她：

> 但我对伯特兰·罗素先生抱有极高的尊重，既因为他的研究，也因为他的为人，所以我很高兴在我的自然哲学年鉴上发表维特根斯坦先生的文章：尤其欢迎伯特兰·罗素先生的导言。

11 月 5 日罗素已收到奥斯特瓦尔德的校样，也得到了奥格登的承诺——书在“柯甘·保罗”的丛书里出；他写信告诉维特根斯坦这些事。
204 他说奥斯特瓦尔德会出版他的导言：“我很遗憾，恐怕你不喜欢这样，但从他的信里你会看到，这没法避免。”

罗素用一种可能吓到了维特根斯坦的措辞说：“至于我，我现在和布莱克小姐结婚了，若干天后会有一个孩子降生。”

> 我们买下了这所房子［伦敦悉尼街 31 号］，从剑桥把你的家具搬了过来，我们非常喜欢它们。孩子可能会出生在你的床上。

他催促维特根斯坦来英格兰，他提出，作为对家具的再次补偿，由他来支付路费：“你的东西比我付的更值钱，随便什么时候你想要，我会付你更多。我买它们的时候不知道我得到的值这么多。”在后来的一封信里，他算出自己还欠维特根斯坦二百镑：“我不认为，乔利低估了你的物品的价值我就有理由坑你。”

威廉·奥斯特瓦尔德，1909 年诺贝尔化学奖得主

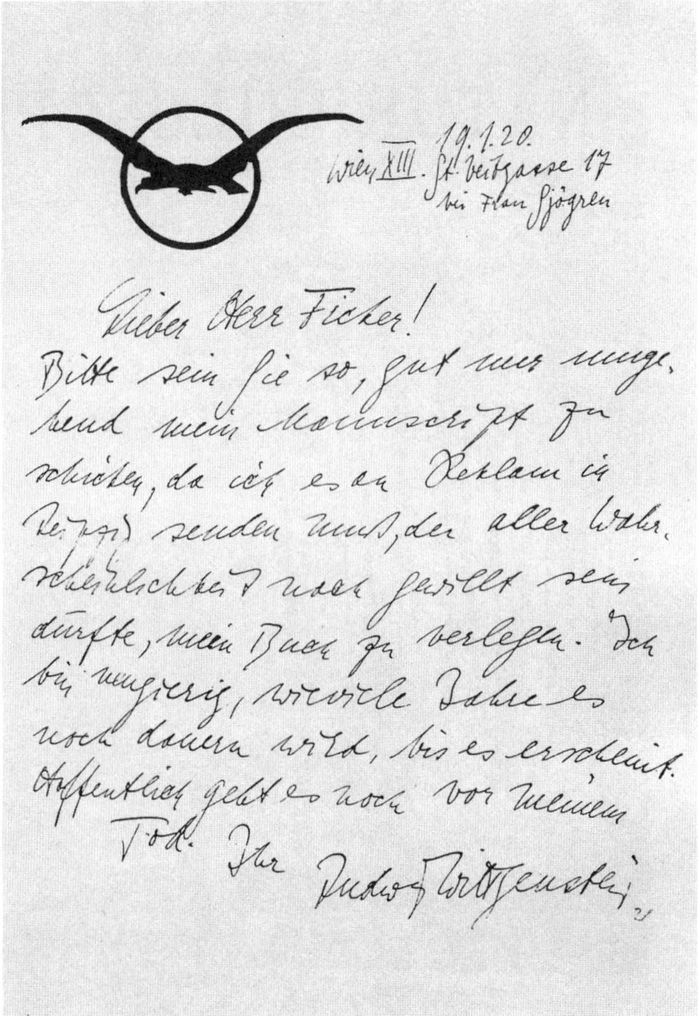

19.1.20.
Wien XIII. St. Veitgasse 17
bei Frau Sjögren

Lieber Herr Ficker!
Bitte sein Sie so gut mir umgehend mein Manuscript zu schicken, da ich es an Reclam in Leipzig senden muss, der aller Wahrscheinlichkeit nach gewillt sein dürfte, mein Buch zu verlegen. Ich bin neugierig, wieviele Jahre es noch dauern wird, bis es erscheint. Hoffentlich geht es noch vor meinem Tod.
Ihr
Ludwig Wittgenstein

维特根斯坦致路德维希·冯·费克尔的信

奥斯特瓦尔德的《自然哲学年鉴》

11月28日维特根斯坦回信："我必须承认，看到我的东西就要付印我感到高兴"，"即便奥斯特瓦尔德是个纯混子"。

> 只要他不加篡改！你会读校样吗？若是，请看好他，照我写的一字不差地印刷。他完全有可能为了适应自己的口味而改动这作品——例如，混进他的愚蠢拼写。我最高兴的是全部东西都在英格兰出版。

罗素显然没什么时间细读校样；无论如何，在他收到校样之前书已经开印了。因此校样未加校正。奥斯特瓦尔德倒完全谈不上为适应自己的口味而改动作品——显然他对自己正出版的作品的意义毫无兴趣也毫不关心——他就按打字稿一字不差地印刷了。于是人们发现，例如——在许多较普通的误印之外——本该是罗素逻辑的符号的地方，现在是打字机上的符号："!"代表谢费尔竖线[1]；"/"代表否定符号（偶尔也代表谢费尔竖线）；大写字母C代表实质蕴涵。

在出版的每一个阶段奥斯特瓦尔德都没咨询过维特根斯坦，也没寄 205
给他任何印本。罗素告诉他书终于印出来了时，他不得不写信请亨泽尔到维也纳书店搜觅一本《自然哲学年鉴》。亨泽尔没找到；要等到第二年4月奥格登寄来一本时，维特根斯坦才终于看到自己的作品是如何印刷的。他吓呆了。他告诉伊格尔曼自己视之为一个"盗版"；直到1922年英语本发行后他才认为自己的作品真正出版了。

12月6日罗素再次写信给奥格登，把维特根斯坦11月28日的信转寄给他，于是出版英语本的工程启动了：

> 附上的维特根斯坦的信给出了进行此事所需的所有授权，这样，

[1] "谢费尔竖线"，即"|"，等价于合取的否定。

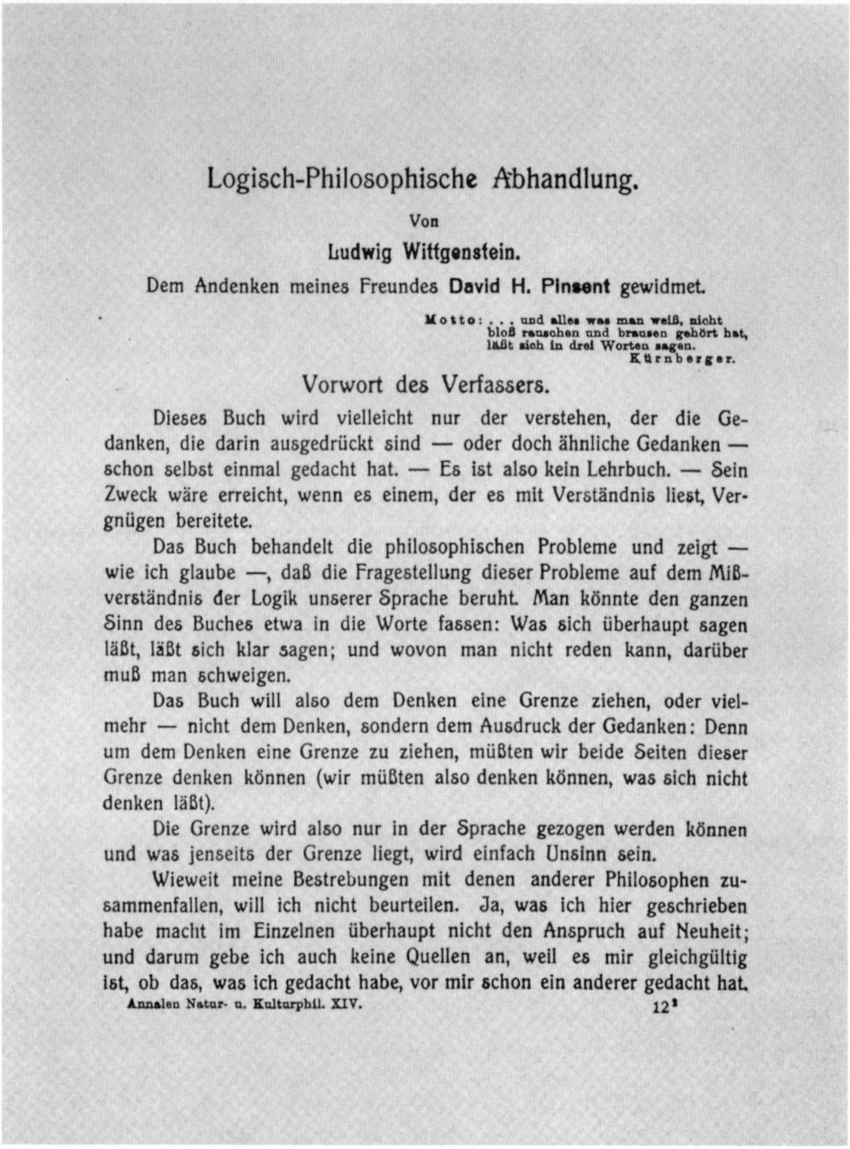

# Logisch-Philosophische Abhandlung.

Von

**Ludwig Wittgenstein.**

Dem Andenken meines Freundes **David H. Pinsent** gewidmet.

Motto: ... und alles was man weiß, nicht bloß rauschen und brausen gehört hat, läßt sich in drei Worten sagen.
Kürnberger.

## Vorwort des Verfassers.

Dieses Buch wird vielleicht nur der verstehen, der die Gedanken, die darin ausgedrückt sind — oder doch ähnliche Gedanken — schon selbst einmal gedacht hat. — Es ist also kein Lehrbuch. — Sein Zweck wäre erreicht, wenn es einem, der es mit Verständnis liest, Vergnügen bereitete.

Das Buch behandelt die philosophischen Probleme und zeigt — wie ich glaube —, daß die Fragestellung dieser Probleme auf dem Mißverständnis der Logik unserer Sprache beruht. Man könnte den ganzen Sinn des Buches etwa in die Worte fassen: Was sich überhaupt sagen läßt, läßt sich klar sagen; und wovon man nicht reden kann, darüber muß man schweigen.

Das Buch will also dem Denken eine Grenze ziehen, oder vielmehr — nicht dem Denken, sondern dem Ausdruck der Gedanken: Denn um dem Denken eine Grenze zu ziehen, müßten wir beide Seiten dieser Grenze denken können (wir müßten also denken können, was sich nicht denken läßt).

Die Grenze wird also nur in der Sprache gezogen werden können und was jenseits der Grenze liegt, wird einfach Unsinn sein.

Wieweit meine Bestrebungen mit denen anderer Philosophen zusammenfallen, will ich nicht beurteilen. Ja, was ich hier geschrieben habe macht im Einzelnen überhaupt nicht den Anspruch auf Neuheit; und darum gebe ich auch keine Quellen an, weil es mir gleichgültig ist, ob das, was ich gedacht habe, vor mir schon ein anderer gedacht hat.

Annalen Natur- u. Kulturphil. XIV. 12*

《逻辑哲学论》扉页，刊载于奥斯特瓦尔德《年鉴》

你就可以告诉出版商没问题了……W. 理智地处理了整件事情，我大松了口气。

1921—1922 年的冬季月份，照着奥斯特瓦尔德版的一个抽印本，弗兰克·拉姆塞把此书译成了英语；当时拉姆塞十八岁，是国王学院的本科生、奥格登的朋友，人们已认为他是大有前途的数学家。

3 月末维特根斯坦收到了拉姆塞的译文和一张疑问表，疑问表里就奥格登和拉姆塞两人都不解的几处地方询问他的意见。在某些地方，他们的疑惑是奥斯特瓦尔德德文本草率的印刷造成的；其他地方则是由于他们没有很好地理解维特根斯坦想说的意思。因为尚未看到奥斯特瓦尔德的本子，维特根斯坦不可能弄得清哪个是哪个。事实上，他现在疑心奥斯特瓦尔德根本没印出——或不会印出——自己的书。

因此校正译文的任务漫长而困难，但到 4 月 23 日，维特根斯坦已弄完了一份详细的评注和意见表，并寄给了奥格登。大体上，他的意见的出发点是想把英语尽量弄得自然，令拉姆塞译文的直译风格松弛下来。他被迫要做的不只是定义具体的德语词和词组；还不得不解释他想用它们说什么意思，然后找一种抓到相同意思和语气的英语表达。这样，在某种程度上英语版不仅是德语版的翻译，还是维特根斯坦思想的一次重 206
新阐述。

奥格登提出的第一个问题谈的是标题。奥斯特瓦尔德出版时用的是维特根斯坦的德语标题 *Logisch-Philosophische Abhandlung*，若逐字翻译，结果是相当别扭的“Logico-Philosophical Treatise”[1]。罗素提出“Philo-sophical Logic”[2] 待选，摩尔——有意仿效斯宾诺莎的 *Tractatus Theologico-PoliticusTractatus*[3] ——提出“Tractatus Logico-

[1] “Logico-Philosophical Treatise”，这里保留英文，大意是“逻辑—哲学的论文”。

[2] Philosophical Logic，哲学的逻辑。

[3] *Tractatus Theologico-Politicus*，《神学政治论》。

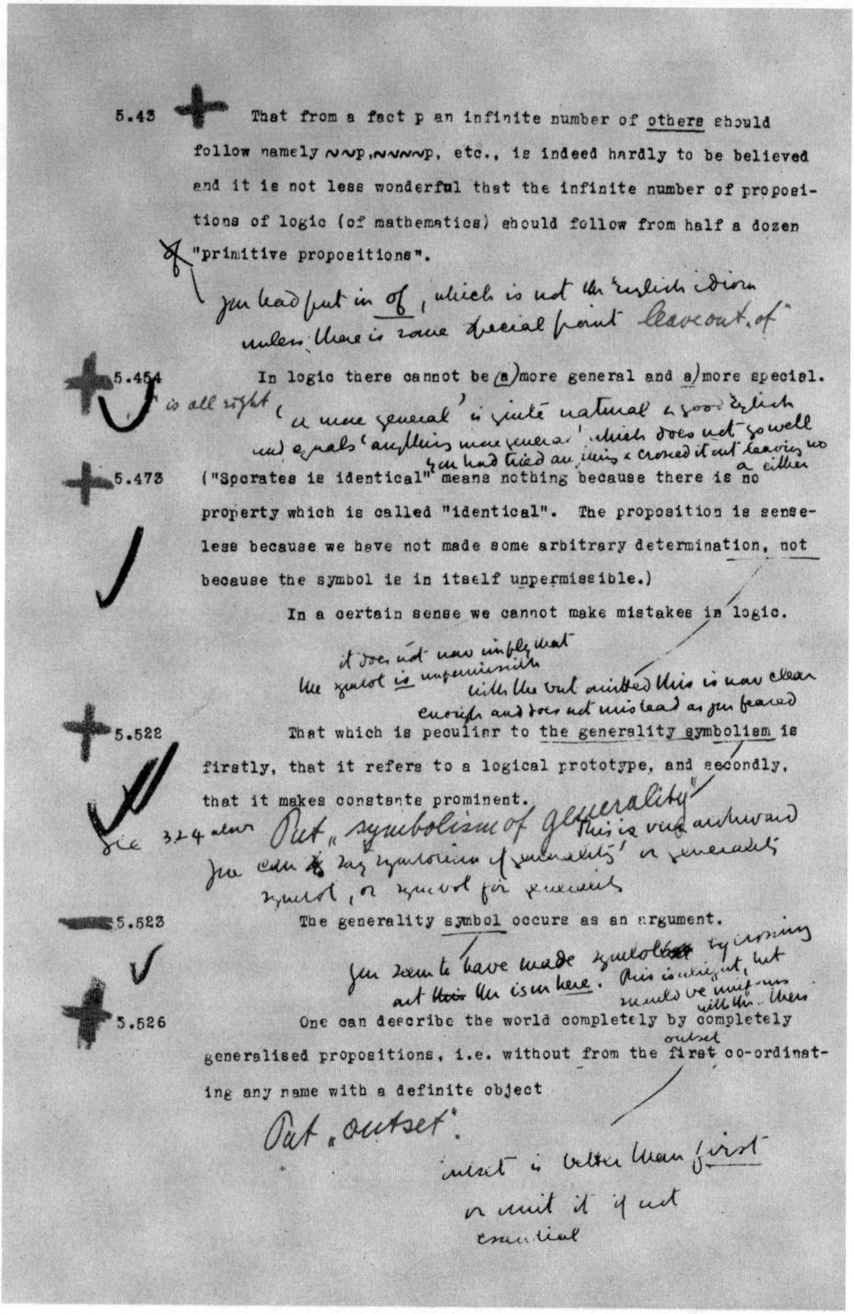

5.43 That from a fact p an infinite number of others should follow namely ~~p, ~~~~p, etc., is indeed hardly to be believed and it is not less wonderful that the infinite number of propositions of logic (of mathematics) should follow from half a dozen "primitive propositions".

5.454 In logic there cannot be (a) more general and a) more special.

5.473 ("Socrates is identical" means nothing because there is no property which is called "identical". The proposition is senseless because we have not made some arbitrary determination, not because the symbol is in itself unpermissible.)

In a certain sense we cannot make mistakes in logic.

5.522 That which is peculiar to the generality symbolism is firstly, that it refers to a logical prototype, and secondly, that it makes constants prominent.

Put „symbolism of generality"

5.523 The generality symbol occurs as an argument.

5.526 One can describe the world completely by completely generalised propositions, i.e. without from the first co-ordinating any name with a definite object

Put „outset".

《逻辑哲学论》英译本校样，其中有维特根斯坦和奥格登的批注

Philosophicus[1]”，觉得这译法“明显而且理想”。当然这标题不会令公众觉得容易进入此书，奥格登对此有点担忧。“若说什么标题更好卖，”他告诉罗素，“*Philosophical Logic* 更好，只要它给人的印象符合书的内容。”

这事是维特根斯坦敲定的。“我认为拉丁语标题比现在的标题更好”，他告诉奥格登：

> 虽然“Tractatus Logico-philosophicus”还不理想，但有点接近正确的意思了，而“Philosophic logic”是错的。事实上我不知道它是什么意思！没有 Philosophic logic 这种东西。（除非你说，既然整本书是无意义的，标题也一样可以是无意义的。）

奥格登仔细考虑了维特根斯坦给出的意见和评注（他和维特根斯坦的通信体现出他是作者能期望的最细致和宽厚的编辑），据此修订了文本。5 月份英语版的工作差不多完成了。

仍有个问题。维特根斯坦准备打印稿时写了一系列增补论述，除了一处例外，这些论述未收进最终文本。维特根斯坦为增补论述编了号，例外的是第 72 条，维特根斯坦想让它当命题 4.0141；它是对前一条论述的细化，谈的是两种关系的比较：语言和世界之间的描绘关系，以及音乐主题、留声机唱片和乐谱之间的关系。但是，奥斯特瓦尔德版的命题 4.0141 读上去相当古怪：“( Siehe Ergänzung Nr.72 )[2]”。显然，他要么弄丢了增补表，要么从未拿到；而且他大概觉得这一句不比书中的其他命题更不可解。于是就要留待奥格登质询拉姆塞的译文了：“（见增补第 207
72 条）”。“这是什么？”奥格登问，“大概有什么错误吧。”

维特根斯坦在回信里解释了增补的事，并把自己打算放进书里的那

[1] *Tractatus Logico-Philosophicus*，《逻辑哲学论》。
[2] Siehe Ergänzung Nr.72，德文，即“见增补第 72 条”。

一条的译文给了奥格登。奥格登由此想到了一种颇具诱惑的可能性：也许还有更多的增补来阐释和扩充这本毕竟相当困难——和简短——的书。

维特根斯坦拒绝再寄。“想都别想印出它们，”他告诉奥格登，“增补恰恰是绝不可印出的东西。此外它们真的完全不包含任何阐释，它们比我的其余命题更加不清晰。”

> 至于这书的简短，我对此极为遗憾；但我能做什么？如果你像挤柠檬一样挤我，你不会从我这儿得到任何别的东西。让你印出增补不会有任何助益。这就像是你去找工匠订一张桌子，他把桌子做得太短了，现在要拿刨花和锯屑和其他垃圾跟桌子一起卖给你，以补偿桌子之短。（与其印出增补使书更肥厚，不如留一打白纸给读者，他买了书却读不懂时，就有地方咒骂了。）

6月份书准备付印了，奥格登寄给维特根斯坦一份要他签署的声明，把这本书的所有出版权授予“柯甘·保罗”，“作为对此的酬谢：他们以‘Tractatus Logico-Philosophicus’的标题将其列入‘心理学和哲学国际丛书’，用德语和英语出版”。按这份合同的条款，他们不为这书的版权付给维特根斯坦一分钱，维特根斯坦也无权得到销售版税。1933年他们打算重印时，维特根斯坦试图劝说“柯甘·保罗”付给自己版税，但他们未予回应，因此他把自己以后的作品给了其他出版商。但这时候，他更关心的不是报酬，而是确保大卫的母亲埃伦·品生特拿到一个赠本。出版的最后阶段他在写给奥格登的每一封信里都请对方留心品生特夫人，保证她拿到一本。

7月份校样好了，维特根斯坦作了适当修订，8月的第一个星期寄了
208 回去。看来，出版商想印出维特根斯坦的一点生平细节，写这书时的罕见环境，他们提到卡西诺修道院的战俘营，诸如此类。维特根斯坦对此

的回应带着尖利的轻蔑，“至于你提到的意大利修道院等事，”8月4日他写信给奥格登，“你高兴怎样就怎样。”

> ……只是我一辈子也看不出这有什么意思。为什么一般评论者要知道我的年龄？这就像是说：你不能从一个年轻小伙子那里期待更多，尤其他写书时身处奥地利前线想必有的那种噪音中间？如果我知道一般评论者相信占星术，我将建议把我的出生日期和时间印在书封面上，以便他画出我的天宫图。（1889年4月26日下午6点。）

书出版时维特根斯坦已离开了特拉腾巴赫。早在10月23日，他就暗示罗素这是他在那儿的最后一年，“因为我在这儿连跟其他教师都处不好”；自那以来，他在特拉腾巴赫的生活一天比一天难。他决心，至少要拓宽较有能力的学生的眼界；他给卡尔·格鲁贝尔开的小班规模增加了，收进了新班级里的某些较好的学生。包括恩默里希·科德霍尔德和奥斯卡·福克斯。三人的父母都抵制他。他想带福克斯到维也纳看场戏剧时，遭到了拒绝，福克斯的母亲不希望把她的男孩交给“那个疯狂的家伙”。他向科德霍尔德的父亲提出，科德霍尔德有能力上维也纳的语法学校也应该去上，得到的回答是想都不要想；他们需要这男孩帮忙照料农田。但他最大的失望是最有天赋的学生卡尔·格鲁贝尔。每天放学后，从四点到七点半，维特根斯坦带领格鲁贝尔进行高强度的学习，主要学拉丁语、数学、地理和历史。亨泽尔不时过来测试格鲁贝尔的长进，特别测试拉丁语——维特根斯坦觉得自己最没资格教的一门课。他们的计划是支持格鲁贝尔在维也纳读完语法学校。上学时格鲁贝尔将和赫尔米勒住，但这里有一个困难：“我会觉得那是种羞辱”，格鲁贝尔日后解释道：

> 我不想乞求施舍，否则我会觉得自己在接受救济。我去那儿时将 209
> 是个“穷孩子”，将不得不为每一片面包说谢谢您。

上图：特拉腾巴赫的客房，阁楼右侧附属建筑是
　　　维特根斯坦的房间
下图：特拉腾巴赫的村民

特拉腾巴赫的维特根斯坦客房房间

也许因为这个，或者，也许仅仅因为疲惫不堪——在当地工厂干活的同时还每天努力学习三个半小时，得到的却只是家人的阻拦——格鲁贝尔告诉维特根斯坦自己不想继续上课。1921 年 2 月 16 日维特根斯坦写信给亨泽尔："今天格鲁贝尔到我这儿拿点书回去，我和他谈了。结果他没有热情继续他的学习……当然他完全不知道自己正在走向何处，即，他不知道自己正迈出的这一步是多么糟。但他要怎么才知道。可怜！可怜！"

"我希望你不用在小学教学上干得这样辛苦，" 2 月 7 日罗素写信给他，"那一定很乏味。" 维特根斯坦回信说，自己近来确实感觉很沮丧，但不是因为觉得自己讨厌小学教学："相反！"

> 但这片国土上的人如此全然彻底地不可救药，在这儿当教师是艰难的。在这地方，没有一个我可与之交流一个有意义的词的灵魂。上帝知道我怎样才能更长地经受这个！

罗素曾写过自己如何"喜欢中国胜过欧洲甚多"："人们更文明——我一直希望回到那儿"。是的，维特根斯坦回复，"我很可以相信你觉得中国比英格兰更舒适，虽然英格兰无疑比这里好一千倍。"

在他和奥格登的通信里也有一点迹象：为了至少能跟几个聊得来的人在一起，他已经开始期待到英格兰去。他的信里频繁地问起剑桥的老朋友，请奥格登转达他的问候——特别是对约翰逊和凯恩斯。

整个夏季学期，他都带着很大的期待和乐趣盼望着计议中的和罗素的见面；罗素打算来欧洲大陆，跟兄弟和妻子住在他们在瑞士的家里。
210 最初的计划是维特根斯坦到那儿加入罗素一家，但又改成在因斯布鲁克见面过一夜。安排此事的通信，语气是温暖友善的，丝毫未显出即将曝露的两人的分歧。他们交换对欧洲的险恶形势的看法，说多么盼望见到对方，维特根斯坦热情地问起罗素的妻子和宝宝（"小男孩很可爱，" 罗素回答，"起初他看上去和康德一模一样，但现在看着更像个宝宝了。"）

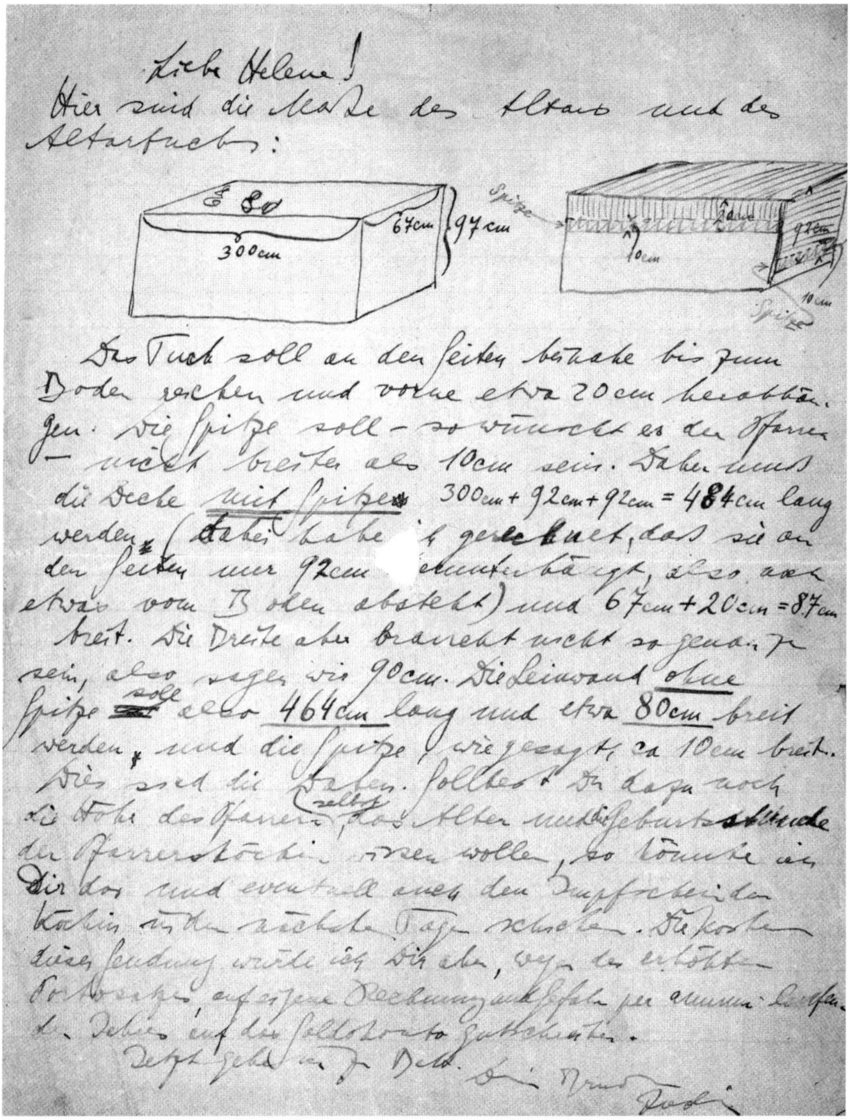
Liebe Helene!
Hier sind die Maße des Altars und des Altartuches:



Das Tuch soll an den Seiten beinahe bis zum Boden reichen und vorne etwa 20cm herabhängen. Die Spitze soll – so wünscht es der Pfarrer – nicht breiter als 10cm sein. Daher muss die Decke mit Spitze 300cm + 92cm + 92cm = 484cm lang werden (dabei habe ich gerechnet, dass sie an den Seiten nur 92cm herunterhängt, also noch etwas vom Boden absteht) und 67cm + 20cm = 87cm breit. Die Breite aber braucht nicht so genau zu sein, also sagen wir 90cm. Die Leinwand ohne Spitze soll also 464cm lang und etwa 80cm breit werden, und die Spitze, wie gesagt, ca 10cm breit. Dies sind die Daten. Solltest Du dazu noch die Höhe des Pfarrers, das Alter und die Geburtsstunde der Pfarrersköchin wissen wollen, so könnte ich Dir das und eventuell auch den Impfschein der Köchin in den nächsten Tagen schicken. Die Kosten dieser Sendung würde ich Dir aber, wegen der erhöhten Portospesen, auf eigene Rechnung [illegible] per [illegible] [illegible] auf das [illegible] gutschreiben.

Jetzt geht es mir gut.

Dein Bruder Ludwig

维特根斯坦从特拉腾巴赫写给姐姐海伦娜的信

然而，结果两人对这次见面都大为失望，事实上这是他俩最后一次作为朋友相见。据多拉·罗素说，是“那时的环境”造就了这次“麻烦的见面”。那时奥地利的通货膨胀达到了顶点，还有：“整个地方满是盗尸鬼和秃鹫，得益于廉价货币的旅游者享受着奥地利人买单的大好时光”。

> 我们全都晃在街上想找到入住的房间；由于他国家的状态，还有他无法施予好客之礼，维特根斯坦痛感骄傲被刺伤了。

最后他们要了个单间，罗素一家睡床，维特根斯坦睡在沙发上。“但旅馆有一个坐着挺舒服的阳台，伯蒂谈怎么把维特根斯坦弄到英格兰。”她极力否认他俩这回吵架了：“维特根斯坦永远不容易相处，但我觉得分歧肯定都是关于他们的哲学思想。”

不过罗素本人记得分歧是宗教上的。他说，维特根斯坦“为了我不是基督教徒而非常难受”，而且那时维特根斯坦“处于他神秘热情的顶点”。他“极热诚地要我相信，善比聪明更好”，但却（罗素似乎在这儿看出一个有趣的悖论）“惧怕黄蜂，而且，因为虫子他不能在我们找到的因斯布鲁克寓所再过一夜”。

后来的日子里罗素留给人的印象是，他俩在因斯布鲁克见面过后，维特根斯坦认为他太过邪恶，不可与之来往，于是断绝了一切联系。罗素喜欢人们认为他是邪恶的，这也无疑是这次会面在他记忆里留下的最鲜活一面。维特根斯坦确实不赞成他的性观念，在因斯布鲁克见面之前
211 曾建议罗素读读莱辛的《神学文选》（罗素没有听从这建议），试图把罗素往宗教默想的方向领。但在因斯布鲁克的见面之后维特根斯坦并未故意不和罗素有任何联系；见面后的几个月里他至少写了两封信给罗素，两封信的开头都是：“我很长时间没听到你的消息了。”

那么，这就暗示了，断绝通讯的是罗素。也许真相是，他觉得维特根斯坦的宗教热诚太烦人，受不了。因为，如果维特根斯坦处于“他神

秘热情的顶点”是真实的，那么同样真实的是，罗素正处于他的无神论者的刻薄的顶点。奥特琳激起的“宗教本质”和“神秘主义和逻辑”式的超验主义已离他而去；取而代之的是对基督教的猛烈反对，而他——以他现在的著名公共演说家和流行作家的身份——从不错过一次表达这种反对立场的机会。

还有一个相关的、也许更深的差别（伊格尔曼甚为注重这种差别）：想改善世界和只求改善自己之间的差别。又一次，不仅维特根斯坦变得更内省和更个人主义了，罗素也变得更非如此了。战争把他变成了社会主义者，令他相信急需改变统治世界的方式；相比于把世界建成一个更安全所在的公共关切，他把个人道德的问题列为次要的。伊格尔曼说过一个故事，说明这一差别在其最赤裸裸的形式里是怎样的；故事说的肯定是因斯布鲁克的那次见面：

> 当20世纪20年代罗素想建立或加入一个“世界和平自由组织”或类似的组织时，维特根斯坦严厉地斥责他，结果罗素对他说：“唔，我猜想你宁可建立一个世界战争奴役组织”。对此，维特根斯坦激烈地表示同意：“是的，宁可那样，宁可那样！”

如果这是真的，那么很有可能是罗素认为维特根斯坦太邪恶，不可与之交往。因为，对于他的余生作为奠基其上的伦理观点，不会有比这更彻底的批判了。

无论如何，罗素没有再尝试联系维特根斯坦，也没有再尝试劝说他 212
来英格兰。若维特根斯坦想摆脱奥地利农民的“可憎和低等”，那不会是通过他过去在剑桥的老师。

维特根斯坦在特拉腾巴赫当小学教师的那段日子不成功，很大程度上是由于他对这一差事的投入。他的高期望和他强制学生的严厉方式为难和惊吓了每个人，除了少数学生；他激起了父母们的敌意，甚至未能和自己的同事处好。而且，正如罗素迫使他承认的，特拉腾巴赫的人并无独特的邪恶之处——在别的地方他遇到的反应很可能是一样的。

有一些迹象表明，如果能找到某种更好的事做，他本会彻底放弃学校教学。他既跟罗素谈到回英格兰的事，也跟伊格尔曼讨论“逃去俄国”的可能性。在这两个地方他会做什么，他不知道。一定不是哲学——他在自己的书里说了他对那个要说的一切。

结果，1922 年 9 月他进了一所和特拉腾巴赫同属一个地区的新学校，这次是一所中学，位于一个名为哈斯巴赫的村子里。他这样做时不抱什么大希望。在那儿开始工作前他对伊格尔曼说，自己已经“对那儿的新环境（教师、教区牧师等等）有了很不如意的印象”。他说，这些人“根本不是人类，而是可恶的虫豸”。也许他曾想过中学教师较容易相处，但事实上发现自己根本受不了他们对“专门学问”的自诩，不久就希望回到某所小学。他待了一个月不到。

11 月他进了普希贝格的一所小学；这是席尼山区里的一个舒适的村子，现在是热门的滑雪胜地。又一次，他发觉很难从四周的人身上辨出一点点人性；他告诉罗素，实际上他们根本不是真正的人，而是四分之一的动物和四分之三的人。

到普希贝格不久，他终于收到了印好了的《逻辑哲学论》。11 月 15 日他写信给奥格登：“它们看上去很棒。我希望其内容有其外表一半好。”他想知道约翰逊——约翰逊论逻辑的三卷本作品中的前两卷最近也出版
213 了——会不会买它：“我愿意知道他对之的想法。如果你见到他，请转达我的爱。”

自然，在普希贝格没有他能与之讨论哲学的人，但他至少找到了能与之分享他的音乐热情的人：鲁道尔夫·科德尔，一个在学校教钢琴的很有才能的钢琴家。听到科德尔弹奏“月光”奏鸣曲，维特根斯坦走进音乐室介绍了自己。自那以后他俩几乎每天下午都见面，一起演奏单簧管

和钢琴二重奏——勃拉姆斯和拉博的单簧管奏鸣曲，以及勃拉姆斯和莫扎特的单簧管五重奏的改编曲。

后来，当地的煤矿工人、村唱诗班成员海因里希·波斯特尔加入了他们的音乐会。波斯特尔成了维特根斯坦的好朋友，也算得上是受他照顾；后来维特根斯坦家雇波斯特尔当门房和看管人。维特根斯坦送给他几本自己钟爱的书——托尔斯泰的《福音书概要》和赫伯尔的《百宝箱》——并试图用自己的道德教训打动他。一次波斯特尔讲到自己希望改善世界，维特根斯坦回答："改善你自己，那是你为改善世界能做的唯一的事。"

科德尔和波斯特尔之外，在普希贝格的职工和村民里维特根斯坦几乎没交什么朋友。和在特拉腾巴赫时一样，他的教学既把几个学生引向了他们原本到不了的高度，也因为令他们家里的活计受损而引起了父母的对抗。

维特根斯坦艰难地教着小学生的同时，在学术圈子里《逻辑哲学论》正引起许多目光的关注。1922 年数学家汉斯·哈恩在维也纳大学开了个讨论班讨论这本书，稍后这本书也引起了莫里茨·石里克领头的一群哲学家的注意——这群人将演变成著名的逻辑实证主义维也纳小组。在剑桥，《逻辑哲学论》也成了一群人数不多但有影响力的教师和学生的讨论焦点。剑桥对此书的第一次公开讨论大概是：1923 年 1 月，理查德·布雷斯韦特在道德科学俱乐部作了题为"维特根斯坦在《逻辑哲学论》里阐述的逻辑"的演讲。

暂时，剑桥唯一与维特根斯坦有联系的仍是奥格登；3 月份他把自己新出版的书寄给维特根斯坦，书名是《意义的意义》，是他和诗人、文 214
学批评家 I. A. 瑞恰兹合写的。奥格登认为这书是对维特根斯坦在《逻辑哲学论》里处理的意义问题的一种因果式解决。维特根斯坦认为它并不相干。"我认为我应该坦白地对你说，"他写道，"我相信你没有抓到问题——例如——我在我书里处理的问题（无论我有没有给出正确的解决）。”在 4 月 7 日写给罗素的信里他进一步说：

> 前不久我收到了《意义的意义》。这书一定也寄给你了。它不是一本糟透了的书吗？！哲学不是那样简单的！由此看出写一本厚书是多么容易。最糟的是文学博士 F.B.A. 波斯盖特（Postgate, Litt. D.F.B.A.…）教授写的导言。我没怎么读到过这么傻的东西。

这是他俩在因斯布鲁克的不愉快会面以来维特根斯坦写给罗素的第二封信，他急切地等待回信。“有时间写信给我，”他恳求，“你一切还好吗，你的孩子如何了，他是否已在顺利地学习逻辑了？”

罗素像是没有回信。维特根斯坦对奥格登作品的断然驳斥可能惹到了他，他自己在那本书里没看出什么可批评的。在许多方面那只是重述了他自己在《心的分析》里说过的话。不久后维特根斯坦吃惊地在《国家》（*the Nation*）上读到一篇罗素对此书的正面书评，罗素说它“毫无疑问地重要”。他从弗兰克·拉姆塞那儿得知，罗素“并不真的认为《意义的意义》是重要的，想通过推进其销路来帮助奥格登”——这种解释肯定加深了维特根斯坦的不满，而且印证了他愈来愈牢固的看法：罗素不再严肃。20 世纪 30 年代，曾有一两次维特根斯坦想引起罗素对自己那时做的哲学工作的兴趣（并不成功），但再也没有如朋友般热情地对待罗素。

维特根斯坦愈来愈孤立了（“我很惭愧的是，”他写信给伊格尔曼，“我必须坦然承认，我能与之交谈的人在不断减少”），这样的他需要朋友。通过奥格登，凯恩斯把“欧洲的重建”寄给维特根斯坦——此文以
215 《曼彻斯特卫报》增刊的形式发表——他试图直接写信向凯恩斯表示感谢。“我更愿意私下得到你的消息，”他告诉凯恩斯，“谈谈你过得如何，等等。”

> 或者，你太忙了没空写信？我想你不见得那样。你见得到约翰逊

吗？若你见到他，请转达我的爱。我也很愿意听他说话（不是谈我的书，而是谈他自己）。

所以有时间就写信给我，如果你愿屈尊那样做。

过了一年多凯恩斯才回信。“凯恩斯写信给我了吗？”1921年3月27日维特根斯坦问奥格登，“如果有，请告诉他信没寄到。”他甚至再次把自己的普希贝格地址给了奥格登——尽管先前已给过两次——以防凯恩斯的信寄错了地方。

能够把维特根斯坦劝回英格兰（最终也做到了）的是凯恩斯。同时，维系着维特根斯坦和剑桥之间的联络的是凯恩斯的一个朋友，一个“使徒”成员和国王学院中人：弗兰克·拉姆塞。

《逻辑哲学论》出版的头一年，拉姆塞无疑是研究它的剑桥人中感觉最敏锐的。他仍是一个本科生（1923年还只有十九岁），但受命为哲学刊物《心智》写一篇维特根斯坦著作的书评。直到今天这篇书评仍是对此书的最可靠讲解之一，也是最透彻的批评之一。书评的开头带有罗素的气息：

这是一本最重要的书，包含范围广泛的题目上的原创思想，形成了一个连贯的系统；无论这系统是否如作者声称的那样对于解决所处理的问题是必须的，它都格外重要，值得所有哲学家予以注意。

但拉姆塞接着对罗素“导言”包含的一些误解提出了异议——例如，罗素错误地认为，维特根斯坦谈的是一种“逻辑上完美的语言”的可能 216
性——并就书的主线给出了一个更完整和更可靠的讲解。

维特根斯坦从奥格登那儿听说拉姆塞打算1923年暑假去维也纳，于是写信给拉姆塞本人，邀请他来普希贝格。拉姆塞怀着谢意接受了，并于9月17日抵达；他不太知道此行会怎样。他待了约两星期，维特根斯坦每天花五个小时——从下午二点教完书到晚上七点——和拉姆塞一起一行行地细读《逻辑哲学论》。“这极富启发，”拉姆塞写信给奥格登，“他像是享受这事，我们一小时前进约一页。”

> 他很有兴趣，虽然他说他的心智已不再灵巧，再也不能写另一本书。他从八点到十二点或一点在村学校教书。他非常穷，似乎过着沉闷的日子，在这儿只有一个朋友，他的多数同事认为他有点疯。

如此细致地细读此书时，维特根斯坦对原文作了一点纠正和改变，它们体现在后来的版本里。维特根斯坦和拉姆塞都觉得这是重要的：拉姆塞要在每一个细节上彻底理解此书。维特根斯坦唯恐拉姆塞回英格兰后把什么都忘了——就像1914年摩尔去挪威时似乎发生的那样。“那很可怕，”拉姆塞写信给他母亲，“当他说‘那个清楚了吗’，我说‘没有’，他说‘该死，重来一次很恐怖’。”

拉姆塞打算把维特根斯坦的著述当作一种关于更高等数学的理论的基础。他俩搞完全书时他写道，“我要从他那儿榨出更多的想法，用于我将来进一步发展此书的努力”：

> 他说他自己什么也不会再做，不是因为他烦了，而是因为他的心智不再灵巧了。他说没人能在哲学上做多过五年或十年的工作。（他的书花了七年。）而他肯定罗素再也做不出任何更重要的东西。

维特根斯坦似乎支持拉姆塞的计划，至少赞同要有某种东西占据罗素
217 《数学原理》的位置。他留给拉姆塞的印象是，他觉得罗素正筹划《数学原理》新版本的事“有一点讨厌”：“因为他认为自己已经向罗[1]表明了，

[1] “罗”，即罗素，原文“R”。

那么做是错的，一个新版本是没用的。必须得彻底重起炉灶。”

拉姆塞有点担心维特根斯坦此时的生活条件：

> 他非常穷，起码他过得很节约。他有一个石灰粉刷的小房间，里面有一张床，脸盆架，小桌子和一张硬椅子，也就放得下这些东西了。我昨晚和他一起吃晚餐，那是相当难吃的粗面包、黄油和可可。

不过维特根斯坦的年轻外表和强健活力打动了他。“解释自己的哲学时他很兴奋，作出有力的手势，但又迷人地一笑，从而减缓了紧张气氛。”他倾向于认为维特根斯坦“夸大了自己的言辞之神启[1]”，但他毫不怀疑维特根斯坦的天才：

> 他极棒。我过去认为摩尔是个极棒的人，但跟 W 比比！

在维特根斯坦这方面，和拉姆塞的讨论给他的常规日程带来的是一种刺激和愉快——虽说很累人——的变化，也是一种同剑桥的可喜联系。他告诉拉姆塞自己有可能在学年末离开普希贝格，但还没想好之后做什么——也许找个园艺工的活儿，也许到英格兰找工作。他请拉姆塞查一查，战前他和罗素一起度过的六学期能否使他有资格拿到学士学位：也许《逻辑哲学论》可以当学士论文。

米迦勒节学期快到了，因此拉姆塞回了剑桥；他和维特根斯坦开始热情友好地通信。在最初的一封信里拉姆塞解释说（他从凯恩斯那儿得知），剑桥学位资格的管理规定已经变了。在那儿住六学期并递交一篇论文不再可能获得学士学位。如果维特根斯坦想要学位，就得回剑桥至少

---

[1] “言辞之神启”（verbal inspiration），宗教上的说法，大意指浸润到《圣经》每个词上的神的启示。

218 再待一年，然后递交一篇论文。这样他有希望获得博士学位。

凯恩斯想通过拉姆塞给维特根斯坦五十镑的路费，以此诱使他来英格兰。凯恩斯起初想匿名地给这笔钱，但维特根斯坦直接问拉姆塞时，拉姆塞不得不承认：“五十镑是凯恩斯的”：

> 他要我别立刻说出来，因为他担心，相比于一个不知名的来源，你或许较不愿意拿他的钱，因为他从未写信给你。我不理解为什么他没写信，他也没能解释，他说自己一定对之有某种“纠结”。他谈起你时带着温暖的感情，非常想再次见到你。

拉姆塞甚至写信对维特根斯坦的外甥托马斯·斯通巴罗（他是在剑桥结识托马斯的）证明同一件事：“凯恩斯非常想再次见到L.W.，他没能回信似乎是个相反的证据，但与之相比，他给的五十镑是更好的证据。他谈到L.W.时很有感情。”

这事标志着一场劝说维特根斯坦的持久战打响了：先是劝他去英格兰过一个暑假，然后是劝他放弃教书，到剑桥继续做哲学工作。拉姆塞尽力消除维特根斯坦对重回离开很久的剑桥社会的恐惧——不在时他大大改变了，而且他的生活在很大程度上远离一切社会。12月20日拉姆塞写信说自己完全能理解这恐惧，“但你绝不可给它任何分量”：

> 我能在剑桥找到寓所，你无须见更多的人，除了你喜欢或觉得能见的人。我能明白跟人一起住很困难，因为你不可避免地要常常和他们在一起，但如果你独居，你可以逐渐地融入社会。
>
> 我不希望你把我这话理解为我认可你的这种恐惧——你会招人厌烦或讨厌——因为我知道我自己极想见到你；但我只想说，如果你有这种恐惧，那你完全可以不跟任何人一起住而先单独过。

拉姆塞后来明白这一路的进击是无用的——维特根斯坦最不想要的就是 219
在英格兰单独生活。但无论如何，1924 年 2 月他放弃了劝维特根斯坦到英格兰过夏天的努力，而是说了自己前往维也纳的计划。

拉姆塞希望自己接受精神分析，这种兴趣已有了一段时间。最初是因为他对一个已婚女人的“不快乐的激情”引发的情感骚乱。1924 年的四旬斋学期，在经受了消沉之苦后他又有了这个想法。因为这个，再加上想在按计划跨进自己的学院生涯前暂别剑桥，最终他决定到维也纳住六个月。他选择维也纳，不是只取决于接受精神分析的愿望，也受到这事的影响：在那儿能定期见到维特根斯坦，讨论自己的工作。

与自己的工作相关，拉姆塞近来在见罗素，帮助罗素写新版的《数学原理》。罗素把自己想加到新版里的修订的手稿交给拉姆塞，请其作评。拉姆塞的批评并未记录下来。新的导言只是说，“作者们”（指罗素和怀特海，但事实上为修改负责的是罗素一个人）“很大地受惠”于拉姆塞。

然而，对着维特根斯坦，拉姆塞严厉批评了那项工作：

> 你说那毫不重要是完全正确的；它真正做到的不过是，不使用还原公理[1]而聪明地证明数学归纳法。没有根本上的改变，跟以前是一回事。我感到他太老了：看上去他对每件单独的事都理解，并说“是的”，但却对之没留下印象，三分钟后又谈起他的老路子了。你的所有工作到现在他似乎只接受这个：在该出现名词的地方放一个形容词是无意义的，这一点对他的类型论有益。

事实上似乎没人喜欢新版本。维特根斯坦和拉姆塞认为它对维特根斯坦的批评注意得太少；怀特海认为它太维特根斯坦化了，发表了一篇文章对罗素加进的新想法提出了异议。

---

[1] “还原公理”（Axiom of Reducibility），也译作可“规约化公理”。

220 3月份拉姆塞去了维也纳。他和托马斯·斯通巴罗同行，路上托马斯向他介绍了维特根斯坦家的主要情况——维特根斯坦的三个哥哥自杀了，还剩三个姐姐和第四个哥哥，都住在维也纳。遇到托马斯·斯通巴罗后，拉姆塞一定明白了，自己的维特根斯坦"非常穷"的判断要作些许修正。在巴黎，托马斯把父亲杰罗姆·斯通巴罗引荐给他；他告诉母亲，杰罗姆"就是一个富足的美国人的模样"。

在维也纳拉姆塞结识了当时住在舍伯恩宫的玛格丽特，这时他亲眼见到了维特根斯坦家族财富的规模："她必定是个巨富。"他受邀于下星期六到府邸参加晚餐聚会："就我能了解的，出席聚会的有维特根斯坦家的人，大部分是女性；有教授们、儿子汤米[1]的朋友，多数是男性。这样男性占大多数。"演奏音乐的是一组职业的弦乐四重奏，他们先演奏海顿，然后是贝多芬。拉姆塞更喜欢对海顿的演奏，但得知这就让自己暴露了——"我倒不在乎，因为迟早我都免不了露馅"。晚餐后他和保尔·维特根斯坦交谈——"一个哥哥，是著名的钢琴家，在战争里失去了一条手臂，现在用一只手演奏。莱昂内尔曾听过他的演奏，但不知道他和路德维希有关系"——保尔和赫尔米勒又邀请他外出吃午饭。

见到这一家后，拉姆塞更好地理解到维特根斯坦的境遇实属自找。拉姆塞写信向凯恩斯说明，"努力让他过更舒适的生活，或让他停止对自己精力和大脑的荒谬浪费"可能没用：

> 我现在看清了这一点，只是因为我结识了他的一个姐姐，见到了他的其余家人。他们非常富有，极其渴望给他钱，或以任何方式为他做任何事，而他推掉了他们的一切亲近；甚至圣诞礼物或他生病时送去的病号餐都送回。而他这么做不是因为他们不和睦，而是因为他不愿得到任何不是自己挣的钱，除非是为了某些非常特定的目

[1] 儿子汤米，指托马斯。

> 的，比如再去见你。我认为他教书是要挣钱，只有找到了其他更好的挣钱办法，他才会停止教书。而那得是真的挣钱，他不愿接受任 221 何有一点点像是混事的工作。这甚是可惜。

他甚至提出一种心理学解释的根据："这似乎是一种极为严格的抚养的结果。他的三个哥哥自杀了——他们的父亲造就了辛勤工作的他们：曾有一时八个孩子有二十六个私人教师；而他们的母亲对他们没什么兴趣。"

在维也纳的第一周末尾，拉姆塞前往普希贝格同维特根斯坦过了一天。他的心思主要在自己的精神分析上，没打算跟维特根斯坦讨论自己的数学基础工作。不过他像是试着讨论了一下，但发现维特根斯坦的反应令人失望。"我觉得维特根斯坦累了，"他写信给母亲，"虽然没生病；但跟他谈工作真的没用，他听不进去。如果你提出一个问题，他不会听你的回答，而是去想一个他自己的问题。而那对他是很艰难的事，像是把过重的东西推上山。"

普希贝格之行后，拉姆塞写信向凯恩斯强调把维特根斯坦弄出那个恶劣环境——如今他自己体验过了——的重要性：

> ……如果他能摆脱他的环境，而且不那么累，再加上我对他的激励，他也许能再做一点非常好的工作；他若看出这一点，大概早就去英格兰了。但我认为，只要他还在这儿教书，他就什么也做不了，他的思考明显极费力，仿佛他已消耗殆尽。等他放暑假时，如果我在这儿，我会试着激励他。

看上去，维特根斯坦相信自己无法充分地用英语讲清情况，而若用德语写信凯恩斯又看不懂，于是请拉姆塞写信向凯恩斯说明自己对于去英格兰的态度。拉姆塞解释说，维特根斯坦对去英格兰重见老熟人抱有严重的疑虑。他觉得自己再也不能跟罗素说话，而且跟摩尔的反目尚未

来做客的朋友：阿尔费德·索格伦，他的妻子克拉拉，哥哥保尔，维特根斯坦，以及家庭的朋友亨尼斯

拉姆塞在普希贝格

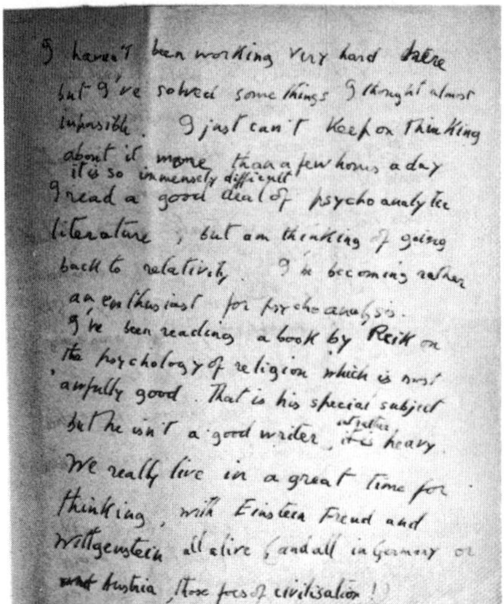

I haven't been working very hard ~~here~~ but I've solved some things I thought almost impossible. I just can't keep on thinking about it more than a few hours a day it is so immensely difficult. I read a good deal of psychoanalytic literature, but am thinking of going back to relativity. I'm becoming rather an enthusiast for psychoanalysis. I've been reading a book by Reik on the psychology of religion which is most awfully good. That is his special subject but he isn't a good writer, it is rather heavy. We really live in a great time for thinking, with Einstein Freud and Wittgenstein all alive (and all in Germany or ~~and~~ Austria, those foes of civilisation!)

拉姆塞给他母亲的信

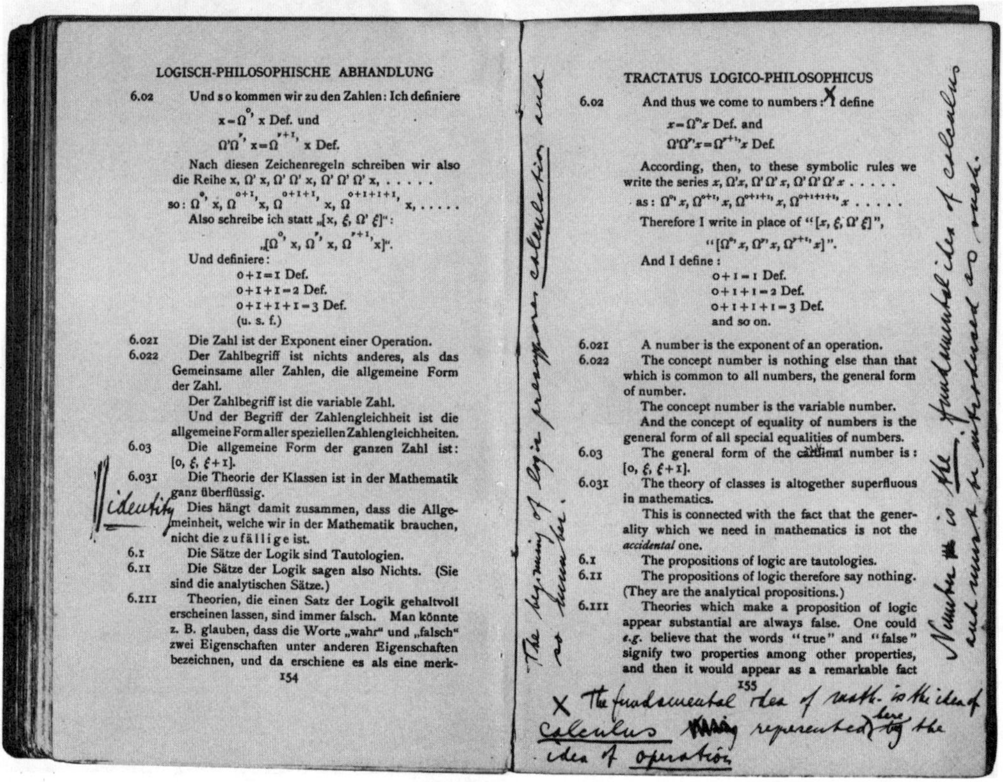
LOGISCH-PHILOSOPHISCHE ABHANDLUNG

6.02 Und so kommen wir zu den Zahlen: Ich definiere

$x = \Omega^{0\prime} x$ Def. und

$\Omega'\Omega^{\nu\prime} x = \Omega^{\nu+1\prime} x$ Def.

Nach diesen Zeichenregeln schreiben wir also die Reihe x, Ω' x, Ω' Ω' x, Ω' Ω' Ω' x, . . . . .

so: $\Omega^{0\prime} x, \Omega^{0+1\prime} x, \Omega^{0+1+1\prime} x, \Omega^{0+1+1+1\prime} x$, . . . . .

Also schreibe ich statt „[x, ξ, Ω' ξ]":

„$[\Omega^{0\prime} x, \Omega^{\nu\prime} x, \Omega^{\nu+1\prime} x]$".

Und definiere:

0+1=1 Def.

0+1+1=2 Def.

0+1+1+1=3 Def.

(u. s. f.)

6.021 Die Zahl ist der Exponent einer Operation.

6.022 Der Zahlbegriff ist nichts anderes, als das Gemeinsame aller Zahlen, die allgemeine Form der Zahl.

Der Zahlbegriff ist die variable Zahl.

Und der Begriff der Zahlengleichheit ist die allgemeine Form aller speziellen Zahlengleichheiten.

6.03 Die allgemeine Form der ganzen Zahl ist: [0, ξ, ξ+1].

6.031 Die Theorie der Klassen ist in der Mathematik ganz überflüssig.

Dies hängt damit zusammen, dass die Allgemeinheit, welche wir in der Mathematik brauchen, nicht die zufällige ist.

6.1 Die Sätze der Logik sind Tautologien.

6.11 Die Sätze der Logik sagen also Nichts. (Sie sind die analytischen Sätze.)

6.111 Theorien, die einen Satz der Logik gehaltvoll erscheinen lassen, sind immer falsch. Man könnte z. B. glauben, dass die Worte „wahr" und „falsch" zwei Eigenschaften unter anderen Eigenschaften bezeichnen, und da erschiene es als eine merk-

154

TRACTATUS LOGICO-PHILOSOPHICUS

6.02 And thus we come to numbers: I define

$x = \Omega^{0\prime} x$ Def. and

$\Omega'\Omega^{\nu\prime} x = \Omega^{\nu+1\prime} x$ Def.

According, then, to these symbolic rules we write the series x, Ω'x, Ω'Ω'x, Ω'Ω'Ω'x . . . . .

as: $\Omega^{0\prime} x, \Omega^{0+1\prime} x, \Omega^{0+1+1\prime} x, \Omega^{0+1+1+1\prime} x$ . . . . .

Therefore I write in place of "[x, ξ, Ω' ξ]",

"$[\Omega^{0\prime} x, \Omega^{\nu\prime} x, \Omega^{\nu+1\prime} x]$".

And I define:

0+1=1 Def.

0+1+1=2 Def.

0+1+1+1=3 Def.

and so on.

6.021 A number is the exponent of an operation.

6.022 The concept number is nothing else than that which is common to all numbers, the general form of number.

The concept number is the variable number.

And the concept of equality of numbers is the general form of all special equalities of numbers.

6.03 The general form of the cardinal number is: [0, ξ, ξ+1].

6.031 The theory of classes is altogether superfluous in mathematics.

This is connected with the fact that the generality which we need in mathematics is not the *accidental* one.

6.1 The propositions of logic are tautologies.

6.11 The propositions of logic therefore say nothing. (They are the analytical propositions.)

6.111 Theories which make a proposition of logic appear substantial are always false. One could *e.g.* believe that the words "true" and "false" signify two properties among other properties, and then it would appear as a remarkable fact

155



维特根斯坦在拉姆塞《逻辑哲学论》英德对照版本上的评注

维特根斯坦与索格伦在挪威

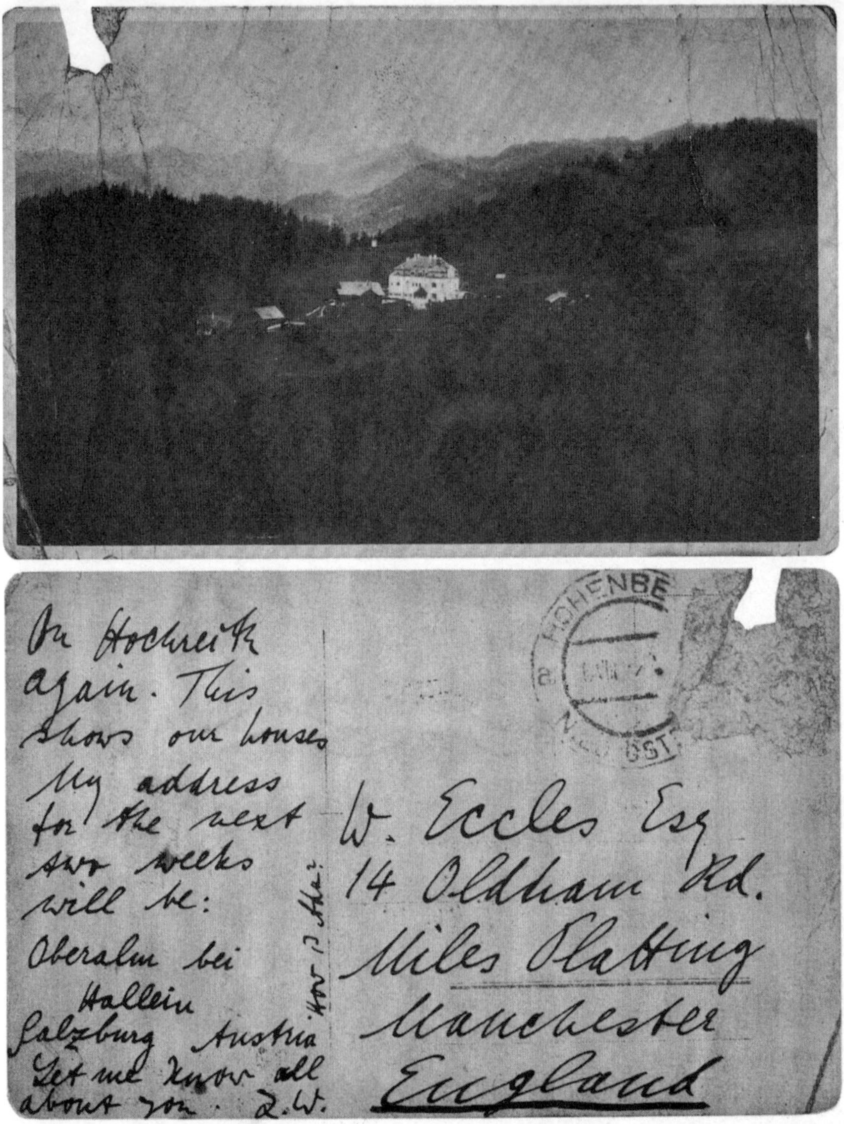
On Hochreith
again. This
shows our house.
My address
for the next
two weeks
will be:
Oberalm bei
Hallein
Salzburg Austria
Let me know all
about you. L.W.
How is Ada?
W. Eccles Esq
14 Oldham Rd.
Miles Platting
Manchester
England

维特根斯坦给朋友埃克尔斯寄的明信片

弗兰克·拉姆塞（1903—1930）

VI.—CRITICAL NOTICES.

*Tractatus Logico-Philosophicus.* By Ludwig Wittgenstein, with an Introduction by Bertrand Russell. (International Library of Psychology, Philosophy and Scientific Method.) London: Kegan Paul, Trench, Trubner & Co. Ltd., 1922. Pp. 189. 10s. 6d.

This is a most important book containing original ideas on a large range of topics, forming a coherent system, which whether or not it be, as the author claims, in essentials the final solution of the problems dealt with, is of extraordinary interest and deserves the attention of all philosophers. And even if the system be altogether unsound the book contains a large number of profound *obiter dicta* and criticisms of other theories. It is, however, very difficult to understand, in spite of the fact that it is printed with the German text and an English translation on opposite pages. Mr. Wittgenstein writes, not consecutive prose, but short propositions numbered so as to show the emphasis laid upon them in his exposition. This gives his work an attractive epigrammatic flavour, and perhaps makes it more accurate in detail, as each sentence must have received separate consideration; but it seems to have prevented him from giving adequate explanations of many of his technical terms and theories, perhaps because explanations require some sacrifice of accuracy.

上图：剑桥大学国王学院

左图：拉姆塞对《逻辑哲学论》的评论，载于1923年10月《心智》

和解；只剩下凯恩斯和哈代了。他非常想再去了解凯恩斯，但要能重续他们过去的亲密才行；他不想这样：到英格兰去，只是偶尔见见凯恩斯，只维持一种表面的相识。他觉得，战争以来自己改变了太多，除非花很多时间和凯恩斯在一起，否则凯恩斯永远不会理解他。 222

因此，如果凯恩斯准备请他到乡下家里做客，并愿意花很多时间再次了解他，他才愿意去英格兰。

拉姆塞的解释结束于一句告诫：

> 不得不说，我认为那会让你很难应付和筋疲力尽。虽然我很喜欢他，但我怀疑自己乐于跟他在一起的时间不超过一天或两天，除非我对他的工作有极大的兴趣，他的工作是我们谈话的主体。

他又补充，不过，“如果你要他去看你，我将很高兴，那很可能把他带出这种死板。”

凯恩斯暂时没有答复这个提议：由他邀请维特根斯坦去乡间一起过夏天；他大概觉得这事的要求太费事了。不过，他最终——于3月29日、明显在读到拉姆塞的信之前——回复了维特根斯坦上一年的信。他解释说，长久的耽搁是因为自己想在写信之前理解《逻辑哲学论》：“可如今我的心思远不在基础问题上面，我不可能弄清这种事情”：

> 我还是不知道该对你的书说什么，除了感到它肯定是一项格外重要和天才的工作。自写出以来，它在剑桥的一切基础性讨论里都占有主导地位，无论这种事是好是坏。

他寄给维特根斯坦几本自己近来写的书，包括《和平的经济后果》；他催促维特根斯坦来英格兰，强调：“我将尽力做一切能使你更容易地做进一步工作的事。”

席尼山区普希贝格，维特根斯坦和他的学生

至少在此刻，这最后一句话敲错了琴键。维特根斯坦想要的不是再
223 做哲学工作，而是重建过去的友谊。他到7月份才回信，信一半用英语写，一半用德语写；他坚称什么也不能使自己回到哲学：

……因为对那类活动，我自己不再有任何强烈的内在驱动。我已经说了我确实得说的一切，所以泉水枯竭了。这听上去古怪，但事情就是这样。

他告诉凯恩斯，另一方面，若在英格兰有工作可做，即便是扫大街或擦鞋，“我将很愉快地前往”。如果没有这样的工作，那么唯一令他值得前往的事，是凯恩斯准备（不止是偶尔地）见他。他说再次见到凯恩斯是好的，但“待在房间里，隔一两天和你喝杯茶，那还不够好”。出于拉姆塞已略述过的理由，他俩必须努力建立一种亲密关系：

我们十一年没见了。我不知道这期间你有没有变化，但我肯定大大改变了。很遗憾我得说我并不比过去更好，但我不一样了。因此，如果我们见面，你会发现来见你的人并不真是你想邀请的那个人。毫无疑问，即便我们能设法互相理解，一两次交谈也不足以达到这目的，而我们见面的结果对你将是失望和恶心，对我将是恶心和绝望。

事实上并未出现这样错综的状况，因为并未发出这样的邀请。维特根斯坦在维也纳度过了夏天。

虽然此时显得相对愉快，但他已经决定，1924年的夏季学期是他在普希贝格的最后一学期。拉姆塞5月份去看他时对母亲说，维特根斯坦看上去高兴了一点，“他花了几周时间为孩子们准备一副猫的骨架，像是乐在其中”。“但是，”他写道，“他对我的工作没有用处。”

拉姆塞对维特根斯坦的尊重丝毫未减。后来他写道：

> 就思考而言，我们确实生活在一个伟大的时代，爱因斯坦、弗洛伊德和维特根斯坦都活着（还都住在德国或奥地利——文明的敌国！）。 224

不过，虽然整个夏天都呆在奥地利，他却没怎么想办法多见见维特根斯坦。奥格登写信给他，索取他和维特根斯坦在上一年的讨论时对《逻辑哲学论》原文作的修订，他回信说自己要到9月份，就要回英格兰时才会再见到维特根斯坦。奥格登要这材料，明显是为了预备新版本的出版，但此时看来不太可能有那种机会。拉姆塞在信的结尾写道："很遗憾卖了这么少。"

这年夏天拉姆塞完成了自己的精神分析疗程，并且在写自己的学位论文。还在维也纳时他就得到消息，回英格兰后他将在格外年轻的二十一岁成为国王学院的理事。动身之前他只去看了一次维特根斯坦。他事先说明："我不很想讨论数学，我最近没怎么在做。"

这十有八九是在礼貌地说：只要维特根斯坦继续"这种对自己精力和大脑的荒谬浪费"，就可能仍然对拉姆塞的工作"没有用处"。

1924年9月维特根斯坦进了又一所乡村小学，这回是到特拉腾巴赫旁边的村子奥特塔尔去；这是他的最后一次努力——拓宽奥地利乡村孩子的眼界，并承受他们的父母和自己的同事的敌对。

考虑到特拉腾巴赫的经历，他选择回到魏克舍尔山区或许有点令人惊讶。但还存留着一点希望：他和同事能处得更好。起码赫尔米勒这样觉得。维特根斯坦搬到奥特塔尔后，她几乎立刻就写信问亨泽尔是否打算去看她弟弟。"自然地，"她说，"我将非常高兴，如果有人告诉我路德维希在那儿过得如何，我指和学校的关系如何"：

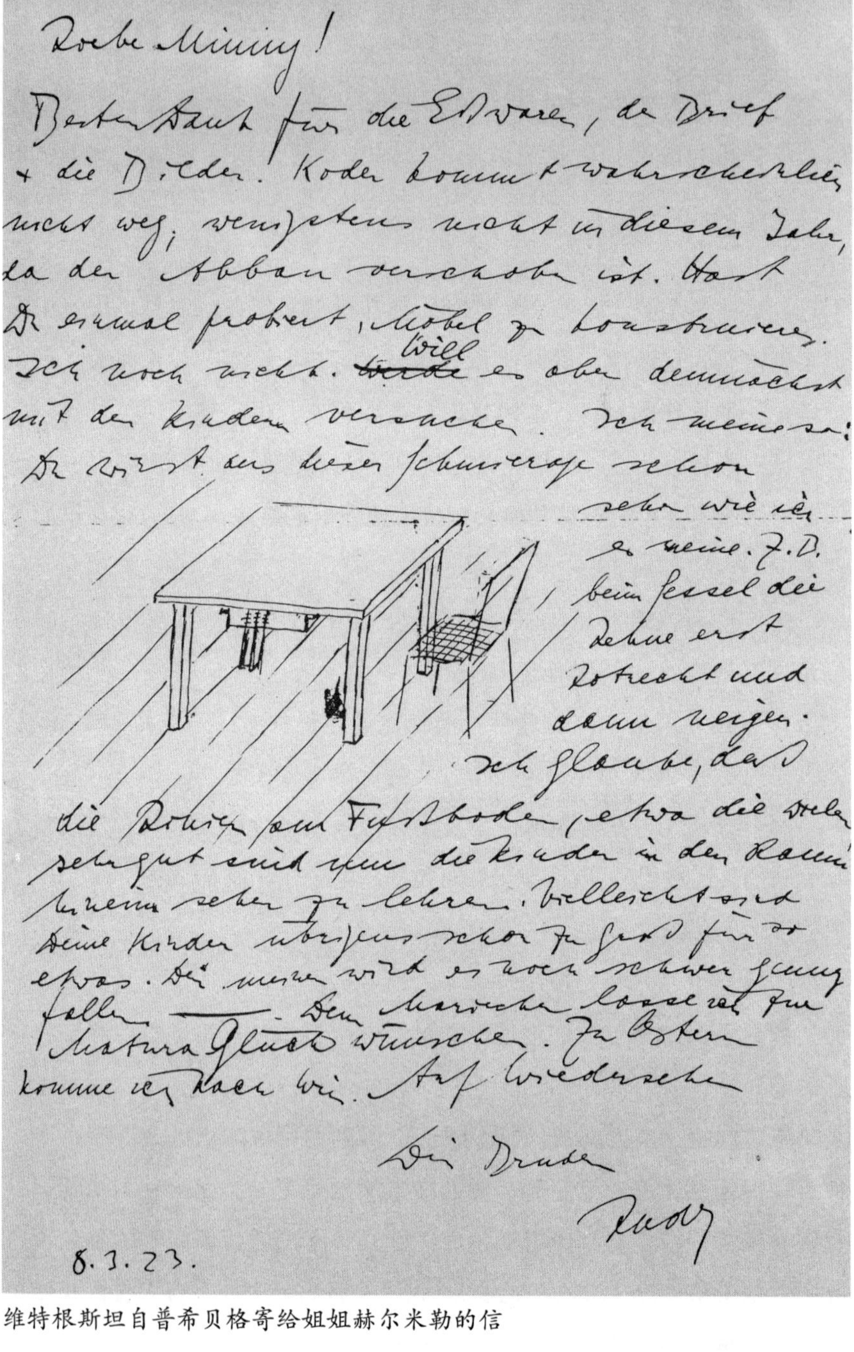

Liebe Mining!

Besten Dank für die Eßwaren, den Brief & die Bilder. Koder kommt wahrscheinlich nicht weg, wenigstens nicht in diesem Jahr, da der Abbau verschoben ist. Hast Du einmal probiert, Möbel zu konstruieren? Ich noch nicht. ~~Werde~~ Will es aber demnächst mit den Kindern versuchen. Ich meine so: Du wirst aus dieser Schmiererei schon sehen wie ich es meine. Z.B. beim Sessel die Lehne erst lotrecht und dann neigen. Ich glaube, daß die Rohrung am Fußboden, etwa die weiche sehr gut sind um die Kinder in den Raum hinein sehen zu lehren. Vielleicht sind Deine Kinder übrigens schon zu groß für so etwas. Den meinen wird es noch schwer genug fallen —. Dem Marieche lasse ich zur Matura Glück wünschen. Zu Ostern komme ich nach Wien. Auf Wiedersehen

Dein Bruder

Ludwig

8.3.23.

维特根斯坦自普希贝格寄给姐姐赫尔米勒的信

> 我认为不可能没有摩擦，因为他的教学纲领和别的教师如此不同，但至少我们可以希望，摩擦的结果不是他被碾为尘土。 225

奥特塔尔的校长是约瑟夫·普特雷，维特根斯坦在特拉腾巴赫时曾待之如友。普特雷是个社会主义者，是格洛克尔的学校改革运动的热情倡导者，在头两年的教学中维特根斯坦经常向他征询建议。

当然普特雷和他也有观点上的差异，特别是关于宗教在教育里的角色。普特雷不赞成在学校祈祷，而维特根斯坦和他的学生每天都祈祷。一次普特雷说，他反对天主教信仰的嘴上仪式，认为那毫无意义；维特根斯坦回答："人们互相亲吻；那也是用嘴做的。"

尽管和普特雷有交情，但不到一个月维特根斯坦就明白了，在奥特塔尔不比在特拉腾巴赫更容易。"在这儿过得不太好"，10 月份他写信给亨泽尔，"现在我的教学生涯也许要结束了。"

> 这对我太难了。不是一股而是一打力量在反对我，而我算什么？

不过，正是在奥特塔尔的时候，维特根斯坦作出了一个贡献；有理由认为，这是他对奥地利教育改革作出的最持久贡献——而且这一贡献也完全符合格洛克尔纲领的原则。这就是他的《民校学生词典》(*Wörterbuch für Volksschulen*)，一本小学用的拼写词典。出版这么一本书的愿望似乎源于这件事：他请亨泽尔打听学校用的词典的价格。在前述那封写给亨泽尔的信里他说：

> 我从没想过词典贵得如此吓人。我觉得，如果我活得够长，我会编一本小学用的小词典。我觉得这是个急迫的需求。

官方很明白对这样一本词典的需求。当时只有两种词典可用，都是

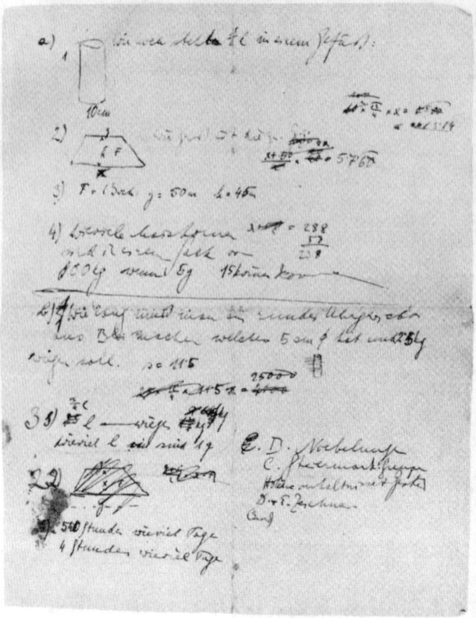

上左：上课的提纲，在一封姐姐的回信的背面

上右：路德维希·维特根斯坦，1922 年

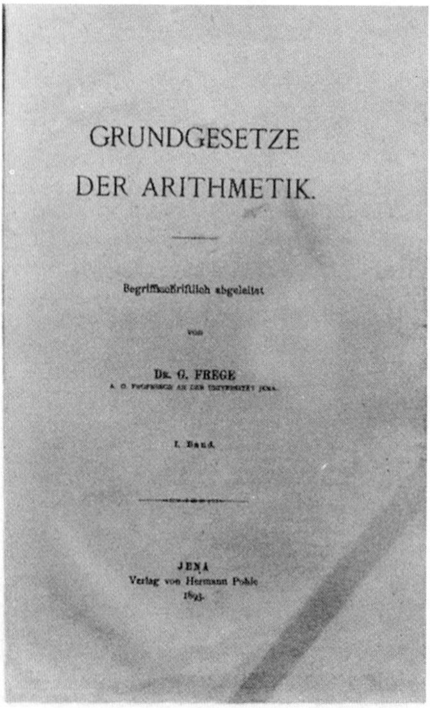

GRUNDGESETZE
DER ARITHMETIK.

Begriffsschriftlich abgeleitet

von

DR. G. FREGE
A. O. PROFESSOR AN DER UNIVERSITÄT JENA.

I. Band.

JENA
Verlag von Hermann Pohle
1893.

弗雷格《算术基础》

为教学生拼写而设计的。一本太大太贵，不适合维特根斯坦任教的那种 226
乡村学校里的孩子用。另一本太小，编得很糟，收进了孩子很可能从来不用的许多外国词，又忽略了孩子常会拼错的许多词。在普希贝格，维特根斯坦带领学生编出自己的词典，从而克服了这一困难。在德语课上，还有天气不允许出门的体育课上，维特根斯坦在黑板上写单词，学生抄在自己的单词纸上。然后把单词纸缝在一起，订上纸板封面，就得到了做成的词典。

在待出版的词典的序言里，维特根斯坦在谈到这种解决问题的方法时说：

> 在实践层面工作的人能理解这项工作的困难。因为，结果应该是每个学生收获一本干净的——和（若竟可能的话）正确的——词典；为了达到这个目的，教师不得不控制学生写下的几乎每一个词。（举例是不够的。我甚至不想谈纪律上的要求。）

虽然谈到这种方法取得的惊人的拼写进步（“正确拼写的良心被唤醒了！”），但他显然不希望反复做这种明显劳心劳力的差事。在他看来，对于他，也对于其他处境相同的教师，《词典》是一种更实际的解决问题的办法。

和《逻辑哲学论》形成对照的是，词典的出版很快就成了，没一点大的问题。1924 年 11 月，维特根斯坦联系了自己以前在师范学院的校长拉茨克博士，告知他这个计划。拉茨克联系了维也纳的霍尔德—皮希纳—滕普斯基出版社，出版社于 11 月 13 日写信对维特根斯坦说愿意出版词典。1924 年圣诞节假期期间手稿交给了出版社，第二年 2 月维特根斯坦收到了校样。

维特根斯坦所写序言的落款日是 1925 年 4 月 22 日。在序言里，他
说明了对这样一本词典的需求，以及他对选词和编排的考虑。他说明， 227

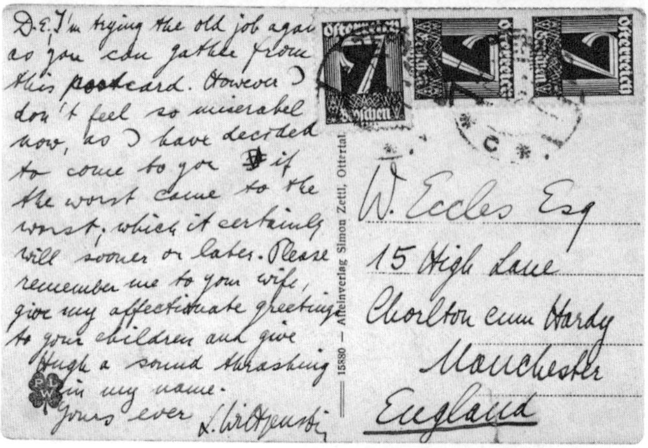
D.E. I'm trying the old job again as you can gather from this postcard. However I don't feel so miserabel now, as I have decided to come to you if the worst come to the worst, which it certainly will sooner or later. Please remember me to your wife, give my affectionate greetings to your children and give Hugh a sound thrashing in my name.
Yours ever L. Wittgenstein

W. Eccles Esq
15 High Lane
Chorlton cum Hardy
Manchester
England

15880 — Simon Zettl, Ottertal

上图和中图：维特根斯坦 1925 年 9 月 12 日寄给埃克尔斯的明信片
下图：维特根斯坦在奥特塔尔学校与教师和学生在一起。

维特根斯坦，1925 年

这些考虑依据他自己的教师经验。“没有什么词是太普通而不用选进的，”他说，“我曾见过，写 wo 时多加了一个表示长元音的‘h’，写 was 时写成‘ss’。”从序言里清楚地看出，维特根斯坦想让自己的词典专门满足奥地利乡村小学的需要。于是他略去了一些完全没问题的德语词，因为在奥地利不用这些词；他又收入了一些奥地利的方言用语。维特根斯坦也用方言解释（他的经验表明的）经常被混淆的分别，如 das 和 dass 的分别，宾格 ihn 和与格 ihm 的分别[1]。

在进一步印刷此书之前，出版商需要确保，它将被推荐给目标学校使用。因此，他们把它呈给下奥地利的省教育委员会报批。委员会的报告是地区学校检查官爱德华·布克斯鲍姆写的。在落款日为 5 月 15 日的报告里，布克斯鲍姆赞同维特根斯坦：是需要这样一本词典；他甚至说这一需求是“目前最紧迫的问题”。维特根斯坦强调属于“普通的日常词汇”的词，布克斯鲍姆对此也赞同。但他挑剔维特根斯坦的选词，批评维特根斯坦省略了如 Bibliothek（图书馆）、Brücke（桥）、Buche（山毛榉树）等等这样普通的词，他也对维特根斯坦写的序言提出异议。布克斯鲍姆评论道，要学生听写一本词典是控制学生拼写的一种奇怪方法。他觉得这样更好：只在孩子自己用过了之后，才要他们听写词的正确拼法。他还挑剔维特根斯坦本人的德语用法：“写‘eine mehrmonatliche Arbeit’，而不是‘eine Arbeit von viele Monaten’（几个月的工作）[2]，这种错误绝不该混进德语，即便混进序言也不行。”

布克斯鲍姆总结道：

> 我们可以表达这一观点，在消除了上述缺点之后，对于小学和市

---

[1] wo 意为“哪里”；was 意为“什么”；das 是中性单数定冠词，dass 连接从句，相当于英文中的 that；ihn 是阳性第三人称单数第四格，ihm 是阳性第三人称单数第三格。

[2] eine mehrmonatliche Arbeit 和 eine Arbeit von viele Monaten（应该是 eine Arbeit von vielen Monaten）的意思差不多，前者也许较不正式。

《民校学生词典》，1926 年

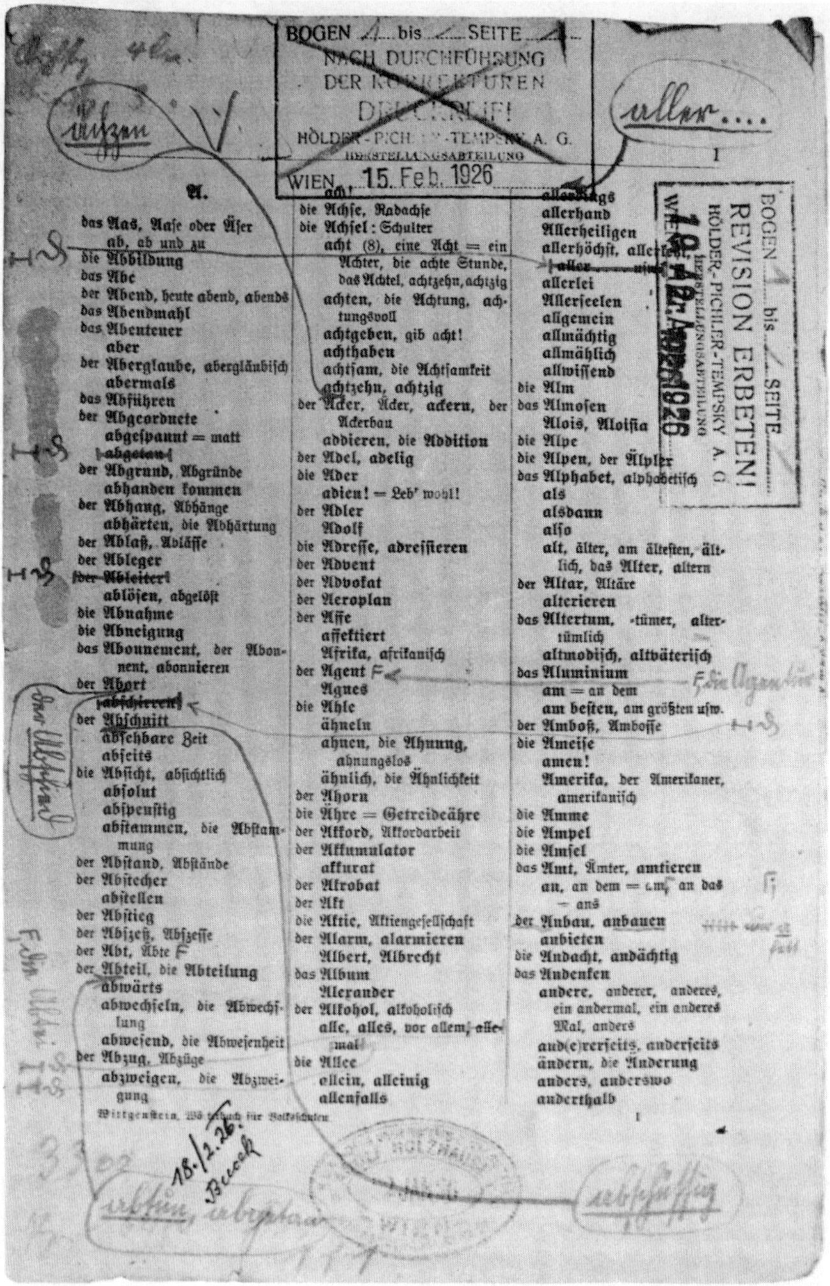

BOGEN 1 bis 1 SEITE 1
NACH DURCHFÜHRUNG
DER KORREKTUREN
DRUCKREIF!
HÖLDER-PICHLER-TEMPSKY A. G.
HERSTELLUNGSABTEILUNG
WIEN, 15. Feb. 1926

BOGEN 1 bis 1 SEITE
REVISION ERBETEN!
HÖLDER-PICHLER-TEMPSKY A. G.
HERSTELLUNGSABTEILUNG
WIEN, 18. Apr. 1926

I

A.

das Aas, Aase oder Äser
ab, ab und zu
die Abbildung
das Abc
der Abend, heute abend, abends
das Abendmahl
das Abenteuer
aber
der Aberglaube, abergläubisch
abermals
das Abführen
der Abgeordnete
abgespannt = matt
~~abgetan~~
der Abgrund, Abgründe
abhanden kommen
der Abhang, Abhänge
abhärten, die Abhärtung
der Ablaß, Ablässe
der Ableger
~~der Ableiter~~
ablösen, abgelöst
die Abnahme
die Abneigung
das Abonnement, der Abonnent, abonnieren
der Abort
~~abschieren~~
der Abschnitt
absehbare Zeit
abseits
die Absicht, absichtlich
absolut
abspenstig
abstammen, die Abstammung
der Abstand, Abstände
der Abstecher
abstellen
der Abstieg
der Abszeß, Abszesse
der Abt, Äbte
der Abteil, die Abteilung
abwärts
abwechseln, die Abwechslung
abwesend, die Abwesenheit
der Abzug, Abzüge
abzweigen, die Abzweigung

ach!
die Achse, Radachse
die Achsel: Schulter
acht (8), eine Acht = ein Achter, die achte Stunde, das Achtel, achtzehn, achtzig
achten, die Achtung, achtungsvoll
achtgeben, gib acht!
achthaben
achtsam, die Achtsamkeit
achtzehn, achtzig
der Acker, Äcker, ackern, der Ackerbau
addieren, die Addition
der Adel, adelig
die Ader
adieu! = Leb' wohl!
der Adler
Adolf
die Adresse, adressieren
der Advent
der Advokat
der Aeroplan
der Affe
affektiert
Afrika, afrikanisch
der Agent
Agnes
die Ahle
ähneln
ahnen, die Ahnung, ahnungslos
ähnlich, die Ähnlichkeit
der Ahorn
die Ähre = Getreideähre
der Akkord, Akkordarbeit
der Akkumulator
akkurat
der Akrobat
der Akt
die Aktie, Aktiengesellschaft
der Alarm, alarmieren
Albert, Albrecht
das Album
Alexander
der Alkohol, alkoholisch
alle, alles, vor allem, allemal
die Allee
allein, alleinig
allenfalls

allerdings
allerhand
Allerheiligen
allerhöchst, allerletzt
allerlei
Allerseelen
allgemein
allmächtig
allmählich
allwissend
die Alm
das Almosen
Alois, Aloisia
die Alpe
die Alpen, der Älpler
das Alphabet, alphabetisch
als
alsdann
also
alt, älter, am ältesten, ältlich, das Alter, altern
der Altar, Altäre
alterieren
das Altertum, -tümer, altertümlich
altmodisch, altväterisch
das Aluminium
am = an dem
am besten, am größten usw.
der Amboß, Amboße
die Ameise
amen!
Amerika, der Amerikaner, amerikanisch
die Amme
die Ampel
die Amsel
das Amt, Ämter, amtieren
an, an dem = am, an das = ans
der Anbau, anbauen
anbieten
die Andacht, andächtig
das Andenken
andere, anderer, anderes, ein andermal, ein anderes Mal, anders
and(e)rerseits, anderseits
ändern, die Änderung
anders, anderswo
anderthalb

Wittgenstein, Wörterbuch für Volksschulen I

词典校样

民学校（Bürgerschulen）的高年级，这本词典是一种有点用处的教育工具。签名者的观点是，就其目前的形式而言，教育委员会不认为 228
可以推荐这本词典。

拿掉维特根斯坦的序言并收进布克斯鲍姆提到的词之后，这本书获得了所需的官方批准。11 月维特根斯坦和出版商拟定了一份合同；按照合同条款，每卖出一本书，维特根斯坦得到其批发价的 10%，他还免费得到十本。此书于 1926 年出版，获得了有限的成功。（不过，直到 1977 年它才得以重印，而那时对之的兴趣限于维特根斯坦学。）

如我们所见，到奥特塔尔后维特根斯坦很快就相信，那种——在一个敌对环境下努力教书的——压力自己承受不了太久了。1925 年 2 月他写信给伊格尔曼：

> 从我与之一起生活的人——或者宁可说非人[1]——那里，我受了很多苦——简而言之，一切照常！

和过去一样，维特根斯坦在一小群男孩那里收获了热情的反应，他们成了他最喜欢的学生。这些孩子组成了一个特别小组，放学后留下来接受额外指导，维特根斯坦叫他们的教名。维特根斯坦带他们去维也纳远足，在乡间散步，把他们教得远远超出这种乡村小学要求的水准。也和过去一样，他们对自己教育的投入，以及维特根斯坦对他们的投入，引起了父母们的敌意；维特根斯坦提出应该把他们的孩子送去语法学校继续学习，父母们拒绝。又一次，女孩对维特根斯坦的方法表现出更多抵触，她们憎恨被拽头发和打耳光——受此待遇的原因只是自己不能或

---

[1] “非人”（inhuman being）。这里有一点文字游戏，human being 和 inhuman being 相对照。

维特根斯坦在奥特塔尔的最后一个班级

不愿满足维特根斯坦不切实际的高要求，尤其在数学上。

简而言之，确实，一切照常。

伊格尔曼也觉得战后欧洲的生活很艰难。和维特根斯坦相同的是，他觉得自己属于一个早先的时代；但和维特根斯坦不同的是，他认为那个时代在本质上是犹太的。他在回忆录里谈到自己和维特根斯坦都继承
229 了的遗产："奥地利—犹太精神"和"维也纳—犹太文化"。如我们将看到的，维特根斯坦的看法不一样。但是，欧洲的反犹主义风潮变得更恶毒时，他俩对自己的犹太性的意识都——以各自不同的方式——增强了。对伊格尔曼来说，他因此成了犹太复国主义者，指望建立以色列作为新的祖国，代替一战摧毁的那个祖国。虽然犹太复国主义从未吸引过维特根斯坦（他觉得巴勒斯坦的宗教组织需要更多面对的始终是新约，而非旧约），但是，他在伊格尔曼想去圣地定居的愿望里发现了某种振奋人心的东西。"你想去巴勒斯坦，"他写道，"因为这个消息，你的信振奋人心，给我希望。"

> 这也许是正确的做法，也许有一种精神效果。我也许想与你同行。你会带我一起吗？[1]

写了这封给伊格尔曼的信之后不久，维特根斯坦完全出乎意料地收到一封埃克尔斯的信；战争以来，他从这位曼彻斯特的朋友那儿没听到任何消息（与品生特、罗素和凯恩斯不同，埃克尔斯不愿跟一个敌军成员友好通信）。埃克尔斯的信提供了劝维特根斯坦去英格兰所需的催化剂。3 月 10 日他带着明显的重建联系的喜悦回信：

---

[1] 最后，1934 年伊格尔曼离开欧洲去了特拉维夫，在那儿住到 1963 年去世（1948 年后是以色列公民）。维特根斯坦加入他的想法再没被提到过。——原注

亲爱的埃克尔斯：

听到你的消息我不止是高兴而已；出于这样那样的理由，我相信你要么在战争中死了，要么活着，但你太恨德国人和奥地利人，不会再跟我交往。

……我希望很快能再次见到你，但何时和何地我们能见面，上帝
知道。也许我们可以设法在暑假时见面，但我没有很多时间，也没
有钱去英格兰，大约六年前我送掉了我所有的钱。去年夏天我原要 230
去英格兰看剑桥的朋友凯恩斯先生（你也许知道他的名字）。他本会
负担我的费用，但我决定不去了，因为我很担心，横在我俩之间的
长久岁月和（外部的和内部的）大事件会使我俩理解不了对方。不
过现在——或者起码今天我感到，我似乎还能使我的老朋友理解自
己，如果我有了机会，我将——w.w.p.[1] 去曼彻斯特看你。

埃克尔斯请他到曼彻斯特自己的家里暂住，他在稍后一封写于5月7日的信里接受了埃克尔斯的邀请；他同时强调去年夏天自己没去成凯恩斯那儿的原因（实际上凯恩斯没邀请他，但维特根斯坦似乎认为这不相干，并未提及）：

1913年以来英格兰或许没有改变，但我改变了。不过，我无法向你说明这一改变的确切性质（虽然我完全理解它），因而写信跟你谈论它是没用的。等我到了那儿你就会自己看到它。我希望8月底左右去。

7月份维特根斯坦写信对凯恩斯谈自己计划的英格兰之行；他说自己尚未下定决心去，暗示最后怎么决定得看凯恩斯：“我很愿意，如果可

[1] “w.w.p.”，信的原文如此，本书作者蒙克推想这是“w.y.p.”之误，即“with your permission（若你允许的话）”。

以的话，在此行中也见到你（约 8 月中旬）。现在请坦率地让我知道，你是否有一点点见我的愿望。”凯恩斯的回答明显是鼓励的，甚至寄给维特根斯坦十镑盘缠。动身前维特根斯坦写道：“我极想知道我们会相处得如何。那就像是一场梦。”

8 月 18 日维特根斯坦到了英格兰，去曼彻斯特看埃克尔斯前，住在凯恩斯位于萨塞克斯郡刘易斯的乡下家里。尽管先前向罗素坚称善比聪明更好，但他觉得这种体验——陪伴自己的人从乡下农民换成一些欧洲最精巧的头脑——是愉快的。他从刘易斯写信给伊格尔曼：

> 我知道那种光彩——精神的丰富——不是终极的善，但现在我却
> 231 希望自己能死在一个光彩的瞬间里。

他去曼彻斯特时，埃克尔斯夫妇都惊讶于他的变化之大。他们到火车站接他；他们在战前认识的那个衣着整洁的年轻人，“女士最青睐的人”，出现时却是一副衣衫相当不整的模样，在他们眼里他穿的像是童子军制服。除了古怪的外表，维特根斯坦还留给埃克尔斯一个（错误的）印象：他自己尚未读过《逻辑哲学论》的印本。他请埃克尔斯夫人去搞一本；她到曼彻斯特的书店买却无功而返，然后埃克尔斯到大学图书馆借了一本。“正是在这个时候，”埃克尔斯在回忆录里自信但却错误地说，“他第一次拿到了《逻辑哲学论》的英语版印本。”显然维特根斯坦非常想让埃克尔斯看看这本书，但不好意思承认那是他们不懈搜寻的原因。

在英格兰的日子快结束时，维特根斯坦去了剑桥，在那儿他终于和约翰逊重聚。“告诉维特根斯坦，”8 月 24 日约翰逊写信给凯恩斯，“我很高兴再见到他；但我必须提个条件，我们不谈逻辑基础，因为我不再适合对自己刨根问底。”他还见了拉姆塞，不过他俩似乎吵得很厉害，两年后才恢复联系。

尽管与拉姆塞有争论，但维特根斯坦此行是成功的。和老朋友重建联系这个有用的目标达成了——如果奥特塔尔的生活变得无法忍受（这是很可能的），他打算利用这种联系。照他对伊格尔曼的说法，“若需要的话我有可能去英格兰”。9 月份新学期开学时，在写给伊格尔曼和埃克尔斯的信里他都说到再试一次他的“老工作”，仿佛下一年就是他在乡村学校教书的最后努力。“不过，”他告诉埃克尔斯，“我现在不觉得有那么惨了，因为我已经决定，如果事情每况愈下——无疑迟早要发生——就去你那儿。”10 月份他用类似的口吻写信给凯恩斯，说自己会继续当教师，“只要我还觉得，那样做陷入的麻烦对自己尚有一点好处”：

> 如果你牙疼，把热水瓶贴在脸上有好处，但只有瓶的热量给你一 232
> 点疼痛，那才有效。一旦我发现它不再给我那种特定的疼痛，那种有助于我的人格的疼痛，我就会丢掉瓶子。我的意思是，如果这儿的人没在那之前把我扫地出门。

“假如我不教书，”他又说，“我可能去英格兰，到那儿找个工作，因为我相信在这个国家根本不可能找到。那样的话我需要你的帮助。”

结果事情的确每况愈下，甚至，维特根斯坦不得不丢掉热水瓶，比他预想的也许还更早。1926 年 4 月他非常突然地离开了奥特塔尔，彻底放弃了教书。当时人们议论纷纷令他骤然行动的那件事；奥特塔尔和周围地区的村民称之为“Der Vorfall Haidbauer”（“海德鲍尔事件”）。

十一岁的约瑟夫·海德鲍尔是维特根斯坦的学生，父亲去世了，母亲在名叫皮里鲍尔的当地农民那里做住家女佣。海德鲍尔是个苍白多病的孩子，后来在十四岁时死于白血病。他不是那种不听话的孩子，但可能在课上回答问题时相当迟钝和寡言。一天维特根斯坦的不耐烦失控了，在海德鲍尔的头上揍了两三下，这男孩就昏倒了。维特根斯坦打这男孩时是否用力过猛？——他是否虐待了这孩子？—— 一个名叫奥古斯特·里格勒的同学（用可疑的逻辑）评论道：

> 不能说维特根斯坦虐待了那孩子。如果海德鲍尔得到的惩罚算是虐待，那么八成维特根斯坦的惩罚都是虐待。

见男孩昏倒维特根斯坦大为恐慌。他让班里的学生回家，把男孩送到校长室，等当地医生来看（医生驻在邻近的科希贝格），然后匆忙离开了学校。

出门时他倒霉地撞上了皮里鲍尔先生，皮里鲍尔大概是被某个孩子
233 叫来的。在村民的记忆里，皮里鲍尔是一个爱吵架的人，对维特根斯坦怀有根深蒂固的忌恨。他自己的女儿赫尔米勒常常受到维特根斯坦脾气之累，有一次被打得耳朵后面流血。皮里鲍尔回忆，在走廊上撞见维特根斯坦时他的怒火猛地蹿起："我对他把天底下的难听话都骂遍了。我告诉他，他不是个教师，他是个驯兽师！我要马上叫警察来！"皮里鲍尔赶往警察局要求逮捕维特根斯坦，但泄气地发现警察局里唯一的警官不在。第二天他又试了一次，但校长告诉他维特根斯坦夜里不见了。

1926 年 4 月 28 日，维特根斯坦把辞职信交给了地区学校检察官威廉·昆特。昆特自己已听说了"海德鲍尔事件"，但向维特根斯坦保证不会有严重的后果。昆特认为维特根斯坦的教学能力很有价值，不想失去他。他建议维特根斯坦休个假，放松一下神经，然后再决定自己是否真的希望放弃教书。但维特根斯坦很坚决。什么也不能说服他留下。在随后的听证会上，正如昆特所料，对他行为不端的指控未获成立。但那时他已绝望了，不再指望自己在奥地利乡村当教师还能做成任何事。

当然，海德鲍尔事件不是这绝望的原因，而只是它之不可避免的高潮——维特根斯坦的辞职——的最后导火索。绝望本身有着更深的根源。这一事件前不久，维特根斯坦见过奥特塔尔校长岗位的一个申请者奥古

斯特·沃尔夫，维特根斯坦告诉他：

我只能给你一个建议，撤销你的申请。这儿的人眼光如此狭隘，在这儿什么也做不成。

# 第十章　走出荒野

234 奥特塔尔的事情摊牌后，维特根斯坦1926年最自然的做法，是顺应凯恩斯的好客之情回到英格兰。但实际上他过了一年多才再次联系凯恩斯。那时他解释说，推迟写信是想等自己从碰上的大麻烦里摆脱出来。

虽然料到自己要离开奥特塔尔，放弃教师职业，但离开的方式把他彻底击垮了。审查是很大的羞辱，尤其是，在遭到施暴的指控而为自己辩护时，他觉得对于自己在教室所施体罚的程度有必要说谎。这事留给他的道德挫败感纠缠了他十年以上，而且，如我们将看到的，最终的结果是他采用激烈的措施清除自己的负罪感。

在这种状态下他无法考虑回英格兰。暂时他也不觉得自己能回维也纳。他考虑的是彻底退出世间的麻烦。放弃教学后不久他拜访了一家修道院，探问自己当修士的可能性。一生的各个时期他都有过这想法，多半是在很绝望的时候。这一次，一个明显很会看人的修道院长对他说，他不会找到自己期望的东西，而且无论如何，领他到修道院的动机是教会无法欢迎的。作为替代，他在胡特多夫的教会医疗团找了个园艺工的活儿；这地方就在维也纳旁边，他在花园的工具棚里住了三个月。和六
235 年前一样，事实证明干园艺活儿是一种有效的治疗；夏季结束时他觉得自己能回维也纳面对社会了。

他还在当园艺工时，1926 年 6 月 3 日，已病了一阵子的母亲在林荫街自己家里去世了；于是赫尔米勒成了公认的家庭主脑。这一点是否令维特根斯坦较容易回维也纳，或者，母亲的死是否对他有任何影响——这些都没法说。但引人注意的是，从此他对家人的态度发生了深刻的变化。1914 年时，家里的圣诞庆典曾令他那般满心惧怕，令他生出了那般迷惘；现在他却对之欣然期盼。我们看到，此后的每个圣诞节，直到 1938 年（那年的合并使他不可能离开英格兰），他都热情地参与活动——把礼物分给侄女和侄子，加入喜庆的歌唱和宴饮；没有迹象表明那么做时他牺牲了对自己的忠实。

于是，1926 年夏天维特根斯坦回到维也纳，像是标志着他和家庭的疏离的结束，这种疏离至少得回溯到 1913 年他父亲去世时。一回来他就得到了一个有点治疗作用的工作，和园艺工不同，这一工作把和别人一起干活的责任强加给他，有助于把他带回社会。而且，他还因此有机会把自己在建筑美学上坚持的观点付诸实践。姐姐格蕾特和保尔·伊格尔曼邀请他与伊格尔曼合作，一起设计和建造格蕾特的新房子。

伊格尔曼已经为维特根斯坦家做了一点事。他为家族在新森林犁地人街的房子做了翻新，为保尔·维特根斯坦在林荫街建造了一间陈列瓷器收藏的屋子。1925 年末，格蕾特提出由他担任一栋新城区房子的建筑师；她在维也纳的一个最不时髦地区库德曼街买了一块地，此地属于维也纳的第三区，房子就要建在那儿（维特根斯坦上过的教师培训学校旁边）。维特根斯坦很快对这一项目生出了兴趣，在奥特塔尔的最后一年，只要回维也纳，他都跟格蕾特和伊格尔曼进行深入和热情的讨论，结果伊格尔曼觉得维特根斯坦比自己更理解格蕾特的心意。

维特根斯坦教书的最后一学期，伊格尔曼草拟了原始方案；维特根斯坦离开奥特塔尔后，看上去把他请进这个项目里合作是很自然的事。伊格尔曼说，自那以后“建筑师是他而不是我，虽然平面图在他进入项目前已经弄好了，但我觉得最后的成果是他的作品，不是我的”。 236

保尔·伊格尔曼为玛格丽特·斯通巴罗在维也纳第三区库德曼街设计的房子草图

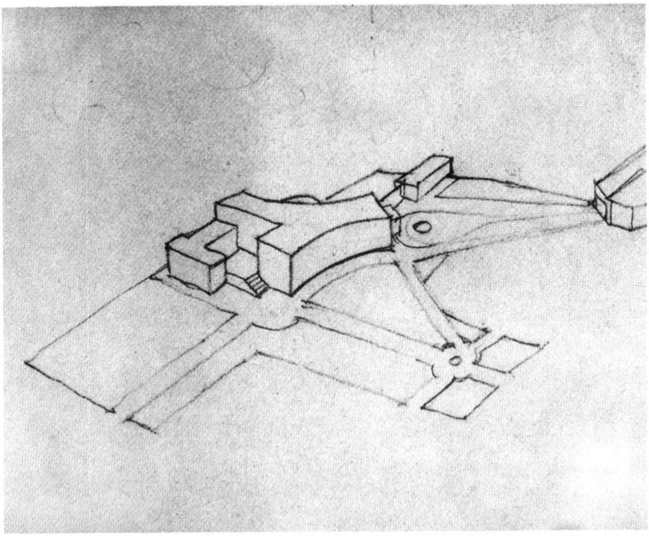

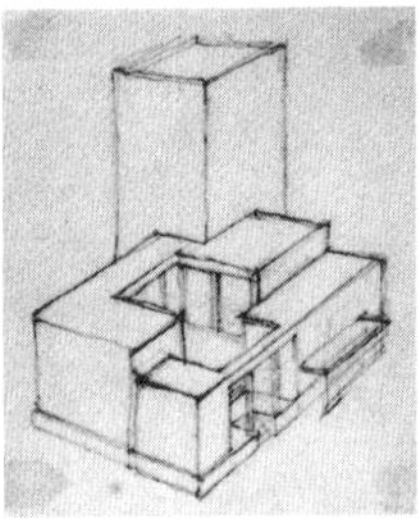

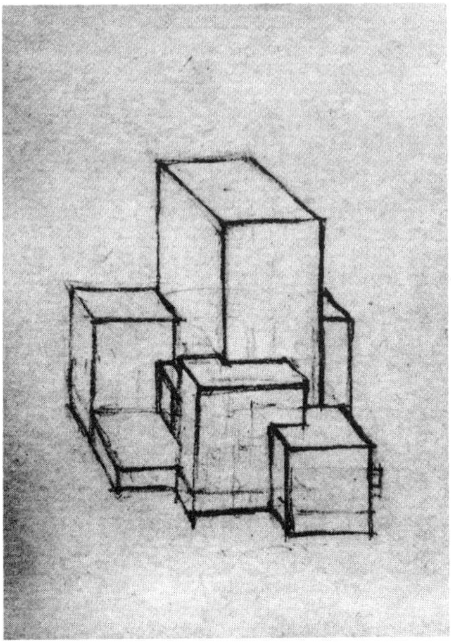

最终方案的落款日是1926年11月13日，签章是："建筑师P. 伊格尔曼和L. 维特根斯坦"。虽然从未受过建筑训练，也只参与过这一次建筑工作，但有迹象表明，维特根斯坦开始严肃对待这一任命，而且在建筑上看到了一种新的天命，一种重塑自己的新方式。维也纳的城市名录上好多年都把他列为职业建筑师；这一时期他的信纸页眉是："维也纳Ⅲ区公园路18号，建筑师保尔·伊格尔曼和路德维希·维特根斯坦"。不过，也许这只是他对自己个人独立的又一次声明——坚持自己的状态是自由职业者，否认为姐姐做建筑工作仅仅是挂个名。

在房子的设计上，他的职责主要涉及的是窗户、门、窗栓和暖气装置。乍一看这工作有点边缘，但并非如此；因为恰恰是这些细节成就了这栋房子的特殊之美，否则它将是相当平凡，甚至丑陋的。它完全没有外部装饰，所以外表生硬；这种生硬之所以得以缓和，全是因为维特根斯坦所设计部分的优雅比例和一丝不苟的实施。

因此细节就是一切，维特根斯坦以近乎狂热的严格监督其建造。一个锁匠问："告诉我，工程师先生，这儿那儿的一毫米对你真这么要紧吗？"维特根斯坦没等他说完就吼道："是的！"维特根斯坦和负责建造他设计的高玻璃门的工程公司进行讨论时，前来磋商的工程师对于按维特根斯坦的标准履行委托感到绝望，崩溃地哭了。看上去简单的暖气设备花了一年时间才交付，因为奥地利没人能造维特根斯坦想的那种东西。各部分的铸件从国外购得，甚至到那时，整批的东西还被认为不能用而遭拒。但赫尔米勒·维特根斯坦回忆：

> 237 或许，在把比例搞到完全正确这事上，路德维希绝不留情的最有力证据是，就在几乎要开始清扫整栋房子的时候，他把一个大得几乎算是个礼堂的房间的天花板抬高了三厘米。

1928年末格蕾特搬进了这栋房子。据赫尔米勒说，房子对格蕾特就

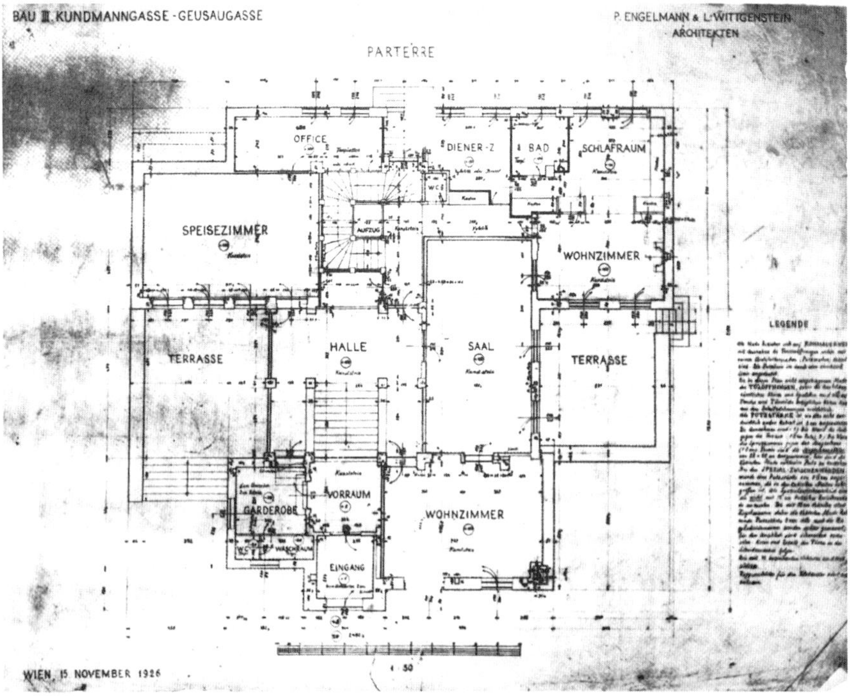

上图：库德曼街房子的平面图
下图：姐姐玛格丽特·斯通巴罗

维特根斯坦与建筑师弗雷德尔和外甥托马斯·斯通巴罗的一个朋友（右）

像手套一样合身；它是格蕾特的个性的延伸，“自从童年以来，围绕她的一切都必须是原创和雄伟的”。不过赫尔米勒自己有所保留：

> ……即便我非常赞赏这栋房子，我始终知道自己既不想、也不能住在里面。确实，它看上去更像是神的居所，而不是我这样的小凡人的居所，起初我甚至不得不克服一种微弱的内心敌意——对我称之为“逻辑房子”的敌意，对这种完美性和纪念碑性的敌意。

很容易理解这种轻微的憎恶。这房子的设计很少考虑普通凡人的舒适。它标志性的清晰、严密和精确的品质，确实是我们对逻辑系统的期望，而非对居所的期望。在设计房子内部时维特根斯坦在家居舒适方面作的让步格外少。地毯、枝形吊灯和帘幕被严格地摈弃。地板是黑色的磨光石头，墙和天花板涂着亮赭色，窗户的金属、门把手和暖气装置未上漆，屋子的照明用无罩的电灯泡。

这栋房子——在它身上花了这么多时间、精力和钱——有一段不幸的历史，其原因部分是这种生硬的纪念碑性，部分是奥地利自身的糟糕命运。格蕾特入住不到一年，1929 年的大崩盘[1]（虽然这事一点儿也谈不上令她穷困）迫使她解雇了照设计意图运作这房子所需的职员，她改在厨房而非大厅待客。九年后，在合并之后，她逃离纳粹到纽约生活；房子空了，只剩一个佣人照管。1945 年俄国人占领维也纳后这栋房子成 238
了俄国士兵的兵营和马匹的马厩。1947 年格蕾特搬了回来，在那儿住到 1958 年去世，从此房子成了她儿子托马斯·斯通巴罗的产业。和赫尔米勒一样，对于这房子是否适合居住，斯通巴罗也有所保留；房子空了许多年，直到 1971 年斯通巴罗最后卖给了一个准备将其拆除的开发商。它逃脱了被拆除的命运，只是因为维也纳陆标委员会发起了一个运动，宣

[1] “大崩盘”，指 1929 年经济危机。

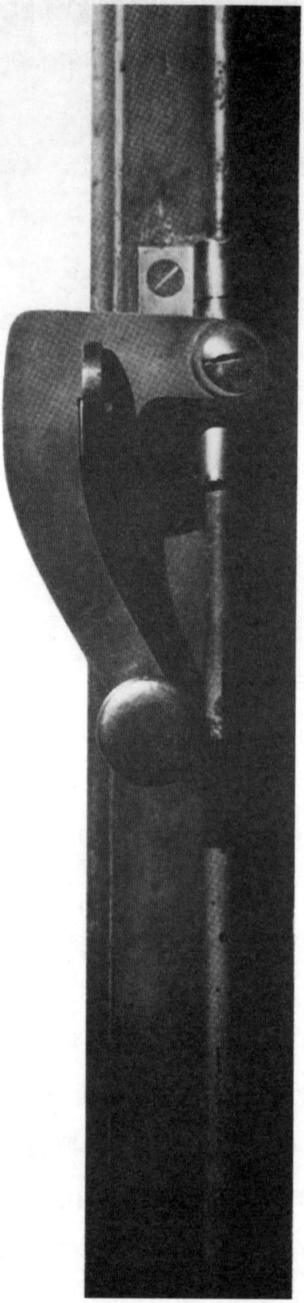

维特根斯坦为姐姐在
库德曼街的房子设计
的窗钩和门把样品

布它是一处民族遗迹；现在它幸存了下来，是保加利亚驻维也纳大使馆文化部所在地，但内部经过了大范围的改造，以适合新的用途。如果维特根斯坦看见它现在的样子——房间的间隔被敲掉，构成L形状的房间，墙和暖气装置刷成白色，大厅镶了木板，铺了地毯，等等——他极有可能情愿他们已将其拆除。

为格蕾特工作期间维特根斯坦被带回了维也纳社会，并且最终被带回了哲学。建造库德曼街的房子时，舍伯恩宫的第一层仍由格蕾特一家居住。她的长子托马斯最近从剑桥回来了，正在维也纳大学读博士。托马斯在剑桥认识了一个名叫玛格丽特·雷斯宾格的瑞士女孩，并且邀请她到维也纳。维特根斯坦和玛格丽特展开了一段持续到1931年的关系，他至少曾视这段关系为结婚的序曲。就人们所知，她是他爱过的唯一女人。

玛格丽特是个活泼的、有艺术气质的年轻女士，她出身富裕，不喜欢哲学，身上没什么虔诚的严肃——维特根斯坦的朋友通常的必备条件。她和维特根斯坦的关系大概得到了格蕾特的鼓励，维特根斯坦的某些别的朋友和亲戚则感到困惑，说不上高兴。她第一次见到维特根斯坦是在建筑工地的一次事故之后；维特根斯坦伤了脚，住在格蕾特家里休养。她是一群年轻人——包括托马斯·斯通巴罗和索格伦家的两兄弟塔勒和阿尔费德——里的一分子，他们聚在他床边听他朗读。他读了瑞士作家约
239 翰·彼得·赫伯尔的东西；她记道："又一次，我感觉很自在，为听见带有如此深刻理解的朗读而感动。"阿尔费德·索格伦很不高兴地——也许还怀着嫉妒——看见维特根斯坦的注意力投向了她。在一次类似的场合维特根斯坦问自己的听众想听什么，问题是特别对玛格丽特问的。"你读什么无所谓，"阿尔费德酸溜溜地说，"她不会理解的。"

尽管索格伦不以为然，渐渐地，维特根斯坦和玛格丽特差不多每天都见面了。在维也纳时玛格丽特读艺术学校，下了课就到库德曼街的建筑工地找维特根斯坦。然后他俩到电影院看场西部电影，在小餐馆吃顿

简单的饭：鸡蛋、黄油面包和一杯牛奶。这可不是她习惯的作风。而且，像她这样体面时髦的年轻女士，要有某种程度的勇气，才愿意被人瞧见跟穿成那样的男人出去；维特根斯坦总是穿一件肘部磨坏了的夹克，一件开领的衬衣，肥大的裤子和沉重的靴子。他的年纪还几乎大她一倍。有时她喜欢跟更年轻时髦的男人在一起，如托马斯·斯通巴罗和塔勒·索格伦。对此，维特根斯坦既觉得困惑也觉得生气。“为什么，”他要她解释，“你想跟托马斯·斯通巴罗那种年轻的家伙出去？”

他们各自的朋友则更加困惑：为什么维特根斯坦和玛格丽特想跟对方出去。维特根斯坦的亲密朋友中，不能和她融洽相处的不只阿尔费德·索格伦。另一个是保尔·伊格尔曼，而玛格丽特也不喜欢伊格尔曼。她说，他是“人们不喜欢的那种犹太人”。“人们”大概能容忍维特根斯坦一家，因为他们巨大的财富，他们与维也纳社会的融合，也因为他们在宗教上不属于犹太人，在“种族上”也不完全属于犹太人。但伊格尔曼明明白白就是太犹太了。维特根斯坦和玛格丽特的关系逐渐进展的这段时间，他和伊格尔曼的友谊恶化了；爱上她的这段时间，维特根斯坦对自己的犹太性的态度经历了深刻的变化；这些可能是巧合，也可能不是。

这段关系明显得到了格蕾特的鼓励，因为她觉得玛格丽特的陪伴能产生一种使她弟弟平静下来、“正常起来”的影响。这也许是真的；事实上，也许正是因为缺乏智性深度，玛格丽特才能施加这种影响。维特根斯坦明确要她别试图窥探他内在的思想世界——这个请求她愿意满足， 240
她高兴还来不及。

维特根斯坦在这段时间雕刻了一座胸像，模特是玛格丽特。胸像是在米埃尔·德罗比尔的工作室里做的；它不完全是玛格丽特的人像，原因是，尽管维特根斯坦的兴趣主要在于面容的姿态和表情，但他想捕捉的不是她的实际表情，而是他自己想创造的表情。我们想起了——描述恋爱中的维特根斯坦时我们常常想起这一点——魏宁格在《性与性格》里的话：

库德曼街的房子

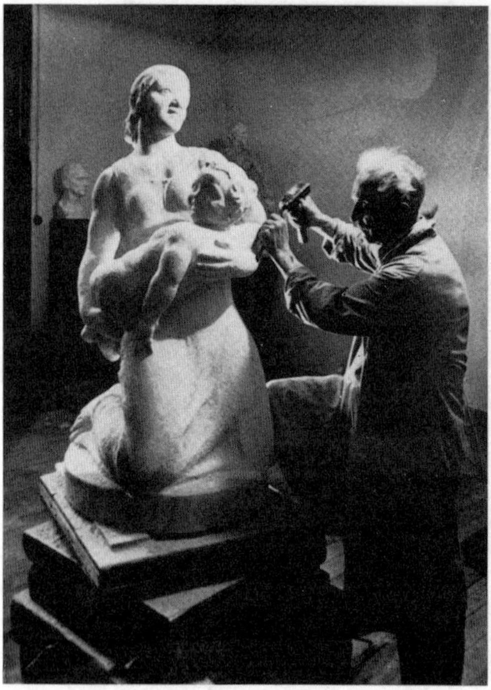

左图：米埃尔·德罗比尔
右图：德罗比尔的维特根斯坦半身像

维特根斯坦雕刻的半身像

> 只有在那种爱顾及的不是她的真实属性，因而能把实际的物理实在替换为一个不同且完全虚构的实在时，对女人的爱才是可能的。

胸像做完后送给了格蕾特，陈列在库德曼街房子里——对它这是个合适的家，因为胸像和房子在美学上是一致的。维特根斯坦谈到自己对建筑的涉足：

> ……我为格蕾特建造的房子是一种断然敏感的听觉和好作风的产物，表达了一种（对文化等等的）伟大理解。但缺少的是：力求爆发开来的原初生命和野性生命[1]。所以你可以说它不是健康的。

也可以说他的雕塑缺乏“原初生命”。因此，按维特根斯坦自己的思路，它算不上一件伟大的艺术作品。因为：“在一切伟大艺术里面都有一个野性的动物：已驯服了的。”维特根斯坦自己认为这座胸像不过是对德罗比尔作品的澄清。

甚至在——维特根斯坦最有感觉的艺术——音乐中，他主要展现出的也是一种伟大的理解，而非“力求爆发开来的野性生命”。和别人一起演奏音乐时——在维也纳的这段时间他经常这样做——他的兴趣是把它弄对，是用他锐利敏感的耳朵迫使演奏同伴达到一种格外精确的表达。甚至可以说，他感兴趣的不是创造出、而是重新创造出音乐。演奏时他不是在表达自己和自己的原初生活，而是在表达别人的思想和生活。仅就
241 此而言，他的这话可能说对了：他觉得自己不是创造性的而是生产性的（reproductive）。

尽管维特根斯坦对他人的艺术有兴趣而且敏感，但只有在哲学里他

[1] “原初生命和野性生命”，译自 primordial life 和 wild life。

的创造性才能真正被唤醒。只有那时，正如罗素很久以前注意到的，他身上才现出“力求爆发开来的野性生命”。

正是在建造格蕾特的房子时，维特根斯坦被带回到他能最好地显现其罕见天才的活动。格蕾特又一次充当了社交催化剂，通过她，维特根斯坦和维也纳大学的哲学教授莫里茨·石里克有了接触。

许多年来石里克一直想亲近维特根斯坦，但都失败了，格蕾特做成了这件事。1922年，《逻辑哲学论》出版的那一年，石里克到了维也纳；他是维也纳读过这书而且理解其价值的头一批人之一。1924年夏天，在格蕾特的房子里见过弗兰克·拉姆塞后，他写了一封信给维特根斯坦，把信寄到了普希贝格：

> 我是你的《逻辑哲学论》的一个景仰者，很长时间以来我都想联系你。我一次次地拖后对这意图的兑现，这要归咎于我的教授职责和其他职责，虽然我到维也纳已经快五个学期了。每个冬季学期，我定期与喜欢逻辑和数学基础的同事一起跟有天赋的学生会面；在这个小组里你的名字经常被提到，特别是我的数学同事海登马斯特教授在一次讲座上报告了你的工作之后，那次讲座给我们所有人都留下了很深的印象。因此，这儿有许多人——我自己也是一个——相信你的基本想法是重要的和正确的，而且有一种强烈的愿望：要成为这一事业——使你的观点获得更广泛的了解——的一分子。

石里克在信里提出去普希贝格拜访维特根斯坦。实际上此时维特根斯坦已搬到了奥特塔尔，但最终他在奥特塔尔收到了这封信；在回信里他表示欢迎石里克来访。石里克很快写了回信，再次表达前往的意愿； 242
但直到十五个月后的1926年4月，他才终于在几个自己挑选的学生的陪伴下去了趟奥特塔尔。石里克的妻子谈到丈夫踏上此行时的心情：“他几乎是带着可怕的敬畏，向我说明维特根斯坦是地球上最伟大的天才之一，

莫里茨·石里克（1882—1936），维也纳大学哲学教授

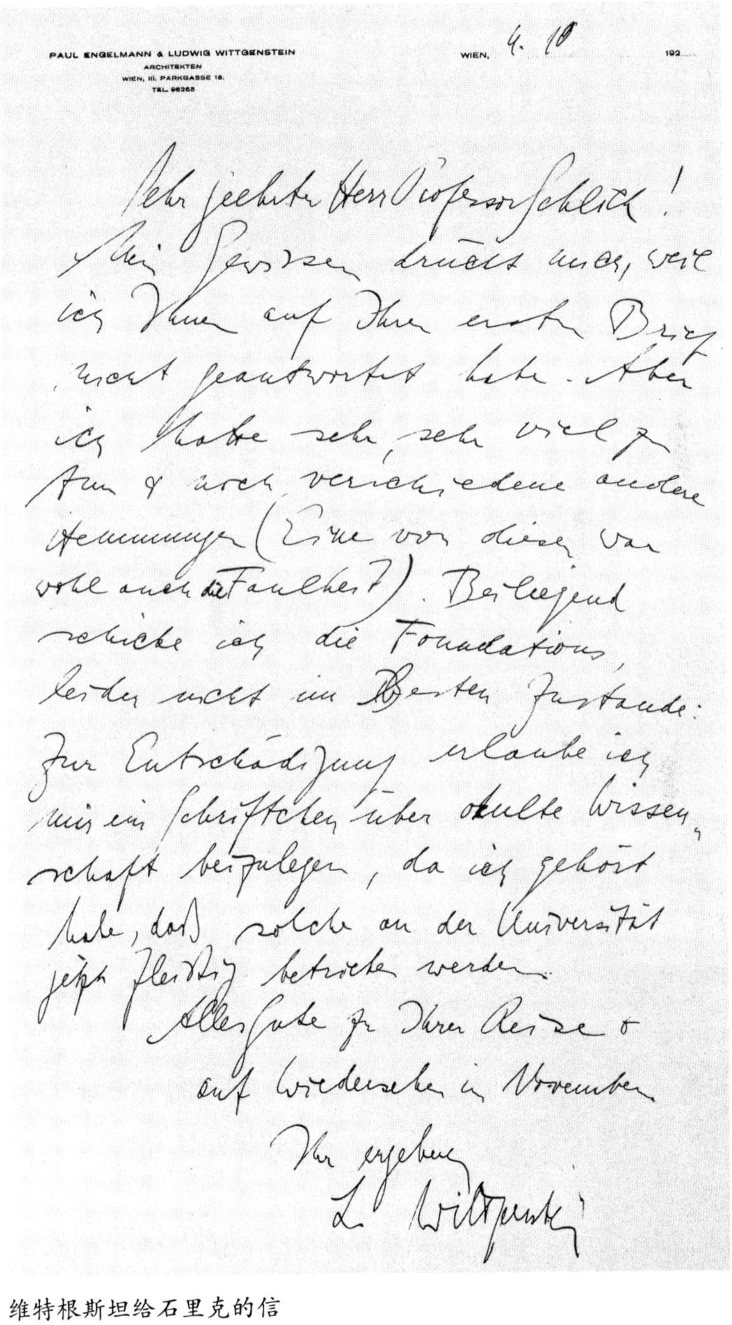

PAUL ENGELMANN & LUDWIG WITTGENSTEIN
ARCHITEKTEN
WIEN, III. PARKGASSE 18.
TEL. 96265

WIEN, 4. 10 192..

Sehr geehrter Herr Professor Schlick!

Mein Gewissen drückt mich, weil ich Ihnen auf Ihren ersten Brief nicht geantwortet habe. Aber ich hatte sehr, sehr viel zu tun & auch verschiedene andere Hemmungen (Eine von diesen war wohl auch die Faulheit). Beiliegend schicke ich die Foundations, leider nicht im besten Zustande. Zur Entschädigung erlaube ich mir ein Schriftchen über okkulte Wissenschaft beizulegen, da ich gehört habe, daß solche an der Universität jetzt fleißig betrieben werden.

Alles Gute zu Ihrer Reise & auf Wiedersehen im November

Ihr ergebener

L. Wittgenstein

维特根斯坦给石里克的信

那时他仿佛准备去圣地朝拜。”等到了奥特塔尔，朝圣者们得知维特根斯坦已辞去了职位不再教书，深为失望。

因此，1927年2月，石里克收到格蕾特邀请他去一次宴会见维特根斯坦的信时大喜过望。“又一次，”石里克夫人说，“我饶有兴致地看见了朝圣者的敬畏神态。”此时石里克已把自己的一些著作寄给了维特根斯坦，并提出请维特根斯坦加入自己和另一些人的逻辑讨论。格蕾特在邀请信里代表维特根斯坦答复了这一提议。她告诉石里克：

> 他要我向你转达他最温暖的致意，并且请你原谅，他感到自己完全不能既专注于眼下的工作，又专注于逻辑问题；眼下的工作需要他的全部能量。他肯定不能跟一群人会面。他觉得，如果是单独跟您——亲爱的石里克教授——见面，他将能讨论那种问题。他认为，到那时就能弄清，目前的他是否还能在那一方面对你有一点用。

石里克的妻子回忆道，他见了维特根斯坦，“回来后心醉神迷，不怎么说话，而我觉得我不该发问”。第二天维特根斯坦告诉伊格尔曼：“我们都认为对方一定疯了。”之后不久，维特根斯坦和石里克开始定期见面讨论。据伊格尔曼：“维特根斯坦发现石里克是个杰出的、有理解力的讨论伙伴，鉴于他欣赏石里克很有教养的人格，就更加如此了。”但无法说服维特根斯坦出席石里克的“小组”的聚会；那是一群哲学家和数学家，把他们结合到一起的是他们在哲学问题上的实证主义进路，以及他们的
243 科学世界观；他们星期四晚上会面，讨论数学和科学的基础，后来演变成维也纳小组。维特根斯坦告诉石里克，他只能与“让他舒坦”（holds his hand）的人谈话。

尽管如此，1927年夏天，维特根斯坦已定期和一群人在星期一晚上会面；这些人里，除了他自己和石里克，还有几个从石里克的小组中细心挑选出的人。他们是弗里德里希·魏斯曼、鲁道尔夫·卡尔纳普和赫尔

伯特·费格尔。会面的成功依赖石里克对情况的机敏掌控。卡尔纳普回忆：

> 第一次会面前，石里克急切地告诫我们，不要发起我们小组里习惯的那种讨论，因为维特根斯坦无论如何都不想要那种东西。石里克说，最好的办法是让维特根斯坦说，然后很小心地只要求他给出必要的解释。

为了说服维特根斯坦出席聚会，石里克不得不向他保证，讨论不必是关于哲学的；他可以谈自己想谈的随便什么事。有时候，出乎听众的意料，维特根斯坦转身背对他们读起诗来。他特别读了罗宾德拉纳·泰戈尔的诗——仿佛是在向他们强调，如以前他对冯·费克尔解释过的，他在《逻辑哲学论》里没有说出的比说出的更重要；泰戈尔是当时在维也纳很时兴的印度诗人，他的诗表达了一种与石里克小组成员的态度直接对立的神秘态度。很快卡尔纳普、费格尔和魏斯曼就明白了，《逻辑哲学论》的作者不是他们期待的实证主义者。"以前"，卡尔纳普写道：

> 我们在小组里读维特根斯坦的书时，我错误地认为他对形而上学的态度与我们类似。对他书里的有关神秘之物的话，我没有给予充分的注意，因为他在这一块的感情和思想跟我分歧太大。只有和他本人的接触才帮助我更清楚地看到他在这一点上的态度。

对于实证主义者，清晰与科学方法是携手并肩的；这本他们视作哲学之精确和清晰的典范的书，其作者却在性情和方法上都如此决然地非科学，认识到这一点后卡尔纳普尤其震惊： 244

> 他对人和问题——甚至对理论问题——的观点和态度，更像一

> 个创造性的艺术家，而不是科学家；几乎可以说，像一个宗教先知或预言家。当他开始阐述对某些哲学问题的看法时，我们常常感觉到那一刻他身上的内在挣扎；他挣扎着，要在强烈和痛苦的紧张之下穿透黑暗到达光亮，甚至在他最富表情的脸上就看得见那种紧张。当他的答案终于出来——有时是在冗长费劲的努力之后——他的陈述摆在我们面前，就像一件新创作出的艺术品，一句神圣的启示。我并不是说他独断地断言他的观点……而是他留给我们这种印象：洞见仿佛经由一种神启降临到他身上；于是我们不禁感到，对之的任何镇定理性的评论或分析都是一种亵渎。

卡尔纳普回忆道，小组成员认为通过质疑和反对进行的讨论是测试一种想法的最好方式；与此相反，维特根斯坦“只要经由启示得到了洞见，就丝毫不容忍他人的批评式的考查”：

> 有时我有这种印象：科学家的审慎理性的、不动情的态度，以及任何带有“启蒙”味的想法，都是维特根斯坦讨厌的东西。

尽管在性情和关切上有这样的分歧，维特根斯坦和石里克小组的成员仍然能就哲学问题进行许多有益的讨论；他们的一个关注点是弗兰克·拉姆塞近来的一篇文章提供的，这篇文章叫“数学基础”，是拉姆塞1925年11月对伦敦数学学会作的一篇演讲，已经发表在学会的《学报》上。
245 这篇文章标志着拉姆塞打响了自己的战役：用维特根斯坦的逻辑工作重建弗雷格和罗素的数学基础之逻辑进路的信誉。在1930年二十六岁上去世之前，拉姆塞首要和持久的目标都是修补罗素《数学原理》的理论漏洞，从而重新建立逻辑主义思想学派的优势，并把荷兰数学家L.E.J. 布劳威尔领导的日益有影响力的直觉主义学派提出的更极端思路扼杀在摇篮里。宽泛地说，分歧在于，罗素想表明能把一切数学还原为逻辑，从而为纯数学家认可的一切定理提供一个严密的逻辑基础；布劳威尔——从对数学和逻辑两者的根本上不同的观念出发——想这样来重建数学：只有能在他的系统里得到证明的定理才是可接受的。其余则当作不可证的东西丢弃，其中包括很多地位牢固的定理。

拉姆塞想用《逻辑哲学论》的命题理论说明，数学由（维特根斯坦意义上的）重言式构成，从而数学命题无非是逻辑命题。这不是维特根斯坦本人的观点。他在《逻辑哲学论》里区分了逻辑和数学命题：只有前者是重言式；后者是“等式”（TLP 6.22）。

因此拉姆塞的目标是，表明等式是重言式。这一努力的核心是一种同一性定义；这定义用一个特别定义的函项 Q（x，y）代替表达式 x=y，实质上是想断言：x=y 要么是一个重言式（如果 x 和 y 有相同的值），要么是一个矛盾式（如果 x 和 y 有不同的值）。在这定义之上建立起一种函项理论，拉姆塞希望用这理论证明数学的重言式性质。“只有这样，”他认为，“我们才能保护它［数学］免于布劳威尔和外尔的布尔什维克威胁。”

拉姆塞把这篇论文寄给了石里克一份，通过石里克，维特根斯坦注意到了它。（因为他们在 1925 年夏天的争吵，拉姆塞没把论文寄给维特根斯坦本人。）显然维特根斯坦很详尽地读了这篇论文。1927 年 7 月 2 日他写信给拉姆塞，详细批评了拉姆塞的同一性定义，并表达了这一观点：所有这种理论（宣称同一性表达式要么是重言式要么是矛盾式的理论）都不成立。维特根斯坦自己——如 1919 年罗素惊愕地发现的——根 246
本没参与把数学奠基在逻辑之上的事业。实际上他认为这项事业走错了路。“摆脱这一切麻烦的办法”，他告诉拉姆塞，“是看出：无论是‘Q(x，y)’——尽管这是个很有趣的函项——还是任何其他命题函项，都不能代替‘x=y’。”

拉姆塞两次答复了维特根斯坦的反对意见——一次通过石里克，第二次直接对维特根斯坦。他的辩护要旨是，他打算提出的不是一个同一性定义，而只是个替代函项，这函项经过如此这般的定义之后，在他的理论内部起到同一性陈述的作用，而且给出他想要的逻辑结果。

这一交流之所以有意思，是因为它是维特根斯坦和拉姆塞间差异的一种写照，而且它也说明了，维特根斯坦说拉姆塞是个“布尔乔亚”思想家时，他的意思可能是什么。维特根斯坦的反对意见想直插问题的心脏，他想论证，拉姆塞重建罗素式数学基础的整个计划在哲学上走错了路；而拉姆塞的答复只关心逻辑和数学问题：自己的函项是否能完成设定的任务。因此，照维特根斯坦的话说，拉姆塞在如下意义上是“布尔乔亚的”：

> ……他的思考，目标是整顿某一具体共同体的事务。他不思索政府的本质——或起码不喜欢这么做——而是思索如何能把这个政府合理地组织起来。这政府也许不是唯一的可能性，这种想法一方面令他不安，一方面令他讨厌。他想尽可能快地伏下身子思索基础——这一政府的基础。这是他擅长的，也是他真正感兴趣的；而真正的哲学思索干扰了他，直到他将其结果（如果有的话）推到一旁，宣布那无关紧要。

当然，这个政治隐喻是在影射拉姆塞提到的布劳威尔的“布尔什维克威胁”；有人可能会想，维特根斯坦用这个隐喻，是把“真正的哲学思索”和布尔什维克等同了起来。不是这样的。维特根斯坦没兴趣组织这
247 个政府（罗素的逻辑主义）的事务，但也没兴趣用另一个政府（布劳威尔的直觉主义）取而代之。“哲学家不是任何思想共同体的公民，”他写道，“所以哲学家才是哲学家。”

可能是因为和拉姆塞的这次交流，维特根斯坦终于写信给凯恩斯了。这是他停止教书以来第一次写信给凯恩斯（“我不再能忍受热水瓶，”他解释说）。他感谢凯恩斯惠寄的书《俄罗斯一瞥》，并告诉凯恩斯，他希

望自己正建造的房子在那年（1927年）11月完工，到那时他愿意去一趟英格兰，“如果那里还有人想见我的话”。

“关于你的书，”维特根斯坦写道，“我忘了说我喜欢它。它说明你知道天空和大地（等等）之间有更多的东西。”

这一奇怪的理由——他为什么喜欢一部考察苏联的书——通过以下事实得到了解释：凯恩斯强调苏联的马克思主义是作为一种新宗教，而非作为一种经济上的创新而获得赞美的。他认为列宁主义的经济方面不值得理会，认为那是“一种把一本废弃的经济教科书树为超越一切批评的圣经的学说，而我知道那本教科书不只在科学上是错误的，而且对现代世界也无益处或用处”。但他对伴随这学说的宗教热情印象深刻：

> ……在这个没有宗教的时代，对于任何这种宗教——真正新的、不只是旧宗教之重演的、又证明了自身鼓动力的宗教——许多人必定对之感到强烈动情的好奇；尤其这一新事物出自欧洲家族的美丽和愚蠢的最小儿子俄国，头上有头发，比西方的秃顶哥哥离大地和天空都更近——他晚生了两个世纪，能够在失去年轻的天才或沉溺于舒适和习惯之前捡起家族其他人的中年觉醒。我同情到苏联那儿寻觅好东西的人。

凯恩斯说，苏联信仰的特点是，它和基督教一样对普通人抱持一种赞赏态度。但是，跟基督教形成对照的是，在它里头有某种东西：

> ……可能在一种变化了的形式和一种新的背景里对未来的真实宗 248
> 教贡献点什么，如果有任何真实宗教的话——列宁主义之为非超自然[1]，是绝对的、挑衅的，其感情和伦理的本质集中在个人和共同

[1] “非超自然”（non-supernatural）。

体对金钱之爱的态度上。

不难看出这些段落会怎样赢得维特根斯坦的赞同；也不难看出，凯恩斯描述的信仰会怎样赢得维特根斯坦的尊重，并可能赢得他的效忠。凯恩斯的书写于对苏联的一次简短访问之后，这本书与罗素的《布尔什维克的实践和理论》形成了尖锐对照；那是 1920 年罗素自己访问苏联后出版的。罗素的书只表达了对苏联政权的憎恨。他也用到了基督教的类比，但恰是用这个类比表达他的轻蔑：

> 若和我一样相信自由的理智是人类进步的首要引擎，那么只能在根本上反对布尔什维克主义——和反对罗马教会一样多。激励着共产主义的希望，大体上和《山中布道》[1] 灌输的希望一样可敬；但那些希望被狂热地抱持着，具有造成同样多危害的同样可能。

维特根斯坦自己对苏联的兴趣要追溯到罗素的书出版后不久——几乎就像是，他认为，如果罗素这么恨它，那么它那里就必定有好东西。1922 年（那时他写信对保尔·伊格尔曼谈“我们讨论逃去俄国的可能性”）以来，维特根斯坦就是一个——用凯恩斯的话讲——“在苏联那里寻觅好东西”的人；到苏联生活和工作的念头持续吸引着他，直到 1937 年，那时的政治局势令他不可能再如此。

虽然凯恩斯声明自己不是个信仰者，但我认为，当他说苏联马克思主义是一种被热情抱持的宗教态度［对待（例如）普通人的价值和邪恶的金钱之爱的态度］，而非超自然的信仰时，就为“维特根斯坦希望在苏联找到什么”这个问题提供了一条重要线索。

249 维特根斯坦曾对凯恩斯说，库德曼街房子预计将在 1927 年 11 月完

[1] 《山中布道》（*the Sermon on the Mount*），一种耶稣的道德教训集。

工；由于我们已解释过的原因，这一估计太过乐观，毫无希望实现；一年以后他才能考虑计议中的英格兰之行。

同时，他有机会亲身见识一次拉姆塞为之如此不安的“布尔什维克威胁”。1928年3月，布劳威尔到维也纳作一次题为“数学、科学和语言”的讲座；维特根斯坦出席了，同去的还有魏斯曼和费格尔。讲座后三人在咖啡馆里坐了几小时，费格尔记录：

> ……目睹那晚降临在维特根斯坦身上的变化，是令人陶醉的……他变得极健谈，开始勾勒一些想法，而那些想法是他后期写作的肇始……那一晚标志着维特根斯坦恢复了强烈的哲学兴趣和行动。

若有人根据费格尔的记录得出，维特根斯坦经历了一次对布劳威尔直觉主义的突然皈依，那他就错了——尽管听布劳威尔演讲对维特根斯坦无疑是个极大的刺激，也很可能种下了一颗在此后岁月里逐渐生长的种子。在维特根斯坦的早期工作里，没有他知晓布劳威尔的想法的任何证据；拉姆塞在1925年的论文里对布劳威尔的提及很可能是维特根斯坦第一次听说此人。但1929年以后，他的确猛地谈起布劳威尔来了——结果，受邀概述维特根斯坦1930年的工作时，罗素察觉到一种他显然认为不太健康的影响：

> ……他对于无限写了许多话，这些话始终有变成布劳威尔的说法的危险；每当这一危险变得明显时，就必须骤然刹住。

然而，讲座后维特根斯坦的兴奋里包含的对布劳威尔的赞同，很可能跟对布劳威尔的不赞同一样多。讲座里有许多与维特根斯坦自己的观点——既有他早期工作中的观点，也有他后期工作中的观点——相抵触的东西。特别是，构成直觉主义之哲学基础的康德式的“基本数学直觉”

L.E.J.布劳威尔(1881—1966)

维也纳科学院

# Mathematik, Wissenschaft und Sprache.

Von L. E. J. Brouwer in Amsterdam.

Vortrag, gehalten in Wien am 10. III. 1928 über Einladung des Komitees zur Veranstaltung von Gastvorträgen ausländischer Gelehrter der exakten Wissenschaften.

## I.

Mathematik, Wissenschaft und Sprache bilden die Hauptfunktionen der Aktivität der Menschheit, mittels deren sie die Natur beherrscht und in ihrer Mitte die Ordnung aufrecht erhält. Diese Funktionen finden ihren Ursprung in drei Wirkungsformen des Willens zum Leben des einzelnen Menschen: 1. die mathematische Betrachtung, 2. die mathematische Abstraktion und 3. die Willensauferlegung durch Laute.

1. Die mathematische Betrachtung kommt als Willensakt im Dienste des Selbsterhaltungstriebes des einzelnen Menschen in zwei Phasen zustande, die der zeitlichen Einstellung und die der kausalen Einstellung. Erstere ist nichts anderes als das intellektuelle Urphänomen der Auseinanderfallung eines Lebensmomentes in zwei qualitativ verschiedene Dinge, von denen man das eine als dem anderen weichend und trotzdem als durch den Erinnerungsakt behauptet empfindet. Dabei wird gleichzeitig das gespaltene Lebensmoment vom Ich getrennt und nach einer als Anschauungswelt zu bezeichnenden Welt für sich verlegt. Die durch die zeitliche Einstellung zustande gekommene zeitliche Zweiheit oder zweigliedrige zeitliche Erscheinungsfolge läßt sich dann ihrerseits wieder als eines der Glieder einer neuen Zweiheit auffassen, womit die zeitliche Dreiheit geschaffen ist, usw. In dieser Weise entsteht mittels Selbstentfaltung des intellektuellen Urphänomens die zeitliche Erscheinungsfolge beliebiger Vielfachheit. Nunmehr besteht die kausale Einstellung im Willensakt der „Identifizierung“ verschiedener sich über Vergangenheit und Zukunft erstreckender zeitlicher Erscheinungsfolgen. Dabei entsteht ein als kausale Folge zu bezeichnendes gemeinsames Substrat dieser identifizierten Folgen. Als besonderer Fall der kausalen Einstellung tritt auf die gedankliche Bildung von Objekten, d. h. von beharrenden (einfachen oder zusammengesetzten) Dingen der Anschauungswelt, wodurch gleichzeitig die Anschauungswelt selbst stabilisiert wird. Wie gesagt, sind die beiden Stufen der mathematischen Betrachtung keineswegs passive Einstellungen, sondern im Gegenteil

布劳威尔的报告，刊载于1929年第36期的《数学与物理月刊》

250 观念是维特根斯坦一生从未对之有过一丝同情的东西。事实上，真要说什么的话，那也是他对之的反对随着时间的流逝不断增强——直到 1939 年他在数学基础讲座里直截了当地告诉听众："直觉主义全是瞎说——全部。"

不过，布劳威尔的态度里的某些元素可能与维特根斯坦自己的态度产生了共鸣，尤其是布劳威尔不同意罗素和拉姆塞提出的观点。这比罗素指出的那个具体之点——维特根斯坦像是接受了布劳威尔对"无限延伸序列"这个观念的拒斥——更为深刻，并且，构成了一种与罗素和拉姆塞的"布尔乔亚"心智有着根本分歧的哲学态度。在一个一般性的层面上，可以说布劳威尔的哲学立场属于大陆反理性主义思想传统；（例如）叔本华在此传统之列，维特根斯坦则对这传统——卡尔纳普曾吃惊地发现——抱有极大的同情。（这一时期维特根斯坦曾针对石里克的批评为叔本华辩护，卡尔纳普吃了一惊。）如同罗素和拉姆塞，维也纳小组立足于一个跟这一反理性主义传统毫不相干的立场。

更具体地，在布劳威尔对罗素的逻辑主义的异议里，有某些元素可能激起了维特根斯坦的同情之声。布劳威尔拒绝这一想法：数学能够或需要奠基在逻辑之上。他进一步拒绝这一观念：一致性证明对数学是至关紧要的。他也拒绝通常理解的数学"客观性"——例如，布劳威尔认为，没有独立于心的、等数学家去发现的数学现实。在布劳威尔看来，数学家不是发现者而是创造者：数学不是一组事实，而是一种人心的构造。

维特根斯坦赞同这一切；可以把他的后期工作视作这些思想的一种进展：进展到一个带他远离《逻辑哲学论》之逻辑原子主义的领域。即便这一进展并未把他带得离直觉主义更近，但也许一般性地和在细节上帮着澄清了他的许多异议——对罗素和拉姆塞提出的处理数学之逻辑进路的异议；这一进路曾指引过——即便不曾支配过——他在《逻辑哲学论》里阐述的观点。

251 布劳威尔的讲座也许并未令维特根斯坦信服《逻辑哲学论》错了，但也许使他相信他的书终究不是这一主题上的最后陈词。确实还能说更多。

这样，1928 年秋天——房子完工了，他的心思又转向英格兰之行——他终于能考虑再做哲学工作。这一意向在他写给凯恩斯的信里并不明显。11 月他把房子的照片寄给凯恩斯——“柯布西耶风格的[1]”，凯恩斯不准确地对妻子莉迪娅·洛普科娃描述——宣布自己 12 月份前往英格兰的愿望，暗示要作一次短暂的度假式的拜访。他“想和我在这儿一起过大约两星期”，凯恩斯写道，“我足够强大吗？也许，如果我从现在到那时一直不工作，我就能做到。”

结果，因为生病 12 月份维特根斯坦一直留在维也纳；而 1 月初他终于能去英格兰时，不是去刘易斯度假（凯恩斯发现这一点时似乎不太吃惊），也不是去找扫大街的工作，而是回剑桥和拉姆塞一起做哲学。

[1] “柯布西耶风格”，柯布西耶（Le Corbusier，1887—1965），法国著名建筑师。

# 第三部分

1929—1941

# 第十一章　第二次到来

“唔，上帝到了。我在五点十五分的火车上接到了他。” 255

在一封落款日为 1929 年 1 月 18 日，写给莉迪娅·洛普科娃的信里，凯恩斯就是这样宣布维特根斯坦回到剑桥的。刚回英格兰几小时，维特根斯坦已经告诉凯恩斯，自己计划“永远待在剑桥”：

> 期间我们喝过了茶，现在我退到书房给你写信。我明白，疲劳将是摧毁性的。我一定不能让他每天跟我谈话超过二三小时。

对维特根斯坦来说，这种经验是古怪的，几乎是怪诞的——回到一所这些年间多数地方没有变化的大学，但岁月却在他自己身上造成了一种如此根本的转变——还有，一些 1913 年他与之道别的人前来问候他。他在日记里写道：“就像时间倒流了”，“我不知道等着我的是什么”，但无论结果是什么，“会有一点结果！如果还有时间”：

> 此刻我无休无止地游荡，但不知道围绕着哪个平衡点。

维特根斯坦一到，凯恩斯就组织人马欢迎他重回“使徒”圈子。维

拉姆塞的房子

上左：莉迪娅·洛普科娃，凯恩斯的妻子
上右：约翰·梅纳德·凯恩斯
下左：莱迪丝·拉姆塞
下右：弗兰克·拉姆塞

256 特根斯坦回英格兰的第二天，凯恩斯举办了一次“使徒”的特别晚餐会，庆祝他归来。出席的有理查德·布雷斯韦特、弗兰克·拉姆塞、乔治·赖兰茨、乔治·汤姆森、阿列斯特·沃森、安东尼·布朗特和朱利安·贝尔——剑桥知识界这一代的精华。会上把维特根斯坦选为荣誉会员（用“使徒”的话讲：“天使”）；这是一种姿态，表示社团原谅了1912年他对他们的态度。在随后的一次聚会上他们正式向他“宣布，将在适当的时候收回驱逐他的成命”。

社团的这种空前的谦卑，原因是维特根斯坦不在时成了剑桥精英中间的一个近乎传奇的人物，而且《逻辑哲学论》也成了时下知识圈讨论的中心话题。

但若“使徒”希望将这位“上帝”据为己有，他们就要失望了。维特根斯坦出席了几次他们的聚会；在凯恩斯位于戈登广场的房子举办的几次宴会上，他也接触了布鲁姆斯伯里圈子——可认为它是“使徒”的伦敦分支——的几位成员。然而，布鲁姆斯伯里和“使徒”的英格兰特有的、自觉“有教养”的唯美主义与维特根斯坦的严酷的苦行意识和有时不留情面的诚实，两者之间没几分共同土壤。双方都感到震惊。莱昂纳德·伍尔夫回忆，有一次午餐时维特根斯坦对待莉迪娅·凯恩斯的“不人道的粗鲁”把他吓坏了。另一次午餐，他们当着女士的面坦然讨论性，维特根斯坦吓着了，走了出去。布鲁姆斯伯里的气氛明显使他不自在。弗朗西丝·帕特里齐说，自己身处其中的贝尔们、斯特雷奇们和斯蒂芬们与维特根斯坦形成了对照——维特根斯坦似乎不能或不愿与异性会员讨论严肃的问题：“在男女混杂的人群里，他的谈话常常极端琐细，搪塞进无聊的笑话，伴以冷淡的微笑。”

维特根斯坦和弗吉尼娅·伍尔芙有可能在凯恩斯的某次聚会上见过面；即便真是这样，看上去两人都没给对方留下什么印象。弗吉尼娅·伍尔芙去世后，维特根斯坦与洛什·里斯讨论过出身对她的影响。他说，她在那么一个家庭里长大——在那里，人的价值的衡量在于是否擅长某种写作，或擅长艺术、音乐、科学或政治；因此她从未问过自己还存不存在其他“成就”。这看法可能基于个人的接触，但同样可能基于道听途说。弗吉尼娅·伍尔芙的日记里没提到过维特根斯坦，信件里也只有几处附带提到他。 257
有一次是在一封写给克莱夫·贝尔的信里，写信的时间是维特根斯坦到剑桥几个月后；她是在谈贝尔的儿子朱利安时提到他的：

> ……梅纳德说朱利安无疑是国王学院最重要的本科生，甚至可能当上理事，看来他完全打动了梅纳德，还有他的诗——顺便说一句，朱利安说，他跟梅纳德谈过维特根斯坦的毛病，但被驳了回去。

这一笔是有趣的，只是由于这个缘故：即将发表在安东尼·布朗特的学生杂志《冒险》上的一篇冗长的德莱顿风格[1]的讽刺诗正是朱利安·贝尔所写；那是布鲁姆斯伯里式的机智评点，谈的是维特根斯坦的专横好辩作风里的——有人开始这么看——未开化的野蛮的东西。

贝尔在这首诗里试图为布鲁姆斯伯里的信条“价值可在心智那儿认识和找到”辩护，反驳《逻辑哲学论》的观点：那种陈述是无意义的。贝尔主张，维特根斯坦肯定违反了自己的规则：

> 而他说出无意义的话，无数的陈述那么做，
> 他恒常打破自己立誓的沉默：
> 日日夜夜谈论伦理和审美，
> 称事物好或坏，错或对。

维特根斯坦不只谈论自己坚称必须对之保持沉默的东西；他主宰了一切这种讨论：

[1] “德莱顿风格”（Drydenesque）；德莱顿（John Dryden，1631—1700），英国诗人。

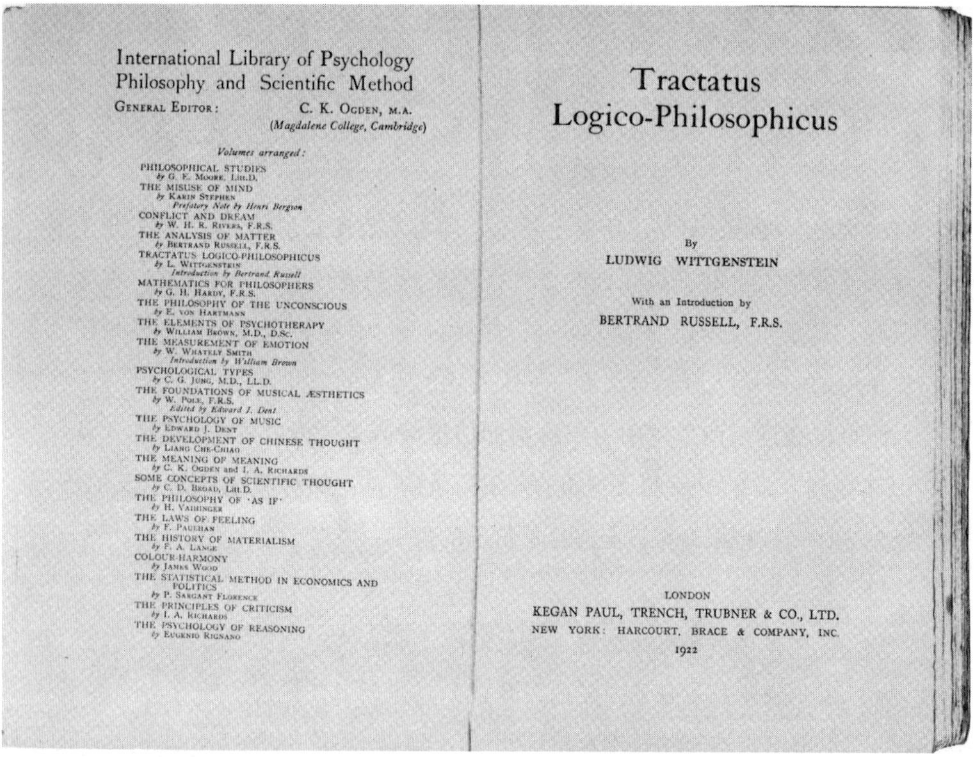

International Library of Psychology
Philosophy and Scientific Method

GENERAL EDITOR: C. K. OGDEN, M.A.
(*Magdalene College, Cambridge*)

*Volumes arranged:*

PHILOSOPHICAL STUDIES
*by* G. E. MOORE, Litt.D.
THE MISUSE OF MIND
*by* KARIN STEPHEN
*Prefatory Note by Henri Bergson*
CONFLICT AND DREAM
*by* W. H. R. RIVERS, F.R.S.
THE ANALYSIS OF MATTER
*by* BERTRAND RUSSELL, F.R.S.
TRACTATUS LOGICO-PHILOSOPHICUS
*by* L. WITTGENSTEIN
*Introduction by Bertrand Russell*
MATHEMATICS FOR PHILOSOPHERS
*by* G. H. HARDY, F.R.S.
THE PHILOSOPHY OF THE UNCONSCIOUS
*by* E. VON HARTMANN
THE ELEMENTS OF PSYCHOTHERAPY
*by* WILLIAM BROWN, M.D., D.Sc.
THE MEASUREMENT OF EMOTION
*by* W. WHATELY SMITH
*Introduction by William Brown*
PSYCHOLOGICAL TYPES
*by* C. G. JUNG, M.D., LL.D.
THE FOUNDATIONS OF MUSICAL ÆSTHETICS
*by* W. POLE, F.R.S.
*Edited by Edward J. Dent*
THE PSYCHOLOGY OF MUSIC
*by* EDWARD J. DENT
THE DEVELOPMENT OF CHINESE THOUGHT
*by* LIANG CHE-CHIAO
THE MEANING OF MEANING
*by* C. K. OGDEN and I. A. RICHARDS
SOME CONCEPTS OF SCIENTIFIC THOUGHT
*by* C. D. BROAD, Litt.D.
THE PHILOSOPHY OF 'AS IF'
*by* H. VAIHINGER
THE LAWS OF FEELING
*by* F. PAULHAN
THE HISTORY OF MATERIALISM
*by* F. A. LANGE
COLOUR-HARMONY
*by* JAMES WOOD
THE STATISTICAL METHOD IN ECONOMICS AND POLITICS
*by* P. SARGANT FLORENCE
THE PRINCIPLES OF CRITICISM
*by* I. A. RICHARDS
THE PSYCHOLOGY OF REASONING
*by* EUGENIO RIGNANO

Tractatus
Logico-Philosophicus

By
LUDWIG WITTGENSTEIN

With an Introduction by
BERTRAND RUSSELL, F.R.S.

LONDON
KEGAN PAUL, TRENCH, TRUBNER & CO., LTD.
NEW YORK: HARCOURT, BRACE & COMPANY, INC.
1922

《逻辑哲学论》英文本

……谁曾在哪个议题上，见到过
路德维希忍住不颁布法则？
无论到谁那里，都大声把我们喝止，
打断我们的话，结结巴巴说起他的句子；
永不停息的争辩，刺耳、恼怒和喧闹，
他当然正确，为他的正确而骄傲，
这毛病常见，是人多少有这股味，
但维特根斯坦大谈人文，自诩全对。

这首诗是一封写给使徒同僚理查德·布雷斯韦特的使徒书信[1]，表 258
达了“使徒”的许多年轻唯美主义者——“这些朱利安·贝尔们”，维特根斯坦轻蔑地称呼他们——的看法；他们读了大为开心。这首诗发表时法妮娅·帕斯卡尔说：“最友善的人也会心一笑；它释放了累积起的紧张、怨恨，甚至恐惧。因为从未有人能在维特根斯坦面前扭转局势，以牙还牙地报以颜色。”

若说维特根斯坦并未完全不理睬“使徒”，那主要因为弗兰克·拉姆塞是其成员。

维特根斯坦回到剑桥的第一年里，拉姆塞不只是在哲学讨论上最有价值的伙伴，也是最亲密的朋友。抵达后的头两周，他和拉姆塞一家住在其莫蒂默路的家里。拉姆塞的妻子莱迪丝很快成了一个亲密朋友，一个红颜知己——一个“终于成功软化了野蛮猎人之凶猛”（凯恩斯的说法）的女人。她具备一种能使他放松下来、赢得他信任的强健幽默感和朴实的诚实。和她单独相处时，他觉得能聊聊自己对玛格丽特的爱，但从弗朗西丝·帕特里齐写给丈夫拉尔夫的一封信里看，他的信心并不牢固：

[1] “使徒书信”（epistle），这里应是指“使徒”的某种较正式的书信。

我们老是见到维特根斯坦；他向莱迪丝透露，他正在爱一位维也纳女士，但他觉得婚姻是神圣的，不能轻易谈论。

这里令人吃惊的，不是他不能轻易谈论婚姻，而是他竟然谈论婚姻。此时，他定期而频繁地写信给玛格丽特，有时每天都写；但直到约两年后她才意识到他打算娶自己当妻子，那时她就急匆匆打了退堂鼓。虽然他的关心取悦了她，他的人格力量也令她慑服，但在维特根斯坦身上玛格丽特未看到自己期望的丈夫的品质。他过于严峻，过于苛求（我们不妨猜想，还有一点过于犹太了）。此外，表明自己的意图时，他同时也表明了，他心里想的是一种柏拉图式的、不生孩子的婚姻——那种事不是她要的。

在剑桥的头两个学期，维特根斯坦的正式身份是攻读博士学位的
259 “高级学生”，比他年轻十七岁的拉姆塞是他的导师。实际上，他和拉姆塞平等地见面，在相似或相关的问题上做工作，指望对方能给出批评、引导和启发。他们一周见面几次，每次讨论几个小时的数学基础和逻辑本质。维特根斯坦在日记里说这些见面是“愉快的讨论”：“它们当中有好玩的东西，我认为进行得挺不错。”他还写道，它们当中有某种近乎性爱的东西：

没有比这使我更愉快的了：有人把我的思想从我嘴里取走，然后，可以说，把它展露在光天化日之下。

“我不喜欢独自在知识的田野上行走”，他又说。

拉姆塞在这些讨论里的作用和别的导师类似：对维特根斯坦的说法提出反对。在《哲学研究》的前言里，维特根斯坦说拉姆塞的批评帮助他——“我几乎无法估量其程度”——认识到《逻辑哲学论》的错误。不过，在当时的一则日记里他的观点没这么慷慨：

好的反对帮助人前进，浅薄的反对——即便是有效的——则是乏味的。拉姆塞的反对属于这一种。他的反对没有抓住问题的根子（问题的生命在于此），而是那么地外在，什么——即便是真的错误——也无法矫正。好的反对直接指向解答；至于浅薄的反对，必须首先加以克服，然后就可丢在一边。就像一棵树在树干的结上打个弯，以便继续生长。

【一棵树的画】

尽管十分尊重对方，但拉姆塞和维特根斯坦在智性和脾性上有着很 260
大的差异。拉姆塞是个数学家，对自己学科的逻辑基础不满意，想在可靠的原则之上重建数学。维特根斯坦没兴趣重建数学；他的兴趣在于拔除生出数学中的混淆的哲学根子。因此，当拉姆塞指望从维特根斯坦那里获得启发，维特根斯坦指望从拉姆塞那里得到批评时，两人的受挫就不可避免了。有一次拉姆塞直截了当地告诉维特根斯坦："我不喜欢你论证的方式"；维特根斯坦则在一段我已引用过的话里这样说拉姆塞：他是一个"布尔乔亚思想家"，真正的哲学思索干扰了他，"直到他将其结果（如果有的话）推到一旁，宣布那无关紧要"。

一位深刻影响了维特根斯坦思想进展的"非布尔乔亚"思想家是皮耶罗·斯拉法，这种影响始于他回到剑桥的头一年。斯拉法是一位杰出的意大利经济学家（持有一种宽泛的马克思主义信仰），也是狱中的意大利共产党领导人安东尼奥·葛兰西的密友。因为公开抨击墨索里尼的政策，斯拉法在祖国的职位岌岌可危；凯恩斯便请他到国王学院工作，剑桥为他特别设了一个经济学讲师职位。经凯恩斯介绍认识后，他和维特根斯坦就成了亲密的朋友，维特根斯坦每周至少安排一次与他见面讨论。对于跟斯拉法的见面，他的评价甚至超过跟拉姆塞的见面。在《哲学研究》的前言里他谈到斯拉法的批评："这本书里多数有意义的想法都受惠于他的这种激发。"

这是个很强的声明，而且——考虑到他俩的智性领域差别很大——也令人费解。但正是因为不涉及细节（或者说因为斯拉法不是哲学家或数学家），斯拉法的批评才是富于意义的。与拉姆塞不同，斯拉法有能力迫使维特根斯坦作出修正——不是修正这一点或那一点，而是修正整个视角。有一件轶事说明了这一点，这件事维特根斯坦对马尔科姆和冯·赖特都说过，此后广为流传。那是一次谈话；维特根斯坦坚持命题及其描述的东西必须有同样的"逻辑形式"（或"语法"，视故事的版本而定）。
261 面对这一想法，斯拉法做了个那不勒斯人的手势——用指尖扫过下巴，问："这个的逻辑形式是什么？"照这故事的说法，维特根斯坦因此不再坚持《逻辑哲学论》的这一思想：命题必须是其描述的现实的"图像"。

这轶事的重要性，不在于解释了维特根斯坦为什么放弃意义的图像论（它并没解释），而在于它是一个好例子，说明了斯拉法是怎样使维特根斯坦从新鲜的视角重新看待事物的。维特根斯坦告诉许多朋友，与斯拉法的讨论令他觉得自己像一棵砍掉了所有树枝的树。这个隐喻是精心挑选的：把死的树枝砍掉，新的、更健壮的树枝就能长出来（而拉姆塞的反对则让死木头留在那儿，迫使树扭曲自身绕过它）。

维特根斯坦曾对洛什·里斯谈到，自己从跟斯拉法的谈话里获得的最重要东西是一种看待哲学问题的"人类学"方式。这一评论有点解释了，为什么维特根斯坦认为斯拉法对自己有如此重要的影响。维特根斯坦的后期工作和《逻辑哲学论》的最显著区别之一是其"人类学"进路。即，

意大利经济学家皮耶罗·斯拉法，1929 年

《逻辑哲学论》处理语言时，把语言与其使用的环境隔绝开；《哲学研究》则反复强调给予语言表达以意义的“生活之流”的重要性：描述一种“语言游戏”时，不能不提到其中的行为，以及做语言游戏的“部落”的生活形式。如果这一视角转变来自于斯拉法，那么斯拉法对维特根斯坦后期工作的影响确实有着最根本的重要性。不过，就算是这样，这种影响还得再过几年才结出果实，因为维特根斯坦哲学方法的这个“人类学”特点要到1931年左右才渐渐显露。

除了斯拉法和拉姆塞，维特根斯坦与剑桥的学院教师们没什么相干。头几个星期之后，他和凯恩斯的关系主要限于事务性的；虽然凯恩斯成了——无论何时维特根斯坦需要跟官方搞什么事情——无可估价的支持者，但不是亲密的朋友。我们猜想，凯恩斯十分高兴扮演这种角色；当
262 维特根斯坦的朋友所要求的时间和精力，比他能够或愿意花费的更多。

维特根斯坦最初回剑桥时，G.E.摩尔碰巧在同一列伦敦驶来的火车上；他俩的友谊——维特根斯坦1914年给摩尔写了那封野蛮的信后破裂的友谊——立即恢复了。此时摩尔是剑桥的哲学教授，他担起了为维特根斯坦能工作下去安排津贴的责任；不过除此之外他俩的友谊是私人性质的，而非哲学上的。虽然维特根斯坦赞赏摩尔的措辞的准确性，偶尔借之找到说清某个具体问题所需的准确用词，但他几乎不当摩尔是个原创性哲学家。“摩尔？”——他曾说——“从他身上能看出，一个绝无才智的人能走多远。”

类似地，尽管维特根斯坦与此时上了年纪的逻辑学家W.E.约翰逊——他以前的剑桥时代里的另一个人物——在智性上有距离，但他俩也保持着真挚的友谊。维特根斯坦赞赏钢琴家约翰逊更甚于逻辑学家约翰逊；他经常参加约翰逊星期天下午的“居家”[1]听其弹奏。在约翰逊这

[1] “居家”，译自“at homes”，是约翰逊在家中举行的演奏会的名称。

G.E. 摩尔的书斋，剑桥切斯特顿路 86 号

G. E. 摩尔

三一学院主楼

方面，虽说喜欢和欣赏维特根斯坦，但他认为维特根斯坦的回归是“剑桥的灾难”。他说维特根斯坦是“一个完全没能力进行讨论的人”。

维特根斯坦快要过四十岁生日了，但他的朋友圈子里主要是剑桥的年轻一代——参加道德科学俱乐部的本科生（不属“使徒”一脉的那些）。据法妮娅·帕斯卡尔说，构成这一学生哲学团体的“英格兰中产阶级的儿子们”身上具备了当维特根斯坦弟子所需的两个特点：孩子般的单纯和第一流的大脑。这么说或许是对的；但我认为另一种说法也同样是对的，即维特根斯坦就是发觉自己和更年轻一代有更多的共同点。在某种意义上他自己非常年轻。他甚至看上去也年轻，他四十岁了，人们却常常误会他是本科生。但还不止于此：他具有年轻人的智性上的新鲜和柔软。他告诉德鲁利，“心智的僵硬比身体早得多”；在这个意义上他仍是个青年。即，在他的精神态度中，已然固执的部分很少。回剑桥时 263
他准备全面修订自己迄今得到的一切结论——他愿意考虑的不只是新的思考方式，甚至还有新的生活方式。因此，他和本科生一样未定型，还没有固定在某种具体的生活模式里。

不少听说过维特根斯坦是《逻辑哲学论》作者的人，想象他是个年长威严的日耳曼学者；对于在道德科学俱乐部遇到的那个如年轻人般好斗、活跃的人物，他们并无准备。例如，S.K.柏斯后来是维特根斯坦的朋友和钦佩者圈子里的一员，他回忆道：

> 我第一次遇到维特根斯坦是在道德科学俱乐部的一次聚会上，那次我念了一篇论“道德判断的本性”的文章。那次聚会来了相当多的人，有些人蹲坐在地毯上。人群里有一个人我们全都不认识（当然，除了摩尔教授和另一个大概也在的资深会员）。我念完论文后，那个陌生人提出了一些问题和异议；他说话时的那种直率风格（但绝不刻薄），以后大家逐渐知道就是维特根斯坦的风格。后来，我知道了自己的对话者是谁，认识到自己当时对他提出的问题和异议的

维特根斯坦肖像，1929 年获得三一学院津贴时

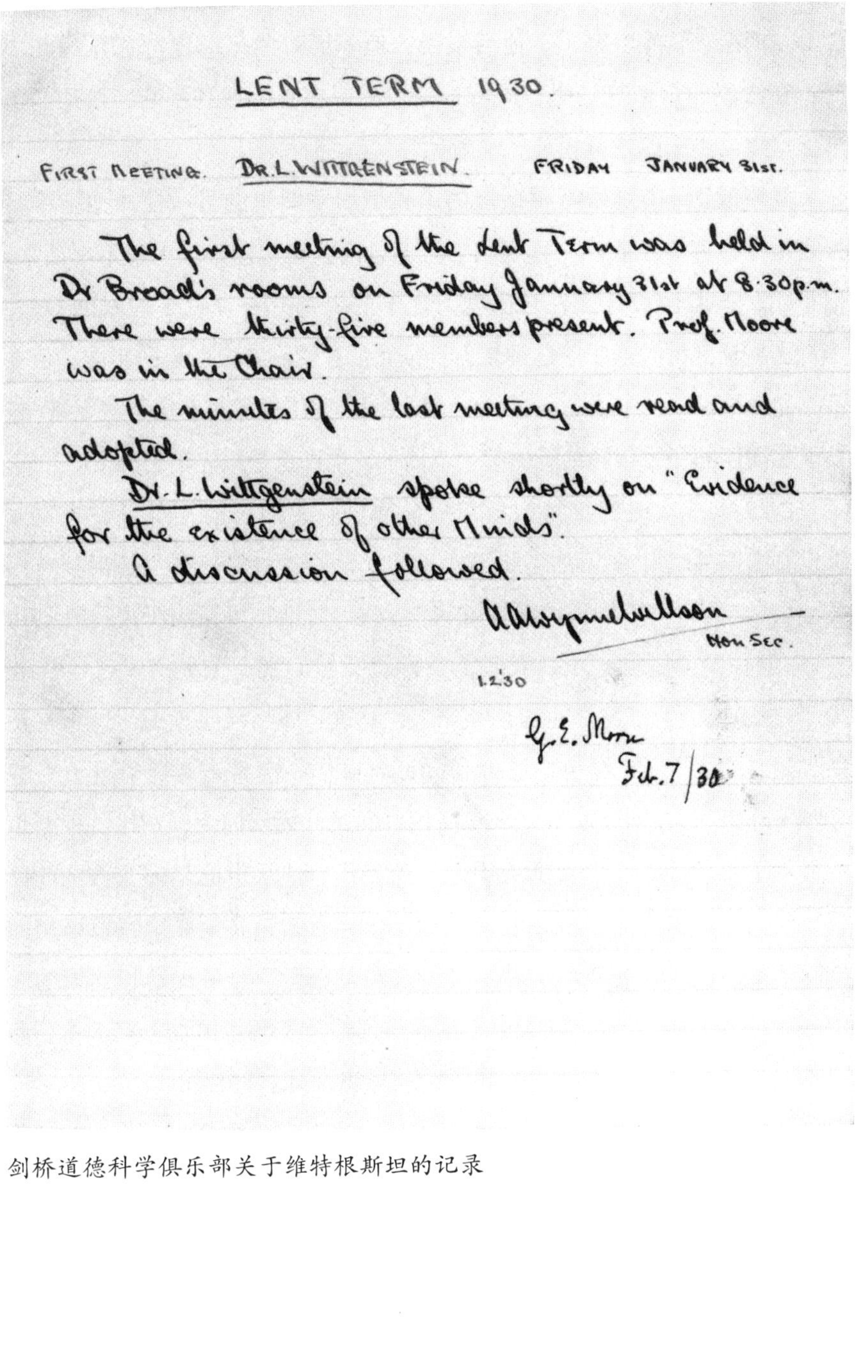

LENT TERM 1930.

FIRST MEETING. DR. L. WITTGENSTEIN. FRIDAY JANUARY 31ST.

The first meeting of the Lent Term was held in Dr Broad's rooms on Friday January 31st at 8.30 p.m. There were thirty-five members present. Prof. Moore was in the Chair.

The minutes of the last meeting were read and adopted.

Dr. L. Wittgenstein spoke shortly on "Evidence for the existence of other Minds".

A discussion followed.

[illegible]
Hon Sec.

1.2.30

G. E. Moore
Feb. 7/30

剑桥道德科学俱乐部关于维特根斯坦的记录

应对是多么自大，于是心里泛起了一种我从未能摆脱掉的羞耻感。

维特根斯坦彻底主宰了道德科学俱乐部的讨论，结果道德哲学教授C.D.布洛德不再出席了。他后来说，他不愿意“每周度过那样的几小时：在浓厚的烟草气味里，维特根斯坦准保在自个搜肠刮肚，信徒们也准保‘露出愚蠢的钦佩模样，啧啧称赞’”。

戴斯蒙德·李是维特根斯坦的本科生朋友圈里的另一位，他把维特根斯坦比作苏格拉底——喜欢跟年轻人讨论，经常让年轻人说不出话来。他指出，这两位对拜倒在自己魔力之下的人都有一种近乎催眠的影响。李自己离开剑桥时摆脱了这种魔力；虽然他深受维特根斯坦的影响，但并不真能说他是一个弟子。不过，他的同龄人莫里斯·德鲁利成了法妮娅·帕
264 斯卡尔描述的那种年轻弟子的第一个例子，也许也是最完美的例子。

1929年首次遇到维特根斯坦后，德鲁利生活里的几乎每一个重大决定都是在维特根斯坦的影响下作出的。他原本打算离开剑桥后当英国圣公会牧师。“千万别以为我是在嘲笑这事，”维特根斯坦听说这计划后说，“但我不能赞同；不，我不能赞同。我担心那个衣领有一天会磕着你。”这是他们第二次、也可能是第三次碰面。下一次见面时维特根斯坦回到这件事：“想想看吧，德鲁利，每周得作一次布道意味着什么；你做不了那事。”在神学院待了一年后德鲁利对此表示同意；在维特根斯坦的鼓动下，他找了个“普通人中间”的工作。他从事的是失业救济的项目，起初在纽卡斯尔，然后在南威尔士；再后来，又是在维特根斯坦的鼓动下他接受了医生训练。战后他专攻精神病学（维特根斯坦建议的医学分支），从1947年到1976年去世他在都柏林圣帕特里克医院工作，起初是驻院精神病医生，后来是高级精神病咨询师。1973年他的文集《语词的危险》（*The Danger of Words*）出版，这本文集讨论的是精神病学中的哲学问题；虽然这书很不受重视，但它也许是——就其调子和关切而言——维特根斯坦的学生发表的东西里最具备真正维特根斯坦精神的作品。“为什么现在我把这些文章放到一起？”在前言里他自问自答：

科顿人行道，维特根斯坦与斯拉法一起漫步的地方

剑桥国王学院

从维特根斯坦的工作室向外一瞥

> 只为了一个理由。这些文字的作者曾有一时是路德维希·维特根斯坦的学生。现在众所周知，维特根斯坦鼓励学生（至少是他觉得在哲学能力上没有很大原创性的学生）从哲学学术转向某一具体职业的学习和实践。就我而言，他敦促我转向医学的学习；不是我不该运用他教给我的东西，而是我绝不该“放弃思考”。因此我踌躇地把这些文章拿出来，例示维特根斯坦对某个人思想的影响：这个人面对的问题，既涉及需要对付的直接实际的困难，也涉及需要深思的较深的哲学困惑。

类似地，去世前不久德鲁利出版了自己和维特根斯坦的谈话记录， 265
目的是削弱“出于好意的评论者”的影响——那种人“如此这般地评论，仿佛现今很容易把他的著作吸收到那种知识分子语境中去，但他的著作在很大程度上就是针对那种语境提出的警告”。这些记录——也许比其他一切二手资源都更多地——提供了渗透在维特根斯坦的生活和工作里的精神和道德态度的信息。维特根斯坦的著作引发的一大堆学术文献并未也不能覆盖到维特根斯坦的影响里的一个重要方面，德鲁利是第一个、但绝非最后一个体现此点的弟子。可以说，道之传承，其脉络之延伸远超出学术哲学的界限。

实际上，维特根斯坦的一个最亲密的本科生朋友是个对哲学毫无兴趣的人。1929 年复活节假期后，吉尔伯特·帕蒂森在维也纳的回程火车上遇到了维特根斯坦；十年多的岁月里，两人保持着亲切的、与哲学毫无关系的交情；第二次世界大战的动乱岁月里，维特根斯坦开始疑心帕蒂森抱有强硬好战的战争态度，那时这段交情才终止。帕蒂森是（事实上仍然是）一个和蔼、机智和很善于处世的人，完全不像帕斯卡尔描述的那种单纯和极害羞的弟子。完成了剑桥学业（以最少的学术努力和热心）后，他当了伦敦金融城[1]的一名注册会计师，过上了他的阶层、教

[1] “伦敦金融城”（the City of London），伦敦的一个金融业发达的地区。

维特根斯坦肖像，1930 年获得研究员职位时照片

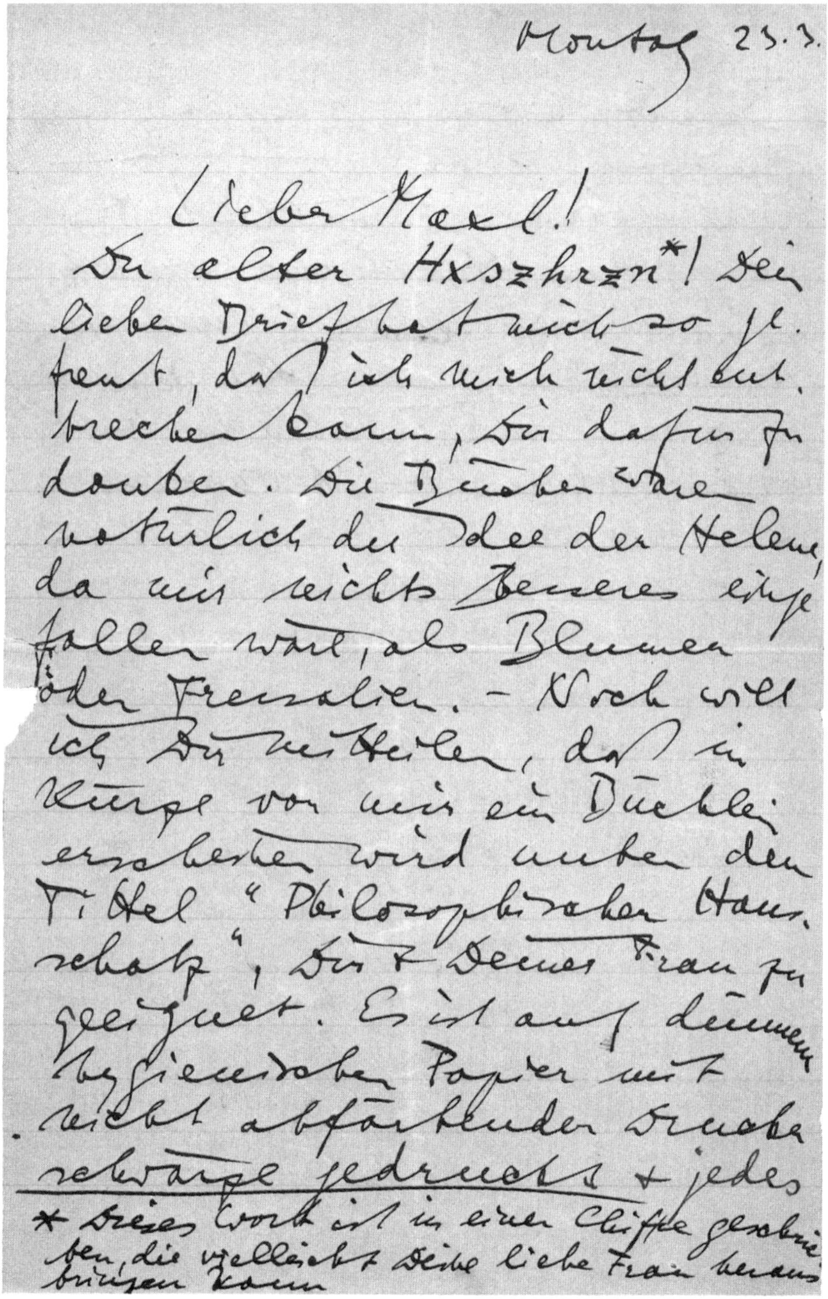

Montag 23.3.

Lieber Maxl!
Du alter Hxszhrzn*! Dein
lieber Brief hat mich so ge-
freut, daß ich mich nicht ent-
brechen kann, Dir dafür zu
danken. Die Bücher waren
natürlich die Idee der Helene,
da mir nichts Besseres einge-
fallen war, als Blumen
oder Fressalien. – Noch will
ich Dir mitteilen, daß in
Kürze von mir ein Büchlein
erscheinen wird unter dem
Titel "Philosophischer Haus-
schatz", Dir & Deiner Frau zu-
geeignet. Es ist auf dünnem
vergilbtem Papier mit
nicht abfärbender Drucker-
schwärze gedruckt & jedes

* Dieses Wort ist in einer Chiffre geschrie-
ben, die vielleicht Deine liebe Frau heraus-
bringen kann

维特根斯坦致马克斯·萨尔泽，姐姐海伦娜的丈夫

养和教育为他准备的那种舒适生活。和他在一起时维特根斯坦能肆意满足自己的一种口味；弗朗西丝·帕特里齐说这种口味是琐细和无聊的幽默，而维特根斯坦自己就称之为“废话”。[1] 他说，跟某个人“大说废话”是一种根深蒂固的需求。

在剑桥时帕蒂森和维特根斯坦一起读《塔特勒》[2] 这样的杂志，他们很高兴这种杂志提供了丰富的“废话”，特别喜欢惯常登在这类刊物上的可笑广告。他们也是“满意消费者来信”的贪婪读者，那种信通常出现在伯顿之家、“名品裁衣店”的橱窗里，逛街买维特根斯坦的衣服时，他俩夸张地注意那些橱窗。（或许，在多数人眼里维特根斯坦总是穿着同
266 样的东西——开领衬衫、灰法兰绒裤子和厚鞋子；实际上它们是一丝不苟地挑选出来的。）

帕蒂森离开剑桥后，只要维特根斯坦路经伦敦（来回维也纳的路上常常经过），他俩就见面，举行维特根斯坦所称的“仪式”。这包括去“里昂”[3] 喝茶，随后前往莱切斯特广场的一家大电影院看场电影。到伦敦前，维特根斯坦会寄一张卡片给帕蒂森，告诉他自己要来了，以便帕蒂森作出必要的安排——在《夜标》[4] 上找一家正上映一部“好”电影的电影院。对维特根斯坦来说那意味着一部美国电影，西部电影尤佳，后来则是音乐剧或浪漫喜剧，但总归是一部绝无艺术性或知性面目的电影。不必说的是，这个仪式的位次高于帕蒂森的金融城工作。“我希望你在办公室别太多事，”一次帕蒂森拿工作压力说事后维特根斯坦写道，“记住，即便俾斯麦也可被替代。”

维特根斯坦和帕蒂森的通信里几乎全都是“废话”。几乎每封信里

---

[1] “废话”，译自 nonsense。另“无意义的话”也译自 nonsense。

[2] 《塔特勒》( *Tatler*) 英国杂志，主题是上流社会的生活。

[3] “里昂” (Lyons)，咖啡馆。

[4] 《夜标》(*Evening Standard*)，伦敦的一家晚报。

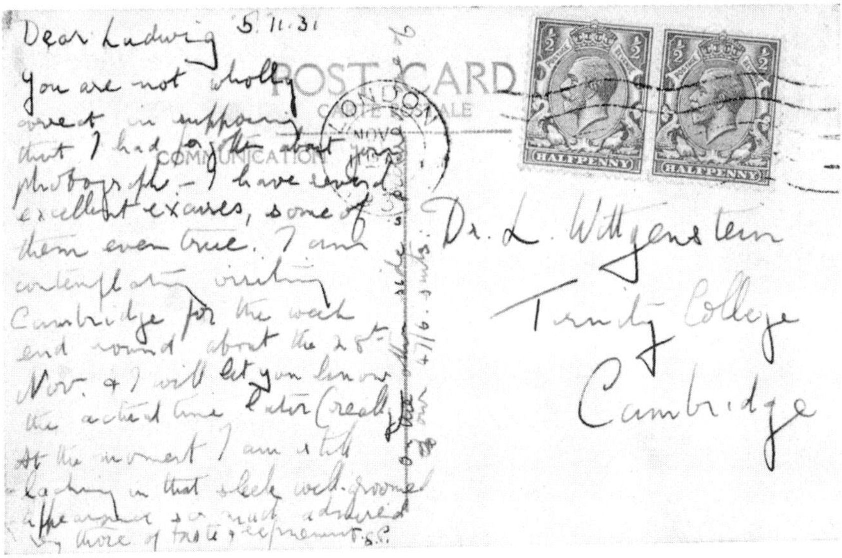


吉尔伯特·帕蒂森寄给维特根斯坦的明信片

他都要用一用英语形容词“bloody”[1]；出于某种原因，他在这个词里看到了无穷无尽的乐趣。他的信以“亲爱的老 Blood[2]”起首，以“你 bloodily 的”或“你 in bloodiness 的”[3]结尾。帕蒂森寄去从杂志上剪下的照片，称之为自己的“画作”；对此，维特根斯坦用夸张的严肃口吻表示欣赏：“不看签名我就能知道这是帕蒂森之作。里头有一种此前从未用画笔表达过的 bloodiness。”在回信里维特根斯坦寄去“肖像”，即从报纸的自强课程广告上裁下的相貌堂堂的中年男人照片。“我最近的照片，”放进一张这种图片后他宣布，“上一张只表达出慈父的亲切感；这一张表达出了胜利感。”

通信里始终包含着一种对广告商语言的温和嘲弄，这风格里的荒诞性是这么简单得来的：把那种语言用得仿佛是朋友之间写信的正常形式。帕蒂森寄给维特根斯坦一张（真是）自己的照片，在背后写：“反面是我们的一种 47/6 号[4]套装的样照。”“不知怎的，”维特根斯坦在另一封信的结尾写道，“人们本能地感到，双塔牌第83号精品袜是真正男人的袜子。
267 它是品位之袜——考究，时尚，舒适。”在另一封信的附言里他写道：

> 不日，我们将慷慨地向你赠送著名头油格罗斯妥拉的免费样品，愿你的头发永远保持光鲜绅士特有的光泽。

维特根斯坦写给帕蒂森的信里含有的某些玩笑确实无聊得惊人。写一个以“W.C.1”结尾的地址时，他画了个箭头指着“W.C.”，写道：

[1] bloody，字面是“血的”、“血腥的”，也有“该死的”、“非常”之意。

[2] Dear Old Blood，这里的 Blood 无法翻译，blood 是血的意思，也有花花公子之意，也可是一个人名，也可指南亚的布拉德人。

[3] 分别为 Yours bloodily 和 Yours in bloodiness。这是改写了“yours sincerely”（你诚挚的朋友）这一类的写法。意思或为“你血淋淋的（该死的）朋友”，等等。

[4] 47/6，指服装的尺码。

“这不是指‘厕所’。”[1] 他在一张都柏林基督教会教堂的明信片背后写道：“如果我没记错，这个教堂至少部分是由诺曼底人建的。当然，那是很久以前建的，现在我的记忆力可不比那时。”

这样，到剑桥没几个月，维特根斯坦建起了一个相当广泛的朋友圈，某种程度上这说明了他对回到社会的恐惧并无着落。但他仍然觉得自己在剑桥是个外来人，觉得缺少类似保尔·伊格尔曼或路德维希·亨泽尔的人——他能与之用自己的语言讨论内心最深处的思想和感情的，而且知道对方会理解自己的人。也许是因为这个，一回到剑桥他就拾起了一个《逻辑哲学论》出版以来没再保持的习惯：开始在笔记本上写下私人的、类似日记的条目。和以前一样，这些条目是用他小时候用过的密码写的，从而区别于他的哲学论述。在一个最初的条目里他谈到这是多么奇怪：“多少年了，我从未感到一点点写这种笔记的需要”；他也反思了这习惯的源头。当他在柏林开始写点对自己的思考时，那是出于这样一种要求：为自己这个人保存一点东西。这是重要的一步，尽管其中有一点空虚和模仿（凯勒和佩皮斯[2]），但还是满足了一种真实的需求；它代替了他能对之倾诉的人。

维特根斯坦无法向剑桥的人坦然倾诉，原因是，鉴于语言和文化上
的差异——他对此的意识非常敏锐，其程度远超过他们也许有的一点了
解——他不能完全肯定他们能理解自己。只要出现了一次误解，他都倾 268
向于认为那是因为那些差异。“我在一句话里看到的意味，你看不出。”
在一次这种误解后他写信对拉姆塞说，“如果你曾经在外国人中间生活
过，无论多长时间，而且依赖他们，你就会理解我的难处。”

自己依赖于无法理解他的人，这种感觉引起了他的强烈痛苦，尤其

[1] W.C.1 是某一地址的缩写，而 W.C. 有厕所之意。

[2] 佩皮斯（Samuel Pepys，1633—1703），英国官员，他的日记非常有名。

维特根斯坦的手稿，其中包括每年的手写稿和打字稿

是涉及钱的时候。1929 年 5 月，他写了一封长信给凯恩斯，试图解释这种焦虑。“请你在批评之前试着理解，”他恳求道，又说，“用外语写信使之更加困难了。”他开始相信（如我们所见，这是有点理由的），凯恩斯已厌倦了和他交谈。“现在请别认为我介意这个！”他写道，“你为什么不该厌倦我呢？我一刻也不认为你会因我而愉快或对我感兴趣。”令他痛苦的是，他担心凯恩斯认为自己是为了获得金钱上的援助而培植这段友谊的；出于这一焦虑——还有对自己说英语时遭受误解的焦虑——他幻想出一种完全虚构的对这种担心的印证：

> 这学期初我去见你，想还一些你借给我的钱。我说的很笨拙，我把“哦首先我想要钱”当还钱的开场白，而我想说的是“首先我想搞定钱的事”[1]或类似的句子。但你很自然地误解了我，因此现出了一种脸色，从中我能读出你全部的意思。随后的事——我指我们关于社团［使徒］的谈话——向我表明，你心里已积累了多少针对我的负面情感。

不过，他认为凯恩斯自认是他的施主而非他的朋友，这可能是对的。但他坚持，“我不接受恩惠，除非从我的朋友那里。（那就是为什么我三年前在萨塞克斯接受你的帮助。）”他结语道：“请不要回这封信，除非你能写一封短而友善的回信。我写这信不是想得到你的解释，而是告诉你我是怎么想的。所以，若你不能给我一封三行以内的友善回信，不回信将使我最满意。”凯恩斯的回信，就其老练和感受力而言，是一件杰作：

[1] 这两句话原文分别是“Oh first I want money”和“first I want to settle the money business”。

269 亲爱的路德维希：

> 你真是个疯子！你说的钱的事当然毫无正确性可言。这学期初我从没想过，除了兑现一张支票或类似的事之外，你想向我要任何东西。我从不认为，除了在某些我觉得适宜给的情况下，你有可能向我要钱。有一天我在短笺里提起你的财务状况，那是因为我听说你为沉重的额外费用而操心；而我想——如果情况确实如此——探讨一种可能性，你刚来时我应该向你提过这种可能性，即可以设想从三一学院那儿得到一点帮助。我想过自己做点什么好不好，但通盘考虑之下决定最好不要。
>
> 不——上次我们见面时我说话烦躁不是出于“未言明的吝啬”；那只是这样一种疲倦和急躁：跟一个人谈到打动自己内心的事，却发现想令自己的心得出真实的印象而丢掉虚假的印象如此困难、几乎不可能。而你走开了，幻想着一种跟我当时意识里的一切都如此遥远的解释，我从没想过要提防那种念头！
>
> 实情是，两种感受在我心里交替：喜爱和享受你和你的谈话，神经被磨得消耗殆尽。这不是新鲜事！我总是如此——这二十年的任何时候。但“吝啬”“不友善”——你要能看到我的心就好了，你会看到完全不同的东西。

凯恩斯不肯费神跟维特根斯坦更亲密地交往，而是设法缓和情况，令维特根斯坦心安理得地接受自己的帮助——他当一个*友善*的施主，妥善地给予帮助，以使维特根斯坦也妥善地接受帮助。

若无某种资助，维特根斯坦无法继续自己的哲学工作。到第二个学期末，无论他曾有多少存款（大概是当建筑师时挣到的），支付学费之后都不够供他生活。凯恩斯提议维特根斯坦申请三一学院的研究津贴；这
270 个建议被采纳了，但事情免不了有麻烦。引起麻烦的事是：学院觉得很难理解为什么出身像维特根斯坦这样富有的人需要这类津贴。有别的金

钱来源吗？三一学院的导师詹姆斯·巴特勒爵士问他。他回答，没有。没有能帮忙的亲戚吗？他回答，有。“现在，搞得像是我想隐瞒什么，”那次会面后他写信给摩尔，“请你接受我的文字声明：我不只有许多富有的亲戚，而且，若我向他们要求，他们会给我钱，但我不会向他们要一个便士。”照他在另一封写给摩尔的信里的说法，他的态度是这样：

> 我提出要干点工作，我有一个模糊的概念，即学院在某种情况下用研究津贴、奖学金等方式鼓励这样的工作。也就是说，我弄出某种产品，如果这些产品对学院有任何用处，我希望学院支持我生产，只要这对他们有用，只要我能生产。

对于他的津贴申请弗兰克·拉姆塞给予了充足的支持，他以维特根斯坦导师的身份写信给摩尔，强烈主张这一资助的必要性。“依我之见”，他写道，“维特根斯坦先生是一个跟我知道的其他任何人等级不同的哲学天才”：

> 这部分由于他看出问题要点的巨大天赋，部分由于他的势不可挡的智性活力，由于那种思想的强度——凭借那种强度，他对问题追根究底，从不只满足于可能的假设。我觉得，与其他任何人的工作相比，他的工作更有希望解决一种既在一般哲学的意义上、也在具体的数学基础问题上困扰着我的难题。因此，他能回到研究工作上就显得特别万幸。

不过，对于维特根斯坦迄今生产的“产品”，拉姆塞的报告简短得令人起急：

> 近两个学期我和他在工作上有密切接触，我觉得他有了可观的

271 > 进展。他从命题分析的某些问题开始，现在，这些问题已引着他走向了位于当前的数学基础争论的根源处——无限性的问题。起初我担心，数学知识和技能的缺乏会是他在这领域工作的一个严重障碍。但他已有的进展使我相信事情并非如此，他在这儿也可能做出价值一流的工作。

“现在他工作非常刻苦，”拉姆塞又说，“就我能判断的，他进展顺利。若金钱的匮乏打断了他，那是哲学的一大不幸。”

也许是为了进一步使官方信服，维特根斯坦被匆匆授予了博士学位；他的“论文”是七年前付印的《逻辑哲学论》，在许多人眼里这本书已经是哲学经典。主考人是摩尔和罗素，罗素正在萨塞克斯的学校里，有点不情愿地被拉到了剑桥。1922年的因斯布鲁克见面后他和维特根斯坦没接触过，自然有点担心。“我觉得，”他写信给摩尔，“除非维特根斯坦改变了对我的看法，否则他不会很喜欢我当主考人。我们上次见面时，他为了我不是基督徒这件事而非常痛苦，后来就躲着我；我不知道这一方面的痛苦是否减轻了，但他必定仍讨厌我，因为他后来从未跟我联络。我不想他在口试[1]途中冲出房间，我觉得他做得出那种事。”

口试定在1929年6月18日，在一种滑稽仪式的气氛下进行了。和摩尔一起走进考试的房间时，罗素微笑着说：“我一生从未有过如此荒谬的事。”考试以老朋友的聊天开场。然后，罗素——玩味着这局面的荒谬——对摩尔说：“继续吧，你要问他点问题——你是教授。”随后是一场简短的讨论，罗素提出了他的观点，即，维特根斯坦宣称自己用无意义的命题表达了不可动摇的真理，这是自相矛盾的。当然他说服不了维特根斯坦，维特根斯坦这样结束了会议——他拍拍他的各主考人的肩膀，
272 安慰说：“别在意，我知道你们永远不会懂的。”

---

[1] “口试”（viva）；“主考人”（examiner），博士答辩也是一场考试。

摩尔在主考人报告里写道："我个人的看法是，维特根斯坦先生的论文是一项天才工作；但尽管如此，它也肯定很符合剑桥哲学博士学位所需的规范。"

拿到博士学位的第二天，维特根斯坦获得了三一学院给的一百英镑津贴——五十英镑是夏季学期的，五十英镑是随后的米迦勒节学期的。

暑假的前一段日子，维特根斯坦是在剑桥度过的，他寄宿在莫尔廷巷弗洛斯塔雷克屋的莫里斯·多布夫妇那里。他和知名文学批评家F.R.利维斯的短暂而不安的友谊就发生在这段日子里。他们是在一次约翰逊的"居家"上碰到的；偶尔，他们一起长途散步。维特根斯坦赞赏利维斯的个性胜过其工作；实际上几乎可以说，他不顾利维斯的工作而仍喜欢他。他曾这样招呼利维斯："放弃文学批评吧！"——利维斯对这一劝告的错误判断是惹人注目的，他从中看到的只是布鲁姆斯伯里的坏影响，觉得维特根斯坦认可"凯恩斯、他的朋友们和他们的门徒是他们自命的那种文化精英"。

利维斯回忆，这时期维特根斯坦不顾一切地刻苦工作，长期缺乏睡眠。一次他们出去散步到午夜之后，维特根斯坦如此筋疲力尽，回莫尔廷巷的路上，若利维斯不拿手扶着，他就几乎不能走路。终于到了弗洛斯塔雷克屋，利维斯恳求他立即上床。"你不明白，"维特根斯坦回答，"做一点工作时，我总是担心自己在做完之前死掉。所以我把当日的工作好好备份，交给弗兰克·拉姆塞保管。我还没做今天的备份呢。"

他当时写的是题为"对逻辑形式的一点评论"的论文，这篇论文的特别之处是：《逻辑哲学论》之后他只发表过这一篇哲学作品。它刊载在1929年亚里士多德学会和心智协会[1]的年度联合讨论会的会议文集上；

[1] 亚里士多德学会（Aristotelian Society）和心智协会（the Mind Association），均为著名的学术团体。

那是英国最重要的职业哲学家会议，那一年于7月12日到15日在诺丁汉举行。不过，刚发出付印，他就觉得它没有价值，不承认是自己的东
273 西；在这篇论文本该是其日程一部分的那次会议上，他念了完全不同的东西——一篇论数学中的无限概念的文章，结果那篇文章失传了；这件事说明他那时的思想进展多么迅速。

尽管如此，“对逻辑形式的一点评论”还是有意思的：它是维特根斯坦哲学发展过程中的一个短命阶段的一份记录——在这一阶段里，《逻辑哲学论》的逻辑大厦虽在崩塌，但尚未全部倾覆。可以认为这篇论文是想答复弗兰克·拉姆塞的一个批评，即拉姆塞对维特根斯坦在《逻辑哲学论》中有关颜色排斥的论述的批评。拉姆塞的异议最初是在他的《逻辑哲学论》书评里提出的；无疑，两人在1929年头两个学期的讨论中进一步研究了这些批评。

维特根斯坦在《逻辑哲学论》的命题6.375里坚称：“就像唯一存在的必然性是*逻辑*必然性一样，唯一存在的不可能性是*逻辑*不可能性”；在下一个命题里，他把它应用到“某种东西同时是（例如）红色和蓝色”上：

> ……在视域的同一位置同时出现两种颜色是不可能的，实际上在逻辑上不可能，因为颜色的逻辑结构剔除了这种可能。

这儿的问题是，若是这样，那么“这是红的”这个陈述就不能是一个原子命题。《逻辑哲学论》宣称原子命题在逻辑上彼此独立，但“这是红的”明显不独立于“这是蓝的”：从一者为真能推出另一者为假。因此，断言颜色的命题就得是复合的，容许进一步分析。在《逻辑哲学论》里，为了摆脱这个困难，维特根斯坦诉诸的是用粒子速度作的颜色分析。于是某个东西之不可能同时为红色和蓝色，就体现为这么一个矛盾：“一个粒子不能同时有两个速度；也就是说，它不能同时在两个位置。”但是，就像拉姆塞坚持的，即便分析到这个层次，问题还是再次出现了：

> ……即便假定，物理学家如此这般提供了一种对我们用“红”指的东西的分析，维特根斯坦先生也只是把这困难降解成了空间、时间和物质或以太的必然属性的困难。他明确地使其依赖于一个粒子之同时在两个位置的不可能性。 274

拉姆塞说，还是很难看出，这怎么能是个逻辑问题，而非物理问题。

于是拉姆塞的评论向维特根斯坦提出了一种挑战：他必须要么表明，空间、时间和物质的属性如何能以逻辑必然性的面貌出现，要么提供另一种对颜色排斥的解释。在“对逻辑形式的一点评论”里维特根斯坦选择了后者。

他现在放弃了“原子命题是独立的”这一主张；一者之真确能推出另一者之假，因此，“这既是红的也是蓝的”就被“剔除了”[1]。但若是这样，《逻辑哲学论》给出的对逻辑形式规则的分析中就有了某种严重的差错。因为，根据《逻辑哲学论》的规则，要剔除这样的造句，必须能将其分析为诸如“p 且非 p”的形式——“p 且非 p”是可以用真值表方法显出其矛盾的。因此，这篇论文的结尾是一段无定论的评述：

> 我们的记号系统未阻止这样无意义造句的生成，这当然是它的不足；一种理想的记号系统得用确定的句法规则剔除这种结构……然而，这样的规则不能制定出来，除非我们真正达到了所考察现象的最终分析。我们都知道，这还没做到。

在下一年的写作中，维特根斯坦作了一点尝试，想提供“所考察的现象的最终分析”；在那一短暂的时期里他的工作成了——用他的话说——一种现象学（phenomenology）。然而，由于和斯拉法的讨论，他

---

[1] “剔除”，译自 rule out，指这个句子被剔除出了有意义句子的领域，也即是无意义的。

很快就放弃了修补《逻辑哲学论》结构的尝试，而完全抛弃了“世界和语言之间得有一个共同结构”的想法。实际上，他抛弃这一想法之时，也许正是他决定不在会上念那篇论文之时。与其说这篇论文给出了对拉姆塞提出的问题的解答，不如说它供认了在《逻辑哲学论》的框架里维特根斯坦找不到解答。

275 决定改谈数学中的无限概念后，他写信请罗素出席——“你的在场将大大提升讨论，也许是讨论有点儿价值的唯一理由”。这是维特根斯坦的学术生涯中第一次也是唯一一次出席这样的会议，而且，就像他对罗素说明的，他对之不抱很大希望：“我害怕，无论对他们说什么，都要么毫无反应，要么在他们心里引起不相干的烦恼。”他害怕，自己对无限不得不说的东西，“他们听了以后觉得全是汉语”。

牛津哲学家约翰·马伯特回忆，到诺丁汉出席会议时，自己在学生宿舍遇到一个相当年轻的人，带着帆布背包，穿短裤和开领衬衫。马伯特之前从未见过维特根斯坦，以为他是个放假了的学生，还不知道自己的宿舍已派给了与会者。“恐怕一帮哲学家要在这儿聚会，”他友好地说。维特根斯坦阴沉地回答：“我也怕。”

结果罗素没有出席，这次会议只是印证了维特根斯坦对此种聚会的轻蔑。不过，会议的一个正面结果是他和吉尔伯特·赖尔建立了友谊；赖尔在自传笔记里写道，他“当一个迷迷糊糊的崇拜者已有段时间了”。据维特根斯坦说，引起他注意、使他不禁去结识赖尔的，是自己读论文时赖尔脸上的严肃和关注的表情。后来，赖尔渐渐相信维特根斯坦对学生的影响是有害的，维特根斯坦则渐渐相信赖尔终究并*不严肃*。不过，整个20世纪30年代两人一直保持着热诚的关系，偶尔还结伴步行度过假日。散步时他们的聊天内容同样可能是电影或哲学；赖尔坚决反对维特根斯坦的这个论点：不仅从未拍出过一部好英国电影，而且这种事是不可能的——可以说（有待进一步的分析）几乎*在逻辑上*不可能。

维特根斯坦相信，对于聚集在诺丁汉的哲学家，自己论无限的文章将“全是汉语”；这是对一种反复出现的感觉的典型表述，即他感觉到无论自己说什么都很容易遭到误解。他觉得不能理解自己的人包围着他。即便拉姆塞也跟不上他对《逻辑哲学论》里的理论的根本背离。9月 276
份，我们发现他在日记里抱怨，拉姆塞缺少原创性，无法重新——像第一次碰上问题时那样——看待事物。10月6日，米迦勒节学期初，他记录了一个梦，那是他的境遇——至少是他感受到的自己的处境——的某种寓言：

> 今天早晨我梦见：很久以前我委托某人做一架水车，现在我不想要了，但他还在做。水车放在那儿，很糟糕；上面到处是槽口，大概是为了塞进叶片（像蒸汽涡轮机的马达那样）。他向我解释这是个多麻烦的工作，而我想：我原来订的就是个桨叶水车，那是挺容易造的。如下想法折磨着我：这个人太笨了，跟他讲不清楚，他也做不出更好的水车，只能让他这样了。我想：我不得不和没办法使之理解我的人生活在一起——这是我实际上经常有的一个想法。同时还伴随着这种感觉：那是我自己的错。

“那个毫无意义地、糟糕地制造水车的人的处境”，他补充道，“是我自己在曼彻斯特时的处境，那时我在做燃气涡轮，后来才知道那种努力是徒劳的。”但除此之外，这个梦还是他此刻的智性处境的写照，即《逻辑哲学论》证明不堪其用。它放在那儿：构造不当，不堪大任，那人（他自己或拉姆塞？）还在修修补补，施展麻烦无效的把它弄得更精巧的技艺，但真正需要的是一架完全不同的、更简单的水车。

11月，应《逻辑哲学论》译者C.K.奥格登的邀请，维特根斯坦在

“异教徒”[1]宣讲了一篇论文；“异教徒”是一个与“使徒”类似的社团，但没那么精英，更关注科学。曾到该社团演讲的有H.G.威尔斯、伯特兰·罗素和弗吉尼娅·伍尔芙这样的名人（《本内特先生和布朗夫人》[2]即是基于弗吉尼娅·伍尔芙在“异教徒”的演讲写成的）。这一次他决定
277 不说“汉语”，而是借此机会尝试纠正对《逻辑哲学论》的最流行和严重的误解：认为这著作是以一种实证主义的、反形而上学的态度写出的。

这是维特根斯坦一生作过的唯一“通俗”讲座，他决定谈伦理学。在讲座里他重申了《逻辑哲学论》的观点，即试图对伦理问题说任何话，结果都引出胡话；他努力说明，自己对此的态度和实证主义的反形而上学态度在根本上不同：

> 我的整体倾向是冲撞语言的边界，我相信所有曾试图写或谈伦理或宗教的人也是如此。这种对于我们笼子的壁墙的冲撞完全地、绝对地无望。只要伦理学源于对生活意义有所说的愿望，它就不能是科学。它所说的不在任何意义上增加我们的知识。但那是人心的一种倾向的证供，这种倾向，我个人禁不住深深地尊重它，一辈子也不会嘲笑它。

对于“冲撞我们笼子的壁墙”的这种倾向，他也根据自己的经验给出了几个例子：

> 我将描述这种经验，以便——若可能的话——使你们回想起同样或相似的经验，这样我们的研究或许就有一个共同的基础。我相信，描述它的最好办法是说：当它到来时，我惊愕于世界的存在。然后

[1] “异教徒”（The Heretics）。

[2] 《本内特先生和布朗夫人》是伍尔芙的一本随笔集。

> 我倾向于说这样的句子，“竟然有东西存在，真是非凡啊”，或者，“世界竟然存在，真是非凡啊”。我马上就谈我了解的另一种经验，或许你们中的一些人也熟悉：那就是——大概可称之为——感到绝对安全的经验。我指一种心境，处于这种心境中的人想说“我是安全的，不管发生什么，什么也不能伤害我”。

他进而说明，有了这种经验后人们倾向于说的话是语言的误用——它们没有任何意思。但是，那经验本身“对于体会过的人——例如我——来说，在某种意义上具有内在的、绝对的价值”。事实性的语言不能捕捉它们，正是因为它们的价值在事实世界之外。在那时的一个笔记本里，维 278
特根斯坦写下了一个未放进讲座的句子，这个句子极佳地阐明了他的态度：“善的东西也是神圣的[1]。虽然听起来古怪，但这的确概括了我的伦理学。”

不过，这次讲座最显眼的一点也许是，照伦理学这个词通常的理解，讲座根本不是关于伦理学的。也就是说，其中没有提到道德问题，或者如何分析和理解道德问题。要想知道维特根斯坦对这个意义上的伦理学的思考，我们得去看他的日记和谈话记录。

无疑，虽然维特根斯坦认为伦理是不能说任何话的领域，但他确实对道德问题想了和说了很多。事实上可以说，一种道德拼争——做anständig（得体）的人的拼争——主宰了他的一生；对他来说，“做得体的人”的首要意思是，克服自己的骄傲和虚荣带来的做不诚实的人的诱惑。

他的朋友坚称，维特根斯坦太诚实了，没有能力撒谎；这不是事实。说他毫无那种他总是归罪于自己的虚荣，也不是事实。当然，这么讲并非是宣称，按照普通的标准他是不诚实的或虚荣的。他毫无疑问不是。但同样毫无疑问的是，有那么一些场合，对打动他人的在意胜过了对说

---

[1] “善的东西也是神圣的”，译自 What is good is also divine。

严格真话的在意。在日记里他谈到自己：

其他人怎么想我，总是占据我的心思到了非常的程度。我常常在意留给人好印象。即，我非常频繁地想到自己留给别人的印象，若我觉得是好印象就感到愉快，若不好则不愉快。

他的话虽说不过谈了一种人之常情，但他也令我们注意到另一种东西——他觉得那是自己和 Anständigkeit[1]之间的最大障碍——他的虚荣。

维特根斯坦常留给人的一种印象——无疑源于他的虚荣——是贵族气。例如，F. R. 利维斯曾偶然听到他说："我父亲的房子里有七架大钢琴"；利维斯立刻怀疑他和音乐史里的人物维特根斯坦公主有血缘关系。事实上，剑桥的人普遍相信他来自于日耳曼王族塞恩 · 维特根斯坦。虽
279 然维特根斯坦并未正面地推动这一误会，但利维斯所引的这种话（顺便说一句，这话的真实性待商榷，林荫街的房子里只有三架或四架大钢琴）丝毫无助于纠正它。他对自己的真实出身隐瞒了多少，有各种说法。[2]也许最重要的事实，是维特根斯坦自己觉得他在隐瞒什么——觉得他容许别人把自己想成贵族，虽然其实他是犹太人。12 月他记录了一个复杂的梦，也许可把这个梦视为对这种焦虑的一次表达。

一个奇怪的梦：

我在一张有插图的报纸上看到一幅当时大家谈论很多的英雄费特萨格特（Vertsagt）的照片。照片拍的是他在自己的汽车里。人们谈论他不光彩的行为；亨泽尔站在我边上，还有另一个像我哥哥库尔特的人。那人说，Vertsag [原文如此] 是犹太人，但得到一位富有

[1] Anständigkeit，ansändig 的名词，大意为 decency（得体）。

[2] 巴特利声称，维特根斯坦曾恳求一个生活在英格兰的堂表亲，别泄露他有部分犹太血统，但他的多数朋友坚称他丝毫没想隐瞒真正出身。——原注

> 的苏格兰领主的抚养。现在他是一个工人领袖（Arbeiterführer）。他没有改自己的名字，因为这不是那儿的风俗。读 Vertsagt 这个名字时我的重音在第一音节上，我刚刚知道他是犹太人，我看出他的名字就是 verzagt（德语中的“胆怯”）。Verzagt 里的 z 写成了“ts”，我看到“ts”印得比其他字母粗一点，这并不令我吃惊。我想：每一桩不正派[1]行为背后都得有个犹太人吗？现在亨泽尔和我在一座房子的阳台上，房子也许是霍赫海特的大木屋，Versag 乘着他的汽车沿街而来；他有一张愤怒的脸，金色头发略带微红，胡子的颜色类似（看上去不像犹太人）。他用机关枪向身后的一个骑车人开火，那人痛苦地扭动，被无情地几枪打翻在地。Vertsag 驶了过去，现在来了一个年轻的、看样子挺穷的骑车女孩，开着车的 Vertsag 把她也射杀了。枪弹击中她的胸部时发出一种汩汩声，像一个快空的壶架在火上。我为女孩感到遗憾，我觉得这种事只会在奥地利发生：这女孩得不到帮助和同情；人们看着她遭难、被杀。我自己害怕帮助她， 280
> 因为我害怕被 Vertsag 射杀。我走向她，但想藏在一块板后面。
>
> 然后我醒了。我必须添上，和亨泽尔交谈时——起初另一人在场，后来离开了——我很难堪，不想说自己是犹太人的后代、Vertsag 的情况也是我自己的情况。

维特根斯坦醒后对这梦的反思，大部分在谈梦里的中心人物的名字。他奇怪地认为它的拼写是 pferzagt（这词没有任何意思），而且它是匈牙利名字：“在我看来，这名字含有某种邪恶的、恶意的和很男性的东西。”

不过，更相干的也许是他的第一个念头：Vertsagt 的情况也是他自己的情况—— 一个被视为英雄的人有着贵族的外表和教养，实际上却是犹太人和恶棍。更糟的是，他感到太难堪，太胆怯，无法坦白这一点。这

[1] “不正派”，译自 indecency。

种怯懦的感觉纠缠了他许多年，结果，在做了这梦的七年后他正式坦白了自己有多少犹太出身。

不过，这梦里最令人不安的是维特根斯坦用纳粹口号表达他的内心焦虑。每一桩不正派行为的背后都有一个犹太人吗？这个问句也可出自《我的奋斗》，它隐隐指向那幅纳粹图景：狡诈的、寄生的犹太人隐瞒自己的真正意图和真正本性，在日耳曼人中间散布毒药。令人宽慰的是，幸好维特根斯坦倾向于用这种形象（或某种与此差不了太多的东西）描述和分析自己的Unanständigkeit[1]的时期很短。这一阶段在他1931年写的一系列对犹太性的评论里达到了其顶点，随后便猛地终止了。

维特根斯坦并未讨论这个梦自然引出的一个问题：Vertsagt射杀无辜女孩，是不是象征着他自己对玛格丽特的败坏影响？这个问题当然无法回答；但我觉得，有理由认为，跟玛格丽特结婚的计划促使他作出了甚至更深和更艰巨的努力，以清洗自己的不纯，挖掘出他更愿意隐瞒的他本性里的一切讨厌和不诚实的侧面，从而为投入他对莱迪丝·拉姆塞提及的“神圣”行动做好准备。

[1] Unanständigkeit，大意是indecency，不得体。

# 第十二章 “证实主义阶段”

1929年末维特根斯坦到维也纳与玛格丽特和家人一起过圣诞节，没 281
多久，玛格丽特宣布不再想亲吻他；这时维特根斯坦本该觉察到一种暗示：玛格丽特对于他俩的关系有一点矛盾心理，对于嫁给他心怀疑虑。她解释说，她对他的感觉不是适宜亲吻的那种。维特根斯坦没抓住这暗示。在日记本里，他没有停下来想想*她*的感觉，而是耽于自己的感觉。他承认自己觉得这事痛苦，但同时并不为此感到不快乐。因为，真正说来一切都取决于他的精神状态，而非肉体欲望的满足。“如果精神不抛弃我，那么实际发生的任何事就都不是肮脏和卑下的。”“不过，”他又说，“如果不想摔下去，我就必须使劲踮着脚尖站立。”在他看来，问题不是赢得她，而是战胜自己的欲望。“我是一头野兽，而且还不为此而不快乐，”他在圣诞节那天写道，“我面临着变得更加肤浅的危险。愿上帝阻止这个！”

他生出了写一部自传的念头，视之为避免——也许是揭露——这一倾向的一种手段。这儿，又一次地一切都取决于精神。12月28日他写道：

> 写出关于自己的真相的精神具有最多种多样的形式；从最得体的到最不得体的。相应地，写出它是很值得做的或者很错误的。确实，

维也纳的家庭：维特根斯坦，阿尔费德·索格伦和妻子克拉拉（海伦娜的女儿），姐姐赫尔米勒与海伦娜

> 在能够写出的真正自传当中具有最高到最低的一切等级。例如，我不能在一个比我生存的层面更高的层面上写我的自传。仅仅写出自传，我并不就必然提高了自己；我那么做，甚至可能使自己比起初 282
> 更肮脏。内心的某种东西鼓动我写自传；事实上，我愿意有一天把自己的生活清楚地铺展开，以便把它清楚地摆在我、也摆在其他人面前。无论如何，与其说是为了让我的生活接受拷问，不如说是为了得到清晰和真相。

随后的两三年，他继续写下一些笔记，尝试揭露有关自己的“赤裸裸的真相”，思索值得去写的自传的性质，但这一计划没有任何结果。

几乎可以肯定，与他可能写的自传更为相似的是圣奥古斯丁的《忏悔录》，而非（例如）罗素的《自传》。也就是说，其写作在根本上是一种精神行动。他认为，《忏悔录》可能是“曾写出的最严肃的书”。他尤其喜爱引用第一卷的一个段落：“但悲哀降临到对你保持沉默的人身上！因为最有语言天赋的人也找不到言辞描述你”[1]，但维特根斯坦跟德鲁利谈这段话时喜欢把它改成：“而悲哀落到对你什么也不说的人身上，正因为喋喋不休的人说了许多胡话。”

与魏斯曼和石里克讨论时，他甚至把这段话翻译得更自由：“什么，你这个猪猡，你不想说胡话！去说胡话吧，不要紧！”就算这些自由的翻译未能说出奥古斯丁想说的意思，但肯定说出了维特根斯坦的观点。应当终止喋喋不休的人说的胡话，但那不意味着自己应当拒绝说胡话。一如既往地，一切取决于行事的精神。

他对魏斯曼和石里克重申了自己的伦理讲座的大体思路：伦理学是一种说出不能说的东西的努力，一种对语言界限的冲撞。“我认为，终

[1] 此段话的英文是“Yet woe betide those who are silent about you！ For even those who are most gifted with speech cannot find words to describe you”，其中的“你”指上帝。

止一切伦理的空话是绝对重要的——直觉知识是否存在，价值是否存在，善是否可定义。”另一方面，同样重要的是看到，说胡话的倾向指示着某
283 种东西。他说，他能想象海德格尔——例如——想用畏和存在说什么（在这种句子里：“这样一种畏之所畏者就是在世本身”[1]），他也同情克尔凯郭尔说的“理性受到自身的悖论激情的激励时，冲撞上去的这未知之物”。[2]

圣奥古斯丁、海德格尔、克尔凯郭尔——人们想不到，在跟维也纳小组的谈话里能听到有人提及这些名字——除了当辱骂的对象。例如，逻辑实证主义者常常用海德格尔的著作举例，说明他们称为形而上学胡话的东西——他们打算判定为哲学废料的东西。

维特根斯坦在剑桥时，维也纳小组已成了一个自觉聚拢的小组；把他们联合到一起的是一种反形而上学的姿态，他们搞出了一个类似宣言的东西，这一姿态便是宣言的基础；宣言出版时用的标题是 *Die Wissenschaftliche Weltauffassung: Der Wiener Kreis*（“科学的世界观：维也纳小组”）。这本书的准备和出版也是为了向公认的小组首领石里克致敬，那一年，为了跟维也纳的朋友和同事在一起，石里克拒绝了一个柏林的工作机会。听到这个计划，维特根斯坦写信向魏斯曼表达自己的异议：

> 正因为石里克不是普通人，人们应该为了他而谨慎行事，不要因为他们的“好意”，让自负把他和他领导的维也纳学派弄到荒谬的地步。我说“自负”的意思是指任何自满的姿态。“拒斥形而上学！”仿佛那是什么新东西！维也纳学派获得的成就，应该显示出来，而

---

[1] 此句英文是“that in the face of which one has anxiety is Being-in the world as such”，出自《存在与时间》第 50 节“标画生存论存在论的死亡结构的工作”。（中译从陈嘉映译本）

[2] 此句英文是“this unknown something with which the Reason collides when inspired by its paradoxical passion”，出自克尔凯郭尔《哲学片段》（*Philosophical Fragments*）第三章“The absolute Paradox”。

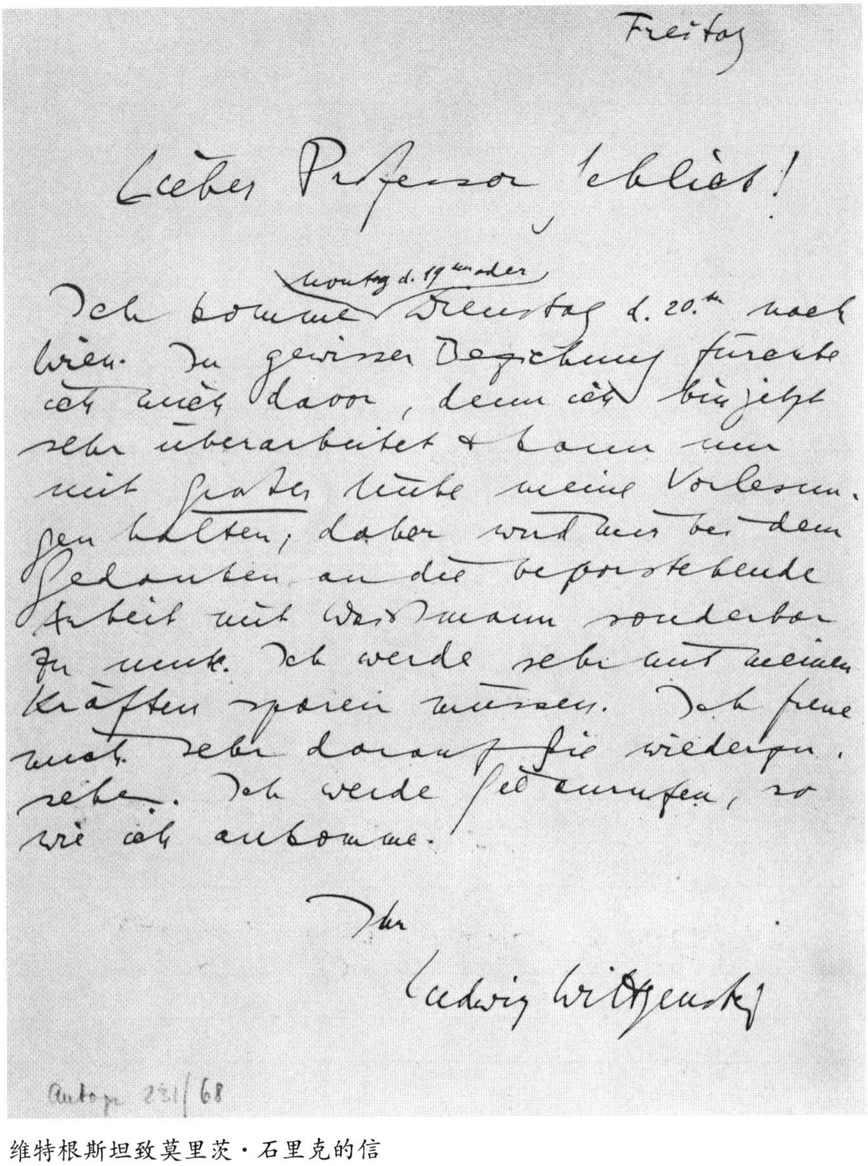

Freitag

Lieber Professor Schlick!

Ich komme Montag d. 19. oder Dienstag d. 20.ten nach Wien. In gewisser Beziehung fürchte ich mich davor, denn ich bin jetzt sehr überarbeitet & kann nur mit großer Mühe meine Vorlesungen halten; dabei wird mir bei dem Gedanken an die bevorstehende Arbeit mit Waismann sonderbar zu Mute. Ich werde sehr mit meinen Kräften sparen müssen. Ich freue mich sehr darauf Sie wiederzusehen. Ich werde Sie anrufen, so wie ich ankomme.

Ihr

Ludwig Wittgenstein

Autogr. 231/68

维特根斯坦致莫里茨·石里克的信

莫里茨·石里克

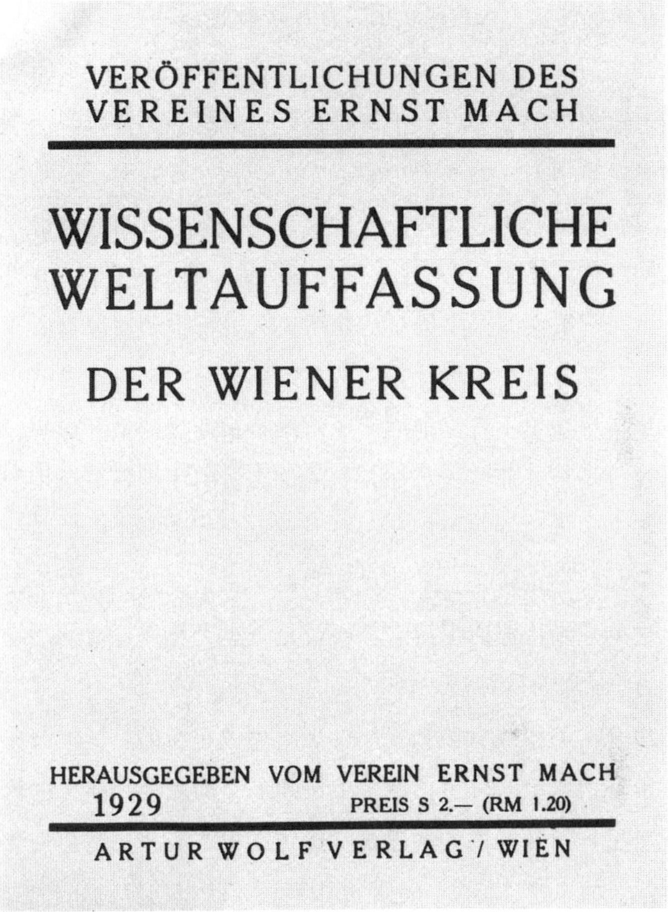

VERÖFFENTLICHUNGEN DES
VEREINES ERNST MACH

WISSENSCHAFTLICHE
WELTAUFFASSUNG

DER WIENER KREIS

HERAUSGEGEBEN VOM VEREIN ERNST MACH
1929 PREIS S 2.— (RM 1.20)

ARTUR WOLF VERLAG / WIEN

莫里茨·石里克的讲义出版，由卡尔纳普、哈恩与纽拉特匿名编辑

弗雷德里希·魏斯曼(1897—1959)

不是说说的……大师应该因其著作而得名。

除了勾勒出小组学说的主旨，宣言还通报魏斯曼将出一本题为《逻辑、语言、哲学》(*Logik, Sprache, Philosophie*)的书，那时他们说这书是对《逻辑哲学论》思想的一种介绍。尽管对宣言抱有疑虑，维特根斯坦还是同意合作写这本书；他定期与魏斯曼会面，解释自己的想法。

讨论在石里克的家里进行。魏斯曼对维特根斯坦说的话作了相当完
284 整的记录，部分是为了他计划写的书，部分是为了使维也纳小组的其他成员（维特根斯坦不肯见他们）了解维特根斯坦的最新思想。于是，在哲学会议等场合，那些成员在自己的论文里引用维特根斯坦的想法。这样维特根斯坦就建立起了一种声誉：奥地利哲学辩论中的一个有影响但有点影影绰绰的贡献者。某些奥地利哲学家甚至猜测，这个常常听说但从未见过的“维特根斯坦博士”不过是石里克凭空捏造的产物：一个虚构的实为小组拜符的神话人物。

1929年，石里克和魏斯曼——更不用说小组的其他成员——都未察觉到，维特根斯坦的思想正在多么快和多么彻底地脱离《逻辑哲学论》。随后几年里魏斯曼的书的构思被迫经历了根本改变：起初打算讲解《逻辑哲学论》的思想，然后，先是变为概述维特根斯坦对那些思想的修正，最后变为陈述维特根斯坦的全新思想。这本书获得其最终样貌时，维特根斯坦却取消了合作；它从未出版。[1]

圣诞假期跟石里克和魏斯曼讨论时，维特根斯坦勾勒了写出《逻辑哲学论》后自己观点的几种改变。他向他们解释，他相信《逻辑哲学论》对基本命题的阐述是错误的，必须丢掉——要一起丢掉的还有他对逻辑推导的早期观点：

---

[1] 至少在魏斯曼或维特根斯坦的有生之年从未出版。1965年出版了它的英文版《语言学哲学的原则》(*The Principles of Linguistic Philosophy*)，但那时，因为维特根斯坦自己著述的遗稿已在出版，这本书已多少失去了用处。——原注

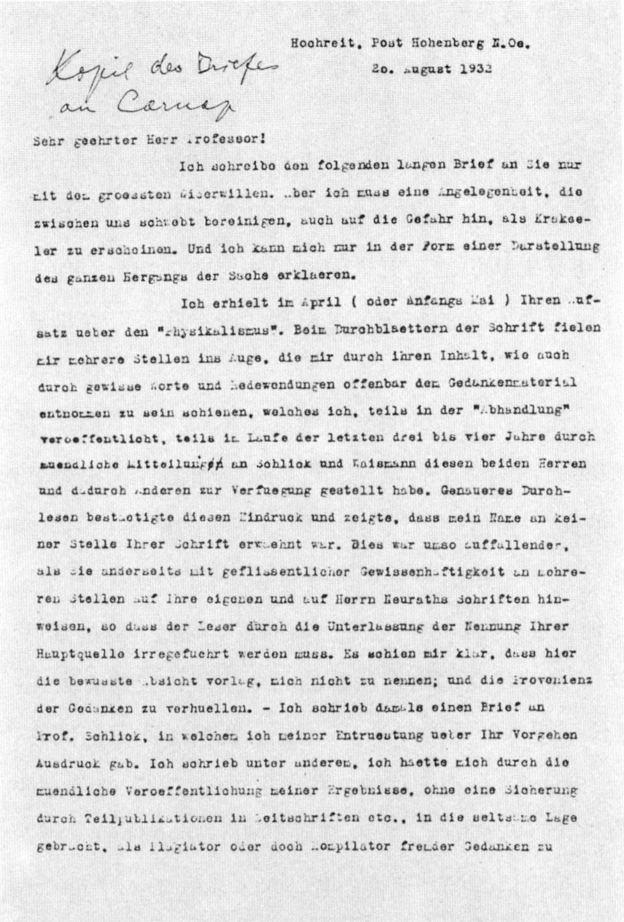

Kopie des Briefes an Carnap

Hochreit, Post Hohenberg N.Oe.
2o. August 1932

Sehr geehrter Herr Professor!

Ich schreibe den folgenden langen Brief an Sie nur mit dem groessten Widerwillen. Aber ich muss eine Angelegenheit, die zwischen uns schwebt bereinigen, auch auf die Gefahr hin, als Krakeeler zu erscheinen. Und ich kann mich nur in der Form einer Darstellung des ganzen Hergangs der Sache erklaeren.

Ich erhielt im April ( oder Anfangs Mai ) Ihren Aufsatz ueber den "Physikalismus". Beim Durchblaettern der Schrift fielen mir mehrere Stellen ins Auge, die mir durch ihren Inhalt, wie auch durch gewisse Worte und Redewendungen offenbar dem Gedankenmaterial entnommen zu sein schienen, welches ich, teils in der "Abhandlung" veroeffentlicht, teils im Laufe der letzten drei bis vier Jahre durch muendliche Mitteilungen an Schlick und Waismann diesen beiden Herren und dadurch Anderen zur Verfuegung gestellt habe. Genaueres Durchlesen bestaetigte diesen Eindruck und zeigte, dass mein Name an keiner Stelle Ihrer Schrift erwaehnt war. Dies war umso auffallender, als Sie anderseits mit geflissentlicher Gewissenhaftigkeit an mehreren Stellen auf Ihre eigenen und auf Herrn Neuraths Schriften hinweisen, so dass der Leser durch die Unterlassung der Nennung Ihrer Hauptquelle irregefuehrt werden muss. Es schien mir klar, dass hier die bewusste Absicht vorlag, mich nicht zu nennen; und die Provenienz der Gedanken zu verhuellen. - Ich schrieb damals einen Brief an Prof. Schlick, in welchem ich meiner Entruestung ueber Ihr Vorgehen Ausdruck gab. Ich schrieb unter anderem, ich haette mich durch die muendliche Veroeffentlichung meiner Ergebnisse, ohne eine Sicherung durch Teilpublikationen in Zeitschriften etc., in die seltsame Lage gebracht, als Plagiator oder doch Kompilator fremder Gedanken zu

上图：致鲁道夫·卡尔纳普的信
下左：鲁道夫·卡尔纳普（1891—1970），与妻子伊娜和爱娃·亨普尔在荷兰
下右：奥托·纽拉特（1882—1945），与奥尔加·哈恩、安娜·斯西娅皮罗、路易丝·哈恩

……那时我认为一切推导都基于重言式的形式。那时我没有看到推导也有这种形式：这人身高两米，因此他不是身高三米。

“我的构想的错误，”他告诉他们，“是我相信，不用考虑命题的内部
285 联系就能确定逻辑常项的句法。”然而，他现在认识到逻辑常项的规则只构成了“一种那时我还毫无认识的、更全面的句法”的一部分。他现在的哲学任务在于描述这一更复杂的句法，弄清楚“内在联系”在推导中的作用。

至于如何完成这一任务，他那时的想法则流动不居，每一周、甚至每一天都有变化。那些谈话的一个特点是，维特根斯坦的评论很频繁地以这样的话开头：“我过去相信……”“我必须纠正我的解释……”“我过去以这种方式提出这问题是错的……”这指的不是他在《逻辑哲学论》里采取的立场，而是他在那一年，也许在那一周的较早时候表述的观点。

他举了这“句法”及其建立的内在联系的一个例子；设想有人说：“这儿有一个圆。它长三厘米，宽两厘米。”他说，我们对此只能回答：“是吗！那么你的圆是指什么？”换句话说，我们用语词“圆”指的东西，排除了一个长大于宽的圆的可能性。这些规则是由句法提供的，或者，维特根斯坦也说，是由我们语言的“语法”提供的；在这个例子里，“语法”在“某种东西是圆”和“这东西只有一个半径”之间建立了“内在联系”。

几何词汇的句法*先天地*（a priori）禁止了这种圆的存在，就像我们的颜色词的句法排除了同时是红色和蓝色的东西的可能性。由于这些不同的语法建立的内在联系，我们就能作出《逻辑哲学论》的重言式分析未能捕捉到的那些推导，因为每一种语法构成了一个*系统*：

我曾写过［TLP 2.1512］，“一个命题像尺子一样对准了实在……”现在我更愿说，一个命题*系统*像尺子一样对准了实在。我这话的意思

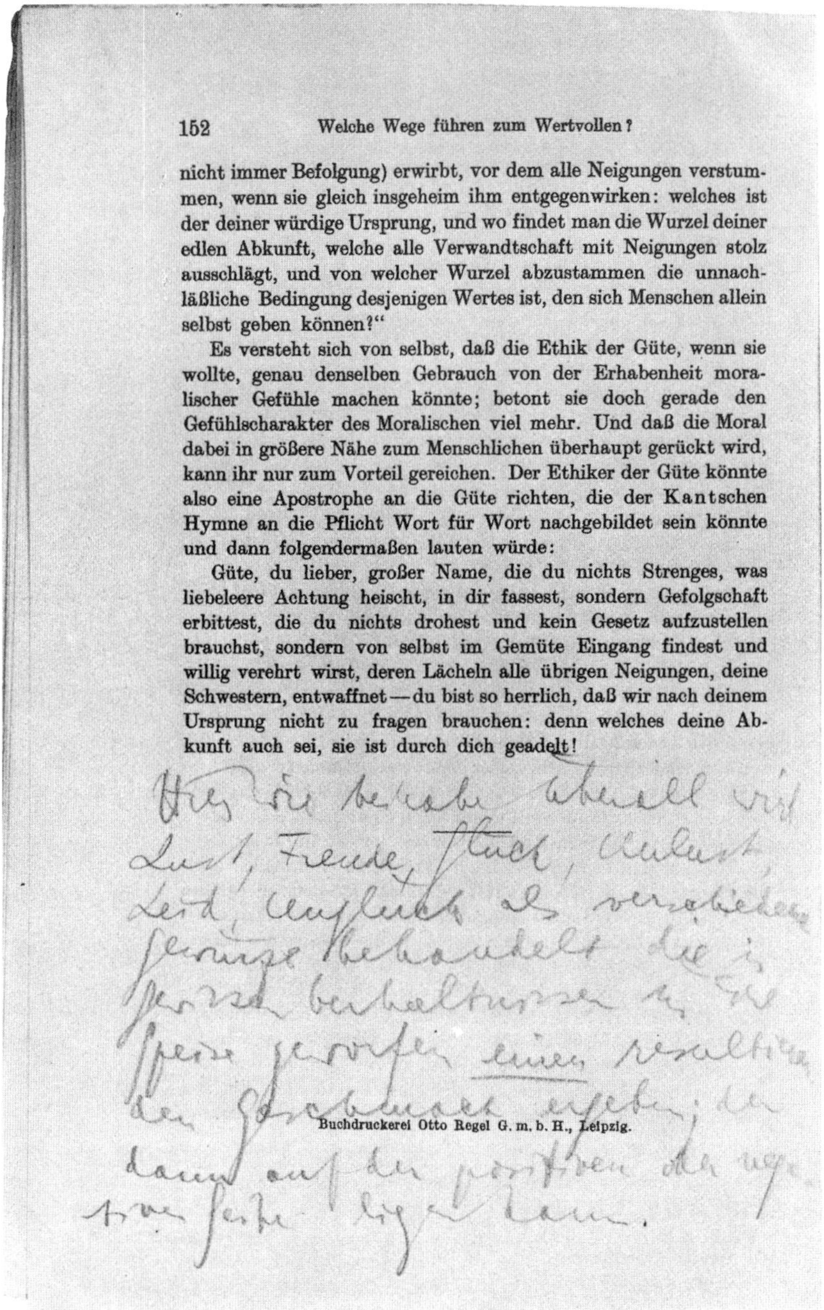

152 Welche Wege führen zum Wertvollen?

nicht immer Befolgung) erwirbt, vor dem alle Neigungen verstummen, wenn sie gleich insgeheim ihm entgegenwirken: welches ist der deiner würdige Ursprung, und wo findet man die Wurzel deiner edlen Abkunft, welche alle Verwandtschaft mit Neigungen stolz ausschlägt, und von welcher Wurzel abzustammen die unnachläßliche Bedingung desjenigen Wertes ist, den sich Menschen allein selbst geben können?"

Es versteht sich von selbst, daß die Ethik der Güte, wenn sie wollte, genau denselben Gebrauch von der Erhabenheit moralischer Gefühle machen könnte; betont sie doch gerade den Gefühlscharakter des Moralischen viel mehr. Und daß die Moral dabei in größere Nähe zum Menschlichen überhaupt gerückt wird, kann ihr nur zum Vorteil gereichen. Der Ethiker der Güte könnte also eine Apostrophe an die Güte richten, die der Kantschen Hymne an die Pflicht Wort für Wort nachgebildet sein könnte und dann folgendermaßen lauten würde:

Güte, du lieber, großer Name, die du nichts Strenges, was liebeleere Achtung heischt, in dir fassest, sondern Gefolgschaft erbittest, die du nichts drohest und kein Gesetz aufzustellen brauchst, sondern von selbst im Gemüte Eingang findest und willig verehrt wirst, deren Lächeln alle übrigen Neigungen, deine Schwestern, entwaffnet — du bist so herrlich, daß wir nach deinem Ursprung nicht zu fragen brauchen: denn welches deine Abkunft auch sei, sie ist durch dich geadelt!

Hier wird beinahe überall viel Lust, Freude, Glück, Unlust, Leid, Unglück als verschiedene Gewürze behandelt die in gewissen Verhältnissen in die Speise geworfen einen resultierenden Geschmack ergeben; der dann auf der positiven oder negativen Seite liegen kann.

Buchdruckerei Otto Regel G. m. b. H., Leipzig.

维特根斯坦在石里克《伦理学问题》一书的页边注

如下。如果我用一把尺子对准一个空间物体，那么同时，我就把所有的刻度线都对准了它。

若我们量出一个物体长十英寸，我们就能立刻推导出它不是长十一英寸，等等。

286 在描述这些命题系统的句法时，维特根斯坦正近乎——照拉姆塞的说法——勾勒出某些“空间、时间和物质的必然性质”。那么，他是在某种意义上做物理学吗？他回答，不，物理学关心的是确定事态的真或假；他关心的是区分意义和无意义。“这个圆长三厘米，宽两厘米”不是假的，而是无意义的。他关心的空间、时间和物质的性质，不是物理研究的问题，而是——照他此时喜欢的说法——一种现象学分析。“物理学，”他说，“不产生一种对现象学事态之结构的描述。在现象学里，问题总是关乎可能性、即意义，而非关乎真假。”

在石里克听来，这种说法带有一种不舒服的康德式声调。听起来几乎像是，维特根斯坦正在尝试按《纯粹理性批判》的调子描述“表象结构”的一般和必然的特性，而且正走在通往胡塞尔的路上。心里想着胡塞尔的现象学，他问维特根斯坦：“对于一个相信现象学陈述是先天综合判断的哲学家，我们能给出什么回答呢？”对此维特根斯坦谜一般地回答：“我将回答，确实可能造出某些句子，但我无法将其与一个思想联系起来。”[1] 在一段此时写的论述里他表达的更清楚一点：他的这个观点——确实有无法用重言式替换的语法规则（例如算术等式）——“解释了——我相信——康德坚称 7+5=12 不是分析命题而是先天综合命题时想说的意思”。换句话说，他的回答是我们熟悉的那种：他的考察显示了康德和康德主义者试图说的东西。

---

[1] 此句英文为：I would reply that it is indeed possible to make up words，but I cannot associate a thought with them.

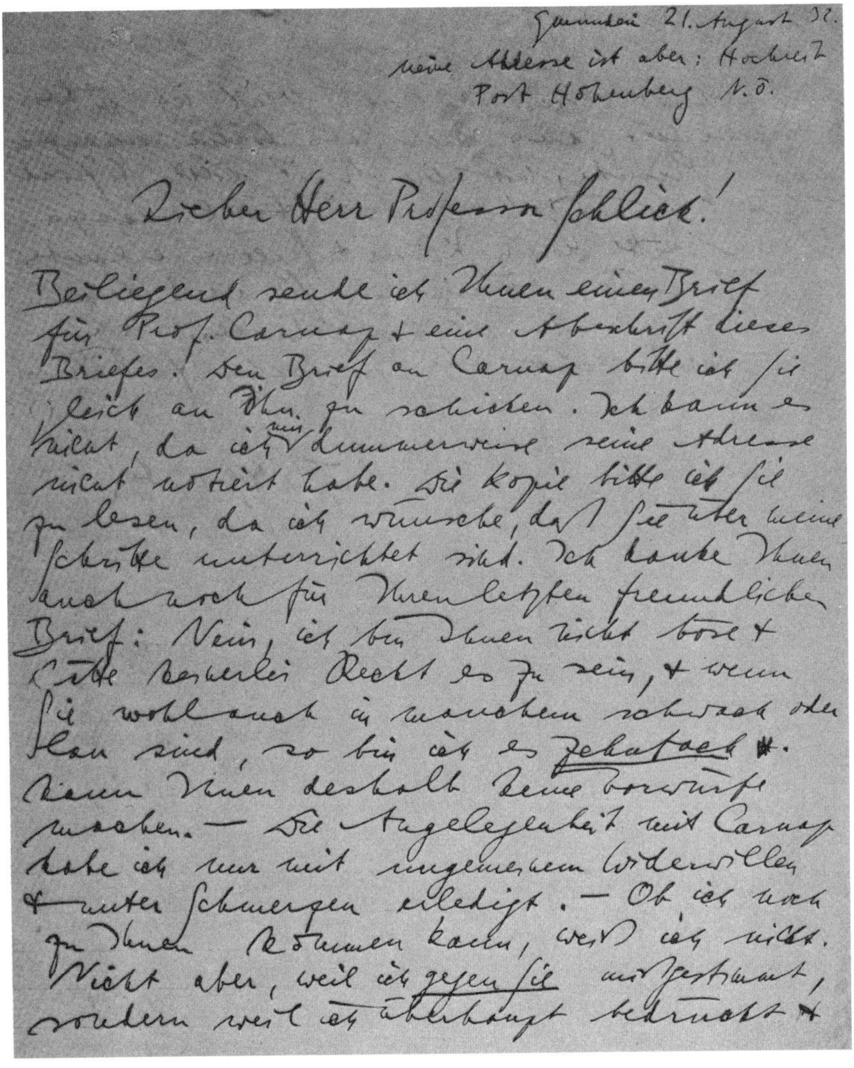
Gmunden 21. August 32.
meine Adresse ist aber: Hochreit
Post Hohenberg N.Ö.

Lieber Herr Professor Schlick!

Beiliegend sende ich Ihnen einen Brief für Prof. Carnap & eine Abschrift dieses Briefes. Den Brief an Carnap bitte ich Sie gleich an ihn zu schicken. Ich kann es nicht, da ich mir dummerweise seine Adresse nicht notiert habe. Die Kopie bitte ich Sie zu lesen, da ich wünsche, daß Sie über meine Schritte unterrichtet sind. Ich danke Ihnen auch noch für Ihren letzten freundlichen Brief: Nein, ich bin Ihnen nicht böse & hätte keinerlei Recht es zu sein, & wenn Sie wohl auch in manchem schwach oder lau sind, so bin ich es zehnfach. Kann Ihnen deshalb keine Vorwürfe machen. — Die Angelegenheit mit Carnap habe ich nur mit ungemeinem Widerwillen & unter Schmerzen erledigt. — Ob ich noch zu Ihnen kommen kann, weiß ich nicht. Nicht aber, weil ich gegen Sie verstimmt, sondern weil ich überhaupt bedrückt &

维特根斯坦致石里克的信

虽然维特根斯坦的新思索里的康德式口吻令石里克和（从而）维也纳小组的其他成员感到不安，但他们对之的注意相对来说很少。跟他们的思考中的经验主义主旨更为相宜的，是维特根斯坦在这些谈话里表述的另一点。这就是：如果一个命题有意义，如果它有所说，那么我们必须知道这命题为真时的某些情况。因此，我们必须具备某些确立命题之真假的方法。维也纳小组称之为“维特根斯坦的证实原则”，小组成员如
287 此热情地接纳了它，乃至于从此它就被视为逻辑实证主义的本质。在英语世界里，A.J.艾耶尔的《语言、真理和逻辑》对之作出了最著名和最响亮的陈述（这书名受到了魏斯曼的《逻辑、语言、哲学》的启发——若“启发”一词恰当的话）；此书出版于1936年，是艾耶尔在维也纳列席了数次小组聚会后写出的。

这一原则被表达在这个口号里：命题的意义是其证实方式；对此，维特根斯坦向石里克和魏斯曼解释如下：

> 如果我说，例如，“那边的橱柜上有一本书”，我如何着手证实它呢？若我扫它一眼，或者我从不同侧面看它，或者我用手拿起它、触摸它、打开它、翻阅书页，等等，这是否充分呢？这儿有两种观念。其中一种说，不管我如何着手，我将永不能完全证实这个命题。仿佛是说，一个命题总是留着一个开着的后门。无论我们做什么，我们永不能肯定我们没有弄错。
>
> 另一种观念，即我愿持有的观念，说，“不，如果我永不能完全证实一个命题的意义，那么我也就不能用这个命题意谓任何东西。那么这命题就不能表示任何东西，无论是什么。”
>
> 为了确定命题的意义，我就得知道一种很特定的做法：知道何时这命题算被证实了。

后来，维特根斯坦否认自己曾打算把这一原则当作一种意义理论的

基础，并拉开自己和逻辑实证主义者对这一原则的教条式应用的距离。他在剑桥道德科学俱乐部的一次聚会上说：

> 有一时我常说，为了弄清一个句子是如何使用的，这是一个好路子：问自己这个问题："我们怎样试图证实那样一个断言？"但那只是弄清语词或句子之使用的诸多方法的一种。例如，另一个对自己常常很有用的问题是："这个词是如何学会的？""我们如何着手教一个孩子用这个词？"但有些人把这个寻求证实的提议弄成一个教条——仿佛我在发展一种意义理论。 288

20 世纪 30 年代初，当 G.F.斯陶特问他对证实的看法时，维特根斯坦讲了如下的比喻；看上去其中的要点是，发现没有证实某个句子的任何方法，是认识到了关乎这个句子的某种重要的东西，但这不意味着这个句子里没有任何可理解的东西：

> 想象有一个镇子，里面的警察需要得到每个居民的信息，例如，年龄，从哪儿来，做什么工作。保存着一份这种信息的记录，它有某种用处。有时警察询问一个居民时，发现此人不做任何工作。警察把这事记在记录里，因为这也是有关此人的一条有用信息！

不过，尽管他后来作了这些否认，整个 20 世纪 30 年代——在与石里克和魏斯曼的谈话里，在一份对魏斯曼口述的"论题"里，在他自己的笔记本里——我们能找到维特根斯坦对这一原则的某些表述，其说法怎么看都跟维也纳小组和艾耶尔的说法一样教条："命题的意义是证实它的方式"，"一个命题是如何得到证实的，就是它说的东西……证实不是真的一个标志，它就是命题的意义"，诸如此类。看起来，我们可以谈论维特根斯坦思想的"证实主义阶段"。但必须在这一前提下：拉开证实原则和石里克、卡尔纳普、艾耶尔等人的逻辑经验主义的距离，并把证实原则放在维特根斯坦的“现象学的”或“语法的”考察的更康德式的框架里。

1930年新年维特根斯坦回到剑桥，发现弗兰克·拉姆塞病得很重。拉姆塞患了严重的黄疸病，住进了盖斯医院，准备做一次手术查明病因。手术后他的情况变得危急，事情很明显：他要死了。拉姆塞的一位密友弗朗西丝·帕特里齐说，弗兰克·拉姆塞去世的前一晚她去病房看望，吃
289 惊地发现维特根斯坦坐在与病房相通的一个小房间里，离弗兰克的床几英尺远：

> 在一种轻微的、几乎诙谐的语气里，维特根斯坦的友善及他个人的悲伤显现出来，我自己觉得这种语气不舒服。弗兰克做了又一次手术，尚未完全苏醒；莱迪丝还没吃晚饭，于是我们三人动身找吃的，最后在餐台找到了香肠卷和雪利酒。然后维特根斯坦走了，莱迪丝和我回到了火炉边。

拉姆塞死于第二天（1月19日）凌晨三点。他二十六岁。

接着的那天，维特根斯坦上了他的第一堂课。上学期末，理查德·布雷斯韦特代表道德科学教研组邀请他开一门课。布雷斯韦特问他这课的名称该叫什么。沉默很久之后维特根斯坦回答：“课的主题将是哲学。课的名称除了哲学还能叫什么呢。”在维特根斯坦未来的教学生涯中，这课就一直列在这一独特的一般性名称下。

1930年的四月斋学期，他每星期在艺术学院的教室上一小时课；后来，课后还到克莱尔学院的一个房间里进行两个小时的讨论，房间属于那位探险家R.E.普里斯特利（即后来的雷蒙德·普里斯特利爵士）[1]。

---

[1] R.E.普里斯特利（1886—1974），英国地质学家、南极探险家。

再后来，他彻底摒弃了教室的形式，课和讨论都在普里斯特利的寓所进行，直到 1931 年他自己有了三一学院的一套寓所。

人们经常提到他的讲课风格，他的风格似乎与其他大学讲师的风格都很不一样：他讲课没有稿子，常常就像是站在听众面前出声地思考。偶尔他停下来，说“稍等，让我想一想！”，坐下来几分钟，盯着自己翘起的手。有时，某个特别勇敢的听课者提出一个问题，于是随着对那问题的回应，课又进行了下去。他常咒骂自己的愚蠢，说：“我真是个该死的傻瓜！”或猛地大喊：“这难得像地狱！”上这课的大约十五人，多数是本科生，但也包括一些教师，最引人注目的是 G.E. 摩尔；摩尔坐在屋里唯一的扶手椅上（其他人坐折叠帆布椅），抽着烟斗，做大量笔记。维特 290
根斯坦热情饱满和节奏错落的授课给听过他课的所有人留下了难忘的印象，I.A. 瑞恰兹（他和 C.K. 奥格登合写了《意义的意义》）在他的诗“走失的诗人”[1]里作了生动描述：

在非课之课上，我听见你和他的声音

---

[1] 此诗原文为：

The Strayed Poet

Your voice and his I heard in those Non-Lectures
Hammock chairs sprawled skew-wise all about;
Moore in the armchair bent on writing it all out-
Each soul agog for any word of yours.

Few could long withstand your haggard beauty,
Disdainful lips，wide eyes bright-lit with scorn，
Furrowed brow，square smile，sorrow-born
World-abandoning devotion to your duty.

Such the torment felt，the spell-bound listeners
Watched and waited for the words to come，
Held and bit their breath while you were dumb，
Anguished，helpless，for the hidden prisoners.

帆布椅散落在四处，歪歪扭扭
摩尔蜷在扶手椅里记下一切
每个灵魂都渴望你的每个词

你憔悴的美，很少人消受得了很久
嘴唇轻蔑，宽眼睛闪着嘲讽的光
拧紧的眉毛，古板的微笑，生于悲痛的
离尘绝世的献身于你的责任

见到你受的折磨，被你的魔力捕获
听课者看着你，屏息凝神
等待言辞现身——你哑口无言
为了隐匿的囚徒，苦恼、无助

---

Poke the fire again! Open the window!
Shut it!- patient pacing unavailing,
Barren the revelations on the ceiling-
Dash back again to agitate a cinder.

‘O it’ s so clear! It’ s absolutely clear!’
Tense nerves crisp tenser then throughout the school;
Pencils are poised: ‘Oh, I’ m a bloody fool!
A damn’ d fool!’ -So: however it appear.

Not that the Master isn’ t pedagogic:
Thought-free brows grow pearly as they gaze
Hearts bleed with him.But-should you want a blaze,
Try prompting!Who is the next will drop a brick ?

Window re-opened, fire attack’ t again,
(Leave, but leave what’ s out, long since, alone!)
Great calm; A sentence started; then the groan
Arrests the pencil leads. Round back to the refrain.

再拨拨火！打开窗！
关掉窗！——耐心的踱步无效
天花板上亦不见启示的踪影
猛冲回去搅动一块碳

“哦真清楚！绝对清楚！”
紧张的神经绷得更紧，漫向整所学校
我们举起铅笔：“哦，我是个该死的笨蛋！
天杀的笨蛋！”——好吧，不论谁更像笨蛋

大师并非不擅教学：入定的眉眼
盯着他，如珍珠般闪光
心随他跳动。但——想来一场火灾吗？
给他提词！下一个抛砖的是谁？
再打开窗，再弄弄火，
（别管炭火了，它早灭了！）
巨大的平静；一个句子起头了；
呻吟停止，笔声沙沙。合唱再度响起。

瑞恰兹的标题是恰当的；维特根斯坦的授课风格——实际上还有他的 291
写作风格——与他的主题古怪地错位，仿佛一个诗人游荡到对意义理论和数学基础的分析里。他自己曾写道：“我想，我的这话概括了我对哲学的态度：哲学真的应该写成诗作。”

在课上，维特根斯坦这样勾勒自己的哲学观念：“努力摆脱一种具体困惑”，即“对语言的困惑”。它运用的方法是说清我们语言语法的特性：语法告诉我们什么有意义什么没有意义——它“让我们处理语言而不是别的；它确定自由的限度”。在这个意义上，颜色八面体[1]是语法的一个例子，因为颜色八面体告诉我们，虽然可以谈论带绿色的蓝色，但不能谈论带绿色的红色。因此它指涉的不是真理，而是可能性。在这个意义上几何也是语法的一部分。“语法是现实的一面镜子。”

在解释自己的“语法建立‘内在关系’”这个观点时，维特根斯坦明确把它跟——奥格登和瑞恰兹在《意义的意义》里、罗素在《心的分析》里采纳的——意义的因果论作了对照。因果关系是外在的。例如，按罗素的观点，使用语词的目的是引起某种感情和（或）心像，“若一个语词以预想的方式对一般的听者施加了作用”时，它就被正确使用了。在维特根斯坦看来，这种对因果的谈论错失了要点。他在笔记里用如下比喻归谬罗素的解释：“如果我要吃一个苹果，有人在我肚子上打了一拳，使我的食欲消失了，那么我原本想要的就是这一拳。”

学期末时又有了这个问题：如何为维特根斯坦提供工作的必要资金。三一学院去年夏天给的津贴就要花完了；续发这一津贴是否值得？对此学院委员会明显有疑问。因此，3 月 9 日，摩尔写信到罗素在彼得斯菲尔德的学校，问他是否愿看看维特根斯坦正做的工作，并向学院报告其价值：

> ……除非委员会真给他津贴，似乎没有别的办法确保他得到足够
> 292 的收入继续工作；我担心他们不大可能这么做，除非他们得到这一学科的专家给出的有利报告；而你当然是写这么一份报告的最胜任的人。

[1] “颜色八面体”，译自 color octahedron，是 Alois Höfler 提出的一种颜色系统。即两个四棱锥对合在一起，构成一个八面体；八面体的六个顶点分别是（红，绿）、（黄，蓝）、（黑，白）,（黑，白）是竖轴；由此可看出，任何混合色不能（例如）既有红的成分又有绿的成分，因为红和绿是相对的顶点。

正如摩尔预料的，罗素不很热情。“我看不出我怎么能拒绝，”他回答：

> 同时，既然这涉及与他辩论，你正确地指出这事需要大量工作。我没见过比在论辩中不赞同他更累人的事情。

随后的那个周末维特根斯坦到比肯山学校见罗素，努力说明自己正做的工作。“当然在两天里我们说不了太多，”维特根斯坦写信给摩尔，“但他似乎理解了一点。”他计划复活节假期后再去见罗素，交出一份自己回剑桥以来所做工作的大纲。于是，在维也纳的复活节假期，维特根斯坦做了这么一项工作：向打字员口述从他的手稿里挑出来的论述。“这是一个有点恐怖的活儿，我觉得做这事很惨，”他向摩尔抱怨。

这个活儿的成果是那份如今以《哲学评论》之名出版的打字稿。通常把它视作一项“过渡性的”工作——过渡性指在《逻辑哲学论》和《哲学研究》之间——也许它是唯一一项能不致混淆地如此称呼的工作。它确实代表了维特根斯坦的哲学发展里的那个过渡性阶段，在这个阶段里他力求用康德式的“现象学分析”方案——也就是他在与石里克和魏斯曼的讨论里勾勒的方案——取代《逻辑哲学论》的意义理论。我们将看到，这个方案很快被抛弃了——一起抛弃的还有对“证实原则是意义的标准”的坚持。事实就是这样，《哲学评论》是他所有著作中最实证主义的，同时也是最现象学的。《哲学评论》想用维也纳小组采用的工具达成的目标，与维也纳小组自己的目标截然相反。

4月末从维也纳回来后，维特根斯坦去了趟罗素在康沃尔的家，把
稿子拿给他看。在罗素这方面，这时候并不方便。他的妻子多拉有了七 293
个月的身孕，孩子是另一个男人的（美国记者格里芬·巴里）；他的女儿凯特患了水痘；他的儿子约翰染上了麻疹。他的婚姻在彼此的不忠里走向破裂，他拼命辛苦工作，写通俗的报刊文章，写讲稿和炮制赚钱的书，以负担他极耗钱财的教育改革试验。此时他身上的压力如此之大，比肯

山学校的同事们真认为他快精神错乱了。

维特根斯坦在这样不安的环境里待了一天半；之后，身陷麻烦的罗素在一封写给摩尔的信里相当不耐烦地尝试概括维特根斯坦的工作：

> 不幸的是，我病了，因而无法以我希望的速度弄明白它。不过，我认为，和他交谈的过程中，我对他在做什么有了相当不错的理解。他在独特的意义上使用“空间”和“语法”，这些词多少是互相联系着的。他主张，如果说“这是红的”是有意义的，那么说“这是响亮的”就不能是有意义的。有一个颜色的“空间”和另一个声音的“空间”。看上去这些“空间”是在康德的意义上先天给出的，即便也许不完全是那样，至少也是某种差别不很大的东西。弄混“空间”导致语法错误。然后他就无限性写了许多话，这些话始终有变成布劳威尔的说法的危险；每当这一危险变得明显时，就必须骤然刹住。他的理论肯定是重要的，肯定是非常原创性的。它们是不是对，我不知道：我衷心地希望不是，因为它们把数学和逻辑弄得几乎不可思议地困难。

“你能不能告诉我，这封信是否可能满足委员会的要求？”他请求摩尔，“我这么问的原因是，我此刻有太多事情要做，而详尽地读维特根斯坦的东西所牵扯的精力几乎超出了我能面对的。不过，如果你认为那真是必要的，我将继续进行此事。”摩尔不觉得那是必要的，虽然——对罗素是不幸的——他不认为这封信能当给委员会的报告。于是罗素重新写了信，用他的话说，新的信用了“委员会能够看懂的更庄重的语言”；然
294 后，这封信成了对维特根斯坦工作的报告，而维特根斯坦正当地获得了一百镑的津贴。“我发觉，只有健康状况良好时我才能理解维特根斯坦，”罗素对摩尔解释道，“此刻我的状况不是那样。”

罗素此时有那么一长串麻烦，因此，他把考察维特根斯坦的工作这件辛苦事应对到这么好的程度，颇令人惊讶。维特根斯坦是一个对罗素的困境的严厉批评者。他憎恨罗素的通俗作品：《征服幸福》是“催吐剂”；《我相信什么》“绝对不是一种‘无害的东西’”。在剑桥的一次讨论时，有人想维护罗素对（在《婚姻和道德》中表述的）婚姻、性和“自由的爱”的看法，维特根斯坦回答：

> 如果有人告诉我，他去过了最糟糕的地方，那我无权评判他，但如果他告诉我，使得他能够去那儿的是他较高的智慧，那我就知道他是个骗子。

4 月 25 日，回到剑桥的那天，维特根斯坦在日记里记录了自己更克制的爱情生活的进展状况：

> 复活节假期后回到了剑桥。在维也纳经常和玛格丽特在一起。复活节的礼拜天和她在新森林犁地人街。有三个小时，我们互相吻了很多回，那非常好。

复活节学期后，维特根斯坦回维也纳跟家人和玛格丽特一起过夏天。他住在霍赫海特的家族产业里，但不是住大房子；他更喜欢樵夫的小屋，那儿有他的工作所需的平和、安静和无碍的环境。他收到三一学院的支持他度过夏天的五十镑津贴；不过他写信对摩尔说：“我的生活现在非常经济，事实上，只要我在这儿，就不可能花任何钱。”这时期的工作中他很少允许自己休息，一种休息是写废话给吉尔伯特·帕蒂森：

和家人在霍赫海特；从左到右：维特根斯坦的姐夫马克斯·萨尔泽，母亲，玛丽·弗伦格尔，利克斯尔（斯托克尔特），索格伦的母亲，哈尼斯先生与路易丝·普利泽尔（家庭的朋友），姐姐海伦娜和赫尔米勒，弗里茨·斯托克尔特，哥哥保尔，玛丽舍恩（斯托克尔特）。

亲爱的吉尔（老畜生）：

你有一个野心勃勃的目标；当然你有；否则你就只是一个有着老鼠的精神而不是人的精神的流浪者。你不满足于待在你所在的地方。 295
你想要生活之外的更多东西。为了你自己的和依靠（或将依靠）你的人的利益，你配得上一个更好的地位和更高的收入。

你也许会问，我怎么能把自己抬高到钱拿少了的人的行列之外？？为了思考这些和其他问题，我退回到上述地址之所在，一个离维也纳约三小时路程的乡村。我购买了一个新的大写作本，其商标已装入信封，我正在做大量工作。我还装入一张我最近拍的照片。我的头顶裁掉了，我做哲学不需要它。我发现，佩尔曼式记忆法[1]是组织思想的最有用的方法。靠着那些小灰本子，就有可能“卡片式地索引”[2]我的头脑。

夏季初，维特根斯坦去石里克在维也纳的家中跟石里克和魏斯曼见面，主要是为了准备一个魏斯曼要作的演讲；魏斯曼要在即将到来的9月份于柯尼斯堡举行的“精确科学的知识理论”会议上作这个演讲，题为“数学的本性：维特根斯坦的立场”；它是一个涵盖了数学基础领域主要学派的系列演讲中的第四讲（系列中的其他几讲是：卡尔纳普论逻辑主义，海廷加论直觉主义，冯·诺依曼论形式主义）。这一演讲的中心要点是，把证实原则应用到数学上而形成了如下基本规则：“数学概念的意义是其使用的模式，数学命题的意义是其证实的方法。”结果，因为哥德尔著名的不完全性证明在那儿的发布，魏斯曼的演讲和会议的一切其他

[1] “佩尔曼式记忆法”(pelmanism)，一种记忆训练法。

[2] “卡片式地索引”(card-index)，佩尔曼记忆法要用到卡片。

声音都黯然失色了。[1]

296 这个夏天，维特根斯坦还向魏斯曼口述了一串“论题”，大概是计划合写的书的预备工作。这些论题很大程度上是《逻辑哲学论》学说的重述，但还包含了许多对证实的“阐释”。这儿，证实原则是以其最一般和最直接的形式陈述的：“命题的意义是它被证实的方式”；他如此阐释了证实原则：

> 一个命题说的东西，不能比通过其证实方法确立的更多。如果我说“我的朋友生气了”，并借助于他表现出某种特定的可觉察行为而确立了这一点，那么我的意思只是，他表现出了那个行为。如果我这话想说的意思比这更多，我不能确定那额外的东西在于什么。一个命题只说它确实说了的东西，没说任何超出那之外的东西。

几乎刚刚写完这些论题，维特根斯坦就不满意其表述了，他认为它们也包含了《逻辑哲学论》的错误教条。事实上，维特根斯坦正在发展出一种根本不含任何论题的对哲学的观念。这其实已隐含在《逻辑哲学论》对哲学的评论里，尤其是在命题 6.53 中：

> 哲学的正确方法真正说来是这样的：什么也不说，除了能说的

---

[1] 哥德尔的第一和第二不完全性定理陈述：（1）在任何一致的形式系统里，都有一个句子，既不能被证明为真，也不能被证明为假；（2）一个算术形式系统的一致性不能在那个系统内部证明。人们普遍认为，第一定理（经常就称作哥德尔定理）表明了，罗素在《数学原理》里的雄心，即从单一的逻辑系统中推导出所有数学，在原则上是不能实现的。维特根斯坦是否接受对哥德尔成果的这一解释，是个有待讨论的问题。对于受过数理逻辑训练的人来说，他对哥德尔证明的评论（见《数学基础评论》[*Remarks on the Foundations of Mathematics*] 第一部分的附录）乍看粗糙得甚是惊人。对于那些评论，我知道的最好的、最同情的讨论是 S. G. Shanker 的“维特根斯坦对哥德尔定理之意义的评论”（“Wittgenstein's Remarks on the Significance of Gödel's Theorem”），此文在《聚焦哥德尔定理》（*Gödel's Theorem in Focus*）一书里的第 155—256 页，此书由 S. G. Shanker 编辑，1988 年 Croom Helm 出版。——原注

库尔特·哥德尔(1906—1978)

## Die Vollständigkeit der Axiome des logischen Funktionenkalküls[1]).

Von **Kurt Gödel** in Wien.

Whitehead und Russell haben bekanntlich die Logik und Mathematik so aufgebaut, daß sie gewisse evidente Sätze als Axiome an die Spitze stellten und aus diesen nach einigen genau formulierten Schlußprinzipien auf rein formalem Wege (d. h. ohne weiter von der Bedeutung der Symbole Gebrauch zu machen) die Sätze der Logik und Mathematik deduzierten. Bei einem solchen Vorgehen erhebt sich natürlich sofort die Frage, ob das an die Spitze gestellte System von Axiomen und Schlußprinzipien vollständig ist, d. h. wirklich dazu ausreicht, jeden logisch-mathematischen Satz zu deduzieren, oder ob vielleicht wahre (und nach anderen Prinzipien ev. auch beweisbare) Sätze denkbar sind, welche in dem betreffenden System nicht abgeleitet werden können. Für den Bereich der logischen Aussageformeln ist diese Frage in positivem Sinn entschieden, d. h. man hat gezeigt[2]), daß tatsächlich jede richtige Aussageformel aus den in den Principia Mathematica angegebenen Axiomen folgt. Hier soll dasselbe für einen weiteren Bereich von Formeln, nämlich für die des „engeren Funktionenkalküls“ [3]), geschehen, d. h. es soll gezeigt werden:

---

[1]) Einige wertvolle Ratschläge bezüglich der Durchführung verdanke ich Herrn Prof. H. Hahn.

[2]) Vgl. P. Bernays, Axiomatische Untersuchung des Aussagenkalküls der „Principia Mathematica“. Math. Zeitschr. 25, 1926.

[3]) In Terminologie und Symbolik schließt sich die folgende Arbeit an Hilbert-Ackermann, Grundzüge der theoretischen Logik, Berlin 1928, an. Danach gehören zum engeren Funktionenkalkül diejenigen logischen Ausdrücke, welche sich aus Aussagevariablen: $X, Y, Z \dots$ und Funktions-(= Eigenschafts- und Relations-)variablen 1. Typs: $F(x)$, $G(xy)$, $H(xyz) \dots$ mittels der Operationen $\vee$ (oder), $\overline{\phantom{x}}$ (nicht), $(x)$ (für alle), $(Ex)$ (es gibt) aufbauen, wobei die Präfixe $(x)$, $(Ex)$ sich nur auf Individuen, nicht auf Funktionen beziehen dürfen. Eine solche Formel heißt allgemeingültig (tautologisch), wenn bei jeder Einsetzung bestimmter Aussagen bzw. Funktionen für $X, Y, Z \dots$ bzw. $F(x), G(xy) \dots$ ein wahrer Satz entsteht $\left(\text{z. B.: } (x)[F(x) \vee \overline{F(x)}]\right)$.

哥德尔的论文，发表于1931年第37期《数学与物理月刊》

> 东西，即自然科学命题——即某种与哲学毫无关系的东西——然后，只要其他人想说形而上学的东西，就向他指出，他未能给予他的命题里的某些符号以意义。虽然其他人也许不满意——他不会觉得我们在教给他哲学——但这一方法是唯一严格正确的方法。

然而，《逻辑哲学论》自身——它的编号命题——出了名的未能遵守这一方法。坚称这些命题根本不是真正的命题，而是“冒牌命题”[1]或“阐说”，是对这一核心困难之点的明显无法令人满意的遁词。而且，显然魏斯曼编辑的论题面临着类似的困难。哲学上的清晰必须由异于陈述学说的其他方式阐明。1930年，正当魏斯曼准备自己对维特根斯坦“论 297
题”的引介时，维特根斯坦写道：“如果有人试图在哲学中提出论题，那么永远不可能对之进行争辩，因为每个人都将赞同它们。”

维特根斯坦开始认为，哲学家不应教授学说和发展理论，而应指出一种达到清晰的技术，一种达到清晰的方法。对这一认识及其含意的阐明，把他带到了——照他对德鲁利的说法——“一个真正安稳的所在”。“我知道我的方法是对的，”他告诉德鲁利，“我的父亲是个生意人，我也是个生意人：我想要我的哲学像做生意：把一些事搞定，把一些事安顿好。”维特根斯坦哲学的“过渡阶段”随之而结束。

---

[1] “冒牌命题”（pseudo-propositions），指它们不是真正的命题，只是貌似而已。中文的“伪命题”有其他意思，故另译。

# 第十三章　迷雾散去

298 1930年秋天回到剑桥时，维特根斯坦已然抵达了他对德鲁利提过的安稳的所在。即，他已得到了一种哲学正确方法的清楚观念。他的米迦勒节学期的课开始于一段启示录式的话“哲学的光环已然失去”，他宣告：

> 我们现在有了一种做哲学的方法，而且能说到熟练的哲学家了。对比一下炼金术和化学的差异：化学有一种方法，我们能说到熟练的化学家。

炼金术转变为化学的类比是部分误导的。维特根斯坦并不认为自己用一种真正的科学取代了一种神秘的伪科学，而是认为自己穿透了哲学的晦暗和神秘（其“光环”），并发现其背后什么也没有。哲学不能转变成一门科学，因为哲学不想找出任何东西。哲学的谜题是一种语法误用和误解的结果，所需的不是解答，而是消解。而消解这些问题的方法不在于构建新的理论，而在于收集我们已然知晓的东西的线索：

> 我们在哲学中找出来的东西是平凡的；哲学不教给我们新的事

实，只有科学才那样做。但是，恰当地概观[1]这些平凡的东西则极为困难，而且具有极大的重要性。事实上哲学是对平凡的东西的概观。

在哲学中我们不是像科学家那样建造一栋房子。甚至也不是奠定一栋房子的地基。我们仅仅“收拾屋子”。 299

如此放低“科学的皇后”[2]的身段，这事既是胜利的也是绝望的；它标志着天真的丧失，这种丧失是一种更一般的文化衰退的症候：

……一旦找到了一种方法，那么表现人格的机会就相应地受到限制。我们时代的倾向是限制这种机会；这是文化衰落的时代或没有文化的时代的特征。在这样的时期，一个伟大的人不必稍减其伟大，但哲学现在缩减成一种熟练工，哲学家的光环正在消失。

就像维特根斯坦在这一时期说的和写的许多别的话一样，这段话体现出奥斯瓦尔德·斯宾格勒的《西方的没落》（1918年；英语版1926年）的影响。斯宾格勒认为文明是萎缩了的文化。一种文化衰退时，曾经活生生的有机体僵化成一种死的、机械的结构。于是，物理学、数学和力学主导的时期压倒了艺术繁荣的时期。这个一般性的观点——尤其是把它应用到19世纪后期和20世纪早期西欧文化的衰退上时——与维特根斯坦自己的文化悲观主义十分合拍。一天，他到德鲁利的屋子时模样甚是哀伤，他解释说，自己见到了斯宾格勒理论的某种图示：

我在剑桥漫步，经过一家书店，橱窗里挂着罗素、弗洛伊德和爱

[1] “概观”，译自 synopsis，若译作“概要排列”在这里更通顺，但考虑到维特根斯坦后期哲学的关键要点（见后文），还是译作“概观”。

[2] “科学的皇后”指哲学，古希腊哲学科学不分，科学有一切学问之意。科学特指近代科学，当然是近代才逐渐有的。

> 因斯坦的画像。再走几步，在一家音乐商店里，我看到贝多芬、舒伯特和肖邦的画像。对比这些画像，我深深感觉到了那可怕的堕落，仅仅一百年里，这一堕落就降临到人类精神上了。

在科学家接管的时代里，伟大的人格——魏宁格的“天才”——无法在生活的主流里获得位置；他被迫陷入孤独。他只能游荡，收拾自己的屋子，远离周围进行着的一切房屋建造。

300 1930年的米迦勒节学期，维特根斯坦为一本书写了好几稿序言——不是他正跟魏斯曼写的书，而是那年早些时候他拿给罗素看的打字稿。在每一份草稿里，他都想说清自己当时写作的精神，拉开自己的著作与科学家或科学式的哲学家的著作的距离：他想表明，他的工作是在自己的整洁小屋子的界限之内进行的。

但他在这儿遇到了一个熟悉的两难：那么他是在向谁解释自己的态度？理解这一点的人肯定能看见这种态度在他著作里的显现，不理解的人同样不会理解他对之的解释。他在笔记本里自己探讨这种两难：“对一个人说他不理解的东西是没意义的，即便你加上一句‘他不会理解’。（这事如此经常地发生在某个你爱的人身上。）”

> 如果你有一间屋子，你不想某些人进来，装了一把他们没有钥匙的锁。但跟他们谈论这屋子是没意义的，当然，除非你想要他们站在外面赞美这屋子！
>
> 体面的做法是，装一把只有能打开它的人才注意得到的锁，其他人则注意不到。

“但是，”他又说，“这么说是恰当的：我认为这书与欧洲和美洲的进步文明毫无关系。固然，也许只有在这一文明的环抱中这书的精神才成为可能，但它们有着不同的目标。”在一份较早的序言草稿里，他明确谈论了自己的工作和西方科学家的工作的关系：

> 无论典型的西方科学家是否理解或欣赏我的工作，对我都是一回事，因为他无论如何不会理解我写作的精神。我们的文明是由“进步”这个词刻画的。进步是它的形式，而非：取得进步是它的一种特点。它的典型事务是构建。它专注于建造一个更加复杂的结构。甚至清晰之寻求也只是达到此目的的一种手段，而不是一种自在的目的。对我来说则相反，清晰和清楚是自在的价值。
>
> 我对构造建筑没兴趣，而是有兴趣获得对可能建筑之基础的清楚 301
> 看法。
>
> 所以我和科学家瞄准的不是同一个目标，我的思考方式也和他们不同。

定稿没有提到科学或科学家。维特根斯坦改谈“赋予我们所有人站立其中的欧洲和美洲文明的巨大川流以形式的”精神，并坚称自己工作的精神是不同的。不过，他敲响的一个宗教琴键达到了同样的效果：

> 我愿说“这本书写给上帝的荣耀”，但如今这话将是个花招，即，它不会被正确地理解。这话是指，这书是带着善良的愿望[1]写的，假如它未能那样写成、而是为了虚荣（等等）而写，作者愿看到人们谴责它。这事他办不到：那不纯对这书的感染，少于对他自己的感染。

一次又一次地，维特根斯坦努力在课上说明自己不给出任何哲学理

[1] “善良的愿望”（good will）。

论；他只是给出豁免于对这类理论之需要的方法。和他早先的观点不同，不能通过——现象学的或另外的——分析来描绘和揭示我们思想的句法和语法。“哲学分析，”他说，“不告诉我们任何有关思想的新东西（就算它这么做了，我们也不感兴趣）。”语法规则不能被哲学证成（justify），甚至不能被哲学描述。哲学不能由（例如）一系列确定了我们语言的“深层语法”（用乔姆斯基的术语说）的“基本”规则组成：

> 在我们的考察过程中，我们永远不达到基本命题；我们到达使我们停止再提问的语言的边界。我们不达到事物的底部，而是触到一个我们不能再前进的地方，一个我们不能再提问的地方。

不能进一步研究或证成语法建立的“内在关系”；我们只能给出正
302 确使用和不正确使用规则的例子，并且说：“看——你没看到规则吗？”例如，不能因果地把握乐谱和演奏之间的关系（仿佛我们发觉，某一乐谱神秘地导致[1]我们以某一方式弹奏），也不能无遗漏地描述联系这两者的规则——因为，在某种解释之下，可以使任何弹奏都和某一乐谱一致。结果，我们就得“在弹奏和乐谱间的关系中看出规则”。如果我们看不出，再怎么解释都不会令它得到理解；如果我们能看出，那么就达到了这么一个所在：解释是多余的——我们不需要任何种类的“根本”解释。

维特根斯坦对这一点的坚持，标明了他的“过渡”阶段和他成熟的后期哲学之间的转折点。他的方法的后来发展——例如对“语言游戏”的运用——具有较少的决定意义。那些发展是探索性的：反映了维特根斯坦努力使人们看出某些联系和差异——看出走出哲学窘境的出路——的不同进路。但真正决定性的时刻是他开始在字面上坚持《逻辑哲学论》

[1] “导致”（cause）。

的这一思想：哲学家不想说出任何东西，而想显示某些东西；并且彻底严格地贯彻这个思想，完全放弃用“冒牌命题”说点什么的努力。

对看出联系的这种强调，把维特根斯坦的后期哲学和斯宾格勒的《西方的衰落》连接了起来，同时也提供了理解他的文化悲观主义和他后期著作的主题之间的联系的钥匙。斯宾格勒在《西方的衰落》里区分形式（格式塔）原则和法则原则[1]：与前者相随的是历史、诗歌和生；与后者相随的是物理学、数学和死。在此区分的基础上，斯宾格勒宣布了一个一般性的方法论原则：“借以识别死的形式的方法是数学法则。借以理解活的形式的方法是类比[2]。”于是，斯宾格勒关注的不是在一系列法则的基础上理解历史，而是通过看出不同的文化时代之间的类比来理解历史。他想要首先与之作战的是一种“伪装的自然科学”的历史观——“在精神政治事件就其表面价值而言渐渐得见天日时，占有这些事件，将其置入一种‘原因’和‘结果’的模式”。他主张这样一种历史观：认为历史学家的任务不是收集事实和提供解释，而是通过看出事件之间的形态学的[3]（或用斯宾格勒喜欢的说法，面相学的[4]）关系，感知这些事件的意义。 303

如斯宾格勒承认的，他的面相学方法的历史观受到了歌德的形态学的自然研究观的启发；这观念的一个示例是歌德的诗《植物的形变》，这首诗追踪了植物形式从叶子出发、经由一系列中间形式进行的发展。正如歌德研究“自然中的定命、而非因果”，斯宾格勒说，“于是这儿我们将发展人类历史的形式语言”（form-language）。歌德形态学的动机是对牛顿科学的机械主义的一种厌恶；他想用一种学科取代这死的、机械的研究；这种学科寻求的是“照其本身认出活的形式，在背景中看出它们

[1] “形式（格式塔）原则和法则原则”（the Principle of Form [Gestalt] and the Principle of Law）。

[2] 类比，译自 Analogy。

[3] “形态学的”（morphological）。

[4] “面相学的”（physiognomic）。

的可见和可触的部分，把它们感知为某种内部的东西的显现”。

维特根斯坦的哲学方法——用“对平凡的东西的概观”取代理论——身处这同一个传统之中。他曾在一次课上说，“我给出的是语句使用的形态学。”他跟魏斯曼合作的《逻辑、语言和哲学》明确说出了这一联系：

> 我们的思考在这儿与歌德在《植物的形变》里表述的某些观点并肩而行。一旦觉察到相似之处，我们都习惯于为之寻觅某个共同的来源。由如此这般的现象追索至其过去的来源，这一欲望表现在特定的思考方式里。可以说，这是只见到了处理相似之处的一种单一模式，即将其在时间中排成一列。（那大概与因果模式的独一无二联系紧密）。但歌德的观点表明那不是唯一可能的观念形式。他对原初植物的观念不包含任何——像达尔文的观念那样的——对植物王国在时间上的发展的假设。那么，这种想法解决的问题是什么？是概观之呈现的问题。歌德的格言“一切植物器官都是变形的叶子”给了我们一种方案，由此，我们可根据植物器官的相似之处组合它们，仿佛围绕着某种自然的中心。我们看出，叶子的原初形式转变为相似和同族的形式，转变为花萼之叶、花瓣之叶，转变为半是花瓣半是雄蕊的器官，诸如此类。通过把叶子经由中间形式联系到植物的
> 304 其他器官，我们追踪着这个感觉上的类型转变。
>
> 那正是我们在这儿所做的。我们把一种语言形式与其环境相对照，或在想象中将其变形，从而得到整个空间的景观——我们语言的结构在这个空间里获得其存在。

自己的工作想成就什么，维特根斯坦很少对这一点作出明确表述；因而，大概不奇怪——照德鲁利的说法——“出于好意的评论者”如此这般地评论，仿佛“现今很容易把他的著作吸收到那种知识分子语境中去，

但他的著作在很大程度上就是针对那种语境提出的警告”。然而，毕竟我们看见有人收拾屋子时，通常听不到他们边做边解说，说明他们在做什么和为什么要做——他们只是在干着活。大体上，维特根斯坦正是以这种严格的“像做生意”的态度从事自己的工作的。

1930年米迦勒节学期末，维特根斯坦获得了为期五年的三一学院研究员津贴；那年早些时候拿给罗素看的打字稿（即他死后出版的《哲学评论》）当研究员论文，罗素和哈代当主考人。这津贴暂时解决了他的哲学工作的资金问题，使他有机会探寻自己新方法的结果，而且使他确切地知道，确实有人需要他打算提供的“产品”。在回复凯恩斯写来的祝贺时他写道：“是的，这研究员的事使我很喜悦。让我们希望我的脑髓还将肥沃一阵子。上帝知道它们会不会！”

对于理论的攻击主导了1930年圣诞假期期间维特根斯坦跟石里克和魏斯曼的讨论。“对我来说，”他告诉他们，“理论没有价值。理论什么也给不了我。”就理解伦理、审美、宗教、数学和哲学而言，理论没有用。那一年石里克出版了一本论伦理的书，其中讨论神学伦理时，区分了两种善之本质的观念：根据第一种观念，善是善的，因为它是上帝想要的东西；根据第二种，上帝因为善是善的而想要善。石里克说第二种更深 305
刻。相反，维特根斯坦坚称第一种更深刻：“因为它切断了引向对善为何是善作出任何解释的路；第二种是浅薄的、理性主义的观念，按照这一观念，你‘仿佛’能对善的东西给出理由”：

第一种观念清楚地说，善的本质与事实毫无关系，因此不能被任何命题解释。如果有什么命题准确表达了我的想法，那就是这句话：“上帝命令的东西，那就是善”。

类似地，必须切断引向对审美价值作任何解释的路。在一部贝多芬的奏鸣曲中什么是有价值的？音符序列？贝多芬创作它时的感情？听它时产生的心境？“我将回答，”维特根斯坦说，“不论对我说什么，我都会拒绝，不是因为那解释是错的，而是因为它是一种解释。”

> 如果对我说任何理论，我将说，不，不！我对那不感兴趣——那不会就是我要找的那个东西。

同样地，宗教的真理和价值与所用的语词毫无关系。事实上，根本不需要任何语词。“言辞对宗教是本质性的吗？”他问：

> 我很能想象一种宗教，其中没有教义命题，因此没有言辞。显然，宗教的本质不能与“人们在谈论”扯上任何关系，或不如说：人们在谈论，这本身是一种宗教行为的一部分，而不是一种理论。因此，所用的言辞是真是假还是无意义，也根本无所谓。
>
> 在宗教中，言辞也不是隐喻性的；否则就有可能用平常的话说出同样的东西。

“如果你和我要过宗教生活，那一定不是我们就宗教进行很多谈论，”他曾对德鲁利说过，“而是我们的生活方式不一样了。”在丢弃了构建哲学理论的一切可能性之后，这话指向了他后期工作的中心主题。正如
306 他提过的，歌德《浮士德》中的话“Am Anfang war die Tat”（“太初有为”[1]）可以当他全部后期哲学的题词。

为、行为是首要的，而且，我们可能就其得出的任何理论都不能对之给出理据或辩护。这一点在数学和语言那里，和在伦理、审美和宗教那里一样为真。“只要我能玩这游戏，我就能玩它，一切都挺好”，他对

---

[1] “太初有为”，英文是 In the beginning was the deed。

魏斯曼和石里克说：

> 下面是一个我一直跟摩尔讨论的问题：只有逻辑分析才能解释我们用日常语言的命题说的意思吗？摩尔倾向于这样认为。那么，当人们说“今天天空比昨天晴朗”时，他们不知道自己的意思吗？这儿我们得等待逻辑分析吗？真是个糟透了的想法！

我们当然不必等待：“我当然必须能不知其分析也理解一句话。”

那个假期他跟魏斯曼和石里克的讨论的很大一部分，是在解释如何把这一原则用到数学哲学上去。只要我们能正确地使用数学符号——只要我们能应用规则——就不需要数学的任何“理论”；一种对那些规则的最终和基本的辩护既不可能，也不吸引人。这意味着数学“基础”的整个争论建立在一个错误的观念之上。也许有人会感到奇怪，既然维特根斯坦和斯宾格勒一样确信音乐和艺术高于数学和科学，他为什么要在哲学的这一具体分支上费这么多事呢？但应当记住：最初，恰恰正是这一哲学迷雾把他带进了哲学；他一生中的大部分时候，驱散这迷雾都是他哲学工作的首要目标。

正是罗素在弗雷格的逻辑里发现的矛盾最早激起了维特根斯坦的哲学热情，在 1911 年，解决那些矛盾看上去是哲学的基本任务。如今他要宣布那种矛盾是没什么价值的，他要宣布，一旦扫清了迷雾，一旦这种问题失去了光环，就能看到真正的问题不是矛盾自身，而是使它们看上去显得是重要和有趣的窘境的不佳眼力。你建立了一种游戏，随后发现 307
两条规则在特定的情况下互相矛盾。这又如何？“在这种情况下我们做什么？非常简单——我们引入一条新规则，冲突就解决了。”

它们曾看上去有趣和重要，因为人们曾如此假定：弗雷格和罗素不只建立了一种游戏，而是揭示了数学的基础；如果他们的逻辑系统是矛盾的，那么看来整个数学都仿佛建立在一个不安全的基础上，因而需要加以稳固。但维特根斯坦坚持说，这是对问题的一种错误观看。我们不需要弗雷格和罗素的逻辑就能有信心地使用数学，正如我们不需要摩尔的分析就能使用我们的日常语言。

这样，形式主义数学家大卫·希尔伯特发展的“元数学”就是不必要的。[1]希尔伯特尽力构造一种数学的“元理论”，寻求为算术奠定一个可证明为一致的基础。但维特根斯坦说，希尔伯特构建的理论不是元数学，而是数学：“它是另一个演算，就像任何其他演算一样。”它给出了一系列规则和证明，但需要的却是一种清楚的观看。“证明不能驱散迷雾”：

> 如果我不清楚数学的本质，什么证明也不能帮我。如果我清楚数学的本质，那么根本不能提出它的一致性的问题。

一如既往，这儿的教益是：“你不能靠等待一种理论来获得对数学的基本理解。”对一种游戏的理解不能依赖于另一种游戏的构建。在这些讨论里，他如此频繁地使用游戏比喻，预示了后来“语言游戏”技术的发展，而且取代了先前对“命题系统”的谈论。这个类比的要点是，显然不会出现证成（Justify）一种游戏的问题：如果人们能玩它，人们就理解它。
308 语法或句法也类似：“一条句法规则对应于游戏的一个局面……句法不能被证成。”

但魏斯曼问，不能有某种游戏理论吗？例如有象棋理论；象棋理论告诉我们，某一串行棋是否可能——比如，能否从一个给定的局面出发用八步将死国王。“好吧，如果有一种象棋理论”，他加上，“那我看不出

---

[1] 希尔伯特在数学基础上的形式主义进路，是在一篇题为“论逻辑和算术的基础”的演讲里发布的；他在 1904 年海登堡的第三届国际数学大会上作了这次演讲，由之生出了一系列于 20 世纪 20 年代发表的论文。两篇最重要的论文的英语译文重印在 Jean von Heijenoort 编辑的 *From Frege to Gödel: A Source Book in Mathematical Logic*（Harvard，1967）一书中。——原注

为什么不该有算术游戏的理论，为什么我们不该从这一理论的命题那儿学到有关这游戏的可能性的某些实质性的东西。这一理论就是希尔伯特的元数学。”

不，维特根斯坦回答，所谓“象棋理论”自身是一种演算、一种游戏。它用的是词和符号而非实际的棋子，但这件事不该误导我们：“我能用八步走到那儿的证明，在于我实际上在这符号系统里走到了那儿，因而在于用符号做用棋子在棋盘上做的事……而我们都赞同在木板上推动小木片不是实质性的，不是吗？”代数用字母而非实际的数字来计算，这并不使代数成为算术的理论；代数只是另一种演算。

对维特根斯坦来说，清除了这种迷雾之后，不能再谈元理论、游戏理论。只有游戏及玩游戏的人、规则及其应用：“我们不能为一条规则的应用规定另一条规则。”为了把两样东西联系起来，并不总是需要第三样东西：“事物必须用不着绳子而直接相连，即，它们必须已位于一种相互联系之中了，就像链条的链环。”语词与其意义之间的联系不是在理论中、而是在实践（practice）中、在语词的使用中找到的。不能用另一条规则阐明规则与其应用之间、语词与行为之间的直接联系；这联系必须被看出：“在这儿看出有着根本的重要性：只要你没看出新的系统，你就还没掌握它。”维特根斯坦对理论的摈弃，并非像罗素认为的那样拒绝了严肃的思考和理解的努力，而是采纳了一种对“要理解的是什么”的不同观念——与他之前的斯宾格勒和歌德的观念一样，这种观念强调“端赖于看出联系的理解”[1]的重要性和必要性。

---

[1] “端赖于看出联系的理解”，译自 the understanding that consists in seeing connections。

# 第十四章　一个新的开始

309 对维特根斯坦来说，一切都取决于精神。他的哲学和他的个人关系都是这样。例如，他和逻辑实证主义者都拒斥形而上学，这两种拒斥的区别最主要是其精神。在 1930 年米迦勒节学期写的那些前言里，他试着明确表述自己工作的精神。1931 年他考虑了另一种可能，一种显示他此前想说出的东西的方式。“我现在认为，”他写道，“正确的做法是用这种论述——把形而上学说成一种魔法——当我的书的开篇”：

> 但这样做时，我必须既不为魔法辩解也不嘲笑它。
>
> 魔法中深刻的东西将得以保留。——
>
> 在这个上下文里，事实上对魔法的排除本身具有魔法的特点。
>
> 当我用对“世界”（而非这棵树或这张桌子）的谈论当我以前的书的开篇时，我试图做的只是用我的语词作法召出某种更高秩序的东西吗？

他不满意这些论述，在边上注了“S”（代表“schlecht” = “坏的”）。但它们还是揭示了他的意图。既然他现在不能像《逻辑哲学论》那样试图用语词、用一种理论“作法召出”某种更高秩序的东西，他就想——

仿佛是——指示出它。正如言辞对宗教不是本质性的，揭示形而上学中的真实或深刻之物时，语词也不能是本质性的。

实际上，就像在魔法中一样，形而上学中的深刻之物是形而上学表 310
达了一种根本上属于宗教的感情：冲撞我们语言的界限的欲望——维特根斯坦把这种欲望——超越理性的边界并作出克尔凯郭尔的“信仰的一跃”的欲望——和伦理连起来谈。维特根斯坦对这欲望的一切呈现形式都抱有最深的尊重：无论是克尔凯郭尔和海德格尔的哲学、圣奥古斯丁的《忏悔录》、约翰逊博士[1]的祈祷文，还是基督教修道会的奉献。他的尊重也不限于这种欲望的基督教形式。他对德鲁利说，所有宗教都是奇妙的：“即便是最原始部落的宗教。人们表达宗教感情的方式有着巨大不同。”

维特根斯坦感觉到的魔法的“深刻”，正是指魔法是宗教感情的一种原始表达。与此相关，他久已想读詹姆斯·弗雷泽对原始仪式和魔法的里程碑式的叙述：《金枝》；1931 年德鲁利从剑桥联合图书馆借了《金枝》的第一卷。这本书共有十三卷，但维特根斯坦和德鲁利从未深入第一卷多少；虽然他们一起读了几周，但维特根斯坦很频繁地停下来，表达自己对弗雷泽方法的异议。弗雷泽把魔法仪式当科学的早期形式来处理，没有什么比这更容易激起维特根斯坦的愤怒了。据弗雷泽说，野蛮人在敌人的肖像上钉针，是因为他怀有一种错误的科学假设：这么做能伤害他的对手。在维特根斯坦看来，这种“解释”是把深刻的东西缩解为无比浅薄的东西。“我们在弗雷泽那儿看到的生命是多么狭隘啊！”他惊呼，“结果是：他真不可能理解一种异于他这个时代的英国的生活方式！”

> 带着他的一切愚蠢和虚弱，弗雷泽不能想象一位根本上不是我们时代的英格兰教区牧师的神父……

[1] 约翰逊博士，即 Dr. Samuel Johnson（1709—1784），英国作家，他写的祈祷文很著名。

弗雷泽比他笔下的多数野蛮人都野蛮得多，因为这些野蛮人不会像 20 世纪的英格兰人那样离对精神问题的理解如此之远。他对礼拜的解释比礼拜本身的含义粗野得多。

311 维特根斯坦认为，弗雷泽收集的这些仪式的丰富事实，若不以任何种类的理论虚饰呈现，而能如此这般地排列起来，从而显示出这些事实的相互关系——以及它们和我们的仪式的关系——那将更有教益。那时我们也许会说——照歌德谈论《植物的形变》描述的植物形式时的说法："Und so deutet das Chor auf ein geheimes Gesetz"（"而这一切指向某种未知的法则"）：

> 我可以用一种演化假设列出这一法则，或者，我可以仿照植物的模式给出宗教仪式的模式；但我还可以这样做：只是安排事实材料，从而能容易地从一部分转向另一部分，获得一种清晰的景观——以一种综观[1]的方式显示出它。
>
> 对我们来说，"综观之呈现"这个观念是根本的。它指出了我们写事物的形式、我们看事物的方式。（一种世界观，看上去是我们时代的典型世界观。斯宾格勒。）
>
> 这综观之呈现使得端赖于我们"看出联系"的理解成为可能。

于是，魔法仪式的形态学既不取笑那些仪式，也不为之辩解，而保留其中的深刻之处。这样它就具有"魔法的特点"。与此类似，维特根斯坦希望自己的新哲学方法不去施展《逻辑哲学论》里的法术，却保留旧形而上学理论中值得尊重的东西，而且自身具有形而上学的特点。

---

[1] "综观"，译自 perspicuous，德语为 Übersicht，英文译为 survey，survable，perspicuous 等等，是后期维特根斯坦的一个重要概念，陈嘉映教授在《哲学研究》里中将其译为"综观"。本书尽量用"综观"，若不通，也译作"清楚""明白"等等。

这儿也有一个和维特根斯坦想写的自传的比拟。他的意图是，自传也不含任何种类的解释、辩护或辩解，而揭示他的本性。他当然地认为，将揭示出的是一种“不英雄的”，甚或“丑恶”的本性。但他首先关心的是，在曝露他的真实品质时，他不应该否认之、轻视之或不正当地以之为傲：

> 若我能用一个比喻说明：假如一个街上的游民要写自己的传记，危险将是：他或者
>
> （a）否认他的本性是其所是，
>
> 或（b）找到某种理由以之为傲， 312
>
> 或（c）如此这般地呈现事情，仿佛这事——他有这样一个本性——没有后果。
>
> 第一种情况他撒谎了；第二种情况他模仿自然贵族的一种特色，那骄傲是一种伪光彩（vitium splendidum），他不可能真有那种骄傲，就像残疾的人体不可能具备自然的优雅；第三种情况他仿佛作出社会民主的姿态，把文化置于个体品质之上——但这同样是欺骗。他是他所是，这是重要的，有所意味，但不是骄傲的理由；另一方面那总是他的自我尊重的对象。我可以接受他人的贵族式骄傲和他人对我的本性的轻蔑，因为在这事上，我考虑的只是我的本性之所是，而且在考虑其他人时，我只将其视为我本性的环境——那个以或许是丑恶之物的我这个人为中心的世界——的一部分。

如洛什·里斯指出的，在维特根斯坦的自传观念里——一种几乎将自传视作精神责任的观念——有一点魏宁格式的东西。“写出一部完整的自传，”魏宁格在《性与性格》里写道，“如果这么做的需要源于这人自身时，总是一个上等人的标记”：

> 在真正忠实的记忆里存放着虔诚之根。面临这样的提议或要求时——为了某种物质的好处或自己的健康而抛弃自己的过去，一个具有真正人格的人将会拒绝，即便前景是世界上最大的珍宝或幸福本身。

正是在1931年——他对计划写的自传考虑最多的一年——维特根斯坦的笔记本和谈话里大量出现对魏宁格的引用和魏宁格式的反思。他把《性与性格》推荐给本科生朋友李和德鲁利，还有摩尔。不难理解，他们的反应是冷淡的。在战后剑桥的冷冷眼光看来，这本刺激了战前维也纳想象力的著作不过是古怪的。维特根斯坦被迫解释。“考虑到糟糕透顶的翻译，还有你一定觉得魏非常陌异，”8月28日他写信给摩尔，“我很能想象你不很欣赏魏宁格。”

313

> 确实他是怪异的，但他是伟大的和怪异的。没有必要赞同他，或不如说，不可能赞同他；但伟大之处就在我们不赞同的地方。伟大的正是他的巨大错误。即，粗略地说，如果你给整本书加上一个～[1]，它就说了一个重要的真理。

这语焉不详的话是什么意思仍不清楚。就魏宁格的中心主题，即女人和女性是一切邪恶的来源，维特根斯坦向德鲁利承认：“他是多么错误啊，我的上帝他是错的。”但很难说这话揭示了那个通过否定整本书而获得的真理。对荒谬的否定不是重要的真理，而是很平常的话（“女人不是所有邪恶的来源”）。也许他的意思是，魏宁格抓住了男人和女人的本质特点，但发出了错误的指控。毕竟，在他的“Vertsagt”之梦里，受害者是女人，罪行的作恶者是那个男人，而且“Vertsagt”这名字里含有某种

[1] ～，逻辑中的否定符号。

令人不愉快的“男性的”东西。

毫无疑问，他的自传笔记丝毫未暗示，他觉得可把自己的“不英雄的”、“丑恶的”本性归咎于任何所谓的女性特色。

不过，有几段话说明，他倾向于接受一种魏宁格式的犹太观，而且他觉得，至少他的某些不那么英雄的特点跟他的犹太血统有点关系。和魏宁格一样，维特根斯坦愿意延伸犹太性的概念而超出血统的约束。例如他认为卢梭的性格“有一点儿犹太性”。而且，和魏宁格一样，他在犹太人的特点和英格兰人的特点里看到了某种亲缘关系。于是：“门德尔松不是顶峰，而是平原。他的英格兰性”；“悲剧是非犹太的东西。我想，门德尔松是最无悲剧性的作曲家。”

不过——在这一点上他也追随魏宁格——谈到“犹太人”的大多数时候，很明显他想的是一个具体的种族人群。实际上，维特根斯坦对犹太性的谈论中最令人震惊的是使用了种族性的反犹主义语言——实际上是口号。真正令人不安的，不是他对《性与性格》的应和，而是他对《我的奋斗》的应和。希特勒的许多最蛮横的意见——把犹太人刻画为一种寄生虫，“像一种有害的细菌，只要有利的环境一招手就四处传播”；声
称犹太人对文化的贡献是彻底派生性的，“犹太人缺少具备创造力从而在 314
文化上有福的种族的特有品质”，进一步地，犹太人的贡献局限于对另一文化的智性上的细化（“因为犹太人……从未拥有自己的文化，他的智性工作的基础总是由其他文化提供的”）——在维特根斯坦1931年的论述里，这一切可悲的胡说八道都能找到对应。

他在犹太人本性上的许多言论，若不是维特根斯坦写的，会被理解为不过是法西斯反犹分子的咆哮。“有时人们说，”一段这样的评论开头说，“犹太人的隐秘和狡猾的本性是长久遭迫害的结果。”

> 那肯定不对；另一方面这是肯定对的：尽管受到这迫害他们却继续存在，这只是因为他们具有一种趋近这隐秘性的倾向。就像我们

会说，这种或那种动物躲过了灭绝只是因为有能力或有力量隐藏自己。当然我这话不是赞扬这一能力的一种理由，无论如何都不是。

“他们”逃过了灭绝，只是因为他们躲过了探测？因此，他们必然是隐秘和狡猾的？这是反犹偏执狂的最不掺假的形式——对步入歧途的“我们中间的犹太人”的恐惧和厌恶。维特根斯坦采用的疾病隐喻就是如此。“把这肿瘤看作你身体上的一个完全正常的部分！”他想象有人这样建议，然后反问道，“能那样做吗，下命令？我有权力随意决定自己拥有或不拥有一种对自己身体的理想观念吗？”他进而把这个希特勒式的隐喻用到欧洲犹太人的地位上：

> 在欧洲人的历史内部，并未按照犹太人插手欧洲事务的实际功绩对待犹太人的历史，因为在欧洲人的历史内部，他们被经验为某种病和畸形，没人想把一种病放在跟正常的生命相同的级别上［没人想这样谈一种病，仿佛它和健康的身体过程（即便是痛苦的过程）具有相同的权利］。
>
> 315 可以说：只有对身体的整体感觉变了（只有对身体的整个民族感觉变了），人们才会把这肿瘤视为身体的自然部分。否则他们最多能做的就是忍受它。
>
> 你可以期望个人表现出这样的宽容或忽视这种事；但你不能期望一个民族做到这个，因为正是不忽视这种事，一个民族才是一个民族。即这里面有一个矛盾：期待某人既保留自己此前对身体的审美感觉，又愉快地接受肿瘤。

他已很接近这种意见：努力驱除自己体内的“有害细菌”的人有权那样做。或者，至少不能期望他们——作为一个民族——有别的做法。

不用说，若无一种种族的犹太性观念，这个隐喻没有意义。无论怎么“同化”，犹太人永远不是德国人或奥地利人，因为他没有相同的“身体”：那个身体把他经验为一个瘤、一种病。这个隐喻特别适于描述奥地利反犹分子的恐惧，因为它的含义是，犹太人同化得越多，他们代表的疾病对原本健康的雅利安民族就越危险。因此，把维特根斯坦的话里包含的反犹主义等同于卡尔·克劳斯的“犹太人的自我憎恨”，是完全错误的。克劳斯并未将自己讨厌并加于犹太人头上的特性（贪婪等）归因于任何种族性的遗传，而是归因于犹太人在社会和宗教上的孤立。他首要攻击的是犹太人的“聚居区心理”；他远不是要把犹太人和非犹太人分隔开，并把犹太人视为日耳曼人身体上的“肿瘤”，而是不知疲倦地为了犹太人的彻底同化而作战：“通过融解而得救！”

由此来看，就理解纳粹宣传的恐怖而言，克劳斯处于比维特根斯坦好得多的位置——还可以加上，他在认识其智性先例方面更为敏感。当然，维特根斯坦能看出纳粹是野蛮的“一群暴徒”——他曾这样向德鲁利描述；但当他把斯宾格勒的《西方的没落》推荐给德鲁利，视其为一本能就他们生活于其中的时代教德鲁利点什么的书时，克劳斯正在关注斯宾格勒和纳粹之间的亲缘性；克劳斯评论道，斯宾格勒理解西方的土匪 316
（Untergangsters）——而他们也理解他。

维特根斯坦使用种族主义的反犹主义口号，这虽然吓人，但当然并未在他和纳粹之间建立起任何亲缘性。他的犹太性言论根本上是内省的。它们反映了，文化衰退的含义以及对新秩序的渴望（这是从斯宾格勒通向希特勒的路径）向内转化为他自己的内在状态。仿佛是，在一个短暂的时期里（令人欣慰的是，1931 年后他的笔记本里不再谈论犹太性），他受到吸引去使用当时流行的反犹主义语言，当作对自己的一种隐喻（就像在 Vertsagt 之梦里，纳粹宣传的犹太人形象——一个狡猾、不老实的恶棍躲在可敬的斗篷后面干着最可怕的罪行——在他对自己的“真实”本性的恐惧里获得了一种现成的回应）。许多欧洲人、尤其是日耳曼人感觉到，需要一种新秩序来替代他们的“腐烂文化”，同样，维特根斯坦也在为自己生活的一种新开始而奋争。他的自传笔记就其本质而言是忏悔性的；“一次忏悔，”他在 1931 年写道，“必须是你新生活的一部分。”在能够重新开始之前，他得清理旧货。

也许最讽刺的是，正当维特根斯坦开始发展一种全新的处理哲学问题的方法时——一种西方哲学传统中没有先例的方法（除非为歌德和斯宾格勒在那一传统里找个位置），他却倾向于在这种观念——“犹太人没有能力作出原创性的思想”这个荒谬的指责——框架里评价自己的哲学贡献。“对犹太人的心智而言这是很典型的，”他写道，“即相比于［那人］自己去理解，他更善于理解别人的工作。”例如，他自己的工作本质上是对他人想法的澄清：

> 犹太人里的“天才”只存在于圣人之中。最伟大的犹太思想家
> 也不过是有才能而已。（比如我自己。）我觉得，我说自己其实不过
> 在生产性地思考，说得是有点对的。我不相信我曾发明过一种思路。
> 我总是从某个别人那里拿来一条思路。我只是立即用我的做澄清工
> 317 作的热情抓住它。玻尔兹曼、赫兹、叔本华、弗雷格、罗素、克劳
> 斯、鲁斯、魏宁格、斯宾格勒和斯拉法就是这样影响我的。可以拿
> 布罗尔和弗洛伊德的情况当犹太人生产性的例子吗？——我发明的
> 是新的比喻。

他对自己的成就如此小看，可能是一种防范自己骄傲的方式：防止他相信自己真的——如他曾在写给帕蒂森的一封信里不太严肃地自称的那样——是“曾活过的最伟大哲学家”。他极敏锐地意识到虚假骄傲的危险。“常常，把一幅画装好框、或挂在合适的环境里时，”他写道，“我忽然有一种骄傲的感觉，好像那是我自己画的。”正是在这种骄傲的背景下，他感到必须提醒自己的局限，自己的“犹太性”：

> 犹太人必须注意，在字面的意思上，“所有事物对他都是无”。但这对他特别难，因为在某种意义上，他没有任何特别属于自己的东西。跟还有可能致富的时候相比，必须贫穷的时候欣然接受贫困要难得多。

> 有人会说（正确地或错误地），犹太人的心智没有能力生出在其他心智的土壤里生长的最微小的花朵或草叶，并将其拼成一幅易解的图画。我们这样说时不是在指出一个缺点；只要做的是什么完全清楚，那么一切都很好。只有把犹太作品的性质和非犹太作品的性质混淆起来时才有危险，尤其是犹太作品的作者自己陷入混乱时，而且他很容易就陷入。（他不是看上去如此骄傲，仿佛自己产出了牛奶吗？）

只要活着，维特根斯坦就从未停止与自己的骄傲作战，从未停止怀疑自己的哲学成就和自己的道德之得体。不过1931年之后他不再使用反犹主义的语言表达这种怀疑。

就像他想写的自传一样，维特根斯坦对犹太性的评论本质上是忏悔性的；这两者看起来都与他为自己和玛格丽特计划的“神圣”结合有某种联系。它们出现的时期，正是他跟玛格丽特结婚的意愿最热诚的那一年。 318
夏初他邀请玛格丽特去挪威，他认为，此行是一起为他们未来的生活作准备。但他的设想是，他们分开度过这段时间，各自利用这种隔离进行严肃的思索，以便在精神上为即将到来的新生活做好准备。

相应地，他住在自己的房子里，把玛格丽特的住所安排在安娜·雷伯尼的农舍里；安娜是个耐劳的七十岁女人，和一百岁的母亲住在一起。住在那儿的两个星期里玛格丽特很少见到维特根斯坦。抵达农舍时，她打开行李，发现了维特根斯坦塞进去的一本《圣经》，《圣经》里夹着一封信；颇有意味地，他把信夹在《哥林多书·第一卷》的第13节——圣保罗论爱的本性和德性的谈话——那儿。她没注意到这封信，这是个很重要的迹象。她并未冥想、祈祷和读《圣经》——维特根斯坦大多数时间做的事——而是做了品生特1913年做的事：尽可能享受小小的舒登提供的娱乐。她绕着农场散步，在峡湾里游泳，认识村民，还学了一点挪威语。两周后她去罗马参加姐姐的婚礼，她认定自己绝不会与路德维希·维特根斯坦结婚。她不只觉得永远不能提高自己的水准，从而达到跟维特根斯坦一起生活所需的要求；还有同样重要的是，她知道维特根斯坦永远不能给予她想要的那种生活。例如，他说得很清楚，绝对不打算要孩子，他认为那样做只是把另一个人带进悲惨的人生。

维特根斯坦在挪威时，有一段时间吉尔伯特·帕蒂森来了，帕蒂森的逗留与玛格丽特重合了大约一周；他在的三周里，维特根斯坦的情绪无疑因此轻松了一点——尽管和往常一样，帕蒂森时不时觉得有必要离开维特根斯坦，到奥斯陆过一晚，“把那个城市涂红[1]”。

挪威之行也许扑灭了维特根斯坦可能有的娶玛格丽特的一切念头，
319 但并未（或没有立即）导致友谊的破裂。1931年夏末的三周，他们在霍赫海特几乎每天见面；跟从前一样，维特根斯坦住在房产边缘的樵夫小屋里，玛格丽特则是格蕾特家的一位客人。在一卷为自己的孙子女写的回忆录里，玛格丽特的一句话令人想起大卫·品生特的角色：“我的在场带给他孕育自己思想时所需的平和。”

维特根斯坦在霍赫海特写完自己的书；此时书的暂定标题是《哲学语法》，他承认这标题有教科书的味道，“但没关系，因为在它背后有这本书”。

维特根斯坦编辑著作的方法独特而辛苦。他先把论述写进小笔记本，

[1] “把那个城市涂红”，译自 paint the town red。

然后挑出自己认为最好的论述，写进——也许以一种不同的顺序——大的手稿册子。他从中进一步挑选，向打字员口述。得到的打字稿再作为进一步挑选的基础，有时是裁下来重新排列——然后整个过程重新开始。虽然这一过程持续了超过二十年，但从未达到一种维特根斯坦完全满意的排列；因此，他的遗稿保管人出版的书，要么是他们认为的各种手稿和打字稿里最令人满意的（《哲学评论》、《哲学研究》、《心理哲学评论》），要么是保管人自己挑选（或重新排列）的产物（《哲学语法》、《数学基础评论》、《文化与价值》、《字条集》）。如今我们称它们为后期维特根斯坦的著作，但真正说来，它们中没有一本可被视为完成了的作品。

我们可把这一沮丧的状况归咎于他对出版的苛求；因为这种苛求，1913 年罗素那样地生气，而现在，不幸的弗雷德里希·魏斯曼即将更加愤怒。1931 年，维特根斯坦开始写出对自己新思想的某种满意的表述时，魏斯曼的感觉则是，他对维特根斯坦想法的表述——1929 年预告的那本题为《逻辑、语言、哲学》的书——正接近完成。9 月 10 日石里克从加利福尼亚写信给魏斯曼，说自己认为那书很快就可出版，来年复活节他 320
回了维也纳就会付印。

但那个夏天魏斯曼很少见到维特根斯坦。假期结束前不久，维特根斯坦在维也纳跟他见面，给他看从最近的工作中精选出来的最新打字稿。他们讨论了，根据这一新工作那本计划中的书必须作出什么改变；魏斯曼在讨论的基础上重写了“论题”，把新版本寄给了石里克。同时，维特根斯坦日益担忧魏斯曼可能曲解自己的新思想。11 月他写信对石里克谈“这件魏斯曼的事儿”，他为此而道歉：一直让石里克等待最终版本。他强调自己想兑现对石里克的承诺，但：“我对这事本身没有热情。我相信，在许多事情上，魏斯曼的表述形式将与我认为的正确形式完全不同。”

关键问题是，原本设想的这本书现在是个累赘了。维特根斯坦的想法改变得如此根本，他不再能用一种本质上是《逻辑哲学论》升级版的形式表述它们。“那书里有，”他告诉石里克，“非常、非常多的我现在

上图：维特根斯坦与朋友库德尔在
霍赫海特
大图：维特根斯坦与三个姐姐

不同意的陈述!”他说,《逻辑哲学论》对“基本命题”和“对象”的谈论是错的，这一点已经很清楚了；出版一本只是重复旧错误的书没有意义。某种对语法的“综观之呈现”必须取代《逻辑哲学论》对命题的分析，而这将把“我就‘对象’、‘基本命题’等等说的一切教条”都清仓扔掉。

维特根斯坦下一次见魏斯曼是1931年的圣诞节假期，正是在那时，他明确告诉魏斯曼这本书的整个想法必须要变。他解释自己的新思考在哲学论题地位方面的后果：

> 如果在哲学里有论题，它们就得不引起争论。因为必须如此这般表述它们，从而每个人都会说，哦对，那当然显而易见。只要还可能有不同的观点，还可能就一个问题争论，就说明事情还未表述得
> 321 足够清楚。一旦达到一种完全清楚的表述——终极的清晰，就不能再作二想或还有勉强，因为这种事总是产生于这个感觉：现在断言了某种东西，但我尚不知道是否要接受。然而，如果你自己弄清语法，如果你前进时走了非常少的步骤，而且每一步都完全明显和自然，那么无论什么争议都不会产生。争论总是由此而产生：遗漏或未清楚地陈述某些步骤，结果留给人一种印象——有人提出了一种可与之争论的主张。

他告诉魏斯曼，他在《逻辑哲学论》里“仍然武断地前进……我从远处、以一种非常不确定的方式看到了某种东西，我想从中抽取出尽可能多的东西。”“可是，”他果决地加上，“对那种论题的老调重弹不再有意义了。”他坚持，魏斯曼要把这次讨论的笔记寄给加利福尼亚的石里克，把计划的改变告知石里克，解释其理由。

1932年新年回到剑桥时，维特根斯坦写信问石里克是否收到了魏斯曼的笔记，是否能“搞清其首尾”。石里克显然觉得他能，因为他仍坚持

鼓励魏斯曼继续做这件事。和维特根斯坦一样，魏斯曼是为了石里克才这样做。我们可以认为，对于“事儿”本身，他不比维特根斯坦更有热情。随后的复活节，他的已然无甚可羡慕的处境变得甚至更困难了；此时维特根斯坦提出了一种新的工作方式：原本魏斯曼从维特根斯坦那儿直接得到有关此书的材料，从今以后，维特根斯坦将把打字稿寄给石里克，魏斯曼则得去找石里克。换句话说，维特根斯坦已经完全失去了对魏斯曼当自己思想的传达者的信任；举个例子来说，魏斯曼不再负责向维也纳小组的成员介绍维特根斯坦的新想法。

如今，维特根斯坦的几乎所有精力都放在亲自呈现自己的新思想上了。他试验了许多不同的表述——编了号的论述，编了号的段落，带注解的内容表，等等。在他的课上——仿佛是想在西方传统里为自己定位——他检视了 C. D. 布洛德在其本科系列讲座“哲学的本原”中给出的 322
哲学风格和理论的分类。他拒绝休谟和笛卡尔的方法，但这样说到康德的批判方法：“这是正确的那种进路。”至于思辨哲学的演绎方法和辩证方法之间的区分——笛卡尔是前者的代表、黑格尔是后者的代表——他偏向于黑格尔一方，但有保留：

> ……辩证方法很好，是一种我们做工作的方式。但它不应当如布洛德的描述讲的那样，试图从两个命题 a 和 b 出发得出另一个更复杂的命题。它的目标应当是找出我们的语言里的含糊不清之处。

而布洛德说的三种“真之理论”——符合论、融贯论和实用论——他不予考虑：“哲学不是在不同‘理论’中间的选择”：

> 我们可以说，这个词［“真”］至少有三种不同的意义；但这是错误的：以为这些理论中有一种能给出我们如何使用这词的全部语法，

或尽力把看上去不适合某一理论的情况弄得适合于它。

取代理论的是语法。在这门课上，摩尔作了一次较真的尝试，坚持说维特根斯坦是在一个很古怪的意义上用“语法”这词。他向维特根斯坦的班递交了一篇论文，区分他认为的这词的通常意义和维特根斯坦的用法。他论证道，因此，句子“Three men was working”[1]无可争辩地是语法误用，但句子“Different colours cannot be in the same place in a visual field at the same time”[2]是否有类似的越界，则并不清楚。如果也把后者称为语法误用，那么“语法”在两个例子里必定指不同的东西。维特根斯坦回答，不是的。“正确的说法是‘说……没有意义’。”两种规则是相同意义上的规则。“只不过某些成了哲学讨论的主题，某些没有”：

323 语法规则全是同一类型的，但违反一条规则和违反另一条规则不是同样的错误。如果用“was”代替了“were”，这不引起混淆；但在另一个例子中，与物理空间的类比（与“两个人在同一张椅子里”比较）确实引起了混淆。说不能思及同一处的两种颜色时，我们犯了这个错误：尽管它不是一个命题，却以为它是一个命题；若类比没误导我们，我们永远不会想说那话。使用“不能”这个词是误导的，因为它引向一种错误的类比。我们应当说，“说……是无意义的”。

于是，哲学家的语法错误和摩尔提到的普通错误，其不同之处仅仅在于它们更有害。因此，研习这些错误是没意义的——实际上更糟，只

[1] Three men was working，意为“三个人在工作”，按英语语法，was 应当是复数 were。

[2] Different colours cannot be in the same place in a visual field at the same time，意为“不同的颜色不能同时在视域里的同一处”，这话为什么违反了语法规则，见下一段维特根斯坦的解释。

有害处。于是，维特根斯坦对自己的学生卡尔·布立吞坚称，只要是在为学位读哲学，那就不能严肃地对待它。他力劝布立吞放弃学位，做点别的事情。布立吞拒绝了，于是维特根斯坦只希望那不会毁掉他对哲学的兴趣。

与此类似，正如他力劝自己的多数学生一样，他力劝布立吞别当哲学教师。只有一件更糟的事情：当新闻记者。布立吞应当做一种真正的工作，跟普通人一起工作。学院生活是可恶的。从伦敦回来时他告诉布立吞，当他听见一个本科生跟另一个交谈，说“哦，真的吗”，他就知道自己回到了剑桥。他学院里的宿管员的闲聊也比贵宾桌上的不真诚的聪明更为可取。

莫里斯·德鲁利已然采纳了维特根斯坦的建议，正在纽卡斯尔和一群失业的造船工人一起工作。不过快干完那项工作时，他对申请阿姆斯壮学院的一个讲师职位产生了兴趣。结果那个职位给了多萝茜·艾米特，德鲁利则去了南威尔士，帮助失业的矿工运作一个社区商品果菜园。“你欠艾米特小姐一大笔债，”维特根斯坦坚持说，“她救了你，没让你当职业哲学家。”

尽管对这职业如此轻视，维特根斯坦却猜疑和警惕地注意着学院哲学家对自己思想的使用；1932年夏天他卷入一次算是跟鲁道夫·卡尔纳普的优先权之争。惹事的是卡尔纳普的一篇题为“物理语言之为科学的普遍语言”（Die physikalische Sprache als Universalsprache der Wissenschaft）的文章，此文发表在维也纳小组的刊物《认识》（*Erkenntnis*）上面（后来用英语发表时题为“科学的统一”[1]）。这篇文章想论证“物理主义”——即这种观点：一切陈述，只要值得将其纳入一种科学研究，都可最终还原为物理语言，无论那门科学要处理的是物理的、生理的、心理的或社会的现象。卡尔纳普承认，这篇文章受惠于维也纳小组的哲学家 324

[1] “科学的统一”（The unity of science）。

里最强的实证主义者奥托·纽拉特。

不过，维特根斯坦相信卡尔纳普使用了他自己跟维也纳小组谈话时表达的想法，而且这么做时未作恰当的声明。1932年8月，在两封写给石里克的信和另一封写给卡尔纳普本人的信里，维特根斯坦坚称，自己对卡尔纳普文章的不快纯粹是伦理和个人的问题，绝不是要求卡尔纳普发表的思想的著作权，也绝非关心自己在学术共同体里的声望。8月8日他写信给石里克：

> ……在我的心底，今天的职业哲学家怎么想我都没什么差别；我不是为了他们写作。

但他的要点是，在卡尔纳普名下发表的想法——例如，有关实指定义和假设之本性的想法——正确地讲是他的想法。他声称卡尔纳普从他和魏斯曼的谈话记录里得到了那些想法。卡尔纳普回应说，自己的中心议题是关于*物理主义*的，维特根斯坦对物理主义什么也没说过；对此维特根斯坦反驳说，基本的想法可在《逻辑哲学论》里找到："说我没有处理'物理主义'的问题，这不是事实（只是没用那个——可怕的——名称罢了），而（我这样做时）是带着写出整本《逻辑哲学论》的那种简洁。"

随着卡尔纳普文章的发表，维特根斯坦和魏斯曼的哲学谈话终于结
325 束了。实际上，他们最后一次记录下来的讨论，内容是维特根斯坦试图反驳卡尔纳普的这个说法：他（卡尔纳普）对假设的观念取自于庞加莱，而非维特根斯坦自己。在那之后，魏斯曼不再受到信任——不再享有接触维特根斯坦新想法的特权。

维特根斯坦对魏斯曼日益增长的不信任，以及对他眼里的卡尔纳普之无礼的不满，在时间上与这件事同步：他正在重新作出努力，写出对自己工作的一种能够出版的表述。

1932年夏天住在霍赫海特时他向打字员口述了一份大的选本；这是

从过去两年写下的八卷手稿里挑选出的论述。(在那封8月8日写给石里克的信里他提到自己每天花七个小时口述。)其成果是维特根斯坦学者所称的“大打字稿”。与维特根斯坦留下的任何其他打字稿相比，这一份都更呈现出一本完成了的书的模样，带有完整的章节标题和一张内容表；它构成了后来出版的《哲学语法》的基础。不过，它绝不等同于那本出版了的书。

具体来说，在出版了的版本里略去了引人注意的题为“哲学”的一章。“哲学能做的一切，”他在那一章里说，“是摧毁偶像。”他加上了对维也纳小组的一记重击，“那意味着不制造任何新的偶像——比如从‘不存在偶像’里制造。”他强调，我们遇到哲学问题，不是在实际生活中，而是当我们为语言里的某些类比所误导，问出诸如“时间是什么”、“数是什么”等问题时。这些问题是不可解决的，不是因为其深度和深奥，而是因为它们无意义——它们是对语言的误用。因此：

> 真正的发现是这个：当我想做哲学时，它使我能停止做哲学——它给予哲学以安宁，这样哲学就不再受到使哲学自身成为疑问的问题的折磨。——取而代之的是，我们现在通过例子演示一种方法；而一串例子可以中断——获得解决的是各问题(困难被清除了)，而非单独一个的问题……“但那样的话我们永远达不到我们工作的终点!”当然不会，因为它没有终点[1]。

以这种哲学观念——把哲学看作一项没有终点、只有任意起点的澄清任务——几乎不能想象如何能写出一本令人满意的哲学书。不奇怪，维特根斯坦经常赞同地引用叔本华的格言：一本有开头和结尾的哲学书是某种矛盾之物。同样不会令人吃惊的是，几乎刚一口述完《大打字稿》， 326

[1] “终点”(end)，这词同时有“结束”和“目标”之意。

他就开始对之作大范围的修改。不过，他修改最少的部分是论数学哲学的部分（所以《哲学语法》完全照抄了那些章节）。不幸的是，他在这一领域的工作并未获得他对语言的论述获得的那种关注。

维特根斯坦本人把他论数学的工作当作自己对哲学的最重要贡献；正是在这项工作中，他的哲学眼界和20世纪职业哲学的眼界的根本差别最为明显。正是在这儿我们能最清楚地看到，他的这个信念——自己的工作与现代文明的主流对立——确是事实。他的论述瞄着的靶子，不是这个或那个哲学家持有的对数学的某一具体看法，而是做数学的数学家几乎普遍持有的对此学科的一种观念；这种观念在我们的整个文化中占据主导地位超过一个世纪——即把数学看作一门科学。

“这些事情里的混淆，”他在《大打字稿》里写道，“完全是把数学当作一门自然科学的结果。”

> 这事和这个事实有关：数学自身已经脱离了自然科学；因为，只要数学与物理学有直接的联系，那么它就明显不是一门自然科学。（与此类似，只要你用扫帚清洁家具，你就不会把它错当成屋里家具的一部分。）

维特根斯坦的数学哲学不是要参与对数学基础的争论；这个世纪的前半页，那一争论在对立的阵营之间展开：（弗雷格和罗素领导的）逻辑主义者、（希尔伯特领导的）形式主义者和（布劳威尔和外尔领导的）直觉主义者。相反，它想架空这一争论的整个底部——架空“数学需要
327 基础”这个观念。他认为，这一对“基础”的寻求引出的一切数学分支——集合论、证明论、量词逻辑、递归函数论等等——都基于一种哲学混淆。因此：

> 哲学的清晰对数学的生长，和阳光对土豆芽的生长，有着相同的

影响。（在黑暗的地窖里土豆芽长出几码长。）

当然，维特根斯坦知道，在数学上——若非在他的全部哲学事业上的话——他是在跟风车作战。“我觉得，”他写道，“没什么事比这件事更不可能了：因为读了我的书，一个科学家或数学家的工作方式受到了真正的影响。”如果——如他反复强调的——他不是为职业哲学家写作，那么他更不是为职业数学家写作。

# 第十五章　弗朗西斯

328 1932—1933 这个学年，维特根斯坦对纯数学地位的堂吉诃德式进攻达到了一个顶峰。这一年他开了两门课，一门叫“哲学”，另一门叫“给数学家讲的哲学”。在第二门课上，他试图跟一种他认为有害的影响作战：数学本科教科书对本科生的影响。他读出哈代《纯数学》（那时的标准大学课本）里的选段，以展示他觉得笼罩着整个纯数学学科的哲学迷雾——他认为，要驱散这迷雾，必须根除许多人通常持有的对数学的假定——它们植入得如此之深，极少受到检视。

头一个假定是数学屹立在康托尔、弗雷格和罗素等人给出的逻辑基础之上。他的课一开头就直截了当地陈述他在这问题上的立场。“有一个数学立于其上的地基吗？”他自问自答：

> 逻辑是数学的基础吗？依我之见，数理逻辑只是数学的一部分。罗素的演算不是基础性的；它就是另一种演算。在奠定基础之前，一门科学没有任何错处。

另一个假定是这一观念：数学关心的是发现某些以某种方式客观（关于这个那个）为真的事实。它们之为真是关于什么，这一客观性在于什么，当然就成了柏拉图时代以来数学哲学的主题；哲学家传统上分为两派，一派说数学陈述之真是关于物理世界的（经验主义者），另一派觉得这种观点未能公正地对待数学之无可动摇，主张数学陈述之真是关于数学世界的——柏拉图的理念或形式的永恒世界（从而是柏拉图主义者）。康德在这划分上增加了第三种观点，即数学陈述之真是关于“我们的直觉形式”的，粗略地讲这就是布劳威尔和直觉主义学派的观点。但对于维特根斯坦，“数学关心的是发现真理”这整个观念是一种随着纯数学的兴起和数学与物理科学的分离而产生的错误（不用的扫帚被错当成家具的一部分）。维特根斯坦说，如果我们把数学看作一系列（计算、测量等等）技术，压根就不会出现“它是关于什么”的问题。 329

哈代在一次演讲里很简洁地陈述了维特根斯坦攻击的那种对数学的看法，1929 年讲稿发表在《心智》上，题为“数学证明”。哈代——似乎把自己对哲学的涉足视为数学家工作的严肃事务之外的一种轻松调剂——毫不含糊地说：

> ……任何哲学，若它以这种或那种方式不承认数学真理的不可改变和无条件的有效性，都不可能与数学家相投。数学定理是真的或假的；它们的真或假是绝对的，独立于我们对它们的认识。在某种意义上，数学真理是客观实在的一部分……［数学命题］在这种或那种意义上——无论那意义多么不可捉摸和奥妙——是关乎实在的定理……它们不是我们心智的创造。

这演讲的语气和内容都激怒了维特根斯坦。他在班上说：

> 数学家离开数学时，他们的言论变得荒谬，例如哈代说数学并非我们心智的创造。他把哲学想成环绕在数学和科学之坚硬实在周围的一种装饰，一种空气。一方面是这些学科，另一方面是哲学，它 330

J.E. 利特伍德（1885—1977）

G.H. 哈代（1877—1947）

> 们被设想得像是房间的必需品和装饰品。哈代想的是哲学观点。我把哲学设想为一种澄清思想的行动。

此时，对于自己想要作出这澄清行动的方式，在数学方面维特根斯坦有着一个相当清楚的想法；至于他更一般的哲学立场的呈现，他仍在朝着某种满意的表达摸索前行。对他来说，和数学一样，哲学是一系列技术。不过，一方面，数学技术已经在那儿了，他的任务是劝说听众视之为技术（而非真或假的命题）；另一方面，他想发展的哲学技术是他自己的创造，仍处于其婴儿期。

在名为“哲学”的系列讲座里，维特根斯坦引入了一种技术，对于他的哲学方法，这一技术将越来越处于核心地位：构想出他所谓的“语言游戏”的技术。这是一种构想出想象中的场景的方法，在那种场景里，语言用于某些定义谨严的实践目的。那种语言是我们自己的语言里的或某种完全虚构的语言里的几个词或短语；根本之点是，在描绘那场景时，若不提到这语言的使用，就不能描述这语言。这技术是一种治疗，目的是使我们免于一种哲学困惑，那种困惑源于：丢开语言在“生活之流”中的位置，孤立地考虑语言。

他试图把听众从中解放出来的那种思考是什么？为了给出例子，维特根斯坦提到自己的早期工作和罗素的工作。他说，因为只专注于语言的一种类型（断言句），两者都受了误导，结果都想分析全部语言，仿佛语言里只有那种类型，或者把语言的其他用法分析成那个基本主题的变奏。于是他们得到了一个不可行的概念——“原子命题”：

> 罗素和我都曾期望通过逻辑分析找到最初的元素，或“个体”（individuals），从而找到可能的原子命题……我们的毛病是没给出原子命题或个体的例子。以各自的方式，我们都把举例的问题撇开了。我们本不该说“我们不能给出它们，因为分析还走得不够远，但我 331

们最终会走到那儿”。

他和罗素有过一种太硬的命题概念；语言游戏方法的目标是——可以说——令这样的概念松弛下来。例如，他请听众考虑这个语言游戏：把东西指给孩子看，说出语词，从而教他语言。他问，在这个游戏里，对命题的使用是从哪儿开始的？如果我们对孩子说“书”，而他拿给我们一本书，那么，他是学了一个命题吗？或者，只是涉及真假的时候，他才学到命题？但那样的话，一个词——例如，对问题“有几张椅子？”回答语词“六”——也可以是真是假。因此它是一个命题？维特根斯坦暗含的意思是，我们如何回答这种哲学问题是无所谓的；有所谓的是，我们看出可以如此任意地给它们任何回答，进而看出我们的概念很是“可塑”——如此之可塑，无法强制地套进罗素和他自己曾提倡的那种分析：

> 我想用语言游戏展示我们使用“语言”、“命题”、“句子”的模棱方式。许多东西我们可以称之为命题，也可以不，比如命令；可称作语言的不只一种游戏。语言游戏是理解逻辑的一条线索。既然我们称作命题的东西多多少少是任意的，那么我们称作逻辑的东西扮演的角色就跟罗素和弗雷格设想的不同。

听课的人里面有一个二十岁的数学本科生，此时是他在三一学院的第三年；很快他就成了维特根斯坦生活里最重要的人——常常陪伴左右的人，信任的知己，甚至是哲学工作上最有价值的合作者。

弗朗西斯·斯金纳 1930 年从圣保罗[1]来到剑桥，被视为那一届最有希望的数学家之一。不过，在剑桥的第二年，对维特根斯坦的兴趣开始把他的数学工作挤到第二位。他全然地、毫不怀疑地、几乎着魔地投到了维

---

[1] “圣保罗”（St Paul），即 St Paul’s School，是伦敦的一所老牌公立中学。

特根斯坦身上。至于他身上有什么吸引了维特根斯坦，我们只能猜。在所
有认识他的人的记忆里，他害羞、不装腔作势、长相不错，最主要的是， 332
他格外温和。反正维特根斯坦肯定受到了吸引。与品生特和玛格丽特一样，斯金纳只要在那儿，仿佛就给出了维特根斯坦工作所需的平和。1932 年维特根斯坦对自己当时尽力完成的工作记了一笔，他似乎觉得，斯金纳和这一工作的关系对应于品生特和《逻辑哲学论》的关系：

> 假如我在这书写完或出版之前死了，我的笔记出版时应该是题为“哲学评论”的诸片段，题献是：“献给弗朗西斯·斯金纳”。

维特根斯坦保留了斯金纳的信件，他的遗物里找到了这些信；从中我们能重构出一点这段关系的发展历程。（斯金纳死后，维特根斯坦取回了自己写给他的信，大概烧掉了。）留下来的第一封信落款日是 1932 年 12 月 26 日，信的内容是感谢维特根斯坦送来一棵圣诞树。两天后斯金纳写道：“我很高兴地读到你想着我。我常常想着你。”

但是，要到 1933 年的复活节假期，他俩才成为对方的“弗朗西斯”和“路德维希”，斯金纳才开始用一种像是——尽管紧张而扭捏——写给爱人的言辞表达自己的感情。3 月 25 日，在格恩西岛度假时，他写道：

> 亲爱的路德维希：
>
> 上星期六我们分开后我经常想着你。我希望自己是以正确的方式想你。我们谈到你姐姐给你的那个箱子时，我笑了几次，你说能看出那不是友善的笑。想起你时有时我露出同样的笑。我一直知道笑是不对的，因为每次刚笑完我就立刻想忘掉它，但我不知道它是怎么不友善的。

维特根斯坦与弗朗西斯·斯金纳在剑桥

> ……我在海峡[1]的一个岛上住几天，这儿有人说法语。我记得，
> 有一次我问你说不说法语，你告诉我，你小时候，一个住在你家的女
> 士教过你，她对你非常好。今天早晨我想到这事，我希望，如果你知
> 333 道我想起你告诉我的这种事情时有多么欢喜，你也会高兴。
>
> 弗朗西斯

我们当然要假定，维特根斯坦觉得这封信体现出的孩子般的简单——几乎可说是头脑简单——惹人喜爱。无疑，斯金纳的信里一点没有维特根斯坦很讨厌的许多剑桥的学生和老师身上的“聪明”。他不是那种说“哦，真的吗！”的人。他的信里也一点没有自我中心的痕迹。斯金纳投到维特根斯坦身上（在他简短得可悲的一生里，剩下的时间一直如此），几乎完全交出了自己的意志。其他任何事都是第二位的。他姐姐回忆道，自己和母亲去三一学院看弗朗西斯时，碰见他冲下楼来，他支开她们说：“我忙着呢。我这儿有维特根斯坦博士。我们在工作。等会儿回来。”

法妮娅·帕斯卡尔曾说，孩子般的天真和第一流的头脑是当维特根斯坦弟子的先决条件；斯金纳是这种特点的最完美例子。他来自于一个浸泡在学术成就价值里的家庭。父亲是切尔西理工学院的物理学家，两个姐姐都在他之前上了剑桥，第一个学古典学，第二个学数学。他们期待弗朗西斯做一番学术事业——实际上认为那是必然的。要不是维特根斯坦的介入，他几乎肯定会那么做。

本科的最后一年里，斯金纳对维特根斯坦的专注如此彻底，1933 年夏天他以数学甲等学位毕业并获得研究生奖学金时，他家人的印象竟是，那是为了继续跟随维特根斯坦工作。事实上，三一学院给他这份奖学金是让他从事数学研究。

这时斯金纳已很难忍受维特根斯坦离开剑桥时的漫长暑假。夏末他写

---

[1] “海峡”，指英吉利海峡。

道："我觉得离你又远了许多，我渴望再次亲近你。"他寄给维特根斯坦一套描绘了他家乡赫德福德郡莱奇沃思镇的图画明信片。他在卡片正面潦草地写几句话，表面上是介绍这个镇子，实际上更多是流露了斯金纳的心境；那些话说明，若维特根斯坦在千里之外，莱奇沃思就是地球上他最不 334
想待的一个地方。

在一张印着霍华德角的卡片上，他解释说，"花园城市"莱奇沃思是想让每个人都有机会生活在乡间的埃比尼泽·霍华德爵士建立的。"结果，"他写道，"是某种不可置信的压抑和血腥（起码对我而言）。"在一张印着布洛德卫的卡片上则写了："这是通往镇子和车站的路。路的一边有一排房子。那些房子总是令我很悲伤。"一张斯拜尔拉工厂的照片上："这是莱奇沃思最大的工厂……我觉得那花园是很无趣的和死寂的。"最后两张卡片印的是莱斯大街——"一条非常阴暗和压抑的街道。人们穿得都不合适，脸上都带着如此低贱的表情"——和伊斯·奇普[1]——"一个荒谬的名字……在那些街道上时，我觉得闲言碎语包围着自己。"

和维特根斯坦的关系给了他逃脱这"死寂的"和"阴暗的"存在的某种出口，而且，最后——他的家人对此很惊愕——令他挣脱了家人的期望。这关系也给了他一种新的期望，对之他热诚地应从着。研究生的三年里，他勤奋地跟维特根斯坦一起工作，为发表维特根斯坦的著作而准备；等时候到了，他彻底放弃了学术生活，找了一个维特根斯坦认为更适合他的工作。

维特根斯坦建议自己的朋友和学生离开学术界，因为他相信学术界的大气太稀薄，不能支持正当的生活。他告诉德鲁利，剑桥没有氧气。他自己无所谓——他制造自己的氧气。但对于依赖周围空气的人，离开那儿进入一个更健康的环境，就是重要的了。他心目中的理想职业是医疗行业。他劝玛格丽特往这个方向发展，而此时她正在伯尔尼接受护士训练；维特

[1] "伊斯·奇普"（East Cheap），"cheap"有便宜、劣质之意。

根斯坦对那计划有很大的个人兴趣。他们的关系已失去了浪漫的痕迹，玛格丽特已爱上了塔勒·索格伦；但维特根斯坦仍然偶尔去一趟伯尔尼，看看玛格丽特的训练进行得如何。

现在，1933 年夏天，德鲁利完成了自己在南威尔士跟失业矿工一起做
335 的项目，决定也接受护士训练。不过他得知，凭他受过的教育，若接受医生训练会更有用。维特根斯坦一知道这事就立刻亲自抓了起来。他安排凯恩斯和吉尔伯特·帕蒂森借给德鲁利需要的钱，并发了份电报催促德鲁利："马上来剑桥。"德鲁利刚下火车维特根斯坦就宣布："现在这件事不用再争了：一切都定好了，你立即开始当医科学生。"他后来说，在自己的所有学生里，他最骄傲和满意的是自己对德鲁利职业的影响。

不止一次，维特根斯坦认真地考虑自己去当医生，逃离学术哲学的"死寂"。也许他能生产氧气——但给尸体一个肺有什么意义呢？当然他清楚，许许多多哲学家想了解他的最新思想，因为 1933 年时，人们——尤其是在剑桥和维也纳——普遍知道，出版《逻辑哲学论》以来他剧烈地改变了立场。他坚决否认自己的新工作是为他们而做的，但还是不能忍受见到自己的氧气循环到他们体内。1933 年 3 月他痛苦地看到，在题为《剑桥大学研究》的集子里有一篇理查德·布雷斯韦特的文章，文中勾画了包括维特根斯坦在内的各哲学家留给他的印象。人们可能认为布雷斯韦特是在表述维特根斯坦现今的观点，因此维特根斯坦写了一封信给《心智》，宣布对那些归于他名下的观点不负任何责任。"可把［布雷斯韦特的］部分陈述视作对我的观点的不准确表述"，他写道，"其他的陈述则明显与我的观点冲突。"他如此收尾：

> 用清楚和连贯的形式呈现我的工作的难度，延缓了我的工作的发表，自然，我更加不能在一封信里说明我的观点。所以读者必须悬置对之的判断。

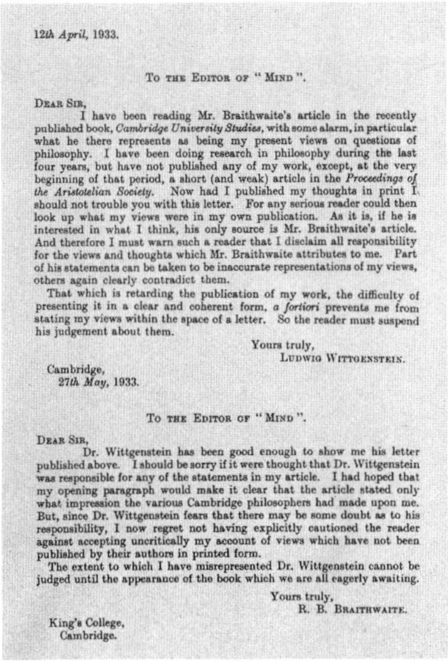

12*th April*, 1933.

TO THE EDITOR OF "MIND".

DEAR SIR,

I have been reading Mr. Braithwaite's article in the recently published book, *Cambridge University Studies*, with some alarm, in particular what he there represents as being my present views on questions of philosophy. I have been doing research in philosophy during the last four years, but have not published any of my work, except, at the very beginning of that period, a short (and weak) article in the *Proceedings of the Aristotelian Society*. Now had I published my thoughts in print I should not trouble you with this letter. For any serious reader could then look up what my views were in my own publication. As it is, if he is interested in what I think, his only source is Mr. Braithwaite's article. And therefore I must warn such a reader that I disclaim all responsibility for the views and thoughts which Mr. Braithwaite attributes to me. Part of his statements can be taken to be inaccurate representations of my views, others again clearly contradict them.

That which is retarding the publication of my work, the difficulty of presenting it in a clear and coherent form, *a fortiori* prevents me from stating my views within the space of a letter. So the reader must suspend his judgement about them.

Yours truly,
LUDWIG WITTGENSTEIN.

Cambridge,
27*th May*, 1933.

TO THE EDITOR OF "MIND".

DEAR SIR,

Dr. Wittgenstein has been good enough to show me his letter published above. I should be sorry if it were thought that Dr. Wittgenstein was responsible for any of the statements in my article. I had hoped that my opening paragraph would make it clear that the article stated only what impression the various Cambridge philosophers had made upon me. But, since Dr. Wittgenstein fears that there may be some doubt as to his responsibility, I now regret not having explicitly cautioned the reader against accepting uncritically my account of views which have not been published by their authors in printed form.

The extent to which I have misrepresented Dr. Wittgenstein cannot be judged until the appearance of the book which we are all eagerly awaiting.

Yours truly,
R. B. BRAITHWAITE.

King's College,
Cambridge.

上左：维特根斯坦与理查德·布雷斯韦特在《心智》杂志上的通信
上右：艾丽丝·安布罗斯
下图：理查德·布雷斯韦特

同一期《心智》上刊载了布雷斯韦特的一则懊悔的道歉，不过道歉的最后一句话里藏着一根刺：“我在多大程度上说错了维特根斯坦博士的观点，要等我们全都热切期盼的那本书出版之后才能判断。”

# 第十六章　语言游戏：《蓝皮书和棕皮书》

1933—1934 学年快到了，维特根斯坦回到剑桥，此后很难看到他和斯金纳分开：他们都在学院有屋子；他们一起散步、交谈，无论什么社会活动（多为看西部片和歌舞片）都一起去。也许最主要的是，他们一起工作。 336

学期开始，和上一年一样维特根斯坦开了两门课，一门名为"哲学"，另一门是"给数学家讲的哲学"。令他颇丧气的是第二门课竟特别热门，来了三四十人——对于他想上的那种非正式的课来说，人数过多了。三周或四周后，他的听众吃惊地听见他说，他不能再继续这样上课，他提出改为对一小组学生授课，再把授课的内容复制、散发给其他人。他的想法是——照他后来对罗素的说法——这样学生就能"带点东西回家，就算脑子里没有手里总有"。那个精选小组里有他最喜欢的五个学生——斯金纳、路易·古德斯坦、H.M.S. 考克赛特、玛格丽特·玛斯特曼和艾丽丝·安布罗斯。笔记的复本用了蓝色的纸封面，从此得名"蓝皮书"。

无论如何，这都是维特根斯坦的哲学新方法的首次公开，只此就引发了极大的兴趣。他们做出、分发了更多的副本，这本书的读者面比维特根斯坦期望的宽得多——实际上比他愿意的宽得多。例如，20 世纪 30

337 年代后期这书已传到许多牛津哲学教师那里。因此，应该说是《蓝皮书》把“语言游戏”的概念和基于这概念的消解哲学困惑的技术引进了哲学话语。

在许多方面，可把《蓝皮书》视作维特根斯坦后期哲学的后续表述的一个早期原型。就像他后来用连贯的形式整理自己著述的所有尝试一样（包括《棕皮书》和《哲学研究》),《蓝皮书》开头谈的是“哲学迷惑的一大来源”——即我们倾向于被实词[1]误导，寻找与之对应的东西。于是我们问：“时间是什么？”、“意义是什么？”、“知识是什么？”、“一个思想是什么？”、“数是什么？”等等，并且期待能通过命名某物回答这些问题。设计语言游戏技术的用意是破除这一倾向：

> 以后我将一次次地请你们注意我称为语言游戏的东西。比起我们对我们高度复杂的日常语言符号的使用，那是更简单的使用符号的方式。语言游戏是孩子开始使用语词时的语言形式。研究语言游戏，就是研究语言的原初形式或原初语言。如果我们想研究真假问题，研究命题和现实符合与否的问题，研究断言、假设和疑问的本性，这样做有利得多：看看语言的原初形式；在原初形式中，那些思考形式出现时不带有迷惑人的背景——高度复杂的思考过程。我们看这种语言简单形式时，仿佛是遮蔽了我们的日常语言用法的精神迷雾消散了。我们看见线条清晰、明明白白的行为和反应。

与寻觅对应实词的实体的倾向相联系，人们有这种想法：任一给定的概念都有一个“本质”——归在某个一般性语词下的所有东西共有的某种东西。于是，例如在柏拉图的对话里，苏格拉底试图通过寻觅所有知识个例共有的某种东西，来回答这种哲学问题：“知识是什么？”（就此而

[1] “实词”，译自 substantive，差不多就是“名词”的意思。

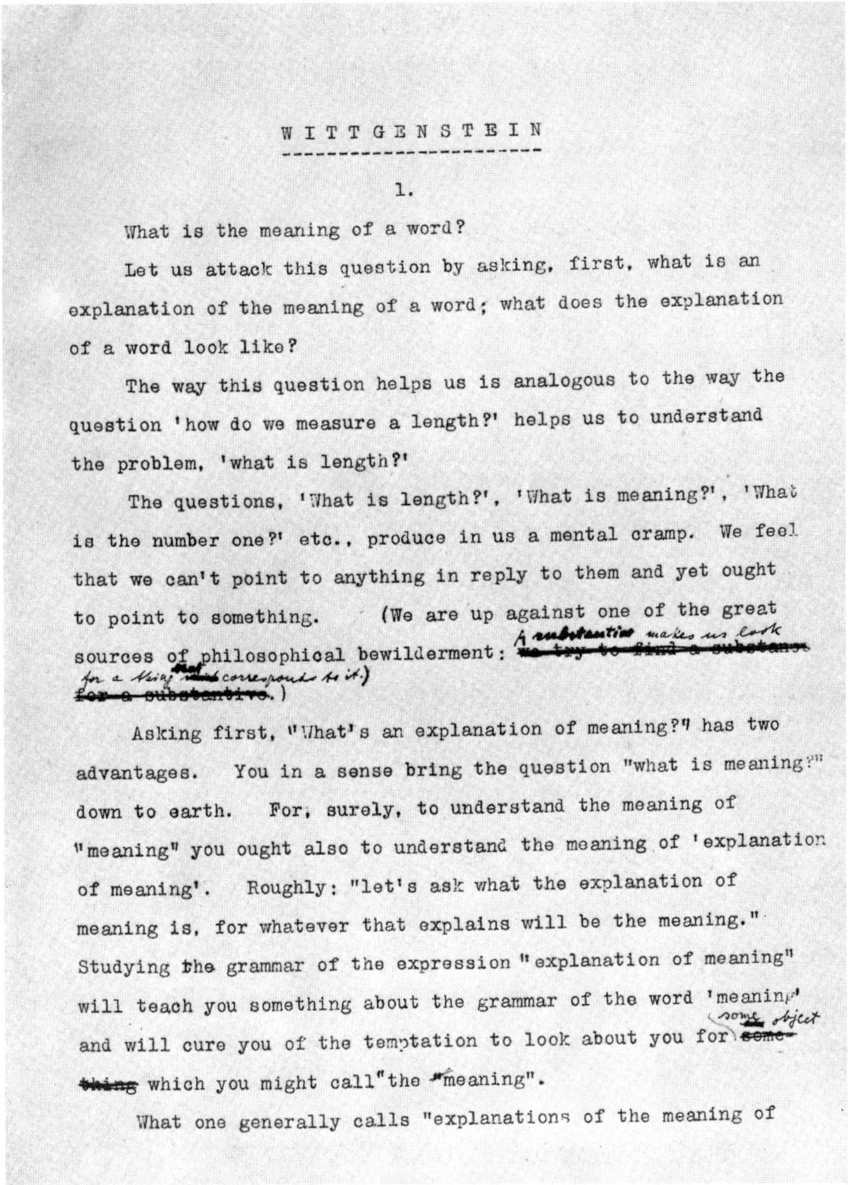

W I T T G E N S T E I N

1.

What is the meaning of a word?

Let us attack this question by asking, first, what is an explanation of the meaning of a word; what does the explanation of a word look like?

The way this question helps us is analogous to the way the question 'how do we measure a length?' helps us to understand the problem, 'what is length?'

The questions, 'What is length?', 'What is meaning?', 'What is the number one?' etc., produce in us a mental cramp. We feel that we can't point to anything in reply to them and yet ought to point to something. (We are up against one of the great sources of philosophical bewilderment: A substantive makes us look for a thing that corresponds to it. ~~we try to find a substance for a substantive.~~)

Asking first, "What's an explanation of meaning?" has two advantages. You in a sense bring the question "what is meaning?" down to earth. For, surely, to understand the meaning of "meaning" you ought also to understand the meaning of 'explanation of meaning'. Roughly: "let's ask what the explanation of meaning is, for whatever that explains will be the meaning." Studying the grammar of the expression "explanation of meaning" will teach you something about the grammar of the word 'meaning' and will cure you of the temptation to look about you for some object ~~something~~ which you might call "the meaning".

What one generally calls "explanations of the meaning of

《蓝皮书》的一页，斯金纳的复本，上面有维特根斯坦的校正

338 言，维特根斯坦曾说，可如此概括自己的方法：恰是苏格拉底方法的反面）。在《蓝皮书》里，维特根斯坦试图用更具弹性的家族相似概念取代本质概念：

> 我们倾向于认为，一定有某种东西是（例如）所有游戏共有的，这一共同属性是把一般性语词“游戏”用到各种游戏上的理由；可各游戏构成了一个家族，其成员间具有家族似的相似。某些人有一样的鼻子，另一些有一样的眉毛，另一些走起路来一样；这些相似是交叠的。

维特根斯坦说，对本质的寻求是“对一般性的渴求”的一个例子；这渴求的来源是我们浸透在科学方法里：

> 哲学家恒常在眼前见到科学的方法，不能抗拒地被引诱着用科学的方式提出和回答问题。这一倾向是形而上学的真正来源，并把哲学家领进了彻底的黑暗。

维特根斯坦对这一倾向的回避——他完全拒绝作出任何一般性结论——也许是他的工作难以理解的主要原因；可以说，若不指出其寓意，常常很难看出他的论述想说什么。正如他自己曾在一门课的开头说明的：“我们要说的话是容易懂的，但要知道我们为什么说那话非常难。”

1933 年圣诞假期，斯金纳隔几天就写信给维特根斯坦，说自己多么想他，多么频繁地想起他，多么渴望再见到他。他深情地回忆自己和维特根斯坦挥别时的每个瞬间：

> 收起向你挥动的手帕后，我沿着福克斯通走，上了 8.28 的火车

回伦敦。我想起你，我们说再见时是多美妙啊……我很爱为你送行。339
我很思念你，想了很多你的事。

爱着的，

弗朗西斯

在林荫街的家庭圣诞聚会上，玛格丽特（她仍作为格蕾特的客人在维也纳过圣诞）宣布自己和塔勒·索格伦订婚，这事引起了一阵轰动。在格蕾特的鼓励下，也是做给不同意的父亲看，玛格丽特把订婚期定得极短，和塔勒于新年夜结婚。她父亲至少远在瑞士，还算安全。维特根斯坦则不是。她在回忆结婚那天时写道：

> 路德维希在星期天早晨，我的婚礼前一小时来看我时，我的绝望到达了天顶。“你正在上一艘船，海洋将是狂暴的，请一直拽着我以便不翻船，”他对我说。直到那一刻我才认识到他的深深依恋，（也许还有）他对这份依恋的大瞒骗。多年来，我就像他手里的软灰泥，他已把我塑成一种更好的存在。他像一个撒玛利亚人，给堕落的人新的生命。

很难相信直到那天她才意识到维特根斯坦多么依恋她。不过，她觉得他对她生活的涉入有一种根本上属于伦理的目的，这是维特根斯坦许多段友情的特点。照法妮娅·帕斯卡尔的说法，“他作法召出一个更好的你的幻影”。玛格丽特选择同别人结婚，部分也是因为她不想承受这种道德压力。

1934年的大部分时间，维特根斯坦继续做着三项彼此不同但相关的工作，都是试图解决他写给《心智》的信里谈的问题——“用清楚和连贯的形式”呈现他的哲学方法。在剑桥，口述《蓝皮书》之外，他还对《大打字稿》作大量修订——“悠哉游哉地干”，照他对罗素的说法。（这

"悠哉游哉"的结果编进了《哲学语法》的第一部分)。在维也纳,他继续跟魏斯曼合作,进行那项出版一本书的计划(虽然带着日益增加的不
340 情愿和不断增长的疑虑)。1934 年复活节假期,这一计划有了新动向:他现在提议,魏斯曼和维特根斯坦得是共同作者,维特根斯坦提供原始材料、掌控形式和结构,魏斯曼负责用清楚连贯的形式写出来。也就是说,交给魏斯曼的是这一工作中维特根斯坦自己眼里的最困难部分。

每作出一种新的安排,魏斯曼的地位就显得更糟。8 月份他向石里克抱怨跟维特根斯坦合写书的难处:

> 他有一种很高的天赋:总是如初次相见般看待事物。但我认为,这说明了跟他合作是多么难,他总是听从当下的灵感,推翻他此前拟订的东西……只见结构被一点点推翻,一切渐渐具有了全然不同的面貌,结果令人感到,如何把这些思想排到一起根本无所谓,因为最终没什么东西照原样留下来。

不仅在工作中,在生活里维特根斯坦也惯于听从当下的灵感。1934 年,尽管当时牵扯在两项准备出版书的计划里(在维也纳是《逻辑、语言、哲学》,在英格兰是《哲学语法》),他却生出了一个念头:彻底放弃学术生活,和斯金纳一起到俄国生活,在那儿他俩都要找个体力活。斯金纳的家人对此自然担忧,但就斯金纳自己而言,这想法却具备无可估量的优点:每时每刻都和维特根斯坦在一起。他逐渐把和维特根斯坦在一起视为近乎必须;离开了维特根斯坦,一切事物的模样和感觉都不一样了。"和你在一起的时候,"他在复活节假期写道,"我能深刻地感受一切。"这是他的信的一个恒常主题:

> 我常常想你。我渴望有你和我在一起。夜晚很棒,星星的样子特别美。我渴望能用和你在一起时的感受方式感受一切。[1934 年 3 月

> 25日]

> 我渴望和你一起在任何室外的空间里。我常常想你，我们的散 341
> 步多么棒啊。我极期待我们下周的出游。昨天我收到了你的非常可爱的复活节卡片。我觉得，另一张卡片上的街边房子的样子非常美。我愿和你一起看着它们。[1934年4月4日]

在他的信里，斯金纳还强调了维特根斯坦在自己身边的道德必要性，仿佛缺少维特根斯坦的指引他就会落入魔鬼手里。这方面最值得一提的例子是一封写于1934年7月24日的信，那是斯金纳在布伦和维特根斯坦挥别后的第二天。信的开头写了，那次告别是多么“美好和甜蜜”——如今说这话是惯例了；随后他写了，刚在布伦落单他就如何成了罪恶的人。他去了一家赌场，输了十法郎；然后，尽管下了最大的决心，还是禁不住回到赌场，这次赢了五十法郎。因为觉得自己恶心，他发誓乘下午的船回英格兰，但就要出发时再次陷进了赌场。此时他失了魂：

> 我又开始玩了，玩得很谨慎，很克制自己。然后我输了一点点，我忽然失去了克制和谨慎，玩得越来越鲁莽。我很狂热地兴奋起来，不能控制自己。我总共输了约一百五十法郎。先是输掉了身上带的全部法国钱，约八十法郎；又把一张十先令换成了法国钱，全输了；又兑换了所有散碎英国银币，全输了。然后我在约五点钟时离开了赌场。走进新鲜空气时，我突然感到，开始赌博后，我的行为多么恐怖地不自然和可恨。我竟如此热切地要赢钱，这显得可怕。我突然认识到，自己陷入了一种多么卑劣污秽的堕落状态。我感到生理上的悸动和身体的兴奋。在一种悲惨的心境里，我在街上走了一阵。我觉得我理解了为什么赌徒常常自杀，因为堕落的感觉是如此坏。我感觉到一种最糟的低级趣味（philistine）。我感到我在毁灭

上图：三一学院内维尔庭院
下图：剑桥大学道德科学俱乐部成员，1936年在三一学院内维尔庭院

> 自己。然后我回了旅馆，把自己浑身上下洗遍了。

342 斯金纳不是陀思妥耶夫斯基，他对自己道德堕落的描绘带有一种古怪的不可信的声调，但他试图达到的效果肯定类似于那些他知道维特根斯坦赞赏的俄国小说。他的故事提到那种绝望的想自杀的内疚，看上去铁定指向宗教拯救的必要性。实际上，他进一步描述：洗过手之后，他找到自己和维特根斯坦一起去过的布伦的教堂。在教堂里："我想了你的很多事。我觉得教堂安慰了我，虽然我几乎根本不能看它一眼。"他又加上："我感到，如果给你写信却不说这事，我就是个可怕的无赖，彻底配不上你的爱。"

几周后的 8 月 11 日，宗教主题重新出现；斯金纳在信里引用了《安娜·卡列宁娜》的一个段落，几近自杀的列文说："不知道我是什么，我就不能活。"这个段落的结尾是："但列文没有上吊，或饮弹自尽，而是活着，挣扎着活下去。""读到这最后一句时，"斯金纳的这话应和了维特根斯坦本人说过的许多话，"我突然意识到自己在读某种恐怖的东西。"

> 突然我像是理解了正读的一切是什么意思。我继续读下面的章节：全部像是写着巨大的真理。我觉得自己仿佛在读《圣经》的章节。我没有全部理解，但我感到那是宗教。我非常想告诉你这个。

此时斯金纳和维特根斯坦已开始一起上俄语课，为他俩即将到来的苏联之行作准备。他们的老师是马克思主义知识分子和共产党成员罗伊·帕斯卡尔的妻子法妮娅·帕斯卡尔。谈到维特根斯坦想去俄国的动机时，帕斯卡尔夫人评论道："照我看，相比于任何政治或社会的事务，他对俄国的感情始终更关乎托尔斯泰的道德教诲和陀思妥耶夫斯基的精神洞见。"斯金纳的信的语气和内容看来印证了这话。可是，维特根斯坦和斯金纳想造访的地方，打算在那里找工作的地方，不是托尔斯泰和陀思妥耶夫斯基的俄国；它是斯大林的“五年计划”的俄国。他俩都不可能在政治上如此幼稚或消息如此不灵通，竟看不出两者的差别。

由于维特根斯坦对马克思主义的敌意，大概在帕斯卡尔的眼里他是 343
个“旧时代保守分子”。但维特根斯坦的许多其他朋友有着很不同的印象。例如乔治·汤姆森，他在20世纪30年代很熟悉维特根斯坦；他谈到维特根斯坦在那些年里“不断增长的政治意识”，并说，虽然他和维特根斯坦不常讨论政治，但维特根斯坦的言论“足以说明他了解时事。他明白失业和法西斯主义的罪恶，以及不断增长的战争危险。”至于维特根斯坦对马克思主义的态度，汤姆森加上：“他在理论上反对它，但在实践上支持它。”这话跟维特根斯坦曾对罗兰德·赫特（赫特是斯金纳的密友，1934年认识维特根斯坦）讲的一句话是合拍的：“在心上[1]，我是个共产主义者。”也应该记住，维特根斯坦这一时期的许多朋友，特别是他凭之获知苏联消息的朋友，是马克思主义者。除乔治·汤姆森之外，还有皮耶罗·斯拉法——在政治问题上维特根斯坦重视他的意见胜过任何其他人——尼古拉斯·巴赫金和莫里斯·多布。无疑，在20世纪30年代中期的政治剧变中，维特根斯坦的同情是在工人阶级和失业者这边的，他拥护的——宽泛地说——是左派。

不过这一点仍是事实：俄国对维特根斯坦的吸引力很少或一点儿也不涉及作为政治和经济理论的马克思主义，而是甚多地涉及他相信苏联正在过的那种生活。在1934年夏天维特根斯坦、斯金纳和莫里斯·德鲁利的一次谈话里，这一点显露了出来；当时他们在爱尔兰西海岸康尼马拉德鲁利兄弟的农舍那里过暑假。他们到那儿时，德鲁利准备了一顿相当精美的饭：烤鸡，接着是板油布丁和糖蜜。维特根斯坦提出了自己的异议，坚持住在康尼马拉时他们早饭只吃麦片粥、午饭只吃蔬菜、晚饭只吃一个煮鸡蛋。话题转向俄国时，斯金纳宣布自己想做点“猛烈的”

---

[1] “在心上”，译自 at heart；这儿的 heart 跟 brain（头脑）相对。

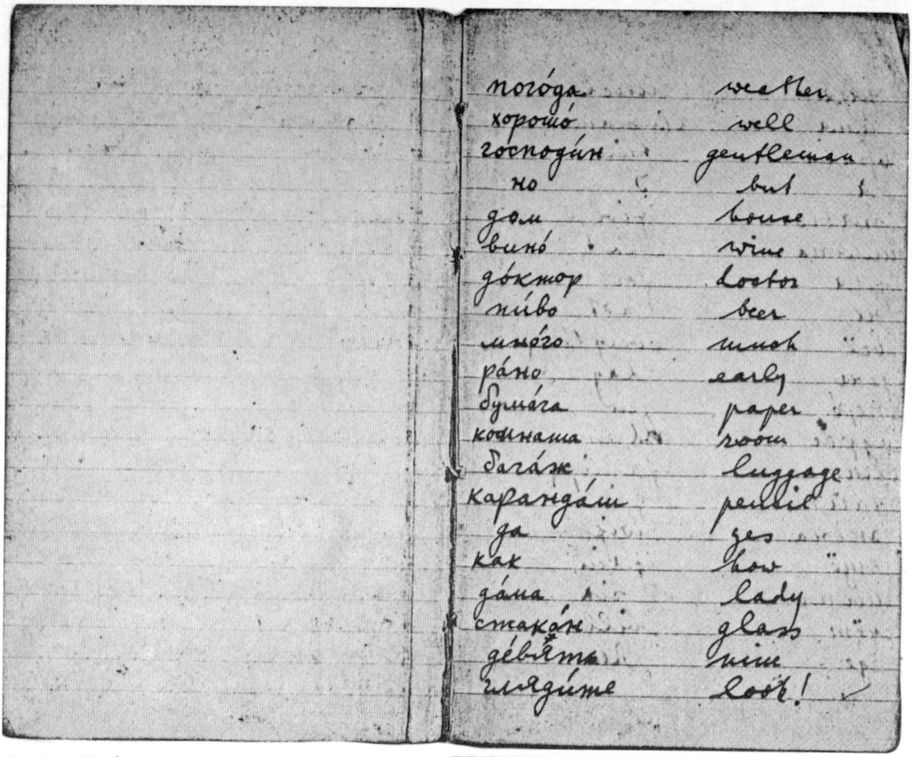

上图：维特根斯坦的俄文生词本
下图：尼古拉斯·巴赫金（1896—1950）

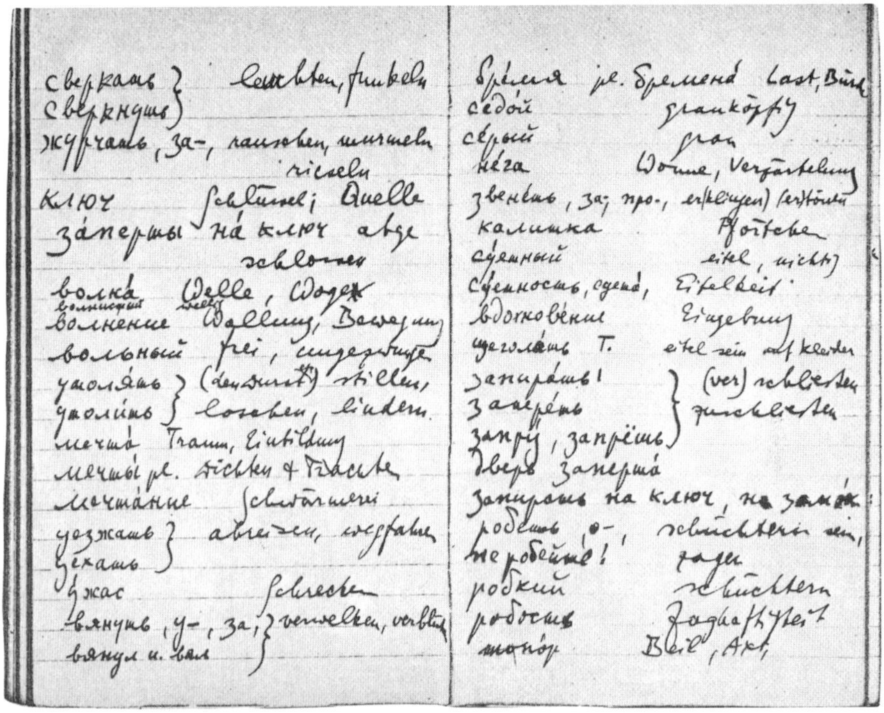
сверкать } leuchten, funkeln
сверкнуть }
журчать, за-, rauschen, murmeln, rieseln
ключ Schlüssel; Quelle
запереть на ключ abgeschlossen
волна Welle, Woge
волнистый wellig
волнение Wallung, Bewegung
вольный frei, ungezwungen
утолять } (den Durst) stillen,
утолить } lösen, lindern.
мечта Traum, Einbildung
мечты pl. Dichten & Trachten
мечтание Schwärmerei
уезжать } abreisen, wegfahren
уехать }
ужас Schrecken
вянуть, у-, за-, } verwelken, verblühen
вянул и. вял

бремя pl. бремена Last, Bürde
седой grauköpfig
серый grau
нега Wonne, Verzärtelung
звенеть, за-, про-, erklingen) (ertönen)
калитка Pförtchen
суетный eitel, nichtig
суетность, суета, Eitelkeit
вдохновение Eingebung
щеголять Т. eitel sein auf Kleider
запирать! } (ver) schließen
запереть } zuschließen
запру, запрёшь
дверь заперта
запирать на ключ, на замок
робеть о-, schüchtern sein,
не робейте! zagen
робкий schüchtern
робость Zaghaftigkeit
топор Beil, Axt,

法妮娅·帕斯卡尔于三一学院，维特根斯坦拍摄的照片

事，维特根斯坦觉得斯金纳的这种思考方式是危险的。“我认为，”德鲁利说，“弗朗西斯的意思是，他不想揣着糖蜜。”维特根斯坦高兴了。“哦，这是个出色的说法：我完全理解这话的意思。不，我们不想揣着糖蜜。”

344 大概，在维特根斯坦看来，俄国的体力劳动者生活是无糖蜜生活的范例。第二年，为了叫斯金纳领略一下这种滋味，他安排斯金纳和罗兰德·赫特冬天去一个农场工作六周。2 月的一个冷天，维特根斯坦自己早上六点过去帮着干活。

1934—1935 年，维特根斯坦口述了我们现在所称的《棕皮书》。和《蓝皮书》不同，这不是为了替代一门课，而是维特根斯坦——出于自己的目的——表述工作成果的一次尝试。《棕皮书》是向斯金纳和艾丽丝·安布罗斯口述的，他们每周四天、每天二到四个小时和维特根斯坦坐在一起。《棕皮书》分为两个部分，大致对应于方法及其应用。第一部分介绍语言游戏的方法，读上去几乎像教科书。一个介绍性段落描述了圣奥古斯丁对“孩子如何学习说话”的解释，在此之后，这本书包括了 72 个编了号的“练习”，许多练习邀请读者思考，例如：

> 想象一个人，他的语言里没有“书在抽屉里”或“水在杯子里”这种形式的句子，在我们说这类话的地方，他们说，“书可以从抽屉里取出来”，“水可以从杯子里取出来”。[ 第 100 页 ]
>
> 想象一个部落，其语言里有一种表达对应于我们的“他已做了这事”，另一种表达对应于我们的“他能做这事”；不过，只有在能用前一种表达的地方，才能用后一种表达。[ 第 103 页 ]
>
> 想象拿人类和动物当阅读机器；假定，为了当阅读机器，需要对他们进行一种特别的训练。[ 第 120 页 ]

这本书难读，因为他很少言明为什么要想象这各种各样的情景。维

特根斯坦只是领着读者考虑一系列越来越复杂的语言游戏，偶尔停下来，345
对正在描述的游戏的各种特性作一番评论。真的明言这些评论的要点时，他声称那是为了封住可能引起哲学迷惑的思考。仿佛是，他打算拿这本书当一门意在把一切潜在的哲学化思考扼杀在萌芽状态里的课程的课本。于是，这本书首先引入了一种只包含四个名词——“方石”、“砖”、“石板”和“柱石”——的语言，这种语言用于一种建筑“游戏”（一个建筑工人喊“砖”，另一个拿给他一块砖）。在随后的游戏中，这种原语言得到了补充，先加进数字，然后是专有名词，语词“这儿”和“那儿”，提问和回答，最后是颜色词。到此为止，他只得出了一种哲学寓意：要理解这种种语言是如何使用的，不必预设心像（mental image）的存在；无论有没有那种像，所有的游戏都能玩。此处他未言明的目的是，他想松开这一观念的束缚：心像是任何有意义的语言使用的固有伴随物。

直到领着我们看了另一系列的语言游戏——先是引入了无穷序列的概念，然后引入“过去”、“现在”和“未来”的概念——维特根斯坦才明确提到这一切和哲学问题有什么关系。他描述了一系列语言游戏，在这些语言游戏里，分辨一天里的一时和另一时的方法多多少少是原始的；然后他将其与我们自己的语言对照，我们的语言允许构造这样的问题：“当现在成为过去，它去了哪里，过去在哪里？”“这儿，”他说，“有着哲学迷惑的一个最富饶来源。”对于把《棕皮书》当哲学著作研读的读者而言，读到这个书的前三十页唯一提及哲学的陈述，颇松了口气。他说，之所以提出那样的问题，是因为我们的符号体系误导我们采用了特定的类比（在这个例子中，是过去的事情和一个事物之间的类比，是说“某事发生了”和说“某个事物到了我这里”之间的类比[1]）。与此类似：“我们倾向于说，

[1] “某事发生了”（something has happened）；“某个事物到了我这里”（something came towards me）；两句话里都说 something，但一处指“事情”，一处指“事物”，但因为都用 something 这同一个词，我们容易混淆它们，作出错误的类比。

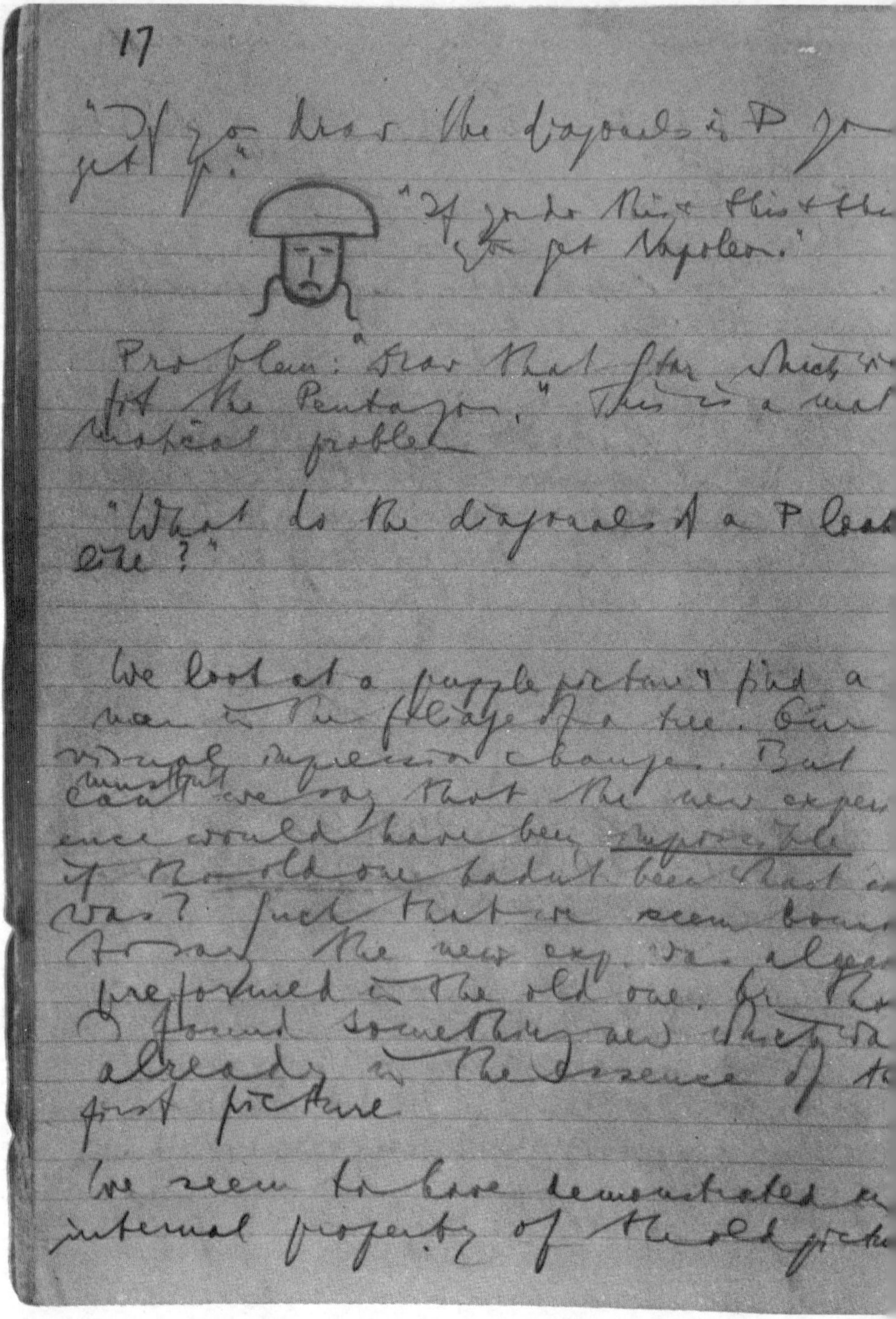
17

"If you draw the diagonals in P you get ☆"

"If you do this & this & this you get Napoleon."

Problem: "Draw that figure which we get the Pentagon." This is a mathematical problem

"What do the diagonals of a P look like?"

We look at a puzzle picture & find a man in the foliage of a tree. Our visual impression changes. But can't we say that the new experience would have been impossible if the old one hadn't been what it was? Such that we seem bound to say the new exp. was already preformed in the old one, for that I found something new which was already in the essence of the first picture

We seem to have demonstrated an internal property of the old picture

维特根斯坦1934年课程大纲

demonstrating that this is contained

18

… is the nature of this to contain this

17 if you do this & this etc you get 55
38
55

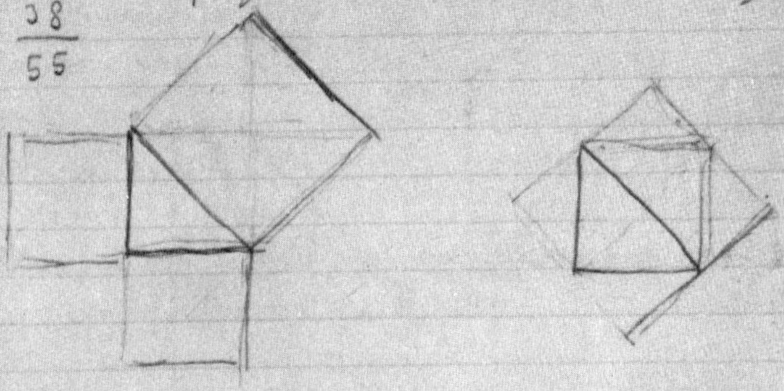

die mathematische Frage.
Could the Pythag. be *assumed* instead
being deduced?

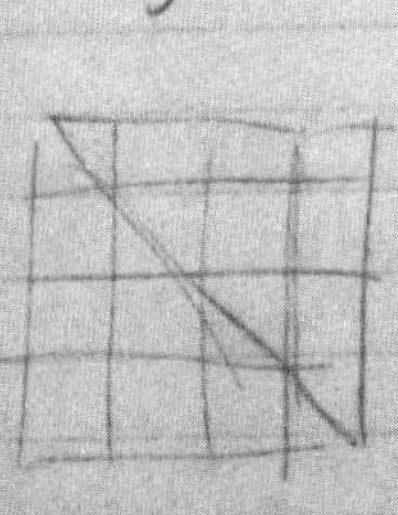

‘现在’和‘六点钟’都指向时间里的点。对语词的这种使用引起了一种困惑，人们可能用如下问题表达这种困惑：‘什么是“现在”？’——它是时间里的一个瞬间，但既不能说它是‘我说话的那一瞬’，也不能说它是‘时钟敲响的那一瞬’，等等等等。”这儿涉及的其实就是圣奥古斯丁的时
346 间问题，此时，维特根斯坦终于说出了他的做法的要旨：

> 我们的回答是：语词“现在”的功能完全不同于时间指示词的功能——如果我们去看这个词在我们的语言使用里起的作用，就容易看出这一点；但若我们不看整个语言游戏，只看前言后语，只看用到语词的语句，那么这一点就晦暗不明了。

没有迹象表明维特根斯坦考虑出版《棕皮书》。1935年7月31日他写信给石里克，说它是一份展示了“我认为的处理全部事情的正当方式”的文献。或许，既然他当时正计划彻底离开哲学到俄国干体力活，这本书就体现了一种尝试：表述出他这七年的哲学工作成果，使别人（也许是魏斯曼）也能利用之。

不过，若别人试图忠实地转述他的思想，他几乎不可能对其结果感到满意。一次次地，别人试图转述他的想法，一次次他愤怒回应；如果用了他的想法的人未说明他们的借用，他就指控他们剽窃；如果他们说明了，他就指控他们说错了。在口述《棕皮书》的时期，艾丽丝·安布罗斯碰上了他的这种怒火。她计划在《心智》上发表一篇题为“数学里的有限主义”的文章，这篇文章陈述了她认为的维特根斯坦在这问题上的观点。为了这篇文章，维特根斯坦极烦恼，竭力劝她别发表。她和G.E.摩尔——摩尔当时是这本刊物的编辑——拒绝屈服于他的压力，然后他就遽然终止了和她的一切联系。不过，在上述提到的那封写给石里克的信里，他责怪的不是她，而是鼓励她发表此文的学术界人士。他认

为，主要的过错是学术哲学家的好奇，他们想在他觉得能发表自己的成果之前知道他的新工作是干什么的。虽然不愿明珠暗投，但他也决意不给他们赝品。

# 第十七章 “投身行伍”[1]

347 在 1935 年 7 月 31 日写给石里克的信里，维特根斯坦说那年夏天自己可能不去奥地利：

> 我想九月初去趟俄国，或者留在那儿，或者两周后回英格兰。如果回去的话，我将在英格兰做什么还完全不确定，但可能不继续做哲学。

1935 年的整个夏天，他都在为迫近的俄国之行做准备。他经常见他那些去过俄国或可能向他提供那里情况的朋友，其中不少人是共产党员。可能他也希望他们向他介绍能帮他和斯金纳在那儿找工作的人。那些朋友有莫里斯·多布、尼古拉斯·巴赫金、皮耶罗·斯拉法和乔治·汤姆森。他们的印象是，维特根斯坦想去俄国定居，当体力劳动者，或可能从事医学，总之要放弃哲学。一次，跟乔治·汤姆森在三一学院的理事之家里见面时，他解释说，既然要放弃哲学工作，就得决定自己的笔记本该怎

[1] “投身行伍”（joining the ranks），“行伍”是跟“军官”相对的士兵阶层，这是比喻的说法，指维特根斯坦一直想到“普通人”中间生活；到俄国当体力劳动者的计划是这种愿望的一种体现。

么办。是把它们留在某处，还是销毁之？他详细地跟汤姆森谈自己的哲学，表达对其价值的怀疑。只是在汤姆森急切的肯求之下，他才同意不销毁自己的笔记本，而是把它们存放在学院图书馆里。

当时的剑桥，想到苏联那儿寻求——正受到法西斯主义的增长和大 348
规模失业问题的威胁的——西欧国家的某种代替品的不只是维特根斯坦。1935 年夏天，对剑桥本科生而言，正是马克思主义成为这所大学最重要智性力量的时候，也正是许多学生和教师抱着朝圣的精神造访苏联的时候。正是在那时，安东尼·布朗特和迈克尔·斯特雷特作了他们有名的俄国之行，此行导致了所谓“剑桥间谍帮（Cambridge Spy Ring）”的形成；也正是在那时，莫里斯·多布、大卫·海登－盖斯特和约翰·库恩福德几年前建立的剑桥共产主义小组扩张开来，吸纳了剑桥的多数智性精英，包括许多“使徒”的年轻成员。

尽管事实上维特根斯坦在任何时候都不是马克思主义者，但那些构成剑桥共产党核心的学生觉得他同情他们；他们中的许多人（海登—盖斯特、约翰·库恩福德、莫里斯·库恩福斯等）听他的课。不过，维特根斯坦想到俄国去的理由是很不同的。他对西欧国家之衰落的感觉，始终是斯宾格勒式的，而非马克思式的；而且，如我们此前谈过的，很可能凯恩斯在《俄罗斯一瞥》中描绘的苏联生活景象极度吸引着他——凯恩斯的描述把马克思主义轻看为一种经济理论，但把马克思主义在俄国的实践视为一种新宗教而喝彩，这种新宗教里有的不是超自然的信仰，而是深深抱持的宗教态度。

也许是因为这一点，维特根斯坦觉得凯恩斯大概能理解自己。“我确定，你部分地理解我想去俄国的理由，”7 月 6 日他写信给凯恩斯，“我承认它们部分是糟糕的、甚至是孩子气的理由，但这也是事实：在这一切之后有深刻的、甚至是好的理由。”实际上凯恩斯不赞同维特根斯坦的计划；尽管如此，他尽其所能地帮助维特根斯坦打消苏联官方的疑心。维特根斯坦曾在俄国大使馆见过一位名叫维诺格拉多夫的官员；他告诉凯恩斯，此人“在我们谈话时极端谨慎……他当然和任何人一样，知道推荐信能帮助我，但很清楚在这事上他丝毫不会帮我。”凯恩斯直接找了上层——这是他的典型做法——把写给驻伦敦俄国大使伊万·麦斯基
349 的介绍信给了维特根斯坦：“请允许我斗胆向您介绍路德维希·维特根斯坦博士……他是一位卓越的哲学家，[还是]我的一个很老和很亲密的朋友……如果你能为他做点什么，我将极为感激。”他又说：“我必须让他自己告诉你他想去俄国的理由。他不是共产党员，但对于他相信俄国新政权代表着的生活方式，抱有强烈的同情。”

在和麦斯基会面时，维特根斯坦很费劲地表现得可敬而且恭敬。凯恩斯告诫过他，虽然麦斯基是个共产主义者，但那不意味着他不希望被称作“阁下”，也不意味着，他对仪式和礼貌的水准的尊重比任何别的高级布尔乔亚官员更少。这建议维特根斯坦听进去了。这次会面是他一生中难得一次系领带，而且尽可能多地使用“阁下”这个措辞。实际上他后来告诉吉尔伯特·帕蒂森，自己如此渴望表现出对大使的尊重，结果出了个大洋相，他在擦鞋垫上擦鞋——在出房间的路上。会面后维特根斯坦对凯恩斯报告说，麦斯基“毫无疑问对我很好，最后，他答应寄给我一些住在俄国的人的地址，那些人可能给我有用的信息。他不觉得我想获得在俄国定居的批准是全然无望的，虽然也不觉得那是很有可能的。”

除了在俄国大使馆的——并不鼓舞人心的——会面之外，维特根斯坦也尝试通过英苏文化关系协会（SCR）[1]来联系。SCR 创建于 1924 年，是（实际上现在也是[2]）一个致力于增进英国和苏联之间的文化联系的组织。它组织讲座、讨论和展览，出版自己的杂志《盎格鲁—苏维埃期刊》；20 世纪 30 年代，这份刊物的每一期都刊载了一则苏联旅游公司

[1] 英苏文化关系协会，即 Society for Cultural Relations with the Soviet Union（SCR）。
[2] “现在”指写作此书时，那时苏联还未解体。

上图：列宁格勒，从大学望过去

下图：伊万·米哈伊洛维奇·麦斯基（1884—1975），1932—1945 年驻伦敦的苏联大使

“苏联国际旅行社”[1]组织的俄国游广告（“一生的体验，在苏联”等）。因为其目标（不像兄弟组织“苏联友谊协会”）的文化性胜于政治性，SCR 把许多非共产党人——如查尔斯·特里维廉，还有凯恩斯本人——算作自己的成员。不过，到 1935 年，把持它和友谊协会的几乎是同一批人
349 （海登—盖斯特、帕特·斯隆等）。8 月 19 日维特根斯坦到 SCR 的办公室见副主席希尔达·布朗宁小姐。第二天他向吉尔伯特·帕蒂森描述：

> 和 B 小姐的会谈进行得比我指望的好。至少我得到了一条有用信息——若我想获得在俄国定居的批准，唯一机会是以游客身份前往，然后跟官员谈；为了达到这目的，我能做的只有努力获得介绍信。B 小姐还告诉我，她会为我提供两封写给两个地方的这样的信。总体上这比什么都没有强。不过也没有搞定任何事，我还在一样的黑暗里——不仅不知道他们会允许我做什么，也不知道我想做什么。这是可耻的，但我的确每两个小时就改变心意。我看到了，在根子上我是个完全的蠢货，感觉烂到了根子上。

确定有介绍信的两个地方是北方学会和国家少数民族学会。它们都是教育机构，宗旨是提高苏联少数民族的文化程度。虽然认为这“比什么都没有强”，但维特根斯坦不太想做教师工作。不过，正如凯恩斯告诉过他的，只有收到某个苏联组织的邀请，他才有可能获得在苏联定居的批准。“如果你是个可能对他们有用的合格技术员，”凯恩斯对他写道，“那么也许不难。不过，若没有这类证书——医学证书也很好——则是困难的。”维特根斯坦终其一生抱有当医生的愿望，他考虑了这种可能：带着去俄国行医的意图在英格兰学医；他甚至让凯恩斯承诺资助自己的医学训练。但他真正想要的，是获准在俄国作为体力劳动者定居。不过，

[1] “苏联国际旅行社”（Intourist）。

他越来越明白，他极不可能从某个苏联组织那儿获得这种事的邀请。若有一种苏联不短缺的东西，那就是无技能的劳力。

9月7日动身前往列宁格勒时，维特根斯坦设法搞到的所有东西是希尔达·布朗宁的介绍信和几个住在莫斯科的人的名字和地址。吉尔伯特·帕蒂森到伦敦黑斯码头为他送行，弗朗西斯则病得太重，去不了了。351
但他们明白，此去他不只代表自己、也代表弗朗西斯找工作。同一条船上有乔治·萨克斯医生，他回忆，进餐时他和妻子坐在维特根斯坦对面。靠维特根斯坦坐的是个美籍希腊人，是个东正教牧师。维特根斯坦的样子沮丧而出神，坐在那儿盯着空处，不跟任何人说话，直到有一天他向神父介绍自己，举着手叫出：“维特根斯坦！”对此牧师报了自己的名字作回应。旅程的剩余时间他沉默着。

9月12日他到了列宁格勒，随后的两周，他的口袋日记本里写满了许多人的名字和地址——他联系那些人，争取获得一个雇佣许诺。在列宁格勒，除了北方学会他还拜访了大学哲学教授塔吉亚娜·高恩斯坦女士，她答应让他在列宁格勒大学开一门哲学课。在莫斯科他见了数理逻辑教授索菲娅·亚诺夫斯卡娅，和她建立起了一段他回英格兰后很久还通过信件延续的友谊。她的谈吐直率吸引了他。第一次见他时她惊呼：“什么，是那个维特根斯坦？”在一次关于哲学的谈话里她很直接地告诉他：“你应该多读一点黑格尔。”从他们的哲学讨论中亚诺夫斯卡娅教授获得了这样的（肯定是错误的）印象：维特根斯坦对辩证唯物主义和苏联哲学思想的进展有兴趣。显然，是通过亚诺夫斯卡娅，才先许给了维特根斯坦一个喀山大学的哲学教席，再许给了他一个莫斯科大学的哲学教师岗位。

在莫斯科，维特根斯坦也同帕特·斯隆见了二三次；这位英国共产主义者当时在做苏联贸易联盟的组织者（1938年的书《俄罗斯的真相》回忆了斯隆这段时期的生活）。看起来，这些见面的中心议题很可能是维特

列宁格勒大学的大理石宫殿

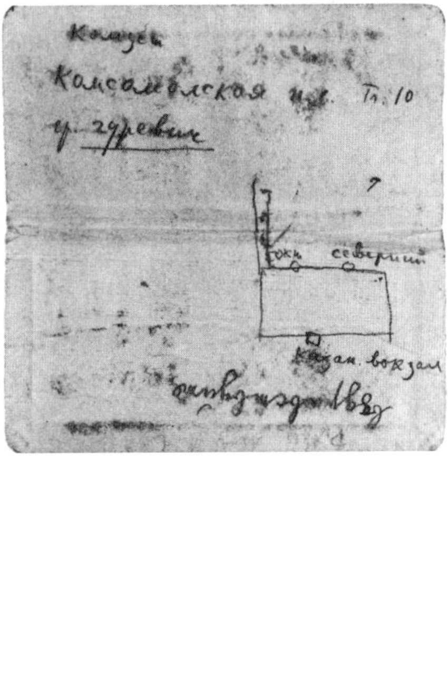

上图：莫斯科的苏联科学院
下图：维特根斯坦的袖珍日历

上图：莫斯科的喀山火车站
下图：莫斯科的工人俱乐部

根斯坦仍存的找到体力岗位的希望。如果是这样，那么他显然不成功。乔治·萨克斯回忆，在莫斯科“我们（他和他妻子）听说维特根斯坦想去集体农场工作，但俄国人告诉他，他自己的工作是有用的贡献，他应该回剑桥去”。

9 月 17 日，还在莫斯科的时候，维特根斯坦收到弗朗西斯的一封信，极力要求他尽可能长地留在俄国，直到找到工作。“我希望我能和你在一 352
起，和你一起看那里的事物，”他写道，“但我觉得自己仿佛已和你在一起。”从这封信里看，维特根斯坦和斯金纳正计划在下个学年——大概是在他们去苏联定居之前——为出版《棕皮书》做准备工作。这是有理由的，因为即将到来的 1935—1936 学年，既是斯金纳三年期研究生的最后一年，也是维特根斯坦五年期的三一学院研究员的最后一年。“对于我们下一年要做的工作，我考虑了很多，”弗朗西斯告诉他，“我觉得，你去年用的方法的宗旨是如此之好。”

> 我感觉，一切都绝对的简单，但全都充满光亮。我感到，继续写这本书，写成一本能出版的书，是很好的事。我感到这方法如此有价值。我很希望我们能继续做下去。我们将做到最好。

“我愿再次说，”他加上，“我希望，如果你觉得还有机会了解到更多东西，那你就要在莫斯科逗留更久的时间，比你预定的行程更久。这对我俩都很有意义。”

显然，维特根斯坦看不到延长自己逗留的理由。他此行的作用只是印证了人们在他动身前告诉他的：如果进入苏联当教师，那么他是受欢迎的；如果想当集体农场的工人，那么不会受欢迎。离开前的那个星期天，他写了张明信片请帕蒂森到伦敦接自己：

我亲爱的吉尔伯特：

明天晚上我将离开莫斯科（我正在拿破仑1812年到过的屋子里）。后天我的船从列宁格勒启航，我只能希望海神见到我时发善心。我的船预期于［9月］29日星期天到伦敦。请你来码头接我，或在我的宫殿（通常称作“河岸宫殿[1]”）给我留个信，好吗？我确实盼望再次见到你的那张旧的和该死的脸。愿永远血腥。

路德维希

另：如果读信的是审查员，也适用！

回到英格兰后维特根斯坦极少谈到自己的俄国之行。他请弗朗西斯把一份记录送给法妮娅·帕斯卡尔，在这份记录里，他对法妮娅谈到自己和亚
353 诺夫斯卡娅女士的会面，许给他的喀山的学术职位，结尾是这么句话：
“他尚未决定自己的未来。”这份记录一点也没谈维特根斯坦对苏联的印象——丝毫未提是否喜欢他之所见。在这一点上，除了一两句孤立的议论外，他一直保持彻底的沉默。他向朋友解释，他的沉默是因为不希望自己的名字——罗素则允许自己的名字（在《布尔什维克的理论和实践》出版之后）——被用于支持反苏宣传。

这意味着，假如他公开自己对苏联的印象，那么他描绘的将是一幅不带恭维的画面。一条有关他的态度的重要线索也许在他对吉尔伯特·帕蒂森说的话里：在俄国生活就像在军队里当列兵。他告诉帕蒂森，“我们这种教养的人”在那儿生活是困难的，因为连存活下去都必须具备那种程度的低劣的不诚实。如果维特根斯坦觉得俄国的生活可以跟第一次世界大战时在哥普拉纳的经历相比，那么，这次简短之行后他表现出如此少的去那儿定居的倾向，也许就不令人惊讶了。

尽管如此，他反复表达过自己对苏联政权的同情，他相信，由于普

[1] “宫殿”、“河岸宫殿”，译自 Palace 和 Strand Palace，伦敦的一家旅馆。

通苏联公民的物质条件正在改善，这个政权是强大的，不太可能垮台。他赞许地说起俄国的教育系统，说从未见过有人如此渴望学习，如此专注于教给他们的东西。不过，他同情斯大林政权的最重要理由也许是俄国只有很少的失业。“重要的事情，”他曾对洛什·里斯说，“是人有工作。”有人提到俄国生活的军事化管理时——有人指出，工人虽然就业了，但没有离职或换工作的自由——维特根斯坦不觉得有什么。“专制，”他耸了耸肩，对里斯说，“并不使我感到愤慨。”不过，“‘官僚统治’正在俄国造成阶级差异”的说法倒引起了他的愤慨：“如果有什么能摧毁我对俄国政权的同情，那就是阶级差异的增长。”

从俄国回来后的两年里，维特根斯坦漫不经心地把玩着这个想法：去兑现那个许给他的莫斯科的教师职位。这段时间他继续跟索菲娅·亚诺夫斯卡娅通信；去挪威时，他安排法妮娅·帕斯卡尔把胰岛素寄给患有糖尿病的亚诺夫斯卡娅。迟至1937年6月，他还在一封写给伊格尔曼的信里谈到：“也许我该去俄国。”不过，这之后不久，俄国人收回了给他职位的许诺，因为（据皮耶罗·斯拉法说）这个时候所有在俄国的德国人（包括奥地利人）都成了嫌疑人。 354

尽管如此，即便在1936年的公审秀[1]之后，即便在1939年俄国和西方的关系恶化、纳粹—苏联协定签订之后，维特根斯坦仍继续表达自己对苏联政权的同情——结果他的一些剑桥学生把他看作“斯大林主义者”。这个标签当然是胡说。不过，在多数人只看到斯大林统治的暴政的时候，维特根斯坦强调了斯大林不得不应付的问题，以及在应付这些问题时取得的成就。第二次世界大战前夕他对德鲁利断言，英格兰和法国合力也不能击败希特勒的德国；它们需要俄国的支持。他告诉德鲁利：“人们控诉斯大林背叛了俄国革命。但他们一点儿也不知道斯大林不得不应付的问题；也不知道斯大林看到的威胁着俄国的危险。”他立即又说，

[1] “公审秀”（show trial），指斯大林大清洗时期装模作样的公审。

仿佛这两者有所关联：“我看着一张英国内阁的照片，对自己说，‘好多富有的老人’。”这一评论令人想起凯恩斯对俄国的刻画：“欧洲家族的美丽和愚蠢的最小儿子俄国，头上有头发，比起西方的秃顶哥哥，离大地和天空都更近。”我认为，维特根斯坦想去俄国生活的理由——既是“糟糕的甚至孩子气的”理由、也是“深刻的甚至好的”理由——跟他的这个愿望有很大关系：他想跟西方的老人、跟西欧的瓦解和衰退中的文化脱开干系。

这当然也是他“投身行伍”的持久愿望的另一种体现。和 1915 年的奥地利官方一样，苏联官方知道他当军官比当列兵对他们更有用；维特根斯坦自己也认识到，他并不能真正忍受普通士兵“低劣的不诚实”的生活。但他仍希望能不是那样。

1935 年秋天，维特根斯坦当三一学院研究员的最后一年开始了，此
355 时他还不大知道研究员到期之后自己要做什么。也许到俄国去——也许和罗兰德·赫特一样到“普通人”中间找个工作；也许如斯金纳愿望的那样，专心准备《棕皮书》的出版。看上去，只有一件事是确定的：他不会继续在剑桥教书。

他最后一年讲座的中心议题是“感觉与料和私有经验”。在这门课里，他努力与哲学家受到的一种诱惑作战：哲学家倾向于认为，当我们有所经验（看到某种东西、感觉到疼等等）时，某个东西是我们经验的主要内容，即感觉与料。不过，他举的例子不是取自哲学家，而是取自日常对话。引用文献时，他引用的不是哲学著作，不是哲学期刊《心智》，而是“史特里特—史密斯[1]”的《侦探故事杂志》。

有一次讲座，他先读了“史特里特—史密斯”里的一个段落；叙述者——一个侦探——午夜独自待在船的甲板上，万籁俱寂，只听见船上

[1] “史特里特—史密斯”（Street & Smith），纽约的一家出版社。

时钟的滴答声。侦探自个儿沉思："时钟是一种最令人困惑的工具：测量无限的一个片段：测量某种或许不存在的东西。"维特根斯坦在班上说，这种混乱出现在"一个傻侦探故事里"时，其揭示性和重要性比它出现在"一个傻哲学家"嘴里时多得多：

> 这儿你也许会说"显然时钟根本不是一种令人困惑的工具"。——如果在某种情形下你突然觉得它是"一种令人困惑的工具"，然后你清醒了过来，说它当然不令人困惑——这就是解决一个哲学问题的方式。
>
> 这儿时钟成了一种令人困惑的工具，因为他说"它测量无限的一个片段，测量某种或许不存在的东西"。时钟令人困惑，因为他引入了一种他当时看不到的、像是一种精怪的实体。
>
> 这事与我们对感觉与料的谈论之间的联系是：令人困惑的地方是对某种我们会称为"不可感知物"的东西的引入。仿佛是，椅子或桌子没什么不可感知的地方，飞逝的个人经验则有。

维特根斯坦那一年的课上反复出现一个主题，即他想跟哲学家对着干，支持我们对世界的日常感觉。哲学家就时间或精神状态提出普通人没有的怀疑，但这不是因为哲学家比常人更有洞见，而是因为在某种意义上他的洞见更少；他屈服于误解的诱惑，非哲学家则不： 356

> 我们有这种感觉：普通人谈到"善"、"数"等等，但并不真的理解自己说的话。我看到了"感觉"当中的某种古怪的东西，而普通人谈论"感觉"，仿佛其中毫无古怪之处。我们该说普通人知道自己在谈什么呢，还是说他们不知道？
>
> 你可以两者都说。假设人们在下棋。当我浏览规则、细细核查时，看到了古怪的问题。但史密斯和布朗毫无困难地下着棋。他们理解这游戏吗？唔，他们玩它。

读这段话时，我们联想到，维特根斯坦对自己的哲学家身份的疑虑，他对“看出古怪问题”的厌倦，他想去玩游戏而非细查其规则的愿望。他再次考虑接受医生训练。那时德鲁利正在都柏林准备第一次医学学士考试；维特根斯坦写信请德鲁利咨询自己到那儿上医科学校的可能性；他的受训费用预计由凯恩斯负担。他向德鲁利提出，他俩一起当精神病医生，一起行医。维特根斯坦觉得自己在医学的这一分支里可能具备特殊的天赋，对弗洛伊德的心理分析尤感兴趣。那一年，他把弗洛伊德的《梦的解析》当生日礼物寄给德鲁利；他告诉德鲁利，第一次读这书时他对自己说：“总算有了一个言之有物的心理学家。”

维特根斯坦觉得自己会是一个好精神病医生，看上去，这种感觉的根据是，他相信他那种风格的哲学工作和弗洛伊德的心理分析需要某种相似的才能。当然，这不是说它们是同一种技术。有人把他的哲学方法封为“治疗的实证主义”、把它比作心理分析时，他的反应是愤怒的。例如，A.J. 艾耶尔发表在《倾听者》[1]上的一篇文章作出这一比较时，维
357 特根斯坦寄给艾耶尔一封措辞强烈的指责信。不过，维特根斯坦倾向于在自己和弗洛伊德的工作之间看出某种联系。他曾对里斯说自己是“弗洛伊德的弟子”，并多次用甚为相似的措辞概括自己和弗洛伊德的成就。“全是卓越的比喻”，他在一次谈弗洛伊德著作的讲座里说；至于他自己对哲学的贡献：“我发明的是新的比喻。”看上去，他希望贡献给精神病学的是这么一种能力：通过构造启发性的比喻和隐喻而获得概观。

不过，随着这一年的流逝，接受医生训练或找其他类型工作的兴趣减弱了，他的兴趣转向写完自己的书。那年年末，他的研究员职位快到期时，维特根斯坦跟许多自己喜欢的学生谈到自己未来的可能性。这些人里的最新一个是研究生洛什·里斯。1935 年 9 月里斯到剑桥在 G.E. 摩

---

[1] 《倾听者》(*Listener*)，BBC 出版的一种杂志。

尔门下学习，此前则在爱丁堡、哥廷根和因斯布鲁克学习哲学。起初，看到维特根斯坦学生的做派后他不想上维特根斯坦的课；但1936年2月他克服了疑虑，听了那一年余下的所有讲座。他成了维特根斯坦的一个最亲密的朋友，一直延续到维特根斯坦去世。1936年6月，维特根斯坦请里斯喝茶，讨论自己该尝试找某种工作，还是该独自到某地写自己的书。他告诉里斯："我还有一点钱。只要那钱还能维持，我就能自个生活和工作。"

后一种想法占了上风；那年6月，维特根斯坦和斯金纳到都柏林看德鲁利，他没跟德鲁利提接受精神病医生训练的事。莫里茨·石里克的死讯也许令他下定了决心。维特根斯坦在都柏林听说石里克被谋杀了——一个狂性大发的学生在维也纳大学的台阶上枪杀了他。这个学生后来成了纳粹党成员，因此有传言说谋杀带有政治动机，尽管从证据上看，这个学生对石里克抱有一种更为个人的忌恨：石里克否决了他的博士论文。听到这消息，维特根斯坦立刻写信给弗里德里希·魏斯曼：

> 亲爱的魏斯曼先生： 358
>
> 石里克的死确实是一桩巨大的不幸。对你和我都是重大的损失。我不知道该如何表达自己对他妻儿的同情，你知道我真的感到同情。如果有可能的话，请代我联系石里克夫人或某个孩子，告诉他们我抱着温暖的同情之心想着他们，但我不知道该写信对他们说什么。若你（出于外部的或内部的原因）不能传这个信，请让我知道。
>
> 致以友爱的同情和问候
>
> 你的
>
> 路德维希·维特根斯坦

石里克的死最后彻底终止了这种想法：继续实施1929年定下的魏斯曼和维特根斯坦合作写一本书的计划。维特根斯坦老是改变主意，对此魏斯

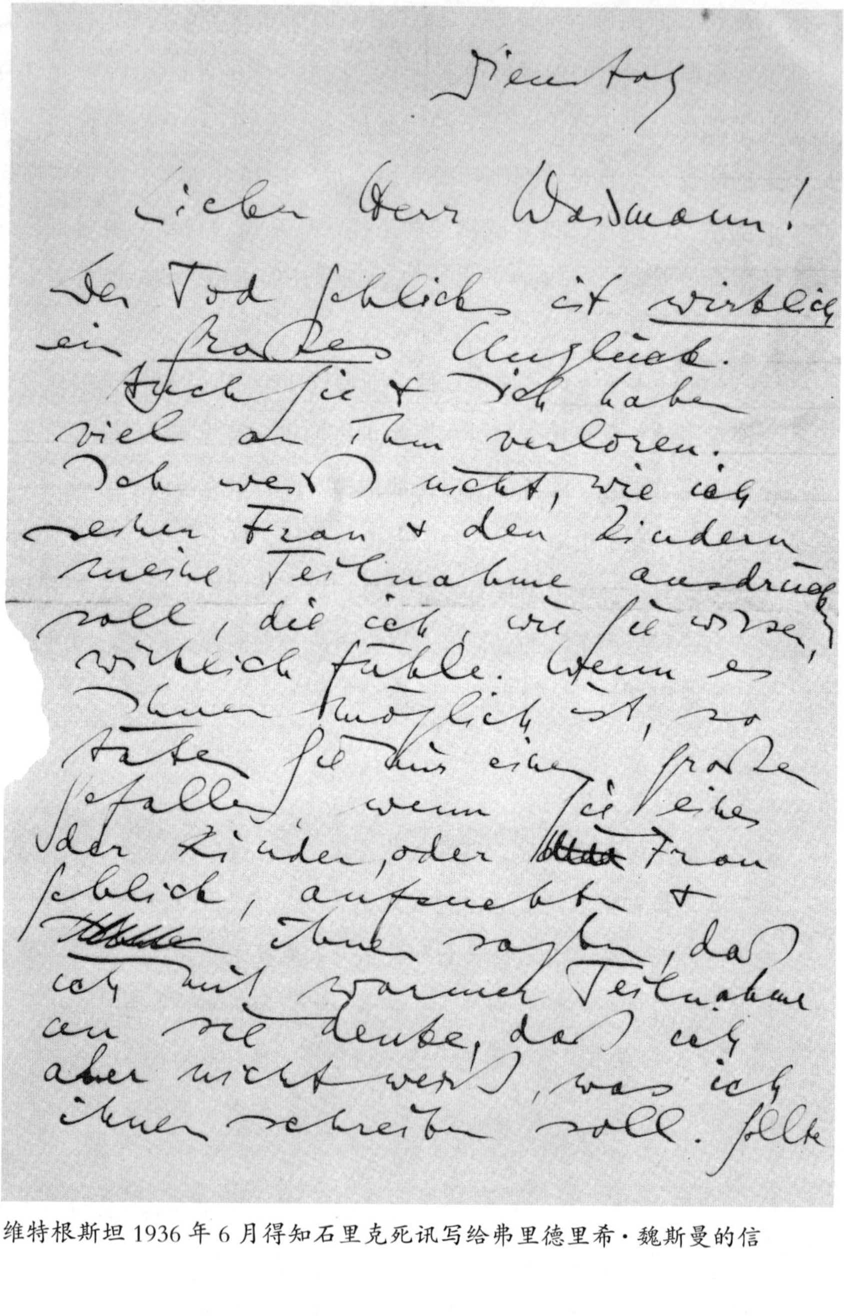
Dienstag

Lieber Herr Waismann!

Der Tod Schlicks ist wirklich ein großes Unglück. Auch Sie & ich haben viel an ihm verloren. Ich weiß nicht, wie ich seiner Frau & den Kindern meine Teilnahme ausdrücken soll, die ich, wie Sie wissen, wirklich fühle. Wenn es Ihnen möglich ist, so täten Sie mir einen großen Gefallen, wenn Sie eines der Kinder, oder Frau Schlick, aufsuchen & Ihnen sagen, daß ich mit warmer Teilnahme an sie denke, daß ich aber nicht weiß, was ich ihnen schreiben soll. Sollte

维特根斯坦 1936 年 6 月得知石里克死讯写给弗里德里希·魏斯曼的信

曼感到恼怒，维特根斯坦则不相信魏斯曼理解他；只是由于他们对石里克共同的尊重，由于石里克鼓励他们坚持这项工作，这项工作的完成才有一点点微弱的希望。石里克死后魏斯曼决定绕开维特根斯坦自己干；他签了份合同，要自己写完这书，在自己的名下出版。1939 年这本书到了长条校样的阶段，但随后就撤销了。

与此同时，维特根斯坦决定做自己 1913 年做过的事——到挪威去；在那儿他可以毫不分心地独自生活，做完自己的工作。他的这个决定可能是随着石里克的去世而作出的，但也可能是出于一个更私人的原因，即他需要避免自己和弗朗西斯的友情导致的“分心”，弗朗西斯的三年期研究生和维特根斯坦的研究员职位将同时到期。

1936 年夏天之前，似乎不言自明的是，无论维特根斯坦和弗朗西斯做什么——接受医生训练、到俄国去，和“普通”人一起工作或者写维特根斯坦的书——他们都会一起做。至少弗朗西斯是这么想的。不过，维特根斯坦是否曾认真地将弗朗西斯视作哲学上的合作者，是可疑的；弗朗西斯 359
在口述想法时是有用的，尤其用英语口述时，如口述《蓝皮书和棕皮书》时。但在讨论想法、澄清思想上，弗朗西斯没有用；对维特根斯坦的敬畏令他的思考瘫痪了，妨碍他作出任何有用的贡献。“有时，”维特根斯坦告诉德鲁利，“他的沉默激怒了我，我对他喊，‘说点什么，弗朗西斯！’”“但是，”他加上，“弗朗西斯不是思想者。你知道罗丹的名为‘思想者’的雕像；有一天我猛地想到，我不能想象弗朗西斯摆出那个姿势。”

出于类似的理由，维特根斯坦劝阻弗朗西斯继续从事学术工作。他断定“在学术生活中他永不会快乐”，弗朗西斯则一如既往地认可他的断定。不过弗朗西斯的家人不这么看，他的许多朋友也不这么看。例如路易·古德斯坦，他是弗朗西斯在圣保罗和剑桥两地的同辈，后来当了莱切斯特大学的数理逻辑教授；古德斯坦认为，若当职业数学家，弗朗西斯有光明的前途。古德斯坦是最早听到弗朗西斯宣布自己放弃数学的决定的几个人之一，他强烈反对，在这个决定里，他只看到维特根斯坦自己对学术生活的厌恶在弗朗西斯身上的不幸影响。弗朗西斯的家人也是如此。他的母亲尤其深深厌恶维特根斯坦对自己儿子的影响。到俄国定居的计划，放弃原本前途光明的学术生涯的想法，都令她大为惊恐。他的姐姐普莉茜拉·特鲁斯科特同样无法置信。“为什么？”她要求解释。“为什么？”

不过，弗朗西斯唯一在意的是维特根斯坦的看法，也坚决地遵照维特根斯坦的决定去做，即便这意味着，要离开维特根斯坦生活，到一个很少用到他天赋的、令他觉得自己受到剥削的职位上工作。斯金纳离开了大学，不是去接受医生训练，而是当工厂技工，不是在维特根斯坦身边，而是自己一个人。接受医生训练的想法不现实：他的父母无法负担、扶持他的医科学习，而凯恩斯资助医科训练的承诺只是对维特根斯坦，并不涵盖他。弗朗西斯志愿加入国际纵队，投身西班牙内战，但由于身体残疾而被刷了
360 下去。（弗朗西斯的健康状况一直不稳定，他的一条腿是跛的，那是儿时患骨髓炎的结果，他一直遭受这病的复发之苦。）

医学之外，维特根斯坦的第二职业选择是技工（所以斯金纳的第二选择也是技工）。这样，1936 年夏天，剑桥器械公司接受斯金纳当两年期的技工学徒。他的工作大部分时候是做主螺旋桨，那是个重复性的、累人的活，他不喜欢，也一点儿不觉得有趣；这个活完全就是他为了维特根斯坦而忍受的苦工。不过法妮娅·帕斯卡尔相信斯金纳在工人中间比在自己阶层的人中间更快乐。她说，工人较友善、较不做作。这也许是真的，但在工厂的头几年，弗朗西斯没怎么花时间和同事交往。他的夜晚或是自己度过，或是和大学的朋友在一起——巴赫金一家、罗兰德·赫特和帕斯卡尔本人。比起其他的一切，他最想要的是和维特根斯坦一起生活和工作，但维特根斯坦本人已拒绝了他。

弗朗西斯没有魏宁格式的爱的观念；他不相信爱需要分离、需要某种距离来保持。另一方面，维特根斯坦很可能持有魏宁格的看法。在挪威时，他在日记里写道，只有离开弗朗西斯时自己才认识到他多么独一无二——

维特根斯坦 1936 年 7 月和吉尔伯特·帕蒂森在法国度假

来自维特根斯坦的相册，与帕蒂森的法国之旅。右边两列是朋友诺曼·马尔科姆，阿尔费德·索格伦、莱迪丝·拉姆塞以及一个来自伦敦的日本艺术商人。

来自维特根斯坦的相册，其中和女友玛格丽特·雷斯宾格在斯基尔登（Skjolden）

上图：从房间向外一瞥
下图：维特根斯坦的袖珍日历上的素描，或许摹自米开朗基罗的雕塑作品《奴隶》

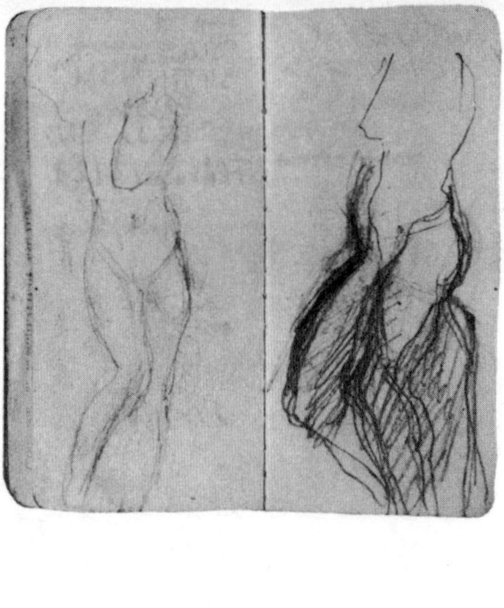

自己真的在意他。因此，他决定去挪威，也许正是为了离开弗朗西斯。

动身去挪威前，维特根斯坦和吉尔伯特·帕蒂森到法国度了次假，两人乘小汽车一起游览了波尔多地区。帕蒂森是相对少有的维特根斯坦与之在一起能放松和享乐的人。不过，在帕蒂森这方面，维特根斯坦的相伴可能稍过沉重了。相应地，如此前在1931年那样，他坚持，度假行程中起码得有几个晚上，自己要离开维特根斯坦到某个流行的胜地去，在那种地方他可以放纵自己无拘无束地奢华一番——喝酒、进餐和赌博。有一次，维特根斯坦陪帕蒂森赌博作乐，显出自己是这种浪费钱的艺术的新手。他们一起去了鲁瓦锡赌场玩轮盘赌，显然维特根斯坦没玩过这游戏。他细心地研究了这种游戏，然后用怀疑的口吻对帕蒂森说："我看不出你怎么能赢！"看来有时核查规则比玩游戏更有意思。

# 第十八章　忏悔

361 1936 年 8 月维特根斯坦动身前往挪威，此行极为自然地令人想起他先前在 1913 年 10 月的那次出行。两种情形下，他的出行都未确定归期，都是去完成一项确定的任务——着手为自己的哲学论述找到一种最终表达。两次动身时他都丢下了一个他爱的人。

差别在于 1913 年品生特不想陪着他。品生特是否曾知道维特根斯坦多么爱他，这是成问题的；但几乎可以肯定的是，他没有回报以爱。他为了与维特根斯坦的“相熟”而“欣慰”，但并不在任何意义上依赖之。1913 年 10 月品生特接受律师训练，他更关心这件事，而不是自己和维特根斯坦的友谊，他大概觉得跟维特根斯坦分开一段时间是一种解脱。

然而，对于弗朗西斯，生活的中心正是和维特根斯坦的关系：如果维特根斯坦要求，他会扔掉一切去挪威和维特根斯坦一起生活。“收到你的信时，”他们分开仅几周后他写道，“我希望我能过去帮你打扫房间。”缺少了维特根斯坦，他在剑桥的生活孤独而沉闷。他和家人不再相处融洽，他不再能参与维特根斯坦的工作，而且他讨厌工厂的工作，虽然为了维特根斯坦而坚持着。他定期报告自己的工作，无疑，是维特根斯坦要他这么做的。报告听上去远不是热情的：“我的工作进行得不错。我在做主螺旋桨”（1936 年 8 月 21 日）；“我的工作做得不错。我差不多要把螺旋桨做完了。

维特根斯坦与弗朗西斯·斯金纳在挪威

上图：维特根斯坦在挪威房子的照片
下图：维特根斯坦袖珍日历的一页

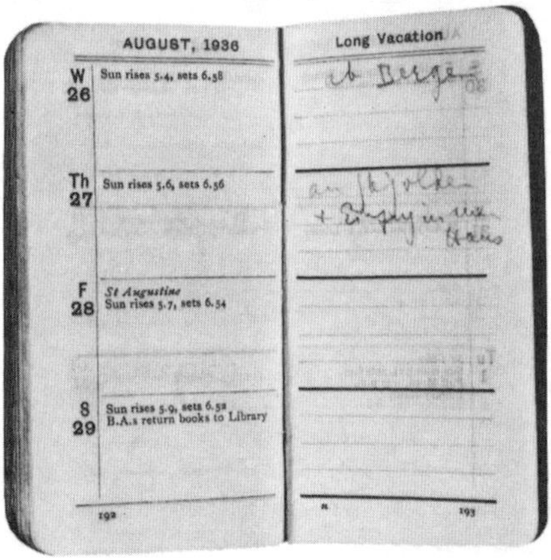

上一周我得用手工工具在螺旋桨上干点活，起初是困难的。现在我把它们擦得可以镀镍了”（1936 年 9 月 1 日）；“我有一张二百个通风计和压力计的订单。我希望不会再有这么多”（1936 年 10 月 14 日）。终于，和罗兰德·赫特讨论了自己在工厂的处境后，甚至温和顺从的弗朗西斯都激动得表达自己的不满： 362

> 我不太确定我和公司的关系。我不太确定，我是否在做充分发挥我的用处的工作。我觉得（赫特同意我），受到例外的照顾，和跟大家一起干一切活，这两种事是有差别的。比如，我的头头对我说，如果我要在那儿待五年，那他能很快地使我提高，但我只是去那儿两年，公司知道我终究不会对他们太有用，这是很不同的。

他说，他试过记住维特根斯坦告诉他的：“怀抱希望、心生感激和深思熟虑（hopeful, grateful & thoughtful）”，但在这样的环境里那并不容易。他没有这么说——但我们可以想象他会这么想——在这样的处境里，他没什么可希望的，丝毫没什么可感激，什么也占据不了他的思想，除了情愿跟维特根斯坦在一起。他告诉维特根斯坦，由于和赫特的谈话的缘故，“我感到我多么希望你能在这儿，跟你说话”。他在信里再三强调：“带着很深的爱意，我老是想着你。”这部分通信中维特根斯坦那一方的未保留下来，但看到弗朗西斯的爱的宣告方式，有时我们会想，也许这些话是为了打消维特根斯坦可能表达过的疑虑：“我对你的感情完全没变。这是诚实的事实。我老是想着你，带着很深的爱意。”

维特根斯坦的“怀抱希望、心生感激和深思熟虑”的建议有可能是他给予弗朗西斯的同情之理解的全部。在挪威，维特根斯坦的心思更多放在自己和自己的工作上—— 一如既往，两者难解难分地联系着——而非放在弗朗西斯身上。事实证明，和 1913—1914 年、以及 1931 年一样，独自住在挪威有利于严肃地思考逻辑和他的罪。

363 “我确实相信，来这儿思考上帝对我是正确的事”，10 月份他写信给摩尔，“我不能想象，在任何别的地方我能像在这里一样工作。这儿有安静的、也许极好的风景；我指，它的安静的严肃。”听说摩尔和里斯都觉得很难写一点东西，维特根斯坦回应说，那是一种好的迹象：“酒发酵的时候不能喝，但酒在发酵，说明这不是洗碗水”。“你看到了吧，”他补充说，“我仍在作美丽的比喻。”

维特根斯坦寄给摩尔一张地图，上面标明了他的小屋和海湾、邻近的山峦、最近的村子之间的关系。目的是说明，不划船到村子去是不可能的。温暖的季节倒不坏，但到了 10 月份，天气就潮湿寒冷了。他写信给帕蒂森：“天气从很棒变得糟透。现在像地狱一样下雨。两天前下了第一场雪。”帕蒂森的答复是寄给维特根斯坦一顶海员防水帽，维特根斯坦很高兴。他想起了“满意消费者的来信”，写道：“‘尺寸和款式都完美’，正如他们总是写信对品味裁缝伯顿先生说的那样。”

他带了一本《棕皮书》，打算拿它当基础材料，构筑出他的书的最后版本。在一个多月里，他修订《棕皮书》，同时把它从英语译为德语，并重写。11 月初他放弃了，用粗体字写道：“Dieser ganze ‘Versuch einer Umarbeitung’ vom（Anfang）bis hierher ist nichts wert”（“这全部的修订努力，从最初到现在都是没用的”）。在一封写给摩尔的信里他解释说，通读自己迄今写的东西时，他发觉那全都是、“或几乎全都是无聊的和刻意的”：

> 把英语版本摆在面前时，我的思考卡住了。因此，我决定全部重来，只让我的思想本身引导它——我发觉头一两天是困难的，但随后就容易了。所以我正在写一个新版本，我希望，我说它比前一版本稍微好点的时候，我没有弄错。

这一新版本成了维特根斯坦之书的开篇的最终表述。它大致构成了出版了的《哲学研究》的1—188节（约占此书的四分之一），这也是维特根 364
斯坦的后期工作里唯一令他完全满意的部分——唯一他后来没再试图修订或重排，或表示若有时间自己希望修订的部分。

它在很大程度上沿袭了《棕皮书》的布局；起首是圣奥古斯丁解释自己如何学会说话，用于引入语言游戏的概念；然后进到对遵行规则的讨论。不过，在这最终的版本里实际引用了圣奥古斯丁《忏悔录》里的那段话，也更明白地说出了以此开场的用意：

> 在我看来，我们在上面这段话里得到的是人类语言本质的一幅特定的图画，即，语言中的语词是对象的名称——句子是这样一些名称的联系——在语言的这幅图画里，我们发现了以下观念的根源：每个词都有一个含义；含义与语词一一对应；含义即语词所代表的对象。

书的余下部分将检视这一想法的含义和这一想法引得哲学家进入的陷阱，并提示走出那些陷阱的路径。这些路径的起点，都是驱除奥古斯丁表述的那种语言的（前哲学的）图画；这幅图画引出了上述提到的哲学想法。维特根斯坦希望这样就能抓住哲学混乱的前哲学根子，从而拔除之。

有时人们认为，维特根斯坦给出圣奥古斯丁的引文，是为了呈现一种语言理论，然后再由他来说明这种理论是错误的。事实并非如此。《忏悔录》毕竟（至少主要）不是一本哲学著作，而是一本宗教自传；在所引的段落里，奥古斯丁不是在做理论，而是在描述自己如何学会说话。这恰是适宜用它呈出维特根斯坦哲学事业的靶子的理由。虽然并未表达理论，但奥古斯丁的描述里包含的是一副图画。在维特根斯坦看来，所有哲学理论正是根植于这样一幅图画，而且，必须通过引入一副新图画、一种新隐喻连根拔除那些理论：

被我们的语言形式吸收的某个譬喻造成一种假象，这种假象使我们不安。

365 一幅图画囚禁了我们。我们逃不脱它，因为它在我们的语言之中，而语言似乎不断向我们重复它。

维特根斯坦之书的开场的最后版本与《棕皮书》的不同之处是，他不是不加解释地带领读者去看一系列语言游戏，而是不时停下来阐述自己的做法，并预防某些可能的误解：

我们的清楚简单的语言游戏并不是为将来给语言制定规则所作的预备性研究——仿佛它们是向充分的规则走出的第一步，暂不考虑摩擦和空气阻力。毋宁说这些语言游戏立在那里作为参照物，它们将通过相似性以及不相似性来帮助我们领会我们的语言是怎样一种情形。

我们要做的不是用前所未用的方式把语词用法的规则系统弄得精粹或完善。

我们所追求的清晰当然是一种完全的清晰。而这只是说：哲学问题应当完全消失。

真正的发现是这一发现——它使我能够做到只要我愿意我就可以打断哲学研究——这种发现给哲学以安宁，从而它不再为那些使哲学自身的存在成为疑问的问题所折磨——现在毋宁是：我们用举例来表明一种方法，而这一串例子是可以从中打断的——一些问题得到解决（困难被消除了），而不是单独一个问题。

他预计到对自己的哲学观念和方法的一种自然反应，他问：“我们的考察是从哪里获得重要性的？——因为它似乎只是在摧毁所有有趣的东西，即所有伟大而重要的东西（就像摧毁了所有建筑，只留下一堆瓦砾）。”他回答："我们只是摧毁了搭建在语言地基上的纸房子，从而让语言的地基干净敞亮。"在另一段话里，虽然隐喻变了，但说了同样的意思：

> 哲学的成果是揭示出这样那样的十足的胡话，揭示我们的理解撞在语言的界限上撞出的肿块。这些肿块让我们认识到揭示工作的价值。 366

这种解释对于没有自己体验过这"肿块"的人是否有任何意义？这是仍可怀疑的。但真要这么说的话，那么，拓展这种方法就不是为了那些人，就像拓展弗洛伊德的分析不是为了心理学不关心的人。《哲学研究》——也许比任何其他哲学经典都更甚——要求的不只是读者的智性，还有读者的涉入（involvement）。其他的伟大哲学著作——如叔本华的《作为意志和表象的世界》——"想知道叔本华说了什么"的人可以有兴致和有乐趣地读之。但若抱着这种态度读《哲学研究》，很快就会觉得无聊和琐碎；不是因为它在智性上困难，而是因为实际上不可能推想出维特根斯坦在"说"什么。因为，他真的不是在说任何东西；他是在呈现一种拆解混乱的技术。除非这些混乱是你的混乱，否则你就会觉得这本书寡淡无味。

用圣奥古斯丁《忏悔录》的引文开始这本书显得是恰当的；为什么如此？此处——读懂这本书需要极大程度的个人涉入——提供了另一个理由，那就是：对维特根斯坦来说，所有的哲学，若其劳作是诚实和得体的，都始于一种忏悔。他常常说，写出好的哲学和对哲学问题作出好的思考，这是一个意志的问题，更甚于是一个智性的问题——抵抗误解之诱惑的意志、抵抗肤浅的意志。妨碍一个人获得真正理解的，常常不是他缺少智性，而是他的骄傲。因此，"必须拆毁你的骄傲之殿。而那是困难得可怕的工作。"要做得体的人，或写得体的哲学，都必须进行这种拆毁自己的骄傲所需的自我审查。"如果有人因为那太痛苦、不愿降入自身之中，写作时就脱不了肤浅。"

> 对自己撒自己的谎，就自己的意志状态的虚饰欺骗自己，必定对（一个人的）风格有坏影响；因为结果将是，你说不出那风格里什么是真的、什么是假的……
>
> 如果我对自己表演，那么那风格表达的就是这个。那风格就不能
> 367 是我自己的。如果你不愿知道你之所是，你的写作就是一种欺骗。

这一点不是巧合：维特根斯坦写了自己一直最满意的一组论述的一段时间，也是他最无情地坦承自我的那段时间——他作了最强烈的努力“降入自身之中”，坦承他的骄傲逼得他骗人的时刻。

在着手写他的书之开篇的最终表述的那几个月里，维特根斯坦还准备了一份忏悔书，里面描述了他生命中软弱和不诚实的时刻。他打算对家人和许多密友宣读这份忏悔。他大概觉得向自己坦承欺骗是不够的；恰当地“拆毁骄傲”——拆毁引起他的软弱的骄傲——还得向别人忏悔。对他这是极端重要的事情；因此，1936年11月他写信给许多人——其中有莫里斯·德鲁利、G.E.摩尔、保尔·伊格尔曼、法妮娅·帕斯卡尔和（当然）弗朗西斯·斯金纳——说他得在圣诞期间的某一天见他们。这些信里保留下来的唯一一封是写给摩尔的，但我们可以推测其他的信大体类似。他告诉摩尔，工作之外，“所有各种事情都在我内部（我指在我心里）发生着”：

> 我现在不会写出它们，但等我到了剑桥——我打算新年左右去几天——愿上帝让我能跟你谈谈它们；那时我想在某些很困难和严肃的事情上得到你的忠告和帮助。

他对弗朗西斯肯定说得更直接一点，说了他想的是进行一次忏悔。在一封12月6日的信里，我们看到弗朗西斯许诺：“无论你对我说什么，都不能使我对你的爱有任何不同。我自己在所有方面都极堕落。”对于弗朗西斯，更重要的是终于能再见到维特根斯坦了：“我老是想着你，想着我们彼

此的爱。因此，我前行、欢欣、克服了沮丧。”三天后他重申了那个许诺：“无论你必须告诉我你的什么事，都不能使我对你的爱有任何不同……不会有我是否原谅你的问题，因为我是个比你更糟的人。我老是想着你，始终爱你。” 368

维特根斯坦到维也纳过圣诞节，向伊格尔曼和几位家人作了忏悔，他可能也向几个别的朋友作了忏悔（推想起来，亨泽尔肯定在其中）。这些人都未留下忏悔内容的任何记录。伊格尔曼出版维特根斯坦写给自己的信时略去了那封提到忏悔的信；他十有八九销毁了那封信。新年那天维特根斯坦去了剑桥，向G.E.摩尔、莫里斯·德鲁利、法妮娅·帕斯卡尔、罗兰德·赫特和弗朗西斯作了忏悔。

摩尔、德鲁利和弗朗西斯到死都没有泄露忏悔内容的秘密，所以我们只有靠帕斯卡尔和赫特的回忆了。我们不知道别人对忏悔的反应如何，但帕斯卡尔很可能捕捉到了德鲁利和摩尔的反应的总体态度；她说，虽然他们没告诉她，但她知道他们“耐心地听、很少说话，但显出自己在友善地参与着，并用举止和眼神暗示：他不必作这个忏悔，但如果他觉得自己想要，那也很好，那就作吧”。不过，据德鲁利说，自己不是听那份忏悔书，而是读了它。德鲁利还说摩尔已读过它了；据维特根斯坦说，摩尔因为必须这样做而显得很难过。此外，德鲁利在回忆录里对这次忏悔什么也没说。至于弗朗西斯，帕斯卡尔这样猜想无疑是正确的：“他将钉坐在那儿，深深地感动，他的眼睛看着维特根斯坦，目不转睛。”

对罗兰德·赫特和法妮娅·帕斯卡尔来说，听这个忏悔均是一次不舒服的经历。对于赫特，不舒服只是这种困窘：必须和维特根斯坦对坐在里昂咖啡馆，听他用高亢清楚的声音诵读自己的罪。另一方面，法妮娅·帕斯卡尔则为整件事而恼怒。维特根斯坦在她不方便的时间打电话给她，问能否去见她。她问事情是否紧急，维特根斯坦肯定地告诉她，是的，而且不能等。“如果有什么事能等，”她在桌子另一边面对他时心想，“那就是一次这种类型、这种方式的忏悔。”他的呆板、冷淡的忏悔风格令她不可能回应

369 以同情。在某一个点上她叫了出来："这是什么？你想要自己是完美的？"
"当然我想要自己是完美的，"他咆哮道。

法妮娅·帕斯卡尔记住了维特根斯坦忏悔的两项"罪"。除此之外，还有许多她没记住的更微小的罪。罗兰德·赫特记住了那里头的几项。一项罪关系到的是维特根斯坦的一个美国熟人的死。一个共同的朋友告诉维特根斯坦这个死讯时，他的反应方式就像刚听到某个悲伤的消息。这是不真诚的，因为实际上这个死讯对他根本不是新消息；他已然听说了。另一项罪关系到的是第一次世界大战中的一件事。维特根斯坦的指挥官要他把炸弹搬过一块架在溪流上的摇摇晃晃的木板。他起先害怕得做不了。最后他克服了恐惧，但最初的怯懦从此困扰着他。还有另一项罪，关系到的是这一事实：多数人以为他是处男，但他并不是——年轻时他和一个女人发生过性关系。维特根斯坦没有用"处男"或"性关系"这些词，但赫特毫不怀疑这就是他的意思。他没记住维特根斯坦的实际用词。他觉得大概是这样："多数人以为我没和女人发生过关系，但我有过。"

法妮娅·帕斯卡尔记住的罪当中的第一项，是维特根斯坦容许认识他的多数人认为他有四分之三的雅利安人血统和四分之一的犹太血统，但实际情况是倒过来的。也就是说，维特根斯坦的祖父母、外祖父母里的三个人有犹太血统。按照纽伦堡法案，这样维特根斯坦就是一个犹太人；帕斯卡尔把这个忏悔跟纳粹德国的存在联系到一起，肯定是做对了。有一件事维特根斯坦没告诉她，但她后来发现了：他的"犹太"祖父母、外祖父母中没有一个是实际的犹太人。两人受洗为新教徒，第三个受洗为罗马天主教徒。"有点儿犹太"，她评论道。

到目前为止，这一切"罪行"都是疏漏之罪：它们只涉及维特根斯坦未能做某事，或拒绝纠正某个令人误解的印象。最后的、最痛苦的那项罪关系到的是一句维特根斯坦讲的真正假话。帕斯卡尔回忆，忏悔进行到这一阶段时，"他必须更坚定控制自己，音节顿挫地说出他的怯懦、可耻的行
370 为"。不过，她对这一忏悔的叙述令人觉得，她描述的事件遭到了某种奇怪

的歪曲：

> 在奥地利的一所乡村学校教书的短暂时期里，他打了班上的一个小女孩，伤到了她（我记得是一种身体上的暴力行为，但不记得细节）。她跑到校长那儿投诉，维特根斯坦否认自己做过。这事件是他成年期前段的一次危机。可能就是因为这事，他才放弃了教书，也许还认识到自己应该过隐士生活。

这事在许多方面都被歪曲了。首先，奥特塔尔事件发生时维特根斯坦三十岁出头，对于她所说的“成年期前段”，这个年龄肯定老了点。更重要的是，帕斯卡尔似乎完全不知道，根据一切记录，身体上的暴力行为在维特根斯坦的班上绝非罕见；她似乎也不知道，维特根斯坦实际站在法庭上接受审判，面对施暴罪名的起诉。可能维特根斯坦没告诉她这些事——他拿这个单独的事件当自己在奥特塔尔的不端行为的一个象征。但也有可能——我认为不见得不可能——帕斯卡尔的记忆出了问题。毕竟，她毫无听维特根斯坦的忏悔的心情，而他的忏悔风格更令她心不在焉。罗兰德·赫特记得的忏悔，讲的不是就一次孤立事件向校长否认某事，而是承认自己在一桩法庭案件上撒了谎。这么说跟奥特塔尔村民作出的描述更相符，也更好地解释了为什么这一欺骗如此困扰维特根斯坦。

毫无疑问，在维特根斯坦忏悔的所有欺骗里，在奥特塔尔的行为是他感受到的最大负担；他为了从中解脱出来而作出的努力比帕斯卡尔和赫特所能知道的大得多。作出忏悔的同一年，维特根斯坦出现在奥特塔尔村民的门阶上，向自己曾在身体上伤害的孩子当面道歉；村民们大为惊讶。他至少见了这些孩子中的四个（也可能更多），请求他们原谅他对他们的不当行为。一些人反应大度，正如奥特塔尔村民格奥尔格·斯当格尔回忆的：

> 我自己不是维特根斯坦的学生，不过，战前不久维特根斯坦来 371

> 我父亲的房子向我兄弟和我父亲道歉时我是在场的。中午，大约一点钟，维特根斯坦进了厨房，问我伊格纳茨在哪里。我叫了我兄弟，我父亲也在。维特根斯坦说，如果他曾对伊格纳茨做了不公之事，他想要道歉。伊格纳茨说他没必要道歉，说自己在维特根斯坦那儿学得很好。维特根斯坦呆了约半个小时，他提到，他也想去找冈斯特纳和哥德贝格，以类似的方式请求他们的原谅。

但是，在曾挑起针对维特根斯坦的控告的皮里鲍尔家里，他得到的反应不那么大度。他到那儿向皮里鲍尔的女儿赫尔米勒道歉；赫尔米勒根深蒂固地嫉恨他，因为他曾如此暴力地拽她的耳朵和头发，有时她的耳朵出血，头发被拔掉。维特根斯坦恳求这女孩原谅时，她只是回了一句轻蔑的“嗯，嗯”。

可以想象，这对维特根斯坦一定是很大的羞辱。而事情几乎像是：如此这般低声下气就是为了惩罚自己。但我认为这种看法误解了他的忏悔和道歉的意图。目的不是用惩罚伤害他的骄傲，而是拆毁他的骄傲——就像是移开一块挡在诚实和得体的思考之路上的路障。如果他觉得自己错待了奥特塔尔的孩子，那么他应该向他们道歉。大概每个人都有过这种想法，但多数人想了想后出于各种理由放弃了：那事发生在很久以前；村民不会理解这样的道歉，会认为那很奇怪；冬天去奥特塔尔的路很难走；这样道歉是痛苦和羞辱的，而且，考虑到其他理由，不值得为之弄得那么麻烦；诸如此类。但是，觉得这些理由有说服力——我认为我们多数人会这样——就会最终屈服于怯懦。这种事正是维特根斯坦最最坚决不肯做的。这就是说，他到奥特塔尔去不是为了寻求痛苦和羞辱，而是：就算有痛苦和羞辱，他也决心把道歉进行到底。

反思自己的忏悔效果时他写道：

372 > 去年，在上帝的帮助下，我振作了起来，作了一次忏悔。这把

> 我带进更稳定的水域，带进一种更好的人际关系中，带给我更高的严肃。但现在我仿佛把那些东西都花光了，我离以前的我又不远了。我无可估量地怯懦。如果不纠正这一点，我将再次彻底漂进我当时走出的水域。

维特根斯坦把自己的忏悔视作一种外科手术，一种去除怯懦的手术。他觉得感染是恶性的、需要继续治疗——这是他的典型态度。形成对照的是，他把一次单纯的身体伤害视为琐事——这也是他的典型态度。1937 年新年回到挪威后不久他出了次事故，断了一根肋骨。道德状况是急务，这件事却只用一个玩笑带过。他告诉帕蒂森：“我想过把这根肋骨摘除，或用它造一个妻子，但他们告诉我，用肋骨造女人的手艺失传了。”

若说维特根斯坦的忏悔对弗朗西斯有什么影响，大概是给他壮胆，令他较为自由地说出心里话——暴露他隐瞒的某些事。“我觉得，对你隐瞒是错误的，”他在 1937 年 3 月写道，“即便那么做的原因是自己的羞愧。”不过，他暴露的不是过去的行为，而是当下的情感；特别是，他不想在剑桥的工厂工作，想跟维特根斯坦在一起，最好在一起工作：“有时我希望我们一起做点工作，随便什么工作。我觉得你是我生命的一部分。”他担忧的不是自己的道德状态（肯定也不是维特根斯坦的道德状态），而是他们的关系——他害怕他们正在疏远，或者因为环境而被迫分开：

> 我常常考虑我们的关系。我们将各自独立地生活吗？我能够独立于你而生活吗？如果发生战争会怎样？或者若我们永久地分离？我是这样可怕地缺乏勇气。我经常渴望你。不论心境如何，我都感觉你就在附近，即便我做了非常糟的事情，我也会有那样的感觉。我永远是你的老忠心。我爱想着你。

想到自己和维特根斯坦的工作不再有关——意识到自己不再是任何意 373

义上的维特根斯坦的合作者——弗朗西斯因此而痛苦。五月份他写道："我不认为我曾彻底地理解过你目前的工作，我觉得，努力更好地理解它对我是好事。"这封信也谈了弗朗西斯和斯拉法的一次见面；他说，从这次见面里他"学到了很多，对我有好处"。斯拉法"非常友好地谈论工人"。但是，自己当了工人后，弗朗西斯逐渐发觉，现在哲学问题对他似乎相当遥远了，为此他大为惊恐：

> 我近来一直在思考哲学现在对我有什么用。我不想失去自己的智性良心。我不想自己花在学哲学上的那些年月都白白虚掷。我不想自己现在只成了一个更聪明的人。我想要一直记住努力正确使用语词的重要性……我还觉得，我不应该忘记，哲学问题对我来说真的是重要的问题。

这份落款日为5月27日的信是写给身在维也纳的维特根斯坦的。1937年春天，他在挪威的工作进行得不顺——他告诉摩尔，"部分原因是我为自己感到很烦恼"；这年夏天，他先是和家人在一起，然后到伊斯特路和弗朗西斯在一起。在剑桥时他做的工作弗朗西斯大概能帮上忙：口述一份论述的打印稿；这些论述是上个冬天写的，现在构成了《哲学研究》的前188节。8月10日他又动身去挪威。

维特根斯坦回挪威时满怀惶恐，这一点在他这时期的日记里挺明显。他在前往舒登的船上记录，自己设法写了一点，但没"全心全意"在工作上。几天后他描述自己："空虚、没想法、焦虑"——为独自生活而焦虑。"恐怕我会沮丧、无法工作"：

> 我现在愿和某个人一起生活。在早晨看见一张人脸——另一方
> 374 面，我现在变得如此软（soft），必须独自生活也许倒对我好。我现

在格外可鄙。

“我有一种感觉，”他写道，“我不会彻底没想法，但我会因为孤独而沮丧，会无法工作。我担心，在我的房子里我的思想会全被扼杀，在那里一种泄气的情绪会完全占据我。”但他还能在哪儿工作？住在舒登却不住在自己的房子里？他为这念头而烦躁；而在剑桥，“我能教学，但不能写作。”第二天，他“不快乐、无助和没想法”；他发觉“弗朗西斯真是独一无二和不可代替。可和他在一起时，我对这一点的意识却如此之少”：

卑劣完全捕获了我。易怒，只想到自己，想我的生活是悲惨的，同时我却一点儿不知道有多悲惨。

他不能面对这件事：搬回自己的房子里。他的屋子以前看上去迷人，现在却突然令他感觉陌异和不友好。他寄宿到安娜·勒伯尼那里去了，但这样做时他的道德感受到折磨。和她一起住，自己的房子却空空立着，对此他深感“怪异”（unheimlich）：“有这栋房子却不住在里面，我感到羞耻。不过，这种羞耻感竟是一种如此强烈的情感，这事很奇怪。”在雷伯尼的房子里过了一夜后，他写道，他觉得住在那儿很奇怪：“我不知道我住在那儿是否有正当的理由或任何好的理由。我既不真正需要孤独，也没有一点做工作的压倒性冲动。”他感觉自己软弱到了骨子里。“是气候的关系吗？——真可怕，我竟如此容易被‘烦’（die Sorge）击败。”他考虑搬回自己的房子，“但我害怕那里的压倒我的悲伤。”他写道，向上走是困难的，向上走时人总是不情愿的。他觉得自己太软弱了，无法作出那种努力。有一两天他倾向于认为，麻烦是身体上的甚于心理上的。“现在真的病了，”8 月 22 日他写道，“腹疼和发烧。”但随后的那个晚上他记录，体温是正常的，但还是一如既往地感到疲倦。直到 8 月 26 日他才记下了第一个恢复的迹象：又能愉快地观看挪威的景色了。那天他收到两封信（他的说法是

375 “礼物倾洒过来”）——一封来自弗朗西斯，另一封来自德鲁利，“都可爱得令人颤抖”。就在那一天，他终于——在初到挪威生活的一年之后——写信请弗朗西斯过来加入自己。“愿事情顺利。愿此事降临到我身上时有一半的得体。”

弗朗西斯欣快地接受了邀请。8月23日他曾写：“你在一封信里说‘我希望有你在这儿’。如果我去看你，对你会有什么帮助吗？你知道我会去，我爱去。”现在“我非常愿去看你。我确定地认为那对我有好处。对此我非常确定”。不过，由于腿上的一个疱症必须手术，直到九月的第三个星期他才能够出行。

这段时间里，维特根斯坦渐渐恢复了精神稳定度和工作能力，而且能够搬回他的房子。“在生活里看到的解决问题的方式，”8月27日他写道，“是：如此这般地生活，从而使成问题的东西消失”：

> 生活是成问题的，这个事实表明，你生活的形状与生活的模具并不相合。所以你必须改变生活方式，一旦你的生活与模具相合了，成问题的东西就会消失。
>
> 但我们不是有这种感觉吗：看不到生活中的问题的人，对某种重要的东西、甚至对一切之中最重要的东西视而不见？我是不是想说：那样的人只是漫无目的地生活——盲目地，像一只鼹鼠；只要他能看，他就会看到问题？
>
> 或者，我是不是应该这么说：正确生活着的人不把问题体验为悲哀，所以，环绕他生活的是一轮明亮的光晕，而不是一片可疑的背景。

照这样讲，在维特根斯坦眼里，自己既不是盲目的人，也不是正确生活着的人。他觉得生活的问题是问题、是悲哀。不可避免地，他认为问题就在于：“我糟糕地指挥自己，我有低级劣质的感情和思想”（1937年8月26日）；“我是个懦夫，一次次地，我在一切场合里注意到这一点”（1937

年 9 月 2 日）；“我没有宗教性，但有畏（Angust）”（1937 年 9 月 7 日）。最后一句里的“但”似乎是一点安慰，仿佛是说，如果他焦虑地感到自己缺乏信仰，那起码证明他不是在盲目地生活——起码给了他这种可能性：“明亮的光晕环绕他的生活”。9 月 4 日他写道： 376

> 基督教不是一种学说，我是指，它不是一种谈论人的灵魂发生了什么、将发生什么的理论，而是对某种人类生活里实际发生的事情的描述。因为“罪之意识”是一种实在的事件，绝望和经由信仰而得救也是如此。谈论那种事情的人（例如班杨[1]）只是在描述他们身上发生了什么，无论人们想把多少光彩涂到上面。

一如既往地，他寻求的是自身中的上帝——把自己的绝望转化为信仰。在随后的狂风暴雨的天气里，他发觉自己很想诅咒上帝，这时他严厉谴责自己。他告诉自己那“就是邪恶和迷信”。

9 月 11 日，维特根斯坦的工作能力已充分恢复，能在一本大手稿册子里（而不是笔记本里）写点东西了；但他说他害怕自己“以一种做作和糟糕的风格”写作。他发觉自己只是刚好能工作，但是工作时找不到乐趣，“仿佛我的工作被抽干了汁液，”9 月 17 日他写道。

第二天他去卑尔根接弗朗西斯。他写道，觉得自己很有性欲：晚上睡不着时有性幻想。一年前他得体得多——严肃得多。弗朗西斯到了屋子之后，维特根斯坦跟他在一起时是“肉欲的、敏感的、不得体的”：“和他睡了两三次。总是先感觉这事没什么错，然后是羞愧。我还对他不公、暴躁和不诚恳，还有残忍。”我们不知道这是不是他和弗朗西斯唯一一次性亲密。但这确实是他的加密札记里提到的唯一一次。惹人注目的是，他一边

[1] 班扬，即 John Bunyan（1628—1688），英国作家。

记述他们一起睡，一边却写下对弗朗西斯的无爱。或者，他表达的也许是
自己对无爱的恐惧，仿佛料定自己将发现魏宁格的这话是正确的：“与所
377 爱对象的身体接触，在这样的接触中，性的冲动被唤醒……足以把爱当场
杀死。”

弗朗西斯住进维特根斯坦房子的约十天里，维特根斯坦只留下一条加密札记：“非常不耐烦！”（1937 年 9 月 25 日）不过，10 月 1 日，弗朗西斯离开的那天，他写道：

> 过去五天是很好的：他融入了这儿的生活，带着爱和友善做每件事；感谢上帝，我并未不耐烦，我实在也没有理由那样，除非为了我自己的腐烂天性。昨天我陪他走得很远，走到松达尔；今天回到我的小屋。有一点沮丧，也累了。

当然，在弗朗西斯看来，他俩在维特根斯坦房子里第一个晚上的性和亲昵并无魏宁格式的含义。他着迷于自己对维特根斯坦的“敏感”，一点也不恐惧失去他的爱。例如，他在一封未署日期的信里写道：“我经常想起过去我们一起做的每件事，也想起我们在剑桥这里做的事。有时我因此而很激烈地渴望你”；挪威之行刚结束时，他在信里反复地肯定此行多么“美妙”：

> 我一直想着你，想到我和你在一起的美妙时光。真美妙——那竟是可能的。和你在一起，和你一起在那房子里生活，真迷人。这是送给我们的一件美妙的礼物。我希望它带给我许多益处。[ 未署日期 ]
>
> 我现在经常想到，和你在一起时感觉多么好，和你在一起，和你一起看着风景，是多么美妙。你对我有最美妙的益处。和你在一起带给了我许多益处……和你在一起是美妙的。[ 1937 年 10 月 14 日 ]

弗朗西斯逗留期间，就像他一年前渴望做的，帮维特根斯坦打扫房间。维特根斯坦痛恨肮脏，采取了一种特别严格的方法清洁地板：把湿茶叶丢在上面，吸住脏东西，然后扫净。无论住在哪里，他都频繁地这么干，而且坚决拒绝在他住的房间铺地毯，无论住多长时间。回到伊斯特路的公寓 378
后，弗朗西斯也采用了这种一丝不苟的做法，作为对此行的一种纪念：

> 我常常想你。我也经常想，和你一起打扫你的屋子多么妙。回来以后我决定不铺我的地毯，即便拍打过它了，因为我知道不能使它保持完全清洁。现在我必须扫我的屋子。我喜欢这样做，因为我因此想起和你在一起的时候。我很高兴那时我学会了该如何正确地做这事。

出席一次道德科学俱乐部的聚会时，弗朗西斯仿佛披上了维特根斯坦的斗篷。在对这次聚会的记录里，他摒弃了那种他的几乎一切其他记录在案的言辞都具备的谦虚温和的调子，表现出反常的凶猛，这种凶猛大概是他从维特根斯坦那儿借来的：

> 摩尔教授不在，布雷斯韦特当主席。论文是关于伦理的。我必须说，布雷斯韦特是讨论中最令人反感的。他搞掉了讨论的一切严肃性。他的谈话从不显得他对讨论负有任何责任，也不显得讨论具有一个严肃的目的。讨论时始终笑声不断，很多笑声是他挑起的。如果他说的话只是糟糕，那我不会介意，但我恨他缺乏严肃。因为缺乏严肃，从讨论中就得不到任何有用和有价值的东西。

在日记里维特根斯坦说这是一封“弗朗西斯写来的可爱的信”：

> 他写道……在布雷斯韦特的主持下讨论糟糕得可悲。这是可怕

的。但我不知道能对此做什么，因为其他人也不够严肃。还有，我太怯懦，做不了任何决断。

在另一封信里，带着一种类似的不赞许态度，弗朗西斯提到法妮娅·帕斯卡尔论“现代欧洲”的讲座；这是一门她同意给工人教育协会上的谈论时事的课程。在这件事上，维特根斯坦的确试了一次决断性的干涉：他写
379 给帕斯卡尔一封信，她说，那是封“刺耳和威吓”的信，“导致我的怒火的最大爆发，由于我不敢向他表达，这怒火就尤为难受”。维特根斯坦写道，她必须无论如何不上这门课——她这样做是错的，是邪恶的和破坏性的。他为什么这么想，那封信实际说了什么，我们永远不会知道；帕斯卡尔在一阵愤怒中撕碎了信。

直到弗朗西斯离开舒登两周后，他的第一封信才寄到维特根斯坦手里。虽然这个耽搁不是特别长，但足以印证维特根斯坦的恐惧。10 月 16 日他写道：“大约十二天没听到弗朗西斯的消息了，很担心，因为他还没从英格兰写信来。上帝，在这个世界里有多少忧愁和悲惨啊。”第二天他收到了第一封信：“放心了，高兴了。上帝会帮助我们。”

与此同时，路德维希·亨泽尔的儿子赫尔曼短暂拜访了维特根斯坦：“他给人好印象。我和他没有很密切的关系，因为他纹理粗糙（grobkörnig），我不完全适合纹理粗糙的人。”不过，纹理虽粗糙，木头却是好的，“比我得体得多”的亨泽尔凸显出他是个如此劣质的人：“我真担心某种东西会腐蚀我；如果最微小的东西被毁坏了，那是多么烦人”。他担心自己失去工作的精力，失去想象力。“腐烂”意象打动了他：

[我]刚才从一个纸包里拿出几个在里面放了很长时间的苹果。我不得不把好几个切下一半扔掉。后来，抄出一个我写过的后半句糟糕的句子时，我立即视之为一个烂了一半的苹果。

他问自己，在这种思考方式里有没有某种女性的东西，使得“一切到我面前的东西在我看来都成了我正在思考的东西的图画。”仿佛是——用魏宁格的术语来说——他退化到用涵拟、而不是用概念思考了。

11 月和 12 月是他在挪威的最后两个月，这段日子，维特根斯坦的日记里充满了侵袭着他的恐惧、焦虑和不快的念头。他想到病和死——自己 380
的、朋友的和家人的。他担心，在离开之前会有事发生在自己身上。他操心自己和安娜·勒伯尼的关系，操心自己离开挪威后做什么。那时他的书能写完吗？他能再自个工作吗？或者应该到一个能和别人在一起的地方去？——也许去都柏林，去德鲁利那里？

他也担心自己的肉欲和爱的能力。他记录自己的自慰，有时带着羞愧，有时带着迷惑的疑问：“这有多坏？我不知道。我猜它是坏的，但我没有理由这么认为。”体现在自慰冲动里的性欲是否威胁到了他用清洁纯净的心去爱人的能力？

> 想起我以前对玛格丽特的爱或错爱，也想起我对弗朗西斯的爱。我对 M 的感情能这样完全冷静地进行，于我而言这是一个糟糕的迹象。当然，这里有所不同；但我的冷心肠还是那样。愿我被原谅；即，愿我有可能真诚和爱。[1937 年 12 月 1 日]

> 昨晚自慰。良心的剧痛。但也确定了：我太软弱，无法抵挡冲动和诱惑——若它们和伴随它们的图像降临到我身上、又不能到别处躲避。可昨天晚上我刚刚反省了过一种纯净生活的需要。(我那时想起了玛格丽特和弗朗西斯。)[1937 年 12 月 2 日]

在这一切的担忧、焦虑和恐惧中，他始终努力写着他的书。这几个月里，他写了现在构成《数学基础评论》第一部分的多数论述，但动笔时他是把它们当作自己上一年写的著作的后半部来写的。在这些论述里，他把前一著作中描述的方法运用到数学哲学问题上，努力表明数学哲学问题是“语言在我们的智性上的蛊惑”引起的。特别是，他运用自己的“人类学”方法，试图消解引出弗雷格和罗素的逻辑主义的那种思考方式。通过想象跟我们有着不同的习俗和推理方式的部落，通过构造跟我们通常采用的隐
381 喻不同的隐喻，他努力削弱某些类比——某些“已被吸收进我们的语言形式的譬喻”——对我们的把持。例如，他攻击那种认为逻辑命题类似事实命题的柏拉图主义。“有一个真理[1]对应于逻辑推理吗？”他让他的对话者问。“这个由那个导出，这不是为真吗？”唔，维特根斯坦回答，若我们作一种不同的推导，会发生什么？我们会如何与真理冲突？

> 若我们的尺子不用木头和铁做，而用很软的橡胶做，我们会如何与真理发生冲突？——“唔，我们将得不到桌子的正确尺寸。”——你的意思是：我们将得不到，或不能确信得到，我们用硬尺得到的那个尺寸。

这儿的要点是，正确或不正确的推理，标准不是由某种外部的柏拉图式真理的领域提供的，而是我们自己提供的，是由“一种习俗（convention）或一种使用、或我们的实践需要”提供的。用硬尺不用软尺的习俗并非更真确（true）；它就是更有用。

维特根斯坦还攻击了处于逻辑主义核心地带的那个譬喻：数学证明和逻辑论证之间的类比。在逻辑论证中，联系建立在各（经验）命题之间，意在确立某个结论为真：所有人终有一死；苏格拉底是一个人；因而苏格拉底终有一死。另一方面，数学证明的结果从来不是经验命题之真，而是确立可一般应用的规则。在这一具体的攻击中，维特根斯坦必须展示出数学命题和经验命题的相异之处，但他在这一点上的论述不完

[1] “真理”，译自 truth，但这里 truth 强调的是“事实”，即有没有一个事实与逻辑推理对应。

全令人满意。行文之间他偶尔承认自己的不满意：“我只是——用一种笨拙的手法——指向算术命题和经验命题的角色的根本差异，还有其表面上的相似。”他从未喜欢过自己在这一点上的表述，或自己对数学哲学其他问题的处理，随后的六年多里他一次次地尝试改进之。

做这项工作时维特根斯坦对之不满意。他在日记里的批评是经常和严厉的。他反复说，它的风格是糟糕的，太不明确；他一直在删改写好的文字：“我写作的时候是不安的，我的思想全都呼吸短促。我一直觉得，我不 382
能为自己的表述给出完全的辩护。这种滋味是糟糕的。”这显出了他的神经紧张，也体现了这一事实：他睡得太少，太长时间没见过阳光了。天气正令他心烦；天太冷了。海湾全部冻住，湖也开始结冰。他不再能划船，必须在冰上走，他也为此而烦恼。他开始计算还剩几天就能动身前往维也纳过圣诞。当然，他随时都能走，但这样做对吗？

> 我愿逃走，但那是错的，我就是不能那样做。另一方面，也许我可以——我可以明天打包离开。但我想这样做吗？这样做对吗？在这儿坚持住不是对的吗？当然对。若我明天离开，会有一种糟糕的感觉。“坚持住”，一个声音对我说。在这种坚持住的愿望里也有一点虚荣，但也有某种较好的东西——早一点离开或立刻离开，这么做的唯一中肯的理由是，现在我也许在某个别的地方能更好地工作。因为这是一个事实：此刻的压力令我几乎不可能工作，也许再过几天就确实不可能工作。

随后的几天里他又能够工作了，于是他感谢上帝送给他一件他配不上的礼物。他写道，他一直有一种真正虔诚的人从没有的感觉——上帝要对他之所是负责：“这是虔诚的反面。一次又一次地，我想说：‘上帝，如果你不帮助我，我能做什么？’”虽然这种态度与《圣经》的教诲一致，但不是真正虔诚的人的态度，因为那样的人为自己承担责任。“你必须奋斗，”

他催促自己，“别在意上帝”。

尽管这样催促自己，但他仍是“肉欲的、软弱的和低级的”，还受到一切惯常的焦虑——他会出什么事，因此而无法离开；他会在回家的路上生病或出事——的困扰。困扰他的还有 1913 年罗素指出的在挪威过冬的一切麻烦：“变化多端的糟糕的天气，寒冷、雪、冰块，等等。由于黑暗和我的疲惫，一切事都很困难。”当然，弗朗西斯送来了鼓励和关爱：

383 我很遗憾你那儿有风暴。请在穿过湖的时候非常小心。我将非常多地想着你。我爱回忆我们在挪威一起度过的时光。想着它对我有益。

不过，12 月 10 日，维特根斯坦像是得到某种解脱似的迎接自己在挪威的最后一夜；他写道，自己完全可能永远不回来。

在前往卑尔根的船上，维特根斯坦写到基督的复活，写到什么东西甚至令他也倾向于相信这事。他的理由是，如果基督不死而复生，那么就和别人一样在墓中腐烂。“他死了，*腐烂了*。”为了指明这种想法的可怕，他必须反复写下它，并在下面画线。如果是那样，基督就是一个和其他教师一样的教师，“而不再能*帮助*人；又一次，我们成了孤儿，并且无助。所以我们必须用智慧和沉思满足自己”。而如果那是我们拥有的一切，那么“我们就在一种我们什么也不能做、只能做梦的地狱里；仿佛是，以天为顶、却与天隔断”。如果想要得救，想要得到救赎，智慧是不够的；需要信仰：

而信仰是信仰我的心、我的灵魂所需的东西，而非信仰我的沉思的智性所需的东西。因为，必须得救的是我的带着激情——仿佛带着其血肉——的灵魂，而不是我的抽象心智。也许我们能说：只有爱才能相信复活。或者：相信复活的是爱。我们会说：救赎的爱甚至相信复活；甚至对复活也坚执。

那么，终极来讲，为了逃离孤独的地狱，他需要做的事也许是爱；如果他能这么做，那他就能克服自己的疑虑、相信复活，从而得救。或者，也许他首先需要的是被上帝爱：

> 仿佛是，抗击怀疑的是救赎。坚执这一点，就必须坚执那信仰。所以那话的意思是：首先你必须得到救赎，并紧握你的救赎——然后你将看到你在坚执这信仰。

首先，你必须得到救赎："然后，一切都将不同，若你能做现在不能做 384
的事，也将'不足为奇'。"比如：相信复活。看上去，相信复活是拯救的先决条件，但相信复活又需要拯救。谁来打破这个恶性循环：他自己还是上帝？

脱离挪威的孤独地狱时，维特根斯坦似乎在说，他之脱离更大的地狱，他之脱离更大的孤独，是上帝的责任。

他能忏悔他的罪，但宽恕这罪不是他的事。

# 第十九章 奥地利终结[1]

385 1937 年 12 月和 1914 年 7 月一样，维特根斯坦在自己祖国历史上的一个关键时刻回到了奥地利。上一次危机导致了哈布斯堡帝国的终结，此刻的危机将导致奥地利自身的终结。

希特勒既有意图、也有手段把奥地利并入他的德意志帝国，到 1937 年 12 月，任何愿意思考此事的人都不会为此吃惊。《我的奋斗》1925 年起就在印刷，第一页上希特勒就宣布："日耳曼—奥地利必须回到伟大的日耳曼母国……同一种血统要求同一个帝国。"几页之后："最年轻的时候，我获得了一个从未离我而去、相反愈加深刻的基本洞见：只能通过奥地利的解体来捍卫日耳曼精神。"1934 年的纳粹暴动[2]失败后，希特勒一直在实行用"合法"手段摧毁奥地利的政策；在 1936 年 7 月的"奥地利和德国关系正常化"条约里，奥地利承认自己是一个"德国的邦国"，奥地利总理许希尼格无奈之下允许内阁接纳了"国家主义反对党"的两个纳粹成员。由于希特勒随后对凡尔赛条约的否定，他重整军备的活动以及英国、法国、俄国和意大利的不愿干涉，这件事已不可避免：

[1] "奥地利终结"（Finis Austriae）。

[2] "1934 年的纳粹暴动"，1934 年奥地利纳粹分子试图发动武力政变，政变失败，但奥地利总理多尔福斯（Dollfuss）遇刺身亡。

有一天这个纳粹反对党将统治奥地利，在那种统治下奥地利不是独立国家，而是纳粹德国的一部分。

除了很少的例外，对于迫近的“合并”的可能后果，维也纳大量犹
太居民的认识很迟钝——也可能是不想面对。即使是承认“合并”无可 386
避免的人，也无法相信其可能的冲击。当然，人们强烈要求不能在奥地利施行纽伦堡法案。犹太居民很好地同化进了奥地利生活的主流：高层有太多犹太人，犹太人和非犹太人之间有太多通婚，有太多忠诚的、只是祖先碰巧是犹太人的奥地利公民。在雅利安人和非雅利安人之间的差异如此模糊的国家里，那些法律怎么能实行呢？

至少赫尔米勒·维特根斯坦是这么想的。1945 年写回忆录时，她觉得不能设想自己曾那般幼稚——“但是，”她补充道，“比我更聪明的人看待正在散发威胁的政治事件时也同样迟钝。”她回忆 1937 年的圣诞节时用了特别玫瑰色的措辞，无疑是跟随后发生的事情对照之下的结果。她写道，很高兴自己的所有四个兄弟姐妹及其各自的家人都到场了（此时，她和路德维希是家族里唯一没生孩子的；海伦娜率领着自己的一个分支庞大的家庭，是四个孩子的母亲和八个孩子的祖母）；他们跟她任教的学校里的学生和前学生一起唱颂歌、忆往昔、玩闹，还——最反讽地——聚在圣诞树旁唱奥地利国歌。“盛宴在午夜结束时，我们都有同样的想法：这是有过的最可爱的圣诞节；我们已在谈论明年的圣诞了。”

维特根斯坦当时的日记里毫无这样的感性温情（Gemütlichkeit）。但也丝毫没提政治事件。然而，他对局势的认识不可能和他姐姐一样幼稚。诚然，住在挪威时他的唯一信息来源是法妮娅·帕斯卡尔寄去的《伦敦新闻画报》（*Illustrated London News*）；另一方面，我们应该记住，过去一年他两次到过剑桥，他可能无可估量地受惠于皮耶罗·斯拉法的见多识广的政治分析和判断。我相信，1 月份对自己的非雅利安血统作出忏悔时，他既知道纽伦堡法案的条款，也知道这些条款未来可能施行到奥地利公民头上。

上图：维特根斯坦与外甥女玛丽·斯托克特（海伦娜的女儿）
下图：维特根斯坦一家在新梨地人街的圣诞节

387 不过他没在日记里讨论政治。他写了自己——在挪威的费劲日子后精神和身体都精疲力竭，发觉很难与身边的人交谈，几乎不能对他们开口，心里迷雾重重，觉得自己真不必在那儿。他还写到弗洛伊德：

> 弗洛伊德的想法：在疯癫时，锁未被摧毁，只是被改变了；旧钥匙不再能打开它，但用一把造得不同的钥匙能打开它。

也许在这儿他写的还是自己，他在写一种感觉：只要找到一把新钥匙，就能打开通往自己牢房的门，然后“一切都将不同”。

1月份的第一个星期，他患了胆囊的毛病，卧床不起，但几乎不认为病痛是他感觉这么累和虚弱的真正原因。在床上，他反思着自己的肉欲，沉浸在对弗朗西斯的感情里。他写道，事情常常是这样：不舒服时他对性的念头不设防，易受性欲左右。他带着性欲想念弗朗西斯，“而那是糟糕的，但现在的状况就是这样”。他很长时间没听到弗朗西斯的消息了，为此而担忧；一如既往地，他倾向于设想最坏的情况——例如，假设弗朗西斯死了：“我想：如果他死了，那是好的和对的；就此把我的‘傻念头’带走。”他立刻丢掉了这个黑暗的、唯我的想法，但只是部分地：“虽然——又一次地——我的意思只有一半是那样。”

这一限制——就算有什么区别的话——只是更令人震惊。对此事重新思索过后，他甚至真还半心半意地认为弗朗西斯死了是件好事？

他不觉得自己和维也纳的任何人有任何亲爱的关系，对此作反思时他写道，“我是冷漠的，裹在自己之中”。他倾向于认为林荫街的舒适生活对他有害，但要去哪里呢？挪威房子里的孤独已证明不可忍受，他也毫无重回剑桥的学术生活的愿望。又一次，都柏林显得是一种有吸引力的选择。在那里能跟德鲁利在一起，甚或和德鲁利一样接受精神病医生的训练。每件事都是不确定的；不知道想去哪儿住，也一样不知道要做

什么。但一件事是确定的：他需要和一个能与之谈话的人在一起[1]。 388

2月8日维特根斯坦到了都柏林，搬进了德鲁利在切姆斯福德路的老公寓。到那儿的第二天他说自己："无宗教性、脾气坏、阴郁"。他身陷这样的"可恨处境"：不能工作、不知道干什么、只能呆在那儿等。他说自己仍有撒谎的倾向："一次又一次，我看到自己不能决心说出关于自己的真话。或者我只是向自己承认片刻，随后又忘记。"空虚，怯懦，对真相的恐惧，令他隐瞒了他不想承认的关于自己的事："直到我不再有足够的聪明发现它们"。两天后他后悔来了都柏林，在这儿明显什么也做不了；"另一方面，我不得不等待，因为什么都尚未很清楚"。住在都柏林的这头几个星期里他写了很少的哲学；仿佛他的哲学思想被哄得睡着了："完全就像我的才能陷入了某种半梦半醒"。

哲学思想睡着了，当精神病医生的想法苏醒了。他请德鲁利安排自己去趟圣帕特里克医院，以便能见到患有严重精神疾病的病人。他告诉德鲁利他觉得这事极有趣。此行之后他写道（用英语）："看到了疯子身上的健全人！（也看到你自己身上的疯子。）"随后的几个星期，他每周两三次去看几个长住病人。不过，他还不确定这么做的结果会是什么（如果有的话）。

此时是德鲁利医生训练的最后一年，他正在都柏林城市医院度过实习期。他告诉维特根斯坦，在急救科工作时，他为自己的笨拙而困扰，疑心来当医生是个错误。无论维特根斯坦对自己从事医学的计划有多少 389
犹疑，他倒是快速平息了德鲁利的疑虑。第二天德鲁利收到一封他的信，

---

[1] 维特根斯坦选择和德鲁利而不是弗朗西斯在一起，这事需要解释。然而，不幸的是在这一点上我们被迫只能推测；在日记里，他甚至想都没想过到剑桥和弗朗西斯在一起。也许他要避开的不是弗朗西斯，而是剑桥；或者，也许是接受医生训练的可能性吸引他到都柏林。但根据已引用的文字，肯定也有这种可能：因为他对弗朗西斯的欲望和弗朗西斯的几乎势不可挡的对他的欲望，剑桥吸引不了他——他认为，自己和弗朗西斯之间的肉欲不容于他希望在自己身上看到的转变。——原注

信里强调："你并未作出错误的决定，因为那时你并未忽视任何你知道的或你应当知道的东西。"他催促德鲁利："别想你自己，想想别人"：

> 看看人的苦难，身体上的和精神上的；它们近在你手边，应该是你的问题的一剂良药。另一种方法是，只要应该休息、整理自己，就休息。（不是和我在一起，因为我不会让你得到休息。）……更切近地看看你的病人，把他们视作陷入麻烦的人类，更好地享受要向这么多人说"晚安"的机会。单单这事就是一件许多人都嫉妒的来自天堂的礼物。我相信，这类事应当能治愈你的磨损的灵魂。这工作不让你的灵魂歇息；但当你感觉到健康的疲倦，你不妨就休息。我认为，在某种意义上你并未足够切近地看人的脸。

这封信的结尾是："我希望你有好的想法，但主要是有好的感觉。"

1938 年的头几个月里，维特根斯坦的日记首次提到奥地利面临的危机是在 2 月 16 日。"无法工作，"当时他写道：

> 常常考虑我变换国籍的可能性。在今天的报纸上读到，奥地利和德国的一种进一步的强制邦交已成了事实——但我不真正知道我该做什么。

正是在那天，"国家主义反对党"的纳粹首领阿瑟·塞斯—因夸尔特博士被任命为奥地利内政部长，希特勒和许希尼格的贝希特斯加登会见的意义显露了出来。

那次会见是 2 月 12 日进行的，起初奥地利为之而庆祝，视之为两国间更诚挚关系的一种迹象。后来人们才知道，在这次"友好的会谈"中，
390 希特勒要求许希尼格委任纳粹部长掌管奥地利警察、军队和财政事务，并威胁："你三天之内满足我的要求，否则我将下令进军奥地利。"2 月

15日的《泰晤士报》报道：

> 如果同意满足希特勒先生的这个建议：让阿瑟·塞斯—因夸尔特博士当奥地利内政部长，并掌管奥地利警察部门；那么，按照奥地利反纳粹人士的普遍看法，这就意味着很快“奥地利终结”的字样将写在欧洲地图上。

第二天，这份报纸干巴巴地评论了一件事：宣誓就任部长后塞斯—因夸尔特立即从维也纳动身去柏林：“内政部长的第一个举动是访问某个外国，这事很好地说明了，希特勒和许希尼格会见后，奥地利发现自己身处其中的不寻常境地是什么。”

随后的几个星期里维特根斯坦密切注意着事态进展。每个晚上他都问德鲁利：“有新消息吗？”作为对此的回答，德鲁利大概就告诉维特根斯坦当天的报道。然而，读德鲁利的回忆时人们会诧异他看的是什么报纸。[1]他对走向“合并”的那些日子的记述，最少说也是有点奇怪的。他写到，3月10日晚上他告诉维特根斯坦，每份报纸都报导希特勒随时准备入侵奥地利。维特根斯坦的回答幼稚得吓人：“那是个荒谬的谣言。希特勒不想要奥地利。奥地利对他根本没用。”第二天晚上，据德鲁利说，他不得不告诉维特根斯坦希特勒已然实际占领奥地利。他问维特根斯坦他的姐姐们会不会有什么危险。又一次，维特根斯坦的回答里包含着极异常的无忧无虑：“她们太受尊重了，没人敢碰她们。”

根据这些记述，人们也许认为维特根斯坦忘记了自己在2月16日的报纸上读到的话——他毫不知晓奥地利受到的威胁，全然不知纳粹政权的本性，也不关心家人的安全。这一切当然全是错的；人们只能认为，他留给德鲁利这个误导的印象，是因为不希望增加德鲁利的负担。德鲁 391

[1] 指3月10日前他读的是什么报纸，怎么让维特根斯坦有那般误解，见下文。

利愿意相信维特根斯坦的表面反应，这大概很好地说明了他对维特根斯坦毫不质疑的态度，还有他自己在政治上的幼稚。我觉得，也有可能是这样：喜欢把友谊分门别类的维特根斯坦认为与德鲁利讨论这些问题没用。他与德鲁利讨论宗教问题；政治和世间事务的讨论，他依赖的是凯恩斯、斯拉法和帕蒂森。

然而，就算照其自身的逻辑——不考虑我们就维特根斯坦对政治事件的认识而言能够知道或疑心的其他事——德鲁利的故事也有一点费解。如果他每天晚上都对维特根斯坦报告新闻，那么他就应该（例如）在 3 月 9 日告诉维特根斯坦，许希尼格声明将举行一次全民公决，请奥地利人投票决定他们是赞成还是反对一个独立的奥地利。正是因为这一声明，第二天希特勒命令军队逼近奥地利边境准备入侵。现在，如果维特根斯坦对那条稍后新闻的反应是不承认希特勒想要奥地利，那么他（同样还有德鲁利）认为许希尼格的全民公决的意义何在呢？为什么需要再次确认奥地利的独立？独立于谁？

此外，部队在边境集结后的第二天，并不是希特勒占领奥地利的那一天，而是许希尼格辞职、塞斯—因夸尔特成为首相的那一天。希特勒和德国部队要再过一天（3 月 12 日），在受到新首相的邀请之后，才越过边境线；“合并”正是在此时正式达成。也许这像是吹毛求疵，但那三天的事件清晰地印在经历过它们的每个人心里；而且，这几天里，每一天的事态变化都应该对维特根斯坦有着——就算对德鲁利没有——极其重大的意义。3 月 10 日奥地利是许希尼格治下的独立邦国；11 日它是纳粹治下的独立邦国；12 日它是纳粹德国的一部分。对一个犹太血统的奥地利家庭来说，第二天和第三天的差别是决定性的：它标志着当奥地利公民和当德国犹太人的差别。

“合并”那天维特根斯坦在日记里写道：“听到的奥地利的事令我不
392 安。不清楚我应该做什么，去维也纳还是不去。主要是想到弗朗西斯，
我不想离开他。”尽管在德鲁利面前担保无事，但维特根斯坦极关心自己

家人的安全。他的第一反应是立刻到维也纳和他们在一起；他没那么做，是因为害怕再也见不到弗朗西斯。但他还是写信向家人承诺，如果他们需要他，他就去维也纳。

维特根斯坦和斯拉法间的通信里唯一保留下来的一封信，是斯拉法在 3 月 14 日写的，正是那一天希特勒在维也纳举行了胜利游行；信里对“合并”后维特根斯坦面临的形势作了一个很长的分析。这封信清楚地说明，维特根斯坦能从斯拉法那里得到多高明的见多识广的政治观点和建议；这封信也说明，维特根斯坦肯定写了信，直截了当地请斯拉法指点：若自己前往维也纳，可能有什么后果。

斯拉法的这封信开头是：

> 在讨论之前——可能写得有点乱——对你的问题我想给出一个明确的答案。如果像你说的，能够离开奥地利、回到英格兰对你具有“生死攸关的重要性”，那么毫无疑问——你绝不要去维也纳。

斯拉法指出，奥地利边境将禁止奥地利人出境，虽然这种限制有可能很快撤销，但如果维特根斯坦去维也纳，极有可能很长时间被禁止离开。“无疑你意识到了你现在是个德国公民，”斯拉法继续说：

> 一进入奥地利，你的奥地利护照肯定会被没收：那时你就必须申请德国护照，等到盖世太保认为你配得上德国护照时，你的申请也许会得到批准……
>
> 至于战争的可能性，我不知道：它会在任何时刻发生，或许我们还有一两年的“和平”。我真的没想法。但我不愿押宝说还有六个月的和平。

维特根斯坦必定还问了斯拉法，若当上剑桥的讲师，会不会改善自己的处境，因为斯拉法继续说：

393 不过，如果你不顾一切决定回维也纳，那我认为：a）如果你是剑桥的讲师，肯定能增加你获准离开奥地利的机会；b）一旦你出了奥地利（我应该说德国），那么进入英格兰不会有困难；c）离开爱尔兰或英格兰之前，你应该到某个德国领事馆把护照换成德国的：我猜他们很快就会开始这么做；比起在维也纳，在这儿你更可能换成护照；而且，如果你使用德国护照前往，允许你再次出境的可能就更高（虽然也根本不牢靠）。

“你必须谨慎，”斯拉法告诫，“在各种事情上”：

1）如果你去奥地利，你必须下定决心不说你有犹太血统，否则他们肯定拒绝给你护照；

2）你一定别说你在英格兰有钱，因为等你到了那儿，他们可以强迫你把钱转给德国国家银行；

3）如果德国领事馆在都柏林或剑桥接洽你，要你登记或换护照，你要小心地应对，一个轻率的词就可能令你再也回不了维也纳；

4）你写信给家里时要非常小心，只谈纯私人的事务，他们肯定审查信件。

至于更改国籍的问题，斯拉法建议，如果维特根斯坦决心申请爱尔兰公民身份，那么应当在失去自己的奥地利护照之前去做，因为奥地利人比德国人更容易做成这事。另一方面：

在当前的环境下，如果英国国籍是唯一你不用再居住十年就能获得的国籍，那么我没有疑议：而且你在英格兰有能帮你得到英国国籍的朋友：一个剑桥的职位肯定能令你迅速地得到它。

下一个星期五斯拉法将动身去意大利，他邀请维特根斯坦来剑桥讨论这事，如果维特根斯坦在那之前能来的话；但是他告诫说：“以后，写给我的信将转寄到意大利，所以当心你说的话，你也许在写给意大利审查官看。”信的结尾是：“抱歉这是封混乱的信”。人们不禁好奇，他在其他通信里达到的清晰和准确是什么级别的。 394

“无疑你意识到了现在你是个德国公民。”斯拉法写下这几个可怕的词的那天，维特根斯坦的日记说明他正在跟这一意识较劲：

我现在处于格外困难的境地。随着奥地利并入德意志帝国，我成了德国公民。那对我是个可怕的处境，因为我现在隶属于一种我在任何意义上都不认可的权力。

两天后，他“在心里和在嘴上”都决定，要放弃自己的奥地利国籍，依照移民几年的想法去做：“这没什么不同。但想到要丢开我的同胞，这种感觉糟透了。”

收到斯拉法的信后维特根斯坦立刻从都柏林动身前往剑桥与之讨论形势。3 月 18 日他在日记里记道：

昨天斯拉法建议我，暂时在任何情况下都别去维也纳，因为我现在帮不了我的人，而且十有八九不会获准离开奥地利。我不完全清楚该做什么，但暂时觉得斯拉法是对的。

经过与斯拉法的这次谈话，维特根斯坦决定采取一系列行动。首先要确保获得一个剑桥的学术职位，然后是申请英国公民身份。为了这两个目标，他立刻写信向凯恩斯求助。他先向凯恩斯解释自己的处境——随着奥地利被吞并他成了德国公民；根据纽伦堡法案，他成了德国犹太人："当然，同样的事也发生在我的兄弟姐妹身上（他们的孩子则不，他们算雅利安人）。""我必须说，"他加上，"成为（或当）一个德国公民，即便不论其所有的肮脏后果，这个念头也令我不寒而栗。（也许这是愚蠢的，但就是这样。）"他勾勒了斯拉法反对他去维也纳的论据——他的奥
395 地利护照将被没收；作为一个犹太人，他将得不到新护照的批准；因此他将不能离开奥地利，再也不能得到一份工作。当德国犹太人或当英国大学讲师，面对这个选择，他有点不情愿地被迫选了后者：

> 以前我有过得到英国公民身份的想法；但我总是否决之，理由是：我不愿成为一个伪英格兰人（我觉得你能理解我的意思）。然而，现在我的处境完全变了。现在我不得不在两个新国籍中作出选择，一个国籍剥夺我的一切，另一个起码允许我在这么一个国家里工作：在这个国家里，我长长短短度过了成年生活的最多时光，交到了我的多数朋友，做出了我的最好工作。
>
> ……关于得到一个剑桥的职位，你也许记得，我过去有五年是一个"助理讲师"[1]……现在我要申请的就是这个，因为没有别的空缺职位。事实上，我曾想过自己终究要申请；就算不是现在，或许也是下一个秋天。但是现在，尽可能快地得到一个职位对我是重要的；因为a）它对我入籍有帮助，b）如果我没能入籍、不得不成为"德国人"，那么，要是我在英格兰有一个职位，去看我的人时就更有机会得到再离开奥地利的允许。

依照斯拉法的建议，维特根斯坦请凯恩斯介绍一个法律顾问——"一

[1] "助理讲师"，译自assistant faculty lecturer。

个这种事上的专家”——帮助自己申请入籍。“我想要补一句，我丝毫没有经济困难。我有大约三百或四百镑，因此，不难再维持差不多一年。”

凯恩斯对这封信的回信没有保留下来，但很显然他尽其所能为维特根斯坦确保了一个大学里的位置，并在申请英国公民身份的事上提供了帮助。不过，维特根斯坦心里有他的典型焦虑：担心凯恩斯可能误解他的处境；他把凯恩斯的信寄给帕蒂森，请帕蒂森“嗅嗅气味”。他主要担心凯恩斯把他当作最悲惨一族——贫困的难民——的一员呈递给大学当局和内政部。因此，当凯恩斯说他大概符合学术援助委员会的审批条件时， 396
他对之有点怀疑。他告诉帕蒂森，学术援助委员会“是一个帮助没钱的人（例如难民）的机构；接受那儿［原文如此］[1]援助不仅对我不公，也把我划入了完全错误的类别”。他很紧张这一点，乃至怀疑自己是否应当利用凯恩斯为他写给法律顾问的介绍信：

> 我有一种模糊的恐惧，如果这封介绍信的措辞有轻微的错误，那么就会把事情弄得令我更难堪；例如，信里也许说我是一种所谓的难民，并强调这件事的不符合实际情况的一面。

结果证明他的焦虑并无根据。大学迅速地作出答复，他得到了一个下学期初生效的讲师职位。

在等待英国护照的漫长日子里，维特根斯坦一直很关心家人的情况。他很难知道他们身处多大的危险中，“合并”后不久收到的这封（用英语写的）短信也没令他放心：

---

[1] 此处原文为 accepting there［sic］assistance，there 按语法似应为 their，故传记作者加了说明［原文如此］。

我亲爱的路德维希：

没有一天曼宁和我不谈到你；我们的爱意始终和你同在。请不要为我们担心，我们真的十分好，精神处于最佳，在这儿一直很快乐。再见到你将是我们最大的喜悦。

你的爱你的，

海伦娜

对此，维特根斯坦在日记里不以为然（无疑是正确的），说这是“维也纳寄来的想叫人放心的空洞消息。显然是写给审查官看的”。

事实上，对于自己面临的危险，海伦娜和赫尔米勒的意识很迟缓；这种意识终于到来时，她们恐慌了。赫尔米勒回忆，“合并”后不久的一个早晨，保尔用恐怖的语气宣布：“我们算犹太人！”赫尔米勒能够理解，
397 为什么这事把这么大的恐惧砸进保尔的心里。他极在乎自己的钢琴演奏家职业，但身为犹太人，他将被禁止演出；此外他喜欢在乡间长途散步，但每一个标明“犹太人禁行”的标语必将令他的散步大失其趣。不过，德国法律把赫尔米勒算作犹太人，这件事对她似乎只有很少的意义。她的大部分时间在自己的院墙内度过，她的生活无疑将和以前差不多，除了这件事——几个过去在公共场所常跟她打招呼的人或许不再那么做了。

起初保尔争取使自己的家庭获得雅利安人的待遇，他的根据是，他们一直是忠诚和爱国的公民，对国家贡献良多。为了这个目的，他和格蕾特（她是美国公民，没有危险）到柏林跟纳粹当局交涉。他们的诉求毫无结果。他们得知，除非能找到他们的祖父母里存在第二个雅利安人的证据，否则他们还是犹太人。

家族的另一支——维特根斯坦的姑姑米莉的后人——试图证明赫尔曼·克里斯蒂安·维特根斯坦是雅利安人。在柏林的档案里留有一份米莉的孙女布里吉特·茨威奥尔写的，为赫尔曼·克里斯蒂安的情况申诉的报告。报告呈给家谱研究部（Reichstelle für Sippenforschung，负责确定谁

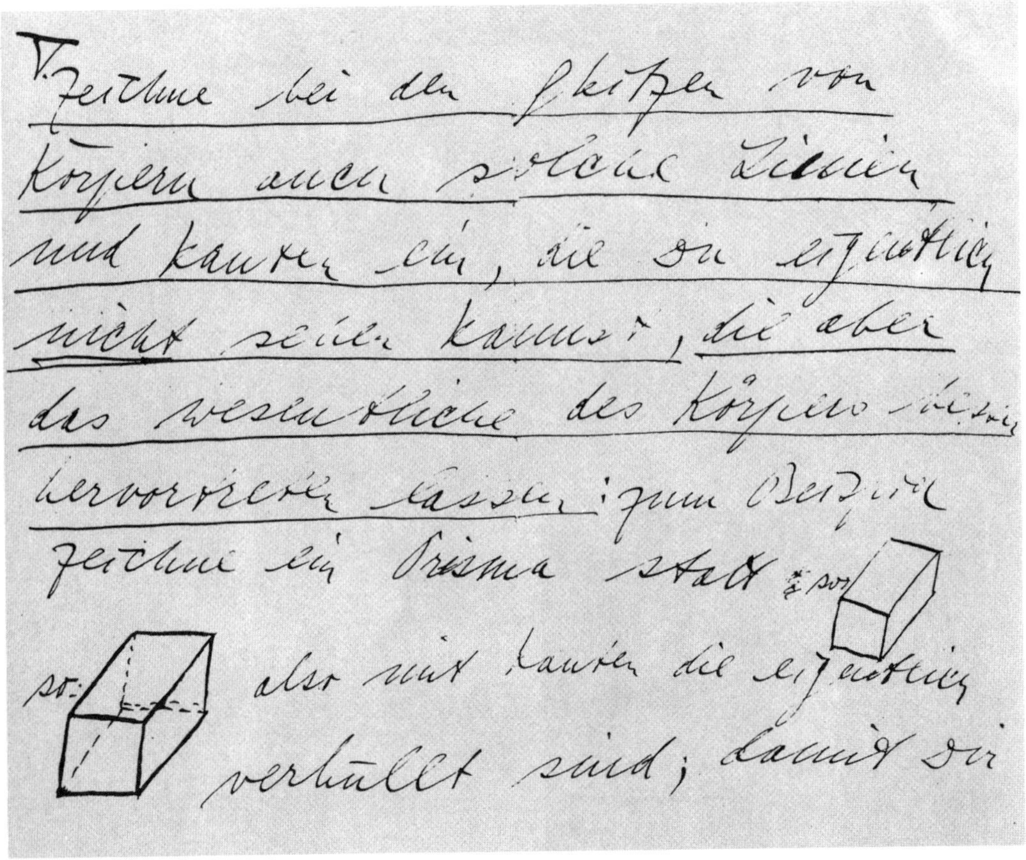

V. Zeichne bei den Skizzen von Körpern auch solche Linien und Kanten ein, die du eigentlich nicht sehen kannst, die aber das Wesentliche des Körpers deutlich hervortreten lassen; zum Beispiel zeichne ein Prisma statt so: so: also mit Kanten die eigentlich verhüllt sind; damit dir

维特根斯坦给姐姐赫尔米勒的信

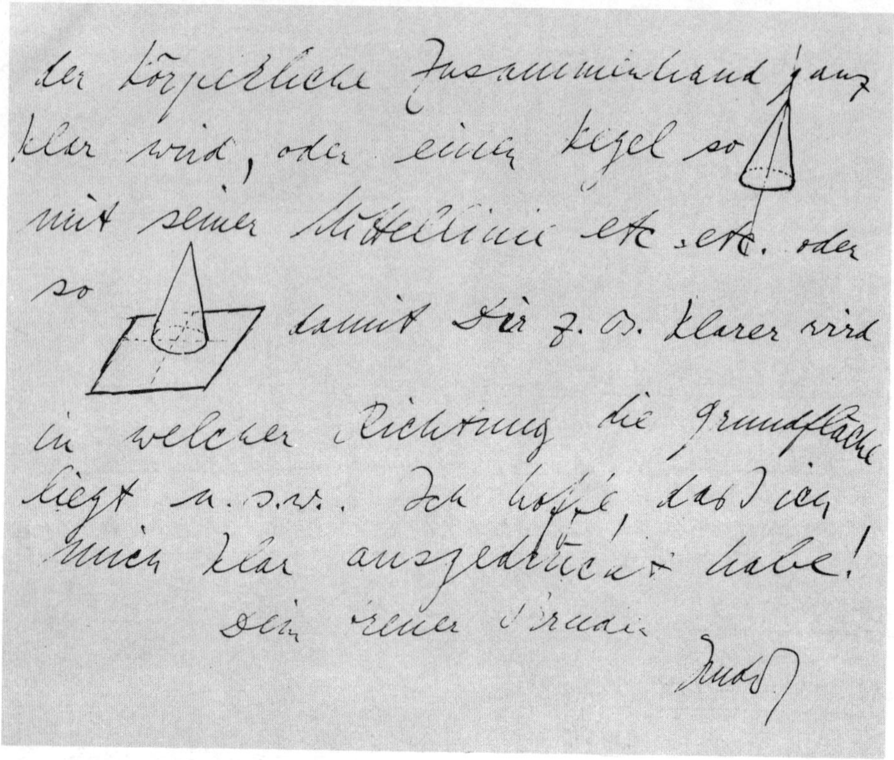

der körperliche Zusammenhang ganz klar wird, oder einen Kegel so mit seiner Mittellinie etc. etc. oder so damit Dir z. B. klarer wird in welcher Richtung die Grundfläche liegt u. s. w. Ich hoffe, daß ich mich klar ausgedrückt habe!

Dein treuer Bruder

Ludwig

姐姐赫尔米勒，在霍赫海特

是或不是雅利安人的纳粹部门），声称家族中人都知道赫尔曼·克里斯蒂安是某个瓦尔德克王族成员的私生子。茨威奥尔承认在这一点上没有直接证据，但强调也没有相反的证据；虽然赫尔曼·克里斯蒂安是在犹太社区里长大的，但无法证明他确是某个犹太人的儿子。她附上了一张赫尔曼和芬妮的十一个孩子的照片，作为赫尔曼的雅利安出身的间接证据。“说这些孩子出自两个纯犹太父母，”她论证道，“依我们之见，在生物学上是不可能的。”报告指出，赫尔曼选择“克里斯蒂安”当自己的中名，他有反犹分子的名声，成年后不和犹太社会来往，不准子孙跟犹太人通婚。这份报告的落款日是 1938 年 9 月 29 日，但申诉未获理睬，直到近一年以后纳粹看到了接受这申诉的好处。

赫尔米勒、格蕾特和海伦娜大概与这份报告无关。对他们来说，赫尔曼·克里斯蒂安是摩西·迈尔的儿子，如果这意味着德国法律视他们为 398
犹太人，那么也只好如此。为了逃脱当德意志帝国的犹太人的后果，保尔很可能愿意采取一切必要的手段。结果他完全看不到重新归类的希望，因此只寻求尽快离开“大德国”。他催促赫尔米勒和海伦娜也这么做——扔下一切到瑞士去。他劝道，房子起火坍塌时，明智的做法是跳出窗户，忘掉里头的财物。然而，赫尔米勒不能离开自己的朋友、家人和心爱的霍赫海特，海伦娜也无法接受与自己的子女和孙子女分离。两人都拒绝离开。1938 年 7 月，在双方都说了许多刺耳的话之后，保尔丢下奥地利的姐妹独自去了瑞士。

海伦娜和赫尔米勒离开维也纳，到霍赫海特消夏，她们仍旧相信犹太人身份不会带给自己任何危险。9 月份，格蕾特到霍赫海特告诉她们，德国之外的消息灵通人士普遍相信战争随时会爆发（那是捷克斯洛伐克出现危机的时候）；人们还知道纳粹会把德国的犹太人圈起来关进集中营，在集中营里他们将饮食不足，受到很糟糕的对待。格蕾特催促赫尔米勒和海伦娜离开奥地利。

然而，这时德国犹太人不再可能进入瑞士，于是必须设计别的方案。

在格蕾特的建议之下，赫尔米勒同意到一个维也纳犹太律师那里为自己和海伦娜买南斯拉夫护照。她显然相信这是南斯拉夫政府授予国籍的方式，因为她说一点也不知道自己在买的是假护照，直到阿尔费德·索格伦代表她们去南斯拉夫拿护照——阿尔费德报告说，护照是在一家专门伪造文件的工场里制造的。

但赫尔米勒继续进行这个计划，她亲自到慕尼黑，想用假护照获得去瑞士的签证。很快，警察开始调查这一处赝品来源；还未动身逃往瑞士，赫尔米勒和海伦娜就被捕了，一起被捕的还有格蕾特和阿尔费德。
399 她们在监狱里各过了两夜，格蕾特又多过了一夜。在随后的审讯中，格蕾特尽可能地说自己是整出丑事的唯一负责人，法官接受了这个说法；不过据赫尔米勒说，她们的最好辩护是外表和谈吐。出现在法庭前的不是一群《我的奋斗》里描述的邋遢、发臭、穿土耳其长衫的犹太人，而是一个著名和富有的高等布尔乔亚奥地利家族的骄傲成员。针对四人的指控都被撤销了。

维特根斯坦本人对这故事知道多少，我们不可能说清。无论如何，他如此担心姐姐的状况，结果生病了。在一封 1938 年 10 月写给摩尔的信里，他谈到“过去一两个月的很糟糕的神经紧张”，并把它归咎于：“我在维也纳的家人有很大的麻烦。”对英国护照的等待变得几乎无法忍受，因为他渴望能使用护照到维也纳去，尽其所能地帮助姐姐。在这一切的焦虑之中，他实在受不了内维尔·张伯伦——此人嘴里称颂着“我们时代的和平”从慕尼黑返回。他寄给吉尔伯特·帕蒂森一张为庆祝张伯伦的“成功”而印刷的明信片。在一帧张伯伦夫妇的照片下面印着：“和平的朝圣者。真棒！张伯伦先生。”维特根斯坦在背面写了：“如果你要一贴催吐剂，这就是。”

1938—1939 年的冬天，德国国家银行开始调查维特根斯坦家族持有的巨额外汇。按照纳粹法律，德国国家银行有权强迫家族把钱转给他们。然而，由于这笔财富的所有权的复杂配置，他们难以动手。看到这种情况，格蕾特想出了另一种确保她们姐妹安全的可能性：可以同意转交外汇，作为交换她们要得到一封书面声明：赫尔米勒和海伦娜获得雅利安人的待遇。

于是柏林当局和维特根斯坦家开始了一长串的磋商，最终纳粹同意接受布里吉特·茨威奥尔上一年写的报告，以交换维特根斯坦家的外汇。由于保尔和家族其他人的分歧，磋商复杂了起来。这时保尔离开了瑞士，
住在美国，他不同意为了满足姐妹住在奥地利的乖张愿望而同纳粹作交 400
易。他争辩说，把这么大笔的财富交到纳粹手里，帮助纳粹，这是错误的。（赫尔米勒认为这后一个论证出自保尔的参谋们，指出那些人统统是犹太人——仿佛只有犹太人才会认为这种考虑是有意义的。）

1939 年春天这些口角一直在持续；格蕾特在纽约、柏林和维也纳之间穿梭，努力达成一种适合所有各方的协议；1939 年 6 月 2 日维特根斯坦终于拿到英国护照时问题仍未解决。仅仅一个月之后，他就用这护照去了柏林、维也纳和纽约，他的目标是帮格蕾特达到和解。据赫尔米勒说，这不是她弟弟适合做的那种事，在经验上和在性情上都是如此。此外（虽然她没指出这点），贿赂纳粹接受一个谎言——他两年前刚在这件事上作了忏悔——这里头的讽刺意味很难逃过他的注意。尽管如此，他仍然带着自己身上全部的严谨和坚韧投入了磋商。“如果，”赫尔米勒补充道，“在纽约他没达到他的目的，那真的不能怪他。”她在别处暗示，那得怪保尔。

尽管保尔反对，但这些磋商的结果是：大笔家族财富从瑞士转到了德国国家银行，“家谱研究部”则向其维也纳办公室发出了一份正式声明，说赫尔曼·克里斯蒂安·维特根斯坦是无条件的德国血统（deutschblütig）。因此，1939 年 8 月赫尔米勒、海伦娜以及赫尔曼·克里斯蒂安的所有其他孙子女都收到了证书，宣布他们是犹太混血（Mischlinge），不是犹太人。再后来，1940 年 2 月柏林当局又进一步，发出一份公告宣布涉及犹太混血的规定不适用于赫尔曼·克里斯蒂安·维特

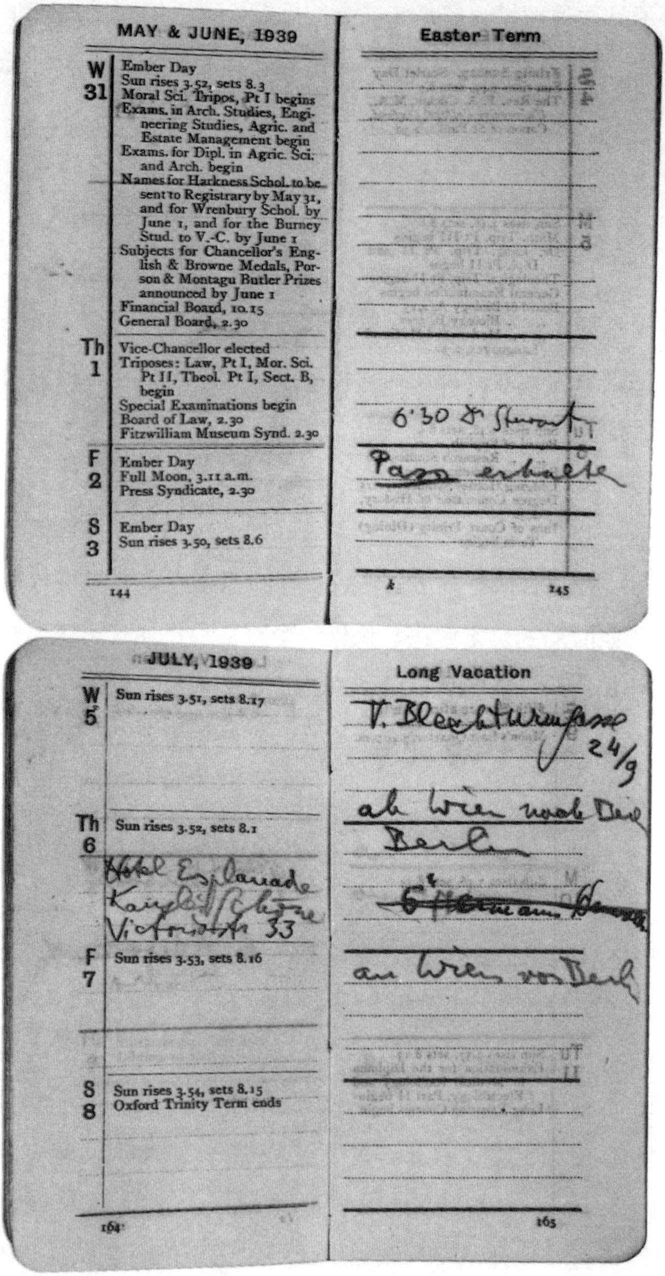

MAY & JUNE, 1939
Easter Term
W 31
Ember Day
Sun rises 3.52, sets 8.3
Moral Sci. Tripos, Pt I begins
Exams. in Arch. Studies, Engineering Studies, Agric. and Estate Management begin
Exams. for Dipl. in Agric. Sci. and Arch. begin
Names for Harkness Schol. to be sent to Registrary by May 31, and for Wrenbury Schol. by June 1, and for the Burney Stud. to V.-C. by June 1
Subjects for Chancellor's English & Browne Medals, Porson & Montagu Butler Prizes announced by June 1
Financial Board, 10.15
General Board, 2.30
Th 1
Vice-Chancellor elected
Triposes: Law, Pt I, Mor. Sci. Pt II, Theol. Pt I, Sect. B, begin
Special Examinations begin
Board of Law, 2.30
Fitzwilliam Museum Synd. 2.30
F 2
Ember Day
Full Moon, 3.11 a.m.
Press Syndicate, 2.30
S 3
Ember Day
Sun rises 3.50, sets 8.6
144
145
6'30 Dr Stewart
Pass erhalten
JULY, 1939
Long Vacation
W 5
Sun rises 3.51, sets 8.17
Th 6
Sun rises 3.52, sets 8.1
Hotel Esplanade
Victoriastr 33
F 7
Sun rises 3.53, sets 8.16
S 8
Sun rises 3.54, sets 8.15
Oxford Trinity Term ends
164
165
24/9
ab Wien nach Berlin
an Wien von Berlin


维特根斯坦的袖珍日历，上面记载着他成为英国新公民以及随后的维也纳和柏林之行

上：保尔·维特根斯坦
下：姐姐格蕾特·斯通巴罗

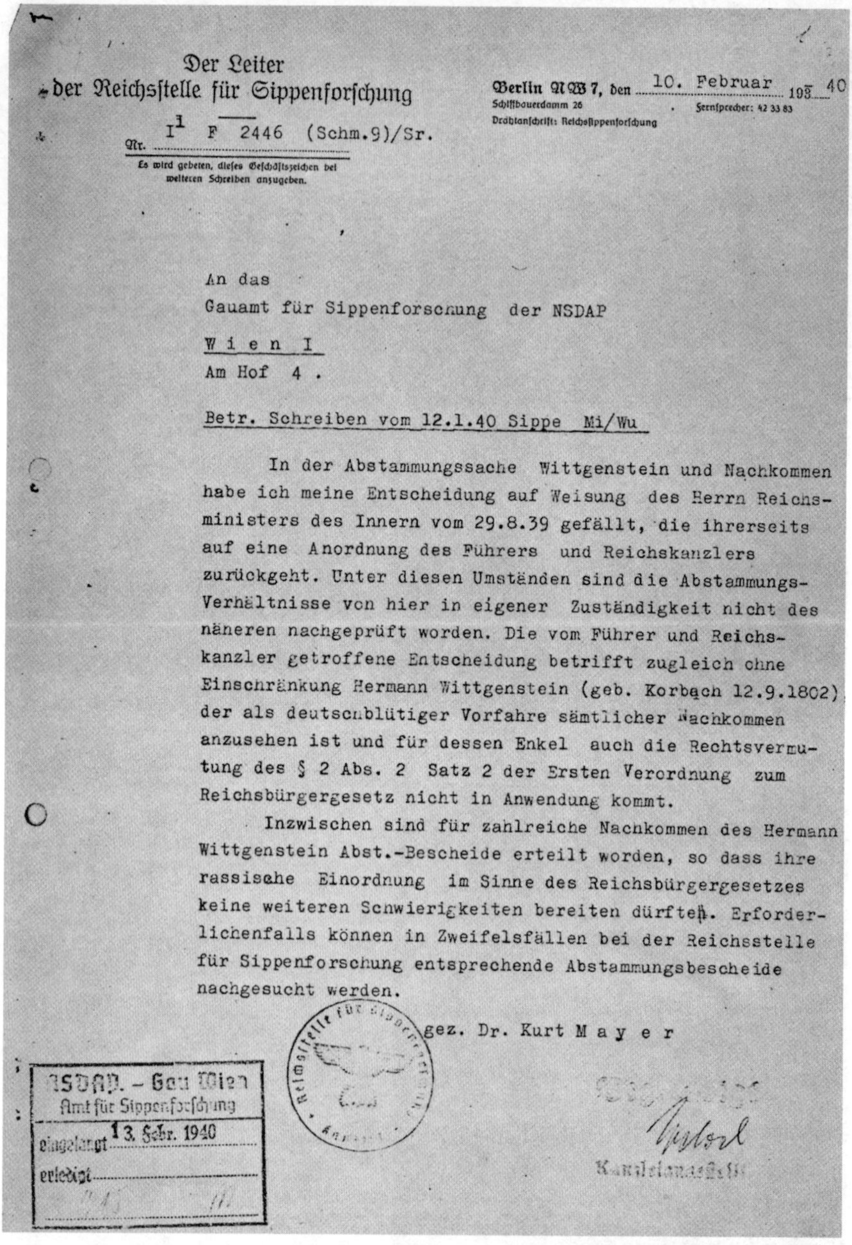

Der Leiter
der Reichsstelle für Sippenforschung

Nr. I[1] F 2446 (Schm.9)/Sr.

Es wird gebeten, dieses Geschäftszeichen bei weiteren Schreiben anzugeben.

Berlin NW 7, den 10. Februar 1940
Schiffbauerdamm 26
Drahtanschrift: Reichssippenforschung
Fernsprecher: 42 33 83

An das
Gauamt für Sippenforschung der NSDAP
Wien I
Am Hof 4.

Betr. Schreiben vom 12.1.40 Sippe Mi/Wu

In der Abstammungssache Wittgenstein und Nachkommen habe ich meine Entscheidung auf Weisung des Herrn Reichsministers des Innern vom 29.8.39 gefällt, die ihrerseits auf eine Anordnung des Führers und Reichskanzlers zurückgeht. Unter diesen Umständen sind die Abstammungs-Verhältnisse von hier in eigener Zuständigkeit nicht des näheren nachgeprüft worden. Die vom Führer und Reichskanzler getroffene Entscheidung betrifft zugleich ohne Einschränkung Hermann Wittgenstein (geb. Korbach 12.9.1802), der als deutschblütiger Vorfahre sämtlicher Nachkommen anzusehen ist und für dessen Enkel auch die Rechtsvermutung des § 2 Abs. 2 Satz 2 der Ersten Verordnung zum Reichsbürgergesetz nicht in Anwendung kommt.

Inzwischen sind für zahlreiche Nachkommen des Hermann Wittgenstein Abst.-Bescheide erteilt worden, so dass ihre rassische Einordnung im Sinne des Reichsbürgergesetzes keine weiteren Schwierigkeiten bereiten dürften. Erforderlichenfalls können in Zweifelsfällen bei der Reichsstelle für Sippenforschung entsprechende Abstammungsbescheide nachgesucht werden.

gez. Dr. Kurt Mayer

NSDAP. – Gau Wien
Amt für Sippenforschung
eingelangt 13. Febr. 1940
erledigt

柏林当局公告在维也纳、柏林和纽约与维特根斯坦家族谈判协商后给予的答复

根斯坦的后人，而且，“按帝国公民法［纽伦堡法案］对他们作出的种族分类不带来另外的困难”。这样，赫尔米勒和海伦娜得以相对平静地度过了战争。

# 第二十章　不情愿的教授

401 如果不是“合并”，维特根斯坦还会不会回到剑桥，这没法说。不过，他到学术界外找一个位置的努力，顶多算得上没结果。虽然有时谈到自己要到“普通”人中间找工作——就像鼓励斯金纳和赫特做的那样——但他似乎没怎么努力进行此事。虽然他抱着更大的诚意实施到俄国工作和/或接受医生训练的计划，但计划从未转化为坚定且不含糊的意图。他也许继续努力寻找写完他的书所需的心灵的宁静和专注，也许和德鲁利一起呆在都柏林，也许到挪威独居。但他的三四百镑的积蓄维持不了一生。最后他必须找到一个有薪水的职业。也就是说，照他 1930 年对摩尔的说法，必须找到他生产的产品对之有用的人。而不可避免地，最需要这种产品的地方是学术界，尤其是剑桥。因此他完全可能在某个时候申请教职。但可以确定地说，如果不是“合并”，这事不会早在 1938 年 4 月就发生。

这不只因为维特根斯坦当时不急于回到教学，还因为他有点担心自己和弗朗西斯的关系。如他在纽约的日记说明的，他对自己和弗朗西斯之间存在的肉欲深感担忧，他忧虑这种性欲是否——至少在他这方面——与真爱相容。他情愿在远处爱着弗朗西斯，远离性“敏感”的诱惑。可是现在，由于害怕彻底失去弗朗西斯，他回到了剑桥，比以往任

维特根斯坦相册里自己的照片

何时候都更稳定地进入了那种诱惑的领地。

一回来他就搬进了弗朗西斯位于伊斯特路杂货店楼上的寓所里；一年多里，他们就像弗朗西斯一直希望的那样过着情侣生活。他们在维特根斯坦工作上的合作者时期早已结束。维特根斯坦上课和继续写书，弗朗西斯在工厂工作。这一时期没留下弗朗西斯写的信，维特根斯坦的加密日记里也没有相关的札记，所以我们不知道在这一年里他们的关系如何或为何恶化。我们知道的只是 1939 年时这段关系已然恶化了，在随后的两年里，维持这段关系的只是弗朗西斯忠贞不渝的——甚或纠缠不休的——爱。看上去，维特根斯坦对弗朗西斯的爱并未——也许不可能——在他曾渴望和恐惧过的身体亲密中存活下来。

维特根斯坦在这一时期的学生里找到了新一代的“弟子”。为了把班级限制到他感觉舒服的小规模，他没有照常规在剑桥大学记录表（Cambridge University Recorder）上公布他的课。他请约翰·维兹德姆、摩尔和布雷斯韦特通知他们认为会对这门课感兴趣的学生。只有约 10 个学生来听课。选出的这一班人里有洛什·里斯、约里克·斯麦瑟斯、詹姆斯·泰勒、凯什米·路易和西奥多·瑞德帕斯。这个班足够小，他们都能切近地熟悉维特根斯坦，不过里斯、泰勒和斯麦瑟斯成了这一时期特别亲密的朋友。

课是在泰勒的屋子里上的。所有出版了的回忆录里几乎都没提到泰勒，他是加拿大人，多伦多大学的毕业生，到剑桥跟着 G.E.摩尔学习，通过摩尔成了维特根斯坦的朋友。战后他得到了一所澳大利亚大学的哲学讲师职位，但在到岗的路上，在布里斯班的一次酒馆斗殴中身亡。斯麦瑟斯是那种神秘人物：出版物里反复提到他，但关于他的事始终说得很少。他是维特根斯坦的虔诚弟子，并在这个意义上是真正的维特根斯
403 坦分子：从未当职业哲学家，但也从未停止严肃和深刻地思考哲学问题。在维特根斯坦的余生里他都是维特根斯坦的亲密朋友。离开剑桥后他当

了牛津的图书管理员。后来他患上了妄想型精神分裂症，成了莫里斯·德鲁利的病人。1981 年他在悲惨的境地中去世。看到这样的人，我们想起了这一事实：最强烈地受到维特根斯坦影响的人没有进入学术圈——特别在 20 世纪 30 年代（我们想起了德鲁利、斯金纳和赫特，还有斯麦瑟斯）。因此，维特根斯坦的影响的一个重大方面没有也不可能体现在维特根斯坦的工作引发的大量学术文献里。这几个人里唯一出版过东西的是莫里斯·德鲁利，二手文献几乎完全忽略了他的论哲学和心理学问题的文集《语词的危险》，但就其态度和关切而言，这本书却比几乎任何别的二手文本更具备真正的维特根斯坦风格。

医生训练最后一年的假期德鲁利设法来听了一次维特根斯坦的新课程。在这次课上，维特根斯坦要求一个学生停止作笔记：

> 如果你把这些随兴的论述记下来，有一天会有人把它们当作我的深思熟虑的观点出版。我不希望那种事发生。现在的情况是，我的想法来了，我就自由地谈，但这一切都需要许多进一步的思考和更好的表述。

幸运的是这一要求未受理睬，这些课的笔记确实出版了。[1]

这些讲座在维特根斯坦的文集里是独特的。单说其主题就足矣：它们关心的不是数学或一般哲学，而是美和宗教信仰。这差别不像乍看那么根本，原因是，讨论这些主题时维特根斯坦带进了许多他在别的上下文里用过的相同例子——康托尔的对角线证明，弗洛伊德对原因和理由

[1] 见《美、心理学和宗教信仰的讲座和谈话》(*Lectures and Conversations on Aesthetics, Psychology and Religious Belief*, ed. Cyril Barrett, Blackwell, 1978)。——原注

404 的混淆，等等——结果，他对（例如）美的讨论和他对数学哲学或心理学哲学的讨论看上去并无太多不同。这些讲座的特别之处在于其调子。正因为他随兴地、无防备地说话，就他在哲学上的目标，这目标如何联系到他个人的世界观，这些讲座提供了一种最不含糊的表述。它们更清楚地说明了，他的靶子不只是——像他在《蓝皮书》里说的——哲学家"恒常在眼前见到科学的方法，不能抗拒地被引诱着用科学的方式提出和回答问题"时造成的危害；更一般地，他的靶子是科学崇拜和科学方法对我们整个文化的糟糕影响。美和宗教信仰是两个例子——对维特根斯坦而言当然是至关紧要的例子——科学方法不适合思想和生活的这类领域，若尽力使科学方法适合之，结果就是歪曲、肤浅和混乱。

维特根斯坦告诉听众，他在做的是"劝说人们改变自己的思考风格"。他说，他是在"宣传"一种思考风格，反对另一种。"我真的厌恶另一种。"他补充道。"另一种"是指科学崇拜，因此，在讲座里他花了点时间痛骂了他眼里的这种崇拜的强大和破坏性的传道形式——当时的通俗科学著作，例如詹斯的《神秘的宇宙》：

> 詹斯写了一本名为《神秘的宇宙》的书，我憎恨它，称它是误导的。就说书名……我会说，"神秘的宇宙"这个书名包含了一种偶像崇拜，这个偶像是科学和科学家。

讨论美学时，维特根斯坦不是在努力对这一名下的哲学学科作出贡献。可能有这么一种学科，这想法本身就是"另一种"风格的一个后果，也许是一个症状。他在做的是，努力从那门学科里、特别是从"可能有一种美的科学"的观念里营救出艺术欣赏的问题：

405
> 你也许认为，美学是一门告诉我们"什么是美的"的科学——这荒谬得几乎不成话。我想它还应当包括这个问题：哪种咖啡味道好。

里斯问起维特根斯坦的衰败“理论”时（指维特根斯坦的一个例子，里面谈到德国音乐传统的衰败），维特根斯坦对这个词的反应是痛恨：“你认为我有一个理论？你认为我是在说衰败是什么？我做的是描述名为衰败的不同事物。”

维特根斯坦不是在努力回答传统的美学问题（“美是什么？”等等），而是给出一连串例子，从而表明艺术欣赏不在于——读了一点美学哲学讨论的人可能会这么想——站在一幅画前说“那是美的。”欣赏有着眼花缭乱的多种形式，随文化而不同；在非常多的时候，欣赏不在于说任何话。欣赏是显出的：通过行动（和通过言辞一样频繁），通过厌恶或满足的特定手势，通过读一首诗或演奏一段音乐的方式，通过读或听那一段的次数和方式。这不同的欣赏形式并无一个共同的东西，不能通过分离出那么个东西来回答“艺术欣赏是什么？”这问题。而是，一系列复杂的“家族相似”把它们联结起来。因此：

> 欣赏在于什么，描述这一点不只是困难的，还是不可能的。要描述欣赏在于什么，就必须描述全部境况。

最重要的是，寻求回答美之理解的“为什么”和“怎样”的问题时，我们不是在寻找一种因果解释。没有美的科学，也不能把其他科学（如物理学）或某种似是而非的科学（如心理学）的成果应用到这些问题上。维特根斯坦从弗洛伊德的著作里引了两种解释，分别例示了他认为要不惜一切代价避免的还原性描述和另一种他努力倡导的“思考风格”。

第一个例子来自《梦的解析》，讲的是弗洛伊德解释病人对他描述的一个甜梦（pretty dream）。复述这个梦时，弗洛伊德大写了某些词，指示 406
出——仿佛点着头眨着眼——性影射：

> 她从高处落下……她手里抓着一根**大树枝**；实际上它像一棵树，

覆盖着**红色花簇**……然后，摔下来之后，她看见一个男仆在修剪一棵类似的树，修剪的意思是说，他在用**一块木头**拉顺一些从树上垂下的像苔藓一样的**厚厚的毛簇**。

诸如此类。在梦里，女人后来遇到几个拿起树枝扔到路上的人，树枝在那条路上四散躺着（LAY）[1]。她问自己可不可以也拿一根——弗洛伊德解释说，那指她可不可以“pull one down”，即自慰（德语里的短语“to pull one down”相当于英语里的“to toss oneself off”）[2]。弗洛伊德加上：“梦得到解释后，做梦者完全失去了对这个甜梦的欢喜。”

对此维特根斯坦的反应是说弗洛伊德欺骗了病人：“我愿对那病人说：‘那个梦由于这些联想而不美了吗？它是美的。它为什么不该是呢？’”弗洛伊德把这个梦里的甜美元素还原为淫秽的影射，这一还原具有某种吸引力、某种魅力；但这么说是错误的：弗洛伊德表明了那个梦其实是关于什么的。维特根斯坦拿它跟这话比较：“如果我们把瑞德帕斯[3]煮沸到二百摄氏度，水蒸气蒸发后只留下一些灰烬，诸如此类。这就是瑞德帕斯其实是的一切。”他说，这种说法或许具有某种吸引力，“但至少它也是误导的”。

维特根斯坦赞许地提到的弗洛伊德的解释，是《玩笑及其同无意识的关系》里包含的那种。维特根斯坦并未给出例子，但也许我们找一个简单的例子就足矣。在此书的开头部分，弗洛伊德讨论了海涅《游记》里的一个笑话。海涅的一个人物——一个谦卑的彩票代理人——夸耀自己和罗特希尔德男爵的关系：“He treated me quite as his equal-quite

[1] “四散躺着”，译自 lay（lie）about，本书作者在括号里注明弗洛伊德大写了 LAY 这个词。
[2] pull one down，字面意思是“拿一根”；toss oneself off，在俚语里有自慰之意。
[3] “瑞德帕斯”，指维特根斯坦的学生瑞德帕斯（Redpath）。

familionairely"[1]。弗洛伊德主张，这话之所以好笑，不只因为是对这想法的机灵简写：罗特希尔德像对待同道一样对待那人，很亲切，就像百万富翁的作派；还因为它说出了一个受到压抑的附带想法：受到富人的屈尊对待，这里头实际上有一点令人很不愉快的东西。 407

维特根斯坦问，如果我们倾向于接受这种解释，我们的根据是什么？

> "如果它不是因果的，你怎么知道它是正确的？"你说："是的，那是对的。"弗洛伊德把那笑话转化为一种不同的形式，我们承认这形式表达了领着我们从笑话的一端走到另一端的念头链。对于一个正确解释的一种全新叙述。不是一种符合经验的叙述，而是一种得到认可的叙述。

他强调，对这种形式的解释而言，这一点是根本的："你得给出得到认可的解释。这是那解释的全部意义。"这也正是我们在美学里要求的那种解释：不是为某物之美、或我们视某物为美确立了一个原因的解释，而是这样的解释：显示出我们此前未想到的联系，从而显示出它什么地方美——例如，显示出人们为什么正确地把某一段音乐或某个剧、某首诗等等视为一部大作。

在讲座上，维特根斯坦从自己的经验里找了几个例子，说明一个人开始理解一部艺术作品之伟大时发生了什么。他说，自己曾读了 18 世纪诗人弗雷德里希·克洛普斯托克的作品，最初未能在里面看出什么。随后他认识到，读这位诗人时要非常规地重读格律：

> 以这种新方式读他的诗时，我说："啊哈，现在我知道他为什么

[1] 这话前半句说，他完全就像对待同等身份的人一样对待我；quite familionairely：familionairely 把 familiar（亲近的、亲密的）和 millionaire（百万富翁）揉到了一起。

这么做了。”发生了什么？我已读过这种东西，感到一定程度的厌烦，但以这特别的方式深切地读时我笑了，说：“这是庄重的，等等。但我也可以什么都不说。重要的事实是我一次次地读。读这些诗时，我做出（可称为赞许的）手势和表情。但重要的是我完全不同地、更深切地读那些诗，并对别人说：“看！应该这样读它们。”

408 他本可能举的另一个例子是印度诗人罗宾德拉纳·泰戈尔的《暗室的国王》。维特根斯坦最初在1921年读了这部剧的德语本（原文是用孟加拉语写的），此时泰戈尔在欧洲——特别是在德国和奥地利——的名气和流行正处于高峰。当时他写信对伊格尔曼说，尽管这出剧包含了很大的智慧，但并未给他留下深刻印象。他没被打动：

> 我觉得，仿佛那一切智慧出自冰柜；假如我了解到，他之获得那一切智慧都是通过二手的读和听（正如我们许多人获得基督智慧的知识那样），而非凭借他自己的真正感觉，我将不会为此而吃惊。也许我不理解他的调子；对我来说，它听上去不像是一个被真理占据的人的调子。（例如像易卜生的调子。）不过，可能是翻译在这儿留下了一条我不能逾越的鸿沟。我带着兴趣通读了，但未被抓住。这似乎不是个好迹象。因为这个主题是有可能抓住我的——或我已变得如此麻木，不再有什么能感动我了吗？无疑这是一种可能。
>
> ——再说一次，我丝毫没感觉到这儿在发生一场戏剧。我只是抽象地理解这个寓言。

此后不过几个月，他写信对亨泽尔说自己在重读泰戈尔，“这一次多了不少乐趣”。“我现在相信，”他告诉亨泽尔，“这里头确实有很棒的东西。”然后《暗室的国王》成了他最喜欢的书之一，他习惯送给或借给朋友的书之一。大约在美学讲座时期，他和约里克·斯麦瑟斯一起重读了这出剧，这回读的是泰戈尔自己翻译的英译本。看上去，翻译又一次留下了一道鸿沟；为了克服之——仿佛是为了解冻文本——斯麦瑟斯和维特根斯坦着手译出自己的译文。在斯麦瑟斯的文稿里找到了一份这出剧第二幕的他俩版本的打字稿，标题是：

> 《暗室的国王》，罗宾德拉纳·泰戈作［原文如此］[1]，由 L. 维特根斯坦和约里克·斯麦瑟斯把罗宾德拉纳·泰戈的英语译为 L. 维特根斯坦和约里克·斯麦瑟斯用的英语。

斯麦瑟斯和维特根斯坦提出的几乎每一项责难，涉及的都是把泰戈 409
尔老派的"诗意"措辞替换为现代的惯用词和短语。于是，泰戈尔用"室（chamber）"的地方，他们用"房间（room）"（除了标题）；泰戈尔写"他不缺乏房间（he has no dearth of rooms）"，他们则写"他不缺房间（he's not short of rooms）"，诸如此类。

这出剧是一个宗教觉醒的寓言，呼应了维特根斯坦自己在这个主题上的许多思想。标题中的国王从未被臣民看见过，某些臣民怀疑他不存在，另一些相信他太丑了不敢露面。还有一些人——如女仆苏朗嘎玛——对国王如此虔诚和崇拜，不要求见他；他们知道他是一种他之外的有死之人无法比拟的存在。国王接近和在场时，只有这些在对主人的臣服中彻底克服了自己骄傲的人才能有所感觉。这出剧关注的是国王的妻子苏达莎娜的觉醒——或可说是她的低头和顺服。她最初现身时是个骄傲的皇后，为丈夫的残忍而哀叹——她只能在一个永远保持黑暗的房间里与他相会。她渴望看见他，渴望知道他是不是英俊，出于这渴望她爱上了另一个国王；她在外面的世界里遇见了那个国王，错把他当成自己的丈夫。直到这个错误把她带进完全的绝望，直到感觉到彻底的羞辱

[1] 打字稿原文把 Tagore（泰戈尔）写成了 Tagor，本书作者在方括号里给予了说明。

和堕落，她才与真正的丈夫和解，此时她以全然的卑恭屈身于他之前。也就是说，唯有苏达莎娜皇后降到仆人苏朗嘎玛的级别上时，她才被照亮。这出剧结束在这里：她认识到真正有价值的一切都是国王赠予她的，她现在能对自己说："来吧，现在跟着我来，到外面来——到光之中！"

维特根斯坦和斯麦瑟斯翻译的那部分剧本是苏朗嘎玛和苏达莎娜的一段对话；仆人试图向皇后解释，自己是如何变得对国王如此彻底虔诚的——尽管她从未见过国王，尽管国王把她父亲逐出王国时她极为痛苦。皇后问，国王放逐她父亲时，苏朗嘎玛难道没觉得受到了严酷的压迫吗？"那令我发狂，"仆人回答：

410 > 我在通向崩溃和毁灭的路上：当那条路对我关闭时，我似乎被丢弃了，毫无支撑，没有帮助或庇护。我像笼中的野兽一样咆哮和狂暴——在我无力的怒火中，我想把每个人都撕成碎片。

"但你是如何变得对做了这一切的国王那般虔诚的呢？"苏达莎娜问。这种感情变化是在何时发生的？"我无法告诉你，"她回答，

> 我自己也不知道。那一天就那么来了：我的一切反抗明白了自身的失败，然后我的全部本性以谦卑的顺从拜倒在尘土里。然后我看见……我看见他的美和他的恐怖同样无与伦比。我得救了，我被拯救了。

若把维特根斯坦对泰戈尔的翻译跟他论宗教信仰的讲座连起来读，将是富有成效的；因为在他翻译的段落里，泰戈尔说出了维特根斯坦自己的宗教理想。即，像苏朗嘎玛一样，维特根斯坦不想看见上帝，或为他的存在找到理据。他认为，如果他能克服自己——如果有一天他的全

部本性“以谦卑的顺从拜倒在尘土里”——那么上帝将（仿佛是）降临到他身上；那时他将得救。

在论宗教信仰的讲座里，他只专注于这信念的前一部分——否认必须有宗教信仰的理据。这些讲座否定科学模式的思考与宗教信仰的相关性，这一点上和美学讲座一致。也可将其视作他对德鲁利说的这句话的细化：“罗素和教区牧师们在互相争论时造成了无限的危害，无限的危害。”为什么在同一项谴责中让罗素和教区牧师成对出现？因为两者都助长了这个观念：宗教信仰若要是可靠的，就必须有哲学的辩护。因为未发现教义的证据，无神论者嘲笑宗教，信徒则试图证明上帝的存在；两者都遭了“另一种”——对科学思考风格的偶像崇拜——的害。宗教信仰和科学理论并不类似，不该凭借同样的证据标准接受之或拒斥之。

维特根斯坦坚称，能使人变得具有宗教性的经验，完全不像通过实 411
验得出结论的经验，或通过收集数据进行推断的经验。他举了个例子——某人梦见了最后审判，就说自己现在知道了最后审判是怎么回事：

> 设想有人说：“这是个糟糕的证据。”我会说：“如果你想把它跟明天会下雨的证据比较，那么它根本不是证据。”他则会把事情说得像是：通过拉伸概念，可以称之为证据。但把它当证据实在太荒谬。但是现在，我是不是准备说：“就算说得温和点，你也是把你的信仰建立在极度微薄的证据上？”为什么我要把这个梦当作证据——测算其有效性，仿佛我在测算气象事件的证据的有效性？
>
> 如果你把它跟我们在科学里称为证据的任何东西相比，那么，若有人谨慎地论证：“唔，我做了这个梦……因此……最后审判。”你不可能认可，你会说：“若这是个失误，那么它大得离谱了。”如果你突然在黑板上写数字，说“现在我要做加法”，又说“2加21是13”，等等。我会说：“这根本不是失误。”

我们是如何接受或拒绝宗教信仰的？关于上帝的存在、最后审判、灵魂不朽等等这样的东西，我们相信的是什么？对这些问题，维特根斯坦在讲座里并未下定论：

> 设想有人说：“你相信什么，维特根斯坦？你是个怀疑论者吗？你知不知道自己死后是否还存在？”我真的会——这是个事实——说“我没法说。我不知道”，因为若我说“我不停止存在”等话，我将不清楚我在说什么。

不过，根据他在别处写下的论述（例如此前引用过的、他在前往卑尔根的船上写下的话），显然他认为，如果他能信仰上帝和复活——如果他甚至能给予那种信仰的表述一点意义——那不是因为他找到了任何证据，而是因为他得到了救赎。

412 这儿还是有一个持久和恼人的疑惑：维特根斯坦期待或希望这一救赎如何到来——或者说，救赎的到来是掌握在他的还是上帝的手里。

在这一核心问题上，《暗室的国王》和维特根斯坦一样含糊其词。苏达莎娜得救之后对国王说：“你不是美的，我的主——什么也不能与你相比！”对此国王回答：“能与我相比的东西在你自己之中。”“若是这样，”苏达莎娜说，“那么什么也不能与那相比”：

> 你的爱住在我之中——那爱映照出了你，你看到你的脸映在我之中：这儿什么都不是我的，全是你的。

可在这出剧的其他地方，支起镜子的是国王。我们读到，有人认为国王是丑陋的，因为他们用自己看到的在国王那儿照出的自己的影像来塑造国王。人们想问，如果是这样，那么“什么也不能与之相比的东西”是否在我们之内？为了看见它我们需要做什么——擦亮自我这面镜子以便能映照出它，还是睁开眼睛看镜子、在镜像中看见它在我们之中？也许我们在这儿撞到了有意义语言的界限，超出了排中律和矛盾律的应用范围。[1]“它”也许既在又不在我们之内，为了找到它，我们必须既在我们之内寻觅，也认识到我们对于自己之外的某种东西、某种力量的依赖。

也许，这两者——让“它”映照在我们之中，或在我们的镜像里找到它——的差别没有看上去那么大。两种情况下我们都必须除去弄模糊镜像的污垢。维特根斯坦在这方面辛苦劳作：擦掉最轻微的斑点，决心不放过最小的不端行为。例如，1938 年 10 月他写信给乔治·汤姆森的岳母，真诚地为一次完全不重要的犯错而道歉：

> 亲爱的斯图尔特夫人：
>
> 我必须为我今天在佩特小姐办公室对你说的一句假话而道歉。我 413
> 说我最近在伯明翰见过汤姆森夫人，今晚回家后我才想到这根本不是事实。几星期前我住在伯明翰的巴赫金家里，我试过去见汤姆森夫人，我们通了一次电话；但我没见到她。今天下午同你说话时我脑子里想的是，汤姆森夫人去伯明翰之前我曾在你的房子里见过她。请原谅我的愚蠢。
>
> 你诚挚的，
>
> L. 维特根斯坦

在卸除自己的骄傲、由此寻求救赎的背景下，维特根斯坦的哲学工作占据的位置有趣地摇摆不定。一方面，无疑在他的哲学工作里贯注了引导那一寻求的同一种态度。另一方面，他的哲学工作本身是他的骄傲的最大来源。虽然反复努力驱除工作上的任何骄傲，“为了上帝的荣耀”

[1] 排中律说，一个命题或其否定必有一真；矛盾律说，两者不能都为真。——原注

（用他的话说）而写作，而不是出于虚荣而写作，但我们一次次地发现，他身上的罗素称之为“魔鬼的骄傲”的东西最多地出现在他的哲学工作上。

1938 年夏天，他着手准备出版一份基于他在挪威的工作的打字稿。《哲学研究》的最早版本正是这份打字稿。“由于不止一个原因，”他在前言里写道，

> 我在这里发表的东西会和当今别人所写的东西有交会之处——如果我这些札记没有印记足以标明它们是属于我的——那我也就不再坚持我对它们的所有权。

可是，它们的所有权是他的，这一点对他的重要性甚为巨大；他之所以现在打算付印，正是因为卡尔纳普、布雷斯韦特、魏斯曼、安布罗斯和其他人曾发表过源于它们的思想。在一篇后来写的前言里，他坦承：

> 我违乎所愿地了解到，我的成果在通过授课、打印稿和讨论得到传布的过程中，遭到多种多样的误解，或多或少变得平淡无奇或支离破碎。这刺痛了我的虚荣心，久难平复。

414 但是，如果骄傲催生了他的出版愿望，那么骄傲也阻止了他这么做。9 月份此书交给了剑桥大学出版社，出版社同意出版一个德英对照本。然而，约一个月后，出版社得知维特根斯坦现在不确定要不要出版他的书，于是这一计划暂且搁置了。

维特根斯坦的疑虑有两个理由。一个理由，也是最重要的，是他对此书处理数学哲学的后半部分日益不满。另一理由涉及他的著作的翻译问题。

在摩尔的推荐下，维特根斯坦请洛什·里斯翻译。这是一项可畏的任务——不是因为维特根斯坦的德语难懂（在［例如］康德的德语难懂的

意义上），而是因为维特根斯坦的语言具有独特罕见的品质：既口语化，又煞费苦心地精确。

1938 年的米迦勒节学期，里斯一直在苦苦作这项翻译。这段时间他定期见维特根斯坦，讨论翻译引起的问题。1939 年 1 月他不得不离开剑桥去趟美国，就把自己工作的打字稿留给了维特根斯坦。维特根斯坦对于其他人表述他思想的尝试从来都不容易满意，但这次眼前的东西把他吓坏了。

此时，他的著作得有一个得体的英译本，这件事在他的出版计划之外有了另一种重要性。G.E.摩尔辞职后哲学教授的位置空缺了，他已决定申请哲学教授的职位；他想递交自己的书的部分译文，用以支持自己的申请。无论如何他相信自己不会当选，部分因为另一申请人是约翰·维兹德姆，他觉得维兹德姆肯定会得到那个职位，部分因为选举人之一是牛津的 R.G.柯林伍德，此人肯定不赞赏维特根斯坦的工作。不过，选举人里还有约翰·梅纳德·凯恩斯，大可弥补这两个不利之处。维特根斯坦急匆匆地试图及时改进里斯的译文，以便凯恩斯能通读英译本。"不用说，整件事是荒唐的，"他写信给摩尔，"就是翻译得很好，他也搞不清首尾。"

无论有没有凯恩斯的支持，也不管译文的质量如何，维特根斯坦都 415
很可能被授予教授席位。到 1939 年，他已被视为他的时代的首要哲学天才。"拒绝给维特根斯坦这个教授席位，"C.D.布洛德说，"就像拒绝给爱因斯坦物理教授席位。"布洛德自己不很赞赏维特根斯坦的工作；他只是在陈述一个事实。

2 月 11 日维特根斯坦正式当选为教授。不可避免地，这既是一个流露骄傲的时刻，又是一个谴责骄傲的时刻。"得到教授之职是很讨人喜欢的，等等，"他写信给埃克尔斯，"但若得到开闭道口的工作，那对我好得多。我的地位没有带给我任何快感（除了我的虚荣和愚蠢有时获得的快感）。"这件事又有助于他申请英国公民身份，1939 年 6 月 2 日他得到了自己的英国护照。无论英国政府的政策在接收奥地利犹太人的问题上如何狭隘，他们很难拒绝给予剑桥大学哲学教授公民身份。

在维特根斯坦的著述的出版事务上，比翻译问题更严重的是他不满意自己的数学哲学写作。1939 年的三个学期里他用一个系列讲座专论此题。在某种程度上，它们的主题与上一年的美学和宗教信仰的讲座是类似的，只是此时，在互相争论中造成无限危害的是罗素和逻辑学家，要从哲学理论家手里拯救出来的是数学。实际上，这些讲座的策略已在此前的美学讲座里宣布过了；当时，在讨论康托尔的对角线证明时，他表达了自己对之的厌恶；他还表达了这个观点：引起人们的兴趣的只是这类证明的"魅力"（这话大概是指，得知能证明存在无限数目的不同超穷基数时的入迷）。"我将，"他说，"用我最大的力量表明这种魅力的影响，表明'数学'的观念的影响。"

> 身为数学……它看上去无可争议，而这一点甚至给了它更大的魅
> 力。如果我们解释这一表达的周边环境，我们就看到本可用一种完
> 416 全不同的方式表达这件事。我可以如此这般地谈论，令它对许多人
> 失去其魅力，对我则肯定失去其魅力。

于是，目标是如此这般地重新诠释数学——重新描述它，从而令康托尔的证明似乎揭示了的数学王国不再呈现为一个等待数学家去发现的迷人世界，而是呈现为哲学迷惑的一个沼泽、一种困境。数学家希尔伯特曾说："没人能把我们逐出康托尔创造的天堂。""我愿说"，维特根斯坦在班上说，"我不会梦想把任何人赶出这个天堂"：

> 我将做很不同的事：我将努力向你表明那不是一个天堂——于是你将自愿离开。我将说，"欢迎你到这里；不妨四处看看。"

论数学的讲座构成了维特根斯坦对科学偶像崇拜的一般性攻击的一部分。实际上，他觉得这一具体战役是这斗争的最重要部分。他曾写道，“没有一个宗教教派在这一点上——其中对形而上学表述的误用要为如此多的罪恶负责——比得了数学。”数学的形而上学散发的“魅力”甚至比詹斯的《神秘的宇宙》这样的书散发的魅力更强，甚至对科学的偶像化具有更强的影响力；维特根斯坦认为，这种科学的偶像化是我们文化的衰落的最重要症状，甚至可能是其助因。

所以他的任务是摧毁那种形而上学。这些讲座的一个特征是，在努力完成这项任务时，他并未如先前做过的那样用任何技术上的辨析讨论数学本身。例如，他没有像 1932—1933 年做过的那样，朗读哈代的教科书《纯数学教程》里的选段；也没有像《哲学语法》里做过的那样，用严格和详细的分析来考察具体的证明（如司寇伦对结合律的证明）。技术细节被完全回避了。比如，讨论罗素悖论时，他的做法从数学的角度看异常粗糙：

> 拿罗素的矛盾来说。有一些概念我们称之为谓词——“人”、“椅
> 子”和“狼”是谓词，但“杰克”和“约翰”则不是。一些谓词对 417
> 自身适用，另一些则不。比如“椅子”不是一张椅子，“狼”不是一头狼，但“谓词”是一个谓词。你会说这是胡话。在一个意义上它的确是。

我认为，这种辨析的缺乏带有一种宣传的目的。他在讨论数理逻辑问题时使用非正式、日常的语言，以及把用于提出那些问题的话语简单地斥为“胡话”，这些做法都是一种解毒剂；解毒的对象是：倾倒于那些问题之“魅力”的人（例如也包括 1911 年的他自己）在讨论它们时的严肃和热诚。此外，技术细节对于他想提出的问题也是不相干的。“我要讨论的一切困惑，”他在第一堂课上说，“例子都可取自最初等的数学——

五岁到十五岁学的计算，或很容易学会的东西，如康托尔的证明。”

值得一提的是，这门课的听众里有这么个人，他是维特根斯坦正在攻击的观点的一个最有资格的代表，也是这个世纪的一位最伟大数学家：阿兰·图灵。1939年的复活节学期，图灵也在教一门名为“数学基础”的课程。这课和维特根斯坦的课决然不同。图灵的课是对数理逻辑学科的一个介绍，带着学生一一学习从严格的逻辑公理系统出发证明数学定理的技术。为了防止有人以为自己的讲座跟那种意义上的“数学基础”有任何关系，维特根斯坦声明：

> 另一种想法可能是，我将教授一个名为“数学基础”的具体数学分支。是有这么一个分支，它由《数学原理》等处理。我不是要教这个。我对之什么也不知道——实际上我只熟悉《数学原理》的第一卷。

他没有提到，曾有一时他自己和罗素都认为他要负责重写《数学原理》的章节。他此刻的这门课只在这一意义上与那一数学分支相干：试图破坏其存在的理据——试图表明：“所谓基础性的数学问题对我们来说
418 不是基础，就像画上的石头不是画上的塔楼的支撑。”

这些讲座经常演变成维特根斯坦和图灵的对话，前者攻击数理逻辑的重要性，后者则辩护。确实，图灵的在场对讨论的主旨如此要紧——图灵说某一次课自己来不了时，维特根斯坦告诉班上，那么那次课只好“算是注解性的”。

维特根斯坦的手法不是重新解释某一具体的证明，而是如此这般地重新描述整个数学，使数理逻辑呈现为他相信是它之所是的哲学错乱，彻底消解掉数学之为一门发现关于数学对象（数、集合等等）的事实的科学的图画。他说，“我将一次次地努力表明，人们称为数学发现的东西，称之为数学发明好得多。”照他的看法，没有任何东西等着数学家去

维特根斯坦所藏的图灵的著名论文样本

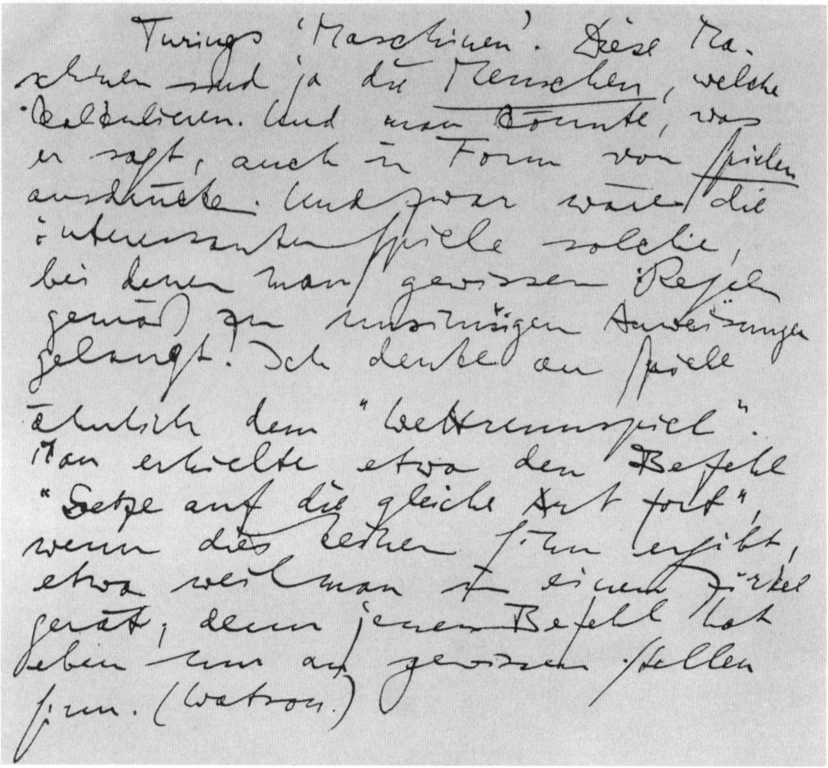

Turings 'Maschinen'. Diese Maschinen sind ja die Menschen, welche kalkulieren. Und man könnte, was er sagt, auch in Form von Spielen ausdrücken. Und zwar wären die interessanten Spiele solche, bei denen man gewissen Regeln gemäß zu unsinnigen Anweisungen gelangt! Ich denke an Spiele ähnlich dem "Wettrennspiel". Man erhielte etwa den Befehl "Setze auf die gleiche Art fort", wenn dies keinen Sinn ergibt, etwa weil man in einen Zirkel gerät; denn jener Befehl hat eben nur an gewissen Stellen Sinn. (Watson.)

上图：维特根斯坦 1947 年手稿

下图：A.M. 图灵作为赛跑运动员，他在剑桥大学运动会上获得第二名

发现。数学里的证明不确立结论为真；而是规定了某些符号的意义。因此，数学的“无情”不是源于关于数学真理的特定知识，而源于这一事实：数学命题是语法的。例如，否认 2 加 2 等于 4，不是跟一个人们普遍持有的对某一事实问题的观点不一致；而是显出了对相关语词的意义的无知。维特根斯坦大概觉得，如果能说服图灵用这种眼光看数学，那么他就能说服任何人。

但图灵不会被说服。对于他，就像对于罗素和大部分职业哲学家，数学之美、之“魅力”，正在于它有能力在一个否则不确定的世界里提供无懈可击的真理。(“不容争辩，汝之名是数学!”W.V. 蒯因曾如是说。)维特根斯坦在某一点上问图灵是否理解自己的话时，图灵回答：“我理解，但我不同意那只是给予语词新意义的问题。”对此，维特根斯坦——有点古怪地——评论道：

> 图灵不反对我说的任何东西。他同意每一个词。他反对那个他觉得伏于其下的观念。他觉得我们在破坏数学，把布尔什维克引入数 419
> 学。但根本不是。

在维特根斯坦对自己的哲学方法的观念里，这一点是重要的：自己和图灵不能有观点上的分歧。在他的哲学里他不提出任何论题，所以，怎么可能有什么东西不被同意呢？有一次图灵说了这话：“我看到了你的观点 ( point )”，维特根斯坦强烈地回应：“我没有任何观点。”如果图灵倾向于反对维特根斯坦说的话，那只可能是因为他正以一种跟维特根斯坦不同的方式使用语词——那只能是给予语词意义的问题。或者不如说，那只能是图灵不理解维特根斯坦对某些语词的使用的问题。例如，图灵倾向于说数学里可以有实验——我们能用物理学实验的精神从事数学研究：“我们不知道这结果会如何，但让我们来看看……”对于维特根斯坦，这是完全不可能的；数学和物理学之间的这整个类比是完全错误的，也是他正努力拆解的一个最重要的困惑之源。但若他不用一个自己的观点反对图灵的观点，他要怎么说清这一点呢？他得：（a）让图灵承认他俩在同样的意义上使用“实验”这个词；（b）让图灵看到，在那个意义上数学家不作实验。

> 图灵认为他和我在两个不同的意义上使用“实验”这个词。但我想表明那是错的。也就是说，我认为，如果我能说清我的意思，那么图灵将不再说我们在数学里做实验。如果我能按其正确秩序安排某些众所周知的事实，那么事情就将清楚：图灵和我不是在不同地使用“实验”这个词。
>
> 你会说：“怎么可能有一个如此难以消除的误解呢？”
>
> 可以用教育的差异给出部分解释。

420 也可以用这一事实解释：图灵拒绝离开他的数学家天堂，或他疑心维特根斯坦持有布尔什维克主义。按照维特根斯坦的看法，说这儿有观点上的实质差别，不能解释这种误解。“显然，”他在班上说，“全部要点是我绝没有一个观点。”

但维特根斯坦很显然确实有很强的观点——而且是与大多数职业数学家对自己学科持有的观念相异的观点。他觉得图灵疑心他“把布尔什维克主义引入数学”，这是在暗指弗兰克·拉姆塞 1925 年的文章“数学基础”。在那篇文章里拉姆塞谈到从布劳威尔和外尔的“布尔什维克威胁”那儿拯救数学，那两人在否定排中律时认为某些传统分析里的标准证明不合法。不过，图灵肯定觉得维特根斯坦的布尔什维克主义是极端得多的一种。毕竟，维特根斯坦挑战的不是排中律，而是矛盾律。

数学基础的所有传统思想学派——逻辑主义、形式主义和直觉主义——都同意，如果系统里有一个隐藏的矛盾，那么它将因为不一致而遭拒斥。实际上，为数学提供可靠逻辑基础的出发点就是传统上理解的微积分明显不一致。

维特根斯坦在讲座里嘲笑了这种对“隐藏矛盾”的关切，而图灵正是对此发出了他最顽强和生猛的异见。维特根斯坦提议考虑说谎者悖论的例子：

> 这是很古怪的，即有人竟会为此困惑——比你以为的异常得多：人类竟会为此担忧。因为事情是这样的：如果一个人说“我正在说谎”，我们说由此推出他不是在说谎，由此又得出他正在说谎，依此类推。唔，那又如何？你可以如此这般继续下去直到面红耳赤。为什么不？那无所谓。

图灵努力说明，在这类悖论里，令人困惑的是“通常人们把矛盾当作做错了什么事的标准。但在这一情形下，人们找不到任何做错了的事”。是的，维特根斯坦回答，因为没有做错任何事：“人们会说，‘这只 421
能由一种类型论来解释。’但那儿需要得到解释的东西是什么？”

图灵明显想要解释，不仅想解释它为什么令人困惑，还想解释它为什么是要紧的。他提出，包含矛盾的系统的真正危害“不会到来，除非它有一种应用，那时一座桥会倒掉，等等”。下一次课上他回到了这一论争，几乎整堂课，两人都在争辩对“隐藏的矛盾”的发现有多重要：

> 图灵：除非你知道你的演算里没有隐藏的矛盾，否则你不能放心地应用它。
>
> 维特根斯坦：在我看来这儿有一个巨大的错误。你的演算给出某种结果，而你想桥不倒塌。我愿说，事情只能以两种方式出错：要么桥倒了，要么你在计算时犯了个错误——例如乘法做错了。但你似乎认为能有第三种错误：演算是错的。

> 图灵：不。我反对的是桥倒塌。
>
> 维特根斯坦：但你怎么知道它会倒？那不是一个物理学的问题吗？也可以是这样：有人用掷筛子的办法来计算桥梁，而桥却永远不倒。
>
> 图灵：如果有人拿来弗雷格的符号系统，把在这系统中做乘法的技术教给某人，那么通过使用罗素悖论，那人可以做出一个错误的乘法。
>
> 维特根斯坦：那将是在做我们不会称为做乘法的事。你给他一条乘法规则，走了某一步时，他可以按两种方式中的任一种来做，其中一种领着他全做错了。

“你似乎在说，”图灵想到，“如果运用一点常识人们就不会陷入麻烦。”“不，”维特根斯坦吼道，“那根本不是我的意思。”他的要点乃是，一个矛盾不能把人引进歧途，因为它根本不引向任何地方。不能用一个矛盾作错误的计算，因为简简单单就是不能用它来计算。用矛盾什么也做不了，除了对之苦苦思索而浪费时间。

422 又过了两次课后图灵不再来了，无疑他相信，如果维特根斯坦不承认矛盾是数学系统的致命缺陷，那么他们不可能有共同的讨论基础。确实，图灵这么做需要一定的勇气：作为维特根斯坦攻击的一切的唯一代表上这门课，周围环绕着维特根斯坦的侍从，还不得不用他不熟悉的方式讨论问题。安德鲁·霍奇斯写了一本出色的图灵传记，他惊讶于（在他看来的）图灵在这些讨论里的不自信；他给出了一个例子：尽管他俩对数学中“规则”的本性作了很长的讨论，但图灵从未用图灵机的形式给出一个定义。但图灵肯定意识到了，维特根斯坦会把这样的定义斥为不相干；讨论是在一个更基本的层次上进行的。维特根斯坦攻击的不是这个或那个定义，而恰是提出这类定义的动机。

除了阿列斯特·沃森，以及其他可能的例外，很可能许多听讲座的人并未完全领会维特根斯坦和图灵争论的问题是什么，也未完全理解维特根斯坦的看法多么根本地与此前在数学哲学上说过或写过的任何东西相决裂。大体上，他们对维特根斯坦比对数学更感兴趣。就说诺曼·马尔科姆，他曾说，虽然意识到“维特根斯坦在做某种重要的事”，但“几乎完全没理解这些讲座”——直到十年后重新研究自己的笔记。

马尔科姆当时是哈佛的博士生，1938 年的米迦勒节学期到剑桥跟摩尔学习，维特根斯坦的个性魅力很快迷倒了他。正是在他的回忆录里，那种个性得到了最难忘的和（照许多认识维特根斯坦的人的看法）最准确的描述。马尔科姆的友善和对人的理解令维特根斯坦生出了好感，他在剑桥的短暂逗留期间，两人成了密友。回到美国后马尔科姆成了一个维特根斯坦珍视的通信者，此外，英格兰读不到美国杂志的时期，他是维特根斯坦最喜欢的刊物“史特里特—史密斯”《侦探故事杂志》的一个宝贵供给者。

为什么维特根斯坦坚持要“史特里特—史密斯”是个谜——他确实 423
这么坚持；马尔科姆寄来其他牌子的杂志时，维特根斯坦温和地责怪他，问为什么不只寄“好的、旧的、经受过考验的东西”，想搞点新名堂？实际上，在这一时期，很难把“史特里特—史密斯”与其更知名的竞争者《黑面具》[1]区分开来。两者都发表“硬派”（hard-boiled）侦探故事，而且很大程度上是同一批作者写的，最著名的作者是：卡罗尔·约翰·戴利、诺伯特·戴维斯、康奈尔·伍尔里奇和厄里·斯坦利·加德纳。雷蒙德·钱德勒只在“史特里特—史密斯”上发表过一个故事，那是个较不知名的故事，题为《山中无罪恶》[2]；达希尔·哈米特此时已完全停止为“浆纸杂志”写作。

[1] 《黑面具》(*Black Mask*)，美国侦探杂志。
[2] 《山中无罪恶》(*No Crime in the Mountains*)。

维特根斯坦在三一学院研究员花园里，诺曼·马尔科姆摄

上两图：剑桥大学艺术影院和电影院，
维特根斯坦看电影的地方
下图：诺曼·马尔科姆，维特根斯坦的
学生和朋友

至少在一个方面，硬派侦探小说的气质与维特根斯坦自己的气质相合：他们都——以各自不同的方式——贬低“逻辑科学”的重要性；对维特根斯坦来说，“逻辑科学”的例子是《数学原理》；对硬派侦探小说来说，例子是夏洛克·福尔摩斯。“我不是那种演绎式的、推导式的小说里的侦探，”瑞斯·威廉姆斯在一则典型的“史特里特—史密斯”故事里解释说：

> 我是努力工作、埋头苦干型的人，能在看见一个破绽时认出它，如果要用枪，我能在那一分、那一秒乃至那一刹那作出反应。

这种反应迅速、射击迅速的诚实家伙跟电影里的牛仔有着明显的相似，而维特根斯坦最喜欢的电影流派是西部片，这很可能并非巧合。不过，20 世纪 30 年代后期他的趣味延伸到了音乐剧。他告诉马尔科姆，他最喜欢的女演员是卡门·米兰达和贝蒂·哈顿。在被自己的讲座弄得疲惫和厌烦之后他总是去看一部“片子”，陪他的是马尔科姆、斯麦瑟斯或在班上的其他朋友。他总是坐在电影院的第一排，在那儿他能完全沉浸在影像里。他对马尔科姆说，这种体验“像一次淋浴”——冲洗掉他对讲座的考虑。

当时的惯例是影片结束时演奏国歌，此时观众要起立，恭敬地肃立。维特根斯坦无法遵行这个仪式，在它开始之前就冲出电影院。他还发现自己受不了通常在影片之间放映的新闻片。随着与德国的战争迫近，新
424 闻片愈来愈爱国和好战，维特根斯坦的火气更大了。他的文件里留有一份写给新闻片制作者的信的草稿，里面指控他们是“戈培尔的好学生”。正是在此时，他在吉尔伯特·帕蒂森对战争的态度里觉察到某种他眼中的好战主义，于是他和帕蒂森的友谊在持续了十年之后结束了。他和诺尔曼·马尔科姆的友谊受到了类似问题的威胁。他俩路过一个报摊，报摊的牌子上写着德国政府指控英国试图谋杀希特勒；维特根斯坦评论道，如

果那是真的他不会吃惊。马尔科姆提出异议。他说，这种行为和英国的“民族性格”不相容，维特根斯坦生气地回答这个“粗劣的”议论：

> ……学习哲学还有什么用，如果它对你的全部意义，是让你能够像是有道理地谈论某些深奥的逻辑问题，等等，如果它没有改进你对日常生活的重要问题的思考，如果它没有令你在对某些危险词汇的使用上比……记者更谨慎——那种人为了自己的目的使用那些词汇。

1940 年 2 月马尔科姆回美国之前这一裂缝弥合了，但维特根斯坦一度停掉了这个习惯：在讲座前和马尔科姆一起散步。

为了准备即将来临的战争，英国正在鼓动起民族主义情绪和反德感情，对此维特根斯坦有理由警惕。1939 年 9 月 3 日，即宣战的那一天，他和斯金纳在威尔士；他们去看德鲁利，住在庞特普里德的一家旅馆里。第二天早晨，他被要求到当地警察局报备，他的德国名字引起了旅馆女经理的疑心。此时他已是英国公民，也顺利证明了这一点，但正如他对斯金纳和德鲁利说的，他将来得非常小心。

战争的头两年里维特根斯坦被迫留在剑桥当教师，尽管他很费了一番劲，想另找一个与抗战相关的工作，比如加入救护队。1937 年 9 月，当工作做得不顺时，他敦促自己做点别的事情。但是“现在我该如何找到做点不同的事的力量，”他问，“除了被强迫，像在一场战争里那样？”
战争真的到来时，他发现战争远没有强迫自己做别的事，而是阻止他做 425
别的事。他的德国名字和奥地利背景关闭了他做点“有用的”事的门。一方面，他继续授课，继续写他的书的后半部分；另一方面他渴望离开剑桥，以某种方式参与到这场斗争中去。“我觉得如果留在剑桥我会慢慢死掉，”他告诉约翰·赖尔，“我宁可找个快速死掉的机会。”

他试图劝阻马尔科姆从事学术职业（他认定斯麦瑟斯反正永远得不到学术职位——他“太严肃”），但不成功。马尔科姆不能改做某种体力工作吗？比如说在牧场或农场？马尔科姆拒绝。他回到哈佛，拿到自己的博士学位，在普林斯顿取得了教职。维特根斯坦在多封信里重复自己的警告。他祝贺马尔科姆获得博士头衔，敦促马尔科姆好好利用之，别欺骗自己或欺骗学生："因为，除非我错得离谱，那正是人们期望你做的事。"他祝马尔科姆在学术岗位上好运，并再次强调，唆使马尔科姆欺骗自己的诱惑将是压倒性的："只有凭着一个奇迹，你才能在哲学教学里做出得体的事。"

战争爆发时斯金纳在剑桥器械公司的学徒期已结束了，他似乎作出了重返理论工作的努力。在一封落款日为 1939 年 10 月 11 日、从利兹发出的信里，他提到想和他过去的数学导师厄塞尔合写一本书（想来是本数学教科书）。这个计划大概被放弃了（起码我没找到出版过这么一本书的痕迹）。斯金纳在那封信里说，现在他找这种工作很困难，并提到他也许很快回剑桥找工作。他还间接提到自己和维特根斯坦之间有某种裂痕——他们关系里的一个问题；对此，他很典型地自己承担了全部责任：

> 我竟给了你写你觉得我在远离你的理由，为此我感觉很不快乐。我的行为方式可能令我们之间的东西松动，这是件可怕的事。如果我们的关系出任何事，对我都将是个灾难。请原谅我做的事。

426 他没说自己做了什么，无疑他也不知道；他只知道自己正在失去维特根斯坦的爱。回剑桥后他和维特根斯坦分开住——斯金纳住在伊斯特路，维特根斯坦则住在他喜欢的惠韦尔庭院的住所里。

斯金纳死后，维特根斯坦为自己在斯金纳生命的最后两年里对之不忠而反复责难自己。一个合理的推测是，这一内疚牵涉到维特根斯坦对斯金纳的一个名为基斯·柯克的年轻工人阶级同事的感情。1939 年，当时十九岁的柯克和斯金纳一起当学徒工；他向斯金纳问起他们用的器械

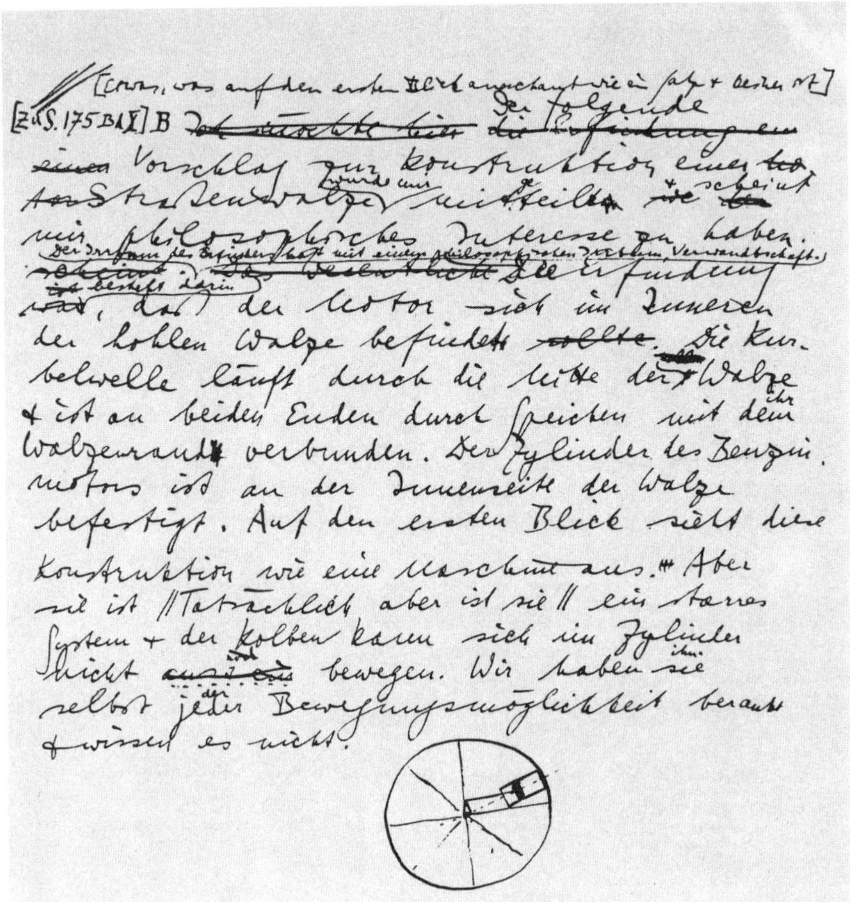

[etwas, was auf den ersten Blick ausschaut wie ein Satz & keiner ist]

[Zu S. 175 B (X)] B Der folgende Vorschlag zur Konstruktion einer Straßenwalze würde mir mitteilen, scheint mir philosophisches Interesse zu haben. Die Erfindung besteht darin, daß der Motor sich im Inneren der hohlen Walze befindet. Die Kurbelwelle läuft durch die Mitte der Walze & ist an beiden Enden durch Speichen mit dem Walzenrand verbunden. Der Zylinder des Benzinmotors ist an der Innenseite der Walze befestigt. Auf den ersten Blick sieht diese Konstruktion wie eine Maschine aus. Aber sie ist //Tatsächlich aber ist sie// ein starres System & der Kolben kann sich im Zylinder nicht bewegen. Wir haben ihn selbst jeder Bewegungsmöglichkeit beraubt & wissen es nicht.

1933—1934 年手稿 XI 卷的一页

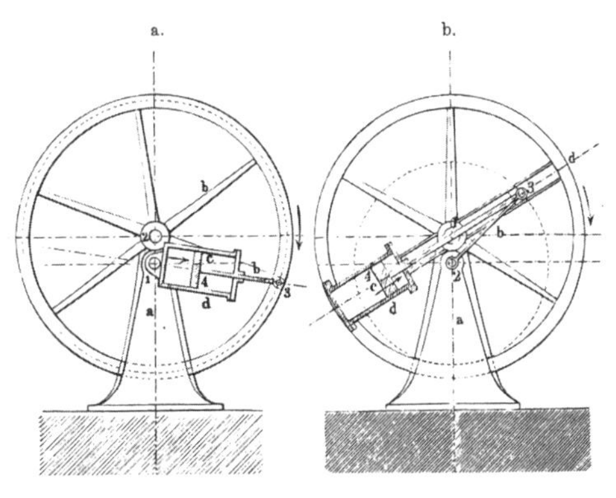

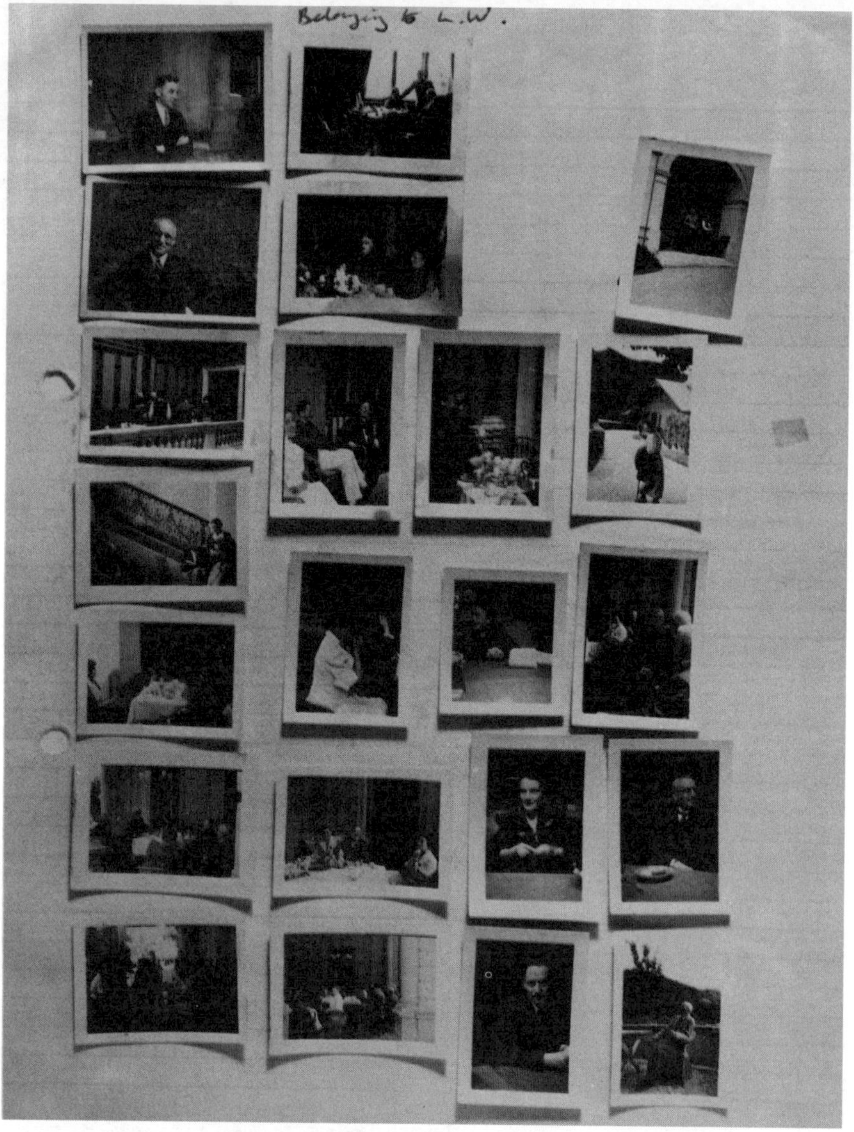

来自维特根斯坦的相册，维特根斯坦一家在奥地利，林荫街与霍赫海特

里的某些数学和机械问题，于是他们成了朋友。斯金纳太沉默寡言，当不了称职的老师，就把柯克介绍给了维特根斯坦；从那时起，维特根斯坦定期给柯克上物理、数学和机械课，帮忙对付他当时在为之准备的“城市行业协会”[1]的职业考试。

对柯克来说，这个剑桥教授的授课只是一个意料之外的、极为讨喜的受益之源，也是一个不寻常的机会。然而，根据维特根斯坦的日记，维特根斯坦对这段关系的想法似乎比一般人料想的更多：

> 一周见 K 一次或两次；但怀疑这关系是否正确。愿它是真正好的［1940 年 6 月 13 日］
>
> 整天尽想着我和柯克的关系。在很大程度上，很不诚恳和无益。如果我把那些想法写下来，人们将看到它们多么低级和不诚实——多么不得体［1940 年 10 月 7 日］

整个 1940 年，以及 1941 年的上半年，柯克定期到维特根斯坦三一学院的屋子上免费课程。维特根斯坦教的时候不用教科书；他问柯克一系列问题，迫使柯克从最初的原理出发想透问题。于是一次课可能是这样开始的：维特根斯坦问柯克水沸腾时发生了什么——气泡是什么？它们为什么浮出水面？依此类推。因此，柯克从这些课里学到多少，很大程度上取决于他自己的思考能力；和维特根斯坦的哲学课一样，他们经常长时间地沉默。不过，据柯克说，他一直记得从这些课里学到的东西， 427
维特根斯坦传授给他的思考风格对他有持久的益处。

柯克一点儿也不曾想过，在维特根斯坦对他的感情里，还有什么东西异于有益的教师对学生的感情。课后，他偶尔陪斯金纳和维特根斯坦到本地电影院看一部西部片，但除了这个，授课时间之外他很少见维特根斯坦。

---

[1] “城市行业协会”（City and Guilds），是英国的一家职业资格颁证机构。

维特根斯坦与 G.E. 摩尔在三一学院研究员花园，诺曼·马尔科姆摄影

剑桥大学评议会大楼

1941 年，战争部派柯克到博内茅斯做航空研究部里的工作，于是课程结束了。这一变动终止了他的“城市行业协会”学习，但没有立即终止他和维特根斯坦的友谊。维特根斯坦尽其所能保持联络。有一次他曾到博内茅斯看柯克过得如何，柯克回剑桥时，维特根斯坦必定安排见面。

在后来的一次探望中，维特根斯坦极度发狂地找到柯克，告诉他，弗朗西斯得了脊髓灰质炎，病得厉害，已经住院。几天后，1941 年 10 月 11 日，弗朗西斯死了。

维特根斯坦最初的反应是一种细腻的克制。在向朋友们通报弗朗西斯死讯的信里，他写出了一种宁静尊严的语调。例如，他对赫特写道：

> 我亲爱的罗兰德[1]：
>
> 我不得不告诉你很可怕的消息。
>
> 弗朗西斯四天前病倒了，脊髓灰质炎，昨天早晨死了。他的死没有任何痛苦或挣扎，完全平和。我和他在一起。我觉得他过了我知道的任何人有过的最快乐的一生，他也有最平和的死。
>
> 愿你有好的和仁慈的念想。
>
> 一如既往的
>
> 路德维希

但葬礼时他的克制不再。斯金纳的姐姐说他在仪式上的举动像一头
“受惊的野兽”，她回忆说，葬礼后他不肯进屋，和三一学院的助教伯纳
比博士一起绕着莱奇沃思走，看上去“很疯狂”。无论如何，他在斯金纳
428 的家里并未受到无保留的欢迎。斯金纳的家人一直不信任维特根斯坦对
他们的羸弱男孩的影响，他母亲相信，弗朗西斯在剑桥器械公司的工作
加速了他的死，在葬礼上她拒绝跟维特根斯坦说话。

[1] 罗兰德，原文为 Ro[w]land，即维特根斯坦漏写了 w。

但是，维特根斯坦对弗朗西斯的内疚完全无涉于自己对弗朗西斯的影响。这种内疚牵涉到更多的内在问题——即弗朗西斯生命的最后几年里维特根斯坦自己对他的感情。1941 年 12 月 28 日，他写道：

> 常常想弗朗西斯，但一直只是在为我的无情而懊悔；而不是感恩。他的生和死似乎只是在控诉我，因为他生命的最后两年里我很频繁地无情，而且在心里对他不忠。如果他不是这样无止尽地温顺和真实，我本会对他完全无情。

这段话之后，他立刻谈起自己对柯克的感情："我经常见基斯，我不知道这事的真正意义。活该的失望，焦虑，担忧，没能力安定在一个生活模式里。"大约七年之后，1948 年 7 月，他写道："常常想最后一次和弗朗西斯在一起的那天；我对待他时的可憎嘴脸……我看不出，此生我怎么能挣脱这罪恶感。"

维特根斯坦对柯克的醉心——实际上从未说出、未获认可、未得回报——是他的一个特质的最纯粹例子；那正是他以前对品生特和玛格丽特的爱的特质；即对他人感情的某种冷漠。品生特和玛格丽特——当然还有柯克——都不爱他，但似乎并未影响他对他们的爱。实际上，也许他因此更容易给出他的爱，因为这样的关系能在他自己感情的美好孤立中安全进行。他后期的许多工作是为了反对曾一度吸引他的哲学唯我论（他说他的后期工作是一种向苍蝇示出飞离捕蝇瓶之路的努力）；这种哲学唯我论有其对应之物：他的罗曼蒂克爱恋照之而行的情感唯我论。在弗朗西斯那里这种孤立遇到了威胁；面对这一威胁，维特根斯坦退缩了，就像叔本华寓言里的豪猪[1]退缩进体表的尖刺之后。

[1] 叔本华的豪猪（porcupines）寓言，讲的是一群豪猪为了取暖聚在一起，若聚得太紧，它们的刺会伤害彼此，它们就想找到温暖和安全的最优平衡。

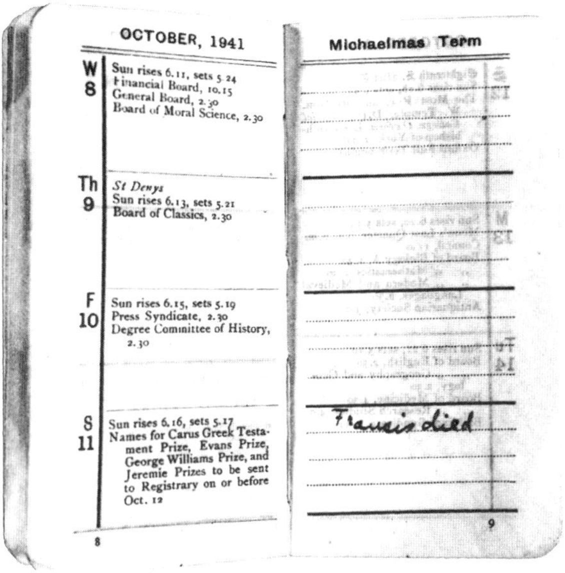


左图：来自维特根斯坦的相册：弗朗西斯·斯金纳；
下边是家人和朋友圣诞节时在维也纳

上图：朋友之死：维特根斯坦在自己的袖珍日历上写
道："弗朗西斯死了"

# 第四部分

1941—1951

# 第二十一章　战时工作

战争的头两年，维特根斯坦谈话里反复出现的一个话题是无法在学术 431
圈子外找到工作的沮丧。他发觉在战争时期教哲学是不可忍受的，他最想做的是对抗战作出贡献。通过和牛津哲学家吉尔伯特·赖尔的友谊，他的机会来了。吉尔伯特的兄弟约翰·赖尔是剑桥的医学钦定教授（regius professor），1940 年回到盖斯医院帮助预备“空袭”[1]。1941 年 9 月，维特根斯坦写信给约翰·赖尔，要求去盖斯医院见他。赖尔请他吃午饭，他立刻给赖尔留下了深刻印象。“他是世界上最著名的哲学家之一，”他写信给妻子，“他穿一件开领绿衬衫，面孔相当有吸引力。”

> 我对此很有兴趣：当了多年的三一学院教师，他远未染上别人那样的习气，相反那地方的死气压倒了他。他对我说：“我觉得如果留在剑桥我会慢慢死掉。我宁可找个快速死掉的机会。”所以他想到一家医院做某种卑微的体力劳动，当作他的战时工作；若有必要他愿辞去自己的教授席位，但他一点儿也不想别人议论这事。他想到一

[1] “空袭”（the Blitz），指纳粹德国在 1940 年 9 月 7 日至 1941 年 5 月 10 日对英国实施的空中轰炸，最初连续七十六天轰炸伦敦。

上图：伦敦盖斯医院
下图：纽卡斯尔的医院

个空袭地区工作。工作部准备让他当杂活工，归那个干全院一切日常修理活的老工人管。我觉得，他明白自己的心智和大多数人很不同，如果从事任何运用智力的战时工作，将是愚蠢的选择。我今晚写信告诉了他这个职位的事，但没试图刻意说服他。 432

有一天我一定会带着他还有一两个加拿大人来见你。

维特根斯坦显然不需要刻意的说服，那封信之后大约一个星期他就开始去盖斯医院上班了。但不是当杂活工，而是药房勤务工。

维特根斯坦的职业从剑桥哲学教授变成盖斯医院的药房勤务工，这事他不想让人议论，约翰·赖尔也尊重他的这个愿望；看起来，赖尔没对盖斯医院的任何职员说过新来的勤务工是“世界上最著名的哲学家之一”。有一件事印证了他的谨慎：直到1958年马尔科姆的回忆录出版后，赖尔的好朋友、战时内部刊物《盖斯报》的编辑（因此总在搜寻有趣的故事）汉弗莱·欧斯蒙德才知道维特根斯坦在盖斯医院待过。很幸运赖尔保持了沉默，如果《盖斯报》刊出一篇“著名哲学家在盖斯医院”，无疑维特根斯坦会作出极度愤怒的反应。

在盖斯医院时维特根斯坦和医疗职工一起在纳菲尔德楼吃住。（这事就足以使他区别于医院的其他勤务工，因为非医疗职工通常住在医院地界之外，吃饭也是和医生分开的。）到纳菲尔德楼后不久，他在晚餐时受到了医院的血液病学者R.L.沃特菲尔德医生的热情欢迎。沃特菲尔德在剑桥呆过，出席过道德科学俱乐部的聚会。被认出来后维特根斯坦脸色刷白，说：“好上帝，别告诉任何人我是谁！”但是，不管是通过沃特菲尔德还是通过别的消息源——尽管《盖斯报》一直没抓到这个故事——许多盖斯医院的职员完全知道维特根斯坦是谁。知道他是谁的人都称他“维特根斯坦教授”。

维特根斯坦的勤务工工作是把药品从药房分送到病房里，据约翰·赖

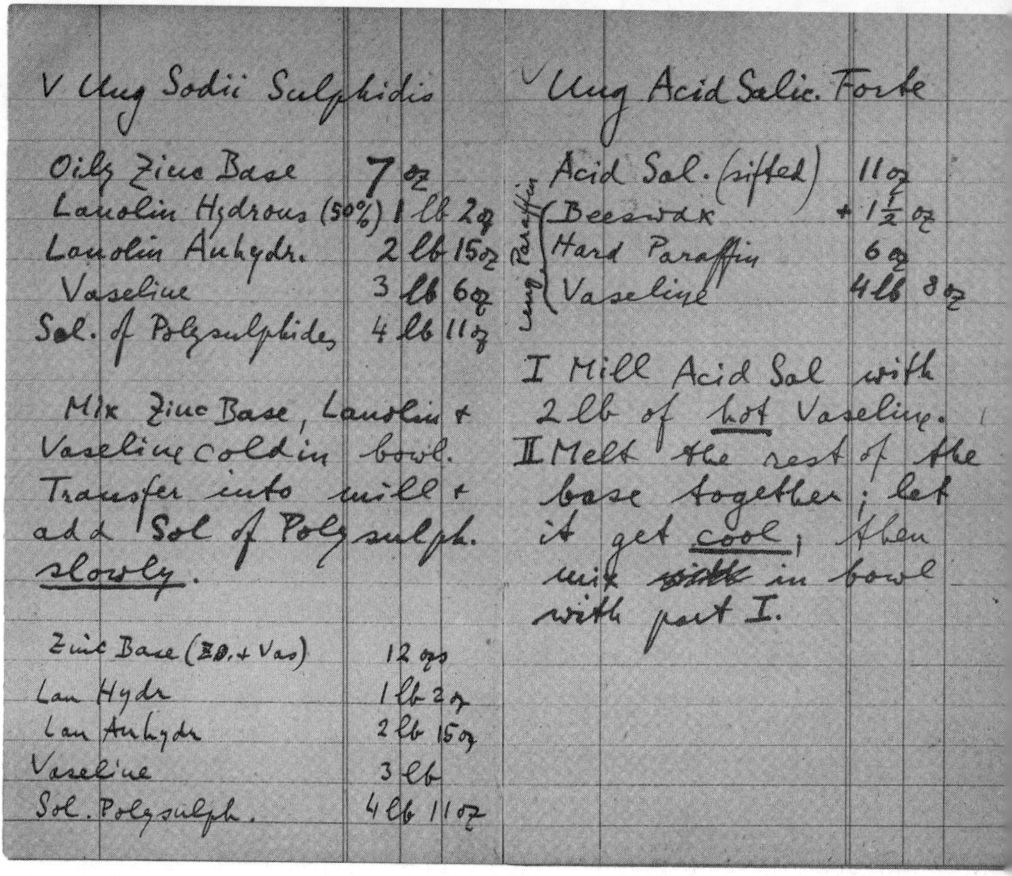

V Ung Sodii Sulphidis

| | | |
|---|---|---|
| Oily Zinc Base | 7 oz | |
| Lanolin Hydrous (50%) | 1 lb | 2 oz |
| Lanolin Anhydr. | 2 lb | 15 oz |
| Vaseline | 3 lb | 6 oz |
| Sol. of Polysulphides | 4 lb | 11 oz |

Mix Zinc Base, Lanolin + Vaseline cold in bowl. Transfer into mill + add Sol of Polysulph. slowly.

| | | |
|---|---|---|
| Zinc Base (Z.O. + Vas) | 12 ozs | |
| Lan Hydr | 1 lb | 2 oz |
| Lan Anhydr | 2 lb | 15 oz |
| Vaseline | 3 lb | |
| Sol. Polysulph. | 4 lb | 11 oz |

V Ung Acid Salic. Forte

| | | |
|---|---|---|
| Acid Sal. (sifted) | 11 oz | |
| Ung. Paraffin { Beeswax | + 1½ oz | |
| Hard Paraffin | 6 oz | |
| Vaseline | 4 lb | 8 oz |

I Mill Acid Sal with 2 lb of hot Vaseline.

II Melt the rest of the base together; let it get cool; then mix ~~with~~ in bowl with part I.

维特根斯坦的药房，其中列出了药品、药膏等

尔的妻子米丽娅姆说，他在病房里建议病人别吃那些药。他在药房的上司是S.F.伊泽德先生。后来有人问伊泽德是否记得维特根斯坦当过勤 433
务工，他回答："是的，记得很清楚。他来这儿工作，在这儿工作了三周之后，他就讲解起该如何运作这地方。你看，他是惯于思考的人。"很快他被调到制造实验室当制药技师，在实验室，他的一个职责是为皮肤病科准备拉萨尔软膏[1]。德鲁利到盖斯医院看维特根斯坦时一个职员告诉他，以前没人做出过品质那么高的拉萨尔软膏。

到盖斯医院时维特根斯坦需要一个朋友。弗朗西斯死了，柯克又去了博内茅斯，他正极其孤独。他需要某种情感触摸。"出自你心的一个词，"1941年8月20日他写信对罗兰德·赫特说，"比出自你头脑的三页纸对我更有意义！"11月27日："我不能写弗朗西斯，你写的他虽然在一个意义上是真实的，但出于某种原因，与我对他的想法不合拍。"他对赫特讲自己在药房的工作，他一星期挣二十八先令，工作很艰苦。"我希望我的身体能顶住。我的灵魂非常疲倦，根本不在一个好状态；我是指，根本不是它应该是的样子。""也许，"他加上，"如果我们再见到对方，会对我们有某种帮助。"

维特根斯坦认为这一点是重要的：如果他和赫特真要见面，见的时间要足够长，这样的见面才有意义。在随后的信里他强调了在星期天见面的重要性，那是他唯一不在医院工作的一天：

> 不过，如果你不能在某个星期天来，就只好在工作日了。那样的话，来晚甚至半个小时都是不明智的；因为在目前的情况下，我们很容易把事情弄糟，这真是很不幸！

---

[1] "拉萨尔软膏"（Lassar's ointment），指拉萨尔发明的一种软膏；Lassar即Oskar Lassar（1849—1907），德国皮肤科医生。

“基本上，”他在另一封信里解释，“像我们这样的人，匆忙见面不是好方案。有可能的话我们应该悠闲地在一起。”当赫特对商议中的见面显出一点犹豫时，维特根斯坦告诉他，他们试图见面前要等三个月：

434 既然如你所写，你发觉自己很难说想见我，为什么你要见我？我想见想见我的人；如果有一天没人想见我（那一天也许很快就要来了），我觉得我什么人都不会见。

他害怕自己的身体不能应付药房勤务工的活，这是切实的。他现在五十二岁了，开始显（而且感觉）老了。“五点左右干完活，”他告诉赫特，“我非常累，常常几乎动不了。”不过，如果说他的身体是虚弱的，那么他的精神在弗朗西斯死后则几乎崩溃了。他和巴布鲁克一家一起过圣诞节——弗朗西斯公寓楼下的伊斯特路的杂货店是他们家的。那是个悲伤的场合。新年夜他写信给赫特：

总体上，我感觉孤独，害怕未来的岁月！……我希望你有一点快乐，希望你比我更珍惜自己的一切所有。

1942年新年，约翰·赖尔兑现了向妻子许下的承诺，把维特根斯坦带回苏塞克斯的家里见她。幸运地是，他们的儿子、当时十四岁的安东尼在日记里记了那个周末。他的第一印象不是完全正面的：

七点三十分，爸爸和又一个叫做Winkenstein[1]（是这么拼的？）的奥地利（？）教授到了。爸爸很累。Wink极为生疏——他英语说

[1] 安东尼把Wittgenstein拼成了Winkenstein，自己也疑心拼错了。下一句他又简写为Wink。

> 得不太好，一直在说“我的意思是”，还一直在想说“不可容忍”时说“它的‘可容忍’”[1]。

第二天末，安东尼把维特根斯坦名字的拼得更对一点了，但父亲的新朋友仍远未赢得他的心：

> 早晨，爸爸、玛格丽特、山羊们、廷克和我一起散步。结霜了，但是个晴天。Witkinstein 的早晨是和安置居民户[2]一起过的。他认为我们对他们极残酷。

> 下午我们在争论中度过——他是个十分讨厌的人，每次你说什 435
> 么，他都说“不不，那不是要点。”那可能不是他的要点，但那是我们的要点。听他说话太累人。喝完茶，我带他四处看看，他恳求我友好地对待那些可怜的小孩——他走得太远了走到了另一极端——妈妈想要他们做好公民，他想要他们快乐。

赖尔家在苏塞克斯租了一个农场，“可怜的小孩”是安置户——两个来自朴茨茅斯工人阶级家庭的男孩；赖尔夫人接纳了他们，这是政治态度的体现。他们加入了她组织的一群为俄国红十字会织手套的孩子们。虽然她很好地照顾孩子们，但显然在他们中间施行严格的纪律。约翰·赖尔在家时，或家里有客人时，赖尔一家在一定程度上跟安置户保持着某种距离——例如在分开的房间吃饭。维特根斯坦在那儿的时候坚持和孩子一起吃饭，从而体现出他对他们的支持和同情。

很容易看出维特根斯坦为什么喜欢和尊敬约翰·赖尔。和维特根斯

[1] “不可容忍”（intolerable）；“它的‘可容忍’”（its ‘tolerable’）。

[2] “安置居民户”（the evacuees），指战时从危险地区疏散到后方的居民。

坦一样，赖尔不自在地应付着剑桥的学术生活，显然，他也和维特根斯坦一样更喜欢在一家遭空袭的医院里工作的危险而非剑桥的“死气”。在剑桥时他在政治上是活跃的，1940 年选举时，他作为左翼独立候选人参选。1938 年以后他积极地把犹太医生营救出奥地利和德国（大概因此安东尼·赖尔才说维特根斯坦是“又一个奥地利教授”）。

“空袭”期间供职盖斯医院的许多职员都带着温暖和感激之情回忆起赖尔的亲切。他们中的许多人是年轻人，不像赖尔，他们没经历过第一次世界大战，没有战争的经验。汉弗莱·欧斯蒙德的记忆是典型的——猛烈轰炸时在盖斯医院工作的危险，赖尔在帮助职员应付那种危险时带给人的鼓舞：

> 数十发火弹朝医院扔下来，起码有一打爆炸或没爆炸的炸弹扔到
> 了医院的房屋上……在轰炸和接收许多伤亡者的压力之下，留在盖
> 斯医院的不多职员互相非常熟悉……我常常在盖斯医院的屋顶上警
> 436 戒轰炸……我们花了许多时间闲谈喝茶……我们常在纳菲尔德楼的
> 地下室宿营。赖尔是个智慧和聪明的人，对于和我一样讨厌遭到轰
> 炸的人来说，他在第一次世纪大战的战壕里锻炼出的镇定是一种很
> 大的支持。

4 月份维特根斯坦在盖斯医院接受了一次手术，摘掉了困扰他多年的胆结石。出于对英国医生的不信任（他倾向于相信，若得到恰当的医治，拉姆塞和斯金纳的死都可避免），他坚持在手术时保持清醒。他拒绝全身麻醉，要了块镜子放在手术室里，这样就能看到发生了什么。为了帮助他度过这一场肯定很痛苦的折磨，手术时约翰·赖尔全程坐在他身旁，握着他的手。

除了赖尔，维特根斯坦在盖斯医院的新朋友更多是技师而非医生。其中一人是内奥米·威尔金森——她是个放射线技师，赖尔的堂表亲。威

尔金森小姐经常在医院里组织唱机音乐会，维特根斯坦是音乐会的常客。他对唱片的选择深感兴趣，经常很不满意曲单。由于对音乐的共同兴趣，他和威尔金森小姐成了朋友；和他的许多朋友一样，她也被邀请到里昂咖啡馆喝茶。一次喝茶时她问，他觉得有多少人理解自己的哲学。对此他考虑了很久才回答："两个——其中一个是吉尔伯特·赖尔。"不幸地是他没说第二个是谁。而且，也许选吉尔伯特·赖尔也只是说明了，五十多岁的他仍未完全丢掉童年的好礼貌——倾向于说他觉得能取悦别人的话。

在维特根斯坦的一个梦里，内奥米·威尔金森的唱机音乐会也许是元素之一，在盖斯医院工作时他记下了这个梦：

> 今晚我梦见：我的姐姐格蕾特送给路易丝·波丽策尔一样礼物：一个包。在梦里我看见那个包，或者不如说只看到它的钢锁，锁非常大，方形的，做工很好。它看上去像一把人们有时在博物馆里见到的那种复杂的老扣锁。在这把锁里，别的东西之外，有一种机制，通过这种机制钥匙眼里传出"你的格蕾特赠"这几个词或类似的话。我琢磨着，这装置的机制得是什么样的，是不是一种唱机，唱片能 437
> 用哪种材料做，有没有可能是用钢做的。

维特根斯坦自己未给出对此梦的解释，但是，考虑到他那时很注意弗洛伊德的著作，他此前用过锁的隐喻来描述弗洛伊德的核心观念，以及格蕾特是他家人中跟弗洛伊德联系最密切的，我认为，可以说这个梦是关于梦的解析的。梦似乎说了点什么，对弗洛伊德著作的熟练运用将使我们能（仿佛是通过弗洛伊德理论的钥匙孔）听到梦说的东西，但梦说的东西背后的机制和梦的符号由以建构的材料（无意识）是错综复杂的：太复杂了，无法通过弗洛伊德相当粗糙的跟 19 世纪机械学的类比来理解。

无论如何，这是维特根斯坦 1942 年夏天跟里斯的谈话的中心论题。

他到斯旺西和里斯在一起，部分是为了在胆结石手术后复原；他俩沿着南威尔士海岸线散步，维特根斯坦极喜爱这事。里斯是那时很少的一个还活着的维特根斯坦重视的哲学讨论伙伴，但令人印象深刻的是，当时他的哲学工作主要集中在数学哲学上，可他和里斯的谈话涉及的却是弗洛伊德的心理学解释的性质。

他强调，是有一个意义，在这个意义上可以把梦中的意象当作符号，在这个意义上，我们可以谈论一种梦的语言，即便做梦者不理解那些符号。我们和解梦者讨论梦、并接受其解释时，这一点可以显现出来。与此类似，当我们画了看上去无意义的涂鸦，然后一个分析者问我们问题、追索关联，我们可能达到一种自己为什么那么画的解释："然后我们可以认为那涂鸦是一种写作、在使用一种语言，虽然没人理解它"。但是，划清这种解释和科学给出的解释之间的界限，对维特根斯坦是重要的。梦或涂鸦的解释并非通过应用法则来进行，"实际上没有任何这样的法则，
438 这一点在我看来是重要的"。弗洛伊德的解释和神话学的共同之处比它和科学的共同之处更多；例如，弗洛伊德未给出这个观点——焦虑总是重复我们出生时感到的焦虑——的任何证据；不过"这是个具有显著吸引力的想法"：

> 它具有神话解释具有的那种吸引力，神话解释说，这一切都是在重复以前发生过的事。真的接受或采纳这说法时，人们觉得某种东西更清楚和更容易了。

于是，弗洛伊德的解释和维特根斯坦自己的工作给出的阐释是同一血统的。它们提供的不是因果的、机械的理论，而是：

> ……某种人们倾向于接受并使他们更容易照某些方式行事的东西：使他们觉得某些行为和思考的方式更为自然。他们放弃了一种

思考方式，采纳了另一种。

正是在这个意义上，那时维特根斯坦对里斯说自己是弗洛伊德的一个“弟子”或“追随者”。

第二次世界大战期间，维特根斯坦的哲学注意力集中在数学哲学上。那时期他写的大部分东西都是在尝试改进他在挪威的最后几个月里写的论述，从而改进《哲学研究》里基于那些论述的章节。在盖斯医院工作时他谈数学的论述写满了三本笔记本。这些论述和由之编辑出的稿子现已出版：构成了《数学基础评论》的第四、五、六、七部分。

就其一般要点而言，这些论述和他在此主题上的较早著述是一致的，但其中对数理逻辑的攻击使用了更挖苦的措辞。这也许是他最具攻击性的著述。

罗素在“数学和形而上学家”这篇文章里给出了维特根斯坦的攻击目标的最完美概括。“现代数学的首要胜利之一，”罗素写道，“在于发现了数学真正之所是。”

> 一切纯数学——算术、分析和几何——都是通过原始逻辑概念的组合而渐次构成的，其命题导出于一般逻辑公理，比如三段论和其他推导规则……因此，形式逻辑学科已表明自己和数学是同一的。 439

他进而讨论无穷小、无限和连续的问题：

> 在我们的时代，三个人——魏尔斯特拉斯、戴德金和康托尔——不只提出了这三个问题，还彻底解决了它们。对于熟悉数学的人来说，那些解答是如此清楚，再未留下丝毫的怀疑或困难。这可能是我们的时代值得夸耀的最伟大成就。

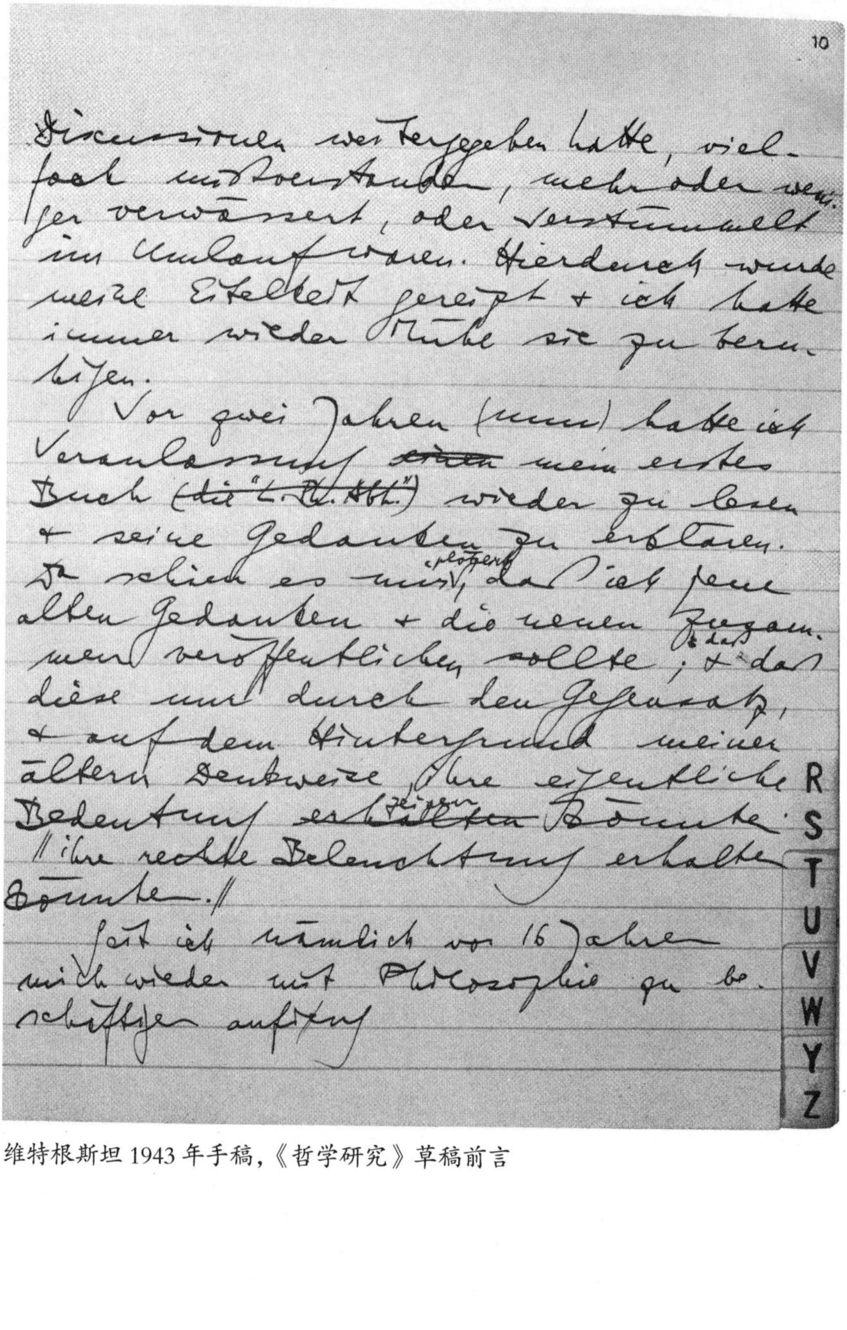

10

Discussionen weitergegeben hatte, vielfach mißverstanden, mehr oder weniger verwässert, oder verstümmelt im Umlauf waren. Hierdurch wurde meine Eitelkeit gereizt & ich hatte immer wieder Mühe sie zu beruhigen.

Vor zwei Jahren (nun) hatte ich Veranlassung ~~einen~~ mein erstes Buch (~~die "L. Ph. Abh."~~) wieder zu lesen & seine Gedanken zu erklären. Da schien es mir, plötzlich, daß ich jene alten Gedanken & die neuen zusammen veröffentlichen ~~sollte~~; & daß diese nur durch den Gegensatz, & auf dem Hintergrund meiner ältern Denkweise ihre eigentliche Bedeutung ~~erhalten~~ zeigen könnte. // ihre rechte Beleuchtung erhalten könnten. //

Seit ich nämlich vor 16 Jahren mich wieder mit Philosophie zu beschäftigen anfing

维特根斯坦 1943 年手稿，《哲学研究》草稿前言

维特根斯坦的工作既攻击这儿勾勒出的对数学的观念，也攻击这儿显露出的对待数学的态度。“为什么我要费神找出数学是什么？”在一本盖斯医院时期记的笔记本上他问：

> 因为我们有一门数学，有一种对之的特别观念，仿佛是一种关于其地位和功能的理想，——而这需要清楚地找出来。
>
> 我的任务不是从内部攻击罗素的逻辑，而是从外部。
>
> 那就是说：不是在数学上攻击它——否则我就是在做数学了——而是攻击它的地位，它的职责（office）。

对维特根斯坦来说，形式逻辑并未表明自己和数学同一；说它已然如此：“几乎像是有人说制作柜子在于黏合”。数理逻辑也没向我们最终表明数学是什么。而是“完全扭曲了数学家和哲学家的思考”。魏尔斯特拉斯、戴德金和康托尔的工作远不是我们时代的最伟大成就，就其与其他数学的关系而言，它们是“一种癌变，像是从正常人体中漫无目的和毫无意义地生长出来”。

为了表明逻辑和数学是不同的技术，为了表明数理逻辑的成果并无 440
罗素归诸其上的重要性（在对无限、连续和无穷小这些概念的理解上），维特根斯坦试用了许多手法；例如，他努力表明，康托尔、戴德金和魏尔斯特拉斯给出的定义并未澄清数学和日常生活里实际使用的无限、连续和无穷小，而是歪曲了这些概念。

不过，他攻击的重点在于，努力表明数学里典型的证明方法和逻辑里用的证明方法并不类似。逻辑里的证明是一系列意在确立结论之真的命题。维特根斯坦想要表明的是，与此不同，数学里的证明是一系列意在确立某一技术之有用的图画（pictures）。

例如，他认为没有理由不把这幅图画：

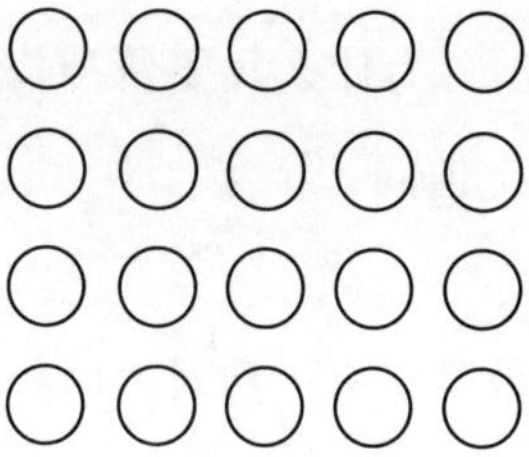

视作乘法交换律——即：(a×b)=(b×a)——的一个证明。因为某人可以先如此再那般地看待这幅图画，从而看出(5×4)等于(4×5)，从而再把交换原则应用到其他一切情况。

这儿丝毫未涉及命题或结论，因此不出现这个问题：若交换律为真，它是关于什么为真。如果把这种图画、而非逻辑公理系统当范例，那么，就根本没有理由认为数理逻辑学家已如罗素说的那样“发现了数学真正
441 之所是”。在他们的“数学基础”工作里，他们不过是画了一种不同的图画，发明了一种不同的技术。

但是，强调图画在数学中的作用，意图不只在于摧毁对这一学科的某一具体观念。还在于用一种对数学推理的观念——一种强调“看出联系”的作用的观念——取而代之。为了从上述图画出发掌握交换律，我们需要把这个：

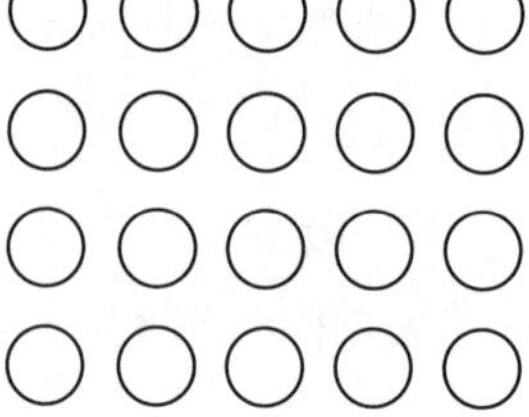

和这个看作一回事：

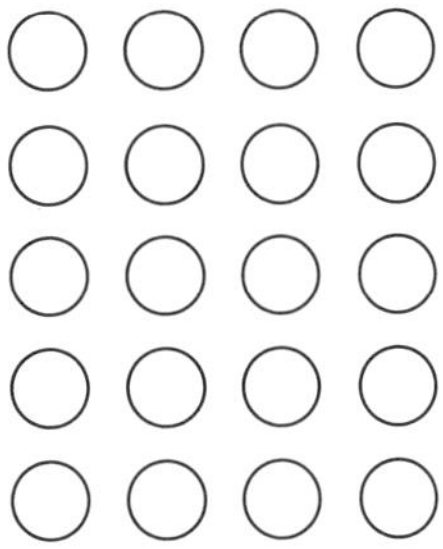

如果我们不能“看出联系”，这个证明就不使我们确信任何东西。于是，对这个证明的理解，是构成维特根斯坦世界观基础的那种理解的一个好例子（就算是个初步的例子）。和他自己的哲学论述一样，数学证明应当被视作“综观之呈现”，此种呈现的目的是生出“端赖于看出联系的那种理解”。

在这种意义上——虽然听上去挺古怪——纯数学里的证明类似于弗洛 442
伊德心理分析给出的解释。维特根斯坦的关切从数学转向心理学，这件事的线索也许是：他发觉弗洛伊德的“模式（patterns）”比数学家的“图画”更有意思。

我们猜想，若能把自己的生活事件放进某种模式，那将是维特根斯坦的一种慰藉。

“对于我生活的未来，我不再感到任何希望，”他在 1942 年 4 月 1 日写道，

> 仿佛在我面前除了一段活着的死之外，什么也没有。我不能想象自己有任何未来，除了一种死寂的未来。没有朋友，没有快活。

几天后：

> 现在威胁着我的彻底孤立的恐惧令我很遭罪。我看不出自己怎么能忍受这生活。在我眼里它是这样的生活：每天我不得不恐惧那只

> 带给我乏味悲哀的夜晚。

在盖斯医院他感到必须让自己忙碌着。“如果你不能在静止中找到快乐，”他告诉自己，“就在奔跑中找到它！”

> 但要是我太累了跑不动了呢？“在垮掉之前不要说崩溃。”
>
> 像一个骑自行车的人一样，为了不倒下我不停地踩着踏板向前。

“我的不快乐很复杂”，他在5月份写道，“难以描述。但主要的东西很可能还是孤独。”

斯金纳死后柯克回博内茅斯了，就像对待斯金纳那样，维特根斯坦开始为了收不到柯克的信而焦急。5月27日他记下：

> 虽然一周前我向他要消息，但十天都没再听到K的事情了。我觉得他也许已跟我断交了。一个悲剧性的念头！

443 事实上，柯克在博内茅斯结了婚，从事着一份成功的机械工程职业，而且他再没见过维特根斯坦。但就柯克而言，没有什么要“断”的。他从未想过维特根斯坦在任何意义上是同性恋，或他们的关系有任何超出师生关系的东西。

在同一则日记里——仿佛是承认了这一点——维特根斯坦写道：“我遭了许多罪，但明显我没有能力从我的生活中学习。我仍然就像许多年前那样遭罪。我并未更强或更明智。”

盖斯医院药房的年轻同事罗伊·弗拉克的友谊给了他一点安慰——这绝望的孤独的某种缓和。我们可以推想，维特根斯坦喜爱弗拉克主要是因为他的热诚和快活的好脾气。维特根斯坦告诉德鲁利，自己有时着急或躁动，罗伊就对他说，“稳住，教授。”这一点他喜欢。

弗拉克造访维特根斯坦在纳菲尔德楼三楼的房间。和他在剑桥的屋子一样，那个屋子完全无装饰；弗拉克吃惊地没看见任何哲学书，只看见一堆堆整齐的侦探杂志。当时弗拉克在学一门函授课程：现代语言；他经常坐在维特根斯坦的房间里阅读，维特根斯坦则十分安静地坐着。那种时候，维特根斯坦为自己每隔一个周末在剑桥作的讲座做准备。其他的周末维特根斯坦和弗拉克外出散步，或到动物园，或到哈克尼的维多利亚公园，他们在公园的湖上划船。

和许多很了解维特根斯坦的人一样，弗拉克记得维特根斯坦高超的口哨功夫。他回忆，维特根斯坦能用口哨吹交响乐的整段乐章，保留节目是勃拉姆斯的《圣安东尼变奏曲》，若别人吹错了维特根斯坦就制止他们，斩钉截铁地告诉他们应该怎样——药房同事并不喜欢这种事。

弗拉克的背景和斯金纳太不同了。斯金纳在莱奇沃思的一个中产阶级家庭里长大，在公立学校和剑桥接受教育；弗拉克则住在东伦敦哈克尼路 444
的救济房里，十五岁就开始工作。但他们的个人品质在许多方面是相似的。法妮娅·帕斯卡尔对斯金纳的描述同样可以用到弗拉克身上：

> 他常常是欢快的，喜欢别人的陪伴。他没有任何种类的狡诈，而且无法把任何人想成是邪恶的。他能也确实学着更实际点，可是啊，他总是太无私，太不肯出风头。

和斯金纳一样，弗拉克比维特根斯坦年轻得多——他二十出头，维特根斯坦五十二岁。不能说和弗拉克的友谊是对斯金纳的爱的某种替代，但这是真的：一起工作的十八个月里，弗拉克在维特根斯坦的生活里起到的作用类似于斯金纳在剑桥起到的作用。即他给了维特根斯坦某种人的接触：和弗朗西斯一样，他也是那种只要在场就有安抚效果的人。

在后来写给弗拉克的许多信里，维特根斯坦对盖斯医院的提及带着暖意，也许还带着某种伤感的元素：

> 我很遗憾地听到盖斯医院的氛围正在变糟。很难想象。［1949 年 6 月 8 日］
>
> 我想知道你写的是什么工作新闻。我料想你说的不是他们正在纳菲尔德楼前竖起一座我的巨大雕像。是吗？当然，石头的纪念物不可能真正显出我是个多么出色的人。［1950 年 12 月 15 日］

弗拉克告诉维特根斯坦，盖斯医院为他建的一切雕像都被推倒了，显然是在回应维特根斯坦信里的后一个说法。“听到［这个］我很高兴，”维特根斯坦在下一封信里写道，“只要不是以无礼的方式推倒的！”

盖斯医院的医疗职员里，除了约翰·赖尔，唯一赢得维特根斯坦信任和友谊的人似乎是巴兹尔·里弗——一个对哲学感兴趣的年轻医生（当时
445 三十岁出头）。他从雷吉·沃特菲尔德那儿听说饭桌上的新成员（里弗此前觉得此人在医院医师中间显得有趣且很突兀）是路德维希维特根斯坦，便决定试着去结识。于是他开始在吃饭时靠维特根斯坦坐，最终两人生出了友谊。不过他们的话题几乎很少转到哲学上，而是集中在艺术、建筑或音乐上，或者是维特根斯坦认识的人，甚或是对饭桌上的某些医学谈话的弗洛伊德式解释。后来，话题逐渐集中到里弗自己的工作上，维特根斯坦对之产生了浓厚兴趣。

里弗和同事格兰特医生一起在盖斯医院医学研究会的临床研究部工作。“空袭”早期，轰炸摧毁了这个部的实验室，格兰特和里弗没法从事原来的研究，便开始研究当时盖斯医院接收的大量空袭伤亡人员。他们的目标是熟悉“创伤性休克（wound shock）”——这种病不仅会在战争伤亡人员中出现，在任何剧烈外伤的情况下也会出现。

格兰特和里弗的最初问题是：尽管对科学文献作了详细研究，似乎

并没找到在临床上确定“创伤性休克”的满意方法。有些作者根据血浓稠[1]（血液中的红细胞浓度高得反常，人们认为原因是血浆从血液漏到了组织里）的出现识别这种病，另一些作者视之为一种低血压、白斑病（skin pallor）和高脉搏的综合症。因此，在研究的很早期格兰特就建议应当摒弃“创伤性休克”这个概念，不用这一术语，更详细地观察受害人。1941年1月——维特根斯坦到盖斯医院前十个月——格兰特在一份创伤性休克所需观察的备忘录里勾勒了他对这一概念的异议：

> 近来的空袭伤亡经验表明，尽管做过那么多工作，尤其上次战争时做过很多工作，但对外伤性或创伤性休克的治疗我们知道得还很少。首先，在实践中“休克”的诊断方法有很大差异。我们还不能预知情况，我们常常对治疗有怀疑。此外，由于缺乏诊断的共同基础，我们不可能评估实际采用的各种治疗方法的疗效。 446
>
> 因此，有很好的根据认为：最好避免诊断“休克”，而代之以一种对病人的状态，进展，以及所施治疗的精确和完全的记录。

我觉得，维特根斯坦之所以认为这种处理此问题的极端进路有趣和重要，其原因是很清楚的。格兰特处理“休克”问题的方式明显类似于海因里希·赫兹处理物理学里“力”的问题的方式。赫兹在《力学原理》里提出，不应直接给出“力是什么”这个问题的答案，而应这样处理这问题：不用“力”当基本概念，重述牛顿物理学。终其一生，维特根斯坦把赫兹对此问题的解答视作应如何驱除哲学混乱的完美模型，并频繁引用——视之为他自己在哲学上的目标——赫兹《力学原理》序言中的这句话：

> 祛除这些棘手的矛盾之后，就不用回答力之本质的问题；我们的

[1] “血浓稠”（Haemoconcentration）。

上图：尼古拉斯·巴赫金（1896—1862）
下左图：约翰·内斯托利（1801—1862）
下右图：海因里希·赫兹（1857—1894）

> 心智不再苦恼，停止问非法的问题。

有意呼应这句话，维特根斯坦写道：

> 在我做哲学的方式中，哲学的全部目标是给出某种形式的表达，从而使特定的不安消失。（赫兹）。

可以说，格兰特提出避免诊断“休克”，其全部目标也是：“给出某种形式的表达，从而使特定的不安消失”。

但格兰特的进路未受到普遍的——尤其是军队的——欢迎。军队输血部的惠特白上校在一封写给医学研究会的信里如此回应格兰特的报告：

> 相当多的导言，其中的一些讨论专为抨击“休克”这个词。我并未觉得这一点需要如此重的强调。
>
> 抛弃上次战争中的发现，这么做并无根据。那些人不是傻瓜…… 447
> 他们至少确立了这个基本事实：血压的降低是观察到的一个很稳定的症状。格兰特抛弃了上次战争时全部宝贵的医学研究会文献，因为他们的记录没达到他的细节标准。

正如维特根斯坦在和里弗讨论这一项目时意识到的，第一次世界大战期间构想出的创伤性休克理论，其主要问题不是细节标准不够，而是用一个不可用的概念运作。他最感兴趣的正是“对‘休克’这个词的抨击”。（里弗记得，他们写一份年度报告时，维特根斯坦建议把“休克”这个词颠倒过来印，以强调其不可用。）

鉴于维特根斯坦对这项目表现出的兴趣，里弗把他介绍给了格兰特医生，格兰特立即注意到他对这项研究提出的许多问题和建议的敏锐和切题。1942 年对伦敦的猛烈轰炸渐渐停止，这一轰炸曾为格兰特的小组供给了稳定的研究材料。因此，这个部门开始到别的地方寻觅适合他们观察的受害人。有两次他们去了轰炸机指挥部，观察了许多例在空袭中受伤的机上人员。但推进研究需要更稳定的伤员来源，于是部门准备搬去纽卡斯尔的皇家维多利亚诊所，那家医院的病房接收了大量危重伤员。部门正计划这次搬迁时，维特根斯坦告诉里弗他愿意跟着部门到纽卡斯尔去。

1942 年 11 月部门搬到了纽卡斯尔。但格兰特的技术员拒绝前往，格兰特想起了维特根斯坦对这个项目的兴趣，提出把这个职位给他。1943 年春天弗拉克已离开盖斯医院加入了军队，那儿大概没什么别的东西令维特根斯坦留恋了。1943 年 4 月，格兰特写信对伦敦医学研究会办公室的赫拉尔德医生说：

> 我跟你说过的路德维希·维特根斯坦教授于 4 月 29 日加入部门当
> 448 实验助理，试用期一个月。如我和你商量过的，付给他四镑的周薪。

当药房勤杂工时他每周只挣二十八先令，所以收入大大提高了。一个月的试用期结束后，格兰特再次写信给赫拉尔德肯定了这一安排，说“他证明自己很有用。”

从体力劳动到协助研究部的更关乎脑力的工作，这种变化无疑是维特根斯坦欢迎的，不只是因为他发觉自己有点对付不了勤杂工工作对体力的要求。就在离开盖斯医院前，5 月 17 日他写信对赫特谈到思考的价值。“我猜想，”他写道，“多思考一点，比你现在可能的思考多一点，对你有益处——我希望你的家庭没妨碍你思考？！如果有人妨碍你，那他那样做很愚蠢。”赫特此时已离开了沃尔沃斯[1]加入了军队。他写信跟维特根斯坦说过自己和上级的一些问题。“我猜想，”维特根斯坦回复，“那部分是外在的，部分是内在的。”

---

[1] “沃尔沃斯”（Woolworth’s），一家连锁商店。

> 我是指，他们也许未给予你应得的体面对待——但你有一种不可靠的倾向。即，你往往是忽冷忽热忽温；如果人们有时忽视你的热情期，把你当作一个仿佛只是冷淡和温吞的人对待，那你不必吃惊。

动身去纽卡斯尔前，维特根斯坦在斯旺西和洛什·里斯一起呆了一阵。在那儿他又拾起了上一个夏天关于弗洛伊德的谈话。又一次，他感兴趣的是“梦的符号构成了一种语言”这个想法——即这个事实：我们自然地认为梦意谓着某事，即便我们不知道意味着什么。与此类似，他跟里斯谈起莫斯科大教堂的五个尖顶：“每一个尖顶上有一种不同的弧形。人们强烈感觉到，这些不同的形状和排列必定意味着某事。”他正讨论的问题是弗洛伊德的工作在多大程度上使我们能解释梦。他强调，人们想要的不是解析而是阐释[1]。因此，一种梦的科学理论，也许使（比如说）我们能预测，449
在对我们描述了梦之后，做梦者将被引得回忆起特定的事——但这种理论甚至都没触及问题。弗洛伊德的工作是有意思的，恰是因为它没有给出这样一种科学处理。令我们对梦感到困惑的，不是梦的因果，而是梦的意义。我们想要这样一种阐释：它“改变了面相”，改变了我们由之看待梦的意象的面相，从而使梦的意象变得有意义。弗洛伊德“梦是愿望的满足”的说法是重要的，因为它“指向了人们想要的那类解释”，但这说法太一般化了。有些梦明显是愿望的满足——“例如成人的春梦”。但奇怪的是，那却正是弗洛伊德忽视的一种梦：

> 弗洛伊德很一般化地给出了我们所称的性的解释。但有趣的是，在他给出的所有梦的记录里，直接的性梦例子一个也没有。可这种梦就像下雨一样常见。

[1] 解析（explanation）；阐释（interpretation）。两个词均可译为“解释”，此处为了分明起见，译为“解析”和“阐释”。在别的地方，这两个词都可能译作解释，并不固定。

维特根斯坦在斯旺西，本·理查兹摄

这一点又联系到弗洛伊德为所有梦提供一个单一模式的决心：对他来说，梦必须全都是欲念的表达，而不是（例如）恐惧的表达。和哲学理论家一样，弗洛伊德受到科学方法和“对一般性的渴求”的引诱。不只有一种梦的类型，也不只有一种解释梦中符号的方式。梦的符号确实意味着某事——“显然和语言有某种相似之处”——但是为了理解它们，需要的不是某种梦的一般理论，而是一种多方面的技巧，类似于（比如说）理解一段音乐时牵扯到的技巧。

4 月份，维特根斯坦离开斯旺西到纽卡斯尔加入格兰特的研究部。部门成员——巴兹尔·里弗、格兰特医生和格兰特的秘书海伦·安德鲁斯小姐——都寄宿在布兰德林公园的同一栋房子里，从那一带到医院走路即可。那栋房子属于某个莫法特夫人。安德鲁斯小姐回忆维特根斯坦的到来：

> 莫法特夫人那儿有一个空房间，所以他过来加入我们。那时候我们已住定，适应了不寻常的环境，但 W 教授并未轻松地融入。我们合看一份《曼彻斯特卫报》，不太说话时，他带着欢快和聊天的情绪 450
> 下楼吃早饭来了。晚上我们放松时，他不来和我们一起吃晚饭，而是喜欢在卧室吃。莫法特夫人嘟嘟囔囔地把他的饭放在一个盘子里，他下楼来取。（我觉得这做法对格兰特医生是无礼的。）
>
> 我们有一个煤炉火很旺的起居室，他从没在那儿和我们共度过一个夜晚。他几乎每天晚上都去电影院，但是第二天问起时，他从不记得电影里的任何事情。他只是去放松。

维特根斯坦来了不久，由于莫法特夫人身体不佳，部门成员不得不离开布兰德林公园的房子。他们都找了各自的住处，但安德鲁斯小姐回忆，“W 教授很难找到住的地方，因为他有外国口音，看上去有点衣衫破旧，而且说他是个教授，多数女房东很自然地起了疑心。”

维特根斯坦每天晚上去看一场电影，说明他在纽卡斯尔的工作多么艰苦，以及他多么严肃地对待这工作。这令人回想起他对德鲁利说的话：

> 你觉得哲学够难了，但我可以告诉你，跟当一个好建筑师的困难相比这算不了什么。在维也纳为我姐姐造房子时，每天收工时我是如此精疲力竭，每天晚上唯一能做的是看一部“片子”。

这一点上的另一迹象是，在盖斯医院时他的数学哲学评论写满了三本笔记本，但在纽卡斯尔他完全没写哲学。他并未让自己只限于担负技术员的职责，而是抱着强烈和积极的兴趣思考这项研究背后的东西。虽然格兰特和里弗两人都和维特根斯坦讨论自己的想法并受益，而且鼓励他对他们工作的兴趣，但他们有时发觉，他对研究的投入有点太强烈了。安德鲁斯小姐记得，因为部门的工作太艰苦，格兰特有时提议他们都休息一天，一起沿着哈德良墙[1]散步。她注意到维特根斯坦从未受邀参加这种集体散步，她问格兰特为什么把他漏掉了。她得知，若他一起来的
451 话，将毁掉散步的宗旨，因为他“总是在谈工作”。

虽然他未受邀请参加“休息日”散步，但格兰特和里弗都记得曾多次陪维特根斯坦沿着罗马墙散步。通常谈的是他们的研究，但特别地，维特根斯坦和里弗常常谈更多个人事务。例如，他和里弗谈自己的幼年，提到自己直到四岁才开口说话。他对里弗说了一则童年记忆，这则记忆他也跟德鲁利说过，显然对他有很大的意义。他说，他家盥洗室里的一些墙粉从墙上掉下来了，他总是在那图案里看到一只鸭子，但那吓坏他了：他觉得那看上去是波希（Bosch）在《圣安东尼的诱惑》里画的怪物。

里弗不时向维特根斯坦讨教哲学，但维特根斯坦很典型地劝阻他这方

[1] “哈德良墙”（Hadrian’s Wall），罗马皇帝哈德良在不列颠建筑的长城。

面的兴趣。他对里弗强调，和里弗自己的医学专业不同，哲学是绝对无用的，除非你被驱使着去做，否则从事哲学毫无意义。“你在医学中做着得体的工作，”他告诉里弗，“满足于此吧。”“反正，”他又调侃一句，“你太笨了。”不过，有趣的是四十年后里弗说维特根斯坦在两个重要的方面影响了他的思考：首先，谨记事物是它们之所是；其次，寻找启发性的对比，从而理解它们如何是其所是。

这两个想法都是维特根斯坦后期哲学的中心要点。事实上，维特根斯坦想过用巴特勒主教[1]的话“一切东西都是其所是，而不是别的。”当《哲学研究》的题句。启发性的对比的重要性，不仅位于维特根斯坦的核心概念“端赖于看出联系的理解”的心脏之处，也被维特根斯坦视为刻画了自己对哲学的全部贡献。和他帮格兰特和里弗澄清“休克”观念时做的工作一样，维特根斯坦和里弗的谈话表明，在讨论哲学之外还有更多的施加某种哲学影响的方式。维特根斯坦对思考和理解方式的传授，不是说出其特色是什么，而是显出如何能用之澄清观念。

格兰特和里弗都回忆说，维特根斯坦的影响对体现在部门最终报告导 452
言里的思考起到了重要作用；那份报告颇有意味地未在主标题里用“休克”这个词，而是以《创伤对人的一般效应之观察》为题。论证的主要思路与格兰特在 1941 年 1 月的最初备忘录相同，但用了更加强烈的措辞表达“对‘休克’这个词的抨击”：

> 在实践中我们发现，对休克的诊断似乎更依赖于作出诊断的具体人的个人看法，而非依赖于一般接受的标准。除非熟悉那些看法，否则，被叫到病床边时，我们不知道会看到什么。单凭这个名词并未说明，病人显出了什么体征和症状，病得如何，或需要何种治疗。我们能找到的诊断的唯一共同基础是病人似乎病了。因此，我们被

[1] 巴特勒主教（Bishop Butler），即 Joseph Butler（1692—1752），一位英格兰主教。

引着丢弃了“休克”这个词，丢弃了其各种各样的定义。此后，我们未发觉这个词在创伤研究中有任何价值；它倒是阻碍了无偏见的观察，引起了误解。

无论这段话是不是维特根斯坦写的，它都产生了一种他希望自己的哲学工作产生的效果——结束掉许多误导性的研究思路。医学研究会的1939—1945年报告说，这项工作是在格兰特领导下做的：

［它］对于以下做法的价值提出了重大怀疑：如此这般地解决“休克”问题，仿佛创伤性“休克”是一个临床和病理上的单一实体。结果，战争初委员会启动的几条研究路线被放弃了。

事实上，它的影响是维特根斯坦在自己的后期数学哲学工作中希求的影响——阳光对于土豆芽之生长的影响。

格兰特和里弗的研究目标主要不是反对在诊断创伤效应时使用“休克”这个词，而是在第一次世界大战时的研究发展出的诊断和治疗之外找出别的更富成效的诊断和治疗。为此，他们需要详细地观察创伤的效应。在工
453 作的这个实践方面，维特根斯坦的角色是切割冷冻的组织切片、染色，以便检测出比如说脂肪的存在。他显然做得很好。

组织学工作以外，格兰特还请维特根斯坦协助自己研究奇脉[1]，即经常出现在创伤严重的病人身上的随着呼吸变化的脉压。看上去，在这方面他引入了一种技术创新——发明了一种比他们现有的更好的记录脉压的仪器。格兰特和里弗都记得这种仪器是一种创新，但都不记得其细节。因此，我们找得到的对这仪器的唯一描述是德鲁利给出的，当时他在谈自己

[1] “奇脉”（Pulsus Paradoxus），一种病症，吸气时血压降低，呼气时血压升高。

趁军中休假到纽卡斯尔看维特根斯坦的日子：

> 北非战役结束后，我被调回英格兰准备参加诺曼底登陆。我有一次离队休假，到纽卡斯尔和维特根斯坦呆了几天……他带我到他在研究部的屋子，给我看他为研究设计的仪器。格兰特医生请他研究呼吸（深度和频率）和脉搏（强度和频率）之间的关系。维特根斯坦的设计使他能自己当自己的观测对象，获得对一个转鼓的必要追踪。他对原来的仪器作了几处改进，结果格兰特医生竟说他情愿维特根斯坦是生理学家而非哲学家。在向我描述自己迄今得到的成果时，他作了一个典型的评论：“它比你第一眼的感觉复杂许多。”

德鲁利的纽卡斯尔之行也为我们提供了一段有揭示性的谈话，显出维特根斯坦对性的态度的一个有趣变化。看上去，到 1943 年，维特根斯坦远不再接受魏宁格的“性和精神不相容”的观点，而是同情对性行为的这种看法：把性行为视作宗教敬畏的对象。德鲁利讲到，在纽卡斯尔和维特根斯坦在一起时，两人赶一班去达勒姆的火车，沿着那儿的河走了走。散步时德鲁利对维特根斯坦说起自己在埃及的经历，尤其是在卢克索见到庙宇的事。他告诉维特根斯坦，虽然看见庙宇是很棒的体验，但他震惊地发现， 454
一座庙宇的墙上有何露斯神的浮雕，那神阴茎勃起，正在射精，拿一个碗采集精液。维特根斯坦对这故事的反应有点儿鼓舞人心，他驳斥了德鲁利暗含的不赞许：

> 为什么在世界里他们不应该抱着敬畏看待人类种族由之得以延续的行为呢？不是每一种宗教都得有圣奥古斯丁对性的态度。

刚搬到纽卡斯尔时，维特根斯坦对德鲁利另一议论的回应甚至含有更轻蔑的坦率。德鲁利写信祝他在新工作上好运，又说希望维特根斯坦交到许多朋友。维特根斯坦回答：

> 我觉得很明显你正在变得缺乏思考和愚蠢。你怎么能想象我可能有“许多朋友”？

虽然说得很刺耳，但这话无疑是真的。维特根斯坦在纽卡斯尔的唯一朋友似乎是巴兹尔·里弗。他也和格兰特处得不错，他俩都对音乐感兴趣（格兰特记得，有一次自己提到不喜欢贝多芬的“皇帝”协奏曲的开场，维特根斯坦热情地表示赞同），但很少有那种感情的温暖——简单的人的接触——维特根斯坦在盖斯医院和罗伊·弗拉克分享的那种温暖。格兰特过于投入自己的工作，因此做不到这一点。维特根斯坦曾向弗拉克抱怨，剑桥的哲学工作令自己缺乏人与人的接触；但在纽卡斯尔，正如他写给诺曼·马尔科姆的信里流露的，他开始想念自己的剑桥朋友：

> 我好几个月份没有斯麦瑟斯的消息了。我知道他在牛津，但他不写信给我。——路易［凯什米·路易］还在剑桥……里斯还在斯旺西讲课……我希望你去看摩尔，希望他身体很健康。［1943 年 9 月 11 日］
>
> 我在这儿感到相当孤独，也许会想办法到某个有人和我说话的地方去。比如斯旺西，里斯在那儿做哲学教师。［1943 年 12 月 7 日］

455 也许更重要的是，他开始怀念从事他自己工作的环境。投进格兰特和里弗的工作里已然不够了：

> 我也惋惜，由于外在和内在的原因我不能做哲学，那是唯一给我真正满足的工作。没有别的工作真正令我振奋。我现在极忙，全部时间我的心智都被占据着，但一天结束时我只感到疲劳和难过。

“内在原因”是，维特根斯坦怀疑自己是否还能在哲学中做出好的工作。他常常——反复地——对里弗说：“我的脑子已经没了。”他经常抱着缅怀的渴望谈起 1913 年在挪威的日子：“那时我的心智正火着……但现在它没了。”“外在原因”是，他在纽卡斯尔所做工作的要求，以及很不如意的住所。他还发觉越来越难以接受跟医院的低级医师、医师持续照面，他们口无遮拦，常常粗鄙地议论病人；为了谅解年轻医生对职业压力的反应，他也越来越需要里弗的帮助。

也许是因为这些挫折——再加上里弗的妻子和小宝宝到了纽卡斯尔、里弗的时间更加有限了——甚至维特根斯坦和里弗的关系也开始恶化。维特根斯坦从来都是个占有欲强的朋友，他开始要求里弗给自己更多的时间和注意，可工作和家庭生活对里弗的要求限制了他能给的量。他们最终不愉快地分开了。维特根斯坦给里弗的临别赠语是：“你并没有我曾以为的那么美好。”里弗则觉得松了口气，不必再给予维特根斯坦要求的情感支持了。

鉴于回到哲学工作的受挫的渴念，以及和里弗恶化的关系，听到格兰特和里弗要离开纽卡斯尔时维特根斯坦很可能感觉松了口气。此时，他们的研究更强调进一步检视失血和组织损伤效应的需要，于是有必要接触比平民生活中可能碰到的更严重创伤。因此他们需要到战场上去进行研究，1943 年末，人们准备把他们送去意大利。 456

格兰特的继任者是 E. G. 拜沃特斯医生，和格兰特和里弗一样，他此前在伦敦对空袭受害人进行观察。离开前，格兰特写信告诉伦敦医学研究会总部的 A. 兰兹巴罗 · 汤姆森医生：

> 维特根斯坦同意在此期间继续做实验室助理，但能呆多久取决于他和拜沃特斯相处得如何。

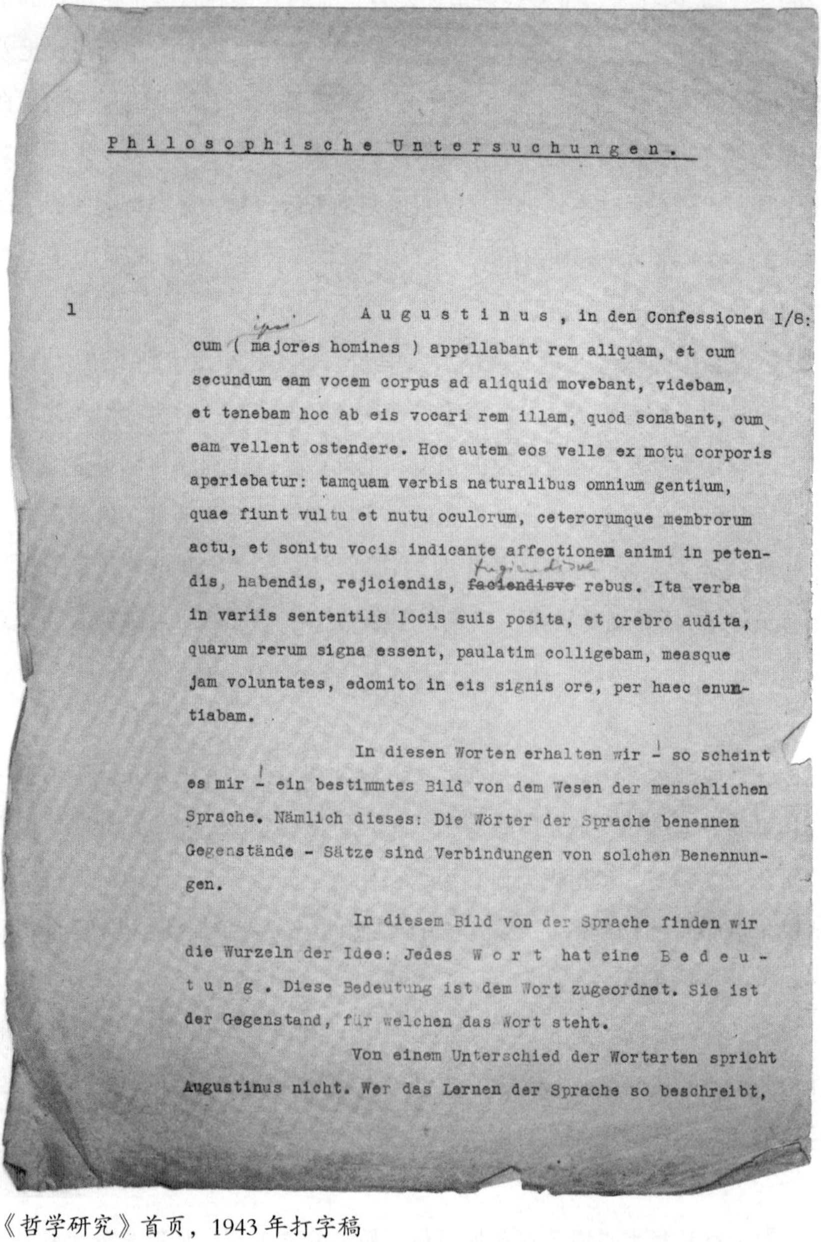
Philosophische Untersuchungen.

1 Augustinus, in den Confessionen I/8: cum ( majores homines ) appellabant rem aliquam, et cum secundum eam vocem corpus ad aliquid movebant, videbam, et tenebam hoc ab eis vocari rem illam, quod sonabant, cum eam vellent ostendere. Hoc autem eos velle ex motu corporis aperiebatur: tamquam verbis naturalibus omnium gentium, quae fiunt vultu et nutu oculorum, ceterorumque membrorum actu, et sonitu vocis indicante affectionem animi in petendis, habendis, rejiciendis, ~~faciendisve~~ fugiendisve rebus. Ita verba in variis sententiis locis suis posita, et crebro audita, quarum rerum signa essent, paulatim colligebam, measque jam voluntates, edomito in eis signis ore, per haec enuntiabam.

In diesen Worten erhalten wir - so scheint es mir - ein bestimmtes Bild von dem Wesen der menschlichen Sprache. Nämlich dieses: Die Wörter der Sprache benennen Gegenstände - Sätze sind Verbindungen von solchen Benennungen.

In diesem Bild von der Sprache finden wir die Wurzeln der Idee: Jedes Wort hat eine Bedeutung. Diese Bedeutung ist dem Wort zugeordnet. Sie ist der Gegenstand, für welchen das Wort steht.

Von einem Unterschied der Wortarten spricht Augustinus nicht. Wer das Lernen der Sprache so beschreibt,

《哲学研究》首页，1943 年打字稿

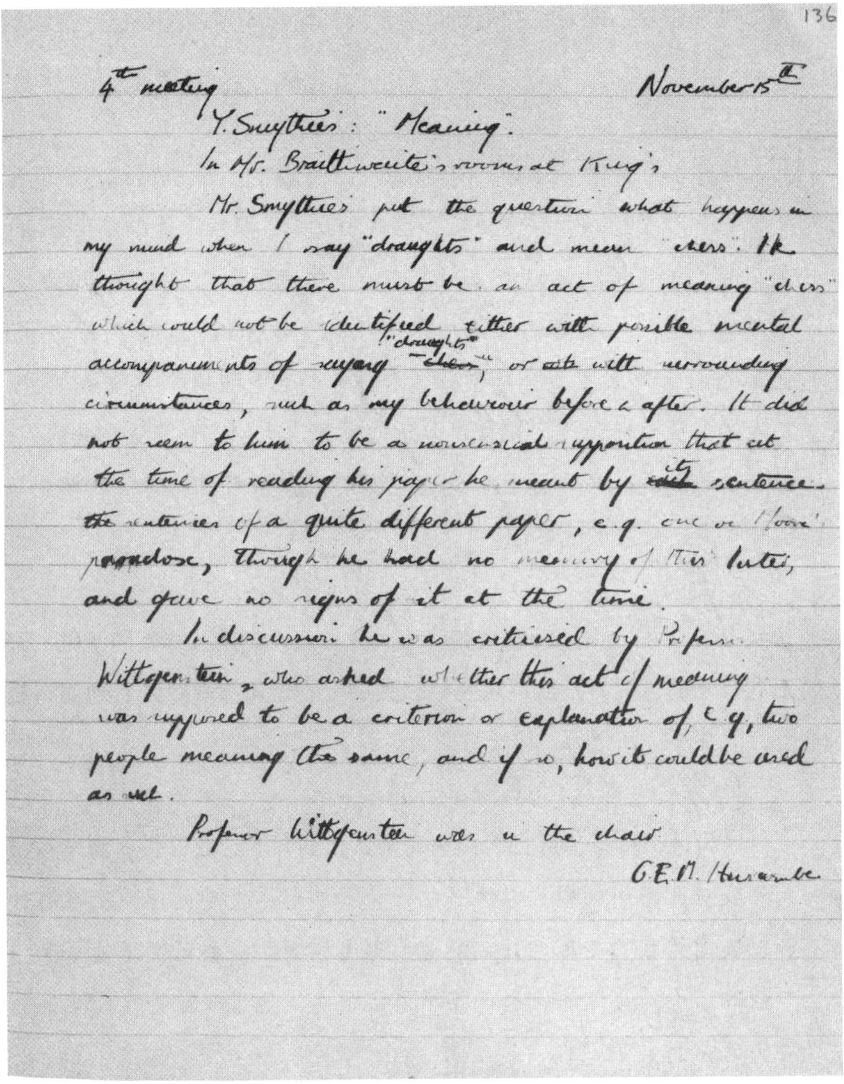

136

4th meeting November 15th

Y. Smythies: "Meaning".

In Mr. Braithwaite's rooms at King's

Mr. Smythies put the question what happens in my mind when I say "draughts" and mean "chess". He thought that there must be an act of meaning "chess" which could not be identified either with possible mental accompaniments of saying ~~"chess"~~ "draughts", or ~~with~~ with surrounding circumstances, such as my behaviour before & after. It did not seem to him to be a nonsensical supposition that at the time of reading his paper he meant by ~~its~~ its sentences ~~the~~ the sentences of a quite different paper, e.g. one on Moore's paradox, though he had no memory of this later, and gave no signs of it at the time.

In discussion he was criticised by Professor Wittgenstein, who asked whether this act of meaning was supposed to be a criterion or explanation of, e.g., two people meaning the same, and if so, how it could be used as such.

Professor Wittgenstein was in the chair.

G.E.M. Anscombe

道德科学俱乐部的记录

格兰特力劝汤姆森，即便维特根斯坦决定离开纽卡斯尔，仍要让他继续做研究会的职员：

> 维特根斯坦把实验室工作当作对抗战的贡献，我告诉过你，他是剑桥的哲学教授。如果他决定在里弗和我走了以后不能继续干下去，那么若不另行用他，似乎令人遗憾……他有第一流的头脑，他的生理学知识量令人吃惊。讨论问题时他是个极棒的人。在实践方面，他是我们很好的实验室助理；此外，他还自己设计了仪器和实验，对人的血压随呼吸的变化作出了新的观测。他不是个容易相处的人，但若有合适的条件，他可以是有益和有激励作用的同事。我猜战后他将重返剑桥的教授席位。

1944年1月底，格兰特和里弗终于动身去意大利了。如我们所见，拜沃特斯到来之前，维特根斯坦正感觉孤独和沮丧，虽然继续细心地履行技师职责，但并不打算交际。拜沃特斯回忆：

> 他拘谨，相当离群：喝咖啡或喝茶谈到哲学话题时，他拒绝被拖入。我对此感到失望，但他一丝不苟和尽职尽责地处理为我准备的肺或其他器官的冷冻切片，对此我感到满意。在我记忆里他是个谜
> 457 一般的、不爱交流的、也许相当消沉的人，他喜欢自己房间里的折叠躺椅胜于一切应酬。

只待了三个星期，拜沃特斯就不得不写信请总部帮忙找个新技术员：

> 维特根斯坦教授在这儿为格兰特医生做组织学工作……他现在收到一封剑桥的信，请他用未来三个月或更长的时间写一篇他自己专业（哲学）的论文。

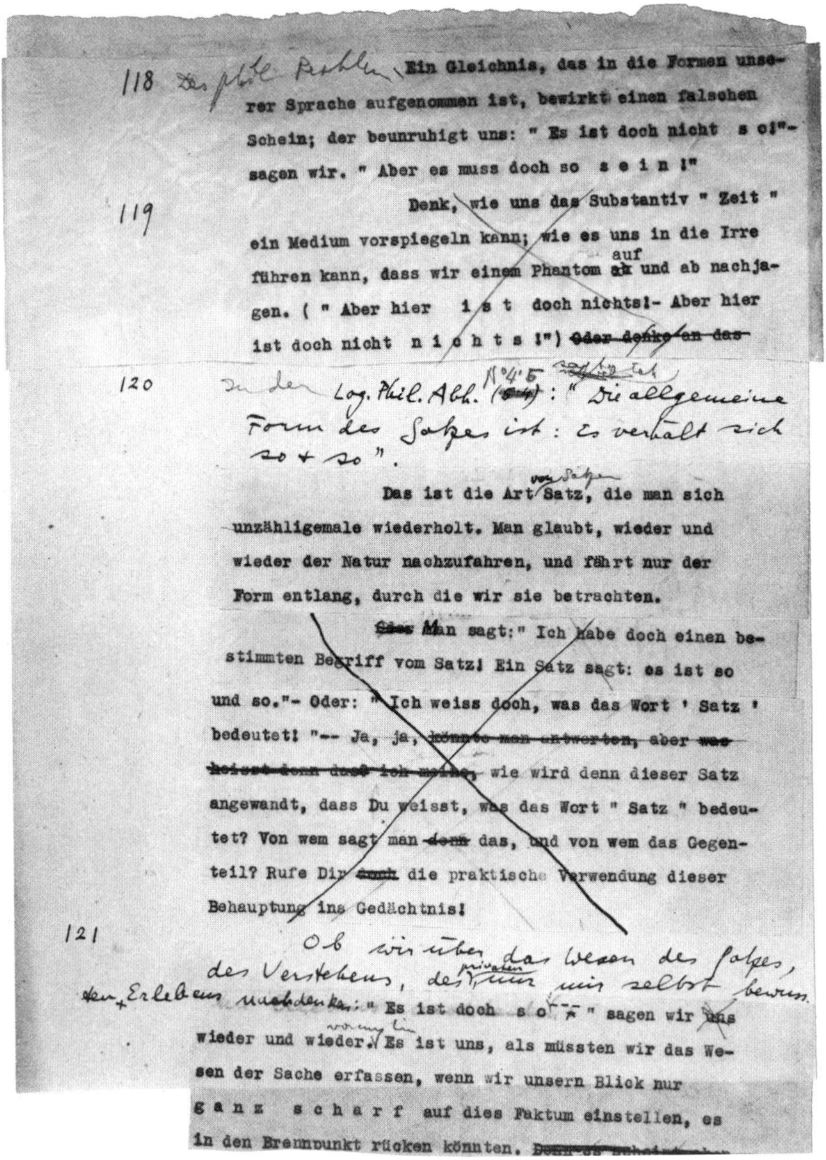

118 Das philos. Problem: Ein Gleichnis, das in die Formen unserer Sprache aufgenommen ist, bewirkt einen falschen Schein; der beunruhigt uns: " Es ist doch nicht s o!" – sagen wir. " Aber es muss doch so s e i n !"

119 Denk, wie uns das Substantiv " Zeit " ein Medium vorspiegeln kann; wie es uns in die Irre führen kann, dass wir einem Phantom ~~ab~~ auf und ab nachjagen. ( " Aber hier i s t doch nichts! – Aber hier ist doch nicht n i c h t s !") ~~Oder denke an das~~

120 In der Log. Phil. Abh. (No 4.5): " Die allgemeine Form des Satzes ist: Es verhält sich so + so".

Das ist die Art von Sätzen, die man sich unzähligemale wiederholt. Man glaubt, wieder und wieder der Natur nachzufahren, und fährt nur der Form entlang, durch die wir sie betrachten.

~~Man~~ Man sagt:" Ich habe doch einen bestimmten Begriff vom Satz! Ein Satz sagt: es ist so und so."– Oder: " Ich weiss doch, was das Wort ' Satz ' bedeutet! "-- Ja, ja, ~~könnte man antworten~~, aber ~~was heisst denn das? Ich meine~~, wie wird denn dieser Satz angewandt, dass Du weisst, was das Wort " Satz " bedeutet? Von wem sagt man ~~denn~~ das, und von wem das Gegenteil? Rufe Dir ~~doch~~ die praktische Verwendung dieser Behauptung ins Gedächtnis!

121 Ob wir über das Wesen des Satzes, des Verstehens, des privaten ~~nur~~ mir selbst bewussten Erlebens nachdenken: " Es ist doch s o " sagen wir ~~uns~~ wieder und wieder. Es ist uns, als müssten wir das Wesen der Sache erfassen, wenn wir unsern Blick nur g a n z s c h a r f auf dies Faktum einstellen, es in den Brennpunkt rücken könnten. ~~Denn es scheint~~

《哲学研究》修改稿

一周后，2 月 16 日，他写道：

> 维特根斯坦教授今天离开了我们：他们请他回到剑桥教授席写一篇哲学论文，过去一两年风闻有这篇论文，现在他们希望它落实在纸上。

于是，1944 年 2 月 16 日维特根斯坦离开纽卡斯尔回到剑桥。拜沃特斯信里提到一篇“过去一两年风闻有的”、“现在他们希望它落实在纸上”的论文，由此我们有理由假定，“他们”指的不是剑桥大学，而是剑桥大学出版社。

1943 年 9 月维特根斯坦接洽过剑桥大学出版社，建议他们把他的新书《哲学研究》和老书《逻辑哲学论》并排着出版。他是在那年初和尼古拉斯 · 巴赫金一起读《逻辑哲学论》时产生这个想法的。他也对里弗提过这想法，说自己喜欢这个主意：把对《逻辑哲学论》观点的驳斥和《逻辑哲学论》并排着出版。1944 年 1 月 14 日，剑桥大学出版社确定接受这一提议，这事和拜沃特斯第一封信里的话是一致的：“他现在收到一封剑桥的信……”然而，和剑桥大学出版社 1938 年接受的那个较早计划一样，这个计划从未实现。

# 第二十二章　斯旺西

拜沃特斯认为，维特根斯坦不得不离开研究部，是因为受邀“回到剑桥教授席”，但维特根斯坦却决心若有可能就不回剑桥。他想在重新履行教授职责之前写完他的书，就达成这一目标而言，他觉得斯旺西是个好得多的地方。去年12月份，得知格兰特和里弗新一年要离开纽卡斯尔之后，他产生了到斯旺西去的想法。正如在一封写给马尔科姆的信里说的，他想和某个能与之讨论哲学的人在一起，里斯是显而易见的选择。“我不知道你是否记得里斯，”他写道，“我相信你在我的课上见过他。他是摩尔的学生，是个出色的人，也有真正的哲学天分。” 458

不过，离开纽卡斯尔前一周他突然想到，自己也许不能在斯旺西长期工作。他向里斯解释说，他能免于教授职责而获假，是因为在做“重要的”战争工作：

> 如果（例如）我离开这儿，另找一个工作，比如说在一家医院里，我就得告诉总理事会，请他们批准新工作。现在，如果我下周去剑桥，他们就会想知道我正在做什么，我就得告诉他们我想做几个月的哲学。在那种情况下他们会说：如果你想做哲学，那么你就不是在做战争工作，你就得在剑桥做哲学。

459 ……我几乎肯定我现在无法在剑桥工作！我希望能到斯旺西去。

结果维特根斯坦的担心是不必要的，在剑桥呆了几周之后，他获准休假，到斯旺西写他的书。1944 年 3 月他离开剑桥，来年秋天前都不用回来。

可以同里斯天天讨论，并非斯旺西的唯一吸引力。维特根斯坦喜爱威尔士海岸，也许更重要的是，他发觉斯旺西的人比剑桥的人更与自己投合。“天气是恶劣的，”1945 年他告诉马尔科姆，“但我很高兴自己不在剑桥。”

> 我在这儿认识了很多我喜欢的人。看起来，我在这儿比在英格兰更容易与人相处。我想要微笑的时候多多了，比如，走在街上时，或看见孩子时，等等。

通过报纸上的一则广告，里斯为他找到了住处：朗兰湾海岸旁的某个曼恩夫人的家。这个地方如此完美，乃至曼恩夫人写信向维特根斯坦说明自己改变了心意，决定不能收他当房客时，他拒绝接受，不顾一切地坚持搬了进去。1944 年春天他都住在她那里，结果她也确实是个好女房东，在他的健康状况周期性变糟的时候很好地照顾了他。

搬到曼恩夫人那儿后不久，他和罗兰德·赫特有过一阵通信，这些通信大概体现了法妮娅·帕斯卡尔写下这段话时的心中所想：若你想自杀或改变信仰，维特根斯坦是最好的咨询者；但若关乎的是更日常的焦虑和恐惧，那他可能是危险的：“他的救治可能太过激烈，太过外科手术化。他会搞得像对付你的原罪。”

当时赫特服役于皇家军医团，不满意自己的职位。他希望获得一纸调令，到实验室或手术室工作。深感沮丧的他写信向维特根斯坦抱怨自己的情况。虽然维特根斯坦总是鼓励任何取得医学职位的愿望，但他把
460 赫特的问题视作灵魂的问题而非关乎其职业的问题。“我对你的信没有好

印象，”3 月 17 日他写信给赫特，“虽然我很难说出是什么错了。”

> 我觉得好像你正变得越来越懒散。我不是为此而责怪你，我也无权那样做。但我在思忖该对之做点什么。找心理学家——除非他是个很非凡的人——不会带给你多少益处。

无论如何，他倾向于怀疑是否赫特到手术室就能干好：“在那儿你要相当迅速和机敏，我真不知道你是不是那样。”但，“我觉得一件事是明显的：你肯定不能在一个羞辱或泄气的职位上继续待下去。”在维特根斯坦看来，核心问题是保存赫特的自尊。如果不能得到调令，如果不愿意做好手头的工作（不管是什么工作），那他应该申请调往靠近前线的部门，无论他能在前线找到什么职位。维特根斯坦告诉他，在那儿“你起码在过某种生活”：

> 我自己只有极少的勇气，比你少得多；但我发现，每当我在长久的挣扎之后鼓起勇气做某事时，总是在事后感到自由得多、快乐得多。

“我知道你有一个家庭，”他预见到这一建议的明智性将遭遇到的最显见质疑，“但如果你对自己没用处，你对你的家庭也不会有任何用处。”如果赫特的妻子洛蒂现在看不到这一点，“有一天她会看到的”。

和维特根斯坦在第二次世界大战期间向朋友提出的其他建议一样，这个建议很明显基于他自己的大战[1]经验。例如，动身参加“D 日”行动[2]前，莫里斯·德鲁利到斯旺西向维特根斯坦告别，维特根斯坦留给他这句话：

---

[1] “大战”（the Great War），即第一次世界大战。

[2] “D 日”行动（D-Day），指 1944 年 6 月 6 日发动的盟军在诺曼底登陆的行动。

一旦发生陷入肉搏战的情况，你必须就站在一边，任由自己被屠杀。

461 “我觉得，”德鲁利写道，“上次战争时他曾给过自己这个建议。”与此类似，诺曼·马尔科姆应募加入美国海军时，维特根斯坦把哥特弗里德·凯勒的小说《哈特劳布》（*Hadlaub*）的一个“肮脏印本”（大概是二手的，有点污损）寄给他。维特根斯坦写道，它不太干净的好处“是你在引擎室里读也不会把它弄得更脏”。他显然把马尔科姆的工作想象成在一艘类似于哥普拉纳的蒸汽船上的体力活。仿佛战争给了他一个机会：通过他的年轻朋友，由别人代替他再经历一次1914—1918年的强烈的、改变自我的事件。

人们感到，如果处于赫特的境地，维特根斯坦将毫不犹豫地申请调往前线——就像他1915年做的那样。

不过他给赫特的建议还基于一种更一般的态度。“我认为，”他告诉赫特，“你必须停止爬行，重新开始行走。”

顺便说一句，当我谈到勇气，我的意思不是跟你的上级大吵大闹；尤其那样做完全无用、只是嘴上发泄的时候，不该那么做。我的意思是：找一副担子，努力挑起来。我知道我无权说这话。我自己不很善于挑起担子。但这仍是我想说的全部了；等哪天我能见到你时再说。

从赫特的回信里看不出他打算接受这个建议，他说自己最近找了个心理学家。“我希望知道更多的军事事务”，维特根斯坦的回信带有不耐烦的嘲讽味：

我不能理解，比如说，一个心理学家和你在军中的病症有什么关

> 系。在心智上你肯定毫无问题！（或者就是有问题，那个心理学家也不会知道。）

他再次勾勒了自己此前的建议。如果赫特不能获得调令，那么他要做的唯一事情是：“做你真正做得好的工作；把它做得好到这种程度：你做它的时候不失去你的自尊。”

> 我不知道你是否理解我。用自己具备的各种手段得到一个更好或更适合的工作，这是个动脑子的事。但如果那些手段失败了，那就
> 到了这种时刻：总是抱怨和责怪不再有意义，应当去安定下来。你 462
> 就像这么一个人：他搬进一个房间，说“哦，这只是暂时住住的”，就不拆开他的箱子。此刻没问题——暂时。但如果他不能找到一个更好的地方，或下不了决心冒险彻底搬去（例如）另一个镇子，那么他就应该拆开箱子安定下来，无论那房间好不好。因为什么都胜过生活在等待状态中。

“战争将会结束，”他坚持说，“最重要的是战争结束时你将是何种人。也就是说：战争结束时，你应当是一个人。而若你现在不锻炼自己，你将不是。”

> 第一件要做的事是：当责怪无益时停止责怪。在我看来，你应当要么申请调往靠近前线的某个地方、就冒次险，要么，如果你不想那样做，就在你身处的地方坐下来，不想挪动的事，只想做好你现在有的工作。

“我将对你完全坦率，”他给出了另一个建议，这建议说明他也许在把自己的历史投射到赫特的情况上去，“我要说，我认为不住在你的家庭

够得到的地方对你更好。”

> 当然，你的家庭是一种慰藉，但也可能具有一种使人软化的效果。虑及某些疼痛，你会想让皮肤更硬，不是更软。我是指，我有这样一个想法（也许错得该死），你的家庭使你更难或不可能安定下来做好你的工作而不左顾右盼。还有，你也许应该朝你的内心多瞧一眼，但若身处家庭之中，这一点也许也是不可能的。若你把这封信给洛蒂看而她激烈地反对我，我会说：或许她若不反对就不是个好妻子，但这不意味着我对你说的话就不是对的！

赫特仍然渴望得到调令，他写信告诉维特根斯坦，自己已见过指挥
463 官，很快还要再见一次。“在我看来，”维特根斯坦回信，“你交替生活在无根据的希望和绝望中……此时在调令的问题上纠缠指挥官，我觉得很傻。你遭拒以来事情没有发生任何变化！”

> 你写道：“这一切措施已经或将会使我在这儿的位置更满意，或者起码好很多。”这全是胡话，读这些话我真觉得恶心。能使你更满意事态的措施，是一个得在你内部采取的措施。（但我不想说，远离你的家庭没有助益。）

有关这件事的交流在6月份结束了，最后一句话是维特根斯坦说的。“我祝你好运和耐心！”他最后写道，“还有别再找心理学家。”

这时维特根斯坦已搬出了曼恩夫人的房子，搬进了卫理公会派教长韦恩福德·摩根牧师的家。他第一次拜访那房子时，摩根夫人如热心的女主人那样问他想不想来点茶，想不想来点这个或那个。她丈夫在另一个房间向她叫道：“别问；给他。”这句话极深地打动了维特根斯坦，他在许多场合对朋友复述过。

但在其他方面，维特根斯坦对自己主人的印象不那么赞许。维特根斯坦取笑他在墙上排放从不读的书，指责他把书放在那儿只是为了让教众看。摩根问维特根斯坦是否信仰上帝，他回答："是的我信，但在你信仰的东西和我信仰的东西之间的差异也许是无限的。"

这句话指的当然不是卫理公会派和基督教的其他形式之间的差异。维特根斯坦不是卫理公会派教徒，同样也不是天主教徒。他曾评论自己皈依天主教的朋友："我不可能使自己相信他们相信的所有事。"其中一人是约里克·斯麦瑟斯，维特根斯坦寄宿在摩根牧师那儿时，斯麦瑟斯写信向维特根斯坦宣布自己的皈依。维特根斯坦非常关切，尤其他认为自己可能因为鼓励斯麦瑟斯读克尔凯郭尔而无意中要为这一皈依负部分责任。他给斯麦瑟斯的回信是委婉的："如果有人告诉我他买了走钢丝者的 464
全套装备，在看到他拿它做了什么之前，我不觉得有什么。"

在一本笔记本里他澄清了这一比喻的含义：

> 一个诚实的宗教思考者像一个走钢丝的人。看上去他几乎只是在空气上行走。他的支撑是能想象的最纤细的东西。但确实可能在那之上行走。

虽然维特根斯坦对能完成这平衡之举的人抱有最大的钦佩，但不认为自己是其中一员。例如，他不能使自己相信传闻里的奇迹的字面之真：

> 一个奇迹仿佛是上帝作出的一个手势。就像一个人安静地坐着，然后作出一个动人的手势，上帝令世界平滑地运转，然后令一个象征性的事件、一个来自自然的手势伴随圣人的言辞。这是个例子：某个圣人说话时，他周围的树仿佛出于敬畏而屈身鞠躬——那么，我相信这种事发生了吗？我不相信。
>
> 对于我而言，相信这种意义上的奇迹的唯一可能，是一个事件

> 以某种特别的方式触动我。于是我会说(例如):“不可能看到那些树而不觉得它们是在回应那些言辞。”就像我会说“不可能看到这只狗的脸而看不到他正警觉着、全神贯注于主人正在做的事”。我能想象,仅仅叙述圣人的言辞和生活,就能使某些人相信树鞠躬的故事。但我没感到这种触动。

他向摩根承认自己信仰上帝,但他的信仰并非采取认同任一具体学说之真的形式,而是采纳了一种对待生活的宗教态度。他曾这样向德鲁利表述这一点:“我不是一个信教的人,但我禁不住从宗教的角度看待每一个问题。”

摩根家隔壁住着克莱门特一家,维特根斯坦很快和他们交上了朋友——他对马尔科姆说自己发觉在斯旺西比在英格兰更容易与人相处,这是一个很好的例子。他特别喜欢克莱门特夫人,她邀请他每周和她家人一起吃星期天午餐。“她不是个天使吗?”一次星期天午餐时,他对她丈夫说到她。“她是吗?”克莱门特先生回答。“见鬼去吧,哥们儿!她当
465 然是!”维特根斯坦吼道。事实上,克莱门特夫人深深打动了他,结果他更希望寄宿在她的屋子里而不是摩根那儿。在那之前克莱门特家没收过房客,也不太想收;但在压力之下,他们同意维特根斯坦搬进来。随后三年维特根斯坦和克莱门特一家都维持着联系,在剑桥的最后几年里他也在放假时到他们家做客。

克莱门特夫妇有两个女儿,琼,十一岁,芭芭拉,九岁;维特根斯坦住在那儿时几乎被当作家庭成员。他们觉得“维特根斯坦”这名字有点儿拗口,全都叫他“维基”[1],但维特根斯坦明确地只允许他们这样叫。不寻常地,维特根斯坦在克莱门特家时和全家人一起吃饭。他也加入到

---

[1] “维基”(Vicky)。

这一家生活的其他方面。他尤其喜欢和女孩们一起玩“噜逗”[1]和“蛇与梯子”[2]——有一次，玩“蛇与梯子”时维特根斯坦特别投入，连续玩了两个多小时之后，女孩们不得不恳求（不情愿的）他别非玩完不可了。

他也对两个女孩的教育抱有积极的兴趣。姐姐琼当时正参加当地语法学校的考试。成绩公布的那天，维特根斯坦回到家时发现她在哭。她得知自己没过关。维特根斯坦断定这是不可能的。“见鬼去吧！”他说。“我们会了解的！”维特根斯坦冲到琼的学校，琼和她母亲焦虑地跟在后面，他去见那个说琼没过的老师。“你说她没过，我很震惊，”他对老师说，“我可以负责地告诉你，她一定过了。”他几乎胁迫着老师查核记录，她发现确实有一个错误——每个人都大松了一口气——琼拿到了通过考试的足够分数。维特根斯坦斥责那老师是“无能的傻瓜”，不过，虽然他的判断和琼的能力都得到了印证，克莱门特夫人却羞于再在学校露面。

除了自愿承担的家庭责任和几乎每天同里斯出门散步，维特根斯坦在斯旺西的时间主要用于写作。他带在身边的有《哲学研究》1938年版 466
的打字稿，在盖斯医院工作时写满的笔记本和硬皮账簿；他开始写这本书的一个修订本，希望来年秋天自己必须回剑桥时能把它交给出版社。

在斯旺西的头两个月里，他的工作焦点在数学哲学上。他拾起了在盖斯医院记的那本他名之为“数学和逻辑”的笔记本上的工作。在这本笔记中他主要关注“遵行规则”这个概念。1938年版本第一部分的结尾是对于牵涉这一概念的混乱的论述，第二部分的开头则试图拆解这些混乱，为数学哲学问题的讨论扫清道路。然而，他死后出版的重写过的

---

[1] “噜逗”（Ludo），一种棋盘游戏，二至四人玩，每方有四个棋子，依次按掷出的色子点数走棋，最先把自己的四个棋子全部走到“家”获胜。

[2] “蛇和梯子”（Snakes and Ladders），一种简单的棋盘游戏。每人一个棋子，按掷出的色子点数往前走；有些格子上有梯子连接到前方的格子，若刚好走到这种格子，则爬上梯子走捷径；有些格子上有蛇连接到后方的格子，若刚好走到这种格子，即顺着蛇滑回去；先到终点者获胜。

《哲学研究》版本里，对遵行规则的讨论是用于为心理哲学问题的讨论扫清道路。这一变化是在 1944 年春夏月份的斯旺西发生的。

两件前后只差几个月的事，说明了在斯旺西时维特根斯坦的兴趣转移得多么迅速和根本。第一件事发生在他搬到那儿不久：约翰·维兹德姆为维特根斯坦写了一个简短的传记性段落，打算收入一本人物传略辞典。出版前维兹德姆把那段话寄给维特根斯坦过目。维特根斯坦只作了一处修改；他在那段话后面加了一句："维特根斯坦的主要贡献在于数学哲学。"两三个月之后，维特根斯坦正在写那组后来称作"私有语言论证"的论述时，里斯问他："你论数学的工作怎么样了？"维特根斯坦挥了挥手回答："哦，别人可以做那个。"

当然，在数学哲学和心理哲学之间反复切换，拿一个领域的问题当类比，说明另一个领域中的要点，这是维特根斯坦 20 世纪 30 年代早期以来在讲座、笔记和谈话里一直做的事。批驳"私有语言是可能的"这个观念的兴趣也不是 1944 年新起的：早在 1932 年他就在讲座里讨论过。
467 1944 年的转变的重要之处在于，这次转变是永久的：维特根斯坦再也没有回到把自己对数学的论述安排成一种可出版的形式的努力上，另一方面，他尽其余生都在调整、再调整以及修订自己的心理哲学思想。此外，这一似乎永久的转变到来时，正是他完成自己书里的数学哲学部分的愿望显得最急切的时候。

我认为，这一转变的线索在于维特根斯坦对他的书的想法的变化，尤其是他认识到，他对遵行规则的论述不应只是对数学的讨论的先期工作，而应该是对数学和心理概念两者的考察的序曲。尽管对里斯说"别人可以做那个"，尽管从未回到论数学的工作上，但维特根斯坦仍旧认为自己对数学的论述属于《哲学研究》。因此，1945 年写的此书序言仍然把"数学基础"列为此书关心的主题之一；迟至 1949 年，他在一本笔记本里写道：

我想把我的《哲学研究》里对数学的考察称为“数学的开端”[1]。

所以，应该首先并主要把这一转变视为维特根斯坦的构想——对自己的遵行规则论述的力量的构想——的转变。现在它们引向的不是一个、而是两个方向，认识到这一点后，维特根斯坦更倾向于沿着引向心理概念考察的思路前进。虽然活得不够长，未折回脚步沿着叉路的另一支前进，但他没有放弃这个想法：它在那儿，要沿着它前行。因此《哲学研究》的最后一段论述——“有可能对数学进行某种探索，它同我们对心理学的探索完全类似”——和他对里斯说的话是契合的。虽然他没有挖出他的书第一部分的全部蕴涵，但这事仍可能由别人做完。

和里斯谈话时维特根斯坦曾说，只有改变了自己的哲学立场，进而去发展某种新东西时，他才感到真正有活力。对此他给出了一个例子：他觉得那是自己的哲学逻辑[2]的一个重要改变，涉及的是他对“语法” 468
命题和“实质”命题之间关系的看法。他说以前他认为这一区分是固定的。但现在，他认为两者的界线是流动和容许改变的。真正说来这像是个着重点的变化，而非观点的变化，因为即便在《哲学研究》1938 年版本里他也不认为这一区分是固定的。但他也没特别强调其流动性。正是这一强调支配着他 1944 年夏天的工作进程。

这两种命题的区分位于维特根斯坦全部哲学的心脏：在心理学、数学、美学，甚至宗教的思考里，他对自己不赞同的人的核心批评是：他们混淆了语法命题和实质命题，把应当被恰如其分地视为语法（在维特根斯坦给这个词的相当古怪的意义上）革新的东西说成一种发现。

因此，照他的看法弗洛伊德并未发现无意识，而是弗洛伊德把“无意识思想”和“无意识动机”这样的语词引入了我们的心理描述的语法。

[1] “数学的开端”（Beginnings of Mathematics）。

[2] “哲学逻辑”（philosophical logic），这儿的 logic 取广义，大意指思路。

类似地，格奥尔格·康托尔并未发现无限数目的无限集合的存在；他引入了“无限”这个词的一个新意思，从而现在能有意义地谈论各种无限的层级了。对于这样的革新，要提出的问题不是“新发现的”实体存在与否，而是那革新对我们词汇表的添加和引入我们语法的变化是否有用。（维特根斯坦自己的看法是，弗洛伊德的是有用的，康托尔的是无用的。）

维特根斯坦对语法命题作了各种刻画——“自明的命题”，“概念—形成的命题[1]”，等等——但一种最重要的刻画是说它是规则。在强调语法/实质之区分的流动性时，他把注意力引到这个事实上：概念—形成——因此还有规定哪些话有意义哪些话没意义的规则的确立——不（像他在《逻辑哲学论》里认为的那样）是由逻辑形式的不可变的法则固定下来的，而是始终与一种习俗、一种实践相连。因此，不同的习俗或实践将预设跟我们觉得有用的概念不同的概念。从而，这又牵涉到接受跟我们事
469 实上采用的规则不同的规则（来决定哪些话有意义哪些话没意义）。

对语法命题的关切位于维特根斯坦数学哲学的中心地带，因为他想表明，数学的“无情”不在于数学真理的确定知识，而在于“数学命题是语法性的”。“2+2=4”的确定性在于：我们不当它是一个描述，而当它是一条规则。

在就数学哲学写的最后论述里——以及和里斯的谈话里——维特根斯坦越来越关心遵行规则和习俗（customs）之间的联系：

> “遵行规则”这个概念的应用以一种习俗为前提。因此说这话是无意义的：世上只有一次有人遵行一条规则（或一个路标；玩一个游戏，说一句话，或理解一句话；诸如此类）。

这是一个非常一般性的要点，从这一论述所在的笔记本里——写于

[1] “概念—形成的命题”（concept-forming propositions），大致意思是这个命题使其中的概念成形，给予概念意义，规定概念，等等。

1944 年——根本看不出维特根斯坦想的是数学。这一要点和维特根斯坦反对私有语言可能性的论证之间的联系是明显的：

> 我可以今天给出一条新的规则，它从未被应用过，可是人们理解了它。但如果从未有任何规则被实际应用过，还可能有那种事吗？
>
> 而如果现在有人说："有一个想象中的应用是不是足够了？"答案是：不。

照此说来，如此这般重构这书像是完全自然的：论遵行规则的章节不是引向数学哲学，而是引向反对私有语言可能性的论证。在那个夏天做的工作中，维特根斯坦把《哲学研究》1938 年版本第一部分的篇幅扩充到了以前长度的大约两倍，加进了现在被视为此书核心部分的内容：论遵行规则的章节（出版本的 189—242 节），和论"经验的私有性"的章节（243—421 节的所谓"私有语言论证"）。

8 月，他开始进行一次像要把书最后调整好的尝试，打算在自己秋天 470
离开斯旺西之前做完这事。他告诉赫特，到那时"我有可能再去干一种战争工作。"在一封稍后的 9 月 3 日的信里他写道："我还不知道 10 月初我得离开时要做什么，我希望事态代替我的手作出决定。"随着同盟国在法国迅速推进，俄国人向波兰进击，此时战争明显很快将以德国的战败而告终。维特根斯坦没有在这件事里看到任何喜悦的理由。"我很肯定，"他告诉赫特，"这次战争后的和平比战争本身更可怕。"

无论是因为找不到合适的战争工作，还是因为休假不能延长，离开斯旺西后，维特根斯坦被迫返回剑桥。他勉强地回去了，原因并不是他的书仍未写完。离开斯旺西前他准备好了一份他认为可出版的部分的打字稿。（这一稿与最后版本的前 421 节差不多相符。）他已经丢掉了把此前他认为这本书里的最重要（论数学哲学的）部分调整到满意的希望，一个仍存的希望是写完他的"第一卷"：对心理概念的分析。

# 第二十三章　这个时代的黑暗

471 1944年10月维特根斯坦回到剑桥，此时，他为自己未写完书而灰心，也一点儿不为即将再次履行授课职责而热心。

过去六年罗素在美国生活和工作，此时也回到了剑桥。他逐渐忍受不了美国的生活了，因为美国社会里更保守的元素对他广泛宣扬的婚姻、道德和宗教方面的观点作出了反应，煽起了针对他的歇斯底里和义愤；他感激地接受了剑桥的邀请，到三一学院更安静平和的环境里教五年书。但是，等到了剑桥他却发现自己在英格兰学术哲学家里已过时了，现在摩尔和维特根斯坦在这儿的影响力比罗素大得多。他随身带回了《西方哲学史》手稿，这本书虽然取得了巨大的商业成功（许多年里都是罗素收入的主要来源），但没有提高他作为哲学家的声誉。

维特根斯坦保持着对罗素智性之敏锐的钦佩，但厌恶罗素20世纪20年代以来出版的通俗著作。“罗素的书应该用两种颜色装订，”他曾对德鲁利说，

> ……写数理逻辑的书用红色——每个哲学学生都应该读；写伦理和政治的书用蓝色——任何人都不得读。

维特根斯坦认为，罗素已作出了可能作出的一切成就。“罗素不会再拼命做哲学了，”他笑着对马尔科姆说。但马尔科姆回忆，20 世纪 40 年代罗素和维特根斯坦很少同时到道德科学俱乐部，而他俩都到的时候，“维特根斯坦在讨论时对罗素恭恭敬敬，我从未见过他对别人那样。” 472

罗素则在维特根斯坦的后期工作里看不出任何优点。“早期的维特根斯坦，”他说，“沉溺于激情热烈的思考，深刻地意识到我和他一样觉得重要的难题，并具有真正的哲学天才（至少我是这么认为的）。”

> 相反，后期的维特根斯坦似乎已渐渐倦于严肃的思考，发明了一种使这种活动不必要的学说。

因此，1944 年秋天（在十四年的分离之后）两人的重逢没什么热情也就不令人吃惊了。“我见过罗素了”，维特根斯坦回来大约一星期后写信给里斯，他“不知怎么给了我一种坏的印象”。在那之后，他和自己从前的老师很少有、或毫无瓜葛。

在哲学上受到孤立引起了罗素的个人不满，因此（但不完全是这个原因），罗素对维特根斯坦后期工作的轻蔑加重了。他首要关心的哲学问题不再被认为是根本的。部分因为维特根斯坦的影响，知识论已然从属于对意义的分析。因此，1948 年《人类的知识：其范围和限度》——罗素把这一著作视为对自己哲学立场的一次重大陈述——出版时，收获的是冷冷的淡漠。因此，罗素把最大的轻蔑送给了维特根斯坦的弟子：

> 在时髦过一阵之后，发现人们认为自己已是古董，这不是一种全然愉快的经验。很难优雅地接受这种经验。年老的莱布尼兹听到人们对贝克莱的赞扬时评论道：“那个爱尔兰的年轻人质疑物体的实在，看上去他既未足够地说清自己的观点，也未给出充分的论证。我怀疑他希望因为他的悖论而闻名。”在许多英国哲学家的眼里维特 473

> 根斯坦已取代了我，但我不能对他作完全一样的评论。他希望借以闻名的不是悖论，而是对悖论的彬彬有礼的逃避。他是个非常奇特的人，我怀疑他的信徒是否知道他是什么样的人。

摩尔并未遭受同样的折磨，不过，虽说他和维特根斯坦的关系还是友好的，但到 1944 年时他太年迈体弱了，没法全心全意地欢迎和维特根斯坦进行频繁冗长的哲学讨论的艰苦前景。因此他的妻子把维特根斯坦的来访时间限制在一个半小时之内，维特根斯坦对此很不高兴。“摩尔一如既往地友好，”他对里斯说，

> 我不能见他太长时间，摩尔太太会打断我们。她后来告诉我，摩尔的身体其实不像看上去那么好，绝对不能长时间谈话。我有很好的理由认为这话总的来说是胡扯。摩尔有时出现古怪的昏眩，但那不过是老年人的正常现象。就他的年龄而言他显然是健康的。但摩尔夫人不喜欢他见我。也许她担心我批评那本写他的书，还对他的精神有一般性的坏影响。

维特根斯坦提到的书是《G.E.摩尔的哲学》，这本 1942 年出版的书是许多杰出哲学家写的论摩尔哲学各个方面的论文集子，编辑是 P.A.希利普。摩尔同意出版这本书，特别为之写了一篇自传短文。维特根斯坦强烈不赞同。“我害怕，”听说这本书后他写信给摩尔，“你正走在悬崖边上，我看见在悬崖底下躺着好多死了的科学家和哲学家，罗素是其中一个。”书出来的时候摩尔在美国，因此，他俩在 1944 年秋天的会面是此书出版以来维特根斯坦第一次有机会再提出自己的批评。所以多萝西·摩尔的焦虑可能是很有根据的。

事实上，维特根斯坦不该为了和摩尔见面的时间规定而单单责怪摩尔
474 夫人。摩尔在美国时中过一次风，医生要求他绝不可有一点儿兴奋或疲劳，

上图：G.E. 摩尔
下图：多萝西·摩尔夫人

维特根斯坦，多萝西·摩尔夫人摄

他妻子是照此行事。因此她规定，他和哲学上一切朋友的交谈不得超过一个半小时。她说，维特根斯坦是他们中唯一怨恨此事的人：“维特根斯坦不明白他多么精疲力竭——有一次摩尔甚至事先对我说‘别让他呆太久。’”

然而，维特根斯坦仍旧相信是摩尔夫人强迫摩尔减少和自己的交谈。两年后他告诉马尔科姆，他认为这是不体面的：“热爱真理”的摩尔在一次谈话达到其适当目的之前被迫中断。他应该爱谈多久就谈多久，如果他变得很兴奋或疲劳，得了中风死掉——唔，那是一种得体的死法：“死在路上”。

什么也不应挡在哲学家和对真理的寻求之间。“思考有时候容易，但经常很困难同时令人战栗”，他写信给里斯：

> 但最重要的思考恰恰是不讨喜的，即，它威胁要剥夺一个人珍爱的观念，他因之全然迷惑，生出一种渺小感。在这种情况下，我和其他人畏缩不前，不再思考，或在长久的挣扎后才能令自己思考。我相信你也了解这一处境，我祝愿你获得很多勇气！虽然我自己没获得。我们全是病人。

他又想到战争之初自己和马尔科姆的一次争论，当时马尔科姆谈到英国的“民族性格”。这是一件切题的事——说明思考恰是因为不讨喜才确是最重要的。“当时我认为，”他写信给马尔科姆：

> 学习哲学还有什么用，如果它对你的全部意义，是让你能够像是有道理地谈论某些深奥的逻辑问题，等等，如果它没有改进你对日常生活的重要问题的思考，如果它没有令你在对某些**危险**词汇的使用上比……记者更谨慎——那种人为了自己的目的使用那些词汇。
>
> 你看，我知道很难把“确定性”、“或然性”、“感知”等等思考好。但是，真正诚实地思考或试图思考你的生活或其他人的生 475

> 活——如果这么做是可能的话——还要更困难。而麻烦是，思考这些事情不令人战栗，常常倒彻头彻尾地令人厌恶。而令人厌恶的思考是最重要的。

马尔科姆有段时间没写信了，也许是想起了1914年自己和罗素的断交，维特根斯坦开始认为，那是因为马尔科姆害怕他俩在讨论严肃的非哲学话题时发生冲突。“也许我完全错了，”他写道，

> 但无论如何，如果我们能活着再见到彼此，让我们不要逃避挖掘。如果你不想伤害自己，那么你就不能得体地思考。我知道这一切，因为我是一个逃避者。

事实上，马尔科姆通信的中断和维特根斯坦回想起的争吵毫无关系，也毫不牵涉他以为马尔科姆生出的这种感觉——他俩不会“在很严肃的事情上眼光一致”。这事和马尔科姆的美国海军军官工作更有关系，由于这工作，到1945年5月他才能回维特根斯坦的信，并承认自己对“民族性格”的议论是愚蠢的。不幸的是，回信寄到维特根斯坦手里之前马尔科姆就到了英国。船抵达南安普敦后马尔科姆获假去剑桥看维特根斯坦。维特根斯坦显然把他的不回信视为一个信号：他确实是个“逃避者”，不愿深入挖掘。马尔科姆到惠韦尔庭院时维特根斯坦甚至没跟他打招呼，只是冷冷地点头示意，请他坐下来吃晚饭：蛋粉。“我们在沉默中坐了很长时间，”马尔科姆回忆，“他始终冷淡和严峻。我们根本没触及到对方。”

这次见面后的第二天维特根斯坦收到了马尔科姆的信，立刻写了一封温暖、和解的回信：“如果在见你之前收到这信，我本会更容易地和你接触。”他建议从此以后他俩以教名相称。不过，倘若维特根斯坦没收到这封
476 马尔科姆承认自己对“民族性格”的议论之愚蠢和承认“深入挖掘”之必要的信，他俩的友谊似乎很有可能终结。

战争的最后一年，努力写完他的书时，努力把自己的思想呈现给课上领悟不了的听众时，维特根斯坦都感觉自己在跟——他自己的和别人的——肤浅和迟钝作斗争，他生活中的其他所有事则都从属于这一斗争。“这场战争，”他写信给赫特，“我相信，对我们所有人都有一种坏影响。（它似乎也在缓慢地杀死我，虽然我的身体很好。）”

在这一斗争中他视作同盟的少数人之一是里斯。里斯写信给维特根斯坦，谈自己在斯旺西对着不感兴趣的学生教授逻辑时的挫败感，维特根斯坦的回应是同情和鼓励的：

> 我很遗憾听说你工作的压抑环境。请不要屈服或绝望！我知道事情显出的压抑多么巨大；当然我是第一个想逃走的人，但我希望你振作起来。我记不清我曾给过你什么教逻辑的建议。无论如何，你的学生全都半睡半醒，你却想在教逻辑中获得哪怕一点儿成功，没有什么比这事更困难的了。（我听见过布雷斯韦特在我的课上打鼾。）请死死顶住！——我祝你有一个中等聪明的和醒着的学生给予你的劳作一点甜蜜！
>
> ……我重复一遍；请死死顶住！抱怨吧，诅咒吧，但继续前进。学生是笨的，但他们从中得到了点东西。

他对自己的学生不满意。“我的课极度糟糕，”他写信给里斯，“我目前为止有六个学生，没一个是真正好的。”

但不满的一个大得多的来源是他的书仍远未写完。他告诉里斯：“我毫无希望在不远的将来写完我的书。”他心中因此生出了一种渺小感，阅读别人的书又加剧了这种感觉：

> 近来我在读很多书；一本摩门教史，纽曼的两本书。阅读的主要效果是，我更甚地感觉到自己的渺小。虽然我的这种意识只是像睡 477

着的人意识到没吵醒他的周围的声音。

他的讲座处理的是上一个夏天他在斯旺西关注的心理哲学问题。他考虑过用威廉·詹姆斯的《心理学原理》当教材——主要用来示范他想与之作战的概念混淆——但就像他对里斯说的，“你是对的；我没拿詹姆斯当教材，就谈我脑子里的东西（或自己满嘴胡说[1]）。”事实上，他在课上做的是细细思索他当时正写的《哲学研究》章节涉及的问题。

问题的核心是，断言精神过程存在的人和否定精神过程存在的人之间的争论。这两种事维特根斯坦都不想做；他想表明这一争论的两方都依赖一种错误的类比：

> 关于精神过程和状态的哲学问题和关于行为主义的哲学问题是如何产生的？——第一步是完全逃过注意的一步。我们谈论过程和状态，却任由它们的本性不明不白。我们觉得也许有一天我们会对之知道更多。但这恰恰使我们陷入了一种特定的看待问题的方式。学会更好地了解一种过程，这事意味着什么——对此我们有一种明确的观念。（魔术的决定性动作已经做出，正是那个我们以为完全无辜的动作。）——现在，使我们理解我们思想的那个类比摔成了碎片。于是我们必须否定发生在尚未勘察的介质中的尚未得到理解的过程。现在看上去我们仿佛否定了精神过程。而我们自然不想否定它们。

“你在哲学上的目标是什么？”在这一段落后他立即自问自答：“向苍蝇示出飞离捕蝇瓶之路。”他用威廉·詹姆斯的教科书展示人们在掉入这一特别的捕蝇瓶时被引得说出的那种话。

[1] “自己满嘴胡说”，译自 through my own hat，这个短语是说，帽子盖住了脑袋，想法不是从脑子里、而是从帽子里来的。

例如，在讨论“自我”[1]概念时，詹姆斯描述自己努力内省地扫视自己的“诸自我的自我”[2]时发生了什么。他记录，在这种内省的尝试里，他意识到最多的是头部运动。所以他的结论是： 478

……仔细检视时，我发现“诸自我的自我”主要由头部或头部和喉咙之间的这些独特运动构成。

据维特根斯坦说，这事表明的“不是‘自我’这个词（当它指‘个人’、‘人’、‘他自己’、‘我自己’时）的意义，也不是对这类东西的分析，而是哲学家对自己说‘自我’这个词并努力分析其意义时的注意力状态”。他又说，“由此能学到许多”。

他用圣奥古斯丁示范他想与之作战的混乱的语言图画，他用罗素示范数学哲学中的混乱，与此类似，维特根斯坦用詹姆斯给出心理哲学中的混乱的例子，但这些都不意味着他对之缺少尊重。他对马尔科姆说，他从奥古斯丁的引文开始《哲学研究》，是因为“若一个这么伟大的心智持有这一观念，那么这观念必定是重要的”，与此类似，他在心理学评论里引用詹姆斯，也正是因为他对詹姆斯抱有很高的尊重。他坚持要德鲁利去读的书只有很少几本，其中就有詹姆斯的《宗教经验种种》。德鲁利说自己已读过了：“我一直喜爱读威廉·詹姆斯的任何作品。他真是个非凡的人（he is such a human person）。”是的，维特根斯坦回答：“正是这一点把他造就为好哲学家；他是个真正的人。”

在斯旺西过圣诞假期时，很快写完书的前景显得光明起来了，回到三一学院，维特根斯坦自信出版近在眼前。此书序言最后一版的落款是

[1] “自我”，译自 the Self。
[2] “诸自我的自我”，译自 Self of selves，这里谈的是：人有各种自我（社会的、精神的等等），但在这些自我背后是否还有一个独一无二的自我呢？

"剑桥，1945 年 1 月"。

在这篇序言里，他说这本书是"我在过去十六年里从事哲学研究积淀下来的思想"（即自他 1929 年回剑桥以来），他这样说自己的论述：

> 我今把这些札记公诸于世，心存疑虑。尽管这本书相当简陋，而
> 479 这个时代又黑暗不祥，但这本书竟有幸为二三子的心智投下一道光
> 亮，也不是不可能的，当然，这种可能性委实不大。

显然，"疑虑"战胜了出版的意愿。维特根斯坦未把打字稿交给出版社，而是用这一年的剩余时间写一份这稿子的扩充——把他的研究可观地扩展到了心理概念。

为了这一扩充，他从 1931 年以来写的稿册里挑选论述。1945 年的四旬斋学期和复活节学期他一直为此工作，夏天时，他已准备向打字员口述挑选出的论述了。6 月 13 日他写信给里斯：

> 学期结束了，我想起了斯旺西。复活节之后我工作得相当好。我现在正口述点东西，一些论述，我想把其中一部分收进我的第一卷（如果会有这东西的话）。口述的事要再花约一个月或六周时间。在那之后我可以离开剑桥。

两周后他有点泄气。他告诉马尔科姆自己的工作"做得慢死了。希望下个秋天能准备好可出版的一卷；但多半做不到。我是个糟透了的工人！"

事实上，为了口述自己的论述他在剑桥呆到 8 月份。他并未把得到的打字稿视为此书的最终版本，而是视之为这么个东西：可从中——连同上一年在斯旺西搞出的打字稿——汇编出一个最终版本。不过现在他自信一个可出版的版本已近在眼前。"圣诞节时我也许就出版它了"，他告诉马尔科姆：

> 不是说我已做出的东西是好的，而是它现在近乎我能做到的最好了。我觉得，写完后应把它公之于世。

在准备这份打字稿的几个月里，他日益为“这个时代的黑暗”而感到压抑。第二次世界大战最后阶段的野蛮和不人道的场景具有以前不可想象的规模。2 月份，英国和美国空军发动的德累斯顿轰炸几乎完全毁灭那个 480
城市，杀死了十三万平民。4 月份，柏林陷落到盟军手里，维也纳陷落到俄国人手里，双方都有骇人的伤亡。5 月 7 日德国投降前不久，盟军在贝尔森和布痕瓦尔德集中营发现的腐烂尸堆的照片被公布了。5 月 14 日维特根斯坦写信给赫特：“过去六个月比以前的日子更令人作呕。我希望能离开这个国家一段时间，像我过去在挪威时那样到某个地方独处。”他说剑桥“令我心神不安！”

7 月份英国大选时他把票投给了工党，他强烈敦促自己的朋友也这么做。他觉得搞掉丘吉尔是重要的。照他对马尔科姆的说法，他相信“这次和平只是休战”：

> 彻底扑灭这场战争的“侵略者”后，这个世界将成为一个更好的生活场所，因为未来的战争当然只能由那些“侵略者”发起——这种托词臭气冲天，实际上它许诺了一种恐怖的未来。

所以，日本最终在 8 月份投降时，斯旺西街上的庆祝丝毫没有振奋他的精神。“我们有了两个对日作战胜利日”，[1] 他写信给马尔科姆，“我觉得聒噪比真正的喜悦多很多。”在战争的结果里他只看得见阴郁。赫特复员时，维特根斯坦写信祝他有“许多运气”——“我真正的意思是：忍受正

[1] “两个对日作战胜利日”（two VJ days）；为什么有两个对日胜利日？并不清楚，本书作者蒙克也表示不知道。或许是指扔下原子弹的两天？

到来的一切的力量。”他告诉赫特，自己近来已感觉到不适：“部分因为我的一个肾有毛病，部分因为，读到的盟军在德国和日本的兽行令我感觉恶心。”

德国和奥地利长期的食物短缺，英军不“优待”自己征服的敌人的政策，而且——在此之间——媒体号召为战争惩罚德国人，此种背景之下，维特根斯坦高兴地在《新闻记事报》（*News Chronicle*）上读到一篇维克多·格朗兹的文章；格朗兹提倡终止“国际事务上的自以为是”，提倡下决心养活德国人：“不是因为若不这么做我们自己将遭难，而只因为养活饥饿

481 的邻居是正确的”。他对里斯评论了格朗兹的文章，然后里斯把格朗兹较早的小册子《布痕瓦尔德的真正含义》借给了他。格朗兹声称自己是“一个信仰基督教伦理的犹太人”，他攻击媒体对布痕瓦尔德的恐怖的反应，指出，要求所有德国人负责是错误的。他进而攻击了“集体罪恶”这个概念本身，说这个概念倒退到了《旧约》，基督的榜样本该带我们挣脱了《旧约》。

格朗兹号召用人道的态度对待德国人，这一号召显露出的力量和虚弱都强烈地触动了维特根斯坦。9月4日他写信给格朗兹，赞扬《新闻记事报》上的文章。他写道，他“高兴地看到，有人在显眼的场合公开把恶行称作恶行”。至于那本布痕瓦尔德小册子，他对格朗兹说：

> 我深深同情你对日报和BBC之残忍、低劣和粗俗的严厉批评。（我们电影院的新闻影片则更加恶毒——若还有可能更加恶毒的话。）正是因为我强烈地同情你对此邪恶的态度，我认为我应当对你的抨击提出一种在我看来的严肃批评。

他说，由于用次要的论点装饰其批评，格朗兹削弱了批评的冲击力，“这些次要论点即便不是虚弱和可疑的，也把读者的注意力带离了主要议题，从而使抨击无甚效果”。如果格朗兹想要人们“在日报和广播的喧嚣之下”听到自己的声音，就应该紧抓要点：

> 如果你真想要人们除掉污秽，别跟他们说生命价值和幸福这种哲学问题。如果说这种话有任何作用，那就是引起学术的闲谈。
>
> 写到人们对待布痕瓦尔德之恐怖的错误态度时，你只希望（例如）说服在旧约和新约的事情上赞同你的人吗？即便他们赞同，你冗长的引文也使他们的注意力偏移出主要论点之外了。如果他们不赞同——有庞大数量的可能被你的论证重重撼动的人是不赞同的——他们会觉得，整篇文章由于这一切冗长的废话而听上去不靠谱。考虑到他们不愿高兴地放弃他们此前的观点，就更加如此了。
>
> 现在我要停笔了——如果你问我，为什么我不自己写文章，却来 482
> 批评你，我的回答是，就写出得体和有效的报纸文章而言，我缺乏知识、熟练的表达和必要的时间。事实上，给一个具备你这样观点和能力的人写这一封批评信，是最接近我无力干成的事——即我自己写一篇好文章——的做法。

这封信展现了维特根斯坦对驳斥艺术的良好理解。大约一年后，他向洛什·里斯重述了自己给格朗兹的建议里的大体要点。里斯写了一篇文章批驳吉尔伯特·赖尔对卡尔·波普尔《开放社会及其敌人》的热情评论，在那本书里，波普尔用同一支画笔给柏拉图、黑格尔和马克思上色，指责他们全都是极权主义的提倡者。维特根斯坦告诉里斯，自己赞同里斯文章的倾向，但批评里斯摆了太多姿势，没打出足够多的直拳：

> 驳斥或扔鸡蛋的艺术，如你颇了解的，和比如说拳击这种活儿一样有着高度的技巧……我很高兴你对赖尔扔鸡蛋——但把你的脸直对着他，好好扔鸡蛋！困难是：不要弄出多余的声音或姿势，这伤不到那个人，只伤到你自己。

然而，格朗兹对维特根斯坦的建议抱以轻蔑的冷淡。他的回信（写给

“L. 维尔特根斯坦先生”[1]）简短而排斥：“感谢你的信，我确定你的意思说得很明白。”对这次挫折，维特根斯坦欣然待之。“唔，真荒唐！”他笑了笑对里斯说，把格朗兹的短信扔进了火里。

尽管担忧欧洲的未来，尽管相信很快就会有另一场甚至更恐怖的战争，但 1945 年夏末维特根斯坦到斯旺西享受了一次假期。或照他对马尔科姆的说法，至少“享受不呆在剑桥”。

“我的书正逐渐接近其最终模样”，他在夏末对马尔科姆说：

> 483 ……而如果你是个好孩子、到剑桥来，我就给你读它。你可能对它感到失望。而真相是：它甚是讨厌。（就算再努力一百年，我也不能从根本上改进之。）不过我不为此而烦恼。

最后两句话并不真实；他的书没达到他要求的水准，其实他为此而烦恼，也认为能改进它。正是出于这两个原因，这书直到他去世都未出版。

他惧怕回剑桥再行教授职责，恳求马尔科姆快点来英格兰，“在我下决心辞去荒谬的哲学教授工作前。这是一种活着的死。”

现在的《哲学研究》第一部分的最后版本是在 1945—1946 年的米迦勒节学期和四旬斋学期里弄好的。他从当年夏天口述的打字稿里挑出大约 400 节论述，加到 1944 年在斯旺西写完的作品里，作出重新调整和重新编号之后，就得到了构成这著作的现在模样的 693 个编号段落。

因此，粗略地说这本书的进展分为三个可辨识的阶段：1—188 节是 1938 年版本的第一部分；189—421 节是 1944 年加进去的；421—693 节是 1945—1946 年加进去的扩充部分，这一部分又是从 1931—1945 年的手稿里编辑出来的。

---

[1] “L. 维尔特根斯坦先生”（L.Wiltgenstein，Esq.），格朗兹把 Wittgenstein 写成了 Wiltgenstein。

维特根斯坦在序言里很好地描述了这一复杂的拼贴物：

> 我数次尝试把我的成果熔铸为这样一个整体，然而都失败了；这时我看出我在这点上永不会成功。我看出我能够写出的最好的东西始终不过是些哲学札记；当我违背它们的自然趋向而试图进一步强迫它们进入单一方向的时候，我的思想马上就变成了跛子——而这当然同这本书的性质本身有关系。这种探索迫使我们穿行在一片广阔的思想领地之上，在各个方向上纵横交错地穿行——这本书里的哲学札记就像是在这些漫长而错综的旅行途中所作的一系列风景速写。
>
> 我当时一次次从不同的方向重新论及同样的要点，或几乎同样的
> 要点，画出新的图画。这些图画里不知有多少画得很糟，或显不出特 484
> 征，带有一个拙劣画家的所有缺陷。把这样的图画筛掉以后，还留下一些勉强可用的；这些图画须得加以排列，时常还须剪削，以使它们能够为观者提供一幅风景画——所以这本书其实只是本画集。

即便是现在，这本画集里仍有他不满意的速写，他并未试图出版这最终的调整版。不过，此后的余生中他称这份打字稿为“我的书”，和许多他最信任的朋友和学生一段段细读，以便他去世时起码还有几个不是完全不理解他的书的人。

他相信人们——尤其学院哲学家——将在根本上误解他的书，无疑这是他生前未出版此书的另一原因。他在序言的一个重写版里声称：“我把此书公之于世时并非没有犹豫”：

> 它将落入这样一群人的手里：其中的多数人我不愿想象我的书落入其手。但愿它很快——这是我对之的祈愿——被哲学记者完全遗忘，以便留给更好的一类读者。

在其学术生涯里，维特根斯坦一直保持着对职业哲学的敌意和对剑桥的不悦，但在第二次世界大战之后“欧洲重建”的岁月里，这敌意和不悦似乎开始与一种预言人性终结的末日眼光融合到一起了。1946 年的复活节期间，他重续了同卡尔·布立吞的交情；布立吞原是他的学生，现在是斯旺西大学的哲学教师。一天下午，沿着海岸长途散步时维特根斯坦告诉布立吞，他开始相信人们正在策划一场新的战争，原子武器将终结一切：“他们真要这么干，他们真要这么干。”

把这一末日预言式的焦虑联系到他对职业哲学的敌意上的，是他对我们时代里的科学力量的憎恶，这种力量一方面怂恿了哲学家“对一般性
485 的渴求”，另一方面造出了原子弹。在一个奇特的意义上他甚至欢迎原子
弹——倘若只有对之的恐惧才能减少一点社会对科学进步的敬重。和布立
吞交谈的差不多同一时期，他写道：

> 现在公众体验到的、或至少表达出的对原子弹的歇斯底里恐惧，说明人们终于发明了某种真正有益的东西。这一惊恐至少留给人这种印象：原子弹是一剂真正有效的苦药。我禁不住想：如果这里没有某种好处，非利士人就不会大喊大叫。但或许这也是一个孩子气的想法。因为真正说来，我的意思不过是原子弹给出了一种终结和毁灭邪恶——我们的可恶的肥皂水科学——的前景。而这肯定不是一种令人不悦的想法。

“真正预言世界末日的观点，”他写道，“是事物并不重复自身。”终结确实会到来：

> 这并不荒谬——（例如）相信“科学技术的时代是人性终结的开始”；相信“伟大进步的观念是一种幻觉”，还有，相信“最终能认识真理的观念也是幻觉”；相信“科学知识里毫无善的和值得希求的

东西，人类追寻科学知识时是在落进一个陷阱”。这一点绝不是明显的：事情不是那样子。

无论是哪种情况，科学进步都会走到尽头。但对他来说，最悲观的看法是预见科学和技术的胜利：

> 科学和工业，及其进步，将显出它们是现代世界里最持久的东西。也许，现在和未来很长一段时间里，对科学和工业就要崩溃的任何推测都只是个梦想；也许科学和工业将一统世界，尽管它们在这一过程中造成无限的痛苦——我指把世界压减为一个单一的单元，尽管在这单元里和平是最无家可归的东西。
>
> 因为科学和工业确实决定了战争，或者看上去是这样。

因此，“这个时代的黑暗”可直接归于对虚假的科学偶像的崇拜，20世纪30年代以来他自己的工作瞄准的正是这一崇拜。于是，他之“梦想”科学和工业的崩溃，是在期待一个他那一类型的思考得到更普遍接受和理解的时代。这就联系到他对德鲁利说的话：“此刻的这个时代不需要我这一类型的思考，我必须如此强力地逆潮流而游。也许一百年后人们才真的需要我正写的东西。”可是，如果“他们”真要这么干[1]，如果末日预言的观点不荒谬，那么，那种时候也许永远不会到来。永远不会有一个需要他那一类型思考的时代。 486

维特根斯坦的政治预感使他更靠近左派，但因为他把对科学的崇拜视为最大的恶，他和马克思主义保持着一点距离。在翻看马克斯·伊斯特曼的《马克思主义：它是科学吗？》时（他在里斯的书架上拿了这本书），对于伊斯特曼的这个观点——如果马克思主义想有助于革命，就得把它做得

[1] “真要这么干”，指上文“原子武器将终结一切：‘他们真要这么干，他们真要这么干。’”

更科学一点——他评论道：

> 事实上没有比科学更保守的东西了。科学奠定铁轨。而对科学家来说很重要的是，他们的工作要沿着那铁轨行进。

他和共产主义者一样极讨厌英国正统的自满，他想看到某种革命。但他希望那革命拒绝我们时代的科学世界观，而不是支持它。

无论如何他自认是个哲学家，这就限制了他能融入某个党派的程度——不留情面地追寻真理的人将欣然抛弃自己形成的无论什么“珍视的观念”。此时，里斯觉得自己应该加入（托洛斯基主义的）革命共产党，因为，照他对维特根斯坦的说法，“我越来越觉得自己赞同他们对当前社会的分析和批判的主要之点，赞同他们的目标。”维特根斯坦不乏同情，但试图劝阻里斯，理由是忠实党员的职责和哲学家的职责不相容。他坚持
487 说，做哲学时你得时刻准备着改变自己行进的方向，如果作为哲学家在思考，就不能有差别地对待共产主义观念和别的观念。

讽刺的是，他对政治事务的兴趣最强烈、对左派的同情最顶峰之时，却失去了和自己最尊重的马克思主义知识分子进行讨论的机会。1946 年 5 月皮耶罗·斯拉法断定自己不再想和维特根斯坦交谈，说自己不再能把时间和注意力放到维特根斯坦希望讨论的事情上去。这是对维特根斯坦的重重一击。他恳求斯拉法继续他俩每周的谈话，即便不碰哲学话题也行。“我什么都可以谈，”他对斯拉法说。“是的，”斯拉法回答，“但用的是你的方式。”

无论这事是不是一个促进因素，1946 年夏季学期期间，维特根斯坦越来越经常地考虑辞去自己的教席，离开剑桥。回斯旺西过暑假时，他对剑桥和学术哲学的厌恶到了顶峰。里斯不在，于是卡尔·布立吞就得面对这股厌恶的怒气：

> 7月的一天……维特根斯坦打电话给我，说他的朋友走了，希望我带他出去。可是，总的看来他很有敌意。《心智》期刊刚刚发表了两篇论“治疗性的实证主义”的文章，（我后来发现）这事很令他生气和心烦。因为我去了心智协会和亚里士多德学会的联合讨论会——那个哲学家的年度大集会——他对我也很生气：他把那看作一个轻浮的迹象，一个怀有秘而不宣的利益的迹象。他斥责职业哲学家，悲叹英格兰的哲学状况，他问：“一个人单独能干什么？”我告诉他下一次大集会将于1947年在剑桥举行，我将宣读一篇论文，他说：“很好，在我看来，这就像是你告诉我明年夏天剑桥有一场淋巴腺鼠疫，我很高兴知道，我肯定呆在伦敦。”（他的确那样做了。）

那天，后来维特根斯坦在布立吞的家里喝茶。他的情绪较温和一点了，他谈到自己喜欢斯旺西（与讨厌伦敦和剑桥相对照）。他告诉布立吞他也喜欢英格兰北部，他回忆，有一次在纽卡斯尔他问公交车售票员到某家电影 488
院在哪儿下车。售票员立刻说那家电影院正在放一部烂片，他应该去另一家。这引起了公交车上的一场火热争论：维特根斯坦应该看哪部片子，为什么。他告诉布立吞他喜欢这个；这是那种会在奥地利发生的事情。

这最后的对比有所揭示，它或许部分解释了为什么他当时如此猛烈地攻击他所谓的“瓦解和腐烂着的英格兰文明”。简单地说：他在怀念维也纳。“合并”前夕以来他都没去过维也纳[1]，自那时起，他和奥地利的家人和朋友极少有接触。

当教授是够糟的了，当英格兰的教授最终变得不可忍受。

[1] 但拿到英国护照后，1939年维特根斯坦曾去维也纳帮助协调哥哥姐姐的事，此处存疑。

# 第二十四章　一种面相的转变[1]

489　维特根斯坦对人性命运的悲观态度，不是结束第二次世界大战的灾难性事件引起的——如我们所见，他的这种态度有一个长得多的历史；但那些事件似乎增加了他对自己长久持有的一个信念的把握：人类正奔向灾难。已然采用的杀人的机械方法，已然见证过的技术威力的恐怖展示——德累斯顿的轰炸、集中营的毒气室、投放在日本的原子弹——强有力地最终确立了："科学和技术确实决定了战争"。他似乎因此更加确信自己的末日预言的观点：人类的终结是用机器取代精神、背身离开上帝并把我们的信赖放在科学"进步"上的结果。

战后岁月里他的笔记本上充满着这类反思。他写道，一幅闯入他脑海的画面，是我们的文明"宛如廉价地裹在玻璃纸里，隔离于一切伟大的事物，隔离于上帝"。他感到，房子、汽车和我们环境里的其他外部标志"把人与其来源分隔开，与崇高和永恒的东西分隔开，等等"。仿佛是受了我们工业时代的外部标志的窒息，生活本身走到了头。当然，指望通过指出这一点而改变此进程，是徒劳的。这一进程是否真的必要？也许有人会问这个问题，但人类极不可能回答说："再次思虑过后：不必

[1] "面相"，译自 aspect，其意思见下文。

要。”然而维特根斯坦继续努力侵蚀他认为位于整场灾难的根子处的思维方式。他的弟子则能在他死后继续这一工作。他并非希望创立一个学派，或任何类似的东西。“我丝毫不确定，”他写道，“我是更愿意别人继续干我的工作，还是更愿意人们的生活方式发生一种令提出这一切问题变得不必要的改变。” 490

这问题只能有一种生存性的解决，永远不可能有一种理论的解决。需要的是一种精神上的改变：“智慧是冷冷的，而且就此而言是愚蠢的。（另一方面，信仰则是一种激情。）”要再度呼吸，仅仅正确地思考是没用的；必须得行动——仿佛是，剥掉玻璃纸，露出其后鲜活的世界。照他的话说：“‘智慧是灰色的’，另一方面生活和宗教则充满色彩。”唯一能克服理论的死气的，是宗教信仰的激情：

> 我相信基督教说的一个意思是，良构（sound）的学说全是无用的。你必须得改变你的**生活**。（或你生活的**方向**。）
>
> 基督教说智慧全是冷冷的；就如你不能铸造冷的铁，你也不能用智慧把你的生活弄得正当。
>
> 这里的要点是，一种良构的学说无须掌握你；你可以犹如遵循医生的处方那般遵循它——但这儿你需要某种东西推动你，推着你转向一个新的方向——（这是我对之的理解。）一旦你转过了身，你就必须坚持这一转身。
>
> 智慧是无激情的。相反，信仰是克尔凯郭尔所称的激情。

罗素很久以前曾把维特根斯坦的激情和自己的理论激情等同起来，事实上它恰是对那种理论激情的批判：维特根斯坦的激情是一种热诚地反理论的激情。罗素后来评论说，维特根斯坦喜欢神秘主义，因为神秘主义的力量让他停止思考，罗素也嘲讽说维特根斯坦采取了一种使严肃的思考不必要的学说；如果我们把“严肃的思考”等同于建构一种真理论的企图，那么罗素的话就靠谱多了。

维特根斯坦的“力求爆发开来的原初生命和野性生命”的理想——即便他很少觉得自己达到了——是理解他的工作目标和生活方向的一把钥匙。只要他觉得自己太理论化、太“智慧”，他就觉得自己死气沉沉。对
491 激情、宗教的需要，不仅是他在周围的世界里看到的东西；那是他在自身中感觉到的东西。他感到自己身上也有我们时代的典型缺陷，也需要同样的治疗：信仰和爱。正如我们的时代发现信仰上帝是不可能的，他也发现自己不能祈祷：“仿佛我的膝盖太僵硬了。若变得柔软，我害怕瓦解（我自己的瓦解）。”

在爱的方面也一样，虽然感受到对爱的深深需要，但他经常觉得自己无能、恐惧。当然，他太敏感于爱之可能无常、爱之不确定，恐惧爱离他而去。1946 年——发现自己毕竟还能爱一个人很可能是一种解脱——他爱上了剑桥的医学本科生本·理查兹。理查兹具备一种品质，我们现在已知道这种品质能温暖维特根斯坦的心：他极其温和，有一点胆怯，也许甚至温驯，但极其友善、体贴和敏感。

第二次世界大战后维特根斯坦处于绝望的情绪中，但至少从自己对本的爱里找到了一点安慰——即便有时候看上去，这爱提供这安慰时只是给了他另一些烦心事。“我非常难过，非常难过，”1946 年 8 月 8 日他写道，“我感到仿佛我的生活现在走到了头。”

> 我对 B. 的爱在我身上做的唯一之事是这个：它把关系到我的处境和工作的其他小烦恼赶到了背景里。

爱的焦虑也许是最难忍受的焦虑。而且本很年轻——差不多比维特根斯坦小四十岁。8 月 12 日他写道，这不是很容易想象的吗：本彻底从他的爱里抽身而出，“就像男孩不再记得小孩子时的感受”？于是，几天后急切地等待本的一封信时，他感觉到的最可能、事实上也最自然的事，

维特根斯坦与本·理查兹在伦敦

本·理查兹，维特根斯坦摄

是本已然抛弃了他。可是，每一个又一次没见到本的信的早晨，他都觉得古怪："我感到仿佛这儿有某种我还未认识到的东西；仿佛我必须找到某个立足点，把真相看得更清楚。"

如上所述，等爱人的一封信时，维特根斯坦感受到几乎不可忍受的痛苦，这敲响了一记熟悉的弦音。品生特，斯金纳，甚至柯克，都是一 492
样的。但在他对本的爱里有一个新的音符，一种对过去的唯我论的断绝。8 月 14 日他写道——仿佛这一点第一次触动他：

> 想到另一个人受的苦，这是真爱的标志。因为他也在受苦，也是一个可怜的魔鬼。

也许苍蝇最终找到了飞出捕蝇瓶的路。而且发现在外面生活未必更好。让自己曝露在自然环境里甚至可能是危险的。"我感到，" 8 月 18 日他写道，"我的精神健康系于一根细线上。"

> 如此消磨我的当然是我对 B. 的担忧和焦虑。可是，如果我不是这么容易点燃，"高度易燃"，那就不会是这样了。

他思忖，从前人们进修道院："他们是太笨了，抑或他们是不敏感的人？——唔，如果那种人发觉，为了能继续生活下去自己需要采取这种手段，那么那就不可能是个容易的问题！"

但如果爱——无论是人类的爱或神的爱——是那问题的解答，那么那不是可被抓住的解答；它必须是被赠予的礼物。因此，为了克服对其他哲学家发表源于自己的思想的焦虑，他要提醒自己，只有"一道光自上而来照耀在他的工作上"，他的工作才是值得的：

> 而如果那种事发生了——我为什么要担心我的劳动果实被偷走？

如果我在写的东西真有某种价值，别人怎么能从我这儿偷走那价值？而如果没有那道自上而来的光，无论如何我顶多只是聪明而已。

联系着自己对本的爱，他写道：

我们的欲望甚至对我们隐瞒了我们所欲望的东西。福祉在自身的装束（等等）之中自上降临下来。只要我感受到B.的爱我就对自己说这话。我很知道这是一件重大和罕见的礼物；我也知道它是颗罕见的宝石——还有，它不完全是我曾梦想的那种。

493 当然，还有别的离开剑桥的理由。就在从斯旺西回到剑桥的那天，9月30日，维特根斯坦写道：

我反感这地方的一切。人们的呆板、造作和自满。大学的气氛令我作呕。

他对弗拉克写道："我最缺少的是我能与之在院子里说废话的人。"弗拉克是他唯一保持联系的盖斯医院里的人。1943年，结婚后不久弗拉克参了军，调到了远东。直到1947年2月才回家。他不在时维特根斯坦深深想念他，相当频繁地写信给他，催促他"从那个你身处的血淋淋的[1]苏门答腊或无论哪儿回家来"。这些信没有全部留存下来，但从留存下来的信里看，维特根斯坦对弗拉克抱有的感情是明显的；留存下来的是六个月里写的一连六封信——1946年8月到12月[2]——每一封的结尾都是一句呼叫："上帝保佑你！"而且都请求弗拉克快点回家。

[1] "血淋淋的"，bl…，即bloody的略写。
[2] 8—12月只有五个月，蒙克说这是个笔误。

六封信里的第一封落款日期是 1946 年 8 月，其中提到了维特根斯坦为弗拉克采撷的、寄往远东的石南花。这封信描述了欧洲的“恶心”境况，结尾是：“所以你回来时不会看到任何了不起的东西。但我还是希望你快点回来。那会省去我采花寄往苏门答腊的许多麻烦！”

这些信的语调之轻松，维特根斯坦喜欢的“废话”在其中的分量之重，令人想起他写给帕蒂森的信。这些信里几乎没有一封不包含一个笑话或一句玩笑的评论：

> 很遗憾你不能定期取邮件，尤其是取我的内容满满的邮件。我指纸、墨水和空气——蚊子咬你不是因为你好——因为你不好——因为你糟糕得要死[1]，它们要的正是这种血——我希望荷兰人接替你当它们的食物，把你送回来！［1946 年 10 月 7 日］

> 你究竟为什么没收到我的信，我搞不懂！你觉得是不是审查官因为它们太棒了把它们留作纪念品了？我不会吃惊的！——唔，为了 494
> 上帝，结束你在南苏门答腊和中苏门答腊的旅游，坐一架飞机（我不是指木匠用的那种）回家。［1946 年 10 月 21 日］

> 我现在比学期初感觉好多了。那时我感觉很恶心，古怪的疲倦时常发作。终于，绝望之下我去看了剑桥这儿的一个医师……唔，他建议我这个那个，最后提到我可以试试一种维生素 B 制品……于是我吃了维生素 B 药片，丝毫不指望会有用，我很吃惊它们真的有用。现在我定期服用它们，疲倦不再发作了。事实上，完全沉醉于维生素 B 时我是如此机智，结果笑话噎住了说不出来。这不是很可怕吗？［1946 年 11 月 9 日］

[1] “糟糕得要死”，so bl…awful，即 so bloodily awful。

和弗拉克的简明、不复杂的关系为他保留了学术生活之外可能性的一种模式。在10月21日的信里他写道：

> 我每天都在想从我的职位上退休，干点别的什么令我和同事有更人性接触的事。但上帝知道我会做什么！因为我已经是一个很老的老头了。

这封信的结尾是那句熟悉的唠叨：“我希望你从那个血淋淋的苏门答腊回来。”

11月初他问自己：“我该坚持教书吗？”那是道德科学俱乐部的一次聚会之后，他厌恶自己在那里表现出的虚荣和愚蠢。“气氛，”他写道，是“恶劣的。”

其他剑桥哲学家（特别是布洛德和罗素）和许多来访的演讲人都不以为然地说到他在那种聚会上的统治地位。10月26日发生了一场后来变得著名的冲突：卡尔·波普尔在俱乐部发表主题为“有哲学问题吗？”的演讲。波普尔的选题和演讲方式都是故意想招惹维特根斯坦（波普尔认为维特根斯坦否定了哲学问题的存在）。这也确实惹到了他，尽管究竟怎么惹到的他，已在传说的迷雾里不知所踪了。有的故事说波普尔和维
495 特根斯坦各使一根拨火棍对打。波普尔在自传里粉碎了这一谣言，但他讲述的故事细节又遭到某些当时在场者的挑战。据波普尔说，他和维特根斯坦就哲学问题的存在与否进行着活跃的交流，他举道德规则的有效性问题为例。这时，一直在玩一根拨火棍的维特根斯坦站了起来，手拿拨火棍，要求给出道德规则的一个例子。“不得用拨火棍威胁来访的演讲人，”波普尔回答，维特根斯坦随之气冲冲地离开了房间。罗素在聚会现场，他明确说过自己同情的是波普尔。另一种对此次争吵的描述是，波普尔和维特根斯坦都指责对方混淆了问题，后来维特根斯坦怒气冲冲地夺门而出，罗素在他身后叫：“维特根斯坦，是你制造了所有的混淆。”

无论发生的是什么，都丝毫未影响当时多数年轻剑桥哲学家对维特根斯坦的炽热效忠。吉尔伯特·赖尔写道，偶尔到道德科学俱乐部去时，自己不安地发现：“对维特根斯坦的尊崇是如此无节制，如果有谁（比如我）提到任何别的哲学家，都会遭到嘲讽。”

> 在我看来，这种对异于维特根斯坦的思想的蔑视，在教学上对学生是灾难性的，对维特根斯坦自己是不健康的。我因此下了决心：不是真要去当哲学上的通晓多门语言的人，而是避免当只说一种语言的人；最重要的是避免当只说一种语言的人的应声虫，即便他是个天才和朋友。

赖尔认为，维特根斯坦“正当地区分了哲学的问题和注解的问题，但较不正当地给人留下这种印象”：

> ……首先他为自己没研究其他哲学家而骄傲——他研究过其他哲学家，虽然不多——其次，他认为研究其他哲学家的人是学术哲学家，因此不是真哲学家。

在某种程度上，赖尔这儿的话是作为一个牛津人写的（他的批评是 496
在赞美牛津教学系统的优点的上下文里作出的），但他说的维特根斯坦对待阅读过去伟大著作的态度是完全真实的。“我读过的哲学书很少，”维特根斯坦写道，“但我读的书肯定不是很少，而是太多了。我看到，只要是我读一本哲学书，根本没有改善过我的思想，而是使我的思想更糟。”

牛津永远不会宽容这种态度，在那里，对过去事物的尊重一般来说比在剑桥强得多，那里的哲学训练是与阅读这门学科的伟大著作不可分割的。几乎不可设想牛津赋予一个自豪地声称自己从未读过亚里士多德一个词的人任何教学责任，更不用说批准他主持哲学系的事务了。按照维特根斯坦的观点，牛津是一个“哲学沙漠”。

人们所知的他唯一一次向牛津哲学家听众发表演讲是在1947年5月，当时他接受邀请去乔伊特学会（Jowett Society）演讲。他将回应学会的本科生秘书奥斯卡·伍德提交的一篇论笛卡尔“我思故我在”的论文。聚会在麦格达伦学院举行，出席者异乎寻常地多。伍德的同龄人玛丽·沃诺克在日记里写道：“实际上我见过的每一个哲学家都在那儿。”在场的名气较大的哲学家里有吉尔伯特·赖尔、L.O.厄姆森、以赛亚·伯林和H.A.普利查德。回应伍德的论文时，维特根斯坦完全忽略了“笛卡尔的论证是否有效”这件事，而是专注于把他自己的哲学方法运用到提出的问题上。对于既定的牛津正统而言，这是一种不受欢迎的新东西，这一点在H.A.普利查德身上体现了出来：

> 维特根斯坦：如果有人看着天对我说，“我想快下雨了，因此我存在。”那么我不理解他。
>
> 普利查德：这都很好；但我们想知道的是：“我思故我在”是否有效？

玛丽·沃诺克在日记里这样描述普利查德：“极老，极聋，可怕地咳
497 嗽。毫无策略”——他几次打断维特根斯坦，想让维特根斯坦谈“笛卡尔的‘我思’是否是一个有效的论证”这个问题。每次维特根斯坦都回避那问题，暗示那是不重要的。普利查德反驳说，笛卡尔关心的东西比维特根斯坦那晚谈过的任何问题都远为重要。然后他——照玛丽·沃诺克的说法——“厌恶地拖着脚走掉了”。他于约一周后去世。

虽然与会者的主要感觉是普利查德粗鲁得不可忍受，但也有某种程度上的对他的抗议的同情，还有这样一种感觉：维特根斯坦不对伍德论文的主旨作出回答，是在用一种无根据的轻蔑态度对待伍德。在牛津，人们生出了一种对伟大哲学家的尊重之情，在这一背景下很容易把维特

根斯坦的非历史的、生存性的哲学方法视为傲慢。

有一个人要间接地为这次把维特根斯坦带到牛津负责，她是伍德和维特根斯坦的介绍人伊丽莎白·安斯康姆。安斯康姆曾是牛津圣休学院的本科生，1942 年到剑桥当研究生，然后便开始上维特根斯坦的课。1944 年维特根斯坦重新开课时她是最热情的学生之一。她感到维特根斯坦的治疗性方法是一种巨大的解放、一剂“药”，在更理论的方法无能为力的地方，这剂药成功地把她从哲学混乱里解脱了出来。“好多年，”她写道，“我把时间花在比如咖啡馆里，盯着物体对自己说：‘我看见一个包裹。但我真正看见的是什么？我怎么能说我在这儿看见的除了一块黄色的区域之外还有别的什么？’”

> 我一直恨现象主义，觉得自己陷在了里面。我不能看到摆脱它的路子，但我不相信它。指出它的困难——例如罗素发现的它的错处——是没用的。它的力量和中枢神经仍然活着，痛苦地咆哮着。在 1944 年维特根斯坦的课上，我才看到那神经被拔除了，我才看到那个核心的想法“我有了这个，然后我把（比如说）‘黄色’定义为这个”得到了有效的驳斥。

1946—1947 年她又到了牛津，获得了萨默维尔学院的研究员职位，但继续每周去一次剑桥，和另一个学生 W. A. 海加布一起接受维特根斯坦的辅导。在海加布和安斯康姆两人的请求之下，这一辅导处理宗教哲 498
学的问题。到那一年末，她成了维特根斯坦一个最亲密朋友，一个他最信任的学生；这是一个例外，一般来说维特根斯坦讨厌学术女性，尤其讨厌女性哲学家。实际上她成了一位荣誉男性，他亲切地称她为“老男人”。在一次课上，他高兴地发现到场的没有（别的）女学生，对她说：“感谢上帝我们摆脱了女人！”

那时安斯康姆是卡夫卡的热情崇拜者，为了分享这热情，她把卡夫

上图：G.E.M. 安斯康姆
下图：学生与朋友约里克·斯麦瑟斯，以及 C.D. 布洛德和 G.E. 摩尔

卡的一些小说借给维特根斯坦读。“这个人，”维特根斯坦还书时说，“因为不写自己的麻烦而给自己惹了很多麻烦。”作为对照，他推荐魏宁格的《最后四件事》和《性与性格》。维特根斯坦说，无论魏宁格有什么毛病，他是真正写了自己的麻烦的人。

这种直接性——决心剥除一切无关紧要的东西、剥除一切虚饰、“抽出根源”——可以令人不安，也可以令人鼓舞，安斯康姆则相当罕见地觉得这是一种解放。听过维特根斯坦最后一门课的艾丽丝·默多克则觉得他和他的办公室都“令人很不舒服”：

> 他和人打交道格外直接，他没有任何种类的办公物品，这是令人不舒服的事情……面对大多数人，你在某种框架里与之相处，在你怎么和他们说话这一类的事情上有特定的习俗。并无个性的袒陈相对。但维特根斯坦总是把这种坦陈相对强加到他的一切关系上。我只见过他两次，不是很了解他，或许这就是为什么把他想成一个具体的人时我总是带着畏惧和惊恐。

这一时期，维特根斯坦最尊重的学生是格奥尔格·克莱塞尔。克莱塞尔来自格拉茨，1942年到三一学院，是个数学本科生，他上了维特根斯坦在战争期间的数学哲学课。1944年——克莱塞尔还只有二十一岁时——维特根斯坦声称克莱塞尔是自己遇到过的最有能力的同时也是数学家的哲学家，里斯对此感到震惊。“比拉姆塞更有能力？”里斯问。“拉姆塞？！”维特根斯坦回答，“拉姆塞是个数学家！”

尽管已经两年多没写过数学哲学，1946年和1947年维特根斯坦定期 499
和克莱塞尔讨论这个题目。不同寻常地，讨论的基调是由克莱塞尔而非维特根斯坦设定的；维特根斯坦对数学的评论在他死后出版时，克莱塞尔表达了对其倾向的惊讶。读了《数学基础评论》后克莱塞尔写道，他认识到，他在和维特根斯坦的讨论里提出的话题“远非他的兴趣的核心所在，虽然他从未使我起过疑心”。

受到和克莱塞尔讨论的激励，维特根斯坦在剑桥的最后一年里，除了每周的心理哲学课又加开了定期的数学哲学讨论班。不过，克莱塞尔回忆时觉得他俩的讨论比讨论班更有价值。他说，他觉得维特根斯坦的公开表现“紧张而且常常前后不一致”。

克莱塞尔不是当弟子的材料，离开剑桥后他跟随库尔特·哥德尔学习，成了维特根斯坦的工作攻击的那个数学分支——数理逻辑之“癌变”——的主要人物。“维特根斯坦对数理逻辑的看法没多少价值，”克莱塞尔后来写道，“因为他知道得很少，而且他知道的限于弗雷格—罗素那条线上的东西。”《蓝皮书和棕皮书》出版时，他用更加强烈，甚或更辛辣的话表达自己的不以为然。“作为传统哲学的重要问题的介绍，”他在书评里写道，“这书是极糟糕的。”

> 这种看法主要基于一种个人感受。我认为，较早地接触到维特根斯坦的态度，阻碍我，而非帮助我建立一种依其本性看待哲学这门学科的富有成效的视角。

维特根斯坦常常感到自己对学生有一种坏影响。“我有可能种下的唯一种子，”他说，“是某些行话。”人们模仿他的姿态，采用他的表述，甚至利用他的技术写哲学——但他们这么做时似乎不理解他工作的要旨。

500 他一次次试图说清这一要旨。他的最后一门课，上来就是对其目标的一个着重和不含糊的陈述：消解由于把心理学视作“精神现象的科学”而引起的混乱：

> 这门课谈的是心理哲学。这似乎有点奇怪：看到我们不是去做心理学科学，对做那门科学时涉及的那类事情也没有特别的见闻，却要去讨论这门科学生出的、出现在这门科学里的问题。然而，若去

> 瞧瞧心理学家可能说的话、瞧瞧非心理学家（和我们）可能说的话，问题和迷惑就会自然地冒出来。
>
> 心理学常被定义为精神现象的科学。我们将看到，这有一点古怪：把它和身为物理现象的科学的物理学相对照。棘手的也许是“现象”这个词。我们有这个想法：一方面有一种某些事情上的现象，另一方面有另一种另一些事情上的现象：那么如何比较这两类事情呢？但是，说两种现象涉及的事情是同一类的，这话也许没有意义。“精神现象的科学”——我们用这话指的东西跟大家一样，即处理思考、决定、希望、欲求、疑惑……的科学。于是一个老难题出现了。心理学家是这样发现相关性的：观看人们做某些事，如抽鼻子、血压升高、显得焦虑、在S秒后接受了这个、在S+3秒之后表达了那个、在一张纸上写下“不”，诸如此类。那么精神现象的科学在哪里？答案是：你观察自己的精神事件。怎么观察？通过内省。但如果你观察——如果你开始观察自己的精神事件——那么你就改变了它们并制造出了新的事件：而观察的全部要点是你不能做这种事——观察恰是应该避免这种事的。于是精神现象的科学就有了这个难题：我不能观察别人的精神现象，我也不能在“观察”的正当意义上观察自己的精神现象。那么我们现在走到什么境地了？

他对最后一个问题的回答是：在一片迷雾之中，在一系列混乱之
中；不能通过积累更多的数据——内省或行为分析——解决这混乱；也 501
不能通过一种思考理论[1]解决这混乱。唯一能清除迷雾的东西是一种概念考察，一种对诸如“意向”、“意志”、“希望”等词的用法的分析；那种分析表明，与描述和解释物理现象很不一样，那些词从一种生活形式、一种“语言游戏”中获得其意义。

[1] “思考理论”（theory of thinking），指关于“思考”的理论。

头两个学期的讲座涵盖的领域大致与《哲学研究》第一部分的后三分之一相同："思考是什么"的问题，对"精神现象"的分析，以及对具体的心理概念——诸如"意向"、"意志"、"理解"和"意谓"——的考察。

此时维特根斯坦已很了解自己处理哲学问题的方式是如何易遭误解，在这些讲座上，他花了很多时间努力描述自己的哲学方法。另外他到道德科学俱乐部作了一次演讲，谈的是（照他在请摩尔出席的信里的说法）"我认为哲学是什么，或哲学方法是什么"。引起混淆的一个普遍原因是，他开头提出的问题表面上关乎一种现象（"思考是什么"），但到头来他却在考察我们使用语词（如"思考"）的方式。

在第二次课上勾勒上一节讲的内容时，他概括了许多人对此做法感到的不安：

> 现在让我们回到昨天。你们一定记得我提出（1）若要使"我们想要分析"能够落实，这话的意思就得是（2）"我们想要定义思考"然后我走了可疑的一步。我提出：也许我们真正想要的是"思考"的用法。"但是，"你们说，"显然我们不想知道'语词的用法'"。而在某种意义上我们显然不想。

这是说，我们不想为了知道语词的用法而知道语词的用法。描述语词的（实际的和想象的）用法，目的是为了解除看待事物的混乱方式对我们的把持，而那种混乱方式是哲学家在举例上的"贫瘠食谱"的产物：

> 我给出的是表达式用法的形态学。我表明，有各种你没想象到的
> 502 用法。在哲学中，人们感到自己被迫以某种方式看待一个概念。我做的是提出，甚或发明别的看待它的方式。我提出你此前未想到的可能性。你以为只有一种可能性，或最多只有两种。但我让你想到其他可能性。此外，我让你看到，指望那概念适应那狭窄的可能性，

这是荒谬的。因此，你的智力痉挛得到了松弛，你自由地查看表达式用法的领地，描述不同种类的使用。

这方法的另一问题是，给出更丰富的例子食谱时，维特根斯坦冒着这样的风险：领着他的学生只见树木，不见树林。有两个学生 D. A. T. 加斯金和 A. C. 杰克逊回忆，跟上讲座的困难“源于这件事：很难看出这一切相当重复的对具体细节的谈论要走向哪里——这些例子彼此如何联系，这一切如何跟人们习惯抽象地向自己提出的问题扯上关系”。

维特根斯坦也意识到了这个问题。“我在向学生展示一个巨大地貌的细节，”他写道，“他们不可能摸得到其门路。”在讲座里他细化了这个比喻：

在教你们哲学时，我像一个向你们展示如何在伦敦找到方向的向导。我不得不带你们穿过城市，从北到南，从东到西，从尤斯顿路到堤岸，从皮卡迪利到大理石拱门。我带你在城里的各个方向走了许多路之后，我们将许多次地经过每一条给定的街——每一次穿过那条街都是一条不同路线的一部分。最后你将了解伦敦；你将能像伦敦本地人那样摸到门路。当然，一个好向导带着你更频繁地走更重要的街道，而不是小街道；一个糟糕的向导则相反。在哲学里我是个相当糟的向导。

维特根斯坦也担心自己在写作中花了太多的时间穿越小街道。他说，他远不知道在这本书里“我需要和不需要讨论什么”：

我仍然一直纠缠在细节里，不知道自己究竟是否应该谈这种东 503
西；我有这样的感觉：也许我在检视一大块的领域，只是为了最终将其排除出考虑范围。

虽然他称自己去年准备的打字稿为“我的书”，但对之深感不满，尤其是后三分之一——很大程度上取自于早前手稿的心理概念分析。尽管如此，他每周抽一个下午见诺曼·马尔科姆（维特根斯坦在剑桥的最后一年，马尔科姆在剑桥当古根海姆研究员[1]）讨论此书。他借给马尔科姆这一打字稿的一个副本，他的想法是他俩一起一节节地细读之。照马尔科姆的回忆，他们的做法是这样的：

> 从著作的第一页开始，维特根斯坦先用德语大声读一句，然后把它译为英语，然后就其意思向我作出一点评论。然后他进到下一句；依此类推。下一次见面时他从我们上一次停下的地方开始。

“我这么做的理由是，”维特根斯坦解释道，“这样我的书出版时就起码有一个理解它的人。”这有一点奇怪，因为这时他已不打算出版这份打字稿，而且已在重写其最后一部分。和马尔科姆讨论的同一时期，他写了一系列手稿，希望从中得出他的心理概念考察的一种更令人满意的表述。但他并未浪费时间，因为在进行到书的最后一部分之前他俩的会面方式就已改变了。就马尔科姆的口味而言，维特根斯坦的“讨论”形式还是具有太强的注释性；马尔科姆想要讨论当下困惑着他的哲学问题。于是维特根斯坦渐渐放宽了自己的做法。

1946 年的米迦勒节学期期间，对本·理查兹的爱带给维特根斯坦快乐的时刻和长时间的折磨。“全是快乐，”10 月 8 日他写道，“如果我这两
504 个星期没和 B. 在一起，我就不能说这话。而如果病痛或其他事情打断我，我就不能那样和他在一起。”

但这快乐是脆弱的——至少他的感觉是这样。“我对爱的信仰和勇气太少，”10 月 22 日他写道，

---

[1] “古根海姆研究员”（Guggenheim fellowship），剑桥的一个职位。

> 但我容易被伤害或害怕被伤害，但这样保护自己是所有爱的死因。为了真正的爱，人需要勇气。但这意味着他必须还得有分手和断绝［他的爱］的勇气，换句话说，有忍受致命伤害的勇气。但我只能希望自己免于最坏的事情。

“我缺乏勇气或力量，也缺乏透彻，去直面我生活中的事实，”几天后他写道。他觉得这些事实中的一个是：“B. 对我有一种前—爱［这儿在德语里是一个双关：Vorliebe 的意思是喜欢、偏好］[1]，一种不能持久的东西。”

> 当然我不知道它将如何逝去。我也不知道它的某些部分如何能保存着，活着，而不成为压在一本书的书页之间的纪念。

他觉得自己肯定要失去本，由于这种确信，进行这段恋情是痛苦的。它呈现了一种“我的生活的可怕困难”：“我不知道，想着这种前景，自己是否能、怎样能忍受这段关系的延续。”

但他也忍受不了结束这段关系的想法：“无论何时我想象自己分手了，我就为那种孤独感到恐怖。”无论如何，它不是来自天堂的一件很棒和奇妙的礼物吗，丢弃它不几乎是在亵渎神明吗？无论继续或结束，疼痛和苦楚似乎都是他不可能承受的。

但是，第二天他坚持：“爱是一种欢乐。也许是一种混合着痛苦的欢乐，但仍然是欢乐。”如果它不是一种欢乐，那么它就不是爱。“在爱中我必须能安安稳稳。”事实是他的疑虑不让他安稳。他不怀疑本是热诚的。“但你能拒绝一颗热诚的心吗？”这问题立刻引出了他的核心疑虑：

---

[1] “前—爱”，译自 pre-love，蒙克用之译 Vorliebe，Vorliebe 既有偏好之意，又有“爱之前的感情”（故还不是爱）之意。

“它是一颗为了我而热诚跳动的心吗？”他用英语引用了这句话（因此大
505 概是引用本的话）：“我情愿做任何事，也不伤害友情之心。”他继续用英语写道（这次肯定是他自己的话）：“我必须知道：他不会伤害我们的友情。”他爱上了本，他要求的不只是友情，不只是喜爱，而是爱：

> 人不能挣脱自己的皮肤。我不能放弃一种深深停泊于我心中、停泊我的全部生活中的要求。爱与自然[1]紧紧相系；如果我不自然了，爱就肯定会停止——我能这样说吗：“我不再要求爱、却还是明智的？”……我能说：让他做他高兴做的——有一天事情会不同——爱，那是昂贵的珍珠，人在心底抓着它，人不会用它交换任何东西，人珍视它超过其他一切。[2]事实上爱显示出——如果人有爱的话——伟大的价值是什么。从一切金属里挑出最珍贵的一种金属意味着什么。

“可怕的东西是不确定性。”出于这种不确定性，维特根斯坦的想象力用所有可能的可怕手法折磨着他。“信任上帝，”他告诉自己。但全部要点在于他什么也无法信任：

> 从我所在的地方，到对上帝的信任，这中间是一条长路。欢欣的希望，恐惧，他俩是近亲兄弟。我不能拥有其中一个，却不让它与另一个接壤。

---

[1] “自然”，译自 nature，下一句的“不自然”译自 unnatural，这儿的“自然”指人自然而然的本性。

[2] 这儿指涉《马太福音》13：45—6：“天国又好像买卖人寻找好珍珠，遇见一颗昂贵的珍珠，就变卖他的一切买了它。”感谢麦克林托克（David McLintock）使我注意到这个典故。——原注

他还怀疑自己是否有权去爱。爱本，是不是对弗朗西斯的记忆不忠？“问自己这个问题，”11月10日他写道，

……当你死时谁为你哀悼；他们的哀悼有多深？谁为F.[1]哀悼，我——比任何人都更有理由哀悼的我——对他的哀悼有多深？难道他配不上某人终其一生为他哀悼？如果有人配得上，那就是他。

可是，弗朗西斯在上帝的手里：“就此人们愿说：上帝会照顾他，上帝会把一个糟糕的人拒绝给他的东西给他。”

可是，他自己的生活完全在他自己手里。两天后，他就这么写下一个孤立的短语：“生活的根本上的不安全。”根基能在任何时刻垮掉。“别太怯懦而不敢测试一个人的友情，”他催促自己。他必须知道，自己和本的关系是否经得住加于其上的压力：“手杖拿在手里时看着漂亮，但一旦把你的体重压上去就弯曲了，这样的手杖毫无价值。” 506

走路不用手杖一定比用一根不可靠的手杖更好：

假如没有他的爱，你就不能快活了吗？没有这爱，你就必得陷入低落吗？没有这支撑你就不能活了吗？问题是这样：不靠着这东西，你就不能笔直地走了吗？或者，只是你不能下决心放弃它？或两者都是？——你绝不可继续盼望没寄到的信。

就其之为一种支撑而言，这段关系并不值得：“令我奔向这支撑的不是爱，而是我无法只用自己的两只脚安稳地站着。”

没有本，他的生活肯定更孤独可怜。但为什么不受苦？毕竟：“有些人一生都在生病，他们了解的唯一快乐是长时间强烈痛苦后的几个不疼

[1] F.，指弗朗西斯。

痛的时辰（一声有福的解脱的叹息）。”

> 一个人受苦，这是多么前所未闻的事吗，例如，一个老人疲倦而孤独——嗯甚至，他变得半疯了？

枯竭、孤独、疯狂——这是他的命，他必须接受之：“只是绝不可戏剧化。对此你必须提防。”

最难的本领是抱着希望去爱，就是那希望未获满足也不绝望：“对一位慈善的父亲的信仰，实际上正是在说这种生活。”

那样生活是一种真正的解决，一种成就，他的哲学工作与之相比将黯然无用：“如果我在内心是不快乐的，那么我的所有天赋对我又有什么益处？如果我不能搞定首要的、最重要的事情，解决哲学问题对我又有
507 什么帮助？”他的讲座有什么真正的用处？

> 我的讲座进行得不错，它们再也不会更好了。但它们留下的效果是什么？我在帮助任何人吗？如果我是为他们表演悲剧角色的出色演员，肯定要更好。他们学的东西不值得学；而他们对我的个人印象不会带给他们任何东西。对他们每个人都是这样，也许有一两个例外。

1947年的夏季学期，维特根斯坦决心停止讲座。他告诉格奥尔格·冯·赖特自己将辞去教授职位，等到那个时候，他愿意看到冯·赖特是自己的继任者。

维特根斯坦最后一个学期的讲座特别令人感兴趣，因为它们引入了随后两年占据他思考的问题，对这些问题的最后表述是一份现在构成《哲学研究》第二部分的打字稿。他在讲座里首次引入了著名的模棱两可的兔—鸭图：

设想我给一个孩子看这张图。他说“这是一只鸭子”，然后突然说“哦，它是一只兔子”。于是他认出它是一只兔子——这是一种辨认的经验。如果你在街上看见我，说“啊，维特根斯坦”，这也是一种辨认的经验。但你并非时时刻刻有辨认的经验——只是图画从鸭子变为兔子、又变回鸭子的时刻，才有这种经验。在其间，面相仿 508
佛是定好了的。

这张图的要旨是可在不止一个面相下看它：可把同一幅图画看作一只鸭子和一只兔子。维特根斯坦感兴趣的是这种看作[1]的现象。描述这类现象时，有一种巨大的诱惑：把心理状态说得像是某种对象。例如，我们会说，我们一会儿把它看作鸭子，一会儿把它看作兔子时，外部图形——这张画——没有改变；改变的是我们的内部图画——我们的感觉与料（sense-daturn）。如果把这想法一般化，就会走向恰是维特根斯坦心理哲学的靶子的那种感官经验理论——一种现象主义的观念：我们的即刻经验的对象是经验主义者称作感觉与料的那种私有的、影子似的实体。正是因为担心这种一般化，维特根斯坦就面相—观看[2]谈的最初几个要点之一——在上述引用的讲座里和在《哲学研究》里——是那不是典型情况；我们不把一切东西看作某种东西：

[1] “看作”，译自 seeing-as。
[2] “面相—观看”，译自 aspect-seeing。

> 说“我现在把这看作……”对于我没有意义，就像我看着一副刀叉说：“我现在把这看做刀叉。”

但是，虽然“看作”的体验不是所有感觉的典型情况，但对维特根斯坦有着特别的重要性，而且不只是因为现象主义的危险。可以说，他的哲学方法的目标是改变看特定事物时的面相——例如，不把数学证明看作一串命题，而将其看作一幅图画；不把数学公式看作命题，而将其看作规则；不把心理状态的第一人称陈述（“我疼”等等）看作描述，而将其看做表达；诸如此类。可以说，“端赖于看出联系的理解”是由于一种面相的改变而产生的理解。

正如维特根斯坦在《哲学研究》里承认的，兔—鸭图是从约瑟夫·贾斯特罗的《心理学中的事实和寓言》（1900）里拿来的，但他对面相—观看的讨论受惠于沃尔夫冈·柯勒比受惠于贾斯特罗多得多。在许多讨论里维特根斯坦心里想的是柯勒的《格式塔心理学》（1929），特别是书中论
509 “感觉组织”（Sensory Organization）的那章。许多讲座是这样起头的：维特根斯坦先读那本书里的一个小段落。

我认为，为了理解维特根斯坦对柯勒的兴趣，我们得理解他俩从歌德那儿继承的共同遗产。对柯勒和维特根斯坦来说，“格式塔”这个词里都包含着一种具有歌德（对颜色、植物和动物的）形态学研究的血统的理解方式。他俩也都——以很不同的方式——把歌德的这个观念当作他们思考的一条中心纲领。

德语词“Gestalt”通常的意思是“形状”或“形式”。但柯勒效仿歌德，用它指很不同的东西：

> 在德语里——至少自歌德的时代以来，尤其在歌德本人的自然科学论文里——名词“格式塔”有两个意思：除了作为事物性质的“形状”或“形式”的含义之外，还意谓：一种具体的个体和特有的

实体，这种实体是某种分散的东西，一种形状或形式是其属性之一。追随这一传统，格式塔理论中的“格式塔”这个词指的是分离的整体（segregated whole）。

“分离的整体”的观念——或用柯勒常讲的话说，“有组织的整体”——构成了柯勒的反行为主义心理学的基础。柯勒反对行为主义的刺激—反应机制模型，使用他所谓的人类行为的“活性（dynamic）”模型，这种模型强调组织在感觉里起到的积极作用。柯勒说，我们的感觉不是离散刺激之感觉，而是有组织的格式塔的感觉：例如，我们不是在一张纸上看见三个点；我们赋予它们三角形之形，将其看作一个整体，一个格式塔。

柯勒对于人之心理的“活性”理解的纲领，与歌德对自然的“活性”理解的纲领有着紧密的对应关系。就如柯勒反对隐含在行为主义里的机制主义，歌德开始自己的科学研究时是出于这种愿望：发现一种有别于他那个时代机制性牛顿科学的方案。

在对自然形式的形态学理解方面，歌德的第一项探险是对植物的研究。他的——在《意大利游记》里形成的——想法是，如果能在一个单一格式塔的面相之下看待所有植物，那么就能系统地（而且非—机制主 510
义地）研究植物—生命。对于每一种自然现象——例如植物和动物——都将有一种单一的形式，原初现象（the Urphänomen）；可把那类自然现象的所有个例看作原初现象的变形。就植物而言，这原初现象是原初植物（Urpflanze）。

不过，在歌德的著作里这原初植物的性质有一点混乱；他曾把它视为一种某一天可能发现的实际植物：

> 这儿［在意大利］，植物不像我们那儿一样在盆里或在玻璃罩下生长，而是能在开放的新鲜空气中自由生长，履行它们的自然天命，

在这里它们变得更易得到理解。看到如此多种多样的新而复新的形式，我的那个旧异想突然回到了心里：在这繁众之中，我会不会发现那原初植物？无疑一定有那么一个。否则，如果所有植物不是从同一个基本模型构建而来，我怎么能认出这个或那个形式是一种植物？

可是，一个月之后，他设想的原初植物不是可在自然里发现的东西了，而是他自己创造、带进自然的作为一把可能性之尺子的东西：

原初植物将是世界里最奇怪的造物，自然自身将为之而忌妒我。有了这个模型，得到了它的钥匙，就有可能进而不断发明植物，而且知道它们的存在是合乎逻辑的；也就是说，如果它们不实际存在，它们也有可能存在。

这两种设想之间的差别具有根本的重要性。第一种设想让歌德的形态学看上去像一种假冒的伪演化论——仿佛他的任务是达尔文式的，是要找到一种所有其他植物都由之（因果地）导出的植物。第二种设想明明白白地说，不能用原初植物作任何因果推导；形态学的任务不是发现（演化等等的）经验定律，而是向我们呈现一种对植物—生命的整个领域的一种“综观（übersicht）”。正是这第二种设想造就了歌德的工作和维特根斯坦的工作之间的联系。

511 歌德的形态学为维特根斯坦提供了这样一种研究的例子：这种研究寻求澄清，而不解释所处理的现象。这种研究端赖于看出类比。不过，在维特根斯坦对这种形态学技术的理解中有一点是至关紧要的，即用作原初现象的格式塔自身不是对象，正如观念和概念不是对象。我们看见或认出一种格式塔，不是像看见一个物理对象，而是像看见或认出一种相似之处。这个区别具有核心的重要性；但是，由于格式塔、原初现象、原初植物全是名词，而且我们可以谈论看见或认出它们，所以这区别容易受到忽视。因此，在《哲学研究》里讨论面相—观看时，维特根斯坦一上来就纯熟地讲明了这个区别：

> “看”这个词的两种用法。
>
> 其一：“你在那儿看见什么啦？”——“我看见的是这个”（接着是描述、描绘、复制）。其二：“我在这两张脸上看到了某种相似之处”——听我说这话的人满可以像我自己一样清清楚楚地看着这两张脸呢。
>
> 重要之点：看的这两种“对象”在范畴上的区别。

语词“看”的这种多义性位于歌德和席勒的一个分歧的根子处——他俩试图解释各自的设想时，在原初植物的问题上发生了这个分歧：

> 我很生动地向他解释《植物的形变》，用铅笔精要地画了几笔，把一株象征性的植物唤到他眼前。

席勒拒绝认为这“象征性的植物”是一种视觉对象：

> ……我画完时，他摇头说：这和经验毫无关系，这是一个观念。

但歌德不为所动，坚持说自己在谈论自己看到的东西：

> 唔，这样更好；这就意味着我有一些观念但自己却不知道，而我 512
> 甚至用我的眼睛看到了它们……如果他把对我而言是经验的东西当作观念，那么两者之间必定还是具有某种媒介、某种关系。

照维特根斯坦的看法，歌德和席勒都可说是对的：席勒是对的——坚持原初植物和观念（而非物理对象）同属一个范畴；歌德是对的——坚持自己在某种意义上用自己的眼睛看到了原初植物。哲学的任务是解释怎么能是这样——描述“看作”的现象，从而让这事不显得悖谬：一种格式塔（一种“面相”，一种“有组织的整体”）同时是一个观念和一个视觉“对象”。

于是，柯勒《格式塔心理学》提出的问题就位于维特根斯坦之关切的中心地带。不过，柯勒对之的处理，恰恰被维特根斯坦在“私有语言论证”里努力驱除的那种概念混乱缠绕着。这混乱从柯勒对格式塔的描述开始——柯勒说格式塔是“一种具体的个体和特有的实体，这种实体是某种分散的东西，一种形状或形式是其属性之一”。听上去这话仿佛已经在说，所描述的东西是一种对象、一种私有对象。而这正是柯勒的感觉理论所需的那种对象，因为柯勒想说，就像颜色和形状一样，“组织”也是感觉对象的一部分。这就模糊了物理对象和精神构造（观念等）的区分，结果就有了一个对一种影子般的东西的相当混乱的概念：

> 谁把视觉印象的“组织”和颜色形状并列在一起，那他从一开头就把视觉印象当作某种内部对象了。由此自然把这个对象弄成了幻影；一种稀奇古怪地摇来摆去的结构。

柯勒用“视觉实在”这个短语描述我们以不同方式“组织”感觉时发生改变的东西，对此维特根斯坦同样不高兴。例如，除非有人向我们指出来，我们一般看不到以下图案里的数字 4：

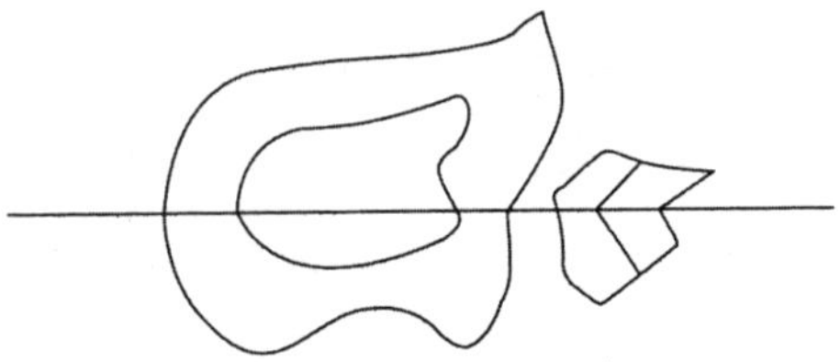

513 对此柯勒说：

若我告诉读者数字4就在他的视野里，他毫无疑问会找出它［见下］；但如果他没受到理论偏见的影响，他就会坦白：起先4的形式并未作为一种视觉实在而存在，若它后来开始存在了，那意味着视觉实在有了转变。

在讲座里，维特根斯坦对这段话作了如下的嘲讽：

现在柯勒说："你看到两个视觉实在"。这是相对于什么而说的？大概是相对于解释。他如何做到这个的？［即，这是如何得到确立的？］问人是没用的。柯勒从未说那有用；但他说"如果你没受到理论的遮蔽，你就会承认有两种视觉实在"。但当然，他的意思不能只是不持有某种理论的人会说"有两种视觉实在"。他一定想说，无论你是否（1）受到理论的遮蔽，或（2）无论你是否说了这话或那话，你必须（为了正确）说"有两种视觉实在"。 514

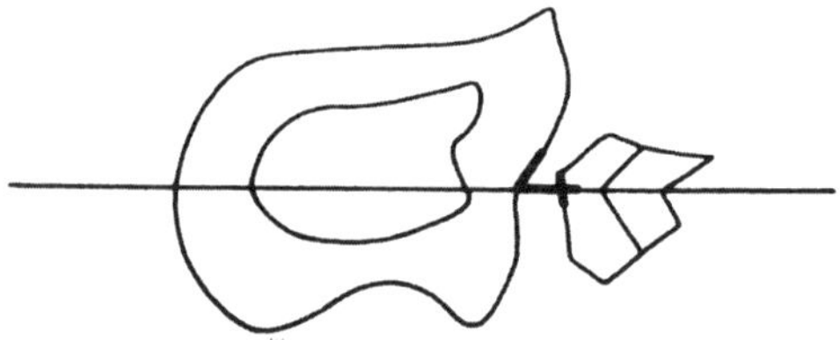

但在两可图形的例子中（我们先看到鸭子再看到兔子；先看到两个形状不明的图案和一条水平线，再看到藏在图形里的数字4），如果我们不说我们的视觉实在改变了，或图形的组织改变了，那么我们要说什么？什么东西已改变了？维特根斯坦的做法正是他的典型做法：他想要描述这过程，从而使这问题不冒出来。就像哲学混乱的所有情况一样，是问题本身在误导。"问'什么东西已改变了'是无意义的，"维特根斯坦在班上说，"回答'组织改变了'也是无意义的。"

然而，他发觉这事不很容易：对面相一观看作出一种精当描述，从而消除柯勒对之的描述的内在混乱。作过这些讲座两年后，他把兔—鸭图拿给德鲁利看，说：“现在你试着说说，把某某看作某某时涉及的是什么。这不容易。我正在思索的想法像花岗岩一样硬。”

也许，最终出版在《哲学研究》里的那些吊诡的、甚至自相矛盾的描述体现了这种紧张：

> 面相转变的表达式是一种新知觉的表达式和未曾改变的知觉的表达式合在一起。
>
> “看作”不属于知觉。因此它既像一种看，又不像一种看。

有一点他当时是明确的：无论怎么描述“看作”，反正必定不能诉诸“私有对象”：

> 只请你别说“我的视觉印象不是绘画；它是这个——是我无法给
> 515 任何人看的东西”。——它当然不是绘画，但也绝不属于我随身携带之物的那个范畴。

他还强调，对于面相的改变，要问的问题不是“什么改变了？”而是“这改变造成了什么差别？”因此，在讨论柯勒的“隐藏的4”的例子时，维特根斯坦不谈“视觉实在的转变”，而是谈不同地看这图形的后果：

> 柯勒说很少人会自己看到这个图形里的数字4

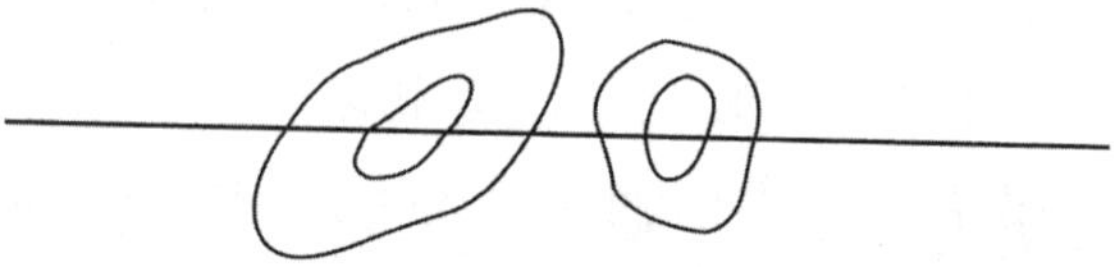

> 这肯定是对的。现在，如果有人在描述或复制这个单调图形时完全

偏离了常规，那么，由于他用不同的“单位”复制和描述，他和正常人有了什么差异？也就是说，这样一个人在别的事情上将和正常人如何不同？

在图形的例子里，以不同方式看的后果可能是以不同的方式复制这图形（例如，就上述图形而言，有人可能从数字 4 开始复制）；在一段音乐的例子中，以不同的方式听它，结果可能是以不同的方式唱、演奏或用口哨吹它；在一首诗的例子中，则可能是以不同的方式读它。从这些例子里我们也许能看到，相比于行为主义者的表面上相似的口号，维特根斯坦的格言“一个‘内在的过程’需要外在的标准”（*PI*, I, 580）可能有着（也确实有着）极为不同的动机。

但若我们考虑到，在哲学世界观的例子里，“面相改变”的结果可能 516
是生活的改变，那这一点就尤为清楚了。就维特根斯坦的情况而言，他热诚希望的结果——“外在的标准”——是这样一种文化：它用我们的当代社会对待科学时的同样的尊重和严肃，对待音乐、诗歌、艺术和宗教。

推动这样的面相改变有什么意义吗？

一个哲学家说“像这样看待事物！”——但首先，那不确保人们会那样看待事物；其次，他的劝诫也许来得实在太晚了；而且，可能这种劝诫怎么样也做不成任何事，推动这种感知事物的方式之改变的力量必须源于完全不同的地方。

但是，这种“感知事物的方式之改变”要发生，对他是至关重要的。并非如他和伊格尔曼以前坚持的那样，“事情是如何的”和“事情应当如何”之间的反差总是指向一种内在的改变。不可能不让外部事物侵蚀进来，发生影响。人们不得不去改变事物。

或至少改变自己的外部环境。维特根斯坦现在相信自己必须离开英格兰。“在这个国家，”4月13日他写道，“除了厌世，我这样的人没有别的明显选择。”不可能想象在英格兰发生一场革命，因此他就更沮丧了：“仿佛可以说：这个国家有一种潮湿的、冷冷的精神气候。”十天后他写道：

> 我觉得剑桥变得越来越可恨。瓦解和腐烂着的英格兰文明。一个其政治在邪恶的目标和毫无目标之间轮流打转的国家。

“[我]觉得自己是这个世界的异族人，”7月他写道，“如果你与人类或上帝都不相连，那么你是异族人。”

学期一结束他就去了斯旺西，本去那里同他会和，呆了两星期。虽然尚未正式辞去教授席位，但他已决心离开英格兰独自生活。他先是想
517 到挪威，然后是爱尔兰。8月份他到都柏林看德鲁利，德鲁利最近担任了都柏林圣帕特里克医院的精神病医生。对这新职位维特根斯坦有强烈的兴趣：“如果事实证明你做这精神病学的工作是做对了，”他告诉德鲁利，“我一点儿也不会吃惊。你起码知道了‘天地之中有更多的事物’，等等。”德鲁利借给维特根斯坦一本书，那是圣帕特里克医院施治的基础——萨金特和斯雷特的《精神病学中的身体治疗法》——维特根斯坦对之的反应是他典型的混合态度：热情地欣赏良好科学技术的价值，又急急地提醒其限度：

> 这是本出色的书。我喜欢其写作的精神。我要让本读这本书。我完全能理解你采取这样的态度：“现在让我们看看这些治疗方法有什么成效。”
>
> 我一刻也不想低估你做的工作的重要性；但绝不要让你自己认为一切人类问题都可如此解决。

8月末他回到剑桥，决心辞去教席，但仍未决定去挪威还是去爱尔兰。他的计划是，到维也纳住大约一个月，然后，照他对冯·赖特的说法：

> ……到某个我能单独住稍长一段时间的地方，而且如果可能的话，写完我的书的一部分……迄今为止我还什么都没告诉剑桥当局，因为这不是绝对确定的。（虽然眼下我看不出这事怎么能避免，我指我离开剑桥的事。）

“眼下我的心甚为无序”，他告诉冯·赖特：

> 部分是由于这个：在发生了那一切事情之后，我惧怕再看到维也纳，而且也有点惧怕丢掉剑桥的工作。但我会挺过去的。

要回到一个他知道变糟了很多的维也纳，这想法令人惧怕。就此例而言，现实有可能比预计的更糟。俄军仍旧占领着这座城市，他们曾一 518
度把维特根斯坦为格蕾特建造的房子用作兵营和马厩。奥地利人厌恶占领军，常有暴行、强奸和抢劫的传闻。格蕾特的佣人忠实地尽全力保护库德曼街的房子，但她自己却遭到了俄国人的粗暴对待。整体形势是黯淡和压抑的。维特根斯坦的远房兄弟弗里德里希·冯·哈耶克[1]记得，自己在火车上遇到了正从维也纳返回的维特根斯坦。据哈耶克说：“对于在维也纳遇见俄国人（占领军），他的反应显出他是第一次亲身遇见他们，结果打碎了他的一切臆想。”哈耶克完全错误地认为这是维特根斯坦第一次遇到俄国人，但维特根斯坦给他留下的愤怒和幻灭的印象无疑是正确的。实际上，难以想象他有别的反应。

一从维也纳回来维特根斯坦就递交了辞呈。他得知自己可以拿米迦

[1] 哈耶克，即经济学家、政治哲学家哈耶克（Friedrich August von Hayek，1899—1992）。

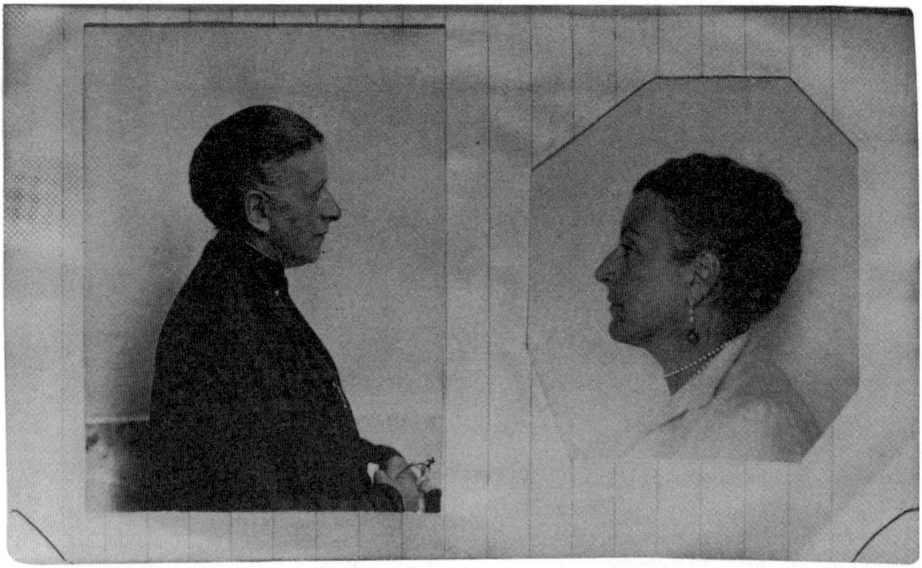

在维特根斯坦的相册里：赫尔米勒与格蕾特

勒节学期当休假学期。这样，虽然直到1947年末才正式不当教授，但他已然卸下了作讲座和住在剑桥这两件事的负担。

离开前，他花了一个月时间准备了一份他在心理哲学上的近期工作的打字稿。这份稿子现在已出版，即《心理哲学评论》第一卷。不过，维特根斯坦打出这份稿子时，并不当它是单独的、可出版的著作，而是视其为用于修订《哲学研究》后三分之一的材料。“它的大部分是糟糕的，”他告诉冯·赖特，“但我愿意把它弄成便利的模样，即打出来，因为读它时有可能引出更好的思想”。他加上：

> 对我的未来我毫不乐观，但我一辞职，就觉得这是唯一自然的事。

他向爱尔兰和孤独奔去，不难在这里面看出，他想逃离的不只是剑桥、教书和英国人，还有——甚至更令他痛苦的——与爱人的亲密造成的折磨。独处的表面理由是写完自己的书，然而，虽然在爱尔兰的几年里他写了许多东西但从中却很难看得出结束这项工作的既定努力。在这项工作里他追寻着一种全新的思路，其中留给人的最强烈印象是，维特根斯坦在“拼尽全力做哲学”——在做“唯一真正令我振奋的工作”。 519

# 第二十五章　爱尔兰

520 到爱尔兰的头两个星期，维特根斯坦住在都柏林的罗斯旅馆。只要医院里没事，德鲁利就陪维特根斯坦到都柏林城里或周边寻找可能的住处。没地方能提供他需要的孤独和平静，但德鲁利在圣帕特里克医院的朋友罗伯特·麦卡洛夫暂时解决了这个问题。麦卡洛夫常去维克洛郡瑞德克洛斯的一处农舍度假，房子属于理查德·金斯顿和詹妮·金斯顿，他们对他说过想招一个永久房客。这个信息传给了维特根斯坦，他立刻从都柏林动身去“勘察现场（case the point）”（这时候他的词汇里包含了从美国侦探小说里借来的一点新鲜用语）。维克洛郡迷住了他。“坐公车前往的路上，”回来后他告诉德鲁利，“我不停地对自己说，真是个真正美丽的国度。”

不过，搬进金斯顿夫妇的农舍后没多久，他就写信对里斯说自己在那儿感到“冷和不舒服”，“我也许会在几个月之内搬到西爱尔兰的某个隔绝得多的地方。”但几个星期后他适应多了，德鲁利第一次去瑞德克洛斯时，看起来一切都很好。维特根斯坦告诉他：“有时我的想法来得如此迅速，我觉得仿佛有什么在引导着我的笔。现在我清楚地看到，放弃教授职位是正确的。在剑桥我永远做不完这工作。”

远离剑桥代表的“瓦解和腐烂着的英格兰文明”，无疑是生活在爱尔

上图：维特根斯坦在爱尔兰维克洛的宾馆
下图：德鲁利夫妇在爱尔兰罗斯洛的农舍

都柏林罗斯旅馆

兰的主要吸引力之一。冯·赖特写信给他谈自己对申请剑桥哲学教授席位 521
的犹豫，维特根斯坦回信说，他完全理解，而且他实际上以为冯·赖特不会申请，因为："在我看来，成为英格兰人，或成为英格兰的难民，这种前景在我们的时代绝不是有吸引力的。"

冯·赖特终于提出申请时，维特根斯坦的鼓励里掺杂了一种吓人的警告：

> 剑桥是个危险的地方。你会变得肤浅吗？圆滑？如果你不，那你不得不很遭罪——你信里使我感到尤其不自在的段落，是你因为想到要去剑桥教书而热血澎湃。我觉得：如果你到剑桥去，你就必须作为审慎的人而去。但愿我的担心没有根据，但愿你碰不上压倒你的力量的诱惑！

除了远离剑桥，住在瑞德克洛斯的主要吸引力是维克洛郡乡间的美景。冬季是温和的，维特根斯坦几乎每天都可散步。"这儿一点也不像威尔士海岸，"他写信给里斯，"但色彩是最美妙的，色彩弥补了一切不足。"他写给姐姐海伦娜：

> 如果色彩不是常常如此美妙，这儿的乡间不会有这么大的吸引力。我认为这肯定与空气有关，因为不仅是草地，还有天空、海和甚至一切棕色的东西全都很棒——我在这儿比在剑桥感觉好多了。

在瑞德克洛斯散步时他随身带着笔记本，经常在室外工作。金斯顿家的一个邻居常看见维特根斯坦外出作钟爱的散步，他记道，一次自己路过，看见维特根斯坦坐在一道沟渠里发狂地写着，对周围的一切浑然不觉。这大概是维特根斯坦对德鲁利说过的那种情形中的一次：想法来得如此迅速，他感到仿佛有什么在引导着自己的笔。不过，他谨慎地不给予这种灵感情绪过多重要性：

> 522 在一封（我想是写给歌德的）信里，席勒写到一种“诗的情绪”。我觉得我知道他的意思，我相信我自己对之很熟悉。这是一种接纳自然的情绪，在这种情绪中，人的思想似乎和自然本身一样活跃。但奇怪的是席勒没有写出更好的东西（或我觉得是这样），所以我不是很确信我在这种情绪中写出的东西真有什么价值。也许是这样，在那种时候赋予我思想光泽的，是一道自上而来照耀它们的光。它们自身不发光。

他随身带了两份打字稿，一份是现在的《哲学研究》第一部分，一份是现在的《心理哲学评论》第一卷。他希望从这些打字稿和正在瑞德克洛斯写的论述里整理出他的书第一部分的最终版本。（可以认为此时他已放弃了处理数学哲学的第二部分的计划。）他向每个朋友报告，说这项工作进行得相当好。不过，有迹象表明他已倾向于把出版的任务留给他的遗稿保管人了。“老天知道我是否还会出版这一工作，”他写信给冯·赖特，“但如果你活得比我久，我愿在我死后由你看护它。那里面有一大堆艰苦的思考。”

由于不良的健康状况，维特根斯坦不能如自己所愿的那样刻苦工作。尽管 1948 年 2 月 5 日他对里斯声称，“我在身体上非常健康”，事实上他正承受着消化不良的痛苦侵袭。为了与之作战，工作时他在身边放一罐“斯克瑞格”炭烤饼干。他非常相信这种治疗法（金斯顿家的孩子毛德和肯记得他很少吃别的东西），结果常常得步行去阿克洛补充存货。但饼干似乎并未解决问题。“我的工作进行得不赖，”1 月份他写信给马尔科姆，“我觉得，如果未遭受似乎没办法摆脱的消化不良之苦，我的工作甚至能进行得非常好。”

糟糕得多的（但也许与他糟糕的消化有某种联系）是他恶化的神经状况。2月3日他写道：

> 感觉不好。不是身体上的，而是精神上的。害怕疯癫来袭。只有上帝知道我是否有危险。

如果过去一年在剑桥时本的邻近是他精神不稳定的原因，那么离开 523
本并未令他的心智更健全。2月5日他向马尔科姆报告："偶尔有古怪的神经不稳定的状态，对此我只想说，发作时糟糕透顶，唯一的缓解办法是祷告。"同一天他写信给里斯：

> 恐怕我的神经常常不守规矩。当然它们是疲惫和衰老的神经——我的工作大体上进行得相当好。它同样也是一个老人的工作：虽然我并不真的老，但我有某种衰老的灵魂。但愿能许给我这件事：我的身体不比我的灵魂活得久！

"我常常相信，我正走在直通疯癫的路上，"一个月后他告诉冯·赖特，"难以想象我的大脑能很长时间地经受这种紧张。"

随后的两个星期他处于一种剧烈沮丧的状态中，无法工作，对自己的住处越来越不满。他最初满意他的主人。"他们很安静，"12月份他曾写信对冯·赖特说，"我在自己房间里用餐，很少受到打扰。"但是3月份，这一家最小的肯（当时十一岁）的一个朋友住了过来。两人睡一张床，半夜起来说笑。维特根斯坦剧烈地砸墙，要他们安静，他们却视之为玩笑。维特根斯坦真的束手无策了。他发电报到都柏林，说情况紧急，要德鲁利在罗斯旅馆订一个房间并到旅馆看他。德鲁利回忆："他一到旅馆我就过去看他。他看上去苦恼和激动。"

维特根斯坦：事情来了。

德鲁利：我不明白；发生了什么？

维特根斯坦：我一直害怕的，我不再能工作。过去两星期我什么工作都没做。晚上我不能睡觉。我房间底下的人很晚的时候起来说话，持续的咕哝声快把我逼疯了。

德鲁利开了点药片帮助维特根斯坦睡眠，他告诉维特根斯坦，自己
524 的兄弟在爱尔兰西海岸的农舍现在没人住，欢迎维特根斯坦利用之。在那儿他起码能找到平静和孤独。

松了口气之后，维特根斯坦回到瑞德克洛斯仔细考虑。他在金斯顿家过了复活节，但仍然无法工作，因此决心接受德鲁利的好意。不过他的心情颇有改观——和金斯顿一家的关系也一样——离开前不久，他送给孩子们一个大大的装满巧克力的亮绿色的复活节彩蛋；4 月 28 日，动身去西海岸的那天，他在来访本上签下了这句话："很愉快的时光，谢谢你们。"

没有理由从这句话里看出任何讽刺或不诚——这话无疑真实表达了对金斯顿一家的感激。但至少，很难把他住在瑞德克洛斯的最后两个月称作"很愉快的时光"，离开前一周写给里斯的信表明了这一点：

这些天我常想起你，虽然也许听起来可怕，但确实常常想起；感谢上帝我写了信要你复活节别来看我。因为过去六或八周对我来说是一段糟糕的日子。首先我经受着可怕的沮丧，然后得了场重感冒，而我一直都不知道要离开这儿到哪里去。现在我逐渐好点了，打算下星期离开这儿到西部的罗斯洛去。这么做很是不便（那儿和都柏林之间有十小时路程），但就我的目力所及，我只能这么做。所以，如果你来，你会发现我处于一种备受磨难的状态中。但愿我有一点力量，有一点勇气，还有运气！过去一个月，我已经能作一点思考

> 了（我指哲学方面；我的大脑虽然迟钝，但并未停滞，我情愿它停滞了！）。

1934年维特根斯坦就见过康尼马拉的罗斯洛农舍，当时弗朗西斯·斯金纳和莫里斯·德鲁利陪他到那儿度假。罗斯洛位于基拉里港口，面对着海，周围环绕的主要是一段有着出奇尖角的名为“十二尖峰”的山峦。农舍建造时是为了当海岸看守站，但第一次世界大战后废弃不用了。20世纪20年代早期这屋子无人居住，唯一的用途是爱尔兰共和军隐藏囚徒之所；1927年莫里斯·德鲁利的兄弟迈尔斯把屋子买了下来当度假屋。罗斯洛附近还有几个农舍，但跟商店、邮局或别的村子或别的城镇设施 525
都隔了好多英里。这种隔绝虽如维特根斯坦预计的那样“很是不便”，但却是必要的——如果他想享有那种他觉得自己的工作必不可少的免于干扰的自由。

维特根斯坦到那儿时托马斯·穆尔克里斯接了他（维特根斯坦后来学会了和基拉里的每个人一样叫他“托米”），穆尔克里斯是德鲁利家的雇员，住在离罗斯洛约半英里远的一个小屋子里，他照顾德鲁利家的度假屋，报酬是每周三英镑。（他捡煤、捕鲭鱼，作为这份微薄工资的补贴。）德鲁利对托米说过维特根斯坦经受着神经垮掉之苦，要求他尽其所能地帮忙。于是每天早晨他步行到罗斯洛送牛奶和煤，看看维特根斯坦情况如何。维特根斯坦发觉托米（他这样告诉马尔科姆）：“很好，比起我在维克洛郡时周围的人，肯定是更好的伙伴。”

后来和里斯谈话时他则有更多的批评，他说穆尔克里斯全家都是不想干任何活的人。他震惊地看到，虽是个出色的女裁缝，托米的母亲却衣衫褴褛地晃悠，托米自己虽是个合格的木匠，但他们屋子里的每一张椅子都有一条断腿。他在日记里径直说托米——“我在这儿完全依赖于他”——是“不可靠的”。

无论可不可靠，托米是他有的一切。他最近的邻居莫蒂默一家认为他完全疯了，不愿跟他有任何关系。他们甚至禁止他走进他们的地界，理由是他会吓坏他们的羊。因此，如果他想到罗斯洛后面的山岗上走走，就不得不走一条长而迂回的路线。有一次他这样散步时，莫蒂默家的人看到他突然停住，用手杖当工具在路上的泥地里画一个轮廓图（一个兔—鸭图？），他站着，长时间全神贯注盯着这张图，然后又走了起来。这事印证了他们最初的看法。还有一件事也是如此：一天晚上，莫蒂默家的狗叫声打乱了维特根斯坦的专注，他猛烈爆发了。事实上，他留给莫蒂默家的印象，与他先前留给奥地利乡下村民的印象颇为雷同。

526 托米也觉得维特根斯坦有点怪。但部分因为对德鲁利家的忠诚（迈尔斯·德鲁利曾跳下船救出了溺水的托米），部分因为开始喜欢“教授”的相伴，他愿意竭尽所能使维特根斯坦在罗斯洛的居住尽量舒适和愉快。例如，他尽了最大的努力满足维特根斯坦严格的清洁和卫生标准。按维特根斯坦的建议，他每天早晨不只送去牛奶和煤，还送去自己用过的茶叶。每天早晨，茶叶洒在厨房地板上吸污垢，然后扫掉。维特根斯坦还叫托米弄掉屋子里的“甲壳动物”（土鳖虫）。托米的做法是，给整个屋子喷了多到令人窒息的消毒粉。毕生害怕每一种虫子的维特根斯坦对结果感到满意，他情愿面对窒息的威胁，也不愿意看见土鳖虫。

罗斯洛农舍有两个房间，一个卧室和一个厨房，维特根斯坦的大部分时间在厨房里度过。但没用厨房做饭。在罗斯洛时，他几乎完全依靠从戈尔韦的一家杂货店里订购的罐头食品。托米挺担忧他的饮食。“罐头食品会吃死你”，他有一次说。维特根斯坦的回答是阴森的：“反正人活得太久了”。维特根斯坦把厨房改作书房，托米早晨去时，常常发现他坐在厨房的桌子边，往夹起来的散页上写着什么。几乎每天都有一堆丢掉的纸页，烧掉它们是托米的活。

一天早晨，托米到罗斯洛时听见维特根斯坦的说话声，进屋后惊讶地发现只有“教授”自个。“我以为你有个伴在这儿呢，”他说。“我是有，”维特根斯坦回答，“我在跟我的一个很亲爱的朋友——我自己——

谈话。”在他这时期的一本笔记本里，这句话得到了呼应：

> 几乎我的所有写作都是跟我自己的私人谈话。我跟自己促膝而谈的话。

除了和托米在一起的时候，维特根斯坦在罗斯洛的孤独只被本·理查
兹的一次短暂来访打断过；1948 年夏天理查兹在那儿住了几个星期。他 527
们一起进行了维特根斯坦钟爱的散步，爬到山上，沿着海岸，赞叹这一地区美妙的各式各样的植被和物种。

维特根斯坦对在基拉里见到的各种鸟尤感兴趣。（在西爱尔兰海岸的那一段，北方潜鸟、鸬鹚、杓鹬、蛎鹬、海鹦和燕鸥都相当常见。）起初他常要托米帮忙辨识鸟种。他描述自己见过的一只鸟，托米尽其所能地叫出名字，不过托米坦率承认："也许我给他的并不总是正确的名字"。抓到托米的几次错之后，维特根斯坦改为倚仗德鲁利寄来的插图手册。

为了更好地观看海鸟，维特根斯坦想在基拉里海岸外的某个小岛上建一座棚屋。托米（建这个棚屋将是他的活）最终劝阻了他，理由是小木棚屋不够坚固，经受不住岛上的曝露环境。作为替代，托米带维特根斯坦乘划艇出海；托米划船，维特根斯坦或是注意着海鸟，或是默默坐着沉思。乘船出海时他们偶尔会聊天，维特根斯坦回忆自己在挪威的日子——那时他得划船穿过海湾补充给养——托米则回答维特根斯坦提出的关于基拉里历史的问题。

维特根斯坦对较为驯化的鸟也感兴趣：常到农舍找面包屑的知更鸟和苍头燕雀。他鼓励它们，在屋外留下食物；最终它们变得很驯服，到厨房的窗户那儿找他，在他的手里吃。离开罗斯洛时他给了托米一点钱买食物，供养已然指望每日喂养的鸟。不过，再去农舍时托米发现鸟的驯服害了它们。在窗边等待喂养时，它们成了本地猫的方便猎物。

罗斯洛的生活方式虽然艰辛，但看上去却提供了增进维特根斯坦的精神和身体福祉的必要条件。如我们所见，到那儿时他状态糟糕。“我最近的日子很糟：灵魂、心智和身体，”到那儿几天后的4月30日，他写信
528 给马尔科姆，“许多星期我感到极其沮丧，然后觉得自己病了，现在我虚弱、完全呆滞。我有五六星期什么工作也没做了。”但一个月之内，农舍的孤独、海岸景色之美、鸟儿的陪伴和托米·穆尔克里斯的亲切支持（就算不完全可靠）已然造成了好的变化。维特根斯坦发觉自己又能工作了。

他对那儿的生活方式的最大抱怨是必须自己做一切家务活。他觉得这事麻烦得要死，但照他写给马尔科姆妻子李的话说，“无疑这事也是一大恩赐，因为它令我保持神智健全，强迫我过规律的生活，大体上这事对我有好处，虽然我每天都诅咒它”。

只是由于美国浆纸小说（Pulp fiction）的短缺，罗斯洛的偏远才是一个问题。最近的村子在十英里之外，那儿可供选择的书非常贫乏；诺尔曼·马尔科姆定期寄来“杂志”包裹的空档期里，维特根斯坦被迫读多萝西·赛耶斯。他告诉马尔科姆，那“差得要命，令我情绪低落”。马尔科姆供给的“真正的玩意”带来了解脱：“打开你的一本杂志时，就像从憋闷的房间里出来，走进了新鲜空气里”。

不过，偶然地，他倒在村商店里找着了他钟爱的侦探小说（诺伯特·戴维斯写的）《恐惧集结地》的平装本。上一年在剑桥时他读了戴维斯的书，喜欢得不得了，还借给摩尔和斯麦瑟斯两人读（后来也给了本·理查兹一本）。再次见到这书，他抵不住诱惑买下重读，结果对之的推崇甚至又增加了。“虽然如你知道的，”他写信给马尔科姆，“我读过成百本令我快活的、我爱读的书，但我认为我只读过两本我可能称之为好玩意的书，戴维斯的这本是其中之一。”他请马尔科姆去找出更多戴维斯的信息：

> 听起来也许疯狂，但最近重读这故事时，我又一次如此喜欢，我

G.E. 摩尔

> 竟觉得自己真的想写信感谢作者。如果这是发疯请不要惊讶，因为我就是这样。

不幸的是，马尔科姆回报：“就我能想到的办法，我没能获得这位作者的任何信息。”这挺遗憾，因为1948年诺伯特·戴维斯实际上迫切需
529 要鼓励。他是——还有达希尔·哈米特及其他《黑面具》的作者——美国“硬派（hard-boiled）”侦探小说的先锋之一。20世纪30年代早期，他放弃了律师职业去写侦探小说，享受了十年成功作家的日子。然而20世纪40年代晚期他陷入了困难。维特根斯坦写了给马尔科姆的那封信后不久，戴维斯写信对雷蒙德·钱德勒说，自己最近写的十五个故事里的十四个遭到退稿，请求钱德勒借他二百美元。第二年他在贫困中死去，全然不知自己的一项罕见的（可能是独一无二的）荣耀：写了一本维特根斯坦喜欢得想写封感谢信给作者的书。

侦探小说在康尼马拉的短缺无疑部分解释了维特根斯坦的感谢之情。但为什么他把《恐惧集结地》排在他读过的（数量很大的）其他所有侦探故事之上呢？

答案也许在于这小说的幽默，事实上这是它最抓人的特点。故事中的侦探窦恩与山姆·斯贝德和菲利普·马洛这样的人物的区别之处，是相当喜剧化的不讨喜的外表：他是一个矮小、肥胖的人，到哪儿都领着一只体型巨大、训练有素的名叫卡斯代尔斯的大丹狗[1]。在戴维斯的风格里，尤其触动雷蒙德·钱德勒的特点是他杀死自己人物时的不经意方式，这一点在《恐惧集结地》里特别明显。例如，在描述了南美一家旅馆“阿兹特克”的游客，设置了场景之后，戴维斯引入了“加西亚”：

> 对那时叫加西亚的那个人来说那一切都很乏味。他坐着，喝着啤

[1] “大丹狗”（Great Dane），丹麦种大狗。

> 酒，啤酒颜色普通，浓度和温醋相当，他阴沉地看着。他的脸瘦削、微黄，零零落落的胡子是黑色的，他是斜眼。对于从阿兹特克旅馆来的游客，他真应该更有兴趣一些，因为其中一人很快就要射杀他。但他不知道，如果你告诉他，他会笑你。他是个坏人。

窦恩射杀另一个“坏人”包迪斯特·波诺法尔时，浪漫幼稚的女主角简关心地问：“他伤着了么？”“一点儿也没，”窦恩说，“他只是死了。”

“幽默不是一种情绪，而是一种看世界的方式，”维特根斯坦在罗斯 530
洛时写道，“所以，若说幽默在纳粹德国被扑灭了是正确的，那么这不是指人们情绪不佳或任何那一类事情，而是指深刻得多和更重要的东西。”为了理解那“东西”是什么，把幽默视为一种奇怪和不可理解的东西也许是有启发的：

> 两个人在一起笑，比如说因为一个笑话。其中一人用了某个有点不寻常的说法，现在他们两人都迸发出抽搐似的笑声。对于来自很不同环境的游客来说，这也许显得很反常。但我们觉得完全合理。（我最近在公共汽车上目击了一次这样的场景，而且，我能想象自己是个对此感到陌生的人。从那个角度看，我觉得那事完全不合理，像是怪异动物的行为。）

就像理解音乐一样，理解幽默为维特根斯坦对哲学理解的观念提供了一个比喻。在这儿，理解所需的东西不是发现事实，也不是从已接受的前提出发作出逻辑有效的推理——更不是建构理论——而是正确的视角（由之来“看”笑话，来听音乐的表现，或看到走出哲学迷雾的路径）。但我们如何解释或教授“正确的视角”所指的东西？

> 那么我们如何向某人解释“理解音乐”意味着什么？指明某个理

解了的人经验到的意象、动力感觉[1]等等？更可能的是，引起对他富于表现的动作的注意——我们真的应该问，解释在这儿有什么功能。还有这话是在讲什么：理解"'理解音乐'意味着什么"。有人会说：理解"'理解音乐'意味着什么"是指：理解音乐本身。而对此我们要问"唔，能教某人理解音乐吗"，因为那是唯一能称为"解释音乐"的教学。

在听或演奏音乐时，以及别的时候，有与欣赏音乐（appreciation of music）相配的特定表现。有时姿势构成了这表现的一部分，
531 但有时，那只关乎某人如何演奏或哼那段音乐，有时则关乎他作出的对比和他仿佛为了图解那音乐而使用的意象。理解音乐的人和不理解的人会以不同的方式听（例如脸上带着不同的表情），以不同的方式谈。但是他之显出自己理解某一具体的主题，不只在于他听或演奏那主题时的伴随现象，而在于他对音乐的一般性理解。

欣赏音乐是人类生活的一种现象。我们该如何对某人描述之？唔，我料想我们首先得描述音乐。然后我们可以描述人类如何对之作出反应。但那是我们需要做的一切吗？或者我们还必须教他自己理解那音乐吗？唔，使他理解了音乐，和给他一种未使他理解音乐的解释，是两种意义上的"教他什么是理解"。还有，教他理解诗歌或绘画，可能有助于教给他"理解音乐"涉及的是什么。

对理解音乐的这些论述——和前面引用的对幽默的论述一样——已经出版了，那本书收集了"虽然散落在哲学文著里、但不直接属于他的哲学工作的"（《文化与价值》的编者前言）论述。但它们与维特根斯坦的哲学工作的联系比这话暗示的更直接。在罗斯洛时，他的主要哲学关注点之一是"面相—观看"的问题。为了讨论这一问题，他常想象"面

[1] "动力感觉"，译自 kinaesthetic sensations，参见《哲学研究》第一部分第 621 等节。

相—盲”（或照他有时的说法，“格式塔—盲”）的人——不能把某某看作某某的人。不能把他对“不能看出一个笑话或不能欣赏音乐是怎么回事”的论述与这一哲学关注分开；它们是其一部分。

“盲然不见这些面相的人缺少的是什么？”维特根斯坦自问自答，“这么回答并不荒谬：想象力。”但个人的想象虽必要却不充分。为了能见到“面相”（因此，为了幽默、音乐、诗歌和绘画能有所意谓），还需要一种文化。所以，维特根斯坦对“面相—观看”的哲学关切和他的文化关切之间的联系是简单、直接的。在下面这组论述中（写于罗斯洛，应当 532
添加之、使之出现在维特根斯坦名副其实的哲学著作里）这一点说得挺清楚：

> 若一个人不理解这个问题：字母F朝向哪边？例如在哪边能画一个鼻子？或若他发现不了一个词在反复使用多次之后失去了什么（即其意义）；或若发现不了那时它变得只是一记声音了——他缺少的是什么？
>
> 我们说：“首先这儿有某种类似意象（image）的东西。”
>
> 是不是这样的人不能像理解了的人那样领会一个句子、判断之？是不是对他来说那句子不是活的（就这说法的一切含义而言）？是不是那个词没有一种意义的氛围（aroma）？因此他经常对那个词作出与我们不同的反应？——可能是这样的。
>
> 但如果我带着理解听一个曲调，不是有某种特殊的事情在我之中发生着吗——那种如果我不带着理解听就不发生的事情？那是什么？——没有答案；或者，在我身上发生的任何事都是乏味的。我确实会说“现在我已经理解它了”，也许还谈论它，演奏它，拿它跟别的曲调比较，等等。理解的迹象可以伴随着聆听。
>
> 把理解称为一种伴随着聆听的过程，这是错误的。（当然，也不能把理解的表露、富于表现的演奏称为聆听的伴随现象。）

> 因为，如何能解释“富于表现的演奏”是什么？肯定不是通过任何伴随着演奏的东西——为了解释需要什么？可以说：一种文化——如果有人在一种具体的文化中长大——然后以如此这般的方式对音乐作出反应，那么你就能把“富于表现的演奏”这个短语的用法教给他。

看见面相，理解音乐、诗歌、绘画和幽默，这些反应属于一种文化、一种生活形式，而且只能在一种文化、一种生活形式之中存活：

> 没有相同幽默感的人是怎样的？他们不对彼此作出恰当的反应。仿佛是，在某些人中间有一种习俗，一个人把一个球扔给另一个人，
> 533 那人应该接住并扔还；但有人却不扔还，把球放进口袋里。

因此，如果幽默在纳粹德国真的被扑灭了，那么这意味的不只是人们情绪不佳，而是纳粹成功地摧毁了整个生活方式——一种看世界的方式和一套与此方式相伴的反应和习俗。（可以说，那意味着纳粹把球放进了口袋里。）

“面相—观看”的哲学困难是由这个表面上的、费解的事实引起的：虽然面相改变了，但所看的东西没变；同一幅图画一会儿是鸭子，一会儿是兔子。同样，同一个笑话、同一首诗、同一幅画或同一段音乐，一会儿只是反常和异域的行为、纸上的语词、画布上的色斑或无条理的声音，一会儿（得到理解时）又是好笑的、动人的、美丽的或富于奇妙表现力的：“不可理解的是，什么也没有改变，可一切又都改变了。”

人们常常引用维特根斯坦谈哲学的话——哲学“让一切如其所是”。但人们常常看不到，在力求什么也不改变，只改变我们看事物的方式时，维特根斯坦试图改变一切。他对自己工作的成效持悲观主义，与此相联系，他深信我们看事物的方式不是由我们的哲学信念决定的，而是由我

们的文化、我们得到抚养的方式决定的。面对着这个，正如他曾对卡尔·布立吞说过的：“一个人自个能做什么？”

> 传统不是人能学习的东西；不是一根他觉得喜欢就能捡起的线；就像人不能选择自己的祖先。
>
> 缺乏但想拥有一种传统的人，就像一个不快乐地爱着的人。

维特根斯坦拥有一种传统—— 一种他深爱着的传统：19 世纪的德国 / 奥地利文学、艺术和（尤其是）音乐。但他敏锐地意识到，自己一生的大部分时间里这一传统不再活着。在这个意义上，与其说他不快乐地爱着，不如说他绝望地忍受着丧亲之痛。他觉得从事自己工作必需的住在康尼马拉的肉身隔绝，与遍布于他工作中的文化隔绝感正相吻合。

1948 年夏天，从 5 月到 8 月维特根斯坦一直住在罗斯洛。这四个月 534
里他写了很多。但生活方式的要求和无常的健康状况合起来使他觉得自己太脆弱、不能做完自己打算做成的事。他告诉冯·赖特，“我很容易就累了，身体上和精神上”。他在日记里写道，自己“太软弱，太脆弱，也太懒惰，做不成任何有意义的事”：

> 伟大人物的勤奋，不说别的，是他们的力量的一个标志，颇独立于他们的内在财富。

此外他还遭受着忧郁的侵袭之苦，他喜欢把这忧郁拟人化，仿佛受了一个鬼魂的纠缠。“不要让悲伤侵扰你，”6 月 29 日他写道，

> 应当让它进入自己的心里。不应该害怕疯癫。它到你这儿来，也许是朋友不是敌人，唯一不好的事是你的抵抗。让悲伤进入自己的

心里。不要把它锁在门外。站在门外面，在头脑[1]里，它是令人恐惧的，但在心里它不是。

稍后的7月11日，他认出了这位鬼魂：

想了很多最后一次和弗朗西斯在一起的时光，还有我对待他的可恨态度。那时候我很不快乐；但有着一颗邪恶的心。我看不出，终此一生我怎么还能摆脱这内疚。

他觉得，自己经受不了多久在罗斯洛独居的心理和生理紧张了。他觉得几乎不能想象自己受得了在那儿过冬。"但是"，7月17日他写道，"我已决定试着那样做。"

我祈祷得很多。但我不知道自己是否抱着正确的态度祈祷——没有C和B［康·德鲁利和本］[2]的祝福，我无法在这儿生活。

他问托米是否愿意考虑冬天收自己当房客。托米拒绝了。他狭小的只有两个房间的农舍已然过度拥挤——住着他、他母亲和他姐姐。维特根斯

535 坦也接触了邻近的凯尔摩尔屋（现在的凯尔摩尔旅馆）的业主菲利普斯夫人，但得知她只在夏天收房客。如果要留在康尼马拉，唯一可能的选择是独自住在罗斯洛。

8月份他离开了康尼马拉，先是到都柏林看德鲁利，然后到阿克斯布里奇找本，住在本的家里。9月份他动身去维也纳看赫尔米勒，赫尔米勒患了癌症，病得厉害。

---

[1] "头脑"，译自mind。这里mind与heart相对。

[2] B指Ben（本）；德鲁利全名Maurice O' Connor Drury，本书作者蒙克在方括号里注明C是指Con Drury。

返程中，他在剑桥花了几个星期口述一份从他在爱尔兰写的东西里编辑出的打字稿。这份稿子现在已出版，即《心理学哲学评论》第二卷。但和第一卷一样，他没把这份打字稿设想为一本独立的著作；他为它设定的——也许是表面上的——目标，是以便利的形式提供一组用于修订《哲学研究》的论述。

10 月 16 日这项工作完成了，维特根斯坦回到都柏林，原本打算再去罗斯洛。他曾从维也纳写信请托米整理农舍备他返回。然而，如我们所见，他对返回抱有严重的疑虑。作为维特根斯坦的医生，德鲁利也担心，在那样的地方过冬，如果病倒了没人照顾他，没法让他得到医疗看护。此外维特根斯坦发现，自己正住的那个都柏林旅馆顶层的房间温暖，舒适，（最重要的是）很安静，在那里他能很好地工作。结果他就作为房客在罗斯旅馆过冬了。

1948 年的罗斯旅馆是个很大但不特别奢华的旅馆，位于帕克盖特街，靠近凤凰公园。（它仍在那儿，但现在作了大规模改造，更名为阿什林旅馆。）当地人称之为“新教”旅馆：许多永久房客是新教徒，而且新教教士来都柏林参加集会和会议时都用这个地方。“在都柏林看着这儿的教士的脸时，”维特根斯坦对德鲁利说，“我觉得新教牧师看上去比罗马神父较少沾沾自喜。我推测这是因为他们知道自己是一个这么小的少数派。”

不过，对他更重要的是，这儿离凤凰公园的动物园只有很短的步程。通过德鲁利，他成了皇家动物学会的会员，因此可以自由地进入动物园， 536
有权在会员室里用餐。在都柏林时他差不多每天都见德鲁利：他们在午餐时会面，或者在动物园的会议室，或者在格拉夫顿街的比尤利咖啡馆，那儿的女招待很快适应了维特根斯坦一成不变的食谱，用不着点餐就给他上煎蛋和咖啡。德鲁利还向他推荐了格拉斯内文的植物园，那儿带供暖的帕姆屋提供了一个温暖和适意的冬季工作场所。

冬天的几个月里维特根斯坦在都柏林以很大的强度工作。“在太阳照

冬天的霍赫海特

赫尔米勒·维特根斯坦

耀着我的头脑的极短日子里，我急切地想趁热打铁，”11 月 6 日他告诉马尔科姆。一次他和德鲁利说好一起吃午饭，德鲁利到旅馆后维特根斯坦对他说：“就等一分钟，等我弄完这个。”然后维特根斯坦连续写了两个小时，没说一句话。终于搞完时，他似乎完全没意识到现在早过了他们的午饭时间。

他在都柏林写的东西如今已经出版，书名是《心理哲学的最后写作》。许多人受了书名的误导，以为这是维特根斯坦最后的写作。它不是；比如，它先于《哲学研究》的第二部分、《论确定性》和《论颜色》。不过它是一系列始于 1946 年的手稿卷的最后一份，在这一系列手稿里，他试图提供一种比《哲学研究》第一部分给出的更好、更清晰的心理概念分析。它是他的这种尝试的延续：呈现出心理概念（如“恐惧”、“希望”、“信念”等）的多样性和复杂性，从而曝露“哲学家对一般性的寻求”的贫瘠和混乱。这项工作里满是细致的区分，意图是阐明——不说别的——那种以为可把所有陈述语气的句子视作描述的危险：

> 我听见“我害怕”[1]这几个词。我问：“你是在什么情况下说这话的？它是来自你心底的一声叹息吗，它是一次坦白吗，它是自我观察吗……？”

一次在凤凰公园散步时德鲁利提到黑格尔。“我感觉黑格尔总想说看
537 上去不同的事物其实相同，”维特根斯坦对他说，“而我的兴趣是表明看
上去相同的事物其实不同。”他考虑用《李尔王》（第一幕，第四场）里
肯特伯爵的话当他的书的题铭：“我将教给你差异。”

他的关切在于强调生活的不可规约的多样性。动物园里的散步带给他的愉悦很大程度上在于欣赏花、灌木和树的极大多样性，以及鸟、爬

[1] “我害怕”，译自 I am afraid。

行动物和哺乳动物的众多不同种类。可以想见，他极讨厌想把单一图式强加于这一切差异性之上的理论。达尔文必须是错的：他的理论“没有必要的复杂性”。

维特根斯坦在这“最后写作”里尤其关心的概念是“思考”和“看”。更具体地说，他关心这两者之间的关系。对他的整个后期工作有着中心重要性的是这个想法：有一种看也是一种思考（或至少是一种理解）：看见联系。我们在与看见一种面相或格式塔相同的意义上看见一种联系。把这种意义的“看”区别于看见物理对象的“看”，并描述这种意义的“看”与“思考”和“理解”这两个概念的联系和差异，是他在罗斯旅馆做的工作的中心任务。

“现在你试着说说，把某某看作某某时涉及的是什么？”维特根斯坦给德鲁利出题；“这不容易。我正在思索的想法像花岗岩一样硬。”德鲁利回答时引用詹姆斯·沃德“Denken ist schwer”（“思考是困难的”），也许是这个回答引出了下面这则笔记：

> “Denken ist schwer”（沃德）。这话的意思到底是什么？为什么它是困难的？——这几乎就像说“看是困难的。”因为专心看是困难的。有可能专心看而什么也没看到，或有可能一直认为自己看见了某种东西，却没能看清楚。即便你什么也没看到，看也能使你疲倦。

同一天维特根斯坦对德鲁利说：“对于音乐在我生活中意味着的一切，我不可能在我的书里说一个字。那么，我怎么能指望被理解？”然而，他当时正写的东西里确实包含着一种对这一点的很强提示。提请人 538
们注意“看”（或“听”）——我们在其中有所理解的那类事——的意义时，音乐这个范例从未远离他的思想：

> 我们说某人有“画家的眼睛”或“音乐家的耳朵”，但缺少这些

品质的人极少是瞎子或聋子。

我们说某人没有“音乐耳朵”，（在某种意义上）“面相—盲”可与这种听之无能相比较。

理解音乐，这个例子对他是重要的，不仅因为音乐在他自己生活里的巨大重要性，还因为明显不能通过命名任何某段音乐“代表”的东西而描述其意义。在这个意义上：“理解一个句子和理解一个音乐主题的关系比人们以为的亲缘得多。”

“如果有一天你能够读我现在写的东西，我会高兴的。”维特根斯坦告诉德鲁利。但由于德鲁利在圣帕特里克医院的工作要求，由于德鲁利相对不熟悉维特根斯坦关切的特定哲学问题，他俩不能就维特根斯坦的工作进行任何细节上的讨论。事实上，德鲁利回忆，不和他讨论哲学是维特根斯坦明说了的决定：“我想，他觉得自己的思考比我成熟得多，从而有这样的危险：我被湮没，变得只是他的无力应声虫。”维特根斯坦也没有和本·理查兹一起细读自己眼下的工作——11 月份本到罗斯旅馆和他一起过了一两个星期。

不过，12 月维特根斯坦有机会详谈自己的工作，先是伊丽莎白·安斯康姆到旅馆见他，再是洛什·里斯；安斯康姆刚到，里斯也来了都柏林，来和维特根斯坦一起过圣诞。维特根斯坦已经决定，里斯将是他的遗嘱执行人，还有，也许安斯康姆和里斯将是他的遗稿保管人。无论如何，他和这两个人一起细读了自己过去两个月写的文稿，讨论了自己修
539 订《哲学研究》的努力——使用这一新材料和他前两年准备好的两份打字稿里的一些论述。

新一年的第一天，里斯离开了都柏林，维特根斯坦留在罗斯旅馆，指望延续自己工作的好势头。但 1 月初他病倒了，病症同去年缠住他的相似。他对马尔科姆说是“某种肠感染”。“它当然对我的工作没好处，”

他补充说，“我不得不完全中断工作一星期，在那之后我的工作只是徐徐行进，就像这些天我散步时的模样。”

他觉得累了、病了和老了。他疑心这是自己的临终之病。他也感到孤立。“我觉得德鲁利正变得愈来愈不忠诚，”1 月 29 日他写道，“他找到了更容易相处的朋友。”医生诊断，他的病不会比肠胃炎更严重，但他倾向于不相信这位医生，弃开出的医药于不顾。2 月 11 日他说到“很厉害的虚弱和疼”。他已经听说曼宁快死了——“对我和每个人都是重大的损失”。他说她具有多种多样的才能，但并未恰如其分地显露出来，而是隐藏着：“就像人的内脏应当是的那样”。

整个 2 月份他都还能工作，但强度和勤奋与圣诞节之前做到的不可同日而语。3 月末甚至这一有限的工作能力都抛弃了他，其后的几个月里他什么也没写。这段休耕期里他读得颇多。德鲁利是皇家都柏林学会图书馆的会员，经常代维特根斯坦在那儿借书。他回忆，维特根斯坦通常想读的是历史——麦考莱的《批评和历史文集》，李维对第二次迦太基战争的记述，莫利的《克伦威尔生平》，赛居尔（Ségur）的《拿破仑史》，俾斯麦的《思考与回忆》。它们多半是维特根斯坦以前读过的书。例如，1937 年他写到过麦考莱的《文集》：

> [它们] 包含了许多出色的东西；但他对人物的价值判断是无聊和多余的。你会想对他说：别打手势！就讲你必须讲的。

1942 年他曾写信对里斯说，自己在读李维记述的汉尼拔入侵意大 540
利：“我极感兴趣”。他最喜欢的一个段落（他对德鲁利的说法）讲的是这一事件：坎尼战役后汉尼拔在战场上搜寻两位执政官的尸体，以便展示自己对他们的尊重。

他在日记里写道，在目前的状态下，除非自然而然不会试图工作，“否则，即便勉力而为我也写不出任何东西”。3 月初本再次来旅馆与他相会，本逗留了十天："美好的日子。总是见到爱。"但即便享受和本在一起的乐趣时，他也明白自己的不适。他的睡眠很糟，想到未来也令他烦心："不知道会怎样。"本走了几天后他写道："经常像是我的灵魂死了。"

他和德鲁利的谈话愈加频繁地转到宗教话题上。他把德鲁利的"希腊"宗教观念与他自己的想法对照，说自己的想法是"百分百希伯来的"。德鲁利欣赏奥利金的所见：万物的最终复原，甚至撒旦和堕落天使也恢复过去的荣耀；对于它之被定为异端，德鲁利表示悲叹。"它当然要被拒斥，"维特根斯坦坚持，

> 它会使所有别的东西都毫无意义。如果我们现在的作为最终不造成任何差别，那么生活的所有严肃性就都被废除了。

德鲁利提出，维特根斯坦对宗教的"希伯来"观念基于人们在圣经里通篇体验到的敬畏感。为了说明此点他引用玛拉基："他来的日子，谁当得起呢？他显现的日子，谁能立得住呢？"（《玛拉基书》3：2）。这话打断了维特根斯坦的思路："我认为你刚说了很重要的东西，比你意识到的重要得多。"

维特根斯坦在宗教上的"希伯来"观念的核心（就像他最喜欢的英语诗人布莱克的宗教观念）是严格分离哲学和宗教："如果基督教是真理，那么对之所写的所有哲学都是虚假的。"和德鲁利谈话时，他把更哲学化的圣约翰福音书从其他福音书中截然划出："我不能理解第四福音。
541 读那些冗长的论道时，我觉得仿佛这里的说话人和对观福音书（Synoptic Gospels）里的说话人不一样。"

但圣保罗呢？1937 年他写过："福音书里轻柔清澈地流动着的泉水，似乎在保罗的使徒书里泛起了泡沫。"那时他在圣保罗那里看到了与其他福音书的谦卑相对立的"像骄傲或愤怒的东西"。你在福音书里找到的是茅舍，在保罗那里是教堂："在那儿所有人是平等的，上帝自己是一个

人；在保罗那里已经有了类似教士等级的东西，荣誉和官方地位。”但现在他告诉德鲁利，他看出自己以前是错的：“福音书和使徒书里都是同一个宗教。”

可是，由于他对宗教信仰的观念根本上是伦理性的，他仍然觉得很难敞怀欢迎保罗的宿命学说。和奥利金的教义一样，保罗的宿命学说似乎有着这样的后果：“我们现在的作为最终不造成任何差别”。如果是这样，如何能坚执生活的严肃性呢？

1937 年，维特根斯坦曾说保罗的学说是一种只可能出自最可怕的苦难的学说：“与其说它是一种理论，不如说是一声叹息，或一声哭喊。”在他自己的“虔诚级别”里，它只能显得是“讨厌的胡话，非宗教性的”：

> 就算它是一幅好的和神圣的图画，也是对身处完全不同级别的人而言；那人在生活中运用它的方式，与我可能做的任何事完全不同。

1949 年他不再能说它是“非宗教性的”。但他也不太看得出如何能把它当作一幅“好的和神圣的图画”：

> 设想教某人：如果你如此这般作为、或如此这般生活，一种存在[1]将在你死后把你带进一个永恒痛苦之地；大多数人的归宿是那里，少许人去了一个永恒幸福之地——这种存在已预先选定了去好地方的人，而且，既然只有过某种生活的人才去痛苦之地，他也已预先安排好其余的人如此那般生活。
>
> 这样一种学说的效果是什么？唔，它没有提到惩罚，而是提到一种自然的必然性。如果你照此向人呈现事物，他对此学说作出的反应只能是绝望或置疑。

[1] “一种存在”（a being），指上帝。

> 542 教这种学说不能建立起一种伦理教养。如果你想在伦理上教育某人，却教给他这样的学说，那么你就得在已然教给他伦理之后才教给他这学说，并把它说成一种不可理解的神秘之物。

维特根斯坦觉得自己的死期快到了，虽然尚未有这么想的医学根据。马尔科姆写信问他的经济状况时，他回答自己的钱足够再过两年："那之后会发生什么我还不知道。也许我反正活不了那么久。"

4 月份他动身到维也纳曼宁临终的床边看她。他逗留了三四个星期，5 月 16 日回都柏林。他从那儿写信给马尔科姆，说曼宁还活着，但无望恢复，"在维也纳时我几乎完全不能写作。我感到自己如此腐烂。"

回都柏林后不久，在德鲁利的建议之下他见了三一学院的医学教授，诊断年初以来缠着他的肠病和整体的疲惫感。医生怀疑他的胃里在长什么东西，但住院作了全面检查后，他得知 X 射线没有照出那种东西，唯一的发现是他患有一种非典型的、解释不清的贫血症。医生给他用补铁和肝精的疗法，他仍然觉得自己无法把注意力集中在哲学上，但状况逐渐好转了。

他急切地想快速战胜自己的贫血症，有两个原因。首先，因为他最终决定接受诺尔曼·马尔科姆长久以来的邀请，前往马尔科姆在美国伊萨卡的家过夏天（起初他开玩笑地开出条件，若他去，马尔科姆就得把他最喜欢的电影明星贝蒂·哈顿介绍给他）。他已订了一张 7 月 21 日启航的"玛丽皇后"号的船票。第二个原因是，动身前往美国之前，他想在剑桥花几个星期准备一份 1946 年以来所做工作的最终的、精良的打字稿。

复原期间他留在都柏林，大概是在这段时间里他弄好了一份不错的手稿副本，即现在的《哲学研究》第二部分。德鲁利提出给他一部唱机，
543 依他的选择给他一些唱片，作为这项工作之余的休息消遣。维特根斯坦拒绝了。他说那永远不会有用；那就像给他一盒巧克力："吃起来我就不知道什么时候停。"另一方面，他说德鲁利自己在工作完感到疲倦的时候

应该听听音乐。于是第二天早晨他叫人把一台收音机送到德鲁利的屋子。之后不久德鲁利谈到，从收音机放的唱片里明显看出，录音技术有了很大改进。这引出了维特根斯坦的一句典型的斯宾格勒式的反思：

> 这个特点如此显著：就在复制机械取得如此巨大的进步时，知道该如何演奏音乐的人越来越少了。

6月13日，德鲁利和维特根斯坦一起听了一次电台讨论：A. J. 艾耶尔和柯普莱斯顿神父谈"上帝的存在"。维特根斯坦说，艾耶尔"说得有点内容，但难以置信地浅薄"。另一方面，柯普莱斯顿"对讨论毫无贡献"。试图用哲学论证来证成基督教信仰，这完全错失了要点。

一周后他离开了都柏林。感觉上，当他打包自己的大堆笔记本、手稿和打字稿时，他不只在了结都柏林的事务，也在结束自己对哲学的全部贡献。他向德鲁利提起，他收到一封路德维希·亨泽尔的信，信里祝愿：维特根斯坦的工作顺利，若那是天意。"现在这是我想要的全部了，"他说，"若那是天意。"

> 巴赫在《管风琴集》(*Orgelbüchlein*)的扉页上写："献给最高的上帝的荣耀，我的邻人也许会因此而受益。"那是我本愿就我的工作说的话。

这儿用的过去时[1]是有所说的；它提示了，他现在认为自己的工作还未结束，但也就这样了。

美国之行前的一个月，他轮流到剑桥和冯·赖特在一起，或到阿克斯

[1] "过去时"，指上段引文里最后一句，"那是我本愿就我的工作说的话"，原文是 That is what I would have liked to say about my work，"过去时"指 would。

布里奇和本·理查兹在一起。冯·赖特刚刚结束了当剑桥哲学教授——维特根斯坦继任者——的第一年，住在拉迪玛格丽特路的一间出租屋（“斯
544 特拉尔德屋”）里。维特根斯坦住在那儿时，占用了一个独立的有两个房间的套间，而且和这一家（冯·赖特夫妇和两个孩子）一起用餐。“我担心一件事，”去之前他写信给冯·赖特，“我可能无法讨论哲学。当然有可能那时情况变了，但目前我连想一想哲学问题都完全没办法。我的头脑彻底钝了。”

住在剑桥的这几周里，他关心的主要是对打字员口述一份手稿，这份手稿包含了从过去三年的写作里最终甄选出的论述，现在则构成了《哲学研究》的第二部分。这是人们所知的维特根斯坦整理的最后一份打字稿；因此，它代表了他的这种努力的终点：把自己对心理概念的论述整理成一种可出版的模样。

不过，这份打字稿不代表那一任务的完成：照他在都柏林对伊丽莎白·安斯康姆的说法，他把这一新文选视为用于修订《哲学研究》第一部分的材料。他自己从未进行这一修订工作，所以我们现在手头的这本书就有了相当令人不满意的两部分结构，而第二“部分”不过是用于修订第一部分的材料。此外，维特根斯坦原本设想的“第二部分”工作——对数学概念的分析——根本没在书里出现。维特根斯坦对自己的书的结构煞费苦心，一丝不苟，结果却偏是弄人，他的著作出版时的形式距离他原本的设想非常之远。

这份新打字稿里的最长一节谈的是“面相—观看”问题，这是从（我们已谈过的）过去三年他在这题目上做的工作里抽出的精华。这一节占据了整份打字稿的约一半篇幅（在印刷版里占三十六页）。然而，他告诉里斯，他特别满意的一节是谈“摩尔悖论”的一节（第十节）。他说，很高兴能把自己对此悖论的许多论述浓缩为这么一个相对短的章节（印刷出来有三页）。

“摩尔悖论”是维特根斯坦起的名字，指这种悖谬：陈述一个命题，然后说自己不相信它——例如：“这房间里有一团火，我不相信有。”“摩 545
尔悖论”这个名号也许是个错误的名称：维特根斯坦——很可能错误地——相信摩尔发现了这种悖谬。（事实上，他曾对马尔科姆说，发现这悖论是摩尔唯一令他印象深刻的工作。）维特根斯坦对此悖论的兴趣源于这一点：虽然平常认为说这种话的人自相矛盾，但它在形式上不是个矛盾。即，“这房间里有一团火”和“瑞·蒙克[1]不相信这房间里有一团火”这两句陈述并不彼此矛盾。

维特根斯坦最初是在摩尔1944年10月递交给道德科学俱乐部的一篇论文里遇到这个悖论的。他立即写信催促摩尔发表其“发现”，并解释为什么自己认为它如此重要：

> 你说了一点关于断言之逻辑的东西。即：“假定p是实际情况，而我不相信p是实际情况”这话是有意义的，而断言“（我说）p是实际情况，而我不相信p是实际情况[2]”是无意义的。得拒斥这个断言，而拒斥它的是“常理”[3]，正如拒斥矛盾的也是常理。这就表明逻辑不是逻辑学家以为的那么简单。具体来说：矛盾不是人们以为的那么独一无二的东西。矛盾不是唯一在逻辑上不可接受的形式，而且在特定的情形下是可接受的。在我看来，说明了这一点是你的论文的主要优点。

摩尔本人不这么看。他倾向于说，既然这个悖论不在于形式矛盾，

---

[1] 瑞·蒙克，即本书作者。

[2] 此句原文为“I-p is the case and I don’ t believe that p is the case.”“I-p is the case”，意思是“p是实际情况”这话是“我”说的，故译作“（我说）p是实际情况”。

[3] “常理”，译自common sense，这词通常译为“常识”，但此处“常理”似更恰当，下同。

那么它之所以是一个悖谬，是出于心理的、而非逻辑的理由。维特根斯坦强烈否定摩尔的说法：

> 如果我问某人“下一个房间里有没有一团火”而他回答“我相信有”，那么我不能说“别文不对题。我问的是火，不是你的心理状态”！

对维特根斯坦来说，任何对“断言什么是或不是有意义的”的考察都是逻辑的一部分，而且，他自己的考察的主要关切之一就是指出在这个意义上“逻辑不是逻辑学家以为的那么简单”。这是伯特兰·罗素早先
546 谈到过的维特根斯坦后期工作的一个方面；1930 年罗素在写给三一学院委员会的报告里评论说，维特根斯坦的理论是“新颖的、非常原创性的、毋庸置疑的重要”。但是，“它们是否是为真，我不知道。作为一个喜欢简单性的逻辑学家，我更愿意说它们不是。”

维特根斯坦对“摩尔悖论”感兴趣，因为它例示了——与逻辑学家对简单性的欲求相悖——不能不加扭曲地把我们语言的形式塞进形式逻辑的范畴为之造的鸽子洞里。“我相信下一个房间里有一团火”这个陈述是用来——虽说有点犹豫——断言下一个房间里有一团火；它不是用于断言一种心理状态。（“不要把一个犹犹豫豫的断言当作一个关于犹豫的断言。”）因此它就区别于这种陈述：“我那时相信下一个房间里有一团火”和“他相信下一个房间里有一团火”[1]——通常认为，这两句谈的都是人之所信[2]，而不是谈火。我们语言的逻辑的这个特点不容许我们构造

[1] 这两句原文为：“I believed then...”和“He believes...”。

[2] “信念”，译自 beliefs，指人们相信的东西，一般译为“信念”，但此处“信念”太强了。

“*x* believes/believed *p*”[1]这样省力的形式，不容许我们认为无论给 x 和 p 赋什么值这形式都保持不变：“我相信下一个房间里有一团火”与“我曾相信下一个房间里有一团火”[2]不是同一类型的断言：

> “但‘我曾相信’就过去所说的和‘我（现在）相信’就目前所说的必定是同一回事情！”——当然，$\sqrt{-1}$ 对 -1 所意味的，必定就是 $\sqrt{-1}$ 对 1 所意味的！根本什么也没说。

如果我们认为，无论 x 的值是什么，$\sqrt{-x}$ 这个形式都有单一的意义，那么考虑 $\sqrt{-1}$ 时我们就陷入了无望的纠结。给定通常的乘法规则，-1 的平方根既不能是一个正数，也不能是一个负数，在“实数”域里没有它存在的余地。可是 $\sqrt{-1}$ 有一个用法：它在许多纯数学和应用数学的重要分支里是个根本概念。但人们发现，为了给予它意义，有必要构造“乘法”、“平方根”，乃至“数”的另外的意义，于是我们不说 -1 的平方根是一个实数，而说它是 i、一个“虚数”（或有时称之为“算子”）。给定了这个修正过的框架，$i^2 = -1$ 和 -1 平方根的概念不只不成问题，而且被当作整个“复数”理论的基础。维特根斯坦对 -1 平方根的兴趣和他对 547
“摩尔悖论”的兴趣出自于完全相同的原因：它例示了，形式上的表面相似能够掩盖非常重要的意义上的差异。

这一思想是这本书的首要主题之一，表明了维特根斯坦对德鲁利提过的一个设想——他也许用肯特伯爵的话“我将教给你差异”当题铭——是正当的；这在《哲学研究》第二部分的心理概念分析里尤为明显。正如他希望表明逻辑不是逻辑学家想的那么简单，他也希望表明，心理概念和用到心理概念的句子并非如哲学家和心理学家希望它们所是

---

[1] “*x* believes/believed *p*”，*x* 指某人，*p* 指某个命题，believes 和 believed 是“相信”的一般时和过去时，“/”表示这里是一个变项，可以代入 believes，也可代入 believed。

[2] 这两句分别是“I believe there is...”和“I believed there was...”。

的那么整齐划一。在两种情况下，他的目标都是劝阻“对一般性的渴求”——都是劝勉人们在想之前先看。

例如，对于“句子‘我害怕’（I am afraid）意谓什么？”这个问题，并无足以覆盖所有用到这个句子的情况的单一答案。就像 1 和 -1 的平方根的例子说明的，各种用法的差异可能正与其相似之处同样重要：

> 这里我们可以想象出千差万别的东西，例如：“不，不！我害怕！”
>
> “我害怕。很遗憾我必须承认。”
>
> “我还是有点儿害怕，但不像从前怕得那么厉害了。”
>
> “其实我还是害怕，尽管我不愿对自己承认。”
>
> “我用各种让人害怕的念头折磨自己。”
>
> “我害怕——偏偏这时候我不该害怕的！”
>
> 这些句子每一个都带有一个特殊的语调，不同的语境。
>
> 可以想象有一种人，他们思考起来就好像比我们要确切得多，我们用同一个词的地方，他们用好几个不同的词。

为了理解“我害怕”在某一具体情况下的意思，人们可能得考虑说这话时的语调和语境。没有理由认为一种一般性的“恐惧”理论能在这儿帮上多少忙（一种一般性的语言理论能帮上的忙就更少了）。远为切近
548 要旨的是对人们的脸、声音和处境的小心和细察的敏感。这种敏感只能通过经验获得——通过留意地看和听我们周围的人。一次，维特根斯坦和德鲁利在爱尔兰西部散步时经过一个坐在农舍外的五岁女孩。“德鲁利，快看那孩子脸上的表情，”维特根斯坦恳求德鲁利，又说，“你对人们的脸不够注意；这是你应该努力改正的一个缺点。”这一声忠告暗含在他的心理哲学里：“一个内在的过程需要外在的标准。”但外部标准则需

要认真地注意。

“内在的”东西并未对我们隐藏。观察某人的外在行为——如果我们理解他们——就是观察他们的心理状态。所需的理解的精细程度可以或多或少。在一个基本的层次上：“我看见一个人由于显而易见的原因疼得蜷起身体，我不会想：可这个人的感觉对我隐蔽着。”但在一个更深的层次上，有些人，甚至整个文化将始终对我们是个谜：

> 对于我们看待事物，这是重要的：有人会觉得，某些人的内在生活将始终对他是神秘的。他永远不会理解他们。（欧洲人眼里的英格兰女人。）

这是因为，缺少为了理解“精微莫测的证据”、“眼光、姿态和声调的各种精微之处”所需的共同经验。这一思想凝结在维特根斯坦的一条最惊人的格言里：“即使狮子会说话，我们也理解不了它。”

照维特根斯坦的看法，理论化导致的抽象性和一般性、法则和原则，只是阻挠了我们达到对那“精微莫测的证据”的更好理解的努力。但没有理论，如何改善我们的理解、深化我们的洞见呢？

例如，有关我们对人的理解，要作出的最困难和最重要的区分之一是：区分真正的和佯装的感情表达：

> 对感情表达是否真确有没有“行家”判断？——即使在这里也有些人具有“较佳的”判断力，有些人的判断则“较差”。
>
> 正确的预测一般出自那些对人的认识较佳的人所作的判断。 549
>
> 我们能学习怎样认识人吗？是的；有些人能。但不是通过课程，而是通过“经验”。——另一个人在这事上可以做他的老师吗？当然。他时不时给他正确的提示——在这里，“学”和“教”看起来就是这样——这里习得的不是一种技术，而是在学习正确地判断。这里也

有规则，但这些规则不构成系统，唯富有经验的人能够正确运用它们而已。不像计算规则。

这种教师的一个例子也许是陀思妥耶夫斯基《卡拉马佐夫兄弟》里的人物佐西玛神父：

> 许多人说，佐西玛长老准许每个人到他那儿袒露心灵，求请忠告和治疗的言辞，这事有了如此多的年头，他的灵魂吸纳了如此多的秘密、伤心事和坦白，结果他获得了如此精细的洞察力，只要看一眼陌生人的脸，就知道他来是为了什么，他想要什么，是何种痛苦折磨着他的良心。

陀思妥耶夫斯基描写佐西玛神父时，正是在描写维特根斯坦在心理洞见上的理想。维特根斯坦劝德鲁利读《卡拉马佐夫兄弟》，后来德鲁利说他觉得佐西玛这个人物令人印象深刻，维特根斯坦回答：“是的，真有那样的人，他能直接看进别人的灵魂并给他们忠告。”

维特根斯坦暗示，就理解我们自己和别人而言，那样的人比现代心理学科学的实验方法给我们更多教益。不是因为这门科学不成熟，而是因为它采用的方法不适于它的目标：

> 不能用心理学是一门“年轻科学”来解释心理学的混乱与贫瘠；
> 心理学的状态无法与物理学等等的早期状态相比。（倒不如与数学的
> 某个分支相比：集合论。）就是说，在心理学中实验方法和概念混乱
> 550 并存。（就像在集合论中概念混乱和证明方法并存。）实验方法的存
> 在使我们以为我们具备解决困扰我们的问题的手段；虽然问题和方
> 法各行其是。

《哲学研究》第二部分的结尾暗示了维特根斯坦的书的第二卷可能包含什么内容：

> 有可能对数学进行某种探索，它同我们对心理学的探索完全类似。它不是数学探索，正如我们的探索不是心理学探索。在这种探索中没有计算，所以它不是逻辑斯蒂之类。它也许有资格称作“数学基础”的探索。

7 月 12 日口述这份打字稿的工作完成了，维特根斯坦离开剑桥，到阿克斯布里奇和本 · 理查兹一起度过美国之行前的一周。在生命余下的两年里，虽然继续写哲学，但他没有进一步尝试照他曾经的打算重新组织他的书。因此，出现在我们面前的《哲学研究》就是 1949 年夏天他放下时的模样——带有一点暂且如此的性质。

# 第二十六章　无所归属之民

551　维特根斯坦生命的最后两年具有某种终曲的意味。为出版而整理自己著作的任务虽未完成，但现在已然完结了——至少对他来说。此时他已接受了这件事：他的书——二十年里位于他生活中心的那项工作——在他的有生之年不会出版。编辑、照管它在他身后出版的任务交到了别人手里。在其他方面，自第一次世界大战前夕以来他也从未如此依赖别人。他没有收入，没有自己的家，对于从前渴望的独居和极端的独立，也没什么感觉了。他的最后两年是这样度过的：住在朋友和弟子那儿做客——伊萨卡的马尔科姆那儿，剑桥的冯·赖特那儿，牛津的伊丽莎白·安斯康姆那儿。

但是，与别人合住的动机主要不是经济上的。真正说来其实并无这么做的经济需要：他先前告诉过马尔科姆，他用剑桥的薪水存了足够的钱，可以再维持两年。与别人合住的需要，部分是感情上的，部分是身体上的（他病得愈来愈重，需要照顾），也部分是智性上的。只要活着，他希望作为哲学家而活着，虽然现在感觉自己在很大程度上无法独居和写作，但他确实感觉自己能讨论哲学。于是我们发现，他的哲学思考的刺激在比以往大得多的程度上来自于别人的思想和问题。他最后两年里写的文稿，尽管很自然地在许多方面同《哲学研究》一脉相承，但在另

一方面又与《哲学研究》截然不同：更多地指向对别人问题的解决。它 552
具有一种他早先归之于自己所有工作的性质——澄清别人的工作——也比他的其他写作更有意识地以有用为目的。仿佛是，他希望回报主人的款待，用最珍视的财产——他的哲学天赋——帮助他们。

动身去美国前，跟马尔科姆通信时维特根斯坦一次次回到这个问题：他去伊萨卡在哲学上对马尔科姆有没有用。“我的心智累了、陈腐了，”4月份他写道，“我觉得，如果有人到这儿来跟我讨论哲学，我就能讨论，但我自个不能对之保持专注。”两个月后他写道：“我知道，即便我彻底迟钝了、傻了，你也会款待我，但我不想自己只是你房子里的累赘。我希望觉得自己起码能给一点什么，以便回报如此的善意。”

1949年7月21日，他乘“玛丽女皇号”启航横渡大西洋。“我的贫血症跟治好了一样，”动身前他写道，坚持说马尔科姆没必要到码头接他，“也许和电影里一样，我会寻见一位船上邂逅的、帮我忙的美丽女孩。”尽管如此，马尔科姆还是到那儿接他，吃惊地发现他看上去健康强壮，“大步走下舷梯，背着个背包，一只手拿着一个重箱子，一只手拿着手杖”。

起码在某些方面，马尔科姆发现他是个要求不高的客人。他坚持每顿饭都吃面包和奶酪，声称不在乎吃什么，只要食物总是雷同。

马尔科姆一家住在伊萨卡周围的居民区边缘，就在卡尤加高地的边界外，维特根斯坦常常到邻近的乡间长途散步。他对那一地区的陌生植被很有兴趣。马尔科姆在康奈尔大学的同事斯图亚特·布朗记得，至少有一次，这种陌生导致了吃惊的猜疑：

> 通常我让他搭车他是拒绝的。但是一天下午开始下雨了，我停下车，提出带他回马尔科姆家。他感激地接受了，他一进车就要我为

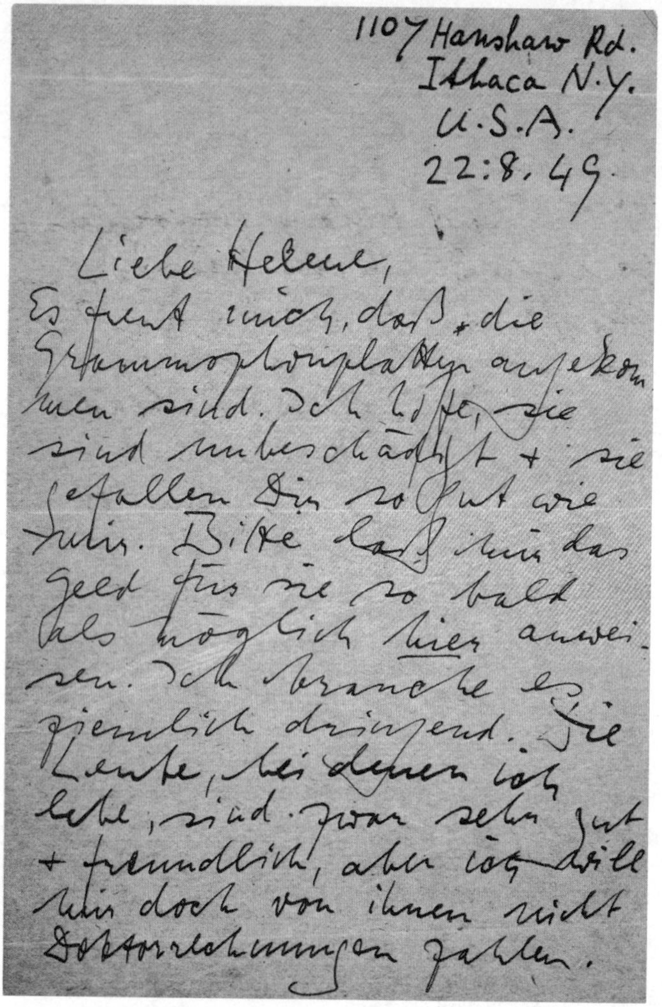
1107 Hanshaw Rd.
Ithaca N.Y.
U.S.A.
22.8.49.

Liebe Helene,
Es freut mich, daß die
Grammophonplatten angekom
men sind. Ich hoffe, sie
sind unbeschädigt + sie
gefallen Dir so gut wie
mir. Bitte laß mir das
Geld für sie so bald
als möglich hier anwei-
sen. Ich brauche es
ziemlich dringend. Die
Leute, bei denen ich
lebe, sind zwar sehr gut
+ freundlich, aber ich will
mir doch von ihnen nicht
Doktorrechnungen zahlen.

维特根斯坦写给姐姐赫尔米勒的信，1949 年 8 月 22 日于美国伊萨卡

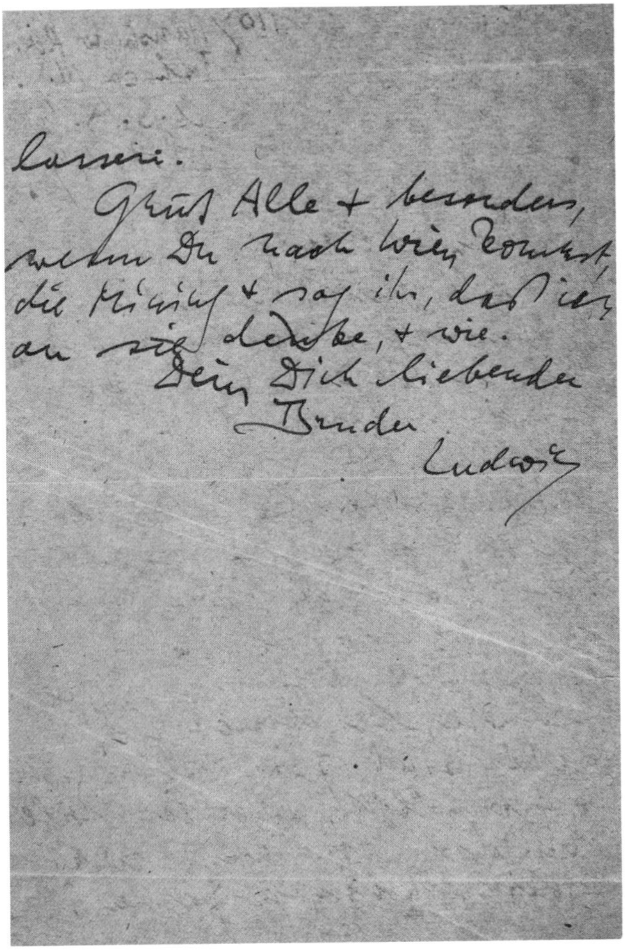

lassen.
Grüß Alle + besonders, wenn Du nach Wien kommst, die Mining + sag ihr, daß ich an sie denke, + wie.
Dein Dich liebender
Bruder
Ludwig

上图：给赫尔米勒的信
下图：诺曼·马尔科姆的房子，纽约州伊萨卡

553 他辨认他采的一种植物的心皮。“马利筋”[1]，我告诉他，指出这种草由之而得名的白色汁液。他就要我描述这种植物的花。我很差劲地没做到，最后我在一片有花长成的地旁停下车，出去为他采了更多的花草，有些带着花，有些带种子。他惊异地看着，从花到心皮，从心皮到花。突然他把它们揉成一团，扔在车的地板上踩烂。“不可能！”他说。

布朗是维特根斯坦与之进行讨论的一群康奈尔哲学家里的一个。其他人包括马克斯·布兰克、威利斯·多内、约翰·尼尔森和奥伊兹·鲍斯玛。用维特根斯坦写给罗伊·弗拉克的一封信里的话来说，“我正在这儿干我的老本行”[2]。他说自己经常想起弗拉克——“尤其因为我以前常想，也许我要去盖斯医院或某个类似的地方捡起我的老本行，而现在我是个这么老的残废，我不可能做过去在药房实验室做的工作。”对马尔科姆，他也表达了对自己在余下的生命里该干什么的焦虑：“若一个人在世界里只有一样东西——即某种天赋——那么当他开始失去那种天赋时他该去做什么呢？”

同时，康奈尔对那一天赋有着丰富的需要和欣赏。维特根斯坦和马尔科姆一起出席了数目惊人的研究班和讨论会。他与布朗、鲍斯玛和布兰克定期会面，讨论各种各样的哲学话题；他和窦内开了研究班，一起读《逻辑哲学论》；他和鲍斯玛会面，讨论弗雷格的“论意义和指称”。他也与尼尔森和窦内讨论过一个关于记忆的问题；回忆那个场面时，尼尔森说它“很可能是我曾度过的在哲学上最费力的两小时”：

---

[1] “马利筋”（Milkweed），下一句谈到其得名，指的是 Milkweed 中的 milk（牛奶）一词。

[2] 1947 年 2 月弗拉克终于从苏门答腊回来了，自那时起，直到维特根斯坦去世，两人都延续着他们的友谊，在伦敦和剑桥都经常见面。只要维特根斯坦外出，都常写信给弗拉克，频繁的程度跟弗拉克在军队里时一样。保留下来的信件写于都柏林、维也纳和牛津，还有伊萨卡。——原注

> 他拷问时毫不松懈地刺探推挤，我感到自己的头仿佛就要爆炸
> 了……他不给丝毫宽限——话题变得困难时丝毫不闪避。讨论结束 554
> 时我绝对精疲力竭了。

尼尔森的反应是典型的。虽然这些会面的话题通常由他人提出，但讨论一律由维特根斯坦主宰；他要求参与者具有的那种投入和严格的专注，其程度是他们不习惯的。在一次这样的讨论后，鲍斯玛问维特根斯坦这样的夜晚会不会夺去他的睡眠。他说不会。“但接着，”鲍斯玛回忆：

> ……他加上一句——带着全部的严肃和陀思妥耶夫斯基笔下的这类境地下的微笑：“不会，但是你知道吗，我觉得我会发疯。”

马尔科姆之外，维特根斯坦与之共度最多时间的人是鲍斯玛。在鲍斯玛身上，他似乎看到了他认为讨论伙伴必须具备的那种严肃品性。与其他人不同，鲍斯玛和维特根斯坦年纪相仿。他曾是马尔科姆在内布拉斯加大学的导师，鼓励几个学生到剑桥跟随G.E.摩尔学习，马尔科姆是其中之一。鲍斯玛自己深受摩尔工作的影响，在摩尔拒斥观念论的冲击之下，放弃了自己早先的黑格尔主义。后来，通过另一个学生艾丽丝·安布罗斯，他见到了维特根斯坦的《蓝皮书》，对之作了细致研究。

在马尔科姆的房子里与其他人一道会过几次后，维特根斯坦安排和鲍斯玛单独见面。上文引用的谈话正是发生在那时。起初，维特根斯坦去见鲍斯玛是想问，他是否认为他们的讨论有“任何好处”——鲍斯玛从中得到了什么吗？“我是个很虚荣的人，”他告诉鲍斯玛，“那讨论并不好。就智性而言也许是好的，但那不是要点……我的虚荣，我的虚荣。”他对鲍斯玛谈了自己辞去剑桥职位的原因：

> 首先我想写完我的书……其次，为什么我要教课？听我上课对谁

> 有什么好处？只有认为自己从中得到好处的人[1]。

555 他把几个学生当例外，“他们有某种执念，而且严肃”。但多数学生到他这儿来是因为他聪明，“我是聪明，但这不重要”。

重要的是他的教学应该有一种好的效果，在这方面他最满意的学生是未当职业哲学家的那些——例如德鲁利和斯麦瑟斯，还有当了数学家的那些。在职业哲学里，他认为他的教学的害处比好处更多。他把它和弗洛伊德的教学相比，后者像酒一样令人大醉。他们不知道如何审慎地利用那种教学。“你理解吗？”他问。“哦是的，”鲍斯玛回答。“他们找到了一个公式。”“正是如此。”

那天晚上，鲍斯玛开车带维特根斯坦上到俯瞰这镇子的山顶。月亮升起。“如果是我设计，”维特根斯坦说，“我根本就不会造出太阳。”

> 看！多么美！太阳太亮了，太热了……而如果只有月亮，就不会有阅读和写作。

除了已提到的会见，维特根斯坦还与马尔科姆有过多次私下的讨论。这些讨论有着特别的价值，因为维特根斯坦在生命最后十八个月里写的文稿，主要的刺激源就是它们。

他把《哲学研究》两个部分的副本都带到了伊萨卡，这样就能和马尔科姆一起细读之。他告诉马尔科姆，虽然这本书并未完全写毕，但现在他认为自己无法在有生之年为之做最后的打磨。虽然不想把未完成的书交给出版商，但他确实希望他的朋友阅读并理解它。因此他考虑将其油印，在朋友中间分发，并把他的不满之语写在需修订的论述后面的括号里，比如“这不完全对”或“这是靠不住的”。马尔科姆不喜欢这个计

[1] 这句大意为，只有自己认为从中得到好处的人，才从中得到了好处。

划，劝阻维特根斯坦；他认为，对一本这么重要的著作而言，油印本是不相称的发表形式。

另一更耗时间的做法，是维特根斯坦个别地与每个朋友一段段细读
此书。他似乎作了一点这样的努力。到伊萨卡后不久，他提出自己和马 556
尔科姆用这种方式细读此书——就像他们1946年在剑桥着手做的那样。然而马尔科姆还是觉得这种做法太狭窄，几次会面后这计划又被放弃了。取而代之的是，他们开始进行一系列的讨论，主题是一个与马尔科姆自己的工作更直接相关的哲学问题。

这些讨论的话题是摩尔在其论文“外部世界的证明”（Proof of an External World）和“对常理的一种辩护”（A Defence of Common Sense）里驳倒哲学怀疑论的努力。怀疑论断言，对于外部世界，什么也不能确定地知道，连“它是外部的”这一点也不能确定地知道。摩尔的“外部世界的证明”的开头是想证明，至少能确定地表明某些外部对象存在；他的著名例子是他自己的手的存在：

> 我现在能证明，例如，两只人手存在。如何证明？通过举起我的两只手，用右手作出某个手势，说“这是一只手”，再用左手作出某个手势，说“而这是另一只手”。

在“对常理的一种辩护”里摩尔提出了一组常理的信念[1]，宣称确定地知道这些信念为真。它们包括：摩尔的身体存在；这个身体存在时一直未远离地球的表面；在摩尔出生前，地球已存在了很多年，等等。

维特根斯坦来访前不久，马尔科姆发表了一篇文章，批评说摩尔宣称知道这些时不正确地使用了动词“知道”。马尔科姆主张，举起一只手说：“我知道这是一只手”，或指着一棵树说：“我确定地知道这是一棵

[1] 信念（belief），此处译作“信念”太强，但似无其他简洁译法。

树”，是一种对“知道”的无意义使用。摩尔写了一封信给马尔科姆，强烈辩护自己对“知道”的使用，现在马尔科姆有机会知道维特根斯坦对此问题的看法；他决心不浪费这机会。

和马尔科姆谈话时维特根斯坦坚称：“一个表达只在生活之流[1]中才有意义。”于是，摩尔的陈述有没有意义，取决于我们能不能想象一种可有意义地使用它们的场合：“理解一个句子，就是为它的某种使用做
557 好了准备。如果我们根本不能想出它的任何使用，那么我们根本不理解它。”于是：

> 与其说摩尔的陈述“我知道这是一棵树”是对语言的误用，不如这么说：它没有清楚的意义，摩尔也不知道自己在如何用它……甚至他都不明白自己并未给它一种平常的用法。

维特根斯坦认为，比起摩尔的某些陈述，我们能更容易地为他的另一些陈述想象出平常的用法：“不难为‘我知道这是一只手’想出用法；为‘我知道地球已存在了许多年’想出用法则难一点。”

当然，摩尔不是以一种“平常的”方式使用他的陈述的；他用之作出一个哲学论证。他不是在告知读者他有两只手；他是在尝试驳倒哲学怀疑论。对于这一点，维特根斯坦很明确地说摩尔失败了：

> 怀疑论哲学家说“你不知道”而摩尔回答“我知道”时，他的回答完全没用，除非这是要他们相信他——摩尔——没感觉到一点儿疑心。但那不是问题所在。

维特根斯坦自己对怀疑论的看法仍然是《逻辑哲学论》表述的看

[1] “生活之流”，译自 stream of life。

法："怀疑论是不可驳倒的，但显然是无意义的，它试图在不能提问题的地方提出怀疑。"而正是联系着对怀疑论的这个看法，他在摩尔的"常理命题"里发现了某种在哲学上有意思的东西。它们并未给出"确定知识"的例子，而是给出了怀疑没有意义的情况的例子。如果我们能严肃地怀疑摩尔是否举起了两只手，那就没有理由不怀疑任何别的东西，包括我们的感觉可否信赖。在那种情况下，我们在其中提出怀疑并给予回答的整个框架就崩溃了："某些命题属于我的'参照系'。如果我不得不放弃它们，那么我就不能判断任何事。"这样的一个命题可以是站在一颗树前时说出的"那是一棵树"这个陈述：

> 如果我向那树走过去却什么也碰不到，我可能失去对我的感觉 558
> 告诉我的一切东西的信心……摩尔说"我知道那儿有一颗树"，部分是因为他的这种感觉：若它结果不是一棵树，那么他将不得不"放弃"[1]。

美国之行后，维特根斯坦在生命余下的十八个月里写的一种著述[2]里发展了这一想法——某些判断（摩尔的某些常理陈述在此之列）属于我们的参照系，因此不能有意义地怀疑它们。

秋季学期初，马尔科姆带维特根斯坦参加康奈尔大学哲学研究生的一次聚会。约翰·尼尔森回忆，他在那儿的现身引起了极大的轰动。"聚会快开始前，"尼尔森写道，"马尔科姆进入走廊"：

> 他挽着一个细瘦的穿风衣和旧军裤的老人。如果不是闪着智性亮

[1] "放弃"，指上段提到的，放弃那些属于"参照系"的命题。

[2] 这一著述现在已出版，即《论确定性》。——原注

光的脸，人们会当他是某个马尔科姆在路边发现的，决定带他进来避寒的流浪汉。

……我朝盖斯俯过身去，低声说，“那是维特根斯坦。”盖斯以为我在开玩笑，对我说了“别耍我”之类的话。然后马尔科姆和维特根斯坦进来了。伏拉斯托斯［格雷戈里·伏拉斯托斯］被介绍给大家，讲了他的论文。主持这次聚会的布兰克站了起来，转向右边，出乎所有人的预料……明显要对马尔科姆带进聚会的那位老人说话。然后就是那句令人震惊的话了；布兰克说，“我不知道您是否愿意帮忙，维特根斯坦教授……”唔，当布兰克说“维特根斯坦”时，学生堆里响起了一阵大声和猝然的惊呼。你必须记得：1949 年的哲学世界里，“维特根斯坦”是个神秘和令人敬畏的名字，尤其在康奈尔。那阵响起的惊呼——如果布兰克说的是“我不知道你是否愿意帮忙，柏拉图……”就会响起那种惊呼。

559 这次聚会后维特根斯坦很快病倒了，并住院检查。他已订好 10 月份回英格兰的船票，极其恐惧检查的结果令他不得不留在美国。他害怕自己像曼宁一样查出癌症，余生都卧床不起。进医院的前一天，他在狂躁之中对马尔科姆说：

我不想死在美国。我是个欧洲人——我想死在欧洲……我来这儿真是个傻瓜。

不过，检查没查出什么严重的问题，随后两周里他恢复得足够好，按计划回了英格兰，10 月末到了伦敦。他的原计划是在剑桥和冯·赖特一道待几天，然后回都柏林的罗斯旅馆。但到伦敦后不久他再次病倒了，直到 11 月 9 日才得以去剑桥，而且他的病还是很重，没法考虑都柏林之行了。

德鲁利曾告诉维特根斯坦，如果哪天需要在剑桥看医生，应该去请教爱德华·贝文医生。德鲁利是在战争时结识贝文医生的，当时他们在同一支部队里，他对贝文医生的能力印象深刻。碰巧贝文也是冯·赖特的家庭医生。因此，维特根斯坦到剑桥后不久贝文医生就为他作了检查。11 月 25 日给出了最终诊断：前列腺癌。

知道自己得了癌症，维特根斯坦丝毫不感震惊。不过，听说可以对之作某种治疗倒令他很震惊。荷尔蒙疗法常常对前列腺癌有不错的疗效，因此医生立即给维特根斯坦开了雌激素。他得知，在这种荷尔蒙的帮助下，有理由指望自己再活六年。“我很遗憾我的生命要这样延长，”他写信给里斯，“这种半死不活的日子过六个月就够多了。”

知道自己得了癌症的几天之后，他写信问海伦娜，自己是否方便到维也纳住在林荫街的家里。“我的健康状况很糟糕，”他告诉她，“因此我
什么工作也不能做。我希望在维也纳找到平静……如果我能住在林荫街 560
我的（有顶灯的）老房间里，那会很好。”

他预先知会她，她将看到他的健康状况糟糕，他将不得不每天都部分时间躺在床上，但他一点儿没对她提自己的病的性质。他决心不让家人知道自己得了癌症。动身去维也纳前他写信恳求马尔科姆别向任何人透露他的病：“这对我有着最大的重要性，我计划去维也纳过圣诞，而且不让家人知道我到底得了什么病。”

12 月 24 日他飞去维也纳，搬进了林荫街他的老房间里。赫尔米勒正躺在床上，在癌症的折磨下奄奄一息；维特根斯坦身上显出错不了的同类病人的苍白，因此家人不大可能猜不出他的病的真正性质。但维特根斯坦继续努力隐瞒，发了封电文委饰的电报给冯·赖特：“**抵达维也纳健康精神棒。告知朋友们**。”

到那儿的头一个月维特根斯坦完全没写作。他任由自己享受这个家令人艳羡的设施提供的舒适生活。在林荫街他的伙食很好，得到了很好的照顾，甚至还有娱乐。“我还没听过音乐会，”他写信给冯·赖特，

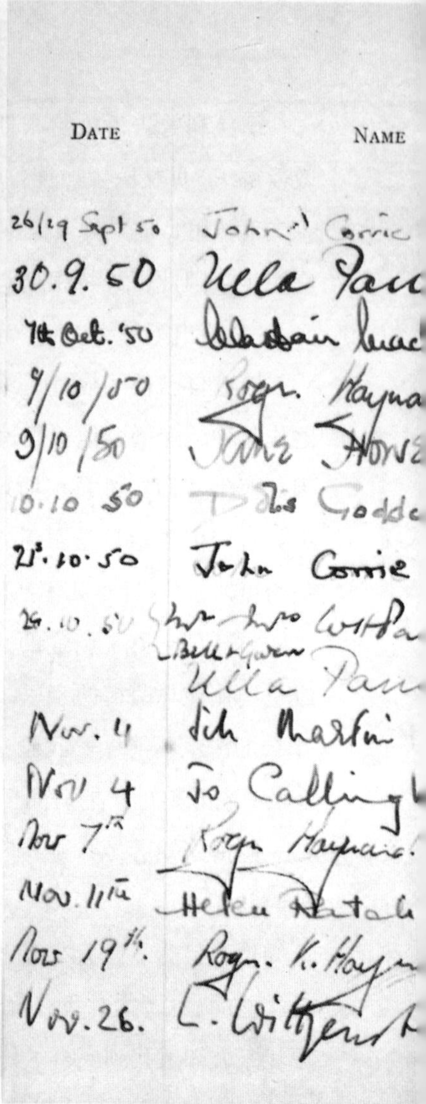


左图：贝文医生夫妇
右图：贝文夫妇的来宾题词纪念册

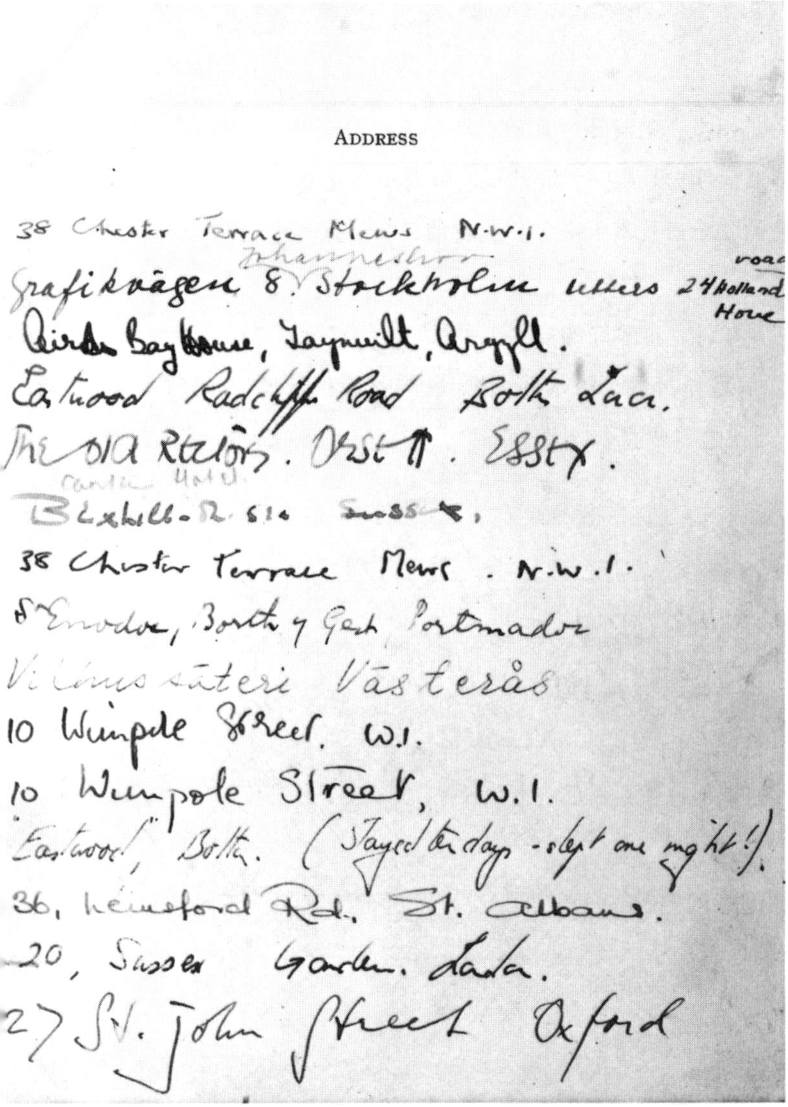

ADDRESS

38 Chester Terrace Mews N.W.1.

Grafikvägen 8. Stockholm Johanneshov unless 24 Holland road House

Airds Bay House, Taynuilt, Argyll.

Eastwood Radcliffe Road Bolton Lanc.

The Old Rectory. Orsett. Essex.

Castle Hotel Bexhill-on-Sea Sussex.

38 Chester Terrace Mews. N.W.1.

St Enodoc, Borth y Gest, Portmadoc

[illegible] säteri Västerås

10 Wimpole Street. W.1.

10 Wimpole Street, W.1.

"Eastwood", Bolton. (Stayed ten days - slept one night!).

36, [illegible] Rd. St. Albans.

20, Sussex Gardens. London.

27 St. John Street Oxford

剑桥贝文夫妇的房子 Storey's End

> 但我听了相当多的音乐。我的一个朋友［鲁道夫·科德尔］为我弹钢琴（非常美），我的一个姐姐和他弹钢琴二重奏。另一天他们弹了两首舒曼的弦乐四重奏，一首莫扎特的四手联弹奏鸣曲。

“我很快乐，得到了非常好的照料”，他写信给贝文医生。贝文曾写信对他谈到本，信里显然谈论了本的怯懦。“与其说他怯懦，”维特根斯坦解释说，“不如说他非常害羞，非常压抑，特别是在他尚未充分了解某人之前。”

> 我但愿自己过去知道，得到一份巴兹[1]的工作其实对他那么重要。他似乎认为那是重要的。但我希望他能走出伦敦！我有一种想法，巴兹对他并不好。我这话的意思不是说他有变得肤浅或势利之类的危险。这里没有危险。但我希望他能和更简单、更友善的人在一起，和他们在一起他能敞开心胸，否则他会越来越内向。

561 维特根斯坦愿意对自己的医生说一说自己的健康状况。不难预料到（尤其在奥地利的冬天——“我们这儿有零下十五度”，他告诉贝文），他的情况不稳定：

> 我最近得了场相当严重的感冒，伴有胃部的毛病：恐怕我快要去看医生了，我对此非常担忧，但是它自己好了，我又几乎焕然一新了。

当然，唯当有能力做哲学时他才能真正感到“焕然一新”。1948 年他曾写道，“颜色驱策着我们做哲学。这也许解释了歌德对颜色理论的热情”；1950 年 1 月，正是怀着驱策自己做哲学的意图，他开始读歌德的

---

[1] “巴兹”，译自 Barts，即伦敦的圣巴多罗买医院（St Bartholomew’s Hospital）。

*Farbenlehre*（《颜色理论》）。“它部分是无聊的、讨嫌的，但在某些方面也很有教益，而且在哲学上很有意思，”他告诉冯·赖特。照他对马尔科姆的说法，它的主要优点是“刺激我思考”。

最后，它也刺激了他写作。对歌德《颜色理论》的阅读引发的一组短短二十段论述留存了下来，它们大概是维特根斯坦在维也纳——他最后一次到维也纳——时写的。它们现在已出版，即《论颜色》的第二部分。

就像先前对待歌德的其他科学著作一样，在这些论述里维特根斯坦把歌德的《颜色理论》联系到他自己的哲学考察。歌德本人认为他的理论是对牛顿光学理论的成功驳斥，与此相反，维特根斯坦很清楚，无论这理论有多少好处，都不是对物理学的贡献。它是一种概念考察。照维特根斯坦的看法，由于这一点，它的好处不是更少而是更多了：

> 我也许会觉得科学问题有意思，但它们从未真正抓住我。只有概念的和审美的问题才抓住我。在心底里我对解决科学问题并不关心；但对于其他种类的问题则不是。

固然，就像科学研究，歌德的研究基于仔细的观察，但这些观察并不使我们能构造解释的法则。不过，它们的确使我们能澄清特定的概念。 562
例如拿这个命题来说：“掺进白色除去颜色的有色性[1]；但掺进黄色则不。”这是哪种命题？

> 我就是这意思：它不能是一个物理学命题。这儿，相信一种现象学——某种在科学和逻辑的中间地带的东西——的诱惑非常大。

[1] “掺进白色会除去颜色的有色性”，译自 Blending in white removes the colouredness from the colour。大意指把一种颜色和白色掺在一起，这颜色会渐渐变淡乃至成为白色，不再是有色的。

它不能是一个物理学命题，因为它的反命题不是假的，而是无意义的："如果有人觉得不是这样，那么，不是他有相反的经验，而是我们不理解他。"因此，分析这个命题（及类似的命题），不是澄清一个事实问题——无论是物理学的事实问题还是现象学的事实问题；而是澄清特定的概念（"颜色"、"有色性"、"白色"等）。因此：

> 现象学分析（例如歌德会作的）是概念分析，既不能与物理学相符合，也不能与物理学相矛盾。

2月11日赫尔米勒去世。"过去三天我们都预备她随时去世"，第二天维特根斯坦写信给冯·赖特称，"这不是个噩耗。"

同时他自己的健康状况继续改善，能够每周两三次见伊丽莎白·安斯康姆（她在维也纳提高德语，准备翻译维特根斯坦的著作）。安斯康姆起到了一种作用：进一步刺激他努力恢复自己的哲学工作能力。在阿尔普巴赫举行的一次奥地利学院学会会议上，她遇到了当时是维也纳大学学生的保尔·费耶阿本德。她把维特根斯坦著作的手稿给费耶阿本德，跟他讨论。那时费耶阿本德是克拉夫特小组的成员，这个小组是由不满官方课程的大学学生创建的非正式哲学俱乐部。它恰是那种维特根斯坦觉得自己能够前去公开讨论哲学的非正式聚会，最终他被说服参加。费耶阿本德回忆：

> 563 维特根斯坦花了很长时间下决心，然后迟了一个多小时才露面，他表现得精神饱满，比起在其他地方遇到的奉承的赞美，他似乎更喜欢我们的无礼态度。

这次克拉夫特小组的聚会大概是维特根斯坦在维也纳出席的唯一一次哲学家公共聚会。不过，他和安斯康姆的定期见面可能有益于"驱策他做哲学”。除了论歌德颜色理论的二十段论述，他还写了一组六十五段的论述，延续了他和马尔科姆的讨论话题。这些论述现在已出版，即《论确定性》的开头六十五段论述。维特根斯坦在其中坚称，和“摩尔悖论”一样，摩尔的“对常理的一种辩护”也是对逻辑的一种贡献，因为，“对语言游戏的任何描述都是逻辑的一部分”。

这儿的思路惹眼地令人联想起《逻辑哲学论》(正如维特根斯坦自己后来在《论确定性》第321页承认的)。这里的想法是，如果一个命题的反命题有意义，那么可把那命题视作其真假取决于世界里的实际情况的经验假设。但若一个命题的反命题没有意义，那么这命题不是对世界的描述，而是对我们的概念框架的描述；于是它是逻辑的一部分。

因此：“物理对象存在”不是一个经验命题，因为它的反命题不是假的，而是不可理解的。类似地，如果摩尔举起两只手而我们的反应是说“摩尔的手不存在”，那么不能视我们的陈述为假，而是要视之为不可理解。但若是如此，那些“框架命题”就未描述一批知识；它们描述了我们理解世界的方式。既然如此，像摩尔那样宣称自己确定地知道它们为真就没有意义：

> 如果把“我知道……”设想为语法命题，那么这个“我”当然不能是重要的。这话的意思正是，“在这情形下没有怀疑这回事”，或“在这情形下‘我不知道’这个表达式没有意义”。而由此当然就得出，“我知道”也没有意义。

他对摩尔的论述和他对歌德的论述之间具有一种重要的对应。在两种情况下维特根斯坦抱有同一种关切，即指出：看着像经验命题的东西实际上应被视作语法命题，描述的不是我们的经验，而是我们的经验在 564
其中得到描述的框架。他对这两人的讨论都是对《哲学研究》阐述的一个一般性真理的某种应用：

通过语言进行交流不仅包括定义上的一致，而且也包括（无论这听起来多么奇怪）判断上的一致。这似乎要废除逻辑，其实不然。

这样的陈述："掺进白色除去颜色的有色性"和"地球已存在了很长时间"，是那种判断的例子。把它们认作如此，并未废除逻辑，而是相当大地扩展了逻辑、使逻辑复杂化，从而把某些探讨——例如对歌德的颜色理论和摩尔的"对常理的一种辩护"的探讨——纳入逻辑的领域。

他在维也纳写的文稿只是这种探讨的肇始。与上一年在都柏林写的文稿相比，它是呆滞之物。它毫无后者格言似的简练，也丝毫不带有维特根斯坦最好工作的标志：那种想象力惊人的隐喻。不过它的确表明，随着健康状况渐渐恢复，维特根斯坦的哲学写作能力也渐渐恢复了。

3 月 23 日维特根斯坦离开维也纳回到伦敦，在伦敦呆了一个星期，住在洛什·里斯的妻子琼位于卡姆登陶思的家里。他写道：回到英格兰是"可悲的"，这地方的秩序是"可恶的"，人们像是死人，生活的一切火花都被扑灭。

4 月 4 日他搬回冯·赖特在剑桥的房子，发现有一份邀请在那儿等着他——牛津大学邀请他作 1950 年的约翰·洛克讲座。这是一个年度系列讲座，声望很高，酬劳相对丰厚，按传统由一位卓著的访问哲学家主讲。尽管经济报酬可观（他作这讲座可得到二百镑），他却未受吸引。他得知，讲座将有超过二百个学生的一大群听众，而且期间不会有任何讨论。不太可能有比这两个条件更让他却步的事了。他告诉马尔科姆："我不认为自己能对着一大群听众作出有任何好处的正式讲座。"

565 考虑到维特根斯坦的钱快用完了，马尔科姆代表维特根斯坦接触了洛克菲勒基金会。他告诉维特根斯坦，自己已设法引起了基金会的一个经理恰特邦·吉尔帕特里克的兴趣，有可能给予他一项研究资助。维特根斯坦对此的感激混合着一种惹眼的诚实得要死的自我评估。当然有理由接受这项资助：

> 想到能住在自己喜欢的地方，不必是他人的负担或麻烦，做哲学（我的本性令我要做哲学），我当然愉快。

但他告诉马尔科姆自己不能拿这个钱，除非洛克菲勒基金会“知道我的全部真实情况”：

> 真实情况是这样。a）1949年3月初以来我都无法做任何持续性的好工作。b）即便在那之前，我一年也有超过六七个月不能好好工作。c）我越来越老了，我的思想显著地越来越无力，清晰的时刻越来越罕见，我很容易累，比以前容易得多。d）由于一种不间断的轻微贫血症，我的健康状况有点不稳定，由于那种病我易受感染。这进一步减少了我做真正好工作的机会。e）虽然我不可能作出确定的预测，但我觉得我的心智可能再也不能像过去那样活跃工作，比如像十四个月前那样。f）我不能保证在我的有生之年出版任何东西。

他要马尔科姆把这封信拿给基金会经理看。“在虚假的托词之下接受一项资助显然是不可能的，而你也许不知不觉把我的情况说得太过美好。”“我相信，”他补充说，“只要我活着，只要我的心智状况允许，我就会思考哲学问题，努力写作哲学。”

> 我也相信，过去十五或二十年里我写的许多东西，等出版时也许会引起人们的兴趣。尽管如此，我将搞出的东西完全可能是平淡的、无见地的和无趣的。

八个月后吉尔帕特里克去见他，维特根斯坦说：“以我目前的健康状 566

况和智性上的迟钝，我不能接受资助。”

他把自己“智性上的迟钝”部分归因于为减轻癌症症状而正服用的雌激素。服用这药时，他发觉自己很难达到写作哲学所需的那种强烈专注。“我做了点工作，”4月17日他告诉马尔科姆，“但我卡在简单的东西上，几乎我写的一切都很呆滞。”

这儿提及的文稿构成了《论颜色》第三部分，延续了他在维也纳写的对歌德《颜色理论》的论述。它有一点儿印证了维特根斯坦自己对之的评价：反复地、相当吃力地试图澄清“颜色概念的逻辑”，尤其是“基色”、“透明”和“亮度”这些概念。维特根斯坦对之的不满是明显的：“我正在写的东西写得很沉闷，这一点在某个心智较不衰老的人眼里也许是显然的。”不过，它的确包含了一种简练非凡的对歌德的驳斥——驳斥歌德对各种颜色的一般特性的论述：

> 同一个音乐主题在小调和大调上具有不同的特征，但是，一般性地谈论小调模式的特征是完全错误的。（在舒伯特那儿，大调常常听起来比小调更悲伤。）
>
> 照这种路子，我认为，谈论个别颜色的特征对于理解绘画是无价值的、毫无用处的。那样做时，我们其实想的是特殊的使用。绿色当桌布的颜色时有这个效果，红色则有那个效果，这不能使我们对它们在一幅画里的效果得出任何结论。
>
> 试想：有人指着伦勃朗画的一张脸上的虹膜里的一个点，说“我房间的墙要刷这颜色”。

维特根斯坦最后一次拍照，是1950年4月住在冯·赖特家里的时候。在这些照片上，维特根斯坦和冯·赖特坐在一块床单前的折叠椅里。据

567 K. E. 特拉诺回忆，这一古怪的安排是维特根斯坦的主意：

维特根斯坦最后的照片，在剑桥冯·赖特家的花园里。维特根斯坦从床上拿下床单，并披在身后。

最后的照片：维特根斯坦与格奥尔格·亨利克·冯·赖特

> 1950年的晚春，我们在花园里和冯·赖特一家喝茶。那是个晴天，我问维特根斯坦能不能为他拍张照。他说，可以，我可以拍照——如果我让他背对着镜头坐。我没提出异议，拿我的相机去了。同时维特根斯坦已改变了主意。现在他决定要我用护照相片的风格拍这张照，冯·赖特要坐他旁边。我又同意了，维特根斯坦就离身到他的床上拿床单；伊丽莎白·冯·赖特想到橱里拿新床单给他，但他没答应。维特根斯坦扯起床单挂在走廊前，然后拉来两张椅子。

4月25日维特根斯坦离开剑桥，搬进伊丽莎白·安斯康姆位于牛津圣约翰街的房子。“我喜欢和冯·赖特一家住在一起，”他告诉马尔科姆，“但两个孩子太吵了，我需要安静。”在安斯康姆的房子里他占了三楼的一个房间，弗兰克·古德里奇和吉莉安·古德里奇占着底楼，巴里·平克占着二楼。搬去后不久他告诉冯·赖特：“这房子不是很吵，但也不很安静。我还不知道我会怎样。房客看上去全都相当好，有一个甚至非常好。”

“非常好”的那个是当时在读艺术学院的巴里·平克。平克兴趣广泛：“平克想同时坐在六个凳子上，”维特根斯坦曾说，“但他只有一个屁股。”平克是约里克·斯麦瑟斯很长时间的朋友，跟斯麦瑟斯和安斯康姆一样，是天主教的皈依者。他发现维特根斯坦乐意而且有能力谈论自己感兴趣的全部领域——艺术、雕塑、石砌、机械制造等等。

两人一起绕着牛津散步，一时之间平克成了心腹友人。他们能相当坦率地讨论他们的思想、感觉和生活。例如，他们讨论隐藏自己真实本性的倾向。在这方面，平克问维特根斯坦是否认为他的哲学家工作，乃至他之为哲学家与他的同性恋有关。平克暗含的意思是，维特根斯坦的哲学家工作也许是用于隐瞒他的同性恋的某种手段。维特根斯坦语带愤 568
怒地踢走了这个问题：“当然不是！”

维特根斯坦计划和本一起到挪威过夏天，当时是本在伦敦巴兹当医科学生的最后一年。但7月份本没通过最后的资格考试，夏天不得不留在伦敦为9月份的“重考”而用功。于是他们的度假推迟到了秋天，整个夏天维特根斯坦都留在牛津努力续写他在剑桥写的对颜色的论述。

在写下了对颜色的论述的同一本手稿笔记本里，还写有一组对莎士比亚的论述，现在已被收进《文化与价值》（第84—86页）出版。很久以来维特根斯坦都为自己不能看出莎士比亚的伟大而烦恼。例如，1946年他曾写道：

> 值得注意的是，我们发现，要相信自己未亲见其真实的东西是多么难。例如，听到几个世纪里的杰出人物表达对莎士比亚的赞美时，我从未能排除我的这种疑心：赞美他已成了习俗；虽然我不得不告诉自己不是那样的。得用弥尔顿这样的权威才能真正压住我。他之正直我视之为当然——但我这话当然不是说，我不认为数量庞大的赞美一直是、也仍将是一千个文学教授送给莎士比亚的不带理解、理由错误的溢美之词。

他之难以认可莎士比亚是大诗人，原由之一在于他不喜欢莎士比亚的许多隐喻和比喻：“在通常的意义上莎士比亚的比喻是糟糕的。所以，如果它们仍然是好的——我不知道它们是不是——它们必定有自己的法则。”他跟本讨论过的一个例子，是《理查二世》里的毛勃雷在一句对白里用闸门当牙齿的隐喻：“您已经把我的舌头幽禁在我的嘴里 / 让我的牙齿和嘴唇成为两道闸。”[1]

一个更根本的困难是，维特根斯坦总体上不喜欢英格兰文化：“我相信，若要欣赏一位作家，就得也喜欢那作家所属的文化。若觉得那文化

---

[1] 此处采用了朱生豪的译文。

平庸或讨厌，那么他的钦佩便冷却了。”这一点并未妨碍维特根斯坦钦佩 569
布莱克或狄更斯。差别在于，在莎士比亚身上，维特根斯坦看不见一个他能将之当作伟大的人来钦佩的作家：

> 我只能惊奇地瞪着莎士比亚；从未跟他有过牵扯……
>
> “贝多芬的伟大心灵”——没人能说“莎士比亚的伟大心灵”……
>
> 我不认为莎士比亚能思索“诗人的命数”。
>
> 他也不能把自己视作先知，或人类的教师。
>
> 人们惊叹地瞪着他，几乎像瞪着一种壮观的自然现象。他们并不觉得自己因此触到了一个伟大的人。而是觉得自己触到了一种现象。

另一方面，在狄更斯身上，维特根斯坦的确看见了一个能因为其“好的普遍艺术”——那种托尔斯泰意义上的、每个人都能懂而且拥护基督教美德的艺术——而投之以敬意的英格兰作家。弗拉克从苏门答腊回来时，维特根斯坦送了他一本《圣诞颂歌》当迟到的圣诞礼物；这是一本袖珍版，包着绿革皮，上面粘着喜洋洋的“圣诞快乐”胶贴。选这本书当然是有含义的。F.R.利维斯回忆，维特根斯坦几乎背熟了《圣诞颂歌》；实际上托尔斯泰在《艺术是什么？》这篇文章里把这本书归入了那个最高的艺术品类：“从上帝之爱中流出”的艺术。因此，作为礼物这本书极为适合这段友谊——这段友谊是矗立在维特根斯坦生活里的一个罕见例子，一个他对“普通人”的托尔斯泰式尊重的例子：对一位普通工人的简单直率的友爱。

1950年夏末，维特根斯坦又拾起了对摩尔“常理命题”之哲学意义的论述。这份文稿现在构成了《论确定性》的第65—299段论述。维特根斯坦在其中细述了这一思想，即摩尔的陈述的奇特之处是它们的否定不只是假的，而是不可理解的：

570 如果摩尔肯定他宣称具有确定性的命题的反命题，那么我们不会只是不和他持同样的观点：我们会认为他疯掉了。

因此，“如果我作出某些假陈述，那么我是否理解它们就成问题了。”摩尔给了我们这类陈述的例子。另一个例子也许是，知道自己住在哪里：

> 我在地址A处住了数月，我无数次地见到街道的名字和房子的号牌，在这儿收到了无数封信，给了无数人这个地址。如果我在这事上弄错了，这错误几乎就像是我（错误地）相信我在写的是中文而非德文。
>
> 如果我的朋友有一天以为自己很长时间以来一直住在某某地方，等等，我不会称之为一个错误，而会称之为一种精神错乱，也许是一种暂时的错乱。

当一个错误不只是跟我们相信其真的这个或那个命题相矛盾，而是跟给予我们诸信念以基础的整个框架相矛盾时，对我们而言它就成了一种精神错乱。维特根斯坦想到的摩尔能正当断言“我知道我没有离开地球表面”的唯一场合，是摩尔碰上了生活在甚为不同的框架里的人：

> 我能想象，一个原始部落抓住了摩尔，他们疑心摩尔是从地球和月亮之间的某地来的。摩尔告诉他们，他知道……[1]但他无法对他们讲出他如此确定的根据，因为他们对人类的飞行能力有奇异的想法，而且对物理学一无所知。这也许是作出那个陈述的一个场合。

但这个例子说明，一种不同的框架未必就是精神错乱的证据。在

[1] “他知道……”译自he knows etc.，指“他知道他没有离开地球表面”。

1950年，设想某人到过外层空间又回到地球是荒谬的。现在我们已习惯了这一想法。框架在变化，既在不同的文化之间变化，也在同一文化的不同时代之间变化。 571

不过这不是一个反驳维特根斯坦的点。相反，他强调不能为框架自身辩护或证明框架是正确的；框架提供了进行辩护和证明的边界：

> 我看见和听见的一切使我确信，没人曾远离过地球。在我的世界图景里没有任何东西支持相反的情况。

> 但我不是因为我满意其正确性而获得了我的世界图景；也不是因为我满意其正确性而保持我的世界图景[1]。不是的：它是继承而得的背景，我在这背景之中辨别真假。

框架是变化的：曾被当作荒谬之事遭到拒斥的东西，现在也许被接受了；坚固的确定性被搬动和抛弃。然而，若没有某种框架，我们不能理解任何东西；在任一具体的框架内都得区分两种命题，一种命题借框架描述世界，一种命题描述框架本身，但这区分并不永远固定在同一个地方：

> ……思想的河床可以移动。但我区分水在河床上的运动和河床自身的移动；虽然两者间并无截然的分界。

不过，要举出具有和我们自己根本上不同的世界图景的人的例子，无须考虑想象中的原始部落：

> 我相信每个人都有父亲和母亲；但天主教徒相信耶稣只有一个凡

[1] 第二种情况是指，我的世界图景的获得是通过其他途径，然后我满意于其正确性。

> 人母亲。另一些人也许相信有人没父母，丝毫不信任一切相反证据。天主教徒还相信，圣饼在特定情形下彻底改变其本性，而同时一切证据都证明情况是相反的。于是，如果摩尔说“我知道这是酒，不是血”，他就跟天主教徒矛盾了。

572 这段评论可能是维特根斯坦那时和安斯康姆的一次谈话引起的，他们谈的是“圣餐变体”[1]。看起来，他吃惊地从安斯康姆那儿听说“圣饼在特定情形下彻底改变其本性”真是天主教的信念。这大概是他对马尔科姆谈到安斯康姆和斯麦瑟斯时心里想的一个例子，他说：“我不可能使自己相信所有他们相信的事情。”这样的信念在他自己的世界图景里找不到位置。不过，出于对天主教的尊重，他不把它们视作错误或“暂时的精神错乱”。

“我有一个世界图景。它是真是假？最重要的是，它是我的一切探究和断言的地基。”一种宗教信仰没有理由不提供这种地基，宗教信念没有理由不是“继承而得的、我在其中辨别真假的背景”的一部分。但要做到这一点，一种彻底的宗教教育和教诲可能是必要的：“也许可通过特定的养育，通过以如此这般的方式塑造某人的生活，而‘使某人相信上帝存在’。”

但若无这样的养育，宗教信念能有多少可理解性？看上去，维特根斯坦认为在某些情况下（例如他自己）生活能把上帝的概念强加给一个人：

> 生活能教导一个人信仰上帝。而经验也是令此事发生的东西；

[1] “圣餐变体”（Transubstantiation），指虽然就所有的感觉而言都没变但圣餐面包和葡萄酒变成了耶稣的身体和血。

> 但我不是指显圣[1]，或其他向我们显示“这存在之在[2]”的经验，而是指比如各种各样的受苦。这些东西既未向我们显示一个对象，也不引起我们对他[3]的推想。经验、思想——生活能把这概念强加给我们。
>
> 所以上帝的概念也许跟“对象”概念类似。

当然，这样的话，这种信仰采取的形式不太可能是接受、甚而理解天主教的“处女受孕”和“圣餐变体”学说。强加给人的是一种特定的态度：

> 这儿说的态度指这样一种态度：严肃地对待特定的事情，而超出某一点后，就不再当它是严肃的了，而是认为某种别的事情甚至更 573
> 重要。
>
> 例如，有人会说，如此这般的一个人在做完某项工作之前就死去是一件沉重的事；而在另一意义上那不是要紧的事。这时人们说“在一个更深的意义上”。我实际上愿说，在这情况下你说出的言辞或说话时的想法也不是要紧的事，倒是那些言辞在你生活的不同点上造成的差异才是要紧的。我怎么知道两个人说自己信仰上帝时的意思是一样的？信仰三位一体也是一样。一种坚持使用某些具体词句而取缔其他词句的神学并未把任何事弄得更清楚（卡尔·巴特）。正如人们会说的，它用语词打手势，因为它想要说点什么但不知如何表达。实践给予语词其意义。

维特根斯坦在第二段里举的例子当然不是随便举的。但是，如果——照

[1] “显圣”，译自 vision，指上帝直接对人现身。——译者注
[2] “这存在之在”，译自 existence of this being，this being 指上帝。
[3] “他”，译自 him，指上帝。

它暗示的那样——在他死前写完《哲学研究》不是要紧的事，那么“在一个更深的意义上”甚至更重要的“别的事情”是什么？

答案似乎是：他与上帝的和解。那个秋天，维特根斯坦问安斯康姆能不能帮忙联系一个“非哲学的”神父。他不想讨论天主教学说的精致论点；他要安斯康姆介绍一个宗教信仰在其生活中造成了实际差异的人。她把康拉德神父介绍给了他，康拉德神父是那位在斯麦瑟斯皈依天主教时指导斯麦瑟斯的多明我会神父。康拉德两次去安斯康姆的房子和维特根斯坦谈话。“他想要的是，”康拉德回忆，“一个神父作为神父和他谈话，他不希望讨论哲学问题。”

> 他知道自己病得厉害，想要谈谈上帝，我想他抱着彻底回到他的宗教的目的，但实际上我们只是就上帝和灵魂相当一般性地谈了（我想是）两次。

不过，安斯康姆怀疑，维特根斯坦想见康拉德并非真的“抱着彻底
574 回到他的宗教的目的”——如果康拉德这话的意思是维特根斯坦想回到天主教会。而且，考虑到维特根斯坦明确说自己无法相信天主教会的某些学说，认可她的怀疑似乎是合理的。

9月份本成功地重考过了最后的资格考试，于是能脱身和维特根斯坦踏上他俩推迟了的挪威之行了。因此，10月份的第一个星期他们开始了漫长和艰难的前往维特根斯坦松恩峡湾边偏僻小屋的旅程。

维特根斯坦的健康状况并不稳定，在一年里的这个时候往北走那么远，人们可能视之为莽撞的冒险。然而，吃到寒冷苦头的是本的健康。到挪威后不久，他患上了支气管炎，不得不从维特根斯坦的小屋搬到位于海湾较高地带的一家护理所。随后他们又搬进了安娜·勒伯尼的农舍，在那儿度过了这次休假的剩余时光。

本随身带了一本 J. L. 奥斯汀最近翻译出版的弗雷格的《算术基础》，

左图：维特根斯坦在挪威的房子
右图：阿尔纳·伯斯塔德，维特根斯坦把自己这间房子送给了他

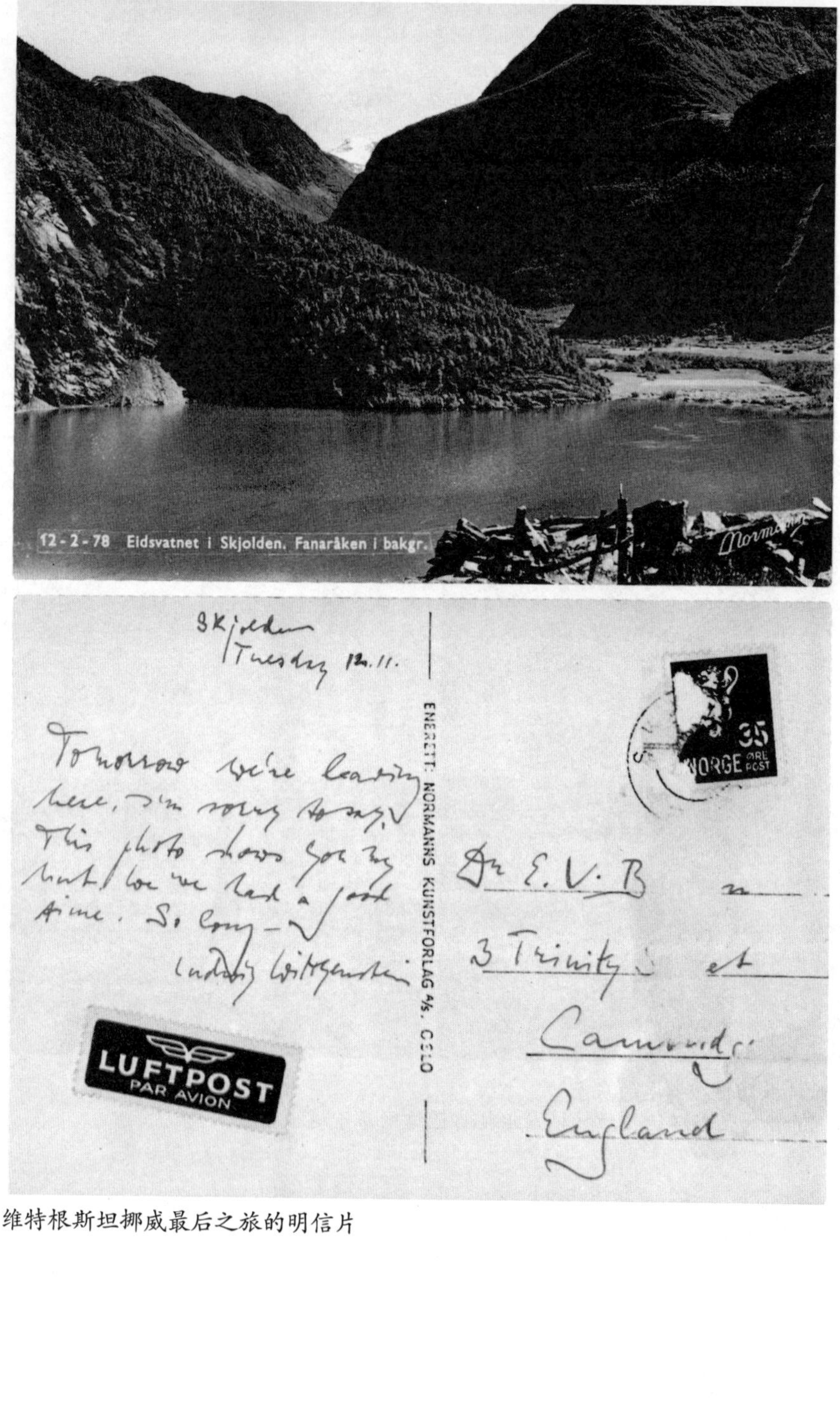


维特根斯坦挪威最后之旅的明信片

他和维特根斯坦在挪威花了很多时间阅读和讨论弗雷格的著作。维特根斯坦逐渐认为，自己也许终究又能在挪威独居做哲学了。

回到牛津后他写信对冯·赖特说，尽管本生病了，但“我们极享受此次逗留”，

> 天气一直都很棒，最大的友善围绕着我们。在那时那地，我决定要回到挪威工作。我在这里没有真正的安静。如果一切顺利我将于12月30日启航再去舒登。我不认为我能住在自己的小屋里，在那儿要干的体力活对我太重了，但一个老朋友说我可以住她的农舍。当然，我不知道自己能不能再做出得体的工作，但起码我在给自己一个真正的机会。如果在那儿不能工作，那么在哪儿都不能工作。

他甚至订了一张12月30日从纽卡斯尔驶往卑尔根的汽船船票。但圣诞节前不久，安娜·勒伯尼说自己还是不能让他留宿。无论如何，维特根斯坦的状况已完全不适宜这样的旅行。在计划的挪威之行前，他到贝 575
文医生那儿作检查，结果在贝文的屋子里病倒了，只好留在那儿过圣诞。不过这事丝毫未阻止他实行自己的计划，圣诞节后他写信问挪威的另一个朋友阿尔纳·伯斯塔德知不知道什么适合他隔绝地居住和工作的地方。这信也毫无结果。

前往挪威的计划挫败之后，维特根斯坦试了试另一种他偏爱的庇护所：一家修道院。康拉德神父为维特根斯坦作了安排，他可以去米德兰兹的一家黑修士隐修院；在那儿他可以过修士的生活，做洗碗之类的院内杂务，最重要的是在那儿可以独处。

然而，到1951年1月，维特根斯坦的健康状况令这一切计划都不切实际了。他需要持续的医疗看护。健康状况恶化后，他不得不越发频繁地到剑桥见贝文医生。除了服用雌激素，他还在阿登布鲁克医院接受了X射线疗法。

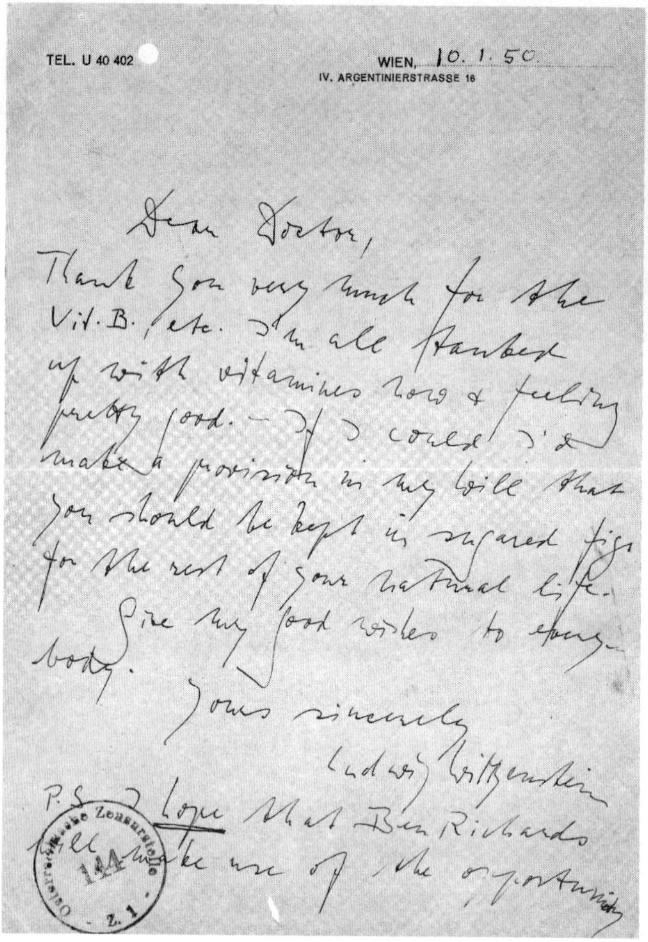

TEL. U 40 402

WIEN, 10. 1. 50.

IV. ARGENTINIERSTRASSE 16

Dear Doctor,

Thank you very much for the Vit. B. etc. I'm all stacked up with vitamines now & feeling pretty good. — If I could I'd make a provision in my will that you should be kept in sugared figs for the rest of your natural life.

Give my good wishes to everybody.

Yours sincerely

Ludwig Wittgenstein

P.S. I hope that Ben Richards will make use of the opportunity

Zensurstelle 144 Z. 1

左图：维特根斯坦写给贝文医生的信
右图：爱德华·贝文医生

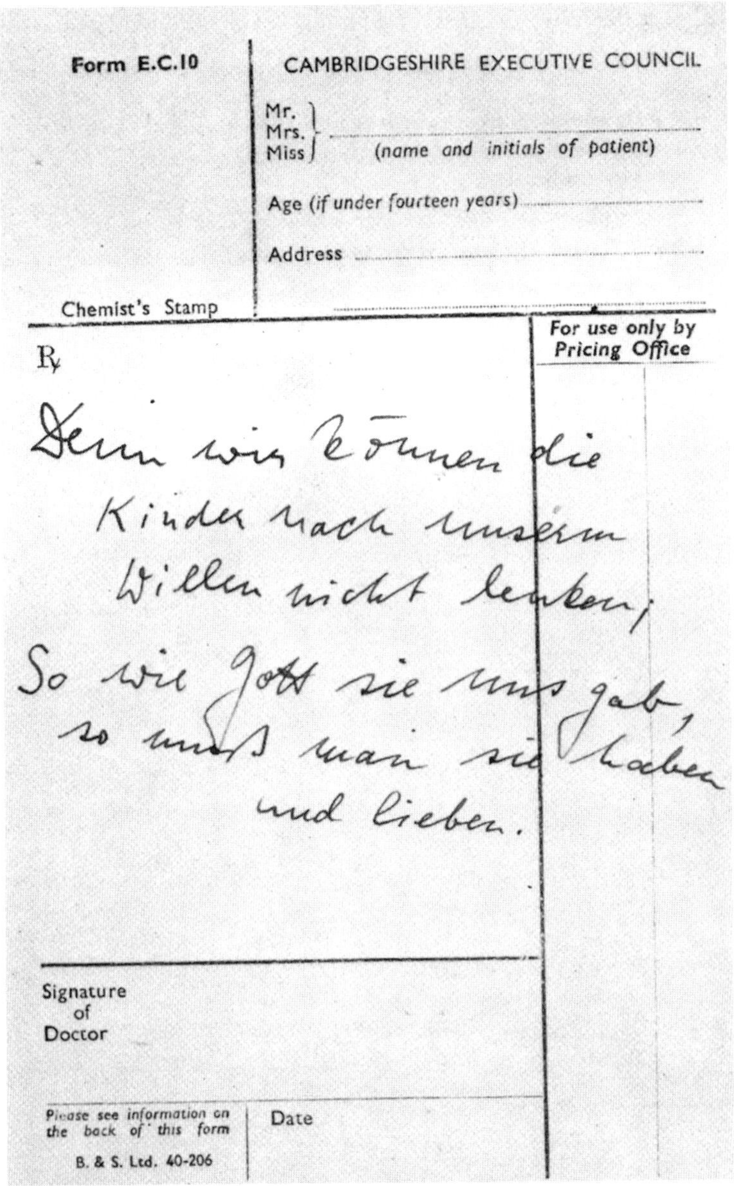

Form E.C.10

CAMBRIDGESHIRE EXECUTIVE COUNCIL

Mr.
Mrs.
Miss (name and initials of patient)

Age (if under fourteen years)

Address

Chemist's Stamp

For use only by Pricing Office

℞

Denn wir können die
Kinder nach unserm
Willen nicht lenken;
So wie Gott sie uns gab,
so muß man sie haben
und lieben.

Signature of Doctor

Please see information on the back of this form

B. & S. Ltd. 40-206

Date

来自贝文医生的一张处方表格

想到自己要死在一家英格兰医院，他深感恐惧；但贝文向他承诺，若有必要他可在贝文自己家里接受照料，度过最后的时日。2 月初维特根斯坦决定接受贝文的好意，他搬到了剑桥，在贝文的家里去世：“故事终”。

# 第二十七章　故事终[1]

维特根斯坦到了贝文家，听天由命地接受了这件事：自己不会再做工 576
作了。挪威之行以来他什么也没写，既然已被迫放弃了在松恩峡湾边居住和工作的想法，他的唯一愿望是自己生命里最后的不事生产的几个月尽量短些。“眼下我连想一想工作都不行，”他写信给马尔科姆，“这无所谓，只要我别活太久！”

起初贝文夫人有点怕维特根斯坦，尤其在对她算是种折磨的首次见面后。维特根斯坦搬去之前，贝文医生曾邀请他到家里吃晚饭，把他介绍给自己的妻子。她丈夫提醒过，维特根斯坦不是喜欢闲聊的人，应当小心地别说任何欠考虑的话。她求稳了，那个晚上的大部分时候都保持沉默。但当维特根斯坦提到自己的伊萨卡之行时，她很有兴致地插话：“你能去美国是多么幸运！”她立即意识到自己说错了话。维特根斯坦目不转睛地盯着她：“幸运，你指什么？”

不过，维特根斯坦在那儿住了几天以后，她开始习惯有他在身边，最终他俩成了亲密的朋友。但并非因为他是个特别好相处的客人：

[1] “故事终”（Storeys End）；Storeys 是一个双关：Storey 意为“故事”，而维特根斯坦最后住的那间房子碰巧名为“Storeys”。

他的要求很高很严格，虽然他的喜好很简单。这是不必说的：他的洗澡水要准备好，他的食物要准时，每天的日程要照一个规律的模式来。

577 另一件不必说的事，是维特根斯坦住在那儿时不用为任何事付钱——连他留在桌上的购物单上面、要贝文夫人出门时采购的物品也不用他付钱。这些物品包括食物和书，当然还有每个月“史特里特—史密斯”的《侦探故事杂志》。

成了朋友后，维特根斯坦和贝文夫人每天傍晚六点散步至本地小酒馆，这是日常规律模式的一部分。贝文夫人回忆说：“我们总是要两杯波特葡萄酒，一杯我喝，另一杯他饶有兴味地泼到蜘蛛抱蛋盆栽里——这是我知道的他的唯一不老实行为。”尽管第一次见他时感觉不佳，但他们之间的谈话轻松得令她惊讶：“值得说的是，他从不跟我讨论或试图跟我讨论我不理解的话题，所以在我们的关系中我从未觉得自己次等或无知。”但这不等于说他所有言谈的意思总是明明白白；他最具格言气质的话也许是对伊丽莎白·安斯康姆的丈夫彼得·吉奇的评论。贝文夫人问维特根斯坦吉奇是怎么样的，他郑重地说：“他读萨默塞特·毛姆。”

2 月份维特根斯坦写信给弗拉克：

我病了一段时间，约六星期，每天得躺在床上过一会儿。我不知道何时再去伦敦。如果没机会再去了，我会让你知道，你也许能在某个星期天到这儿来看我。

他没告诉弗拉克自己得了癌症，写完这封信后不久他的状况急剧恶化，不太可能再去伦敦见弗拉克了。但是，在这个阶段他竟提出这事，说明和这位盖斯医院前同事的见面对他已有多么重要。

2 月末医生判定，延续维特根斯坦的雌激素和 X 射线治疗不再有意义。

这事对他是一种巨大的解脱，即便随之而来的消息是他顶多只能指望再活几个月了。他告诉贝文夫人："现在我要去工作，就如我以前从未工作过那样。"值得一提的是，他说对了。在生命余下的两个月里，维特根斯坦写出了现在的《论确实性》里一半以上的论述（即编号段落第300—676节）， 578
许多人认为，这次他写出的论述是他全部工作里能找到的最明白好懂的。

这一工作捡起了维特根斯坦此前对摩尔"对常理的一种辩护"的讨论的线头，但对问题的探究深入得多，思想表达的清晰和简洁程度也比以往的著作高得多。即便在责怪自己缺少专注力时，他也用了恰当有趣的比喻："现在我做哲学就像总把东西放错地方、只好又去找的老女人：一会儿是她的眼镜，一会儿是她的钥匙。"尽管这样责怪自己，但他毫不怀疑正在写作的东西是有价值的："我相信能独立思考的哲学家会有兴趣读我的笔记。因为，即便我只是很少射中靶子，他也能辨认出我不停瞄准的目标是什么。"

他瞄准的目标是，怀疑在那儿变得无意义的地方——那个他认为摩尔射得不准的目标。我们不能怀疑一切，这是真的，但不是出于实际的理由，比如时间不充足或有更好的事情要做；这是真的，是出于内在的、逻辑的理由，即："无止境的怀疑甚至连怀疑都不是。"但我们并非是靠着以"我知道……"起头的陈述到达那一止境的。那种陈述只在"生活之流"中才有使用；在生活之流以外，它们显得荒谬：

> 我和一个哲学家坐在花园里；他一次次地指着我们旁边的一棵树，说"我知道那是一棵树"。其他人来了，听到了这话，我告诉他们："这家伙没有发疯。我们只是在做哲学。"

我们在实践中到达怀疑的止境："孩子学的不是书存在、扶手椅存在，等等——他们学的是拿书、坐在扶手椅上，等等。"怀疑是一种相当特殊的实践，只有学会了许多不抱怀疑的行为之后才能学这种实践："怀

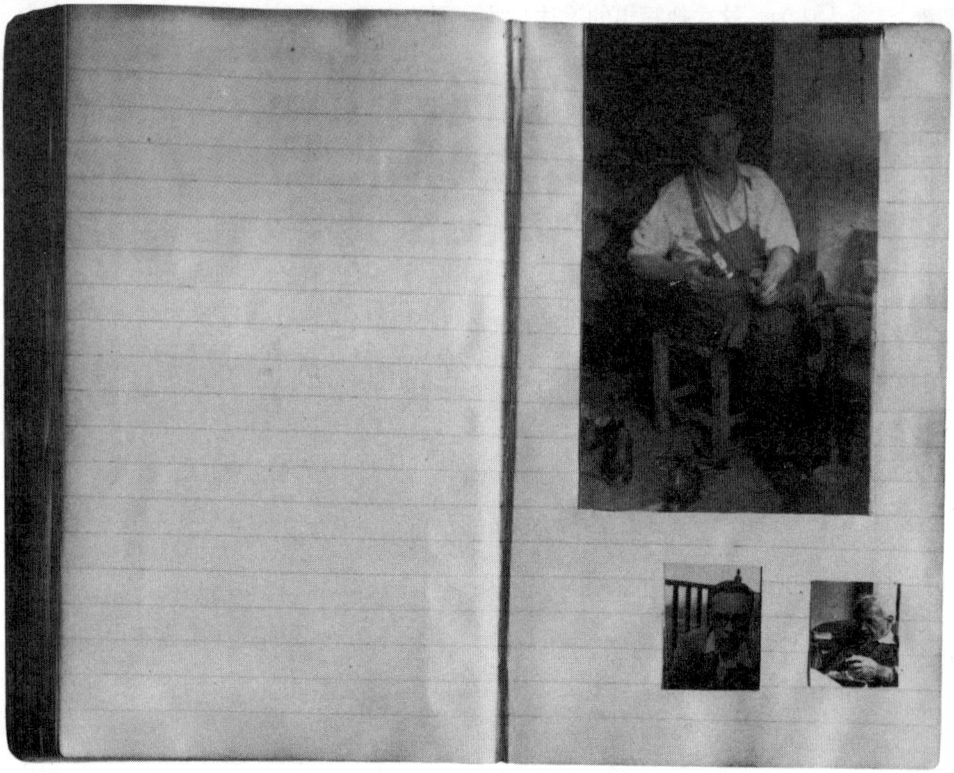

维特根斯坦相册的最后一页，分别是特拉腾巴赫的学生奥斯卡·福克斯，朋友康·德鲁利和 G.E. 摩尔。

疑的和不抱怀疑的行为。有了第二种行为才有第一种行为。”维特根斯坦的论述的着力之处，是使哲学家的注意力从语词、句子上移开，放到我们使用它们的场合中去，放到赋予它们意义的语境中去：

> 我是不是越来越接近于说，最终不能描述逻辑？你必须察看语言 579
> 的实践，然后你就会看到逻辑。

歌德《浮士德》里的一句诗概况了他的态度：“Am Anfang war die Tat”（“太初有为”），维特根斯坦赞赏地引用了这话，而且也有理由把这话视为《论确实性》的题铭——实际上也可把它视为全部维特根斯坦后期哲学的题铭。

《论确实性》的最后一段论述写于4月27日——维特根斯坦最后失去意识的前一天。4月27日的前一天是他的六十二岁生日。他知道这是自己最后一次过生日。贝文夫人送一条电热毯当礼物，给他时说：“愿快乐来日复返。”他死盯着她，回答：“不会有‘复返’了。”第二天晚上，结束和贝文夫人每晚的小酒馆之行后，他病得极厉害。从贝文医生那儿得知自己只有几天可活时，他叫道“很好！”28日晚贝文夫人陪着他，告诉他，他在英格兰的好友第二天过来。失去意识前他对她说：“告诉他们我过了极好的一生。”[1]。

第二天，本、安斯康姆、斯麦瑟斯和德鲁利聚在贝文家里陪伴维特根斯坦，直到他去世。斯麦瑟斯带着康拉德神父来了，但没人能决定康拉德该不该说出通常对临终之人说的言辞，并给予他“有条件赦免”[2]，直到德鲁利想起，维特根斯坦曾说希望信奉天主教的朋友为他祷告。事

---

[1] “告诉他们我过了极好的一生”，译自“Tell them I've had a wonderful life”。

[2] “有条件赦免”，译自“conditional absolution”。

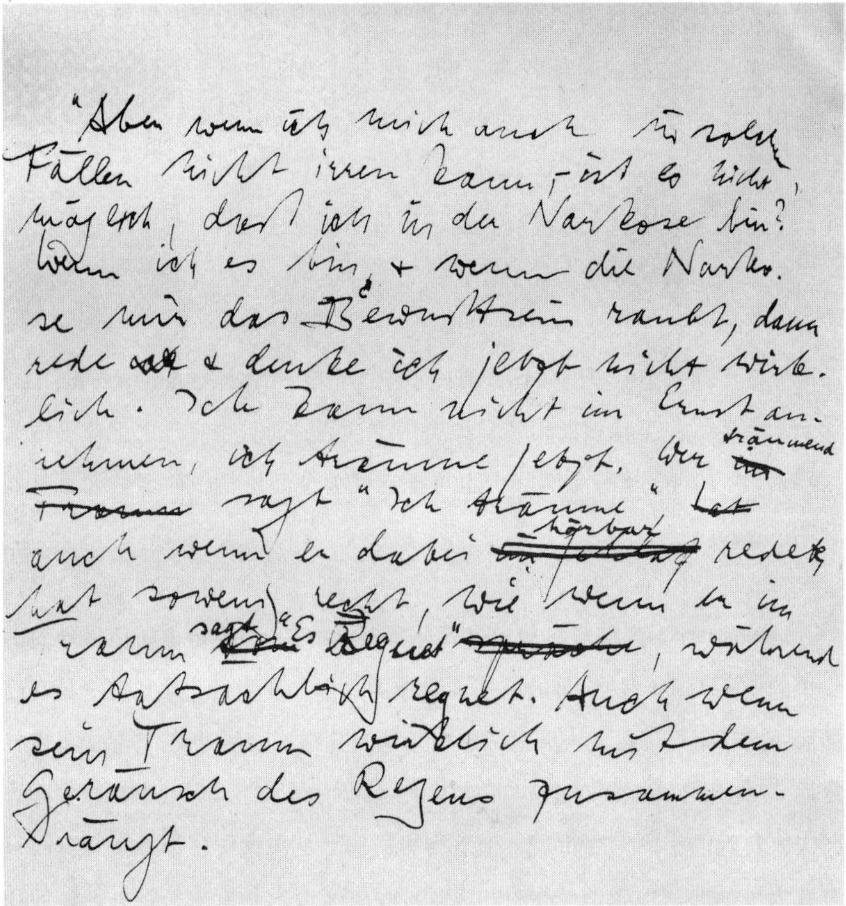
"Aber wenn ich mich auch in solchen
Fällen nicht irren kann, – ist es nicht
möglich, daß ich in der Narkose bin?"
Wenn ich es bin, & wenn die Narko-
se mir das Bewußtsein raubt, dann
rede & denke ich jetzt nicht wirk-
lich. Ich kann nicht im Ernst an-
nehmen, ich träume jetzt. Wer träumend
sagt "Ich träume",
auch wenn er dabei hörbar redet,
hat sowenig recht, wie wenn er im
Traum sagt "Es regnet", während
es tatsächlich regnet. Auch wenn
sein Traum wirklich mit dem
Geräusch des Regens zusammen-
hängt.

维特根斯坦最后的手稿

情由此得以决定，他们全都去维特根斯坦的房间，康拉德背诵教仪祈祷文时，他们全都跪下。之后不久贝文医生宣布他死了。

第二天在剑桥的圣贾尔斯教堂为他举行了天主教葬礼。之所以决定这么做，仍然是凭借德鲁利的一段记忆。他告诉其他人：

> 我记得维特根斯坦告诉过我托尔斯泰生活中的一件事。托尔斯泰的一个兄弟去世时，当时是俄国东正教会严厉批评者的托尔斯泰叫
> 人请来了教区神父，把他的兄弟照东正教仪式安葬了。“那么，”维 580
> 特根斯坦说，“这正是在类似的情况下我要做的。”

德鲁利提起这事时，每个人都赞成由一位神父在墓地旁说出每一句通常的罗马天主教祈祷词，但德鲁利承认：“自那以来我一直为那时我们那么做是否正确而困扰。”德鲁利没有细讲，但他的困扰也许源于这一疑虑：那个托尔斯泰的故事是不是完全适合维特根斯坦的情况。那故事的要点在于，虽然托尔斯泰自己不是东正教会的拥护者，但具有尊重自己兄弟信仰的感情。但在维特根斯坦这里情况反过来了：拥护天主教信仰的是安斯康姆和斯麦瑟斯，而非维特根斯坦。

维特根斯坦不是一个天主教徒。他在许多场合说过，在谈话和写作里都说过，他不能使自己相信天主教徒相信的事情。更重要的是他也不践行天主教仪式。可是，在他的葬礼上举行一种宗教仪式，这里面似乎有某种恰当的东西。因为，以一种具有核心重要性、但又难以定义的方式，他过了虔诚的宗教性的一生。

维特根斯坦去世前几天德鲁利到剑桥探望过他，他对德鲁利说：“这不是古怪的吗：虽然我知道自己活不了多久了，但从未发觉自己思索一种‘来生’。”但是，就算维特根斯坦没思索过来生，他确实想过自己将如何受到审判。死前不久他写道：

维特根斯坦在临终床上，姐姐赫尔米勒所画素描

维特根斯坦去世的房间

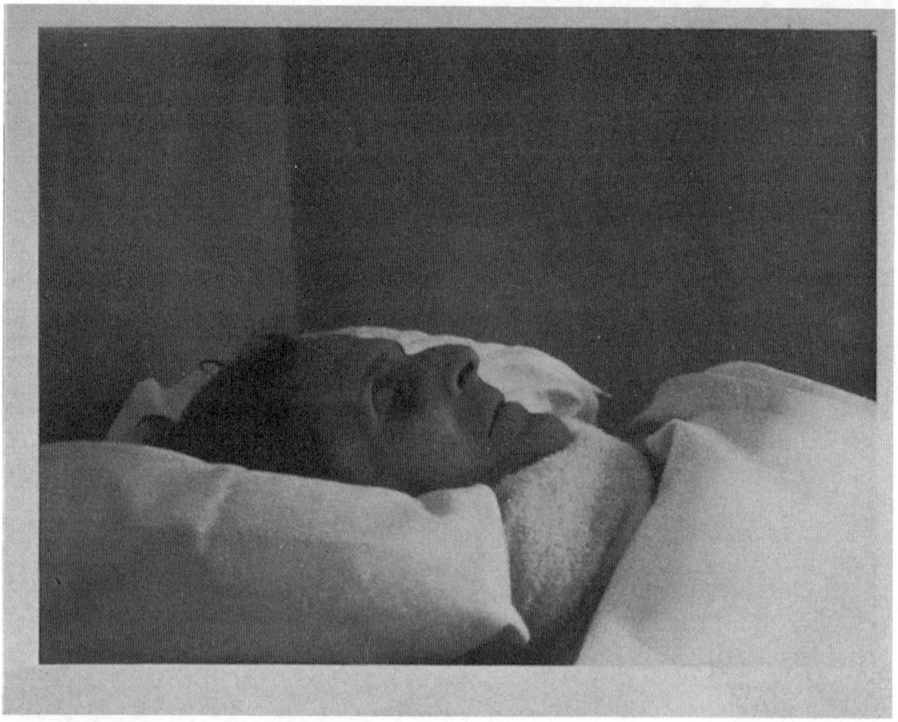

维特根斯坦的遗照

剑桥圣贾尔斯教堂维特根斯坦墓

上帝会对我说："我用你自己的嘴审判你。你自己的行为——当你看到别人做那种行为时——已然令你嫌恶而战栗。"

维特根斯坦寻觅的与上帝的和解，不是被接回天主教会的臂弯；那是一种伦理上的严肃和忠实的状态，那种状态甚至将经受住那位最严厉的法官的详尽审查，那位法官便是他自己的良心："那住在我胸中的上帝"。

# 附录：巴特利的维特根斯坦及加密札记

最近几年，最能激起对维特根斯坦生活的兴趣的书籍之一是W. W. 巴特利三世（W. W. Bartley III）的短论《维特根斯坦》。它描述了维特根斯坦的“走丢的岁月”，即他丢开哲学到奥地利农村当小学教师的1919—1929年。看上去，巴特利写这本书的主要意图是强调维特根斯坦这段生活的哲学相关性，特别是奥地利学校改革运动（塑造了奥地利一战后教育政策的运动）的教育理论对维特根斯坦后期哲学的影响。 581

然而，对巴特利此书的兴趣像是并未聚焦在其主要论题上，而是几乎统统集中在此书开头就维特根斯坦的性生活提出的耸动主张上。以我之见，他的断言引起的兴趣太过分了，但我觉得有必要对之说点什么。写作本书时我最常问自己的问题是：“你要拿巴特利怎么办？”——对巴特利提出的维特根斯坦搞同性乱交的主张，我的书里该给出怎样的回应？

他主张了什么？据巴特利说，接受学校教师训练，自个住在维也纳的出租屋里时，维特根斯坦发现邻近的普拉特公园（维也纳的一个大公园，大约类似伦敦的里士满公园）里有一块“粗野的年轻人乐意提供性生活”的区域。巴特利主张，一见到这个地方：

> [他]恐怖地发现自己几乎离不开那里。每周几个晚上，他跳出

582 自己的屋子，快速步行至普拉特公园，照他对朋友的说法，一个他控制不了的魔鬼支配了他。维特根斯坦发现，他喜欢自己看见的溜达在普拉特公园小街小巷里的粗鲁直接的同性恋少年，大大超过时常出入于凯特纳街的西尔克角及其附近的其他城区边缘酒吧的更有教养的年轻人。[《维特根斯坦》，第 40 页]

在一篇“后记”里——写于 1985 年，与此书的修订版一同出版——巴特利澄清了一种对此段落的普遍误解。看来，他并未暗示他笔下的“粗野年轻人”是娼妓。但在澄清了这种误解后，他仍坚持他说的是真的。

但他没有澄清这个谜：他怎么知道那是真的。在此书的修订版和原版里他都未给出这主张的来源。他只是说自己的信息依据“他［维特根斯坦］朋友的密闻”。

这个段落甫一公开，就成了一个热议的、显然无法解决的争议话题。许多很熟悉维特根斯坦的人感到愤慨，他们给杂志写评论，写信喷射怒火，倾吐对巴特利的书的轻蔑，发誓巴特利对维特根斯坦性生活的主张是错误的——必然是错误的，他们知道维特根斯坦不可能做那种事。

另一方面，许多不认识维特根斯坦，但读过他出版的通信，读过他朋友和学生写的回忆文章的人，则倾向于相信巴特利的话——事实上他们觉得巴特利提供了理解维特根斯坦痛苦个性的钥匙。例如，柯林·威尔逊在《不合时宜：性异者研究》[1]（这本书的主题是天才和性倒错的联系）里说，读了巴特利的书后他才觉得自己理解了维特根斯坦的著作。

看来，许多人很自然地认为维特根斯坦是个自感有罪的乱交同性恋，结果倾向于在手头毫无证据的情况下接受巴特利的主张。它与维特根斯坦的形象有着某种“符合”——甚至，维特根斯坦自感有罪地游荡在普拉特公园的小巷子里搜寻“粗野直接的同性恋少年”的画面，成了维特根

[1] Colin Wilson，*The Misfits: A Study of Sexual Outsiders*。

斯坦的公共形象里除不去的一部分。我曾相信维特根斯坦是“哲学家里的乔·奥顿”[1]。

我认为巴特利主张获得广泛接受的另一原因是，人们普遍感到，即便维特根斯坦的朋友、特别是他的遗稿保管人知道那是真的，也不肯承认那种事情是真的。人们感到有人在掩盖什么。维特根斯坦的遗稿保管
人之一伊丽莎白·安斯康姆教授为这观点提供了一种根据，她在一封写给 583
保尔·伊格尔曼的信［发表在伊格尔曼《维特根斯坦的来信暨我的回忆》（*Letters from Ludwig Wittgenstein with a Memoir*）一书的序言里］中说：

> 如果按下一个按钮就能确保人们不关心他的个人生活，我将按下那个按钮。

另一根据是遗稿保管人对维特根斯坦写在哲学手稿里的私人札记——所谓的加密札记——的态度。

写这些札记时，维特根斯坦用了儿时学会的非常简单的密码（a=z，b=y，c=x 等等），使之区别于他的哲学札记。密码的简单性，以及他用这种密码写自己著作的出版事宜的指令，说明他加密不是为了对后人隐瞒，而是为了防备（比如）碰巧探过头来或碰巧看见他桌上手稿的人。

这些札记里较不私人的那部分已收集出版，题为《文化与价值》。更私人性的札记仍未出版。在维特根斯坦手稿大全的微缩胶片里，这些更私人性的札记被纸条盖住了。

这一切（a）增加了人们对加密札记的内容的好奇心、（b）印证了遗稿保管人在隐瞒什么的看法。这又帮着制造了有利于接受巴特利本来很离奇的断言的舆论氛围。“啊哈！”人们想，“所以这就是安斯康姆这么多年一直在掩盖的事！”

---

[1] 乔·奥顿（Joe Orton），即 John Kingsley Orton（1933—1967），英国剧作家。

面对为叫卖而说谎的指责，巴特利本人利用了这种舆论氛围为自己辩护。在前述提到的“后记”（题为“对我的批评者的答辩”）里，他宣称遗稿保管人在表达对他的书的愤慨时虚张声势。因为他们手里一直：

> ……有维特根斯坦亲手写的加密笔记本，那是用非常简单的密码写的，早就被破译和誊写出来了，它们印证了我对他的同性恋生活作的陈述。

而这实际上不是真的。在加密札记里，维特根斯坦确实谈了他的爱——先是对大卫·品生特的，然后是对弗朗西斯·斯金纳的，最后是对
584 本·理查兹的（涵盖了约三十年的跨度）；在这个意义上，它们确实“印证”了他是同性恋。但它们一点儿也没印证巴特利对维特根斯坦的同性恋所作的陈述。这就是说，其中没有一个词提及去普拉特公园找“粗野的年轻人”，也一点儿没暗示维特根斯坦在一生的任何时候有过乱交行为。读这些札记倒是给人这种印象：甚至最微小的（无论是同性的或异性的）性欲表现都令他忧心忡忡，他不可能做出那种乱交行为。

很少人读过加密札记，所以能指出这一点的人不多。事实上，巴特利本人谈论“加密笔记本”的方式似乎说明他的信息也是二手的——他并未真正读过他口中的信息源。就没有什么加密笔记本。加密札记不是（如巴特利似乎认为的那样）聚集在两卷手稿里，而是散落在构成维特根斯坦文字和哲学遗稿库的约八十本笔记本里。所谓的“印证”是完全不真实的。

许多人试图驳斥巴特利，其中最常被引用的是洛什·里斯和J.J.斯通巴罗发表在《人世》（*The Human World*）（第14卷，1972年2月）上的文章。依我之见，那是不成功的。事实上，里斯甚至没有尝试——在通常的表明巴特利所言不实的意义上——驳斥巴特利。他的论证要旨是，即便巴特利的话是真的，复述那话也是“不正当的”。斯通巴罗的文章，

在剥除其中的高调子、过重的讽刺和道德愤慨之后，只剩下一个相当脆弱的论证：如果维特根斯坦干过巴特利提出的那种事，就会遭到勒索。巴特利在其“后记”里很容易地对付了这个论证。我相信，里斯和斯通巴罗把注意力放在巴特利的书的道德层面上，而非其信息的准确性上面，只是遮蔽了问题，无意中让巴特利脱钩而去。

唯一能有效驳斥巴特利的陈述的方法，是要么表明他得到的信息是错误的，要么表明他错误地解释了那信息。想要作这种尝试，就必须知道他得到的是什么信息。而巴特利坚决拒绝透露。

巴特利的书的其他地方显出这种迹象：写作此书时他见到了维特根斯坦在 1919—1920 年间的一份手稿。最惹人注目的这种迹象出现在（修订版的）第 29 页，他在那儿引用了维特根斯坦记下的一个梦，以及维特根斯坦自己对此梦的解释。我觉得只能设想巴特利此处的信息来自于维特根斯坦本人写的一份文稿。如果说这令人难以置信——维特根斯坦的朋友把描述维特根斯坦去普拉特公园的材料提供给巴特利，那么这就是断然不可信的——他们用第一人称写了维特根斯坦的梦的报告，并交给 585
了巴特利。

有趣的是，在前面提到的加密札记里，维特根斯坦的确偶尔记录和评论自己的梦（本书里有三个例子，分别在第 276 页、第 279 页和第 436 页）。而巴特利引用的梦的讨论虽比保存下来的其他讨论都更详细，但完全符合维特根斯坦在各种时候表现出的对弗洛伊德解梦技术的兴趣。

因此，完全有理由相信巴特利给出的梦的记录是真实的；因此，看上去有理由认为，巴特利见过一份维特根斯坦的遗稿保管人不知其有的手稿（甚至是对他们隐瞒的手稿）。保管人手里并无 1919—1920 年期间的手稿，虽然很可能存在一些这样的手稿。

如果这个（我承认是高度猜想的）假设是正确的，那么这份手稿也可能是所谓“普拉特事件”的来源。在和巴特利的通信里，我直接问他是否存在这么一份手稿。他既未肯定也未否定这一推想；他只是说，透露他的消息来源是对一种信任的背叛，而他不愿意做出如此不光彩的事。因此我认为这个假设尚有待证伪。

写作本书时，我毫无限制地阅读了遗稿保管人手里的所有加密札记，并得到了任意引用的许可。我的做法是，凡是对维特根斯坦的感情、精神和性的生活有任何揭示的札记，全都实际引用了。（正如林顿·斯特雷奇曾说的，自行判断不是一部传记的优点。）我毫未截留可能支持“维特根斯坦的同性恋折磨着他”这个流行观念的材料，虽然我自己相信这是一种严重误解了真相的简化说法。

加密札记揭示的是，维特根斯坦忧虑的不是同性恋，而是性欲本身。爱，无论是对男人或女人的爱，都是他的珍视之物。他把爱当作一种礼物，一种几乎神圣的礼物。但是，和魏宁格（我相信，魏宁格的《性与性格》表述了许多暗含在维特根斯坦的谈话、写作和行为里的对待爱和性的态度）一样，他截然地区分爱和性。他极为忧虑性欲的勃发——无论是对同性还是异性的。他似乎认为那不容于他希望成为的那种人。

加密札记还揭示了，维特根斯坦的爱和性的生活只在他想象里进行的程度异乎寻常。这在基斯·柯克的身上最为显著（维特根斯坦对柯克产
586 生了一种短暂的着迷，认为这不忠于自己对弗朗西斯·斯金纳的爱。见第426—428页），但在维特根斯坦的几乎一切亲密关系里也都很明显。维特根斯坦对恋情的理解经常与其他人对之的理解毫不相干。如果没见过基斯·柯克，我可能因为读了加密札记而近乎确信他和维特根斯坦有点“事”。我见过了柯克，我确信无论有过什么事那只发生在维特根斯坦的心里。

如果读者允许，我对自己就巴特利的主张所作的设想总结如下：我相信，有可能巴特利的信息来自于1919—1920年间写的一份手稿里包含的加密札记，但他太过草率地依据那些札记作出维特根斯坦有性乱交行为的结论。这与我们对维特根斯坦所知的其他一切完全一致——他确实

发现自己在普拉特见到的“粗野直接的同性恋少年”很迷人，一次次地从能望见他们的地方返回那里，在笔记本里记录了自己的入迷。但这也与我们的所知完全一致——那些少年全然不知他的入迷，甚至全然不知他的存在。我相信，如果维特根斯坦和街头少年“性乱交”，那只是在他“不忠于”弗朗西斯·斯金纳的同样意义上如此。

# 引注

（此部分标注下页码为原书页码，即本书边码）

587 维特根斯坦的手稿保存在剑桥三一学院雷恩图书馆（Wren Library）。这里引用时依据G.H.冯·赖特教授在《维特根斯坦文著》一文（刊于《维特根斯坦》，1982年，Blackwell出版社）中为之作的编号。在正文里，引文是用英语给出的。如果是照录此前出版过的译文，我只在这儿给出相应出版物的索引。如果是我自己翻译了此前只以德语出版过（或引用过）的文句，我就给出手稿索引，并附上德语原文。对于弗雷格写给维特根斯坦的某些较重要的信，我也照此处理。

维特根斯坦写给伯特兰·罗素、G.E.摩尔、J.M.凯恩斯、W.埃克尔斯、保尔·伊格尔曼、路德维希·冯·费克尔、C.K.奥格登和G.H.冯·赖特的信件，已经在“书目选”列出的种种信件名录下出版了。他写给路德维希·亨泽尔的信件，作为附录出版在Konrad Wünsche所著的《小学教师维特根斯坦》（*Der Volksschullehrer Ludwig Wittgenstein*）一书里。他写给姐姐赫尔米勒和海伦娜的信件，和写给朋友罗伊·弗拉克、罗兰德·赫特、吉尔伯特·帕蒂森、洛什·里斯、莫里茨·石里克和弗里德里希·魏斯曼的信件，除非我另加指明，迄今都未出版，尚在私人手里。

伊格尔曼、埃克尔斯、戈特洛布·弗雷格、冯·费克尔、亨泽尔、阿德勒·约勒斯和斯坦尼斯洛斯·约勒斯、奥格登、大卫·品生特和罗素写给维特根斯坦的信件，保存在因斯布鲁克大学布伦纳档案馆（Brenner Archive）里。弗朗西斯·斯金纳写给他的信件则在私人手里。

罗素写给奥特琳·莫瑞尔女爵士的信件保存在得克萨斯大学人文研究中心，至少有三种此前的出版物广为引用过这些信：Ronald W. Clark的*The Life of Bertrand Russell*、Brian McGuinness的*Wittgenstein: A Life*和Kenneth Blackwell
588 的The Early Wittgenstein and the Middle Russell（此文刊于Irving Block编辑的

*Perspectives on the Philosophy of Wittgenstein* 一书中）。

第 21 章引用的格兰特、拜沃特斯、赫拉尔德和兰兹巴罗·汤普森医生之间的通信，保存在伦敦医学研究会（MRC）图书馆。第 9 章用到的与阿道尔夫·胡伯纳的谈话记录保存在下奥地利科希贝格维特根斯坦档案中心里。

在以下的引注里，把洛什·里斯编辑的 *Recollections of Wittgestein* 简写为 *Recollections*；把路德维希·维特根斯坦简写为 LW；他的通信对象简写如下：

| | |
|---|---|
| PE | 保尔·伊格尔曼 |
| WE | W. 埃克尔斯 |
| GF | 戈特洛布·弗雷格 |
| LF | 路德维希·费克尔 |
| RF | 罗伊·弗拉克 |
| LH | 路德维希·亨泽尔 |
| RH | 罗兰德·赫特 |
| AJ | 阿德勒·约勒斯 |
| SJ | 斯坦尼斯拉夫·约勒斯 |
| PEJ | P.E. 乔丹 |
| JMK | 约翰·梅纳德·凯恩斯 |
| LL | 莉迪娅·洛普科娃 |
| GEM | G.E. 摩尔 |
| NM | 诺曼·马尔科姆 |
| OM | 奥特琳·莫瑞尔女爵士 |
| CKO | C.K. 奥格登 |
| DP | 大卫·品生特 |
| FP | 芬妮·品生特 |
| GP | 吉尔伯特·帕蒂森 |
| BR | 伯特兰·罗素 |
| FR | 弗兰克·拉姆塞 |
| RR | 洛什·里斯 |
| FS | 弗朗西斯·斯金纳 |
| LS | 林顿·斯特雷奇 |

MS 莫里茨·石里克

FW 弗雷德里希·魏斯曼

GHvW G.H.冯·赖特

## 1 THE LABORATORY FOR SELF-DESTRUCTION

**p. 3** 'Why should one tell the truth': Wittgenstein's recollection of this episode is contained in a document found among Wittgenstein's papers; quoted by Brian McGuinness in *Wittgenstein: A Life*, pp. 47–8.

**p. 3** 'Call me a truth-seeker': LW to Helene Salzer (née Wittgenstein); quoted in Michael Nedo and Michele Ranchetti, *Wittgenstein: Sein Leben in Bildern und Texten*, p. 292.

**p. 4** 'I can't understand that': Malcolm, *Memoir*, p. 116.

**p. 6** 'There is no oxygen in Cambridge': *Recollections*, p. 121.

**p. 12** 'our influence did not reach far enough': *Jahrbuch für sexuelle Zwischenstufen*, VI, p. 724; quoted by W. W. Bartley in *Wittgenstein*, p. 36.

**p. 13** woken at three: this account was given by Wittgenstein to Rush Rhees, who mentioned it to the author in conversation.

**p. 13** 'I can begin to hear the sound of machinery': *Recollections*, p. 112.

**p. 14** '*Du hast aber kein Rhythmus!*': quoted by Rush Rhees, in conversation with the author.

**p. 14** 'Whereas I in the same circumstances': from the document referred to on p. 3.

**p. 16** '*Wittgenstein wandelt wehmütig*': recalled in a letter (12.4.76) from a fellow pupil of Wittgenstein's at Linz, J. H. Stiegler, to Adolf Hübner; quoted by Konrad Wüsche in *Der Volksschullehrer Ludwig Wittgenstein*, p. 35. I am indebted to Paul Wijdeveld for the translation.

**p. 17** 'A trial involving sexual morality': quoted by Frank Field in *Karl Kraus and his Vienna*, p. 56.

**p. 17** 'If I must choose': ibid., p. 51.

**p. 17** Politics 'is what a man does': ibid., p. 75.

**p. 20** 'a time when art is content': Weininger, *Sex and Character*, pp. 329–30.

**p. 21** 'her sexual organs possess women': ibid., p. 92.

**p. 22** 'the male lives consciously': ibid., p. 102.

**p. 22** 'disposition for and inclination to prostitution': ibid., p. 217.

**p. 22** 'a characteristic which is really and exclusively feminine': ibid., p. 255.

**p. 22** 'the interest that sexual unions shall take place': ibid., p. 258.

**p. 22** 'but which has become actual': ibid., p. 303.

**p. 23** 'the most manly Jew': ibid., p. 306.
**p. 23** 'the extreme of cowardliness': ibid., p. 325.
**p. 23** 'conquered in himself Judaism': ibid., pp. 327–8.
**p. 24** 'it has the greatest, most limpid clearness and distinctness': ibid., p. 111.
**p. 24** 'they are no more than duty to oneself': ibid., p. 159.
**p. 24** 'Genius is the highest morality': ibid., p. 183.
**p. 24** 'many men first come to know of their own real nature': ibid., p. 244.
**p. 24** 'In love, man is only loving himself': ibid., p. 243.
**p. 24** 'what all the travels in the world': ibid., p. 239.
**p. 24** 'attached to the absolute': ibid., p. 247.
**p. 25** 'no one who is honest with himself': ibid., p. 346.
**p. 26** 'When these painful contradictions are removed': Hertz, *Principles of Mechanics*, p. 9.

## 2 MANCHESTER

**p. 29** 'I'm having a few problems': LW to Hermine Wittgenstein, 17.5.08.
**p. 29** 'Because I am so cut off': ibid.
**p. 30** '. . . will try to solve': LW to Hermine Wittgenstein, Oct. 1908.
**p. 32** 'What the complete solution': Russell, *Principles of Mathematics*, p. 528.
**p. 33** 'Russell said': Jourdain, correspondence book, 20.4.09.
**p. 34** 'one of the very few people': LW to WE, 30.10.31.
**p. 34** 'his nervous temperament': J. Bamber to C. M. Mason, 8.3.54; printed as an appendix to Wolfe Mays, 'Wittgenstein in Manchester'.
**p. 34** 'He used to brag': ibid.
**p. 34** 'he used to sit through the concert': ibid.
**p. 35** 'in a constant, indescribable, almost pathological state': *Recollections*, p. 2.

## 3 RUSSELL'S PROTÉGÉ

**p. 36** There exists some disagreement about whether Wittgenstein met Frege or Russell first. The account I give here agrees with that of Brian McGuinness in *Wittgenstein: A Life*, and follows that given by Hermine Wittgenstein in her memoir, 'My Brother Ludwig', *Recollections*, pp. 1–11. It is also supported by G. H. von Wright, who recounts in his 'Biographical Sketch' the story told to him by Wittgenstein that he went first to see Frege in Jena and then (on Frege's advice) to Cambridge to see Russell. Russell, however, was of the opinion that Wittgenstein had not met Frege before he came to Cambridge, and this opinion is shared by some of Wittgenstein's friends, including Elizabeth Anscombe and Rush Rhees (who expresses it in his editorial notes to Hermine's recollections). Professor Anscombe has suggested to me that, as Hermine Wittgenstein was an elderly woman by the time she wrote her reminiscences, her memory might have been at fault. However, in the absence of any conclusive reason for thinking this, I have trusted Hermine's account.

**p. 36** 'My intellect never recovered': Russell, *Autobiography*, p. 155.
**p. 37** 'I did think': BR to OM, 13.12.11.
**p. 38** 'What you call God': BR to OM, 29.12.11.
**p. 38** '. . . now there is no prison': BR to OM, July 1911.
**p. 38** '. . . an unknown German': BR to OM, 18.10.11.
**p. 39** 'I am much interested': ibid.
**p. 39** 'My German friend': BR to OM, 19.10.11.
**p. 39** 'My German engineer very argumentative': BR to OM, 1.11.11.
**p. 39** 'My German engineer, I think, is a fool': BR to OM, 2.11.11.
**p. 40** '. . . was refusing to admit': BR to OM, 7.11.11.
**p. 40** 'My lecture went off all right': BR to OM, 13.11.11.
**p. 40** 'My ferocious German': BR to OM, 16.11.11.
**p. 40** 'My German is hesitating': BR to OM, 27.11.11.
**p. 41** 'literary, very musical, pleasant-mannered': BR to OM, 29.11.11.
**p. 41** 'very good, much better than my English pupils': BR to OM, 23.1.12.
**p. 41** 'Wittgenstein has been a great event in my life': BR to OM, 22.3.12.
**p. 41** 'a definition of logical *form*': BR to OM, 26.1.12.
**p. 42** 'brought a very good original suggestion': BR to OM, 27.2.12.
**p. 42** 'I found in the first hour': *Recollections*, p. 61.
**p. 42** 'At our first meeting': ibid.
**p. 42** 'While I was preparing my speech': BR to OM, 2.3.12.
**p. 42** 'Moore thinks enormously highly': BR to OM, 5.3.12.
**p. 43** 'ideal pupil': BR to OM, 17.3.12.
**p. 43** 'practically certain to do a good deal': BR to OM, 15.3.12.
**p. 43** 'full of boiling passion': ibid.
**p. 43** 'It is a rare passion': BR to OM, 8.3.12.
**p. 43** 'he has more passion': BR to OM, 16.3.12.
**p. 43** 'His disposition is that of an artist': BR to OM, 16.3.12.
**p. 43** 'I have the most perfect intellectual sympathy with him': BR to OM, 17.3.12.
**p. 43** '. . . he even has the same similes': BR to OM, 22.3.12.
**p. 43** 'in argument he forgets': BR to OM, 10.3.12.
**p. 44** 'far more terrible with Christians': BR to OM, 17.3.12.
**p. 45** 'he says people who like philosophy': BR to OM, 17.3.12.
**p. 45** 'wears well': BR to OM, 23.4.12.
**p. 46** 'perhaps the most perfect example': Russell, *Autobiography*, p. 329.
**p. 46** 'I don't feel the subject neglected': BR to OM, 23.4.12.
**p. 46** 'He seemed surprised': ibid.
**p. 47** 'a model of cold passionate analysis': BR to OM, 24.4.12.

**p. 47** 'a trivial problem': BR to OM, 23.4.12

**p. 47** 'but only because of disagreement': BR to OM, 26.5.12.

**p. 48** 'Everybody has just begun to discover him': BR to OM, 2.5.12.

**p. 48** 'Somebody had been telling them': ibid.

**p. 48** 'Herr Sinckel-Winckel lunches with me': LS to JMK, 5.5.12.

**p. 48** 'Herr Sinckel-Winkel hard at it': LS to JMK, 17.5.12.

**p. 49** 'interesting and pleasant': Pinsent, Diary, 13.5.12.

**p. 49** 'I really don't know what to think': Pinsent, Diary, 31.5.12.

**p. 50** '. . . he is reading philosophy up here': Pinsent, Diary, 30.5.12.

**p. 50** 'very communicative': Pinsent, Diary, 1.6.12.

**p. 51** '. . . then went on to say': BR to OM, 30.5.12.

**p. 51** 'This book does me a lot of good': LW to BR, 22.6.12.

**p. 52** 'much pained, and refused to believe it': BR to OM, 1.6.12.

**p. 52** '[Wittgenstein] said (and I believe him)': ibid.

**p. 53** 'since good taste is genuine taste': BR to OM, 17.5.12.

**p. 53** 'I am seriously afraid': BR to OM, 27.5.12.

**p. 54** 'I told him': ibid.

**p. 54** 'It is really amazing': BR to OM, 24.7.12.

**p. 54** 'I did seriously mean to go back to it': BR to OM, 21.5.12.

**p. 54** 'I do *wish* I were more creative': BR to OM, 7.9.12.

**p. 55** '. . . the second part represented my opinions': BR to Anton Felton, 6.4.68.

**p. 55** 'Wittgenstein brought me the most lovely roses': BR to OM, 23.4.12.

**p. 55** 'I love him as if he were my son': BR to OM, 22.8.12.

**p. 55** 'We expect the next big step': *Recollections*, p. 2.

**p. 55** 'I went out': Pinsent, Diary, 12.7.12.

**p. 56** 'He is *very* fussy': BR to OM, 5.9.12.

**p. 56** 'rather quaint but not bad': Pinsent, Diary, 14.10.12.

**p. 56** 'arrogated base culture': Engelmann, *Memoir*, p. 130.

**p. 56** 'I am quite well again': LW to BR, summer 1912.

**p. 57** 'I am glad you read the lives of Mozart and Beethoven': LW to BR, 16.8.12.

**p. 57** 'a great contrast': BR to OM, 4.9.12.

**p. 57** 'This produced a wild outburst': BR to OM, 5.9.12.

**p. 58** 'Wittgenstein, or rather his father': Pinsent, Diary, 5.9.12.

**p. 58** '. . . he is being very fussy': Pinsent, Diary, 7.9.12.

**p. 58** 'He has an enormous horror': Pinsent, Diary, 12.9.12.

**p. 59** 'Wittgenstein has been talking a lot': Pinsent, Diary, 19.9.12.

**p. 59** 'Wittgenstein however got terribly fussy': Pinsent, Diary, 13.9.12.

**p. 59** 'Wittgenstein was a bit sulky all the evening': Pinsent, Diary, 21.9.12.

**p. 60** 'His fussyness comes out': Pinsent, Diary, 15.9.12.
**p. 60** 'I am learning a lot': Pinsent, Diary, 18.9.12.
**p. 60** 'he simply won't speak to them': Pinsent, Diary, 24.9.12.
**p. 61** 'still fairly sulky': Pinsent, Diary, 25.9.12.
**p. 61** 'I really believe': Pinsent, Diary, 29.9.12.
**p. 61** 'I think father was interested': Pinsent, Diary, 4.10.12.
**p. 61** 'the most glorious holiday': Pinsent, Diary, 5.10.12.

## 4 RUSSELL'S MASTER

**p. 62** 'the infinite part of our life': Russell, 'The Essence of Religion', *Hibbert Journal*, XI (Oct. 1912), pp. 42–62.
**p. 63** 'Here is Wittgenstein': BR to OM, early Oct. 1912.
**p. 63** 'He felt I had been a traitor': BR to OM, 11.10.12.
**p. 63** 'Wittgenstein's criticisms': BR to OM, 13.10.12.
**p. 63** 'very much inclined': BR to OM, 14.10.12.
**p. 63** 'He was very displeased with them': Moore, undated letter to Hayek; quoted in Nedo, op. cit., p. 79.
**p. 64** 'pace up and down': Russell, *Autobiography*, p. 330.
**p. 64** 'not far removed from suicide': BR to OM, 31.10.12.
**p. 64** 'he strains his mind': BR to OM, 5.11.12.
**p. 64** 'I will remember the directions': BR to OM, 4.11.12.
**p. 64** 'passionate afternoon': BR to OM, 9.11.12.
**p. 65** 'I told Wittgenstein': BR to OM, 12.11.12.
**p. 65** 'I got into talking about his faults': BR to OM, 30.11.12.
**p. 65** 'a man Wittgenstein dislikes': Pinsent, Diary, 9.11.12.
**p. 66** 'but it was a failure': BR to OM, 31.10.12.
**p. 66** 'Wittgenstein is a most wonderful character': JMK to Duncan Grant, 12.11.12.
**p. 66** 'Have you heard': JMK to LS, 13.11.12.
**p. 66** 'Obviously from his point of view': BR to JMK, 11.11.12.
**p. 67** 'take him': James Strachey to Rupert Brooke, 29.1.12; see Paul Delany, *The Neo-pagans*, p. 142.
**p. 67** 'He can't stand him': BR to OM, 10.11.12.
**p. 67** 'Our brothers B and Wittgenstein': LS to JMK, 20.11.12.
**p. 67** 'The poor man is in a sad state': LS to Sydney Saxon Turner, 20.11.12.
**p. 68** 'The Witter-Gitter man': JS to LS, early Dec. 1912.
**p. 68** 'Wittgenstein has left the Society': BR to OM, undated, but either 6 or 13 Dec. 1912.
**p. 69** 'He is much the most apostolic': BR to 'Goldie' Lowes Dickenson, 13.2.13.
**p. 69** 'His latest': Pinsent, Diary, 25.10.12.

**p. 70** 'Mr Wittgenstein read a paper': minutes of the Moral Science Club, 29.11.12.
**p. 70** 'about our Theory of Symbolism': LW to BR, 26.12.12.
**p. 70** 'I think that there cannot be different Types of things!': LW to BR, Jan. 1913.
**p. 71** 'No good argument': see Ronald W. Clark, *The Life of Bertrand Russell*, p. 241.
**p. 71** 'Physics exhibits sensations': Russell, 'Matter', unpublished MS; quoted by Kenneth Blackwell in 'The Early Wittgenstein and the Middle Russell', in *Perspectives on the Philosophy of Wittgenstein*, ed. Irving Block.
**p. 71** 'I am sure I have hit upon a real thing': BR to OM, 9.11.12.
**p. 72** 'Then Russell appeared': Pinsent, Diary, 4.2.13.
**p. 72** 'fortunately it is his business': BR to OM, 23.2.13.
**p. 72** 'My dear father died': LW to BR, 21.1.13.
**p. 72** 'very much against it': Pinsent, Diary, 7.2.13.
**p. 73** 'terrific contest': BR to OM, 6.3.13.
**p. 73** 'I find I no longer talk to him about *my* work': BR to OM, 23.4.13.
**p. 75** 'I believe a certain sort of mathematicians': BR to OM, 29.12.12.
**p. 76** 'Whenever I try to think about Logic': LW to BR, 25.3.13.
**p. 76** 'Poor wretch!': BR to OM, 29.3.13.
**p. 76** 'Do you mean': PEJ to GF, 29.3.13.
**p. 76** 'shocking state': BR to OM, 2.5.13.
**p. 76** 'I played tennis with Wittgenstein': Pinsent, Diary, 29.4.13.
**p. 76** 'I had tea chez: Wittgenstein': Pinsent, Diary, 5.5.13.
**p. 77** 'The idea is this': Pinsent, Diary, 15.5.13.
**p. 77** 'talking to each other': BR to OM, 16.5.13.
**p. 77** 'went on the river': Pinsent, Diary, 4.6.13.
**p. 78** '. . . we went to the C.U.M.C.': Pinsent, Diary, 30.11.12.
**p. 78** 'Wittgenstein and Lindley came to tea': Pinsent, Diary, 28.2.13.
**p. 78** 'I came with him': Pinsent, Diary, 24.5.13.
**p. 79** 'because ordinary crockery is too ugly': Pinsent, Diary, 16.6.13.
**p. 79** 'He affects me': BR to OM, 1.6.13.
**p. 80** 'His faults are exactly mine': BR to OM, 5.6.13.
**p. 80** 'an event of first-rate importance': BR to OM, 1916; the letter is reproduced in Russell, *Autobiography*, pp. 281–2.
**p. 81** 'It all flows out': BR to OM, 8.5.13.
**p. 81** 'He thinks it will be like the shilling shocker': BR to OM, 13.5.13.
**p. 81** 'He was right': BR to OM, 21.5.13.
**p. 81** 'We were both cross from the heat': BR to OM, 27.5.13.
**p. 82** 'But even if they are': BR to OM, undated.
**p. 82** 'I am very sorry': LW to BR, 22.7.13.

**p. 82** 'I must be much sunk': BR to OM, 20.6.13.
**p. 82** 'Ten years ago': BR to OM, 23.2.13.
**p. 83** 'Wittgenstein would like the work': BR to OM, 18.1.14.
**p. 83** 'You can hardly believe': BR to OM, 29.8.13.
**p. 83** 'latest discoveries': Pinsent, Diary, 25.8.13.
**p. 84** 'There are still some *very* difficult problems': LW to BR, 5.9.13.
**p. 84** 'He was very anxious': Pinsent, Diary, 25.8.13.
**p. 84** 'That is a splendid triumph': Pinsent, Diary, 29.8.13.
**p. 84** 'Soon after we had sailed': Pinsent, Diary, 30.8.13.
**p. 85** 'We have got on splendidly': Pinsent, Diary, 2.9.13.
**p. 85** 'absolutely sulky': ibid.
**p. 86** 'When he is working': Pinsent, Diary, 3.9.13.
**p. 86** 'which was the cause of another scene': Pinsent, Diary, 4.9.13.
**p. 86** 'just enough to do to keep one from being bored': Pinsent, Diary, 23.9.13.
**p. 87** 'I am sitting here': LW to BR, 5.9.13.
**p. 87** 'During all the morning': Pinsent, Diary, 17.9.13.
**p. 88** '*as soon as possible*': LW to BR, 20.9.13.
**p. 88** 'but yet frightfully worried': Pinsent, Diary, 20.9.13.
**p. 88** 'I am enjoying myself pretty fairly': Pinsent, Diary, 23.9.13.
**p. 89** 'suddenly announced a scheme': Pinsent, Diary, 24.9.13.
**p. 89** 'He has settled many difficulties': Pinsent, Diary, 1.10.13.
**p. 90** 'sexual desire increases with physical proximity': Weininger, *Sex and Character*, p. 239.

## 5 NORWAY

**p. 91** 'I said it would be dark': BR to Lucy Donnelly, 19.10.13.
**p. 92** 'After much groaning': BR to OM, 9.10.13.
**p. 92** 'In philosophy there are no deductions': *Notes on Logic*; printed as Appendix I in *Notebooks 1914–16*, pp. 93–107.
**p. 93** 'It was sad': Pinsent, Diary, 8.10.13.
**p. 93** 'As I hardly meet a soul': LW to BR, 29.10.13.
**p. 94** '*Then* my mind was on fire!': quoted by Basil Reeve in conversation with the author.
**p. 94** 'that the whole of Logic': LW to BR, 29.10.13.
**p. 94** 'In pure logic': Russell, *Our Knowledge of the External World*, preface, pp. 8–9.
**p. 94** 'An account of general indefinables?': LW to BR, Nov. 1913.
**p. 95** 'I beg you': LW to BR, Nov. or Dec. 1913.
**p. 95** 'All the propositions of logic': ibid.
**p. 96** 'My day passes': LW to BR, 15.12.13.
**p. 97** 'But deep inside me': LW to BR, Dec. 1913 or Jan. 1914. In *Letters to*

*Russell, Keynes and Moore* this letter is dated June/July 1914, but, as Brian McGuinness argues in *Wittgenstein: A Life*, p. 192, it seems more plausible to assume that it was written during the Christmas period of 1913.

**p. 97** 'It's VERY sad': LW to BR, Jan. 1914.

**p. 98** 'come to the conclusion': LW to BR, Jan. or Feb. 1914.

**p. 99** 'I dare say': BR to OM, 19.2.14.

**p. 99** '*so* full of kindness and friendship': LW to BR, 3.3.14.

**p. 101** 'who is not yet stale': LW to GEM, 19.11.13.

**p. 101** '*You must come*': LW to GEM, 18.2.14.

**p. 101** 'I *think*, now': LW to GEM, March 1914.

**p. 102** 'Logical so-called propositions': 'Notes Dictated to G. E. Moore in Norway'; printed as Appendix II in *Notebooks 1914–16*.

**p. 102** 'I have now relapsed': LW to BR, early summer 1914.

**p. 103** 'Your letter annoyed me': LW to GEM, 7.5.14.

**p. 104** 'Upon clearing up some papers': LW to GEM, 3.7.14

**p. 104** 'Think I won't answer it': Moore, Diary, 13.7.14; quoted on p. 273 of Paul Levy, *G. E. Moore and the Cambridge Apostles*.

## 6 BEHIND THE LINES

**p. 105** 'I hope the little stranger': LW to WE, July 1914.

**p. 106** 'The effect is greatly admired': WE to LW, 28.6.14.

**p. 106** 'I am turning to you in this matter': LW to LF, 14.7.14.

**p. 107** 'In order to convince you': LW to LF, 19.7.14.

**p. 107** 'That Austria's only honest review': quoted in the notes to *Briefe an Ludwig von Ficker*, and translated by Allan Janik in 'Wittgenstein, Ficker and "*Der Brenner*"', C. G. Luckhardt, *Wittgenstein: Sources and Perspectives*, pp. 161–89.

**p. 107** From the painter Max von Esterle: see Walter Methlagl, 'Erläuerungen zur Beziehung zwischen Ludwig Wittgenstein und Ludwig von Ficker', *Briefe an Ludwig von Ficker*, pp. 45–69.

**p. 107** 'a picture of stirring loneliness': quoted by Janik, op cit., p. 166. The quotation comes from Ficker, 'Rilke und der Unbekannte Freund', first published in *Der Brenner*, 1954, and reprinted in *Denkzettel und Danksagungen*, 1967.

**p. 108** 'It makes me *very* happy': LW to LF, 1.8.14.

**p. 108** 'You are me!': reported by Engelmann, op. cit., p. 127.

**p. 109** 'Once I helped him': LW to PE, 31.3.17.

**p. 109** 'I do not know': LW to LF, 1.8.14.

**p. 109** 'as thanks they were': LW to LF, 13.2.15.

**p. 109** 'but a gift': see Methlagl, op. cit., p. 57.

**p. 110** '[It] both moved and deeply gladdened me': LW to LF, 13.2.15.

**p. 110** 'I suppose Madeira wouldn't suit you': DP to LW, 29.7.14.

**p. 111** 'an intense desire': *Recollections*, p. 3.

**p. 111** 'average men and women': Russell, *Autobiography*, p. 239.

**p. 112** 'No matter what a man's frailties': James, *Varieties of Religious Experience*, p. 364.

**p. 112** 'Now I have the chance': this and the following extract from Wittgenstein's diaries are quoted by Rush Rhees in his 'Postscript' to *Recollections*, pp. 172–209.

**p. 112** 'People to whom thousands come': *'Leute, die von Tausenden täglich um Rat gefragt werden, gaben freundliche und ausführliche Antworten'*: MS 101, 9.8.14.

**p. 113** 'Will I be able to work now??!': *'Werde ich jetzt arbeite können??! Bin gespannt auf mein kommendes Leben!'*: ibid.

**p. 113** 'Such incredible news': *'Solche unmögliche Nachrichten sind immer ein sehr schlechtes Zeichen. Wenn wirklich etwas für uns Günstiges vorfällt, dann wird* das *berichtet und niemand verfällt auf solche Absurditäten. Fühle darum heute mehr als je die furchtbare Traurigkeit unserer – der deutschen Rasse – Lage. Denn dass wir gegen England nicht aufkommen können, scheint mir so gut wie gewiss. Die Engländer – die beste Rasse der Welt –* können *nicht verlieren. Wir aber können verlieren und werden verlieren, wenn nicht in diesem Jahr so im nächsten. Der Gedanke, dass undere Rasse geschlagen werden soll, deprimiert mich furchtbar, denn ich bin ganz und gar deutsch'*: MS 101, 25.10.14.

**p. 114** 'a bunch of delinquents': quoted by Rhees, op. cit., p. 196.

**p. 114** 'When we hear a Chinese talk': MS 101, 21.8.14; this translation is taken from *Culture and Value*, p. 1.

**p. 114** 'Today, when I woke up': MS 101, 10.8.14; quoted in Nedo, op. cit., p. 161.

**p. 114** 'It was terrible': MS 101, 25.8.14; quoted ibid., p. 70.

**p. 114** 'There is an enormously difficult time': ibid.; quoted in Rhees, op. cit., p. 196.

**p. 115** 'No news from David': *'Keine Nachricht von David. Bin ganz verlassen. Denke an Selbstmord'*: MS 102, 26.2.15.

**p. 115** 'I have never thought of you': SJ to LW, 25.10.14.

**p. 115** 'That you have enlisted': GF to LW, 11.10.14.

**p. 116** 'If you are not acquainted with it': LW to LF, 24.7.15.

**p. 116** 'If I should reach my end now': MS 101, 13.9.14; quoted (but translated slightly differently) in Rhees, op. cit., p. 194.

**p. 116** 'Don't be dependent on the external world': MS 102, Nov. 1914; quoted in Rhees, op. cit., p. 196.

**p. 117** 'All the concepts of my work': *'Ich bin mit allen den Begriffen meiner*

*Arbeit ganz und gar "unfamiliar". Ich SEHE gar nichts!!!'*: MS 101, 21.8.14.

**p. 117** 'I am on the path': MS 101, 5.9.14; quoted in Nedo, op. cit., p. 168.

**p. 117** 'I feel more sensual': *'Bin sinnlicher als früher. Heute wieder o . . .'*: MS 101, 5.9.14.

**p. 118** told by Wittgenstein to G. H. von Wright: see *Biographical Sketch*, p. 8.

**p. 118** 'In the proposition': *Notebooks*, p. 7.

**p. 118** 'We can say': *Notebooks*, p. 8.

**p. 118** 'Worked the whole day': *'Den ganzen Tag gearbeitet. Habe das Problem* verzeifelt *gestürmt! Aber ich will eher mein Blut von dieser Festung lassen, ehe ich unverrichteter Dinge abziehe. Die grösste Schwierigkeit ist, die einmal eroberten Forts zu halten bis man ruhig in ihnen sitzen kann. Und bis nicht die* Stadt *gefallen ist, kann man* nicht *für immer ruhig in einem der Forts sitzen'*: MS 102, 31.10.14.

**p. 119** 'I would be greatly obliged': Trakl to LW, Nov. 1914.

**p. 119** 'How happy I would be': *'Wie gerne möchte ich ihn kennen lernen! Höffentlich treffe ich ihn, wenn ich nach Krakau komme! Vielleicht wäre es mir eine grosse Stärkung'*: MS 102, 1.11.14.

**p. 119** 'I miss greatly': *'Ich vermisse sehr einen Menschen, mit dem ich mich ein wenig ausreden kann . . . es würde mich sehr stärken . . . In Krakau. Es ist schon zu spät, Trakl heute noch zu besuchen'*: MS 102, 5.11.14.

**p. 120** 'How often I think of him!': MS 102, 11.11.14.

**p. 120** 'When this war is over': DP to LW, 1.12.14.

**p. 120** 'For the first time in 4 months': MS 102, 10.12.14.

**p. 121** 'Perhaps they will have a good influence': MS 102, 15.11.14.

**p. 121** 'We recognize a condition of morbid susceptibility': Nietzsche, *The Anti-Christ*, p. 141.

**p. 122** 'An extreme capacity for suffering': ibid., p. 142.

**p. 122** 'Christianity is indeed the only *sure* way to happiness': *'Gewiss, das Christentum ist der einzige* sichere *Weg zum Glük; aber wie wenn einer dies Glück verschmähte?! Könnte es nicht besser sien, unglücklich im hoffnungslosen Kampf gegen die äussere Welt zu Grunde zu gehen? Aber ein solches Leben ist sinnlos. Aber warum nicht ein sinnloses Leben führen? Ist es unwürdig?'*: MS 102, 8.12.14.

**p. 122** 'It is false to the point of absurdity': Nietzsche, op. cit., p. 151.

**p. 123** 'Let us hope': GF to LW, 23.12.14.

**p. 123** 'I wish to note': *'Notieren will ich mir, dass mein moralischer Stand jetzt viel tiefer ist als etwa zu Ostern'*: MS 102, 2.1.15.

**p. 124** 'spent many pleasant hours': MS 102, 10.1.15.

**p. 124** 'My thoughts are tired': *'Meine Gedanken sind müde. Ich sehe die Sachen nicht frisch, sondern alltäglich, ohne Leben. Es ist als ob eine*

*Flamme erloschen wäre und ich muss warten, bis sie von selbst wieder zu brennen anfängt'*: MS 102, 13.1.15.

**p. 124** 'Only through a miracle': *'Nur durch Wunder kann sie gelingen. Nur dadurch, indem von ausserhalb mir der Schleier von meinen Augen weggenommen wird. Ich muss mich ganz in mein Schicksal ergeben. Wie es über mich verhängt ist, so wird es werden. Ich lebe in der Hand des Schicksals'*: MS 102, 25.1.15.

**p. 124** 'When will I hear something from David?!': MS 102, 19.1.15.

**p. 124** 'I hope you have been safely taken prisoner': JMK to LW, 10.1.15.

**p. 125** 'Lovely letter from David!': MS 102, 6.2.15.

**p. 125** 'except that I hope to God': DP to LW, 14.1.15.

**p. 125** 'We all hope': Klingenberg to LW, 26.2.15.

**p. 125** 'If one wants to build as solidly': Halvard Draegni to LW, 4.2.15.

**p. 126** 'comical misunderstandings': *Recollections*, p. 3.

**p. 126** 'probably very good': MS 102, 8.2.15.

**p. 126** 'no desire to assimilate foreign thoughts': LW to LF, 9.2.15.

**p. 127** 'If I were to write what I think': AJ to LW, 12.2.15.

**p. 127** 'In any case': SJ to LW, 20.2.15.

**p. 127** A draft of a reply: this draft (written in English) is now in the Brenner Archive, Innsbruck.

**p. 127** 'I hope he will write to you': DP to LW, 27.1.15.

**p. 127** 'I am so sorry': DP to LW, 6.4.15.

**p. 127** 'Dream of Wittgenstein': quoted in Levy, op. cit., p. 274.

**p. 128** 'I have been writing a paper on Philosophy': DP to LW, 2.3.15.

**p. 129** 'The great problem': 1.6.15; *Notebooks*, p. 53.

**p. 129** 'It does not go against our feeling': 17.6.15; ibid., p. 62.

**p. 129** 'The demand for simple things': ibid., p. 63.

**p. 129** 'I hope with all my heart': BR to LW, 10.5.15.

**p. 130** 'I'm extremely sorry': LW to BR, 22.5.15.

**p. 131** 'It looks as if the Russian offensive': SJ to LW, 16.4.15.

**p. 131** 'May poor Galicia': SJ to LW, 4.5.15.

**p. 131** 'I write rarely': AJ to LW, 8.4.15.

**p. 131** 'What kind of unpleasantness?': ibid.

**p. 131** 'Sometimes, dear friend': LF to LW, 11.7.15.

**p. 132** 'I understand your sad news': LW to LF, 24.7.15.

**p. 132** 'God protect you': LF to LW, 14.11.15.

**p. 132** 'Three weeks' holiday': AJ to LW, 12.8.15.

**p. 132** 'Already during the first meal': Dr Max Bieler, letter to G. Pitcher, quoted by Sister Mary Elwyn McHale in her MA dissertation: 'Ludwig Wittgenstein: A Survey of Source Material for a Philosophical Biography', p. 48. I have here preserved Dr Bieler's own English.

**p. 133** 'Whatever happens': LW to BR, 22.10.15.
**p. 134** 'I am enormously pleased': BR to LW, 25.11.15.
**p. 134** 'I am pleased that you still have time': GF to LW, 28.11.15.
**p. 134** 'The importance of "tautology"': Russell, *Introduction to Mathematical Philosophy*, p. 205.
**p. 135** 'sometimes absorbed us so completely': Dr Max Bieler, letter to G. Pitcher, 30.9.61; quoted in McGuinness, op. cit., pp. 234–5. The translation, one assumes, is either by McGuinness or Pitcher – it is certainly not Dr Bieler's English (compare previous extract).
**p. 136** 'Constantin was a good boy': Bieler, op. cit.
**p. 136** 'The decision came as a heavy blow': ibid.

## 7 AT THE FRONT

**p. 137** 'God enlighten me': MS 103, 29.3.16.
**p. 137** 'Do your best. You cannot do more': *'Tu du dein bestes. Mehr kannst du nicht tun: und sei heiter. Lass dir an dir selbst genügen. Denn andere werden dich nicht stützen oder doch nur für kurze Zeit. (Dann wirst du diesen lästig werden.) Hilf dir selbst und hilf andern mit deiner ganzen Kraft. Und dabei sei heiter! Aber wieviel Kraft soll man für sich und wieviel für die anderen brauchen? Schwer ist es gut zu leben!! Aber das gute Leben ist schön. Aber nicht mein, sondern dein Wille geschehe'*: MS 103, 30.3.16.
**p. 138** 'If that happens': MS 103, 2.4.16.
**p. 138** 'If only I may be allowed': MS 103, 15.4.16.
**p. 138** 'Was shot at': MS 103, 29.4.16.
**p. 138** 'Only then': *'Dann wird für mich erst der Krieg anfangen. Und – kann sein – auch das Leben. Vielleicht bringt mir die Nähe des Todes das Licht des Lebens. Möchte Gott mich erleuchten. Ich bin ein Wurm, aber durch Gott werde ich zum Menschen. Gott stehe mir bei. Amen'*: MS 103, 4.5.16.
**p. 138** 'like the prince': *'Bin wie der Prinz im verwünschten Schloss auf dem Aufklärerstand. Jetzt bei Tag ist alles ruhig aber in der Nacht da muss es* fürchterlich *zugehen! Ob ich es aushalten werde?? Die heutige Nacht wird es zeigen. Gott stehe mir bei!!'*: MS 103, 5.5.16.
**p. 138** 'From time to time': MS 103, 6.5.16.
**p. 139** 'Only death gives life its meaning': MS 103, 9.5.16.
**p. 139** 'The men, with few exceptions': MS 103, 27.4.16; quoted in Rhees, op. cit., p. 197.
**p. 139** 'The heart of a true believer': MS 103, 8.5.16.
**p. 139** 'Whenever you feel like hating them': MS 103, 6.5.16; quoted in Rhees, op. cit., p. 198.

**p. 139** 'The people around me': MS 103, 8.5.16; quoted in Rhees, op. cit., p. 198.

**p. 139** 'The whole modern conception of the world': see *Notebooks*, p. 72. I have here adopted the translation published in the Pear/McGuinness edition of the *Tractatus*.

**p. 140** 'Your desire not to allow': GF to LW, 21.4.16.

**p. 140** 'What do I know about God and the purpose of life?': *Notebooks*, p. 72.

**p. 141** 'Fear in the face of death': ibid., p. 75.

**p. 141** 'How terrible!': MS 101, 28.10. 14.

**p. 141** 'To believe in a God': *Notebooks*, p. 74.

**p. 142** 'How things stand, is God': ibid., p. 79.

**p. 142** 'Colossal exertions': MS 103, 6.7.16.

**p. 142** 'broadened out': MS 103, 2.8.16.

**p. 142** 'The solution to the problem of life': 6 and 7.7.16; *Notebooks*, p. 74; see *Tractatus*, 6.521.

**p. 142** 'Ethics does not treat of the world': 24.7.16; *Notebooks*, p. 77.

**p. 143** 'I am aware of the complete unclarity': ibid., p. 79.

**p. 143** 'There are, indeed': *Tractatus*, 6.522.

**p. 143** 'The work of art': 7.10.16; *Notebooks*, p. 83.

**p. 143** 'no longer consider the where': Schopenhauer, *The World as Will and Representation*, I, p. 179.

**p. 144** 'As my idea is the world': 17.10.16; *Notebooks*, p. 85.

**p. 144** 'a merely "inner" world': Nietzsche, *The Anti-Christ*, p. 141.

**p. 144** 'It is true': 12.10.16; *Notebooks*, p. 84.

**p. 144** 'What the solipsist *means*': *Tractatus*, 5.62.

**p. 144** 'This is the way I have travelled': 15.10.16; *Notebooks*, p. 85.

**p. 145** 'I can hardly say the same': GF to LW, 24.6.16.

**p. 145** 'I am always pleased': GF to LW, 29.7.16.

**p. 145** 'The war cannot change our personal relationships': DP to LW, 31.5.16.

**p. 145** 'This kind, lovely letter': MS 103, 26.7.16.

**p. 145** 'icy cold, rain and fog': '*eisige Käite, Regen und Nebel. Qualvolles Leben. Furchtbar schwierig sich nicht zu verlieren. Denn ich bin ja ein schwacher Mensch. Aber der Geist hilft mir. Am besten wärs ich wäre schon krank, dann hätte ich wenigstens ein bisschen Ruhe*': MS 103, 16.7.16.

**p. 146** 'Was shot at': MS 103, 24.7.16.

**p. 146** 'Yesterday I was shot at': '*Wurde gestern beschossen. War verzagt! Ich hatte Angst vor dem Tode. Solch einen Wunsch habe ich jetzt zu leben. Und es ist schwer, auf das Leben zu verzichten, wenn man es einmal gern hat. Das ist eben "Sünde", unvernünftiges Leben, falsche*

*Lebensauffassung. Ich werde von Zeit zu Zeit zum* Tier. *Dann kann ich an nichts denken als an essen, trinken, schlafen. Furchtbar! Und dann leide ich auch wie ein Tier, ohne die Möglichkeit innerer Rettung. Ich bin dann meinen Gelüsten und Abneigungen preisgegeben. Dann ist an ein wahres Leben nicht zu denken'*: MS 103, 29.7.16.

**p. 146** 'You know what you have to do': MS 103, 12.8.16.

**p. 146** 'By this distinctive behaviour': quoted McGuinness, op. cit., p. 242.

**p. 147** 'In this way': GF to LW, 28.8.16.

**p. 147** 'one of the wittiest men': Engelmann, op. cit., p. 65.

**p. 148** 'My dear friend': ibid., p. 68.

**p. 148** 'I often think of you': LW to PE, 31.3.17.

**p. 148** '. . . enabled me to understand': Engelmann, op. cit., p. 72.

**p. 148** 'If I can't manage': ibid., p. 94.

**p. 149** 'In me': ibid., p. 74.

**p. 149** '[it] may be considered': ibid., p. 117.

**p. 150** 'the poem as a whole': PE to LW, 4.4.17.

**p. 151** 'really magnificent': LW to PE, 9.4.17.

**p. 151** 'Let's hope for the best': GF to LW, 26.4.17.

**p. 151** 'The journey to Vienna': GF to LW, 30.6.17.

**p. 152** 'If in saying it': PE to LW, 8.1.18.

**p. 152** 'It is true': LW to PE, 16.1.18.

**p. 153** 'Each of us': GF to LW, 9.4.18.

**p. 153** 'which you don't deserve': LW to PE, 1.6.18.

**p. 154** 'so that it doesn't get lost': GF to LW, 1.6.18.

**p. 154** 'His exceptionally courageous behaviour': quoted in McGuinness, op. cit., p. 263.

**p. 154** 'I want to tell you': FP to LW, 6.7.18.

**p. 154** 'My first and my only friend': LW to FP; quoted in Nedo, op. cit.

**p. 156** 'as if it were a Czar's ukase': Russell, *My Philosophical Development*, p. 88.

**p. 156** 'There is indeed the inexpressible': *TLP* 6.522.

**p. 157** 'May it be granted': GF to LW, 15.10.18.

**p. 157** 'and it gives me more and more joy': PE to LW, 7.11.18.

**p. 157** 'Still no reply': LW to PE, 22.10.18.

**p. 157** 'for technical reasons': LW to PE, 25.10.18.

**p. 158** 'the portrait of my sister': see *Recollections*, p. 9.

**p. 159** 'and to have read': Parak, *Am anderen Ufer*.

**p. 159** 'I am prisoner in Italy': LW to BR, 9.2.19.

**p. 160** 'Most thankful to hear': BR to LW, 2.3.19.

**p. 160** 'Very glad to hear from you': BR to LW, 3.3.19.

**p. 160** 'You can't imagine': LW to BR, 10.3.19.

**p. 160** 'I've written a book': LW to BR, 13.3.19.

**p. 161** 'I should never have believed': LW to BR, 12.6.19.
**p. 161** 'It is true': BR to LW, 21.6.19.
**p. 162** 'No writing between the lines!': PE to LW, 6.4.19.
**p. 163** 'Right at the beginning': *'Gleich zu Anfang treffe ich die Ausdrücke "der Fall sein" und "Tatsache" und ich vermute, dass* der Fall sein *und* eine Tatsache sein *dasselbe ist. Die Welt ist alles, was der Fall ist und die Welt ist die Gesamtheit der Tatsachen. Ist nicht jede Tatsache der Fall und ist nicht, was der Fall ist, eine Tatsache? Ist nicht dasselbe, wenn ich sage, A sei eine Tatsache wie wenn ich sage, A sei der Fall? Wozu dieser doppelte Ausdruck? . . . Nun kommt aber noch ein dritter Ausdruck: "Was der Fall ist, die Tatsache, ist das Bestehen von Sachverhalten". Ich verstehe das so, dass jede Tatsache das Bestehen eines Sachverhaltes ist, so dass eine andre Tatsache das Bestehen eines andern Sachverhaltes ist. Könnte man nun nicht die Worte "das Bestehen" streichen und sagen: "Jede Tatsache ist ein Sachverhalt, jede andre Tatsache ist ein anderer Sachverhalt. Könnte man vielleicht auch sagen "Jeder Sachverhalt ist das Bestehen einer Tatsache"? Sie sehen: ich verfange mich gleich anfangs in Zweifel über das, was Sie sagen wollen, und komme so nicht recht vorwärts'*: GF to LW, 28.6.19.
**p. 164** 'I gather he doesn't understand a word': LW to BR, 19.8.19.
**p. 164** 'I am convinced': BR to LW, 13.8.19.
**p. 164** 'The main point': LW to BR, 19.8.19.
**p. 165** 'a curious kind of logical mysticism': Russell, *My Philosophical Development*, pp. 84–5.
**p. 165** 'Sachverhalt is': LW to BR, 19.8.19.
**p. 165** 'The theory of types': BR to LW, 13.8.19.
**p. 165** 'That's exactly what one can't say': LW to BR, 19.8.19.
**p. 165** '. . . Just think': ibid.
**p. 166** 'If you said': BR to LW, 13.8.19.
**p. 166** 'you know how difficult': LW to BR, 19.8.19.
**p. 166** 'I agree with what you say': BR to LW, 13.8.19.
**p. 166** 'I should like to come to England': LW to BR, 19.8.19.

## 8 THE UNPRINTABLE TRUTH

**p. 170** 'You remind me of somebody': *Recollections*, p. 4.
**p. 171** 'A hundred times': ibid.
**p. 171** 'So you want to commit financial suicide': quoted by Rush Rhees, *Recollections*, p. 215.
**p. 172** 'I'm not quite normal yet': LW to BR, 30.8.19.
**p. 172** 'I am not very well': LW to PE, 25.8.19.
**p. 172** 'for as you may know': BR to LW, 8.9.19.
**p. 172** 'horrified and nauseated': LW to PE, 2.9.19.

**p. 172** 'I can no longer behave like a grammar-school boy': LW to PE, 25.9.19.
**p. 172** 'The benches are full of boys': LW to BR, 6.10.19.
**p. 173** 'to find something of myself': LW to PE, 2.9.19.
**p. 173** 'Not very': LW to LH, Sept. 1919.
**p. 173** 'My book will be published': LW to FP, 24.3.19.
**p. 173** 'naturally neither knows my name': LW to BR, 30.8.19.
**p. 174** 'I consider it indecent': LW to LF, undated, but probably Nov. 1919.
**p. 174** 'You now write': *'Sie schreiben nun: "Was einem Elementarsatze entspricht, wenn er wahr ist, ist das Bestehen eines Sachverhaltes". Hiermit erklären Sie nicht den Ausdruck "Sachverhalt", sondern den ganzen Ausdruck, "das Bestehen eines Sachverhaltes" . . . Die Freude beim Lesen Ihres Buches kann also nicht mehr durch den schon bekannten Inhalt, sondern nur durch die Form erregt werden, in der sich etwa die Eigenart des Verfassers ausprägt. Dadurch wird das Buch eher eine künstlerische als eine wissenschaftliche Leistung; das, was darin gesagt wird, tritt zurück hinter das, wie es gesagt wird'*: GF to LW, 16.9.19.
**p. 175** 'The sense of both propositions': quoted Frege, ibid.
**p. 175** 'The actual sense of a proposition': *'Der eigentliche Sinn des Satzes ist für alle derselbe; die Vorstellungen aber, die jemand mit dem Satze verbindet, gehören ihm allein an; er ist ihr Träger. Niemand kann die Vorstellungen eines Andern haben'*: ibid.
**p. 175** 'He doesn't understand': LW to BR, 6.10.19.
**p. 175** 'that I have learnt to know you': GF to LW, 30.9.19.
**p. 176** 'mutilate it from beginning to end': LW to LF, op. cit.
**p. 176** 'About a year ago': ibid.
**p. 177** 'Why hadn't you thought of me': LF to LW, 19.10.19.
**p. 178** 'I am pinning my hopes on you': LW to LF, undated, but almost certainly Nov. 1919.
**p. 179** 'Do you remember': LW to BR, 27.11.19.
**p. 179** 'Your letter, naturally, wasn't pleasant': LW to LF, 22.11.19.
**p. 179** 'Don't worry': LF to LW, 28.11.19.
**p. 179** 'I think I can say': LW to LF, 4.12.19.
**p. 179** Ficker wrote that he was still hoping: LF to LW, 29.11.19.
**p. 180** 'I couldn't accept': LW to LF, 5.12.19.
**p. 180** Rilke's letter to Ficker: reproduced in full in Ficker, op. cit., pp. 212–14.
**p. 180** 'Is there a *Krampus*': LW to LF, 5.12.19.
**p. 180** 'Just how far': LW to PE, 16.11.19.
**p. 181** 'Normal human beings': ibid.
**p. 181** 'It is terrible': BR to LW, 14.10.19.

**p. 182** 'Come here as quick as you can': BR to LW, undated, but certainly Dec. 1919.
**p. 182** 'a vague, shadowy figure': Dora Russell, *The Tamarisk Tree*, I, p. 79.
**p. 182** 'so full of logic': BR to Colette, 12.12.19.
**p. 182** 'I besought him to admit': Russell, *My Philosophical Development*, p. 86.
**p. 182** 'He has penetrated deep into mystical ways': BR to OM, 20.12.19.
**p. 183** 'I enjoyed our time together': LW to BR, 8.1.20.
**p. 183** 'The book is now a much smaller risk': LW to LF, 28.12.19.
**p. 183** 'With or without Russell': LF to LW, 16.1.20.
**p. 183** 'There's so much of it': LW to BR, 9.4.20.
**p. 183** 'All the refinement': LW to BR, 6.5.20.
**p. 184** 'I don't care twopence': BR to LW, 1.7.20.
**p. 184** '*you can do what you like*': LW to BR, 7.7.20.
**p. 184** 'I have continually thought': LW to PE, 30.5.20.
**p. 184** 'This change of home': LW to PE, 24.4.20.
**p. 185** 'If I am unhappy': Engelmann, op. cit., pp. 76–7.
**p. 185** 'Before Christ': PE to LW, 31.12.19.
**p. 186** 'They are still not clear': LW to PE, 9.1.20.
**p. 186** 'But then I did something': PE to LW, 19.6.20.
**p. 187** 'Many thanks for your kind letter': LW to PE, 21.6.20.
**p. 188** 'The best for me': LW to BR, 7.7.20.
**p. 188** 'It pleases them': LW to PE, 19.2.20.
**p. 188** 'There is no wall': LH to LW, 17.1.20.
**p. 188** 'The professor of psychology': LH to LW, 5.3.20.
**p. 190** 'Of course I don't take exception': '*Natürlich nehme ich Ihnen Ihre Offenheit nicht übel. Aber ich möchte gerne wissen, welche tiefen Gründe des Idealismus Sie meinen, die ich nicht erfasst hätte. Ich glaube verstanden zu haben, dass Sie selbst den erkenntnistheoretischen Idealismus nicht für wahr halten. Damit erkennen Sie, meine ich, an, dass es tiefere Gründe für diesen Idealismus überhaupt nicht gibt. Die Gründe dafür können dann nur Scheingründe sein, nicht logische*': GF to LW, 3.4.20.
**p. 191** 'In the evening': LW to PE, 20.8.20.
**p. 191** 'So I see that intelligence counts': see *Recollections*, p. 123.
**p. 191** 'He took half my life': LW to BR, 6.8.20.
**p. 191** 'For unless all the devils in hell': LW to LF, 20.8.20.

## 9 'AN ENTIRELY RURAL AFFAIR'

**p. 193** 'That is not for me': recalled by Leopold Baumrucker in an interview with Adolf Hübner, 18.4.75.
**p. 193** 'I am to be an elementary-school teacher': LW to BR, 20.9.20.

**p. 193** 'a beautiful and tiny place': LW to PE, 11.10.20.
**p. 194** 'the villagers take you': see Luise Hausmann, 'Wittgenstein als Volkschullehrer', *Club Voltaire*, IV, pp. 391–6.
**p. 194** 'He is interested in everything himself': *Recollections*, p. 5.
**p. 195** 'During the arithmetic lesson': Anna Brenner, interview with Adolf Hübner, 23.1.75.
**p. 196** 'Again and again': Berger in Hausmann, op. cit., p. 393.
**p. 197** 'I was in the office': Frau Bichlmayer, quoted in Nedo, op. cit., p. 164–5
**p. 198** 'I am indeed very grateful': Hermine to LH, 13.12.20.
**p. 198** 'I was sorry': LW to PE, 2.1.21.
**p. 198** In the event, Engelmann did not understand: what follows is a summary of a letter from Engelmann to Wittgenstein, undated, but almost certainly Jan. 1921.
**p. 198** 'I cannot at present analyse my state in a letter': LW to PE, 7.2.21.
**p. 199** 'One night': Hänsel, 'Ludwig Wittgenstein (1889–1951)', *Wissenschaft und Weltbild*, Oct. 1951, pp. 272–8.
**p. 199** 'I was a priest': see Bartley, *Wittgenstein*, p. 29.
**p. 199** 'It puzzled Wittgenstein': ibid., p. 30.
**p. 200** 'I wonder how you like being an elementary school-teacher': BR to LW, 11.2.21.
**p. 201** 'I am sorry you find': BR to LW, 3.6.21.
**p. 201** 'here they are much more good-for-nothing': LW to BR, 23.10.21.
**p. 201** 'I am very sorry': BR to LW, 5.11.21.
**p. 201** 'You are right': LW to BR, 28.11.21.
**p. 201** 'a good mathematician': BR to LW, 3.6.21.
**p. 202** 'I could not grasp': Karl Gruber, interview with Adolf Hübner, 16.1.75; quoted in Wünsche, *Der Volkschullehrer Ludwig Wittgenstein*, p. 150.
**p. 202** 'It would in my opinion': LW to LH, 5.7.21.
**p. 202** 'I work from early in the morning': LW to LH, 23.8.21.
**p. 202** 'because I was living in open sin': Russell, note on a letter from Littlewood, 30.1.21; quoted in Clark, op. cit., p. 485.
**p. 203** 'As they can't drop less than £50': CKO to BR, 5.11.21; full text of the letter reproduced in Russell, *Autobiography*, pp. 353–4.
**p. 203** 'In any other case': Ostwald to Dorothy Wrinch, 21.2.21; quoted by G. H. von Wright in 'The Origin of the "*Tractatus*", *Wittgenstein*, pp. 63–109.
**p. 204** 'I am sorry, as I am afraid you won't like that': BR to LW, 5.11.21.
**p. 204** 'I must admit': LW to BR, 28.11.21.
**p. 205** 'Enclosed from Wittgenstein': BR to CKO, 28.11.21.
**p. 206** 'As a selling title': CKO to BR, 5.11.21.

**p. 206** 'I think the Latin one is better': LW to CKO, 23.4.22.
**p. 207** 'What is this?': CKO to LW, 20.3.22.
**p. 207** 'There can be no thought': LW to CKO, 5.5.22.
**p. 207** 'in consideration of their issuing it': the declaration was enclosed by Ogden in a letter to Wittgenstein dated 18.6.22.
**p. 208** 'As to your note': LW to CKO, 4.8.22.
**p. 208** 'because I don't get on': LW to BR, 23.10.21.
**p. 208** 'I would have felt it as a humiliation': Gruber, op. cit.
**p. 209** 'Today I had a conversation': LW to LH, 16.2.22.
**p. 209** 'I wish': BR to LW. 7.2.22.
**p. 209** 'On the contrary!': LW to BR, undated, but no doubt Feb. 1922. The letter is not included in *Letters to Russell, Keynes and Moore*, but will, I believe, be published in a forthcoming edition of Wittgenstein's correspondence. It is among the collection held by the Brenner Archive.
**p. 210** 'The little boy is lovely': BR to LW, 9.5.22.
**p. 210** 'circumstances of the time': Dora Russell, op. cit., p. 160.
**p. 210** 'much pained by the fact': BR to GEM, 27.5.29.
**p. 210** 'at the height of his mystic ardour': Russell, *Autobiography*, p. 332.
**p. 210** 'assured me with great earnestness': ibid.
**p. 211** wrote at least two letters: these are now in the Brenner Archive.
**p. 211** 'When, in the twenties': Engelmann, quoted in Nedo, op. cit.
**p. 212** 'a very disagreeable impression': LW to PE, 14.9.22.
**p. 212** he told Russell: in a letter now in the possession of the Brenner Archive; undated, but probably Nov. or Dec. 1922.
**p. 212** 'They really look nice': LW to CKO, 15.11.22.
**p. 213** 'Just improve yourself': quoted by Postl in an interview with Adolf Hübner, 10.4.75.
**p. 214** 'I think I ought to confess': LW to CKO, March 1923.
**p. 214** 'A short time ago': LW to BR, 7.4.23; letter now in the possession of the Brenner Archive.
**p. 214** 'does not really think': FR to LW, 20.2.24; reproduced in *Letters to C. K. Ogden*, pp. 83–5.
**p. 214** 'To my great shame': LW to PE, 10.8.22.
**p. 215** 'I should have preferred': LW to JMK, 1923.
**p. 215** 'Did Keynes write to me?': LW to CKO, 27.3.23.
**p. 215** 'This is a most important book': Ramsey, 'Critical Notice of L. Wittgenstein's "Tractatus Logico-Philosophicus",' *Mind*, Oct. 1923, pp. 456–78.
**p. 216** 'It is most illuminating': FR to CKO, undated.
**p. 216** 'It's terrible': FR to his mother, 20.9.23.
**p. 216** 'I shall try': ibid.

**p. 217** 'He is very poor': ibid.
**p. 218** 'the £50 belong to Keynes': FR to LW, 20.12.23.
**p. 218** 'Keynes very much wants to see L. W.': FR to Thomas Stonborough, Nov. or Dec. 1923; letter now in the Brenner Archive.
**p. 218** 'but you mustn't give it any weight': FR to LW, 20.12.23.
**p. 219** 'You are quite right': FR to LW, 20.2.24.
**p. 220** 'looked just a prosperous American': FR to his mother, dated March 1924 ('In the train Innsbruck–Vienna Sunday').
**p. 220** 'As far as I could make out': FR to his mother, dated simply 'Sunday', but certainly written from Vienna, March 1924.
**p. 220** 'trying to get him': FR to JMK, 24.3.24; quoted in Nedo, op. cit., p. 191.
**p. 221** 'Wittgenstein seemed to me tired': FR to his mother, 30.3.24.
**p. 221** '. . . if he were got away': FR to JMK, 24.3.24.
**p. 222** 'I'm afraid I think': ibid.
**p. 222** 'yet my mind': JMK to LW, 29.3.24.
**p. 223** '. . . because I myself no longer': LW to JMK, 4.7.24.
**p. 223** 'he has spent weeks': FR to his mother; quoted in *Letters to C. K. Ogden*, p. 85.
**p. 224** 'We really live in a great time for thinking': FR to his mother, 22.7.24; quoted in Nedo, op. cit., p. 188.
**p. 224** 'I'm sorry so few have sold': FR to CKO, 2.7.24.
**p. 224** 'I don't much want to talk about mathematics': FR to LW, 15.9.24.
**p. 224** 'I would, naturally': Hermine to LH, autumn 1924.
**p. 225** 'People kiss each other': quoted in Josef Putre, 'Meine Erinnerungen an den Philosophen Ludwig Wittgenstein', 7 May 1953.
**p. 225** 'It's not going well': LW to LH, Oct. 1924.
**p. 226** 'He who works': Wittgenstein, preface to the *Wörterbuch für Volksschulen*, trans. into English in the edition prepared by Adolf Hübner, together with Werner and Elizabeth Leinfellner, Hölder-Pichler-Tempsky, 1977.
**p. 227** 'No word is too common': ibid., p. xxxiii.
**p. 227** 'the most pressing question': Buxbaum's report is quoted in full by Adolf Hübner in his editor's introduction to the *Wörterbuch*.
**p. 228** 'I suffer much': LW to PE, 24.2.25.
**p. 229** 'That you want to go to Palestine': ibid.
**p. 229** 'I was more than pleased': LW to WE, 10.3.25.
**p. 230** 'England may not have changed': LW to WE, 7.5.25.
**p. 230** 'I should rather like to': LW to JMK, 8.7.25.
**p. 230** 'I'm awfully curious': LW to JMK, July or Aug. 1925.
**p. 231** 'I know that brilliance': LW to PE, 19.8.25.

p. 231 'It was during this period': Eccles, op. cit., p. 63.
p. 231 'Tell Wittgenstein': W. E. Johnson to JMK, 24.8.25.
p. 231 'In case of need': LW to PE, 9.9.25.
p. 231 'as long as I feel': LW to JMK, 18.10.25.
p. 232 'It cannot be said': August Riegler, interview with Adolf Hübner, 3.6.76.
p. 233 'I called him all the names under the sun': Franz Piribauer, interview with Adolf Hübner, 20.4.75.
p. 233 'I can only advise you': quoted by August Wolf in an interview with Adolf Hübner, 10.4.75.

## 10 OUT OF THE WILDERNESS

p. 236 'he and not I was the architect': Engelmann in a letter to F. A. von Hayek; quoted in Nedo, op. cit., p. 206.
p. 236 'Tell me, Herr Ingenieur': *Recollections*, pp. 6–7.
p. 237 'Perhaps the most telling proof': ibid., p. 8.
p. 237 '. . . even though I admired the house': quoted in Leitner, *The Architecture of Ludwig Wittgenstein*, p. 23.
p. 238 'I felt again at home': Marguerite Sjögren (*née* Respinger, now de Chambrier), *Granny et son temps*, p. 101.
p. 239 'It doesn't matter': quoted by Marguerite de Chambrier in conversation with the author.
p. 239 'Why do you want': ibid.
p. 239 'the sort of Jew one didn't like': ibid.
p. 240 'Love of a woman': *Sex and Character*, p. 249.
p. 240 '. . . the house I built for Gretl': *Culture and Value*, p. 38.
p. 240 'Within all great art': ibid., p. 37.
p. 241 'As an admirer': MS to LW, 25.12.24; quoted in *Ludwig Wittgenstein and the Vienna Circle*, p. 13.
p. 242 'It was as if': Mrs Blanche Schlick to F. A. von Hayek, quoted in Nedo, op. cit.
p. 242 'Again': ibid.
p. 242 'He asks me': Gretl to MS, 19.2.27; quoted in *Ludwig Wittgenstein and the Vienna Circle*, p. 14.
p. 242 'returned in an ecstatic state': Mrs Schlick, ibid.
p. 242 'Wittgenstein found Schlick': Engelmann, op. cit., p. 118.
p. 243 'Before the first meeting': Carnap's recollections of Wittgenstein appeared first in his 'Autobiography' in Paul Schlipp, ed., *The Philosophy of Rudolf Carnap*, and are reprinted in K. T. Fann, *Ludwig Wittgenstein: The Man and His Philosophy*, pp. 33–9.
p. 244 'His point of view': ibid.
p. 245 'Only so can we preserve it': Ramsey, 'The Foundations of

Mathematics', reprinted in *Essays in Philosophy, Logic, Mathematics and Economics*, pp. 152–212.

**p. 246** 'The way out of all these troubles': LW to FR, 2.7.27.

**p. 246** '. . . he thought with the aim': *Culture and Value*, p. 17.

**p. 247** 'The philosopher is not a citizen': *Zettel*, p. 455.

**p. 247** 'I couldn't stand the hot-water bottle': LW to JMK, summer 1927.

**p. 247** 'a doctrine which sets up as its bible': Keynes, *A Short View of Russia*, p. 14.

**p. 247** '. . . many, in this age without religion': ibid., p. 13.

**p. 248** '. . . which may, in a changed form': ibid., p. 15.

**p. 248** 'One who believes as I do': Russell, *Practice and Theory of Bolshevism*, p. 18.

**p. 249** '. . . it was fascinating': Feigl; quoted in Nedo, op. cit., p. 223.

**p. 249** '. . . he has a lot of stuff about infinity': BR to GEM, 5.5.30.

**p. 250** 'Intuitionism is all bosh': *Lectures on the Foundations of Mathematics*, p. 237.

**p. 251** 'à la Corbusier': JMK to his wife, 18.11.28; quoted in Nedo, op. cit., p. 222.

## II THE SECOND COMING

**p. 255** 'Well, God has arrived': JMK to LL, 18.1.29.

**p. 255** 'as though time had gone backwards': MS 105; quoted in Nedo, op. cit., p. 225.

**p. 256** 'brutally rude': Leonard Woolf, *An Autobiography*, II: *1911–1969*, p. 406.

**p. 256** 'in mixed company': Frances Partridge, *Memories*, p. 160.

**p. 257** '. . . Julian, Maynard says': Virginia Woolf, *A Reflection of the Other Person: Letters 1929–31*, p. 51.

**p. 257** 'For he talks nonsense': Julian Bell, 'An Epistle On the Subject of the Ethical and Aesthetic Beliefs of Herr Ludwig Wittgenstein', first published in *The Venture*, No. 5, Feb. 1930, pp. 208–15; reprinted in Irving M. Copi and Robert W. Beard, ed., *Essays on Wittgenstein's Tractatus*.

**p. 258** 'the kindest people': *Recollections*, p. 17.

**p. 258** 'at last has succeeded': JMK to LL, 25.2.29.

**p. 258** 'We have seen a lot of Wittgenstein': Partridge, op. cit., p. 159.

**p. 259** 'delightful discussions': MS 105; quoted in Nedo, op. cit., p. 225.

**p. 259** 'A good objection': '*Ein guter Einwand hilft vorwärts, ein flacher Einwand, selbst wenn er recht hat, wirkt ermattend. Ramseys Einwände sind von dieser Art. Der Einwand fasst die Sache nicht an ihrer Wurzel, wo das Leben ist, sondern schon so weit aussen wo sich nichts mehr rectifizieren* *lässt, selbst wenn es falsch ist. Ein guter Einwand hilft unmittelbar zur Lösung, ein flacher muss erst überwunden werden und kann dann von weiter unten herauf (wie eine überwundene abgestorbene Stelle) zur Seite liegengelassen werden. Wie wenn sich der Baum an der vernarbten Stelle vorbei krümmt um weiter zu wachsen'*: MS 107, p. 81.

**p. 260** 'I don't like your method': quoted in Moore, 'Wittgenstein's Lectures in 1930–33', *Philosophical Papers*, pp. 252–324.

**p. 261** 'What is the logical form of *that*?': see Malcolm, *Memoir*, p. 58.

**p. 262** 'Moore? he shows you': *Recollections*, p. 51.

**p. 262** 'a disaster for Cambridge': ibid., p. 103.

**p. 262** 'The mind gets stiff': ibid., p. 105.

**p. 263** 'My first encounter with Wittgenstein': this recollection is contained in a letter from S. K. Bose to John King, 5.4.78, a copy of which Mr King very kindly sent me.

**p. 264** 'Don't think I ridicule this': *Recollections*, p. 101.

**p. 264** 'well-meaning commentators': ibid., p. xi.

**p. 266** 'I would have known': LW to GP, summer 1931.

**p. 266** 'Somehow or other': LW to GP, summer 1930.

**p. 267** 'You may through my generosity': LW to GP, Oct. 1931.

**p. 267** 'If I remember rightly': LW to GP, 16.2.38.

**p. 267** 'that for so many years': MS 107, pp. 74–5.

**p. 268** 'What a statement seems to imply': LW to FR, undated; see *Briefe*, p. 261.

**p. 268** 'Please try to understand': LW to JMK, May 1929.

**p. 269** 'What a maniac you are!': JMK to LW, 26.5.29.

**p. 270** 'Now as it somehow appears': LW to GEM, 18.6.29.

**p. 270** 'I propose to do some work': LW to GEM, 15.6.29.

**p. 270** 'In my opinion': FR to GEM, 14.7.29; quoted in Nedo, op. cit., p. 227.

**p. 271** 'I think that unless Wittgenstein': BR to GEM, 27.5.29.

**p. 271** 'I have never known anything so absurd': quoted in Rhees; see Nedo, op. cit., p. 227.

**p. 271** Then Russell: the account of the viva that follows is based on that given by Alan Wood in his biography of Russell, *The Passionate Sceptic*, p. 156.

**p. 272** 'Give up literary criticism!': *Recollections*, p. 59.

**p. 272** 'You don't understand': ibid., p. 61.

**p. 273** 'even supposing': Ramsey, review of *Tractatus*, Copi and Beard, op. cit., p. 18.

**p. 274** 'It is, of course': 'Some Remarks on Logical Form', reprinted in Copi and Beard, op. cit., pp. 31–7.

**p. 275** 'as your presence': LW to BR, July 1929.

**p. 275** 'I'm afraid there is a gathering': John Mabbott, *Oxford Memories*, p. 79.

**p. 275** 'for some time': Ryle, 'Autobiographical', in Oscar P. Wood and George Pitcher, ed., *Ryle*.

**p. 276** 'This morning I dreamt': MS 107, p. 153.

**p. 277** 'My whole tendency': the 'Lecture on Ethics' is published in *Philosophical Review*, Jan. 1965, pp. 3–26.

**p. 278** 'What is good is also divine': *Culture and Value*, p. 3.

**p. 278** 'What others think of me': *'Was die anderen von mir halten beschäftigt mich immer ausserordentlich viel. Es ist mir sehr oft darum zu tun, einen guten Eindruck zu machen. D.h. ich denke sehr häufig über den Eindruck den ich auf andere mache und es ist mir angenehm, wenn ich denke, dass er gut ist und unangenehm im anderen Fall'*: MS 107, p. 76.

**p. 278** 'In my father's house': *Recollections*, p. 54.

**p. 279** 'A strange dream': *'Ein seltsamer Traum:*

*Ich sehe in einer Illustrierten Zeitschrift eine Photographie von Evighztg (*Vertsagt*), der ein viel besprochener Tagesheld ist. Das Bild stellt ihn in seinem Auto dar. Es ist von seinen Schandtaten die Rede; Hänsel steht bei mir und noch jemand anderer ähnlich meinem Bruder Kurt. Dieser sagt, dass Vertsag ein Jude sei aber die Erziehung eines reichen schottischen Lords genossen habe. Jetzt ist er Arbeiterführer. Seinen Namen habe er nicht geändert weil das dort nicht Sitte sei. Es ist mir neu dass Vertsagt den ich mit der Betonung auf der ersten Silbe ausspreche, ein Jude ist, und ich erkenne dass ja sein Name einfach verzagt heisst. Es fällt mir nicht auf, dass es mit "ts" geschrieben ist was ich ein wenig fetter als das übrige gedruckt sehe. Ich denke: muss denn hinter jeder Unanständigkeit ein Jude stecken. Nun bin ich und Hänsel auf der Terrasse eines Hauses etwa des grossen Blockhauses auf der Hochreit und auf der Strasse kommt in seinem Automobil Vertsag; er hat ein böses Gesicht ein wenig rötlich blondes Haar und einen solchen Schnauzbart (er sieht nicht jüdisch aus). Er feuert nach rückwärts mit einem Maschinengewehr auf einen Radfahrer, der hinter ihm fährt und sich vor Schmerzen krümmt und der unbarmherzig durch viele Schüsse zu Boden geschossen wird. Vertsag ist vorbei und nun kommt ein junges Mädchen ärmlich aussehend auf einem Rade daher und auch sie empfängt die Schüsse von dem weiterfahrenden Vertsag. Und diese Schüsse die ihre Brust treffen machen ein brodelndes Geräusch wie ein Kessel in dem sehr wenig Wasser ist über einer Flamme. Ich hatte Mitleid mit dem Mädchen und dachte nur in Österreich kann es geschehen dass dieses Mädchen kein hilfreiches Mitleid findet und die Leute zusehen wie sie leidet und umgebracht wird. Ich selbst fürchte mich auch davor ihr zu helfen weil ich die Schüsse Vertsags fürchte. Ich nähere mich ihr, suche aber Deckung hinter einer Planke. Dann erwache ich. Ich muss nachtragen, dass in dem*

*Gespräch ob Hänsel erst in Anwesenheit des anderen dann nachdem er uns verlassen hat ich mich geniere und nicht sagen will dass ich ja selbst von Juden abstamme oder dass der Fall Vertsags ja auch mein Fall ist. Nach dem Erwachen komme ich darauf dass ja verzagt nicht mit "ts" geschrieben wird, glaube aber sonderbarerweise dass es mit "pf" geschrieben wird "pferzagt". Ich habe den Traum gleich nach dem Erwachen notiert. Die Gegend die in dem Traum etwa der Gegend hinter der Hochreiter Kapelle entspricht (die Seite gegen den Windhut) stelle ich mir im Traum als einen steilen bewaldeten Abhang und eine Strasse im Tal vor wie ich es in einem anderen Traum gesehen habe. Ähnlich einem Stück der Strasse von Gloggnitz nach Schlagl. Als ich das arme Mädchen bedauere sehe ich undeutlich ein altes Weib, welches sie bedauert aber sie nicht zu sich nimmt und ihr hilft. Das Blockhaus auf der Hochreit ist auch nicht deutlich, wohl aber die Strasse und was auf ihr vorgeht. Ich glaube ich hatte eine Idee dass der Name wie ich ihn im Traume ausspreche "Vért-sagt" ungarisch ist. Der Name hatte für mich etwas* böses, *boshaftes, und sehr männliches'*: MS 107, p. 219, 1.12.29.

## 12 THE 'VERIFICATIONIST PHASE'

**p. 281** 'For if the spirit': MS 108, p. 24, 19.12.29.

**p. 281** 'I am a beast': MS 108, p. 38, 25.12.29.

**p. 281** 'The spirit in which one can write the truth': *'Die Wahrheit über sich selbst kann man in dem verschiedensten Geiste schreiben. Im anständigsten und unanständigsten. Und danach ist es sehr wünschenswert oder sehr unrichtig, dass sie geschrieben werde. Ja, es gibt unter den wahrhaften Autobiographien die man schreiben könnte, alle Stufen vom Höchsten zum Niedrigsten. Ich zum Beispiel kann meine Biographie nicht höher schreiben als ich bin. Und durch die blosse Tatsache, dass ich sie schreibe, hebe ich mich nicht* notwendigerweise, *ich* kann *mich dadurch sogar schmutziger machen als ich schon war. Etwas in mir spricht dafür, meine Biographie zu schreiben und zwar möchte (m)ich mein Leben einmal klar ausbreiten, um es klar vor mir zu haben und auch für andere. Nicht so sehr, um darüber Gericht zu halten, als um jedenfalls Klarheit und Wahrheit zu schaffen'*: MS 108, pp. 46–7, 28.12.29.

**p. 282** 'the most serious book': *Recollections*, p. 90.

**p. 282** 'And woe to those': ibid.

**p. 282** 'What, you swine': *Ludwig Wittgenstein and the Vienna Circle*, p. 69.

**p. 282** 'I think it is definitely important': ibid.

**p. 283** 'Just because Schlick': quoted ibid., p. 18.

**p. 284** '. . . at that time': ibid., p. 64.

**p. 285** 'Indeed!': ibid., p. 78.

**p. 285** 'Once I wrote': ibid., pp. 63–4.

**p. 286** 'Physics does not yield': ibid., p. 63.
**p. 286** 'I would reply': ibid., p. 68.
**p. 286** 'explains – I believe': *Philosophical Remarks*, p. 129.
**p. 287** 'If I say, for example': *Ludwig Wittgenstein and the Vienna Circle*, p. 47.
**p. 287** 'I used at one time to say': quoted in Gasking and Jackson, 'Wittgenstein as a Teacher'; see Fann, op. cit., pp. 49–55.
**p. 288** 'Imagine that there is a town': quoted Malcolm, op. cit., p. 55.
**p. 289** 'Wittgenstein's kindness': Partridge, op. cit., p. 170.
**p. 289** 'The subject of the lectures': recalled by S. K. Bose in the letter to John King of 5.4.78.
**p. 290** 'Your voice and his': I. A. Richards, 'The Strayed Poet', in *Internal Colloquies*, Routledge, 1972, pp. 183–6.
**p. 291** 'I think I summed up': *Culture and Value*, p. 24.
**p. 291** 'the attempt to be rid': *Lectures 1930–1932*, p. 1.
**p. 291** 'when the average hearer': Russell, *The Analysis of Mind*, p. 198.
**p. 291** 'If I wanted to eat an apple': *Philosophical Remarks*, p. 64.
**p. 291** 'for there seems': GEM to BR, 9.3.30.
**p. 292** 'I do not see how I can refuse': BR to GEM, 11.3.30.
**p. 292** 'Of course, we couldn't get very far': LW to GEM, March or April 1930.
**p. 293** 'Unfortunately I have been ill': BR to GEM, 5.5.30.
**p. 294** 'I find I can only understand Wittgenstein': BR to GEM, 8.5.30.
**p. 294** 'If a person tells me': *Recollections*, p. 112.
**p. 294** 'Arrived back in Cambridge': *'Nach den Osterferien wieder in Cambridge angekommen. In Wien oft mit Marguerite. Ostersonntag mit ihr in Neuwaldegg. Wir haben uns viel geküsst drei Stunden lang und es war sehr schön'*: MS 108, p. 133, 25.4.30.
**p. 294** 'My life is now very economical': LW to GEM, 26.7.30.
**p. 294** 'Dear Gil (old beast)': LW to GP, summer 1930.
**p. 296** 'A proposition cannot say more': see *Ludwig Wittgenstein and the Vienna Circle*, p. 244.
**p. 296** 'If one tried to advance': *Philosophical Investigations*, I, 128.
**p. 297** 'I know that my method is right': *Recollections*, p. 110.

## 13 THE FOG CLEARS

**p. 298** 'The nimbus of philosophy': *Lectures: 1930–1932*, p. 21.
**p. 298** 'What we find out': ibid., p. 26.
**p. 299** '. . . once a method has been found': ibid., p. 21.
**p. 299** 'I was walking about': *Recollections*, p. 112.
**p. 300** 'Telling someone something': *Culture and Value*, p. 7.
**p. 300** 'It is all one to me': ibid.

**p. 301** 'I would like to say': *Philosophical Remarks*, preface.
**p. 301** 'Philosophical analysis': *Lectures: 1930–1932*, p. 35.
**p. 301** 'We never arrive': ibid., p. 34.
**p. 302** 'The means whereby': Oswald Spengler, *The Decline of the West*, p. 4.
**p. 302** 'taking of spiritual-political events': ibid., p. 6.
**p. 303** 'so here we shall develop': ibid., p. 26.
**p. 303** 'recognize living forms': quoted by Erich Heller in 'Goethe and the Scientific Truth', *The Disinherited Mind*, pp. 4–34.
**p. 303** 'What I give': see Malcolm, op. cit., p. 43.
**p. 303** 'Our thought here': Waismann, *Principles of Linguistic Philosophy*, pp. 80–81.
**p. 304** 'Yes, this fellowship business': LW to JMK, Dec. 1930.
**p. 304** '*For me*': *Ludwig Wittgenstein and the Vienna Circle*, p. 117.
**p. 305** 'For it cuts off': ibid., p. 115.
**p. 305** 'I would reply': ibid., p. 116.
**p. 305** 'I can well imagine a religion': ibid., p. 117.
**p. 305** 'If you and I': *Recollections*, p. 114.
**p. 306** 'As long as I can play the game': *Ludwig Wittgenstein and the Vienna Circle*, p. 120.
**p. 306** 'The following is a question': ibid., pp. 129–30.
**p. 307** 'What do we do': ibid., p. 120.
**p. 307** 'It is another calculus': ibid., pp. 121–2.
**p. 307** '*You cannot*': ibid., p. 129.
**p. 308** 'A rule of syntax': ibid., p. 126.
**p. 308** 'If, then': ibid., p. 133.
**p. 308** 'the demonstration': ibid.
**p. 308** 'Things must connect directly': ibid., p. 155.
**p. 308** 'Here *seeing* matters': ibid., p. 123.

## 14 A NEW BEGINNING

**p. 309** 'I think now': *Remarks on Frazer's Golden Bough*, p. vi.
**p. 310** 'even those': *Recollections*, p. 102.
**p. 310** 'What narrowness': *Remarks on Frazer*, p. 5.
**p. 311** 'I can set out this law': ibid., pp. 8–9.
**p. 311** 'If I may explain': '*Wenn ich es durch einen Vergleich klar machen darf: Wenn ein "Strassenköter" seine Biographie schriebe, so bestünde die Gefahr a) dass er entweder seine Natur verleugnen, oder b) einen Grund ausfindig machen würde, auf sie stolz zu sein, oder c) die Sache so darstellen, als sei diese seine Natur eine nebensächliche Angelegenheit. Im ersten Falle lügt er, im zweiten ahmt er eine nur dem Naturadel natürliche Eigenschaft, den Stolz, nach, der ein vitium splendidum ist, das er*

*ebensowenig wirklich besitzen kann, wie ein krüppelhafter Körper natürliche Gracie. Im dritten Fall macht er gleichsam die sozialdemokratische Geste, die die Bildung über die rohen Eigenschaften des Körpers stellt, aber auch das ist ein Betrug. Er ist was er ist und das ist zugleich wichtig und bedeutsam, aber kein Grund zum Stolz, andererseits immer Gegenstand der Selbstachtung. Ja ich kann den Adelsstolz des Andern und siene Verachtung meiner Natur anerkennen, denn ich erkenne: ja dadurch nur meine Natur an und den andern der zur Umgebung meiner Natur, die Welt, deren Mittelpunkt dieser vielleicht hässliche Gegenstand, meine Person, ist'*: MS 110. pp. 252–3, 1.7.31.

**p. 312** 'Putting together a complete autobiography': quoted in Rhees, *Recollections*, p. 182.

**p. 312** 'I can quite imagine': LW to GEM, 23.8.31.

**p. 313** 'How wrong he was': *Recollections*, p. 91.

**p. 313** 'has something Jewish': *Culture and Value*, p. 20.

**p. 313** 'Mendelssohn is not a peak': ibid., p. 2.

**p. 313** 'Tragedy is something un-Jewish': ibid., p. 1.

**p. 313** 'who like a noxious bacillus': Hitler, *Mein Kampf*, p. 277.

**p. 314** 'the Jew lacks those qualities': ibid., p. 275.

**p. 314** 'since the Jew': ibid., p. 273.

**p. 314** 'It has sometimes been said': *Culture and Value*, p. 22.

**p. 314** 'Look on this tumour': ibid., p. 20.

**p. 316** *Untergangsters*: quoted in Field, op. cit., p. 207.

**p. 316** 'a confession': *Culture and Value*, p. 18.

**p. 316** 'It is typical': ibid., p. 19.

**p. 316** 'Amongst Jews': ibid., pp. 18–19.

**p. 317** 'Often, when I have': ibid., p. 19.

**p. 317** 'The Jew must see to it': ibid.

**p. 319** 'My presence': Sjögren, op. cit., p. 122.

**p. 319** 'but that doesn't matter': see *Philosophical Grammar*, p. 487.

**p. 320** 'For the thing itself': LW to MS, 20.11.31.

**p. 320** 'There are *very*, *very* many statements': ibid.

**p. 320** 'If there were theses': *Ludwig Wittgenstein and the Vienna Circle*, p. 183.

**p. 321** 'still proceeded dogmatically': ibid., p. 184.

**p. 321** 'make head or tail': LW to MS, 4.3.32.

**p. 322** 'This is the right sort of approach': *Lectures: 1930–1932*, p. 73.

**p. 322** '. . . the dialectical method': ibid., p. 74.

**p. 322** 'Philosophy is not a choice': ibid., p. 75.

**p. 322** 'The right expression is': ibid., p. 97.

**p. 323** 'Grammatical rules': ibid., p. 98.

**p. 323** 'You owe a great debt': see *Recollections*, p. 123.

**p. 324** '. . . from the bottom of my heart': LW to MS, 8.8.32.
**p. 324** 'That I had not dealt': ibid. (I am indebted to Dr P.M.S. Hacker for this translation.)
**p. 325** 'All that philosophy can do': MS 213, p. 413; quoted by Anthony Kenny in 'Wittgenstein on the Nature of Philosophy', *The Legacy of Wittgenstein*, pp. 38–60. See also, in the same collection of essays, 'From the Big Typescript to the "*Philosophical Grammar*"', pp. 24–37.
**p. 326** 'Confusions in these matters': *Philosophical Grammar*, p. 375.
**p. 327** 'Philosophical clarity': ibid., p. 381.
**p. 327** 'Nothing seems to me less likely': *Culture and Value*, p. 62.

## 15 FRANCIS

**p. 328** 'Is there a substratum': *Wittgenstein's Lectures Cambridge 1932–1935*, p. 205.
**p. 329** 'no philosophy can possibly': Hardy, 'Mathematical Proof', *Mind*, Jan. 1929, pp. 1–25.
**p. 329** 'The talk of mathematicians': *Lectures: 1932–5*, p. 225.
**p. 330** 'Russell and I': ibid., p. 11.
**p. 331** 'I have wanted to show': ibid., pp. 12–13.
**p. 332** 'In the event of my death': MS 114.
**p. 332** 'I am glad': FS to LW, 28.12.32.
**p. 332** 'Dear Ludwig': FS to LW, 25.3.33.
**p. 333** 'I'm busy': quoted Pascal, *Recollections*, p. 23.
**p. 333** 'I feel much further': FS to LW, 2.10.33.
**p. 335** 'Come to Cambridge at once': *Recollections*, p. 124.
**p. 335** 'Part of [Braithwaite's] statements', *Mind*, 42 (1933), pp. 415–16.
**p. 335** 'The extent to which': ibid.

## 16 LANGUAGE-GAMES: *THE BLUE AND BROWN BOOKS*

**p. 337** 'I shall in the future': *Blue Book*, p. 17.
**p. 338** 'We are inclined': ibid.
**p. 338** 'Philosophers constantly see': ibid., p. 18.
**p. 338** 'What we say will be easy': *Lectures: 1932–5*, p. 77.
**p. 338** 'After I stopped': FS to LW, 17.12.33.
**p. 339** 'My despair': Sjögren, op. cit., p. 137.
**p. 340** 'He has the great gift': FW to MS, 9.8.34.
**p. 340** 'If I am with you': FS to LW, 25.3.34.
**p. 340** 'I thought of you a lot': ibid.
**p. 341** 'I long to be with you': FS to LW, 4.4.34.
**p. 341** 'I started off again': FS to LW, 24.7.34.

p. 342 'When I read this': FS to LW, 11.8.34.
p. 343 'growing political awareness': George Thomson, 'Wittgenstein: Some Personal Recollections', *Revolutionary World*, XXXVII, no. 9, pp. 86–8.
p. 343 'I am a communist': quoted by Rowland Hutt in conversation with the author.
p. 343 'I think Francis means': *Recollections*, pp. 125–6.
p. 344 'Imagine a people': *Brown Book*, p. 100.
p. 344 'Imagine a tribe': ibid., p. 103.
p. 344 'Imagine that human beings': ibid., p. 120.
p. 345 'Here is one of the most fertile sources': ibid., p. 108.
p. 345 'We are inclined to say': ibid.
p. 346 'Our answer is': ibid.
p. 346 'the way in which': LW to MS, 31.7.35.

## 17 JOINING THE RANKS

p. 347 'At the beginning of September': LW to MS, 31.7.35.
p. 348 'I am sure that you partly understand': LW to JMK, 6.7.35.
p. 348 'exceedingly careful': ibid.
p. 349 'May I venture': Keynes's introduction is reproduced in full in *Letters to Russell, Keynes and Moore*, pp. 135–6.
p. 349 'definitely nice': LW to JMK, July 1935.
p. 350 'My interview with Miss B': LW to GP, dated simply 'Tuesday', which is consistent with its being 20.8.35.
p. 350 'If you were a qualified technician': JKM to LW, 10.7.35.
p. 351 'Wittgenstein!': this story is told by George Sacks in *A Thinking Man as Hero*, a television play by Hugh Whitemore, first broadcast on BBC 2, April 1973. I am very grateful to Mr Whitemore for drawing my attention to this source.
p. 351 'we heard that Wittgenstein': ibid.
p. 351 'I wish I could be with you': FS to LW, 17.9.35.
p. 352 'My dear Gilbert!': LW to GP, Sept. 1935.
p. 353 'He had taken no decisions': *Recollections*, p. 29.
p. 353 'The important thing': ibid., p. 205.
p. 353 'Tyranny': ibid.
p. 353 'If anything': ibid.
p. 354 'perhaps I shall go to Russia': LW to PE, 21.6.37.
p. 354 according to Piero Sraffa: see John Moran, 'Wittgenstein and Russia', *New Left Review*, LXXIII (May–June 1972), pp. 83–96.
p. 354 'People have accused Stalin': *Recollections*, p. 144.
p. 355 'in a silly detective story': 'The Language of Sense Data and Private Experience – I (Notes taken by Rush Rhees of Wittgenstein's

Lectures, 1936)', *Philosophical Investigations*, VII, no.1 (Jan. 1984), pp. 1–45.

**p. 356** 'We have the feeling': ibid., no.2 (April 1984), p. 139.
**p. 356** 'Here at last': *Recollections*, p. 136.
**p. 357** 'It's all excellent similes': Moore, 'Wittgenstein's Lectures', op. cit., p. 316.
**p. 357** 'What I invent': *Culture and Value*, p. 19.
**p. 357** 'I still have a little money': *Recollections*, p. 209.
**p. 359** 'Sometimes his silence infuriates me': *Recollections*, p. 127.
**p. 360** 'I don't see how you *can* win!': quoted by Gilbert Pattisson in conversation with the author.

## 18 CONFESSIONS

**p. 361** 'When I got your letter': FS to LW, 6.9.36.
**p. 362** 'I don't feel clear': FS to LW, 1.11.36.
**p. 362** 'My feelings for you': FS to LW, 26.10.36.
**p. 363** 'I do believe': LW to GEM, Oct. 1936.
**p. 363** 'The weather has changed': LW to GP, Oct. 1936.
**p. 363** '"Both fit and style are perfect"': LW to GP, 2.2.37.
**p. 363** 'or nearly all': LW to GEM, 20.11.36.
**p. 364** 'These words': *Philosophical Investigations*, I, 1.
**p. 364** 'A simile that has been': ibid., 112.
**p. 365** 'A *picture* held us': ibid., 115.
**p. 365** 'Our clear and simple': ibid., 130.
**p. 365** 'It is not our aim': ibid., 133.
**p. 365** 'The results of philosophy': ibid., 119
**p. 366** 'The edifice of your pride': *Culture and Value*, p. 26.
**p. 366** 'If anyone is unwilling': quoted in Rhees, *Recollections*, p. 174.
**p. 367** 'all sorts of things': LW to GEM, 20.11.36.
**p. 367** 'Whatever you say': FS to LW, 6.12.36.
**p. 368** 'Whatever you have to tell me': FS to LW, 9.12.36.
**p. 368** 'listened patiently': *Recollections*, p. 38.
**p. 368** 'He would have sat transfixed': ibid.
**p. 368** 'If ever a thing could wait': ibid., p. 35.
**p. 369** remembered by Rowland Hutt: and told to me in the course of several conversations.
**p. 369** 'he had to keep a firmer control': *Recollections*, p. 37.
**p. 371** 'I myself was not a pupil': Georg Stangel, interview with Adolf Hübner, 19.2.75.
**p. 371** 'Ja, ja': Leopold Piribauer, interview with Adolf Hübner, 3.12.74.
**p. 372** 'Last year': quoted in Rhees, *Recollections*, p. 173.
**p. 372** 'I thought of having it removed': LW to GB, 18.11.37.

**p. 372** 'I feel it is wrong': FS to LW, 1.3.37.
**p. 373** 'I don't think I have ever understood': FS to LW, 27.5.37.
**p. 373** 'partly because I've been troubled': LW to GEM, 4.3.37.
**p. 373** 'vain, thoughtless, frightened': *'Eitel, gedankenlos, ängstlich . . . Ich möchte jetzt bei jemandem wohnen. In der Früh ein menschliches Gesicht sehen. Anderseits bin ich jetzt wieder so verweichlicht, dass es vielleicht gut wäre allein sein zu müssen. Bin jetzt ausserordentlich verächtlich . . . Ich habe das Gefühl, dass ich jetzt nicht ganz ohne Ideen wäre, aber dass mich die Einsamkeit bedrücken wird, dass ich nicht arbeiten werde können. Ich fürchte mich, dass in meinem Haus alle meine Gedanken werden getötet werden. Dass dort ein Geist der Niedergeschlagenheit von mir ganz Besitz ergreifen wird'*: MS 118, 16.8.37.
**p. 374** 'unhappy, helpless and thoughtless': *'Unglücklich, ratlos und gedankenlos . . . Und da kam mir wieder zum Bewusstsein, wie einzig Francis ist und unersetzlich. Und wie wenig ich doch das weiss, wenn ich mit ihm bin.*

*Bin ganz in Kleinlichkeit verstrickt. Bin irritiert, denke nur an mich und fühle, dass mein Leben elend ist, und dabei habe ich auch gar keine Ahnung, wie elend es ist'*: MS 118, 17.8.37.
**p. 374** 'I am ashamed': MS 118, 18.8.37.
**p. 374** 'I do not know whether I have either a right': MS 118, 19.8.37.
**p. 374** 'Am now really ill': MS 118, 22.8.37.
**p. 375** 'showered with gifts': MS 118, 26.8.37.
**p. 375** 'You said in one of your letters': FS to LW, 23.8.37.
**p. 375** 'I would love very much to come': FS to LW, 30.8.37.
**p. 375** 'The way to solve the problem': MS 118, 27.8.37.
**p. 375** 'I conduct myself badly': MS 118, 26.8.37.
**p. 375** 'I am a coward': MS 118, 2.9.37.
**p. 375** 'Am irreligious': MS 118, 7.9.37.
**p. 376** 'Christianity is not a doctrine': MS 118, 4.9.37; see *Culture and Value*, p. 28.
**p. 376** 'just wicked and superstitious': MS 118, 7.9.37.
**p. 376** 'It's as though my work had been drained': MS 118, 17.9.37.
**p. 376** 'sensual, susceptible, indecent': MS 118, 22.9.37.
**p. 376** 'Lay with him two or three times': *'Zwei oder dreimal mit ihm gelegen. Immer zuerst mit dem Gefühl, es sei nichts Schlechtes,* dann *mit Scham. Bin auch ungerecht, auffahrend und auch falsch gegen ihn gewesen und quälerisch'*: ibid.
**p. 377** 'Am very impatient!': MS 119, 25.9.37.
**p. 377** 'The last 5 days': *'Die letzten 5 Tage waren schön: er hatte sich in das Leben hier hineingefunden und tat alles mit Liebe und Güte, und ich war, Gott sei Dank, nicht ungeduldig, und hatte auch wahrhaftig keinen Grund,*

*ausser meine eigene böse Natur. Begleitete ihn gestern bis Sogndal; heute in meine Hütte zurück. Etwas bedrückt, auch müde'*: MS 119, 1.10.37.

p. 377 'I often remember': FS to LW, undated.

p. 377 'I think *constantly* of you': FS to LW, undated.

p. 377 'I am often thinking': FS to LW, 14.10.37.

p. 378 'I'm thinking of you a lot': FS to LW, 26.10.37.

p. 378 'Prof. Moore wasn't present': FS to LW, 22.10.37.

p. 378 'lovely letter from Fr.': *'Lieben Brief von Fr., er schreibt über eine Sitzung des Mor.Sc.Cl. und wie elend schlecht die Diskussion unter Braithwaits Vorsitz war. Es ist scheusslich. Aber ich wüsste nicht, was dagegen zu machen wäre, denn die andern Leute sind auch zu wenig ernst. Ich wäre auch* zu feig, *etwas Entscheidendes zu tun'*: MS 119, 27.10.37.

p. 378 'harsh and hectoring' letter: see *Recollections*, p. 32.

p. 379 'Have not heard from Francis': MS 119, 16.10.37.

p. 379 'Am relieved': MS 119, 17.10.37.

p. 379 'He made a *good* impression': MS 119, 10.10.37.

p. 379 '[I] just took some apples': *Culture and Value*, p. 31.

p. 380 'How bad is it?': *'Heute Nacht onaniert. Wie schlecht ist es? Ich weiss es nicht. Ich denke mir, es ist schlecht, aber habe keinen Grund'*: MS 120, 21.11.37.

p. 380 'Think of my earlier love': *'Denke an meine frühere Liebe, oder Verliebtheit, in Marguerite und an meine Liebe für Francis. Es ist ein schlimmes Zeichen für mich, dass meine Gefühle für M. so gänzlich erkalten konnten! Freilich ist hier ein Unterschied; aber* meine Herzenskälte *besteht.*

*Möge mir vergeben werden; d.h. aber: möge es mir möglich sein, aufrichtig und liebevoll zu sein'*: MS 120, 1.12.37.

p. 380 'Masturbated tonight': *'Heute nacht onaniert. Gewissensbisse, aber auch die Überzeugung, dass ich zu schwach bin, dem Drang und der Versuchung zu widerstehen, wenn die und die Vorstellungen sich mir darbieten, ohne dass ich mich in andere* flüchten *kann.* Gestern abend *noch hatte ich Gedanken über die Notwendigkeit der Reinheit meines Wandels. (Ich dachte an Marguerite und Francis.)'*: MS 120, 2.12.37.

p. 380 'the bewitchment of our intelligence': *Philosophical Investigations*, I, 109.

p. 381 'Isn't there a truth': *Remarks on the Foundations of Mathematics*, I, p. 5.

p. 381 'I am merely': ibid., I, p. 110.

p. 382 'I am nervous': *'Ich bin beim Schreiben nervös und alle meine Gedanken kurz von Atem. Und ich fühle immer, dass ich den Ausdruck nicht* ganz *verteidigen kann. Dass er schlecht schmeckt'*: MS 119, 11.11.37.

p. 382 'I would like to run away': *'Ich möchte fliehen, aber es wäre unrecht und ich kann es gar nicht. Vielleicht aber könnte ich es auch – ich könnte* morgen *packen und den nächsten Tag abfahren. Aber möchte ich es? Wäre es richtig? Ist es nicht richtig, hier noch auszuhalten? Gewiss. Ich würde mit einem* schlechten *Gefühl morgen abfahren. "Halt es aus", sagt mir eine Stimme. Es ist aber auch Eitelkeit dabei, dass ich aushalten will; und auch etwas Besseres. – Der einzige triftige Grund hier früher oder gleich abzureisen wäre, dass ich anderswo jetzt vielleicht besser arbeiten könnte. Denn es ist Tatsache, dass der Druck, der jetzt auf mir liegt, mir das Arbeiten beinahe unmöglich macht und vielleicht in einigen Tagen wirklich unmöglich'*: MS 120, 22.11.37.

**p. 382** 'It is the opposite of piety': MS 120, 28.11.37.

**p. 382** 'You must *strive*': ibid.

**p. 382** 'The ever-changing, difficult weather': MS 120, 30.11.37.

**p. 383** 'I'm sorry you are having storms': FS to LW, 1.11.37.

**p. 383** '*He is dead and decomposed*': MS 120, 12.12.37. This long diary entry is given in full in *Culture and Value*, p. 33.

## 19 *FINIS AUSTRIAE*

**p. 385** 'German-Austria must return': Hitler, *Mein Kampf*, p. 3.

**p. 385** 'in my earliest youth': ibid., p. 15.

**p. 386** 'but cleverer people than I': Hermine Wittgenstein, *Familienerinnerungen*, p. 148.

**p. 386** 'When, at midnight': ibid.

**p. 387** 'Freud's idea': MS 120, 2.1.38, *Culture and Value*, p. 33.

**p. 387** 'and that is bad': MS 120, 5.1.38.

**p. 387** 'Thought: it would be good': MS 120, 4.1.38.

**p. 387** 'I am cold': ibid.

**p. 388** 'irreligious': MS 120, 10.2.38.

**p. 388** 'on the other hand': MS 120, 14.2.38.

**p. 388** 'It is entirely as though': MS 120, 15.2.38.

**p. 389** 'You didn't make a mistake': the letter is reproduced in full in *Recollections*, pp. 95–6.

**p. 389** 'Can't work': '*Kann nicht arbeiten. Denke viel über einen eventuellen Wechsel meiner Nationalität nach. Lese in der heutigen Zeitung, dass eine weitere zwangsweise Annäherung Österreichs an Deutschland erfolgt ist. – Aber ich weiss nicht, was ich eigentlich machen soll'*: MS 120, 16.2.38.

**p. 390** 'You will either fulfil my demands': quoted in Roger Manvell and Heinrich Fraenkel, *Hitler: The Man and the Myth*, p. 142.

**p. 390** 'If Herr Hitler's suggestion': quoted in George Clare, *Last Waltz in Vienna*, p. 166.

**p. 390** 'That the first act': quoted ibid.

**p. 390** 'That is a ridiculous rumour': *Recollections*, p. 139.

**p. 391** 'What I hear about Austria': *'Was ich von Österreich höre, beunruhigt mich. Bin im Unklaren darüber, was ich tun soll, nach Wien fahren oder nicht. Denke hauptsächlich an Francis und dass ich ihn nicht verlassen will'*: MS 120, 12.3.38.

**p. 392** 'Before trying to discuss': Piero Sraffa to LW, 14.3.38.

**p. 394** 'I am now in an extraordinarily difficult situation': MS 120, 14.3.38; quoted in Nedo, op. cit., p. 296.

**p. 394** 'In my *head*': MS 120, 16.3.38; quoted ibid.

**p. 394** 'Sraffa advised me': *'In Cambridge: Sraffa riet mir gestern vorläufig auf keinen Fall nach Wien zu gehen, da ich meinen Leuten jetzt nicht helfen könnte und* aller *Wahrscheinlichkeit nach nicht mehr aus Österreich herausgelassen würde. Ich bin nicht* völlig *klar darüber, was ich tun soll, aber ich glaube vorläufig, Sraffa hat recht'*: MS 120, 18.3.38.

**p. 394** 'The same, of course': LW to JMK, 18.3.38. The letter is given in full in *Briefe*, pp. 278–9.

**p. 396** 'is a body who helps people': LW to GP, 26.3.38.

**p. 396** 'My dear Ludwig': reproduced in Nedo, op. cit., p. 300.

**p. 396** 'reassuring *sounding* news': MS 120, 25.3.38.

**p. 396** Hermine recalls: see Hermine Wittgenstein, op. cit., pp. 154–81.

**p. 397** 'That these children': Brigitte Zwiauer, 'An die Reichstelle für Sippenforschung', 29 Sept. 1938.

**p. 399** 'the great nervous strain': LW to GEM, 19.10.38.

**p. 399** 'In case you want an Emetic': LW to GP, Sept. 1938.

**p. 400** 'And if': Hermine Wittgenstein, op. cit., p. 120.

**p. 400** received certificates: these were issued from Berlin, and still survive. Hermine's is dated 30.8.39, and states: 'Hermine Maria Franziska Wittgenstein of 16 Argentinierstrasse, Vienna IV, born in Eichwald, Teplich on 1.12.1874, is of mixed Jewish blood, having two racially Jewish grandparents as defined by the first Reich Citizenship Law of 14 Nov. 1935'.

**p. 400** 'their racial classification': this document, dated 10 Feb. 1940, is reproduced in Nedo, op. cit., p. 303.

## 20 THE RELUCTANT PROFESSOR

**p. 403** 'If you write': *Recollections*, p. 141.

**p. 404** 'persuading people': *Lectures and Conversations on Aesthetics, Psychology & Religious Belief*, p. 28.

**p. 404** 'Jeans has written a book': ibid., p. 27.

**p. 405** 'You might think': ibid., p. 11.

**p. 405** 'Do you think I have a theory?': ibid., p. 10.

**p. 405** 'It is not only difficult': ibid., p. 7.

**p. 406** 'She was descending from a height': Freud, *The Interpretation of Dreams*, pp. 463–5.
**p. 406** 'I would say': *Lectures and Conversations*, p. 24.
**p. 406** 'he treated me quite as his equal': see Freud, *Jokes and their Relation to the Unconscious*, pp. 47–52.
**p. 407** 'If it is not causal': *Lectures and Conversations*, p. 18.
**p. 407** 'When I read his poems': ibid, p. 4.
**p. 408** 'It seems to me': LW to PE, 23.10.21.
**p. 408** 'I now believe': LW to LH, Nov. 1921.
**p. 408** 'THE KING OF THE DARK CHAMBER': This fragment is now in the possession of Mrs Peg Rhees; it was shown to me by Rush Rhees, who very kindly supplied me with a copy of it.
**p. 410** 'Russell and the parsons': *Recollections*, p. 102.
**p. 411** 'Suppose someone said: "This is poor evidence"': *Lectures and Conversations*, p. 61.
**p. 411** 'Suppose someone said: "What do you believe"': ibid., p. 70.
**p. 412** 'You are not beautiful': Tagore, *King of the Dark Chamber*, p. 199.
**p. 412** 'Dear Mrs Stewart': LW to Mrs Stewart, 28.10.38, now in the possession of Mrs Katherine Thomson.
**p. 414** 'I needn't say': LW to GEM, 2.2.39.
**p. 415** 'To refuse the chair': quoted in *Recollections*, p. 141.
**p. 415** 'Having got the professorship': LW to WE, 27.3.39.
**p. 415** 'I would do my utmost': *Lectures and Conversations*, p. 28.
**p. 416** 'I would say': *Wittgenstein's Lectures on the Foundations of Mathematics: Cambridge, 1939*, p. 103.
**p. 416** 'There is no religious denomination': *Culture and Value*, p. 1.
**p. 416** 'Take Russell's contradiction': *Lectures on the Foundations of Mathematics*, p. 222.
**p. 417** 'All the puzzles': ibid., p. 14.
**p. 417** 'Another idea': ibid.
**p. 417** 'The *mathematical* problems': *Remarks on the Foundations of Mathematics*, VII, p. 16.
**p. 418** 'somewhat parenthetical': *Lectures on the Foundations of Mathematics*, p. 67.
**p. 418** 'I shall try': ibid., p. 22.
**p. 418** 'I understand, but I don't agree': *Lectures on the Foundations of Mathematics*, p. 67.
**p. 419** 'I see your point': ibid., p. 95.
**p. 419** 'Turing thinks': ibid., p. 102.
**p. 420** 'Obviously': ibid., p. 55.
**p. 420** 'introducing Bolshevism': ibid., p. 67.
**p. 420** 'It is very queer': ibid., pp. 206–7.

**p. 421** 'will not come in': ibid., p. 211.
**p. 421** *Turing*: 'You cannot be confident': ibid., pp. 217–18.
**p. 421** 'You seem to be saying': ibid., p. 219.
**p. 422** Andrew Hodges: see *The Enigma of Intelligence*, note (3.39), pp. 547–8.
**p. 422** 'Wittgenstein was doing something important': Malcolm, *Memoir*, p
**p. 423** 'I am not the deducting, deducing book type': Street & Smith's *Detective Story Magazine*, Jan. 1945. Race Williams was the creation of Carroll John Daly, the writer credited with having invented the 'hard-boiled' detective story.
**p. 424** 'what is the use of studying philosophy': this is Wittgenstein's reaction as it was remembered by him in a later letter, LW to NM, 16.11.44. See *Memoir*, pp. 93–4.
**p. 424** 'how should I find the strength': MS 118, 12.9.37; quoted in Baker and Hacker, *An Analytical Commentary*, p. 11.
**p. 425** 'I feel I will die slowly': quoted in a letter from John Ryle to his wife, Miriam. Letter now in the possession of Dr Anthony Ryle.
**p. 425** 'Because, unless I'm very much mistaken': LW to NM, 22.6.40.
**p. 425** '*Only by a miracle*': LW to NM, 3.10.40.
**p. 425** 'I feel very unhappy': FS to LW, 11.10.39.
**p. 426** 'See K once or twice a week': *'Sehe K ein – bis zweimal die Woche; bin aber zweifelhaft darüber, inwieweit das Verhältnis das richtige ist. Möge es wirklich gut sein'*: MS 117, 13.6.40.
**p. 426** 'Occupied myself the *whole* day': *'Habe den* ganzen *Tag mich mit Gedanken über mein Verhältnis zu Kirk beschäftigt. Grösstenteils* sehr *falsch und fruchtlos. Wenn ich diese Gedanken aufschriebe, so sähe man wie tiefstehend und ungerade //schlüpferig// meine Gedanken sind'*: MS 123, 7.10.40.
**p. 427** 'My dear Ro[w]land': LW to RH, 12.10.41.
**p. 427** 'frightened wild animal': quoted in Pascal, *Recollections*, p. 26.
**p. 428** 'Think a lot about Francis': *'Denke viel an Francis, aber immer nur mit Reue wegen meiner Lieblosigkeit; nicht mit Dankbarkeit. Sein Leben und Tod scheint mich nur anzuklagen, denn ich war in den letzten 2 Jahren seines Lebens sehr oft lieblos und im Herzen untreu gegen ihn. Wäre er nicht so unendlich sanftmütig und treu gewesen, so wäre ich* gänzlich *lieblos gegen ihn geworden . . . Keit(h?) sehe ich oft, und was das eigentlich heisst, weiss ich nicht. Verdiente Enttäuschung, Bangen, Sorge, Unfähigkeit mich in eine Lebensweise niederzulassen'*: MS 125, 28.12.41.
**p. 428** 'Think a great deal about the last time I was with Francis': *'Denke viel an die letzte Zeit mit Francis: an meine Abscheulichkeit mit ihm . . . Ich kann nicht sehen, wie ich je im Leben von dieser Schuld befreit werden kann'*: MS 137, 11.7.48.

## 21 WAR WORK

**p. 431** 'He is one of the world's famousest philosophers': John Ryle, letter to Miriam Ryle, 29.9.41.

**p. 432** 'Good God': story told to me by Dr R. L. Waterfield.

**p. 433** 'Yes, very well': quoted by Ronald MacKeith in a letter to *Guy's Hospital Gazette*, XC (1976), p. 215.

**p. 433** '*One word* that comes from your heart': LW to RH, 20.8.41.

**p. 433** 'I can't write about Francis': LW to RH, 27.11.41.

**p. 433** 'If, however': LW to RH, dated 'Sunday'.

**p. 433** 'It is on the whole': LW to RH, 'Wednesday'.

**p. 434** 'As long as you find it difficult': LW to RH, 26.1.42.

**p. 434** 'I feel, on the whole, lonely': LW to RH, 31.12.41.

**p. 434** 'Daddy and another Austrian': This diary is still in the possession of its author, Dr Anthony Ryle.

**p. 435** 'The hospital had scores of firebombs': letter from Dr H. Osmond to the author, 4.2.86.

**p. 436** 'Two – and one of them is Gilbert Ryle': told to the author by Miss Wilkinson.

**p. 436** 'Tonight I dreamt': MS 125, 16.10.42; quoted in Nedo, op. cit., p. 305.

**p. 437** 'we may then refer': *Lectures and Conversations*, p. 44.

**p. 437** 'and to me': ibid., p. 42.

**p. 438** 'it is an idea': ibid., p. 43.

**p. 438** '. . . something which people are inclined to accept': ibid., p. 44.

**p. 438** 'One of the chief triumphs': Russell, 'Mathematics and the Metaphysicians', *Mysticism and Logic*, pp. 59–74.

**p. 439** 'Why do I want to take': *Remarks on the Foundations of Mathematics*, VII, p. 19.

**p. 439** 'is almost as if': ibid., V, p. 25.

**p. 439** 'completely deformed the thinking': ibid., VII, p. 11.

**p. 442** 'I no longer feel any hope': '*Ich fühle keine Hoffnung mehr für die Zukunft in meinem Leben. Es ist als hätte ich nur mehr eine lange Strecke lebendigen Todes vor mir. Ich kann mir für mich keine Zukunft als eine grässliche vorstellen. Freundlos und freudlos*': MS 125, 1.4.42.

**p. 442** 'I suffer greatly': '*Ich leide sehr unter Furcht vor der gänzlichen Vereinsamung, die mir jetzt droht. Ich kann nicht sehen, wie ich dieses Leben ertragen kann. Ich sehe es als ein Leben, in dem ich mich jeden Tag werde vor dem Abend fürchten müssen, der mir nur dumpfe Traurigkeit bringt*': MS 125, 9.4.42.

**p. 442** 'If you can't find happiness': '*"Wenn du das Glück nicht in der Ruhe finden kannst, finde es im Laufen!" Wenn ich aber müde werde, zu laufen? "Sprich nicht vom Zusammenbrechen, ehe du zusammenbrichst."*

*Wie ein Radfahrer muss ich nun beständig treten, mich beständig bewegen, um nicht umzufallen'*: MS 125, 9.4.42.

**p. 442** 'My unhappiness is so complex': *'Mein Unglück ist so komplex, dass es schwer zu beschreiben ist. Aber wahrscheinlich ist doch* Vereinsamung *die Hauptsache'*: MS 125, 26.5.42.

**p. 442** 'For ten days': *'Höre seit 10 Tagen nichts mehr von K, obwohl ich ihn vor einer Woche um dringende Nachricht gebeten habe. Ich denke, dass er vielleicht mit mir gebrochen hat. Ein* tragischer *Gedanke!'*: MS 125, 27.5.42.

**p. 443** 'I have suffered much': *'Ich habe viel gelitten, aber ich bin scheinbar unfähig aus meinem Leben zu* lernen. *Ich leide noch immer so wie vor vielen Jahren. Ich bin nicht stärker und nicht weiser geworden'*: *ibid.*

**p. 444** 'He could be cheerful': *Recollections*, p. 24.

**p. 444** 'I'm sorry to hear': LW to RF, 8.6.49.

**p. 444** 'I wonder': LW to RF, 15.12.50.

**p. 444** 'I'm glad to hear': LW to RF, 1.2.51.

**p. 445** 'Recent experience': Dr R. T. Grant, 'Memorandum on the Observations Required in Cases of Wound Shock', MRC Archives.

**p. 446** 'In my way of doing philosophy': MS 213 (The 'Big Typescript'), p. 421.

**p. 446** 'Quite a lot of the preamble': Colonel Whitby to Dr Landsborough Thomson, 5.7.41, MRC Archives.

**p. 447** 'Professor Ludwig Wittgenstein': Dr Grant to Dr Herrald, 30.4.43, MRC Archives.

**p. 448** 'He is proving very useful': Dr Grant to Dr Herrald, 1.6.43.

**p. 448** 'I *imagine*': LW to RH, 17.3.43.

**p. 448** 'On each of these': *Lectures and Conversations*, p. 45.

**p. 449** 'points to the sort of explanation': ibid., p. 47.

**p. 449** 'Freud very commonly': ibid.

**p. 449** 'Obviously': ibid., p. 48.

**p. 449** 'There was a vacant room': Miss Helen Andrews to the author, 12.11.85.

**p. 450** 'You think philosophy is difficult': *Recollections*, p. 106.

**p. 451** 'You do *decent* work': quoted by Dr Basil Reeve in conversation with the author.

**p. 452** 'In practice': introduction to *Observations on the General Effects of Injury in Man* (HMSO, 1951).

**p. 452** '[It] threw grave doubt': *Medical Research in War*, Report of the MRC for the years 1939–45, p. 53.

**p. 453** 'After the end': *Recollections*, p. 147.

**p. 454** 'Why in the world': quoted in Drury, *Recollections*, p. 148.

**p. 454** 'It is obvious to me': quoted ibid., p. 147.

**p. 454** 'I haven't heard from Smythies': LW to NM, 11.9.43.
**p. 454** 'I am feeling lonely': LW to NM, 7.12.43.
**p. 455** 'I too regret': LW to NM, 11.9.43.
**p. 456** 'Wittgenstein has agreed': Dr Grant to Dr Landsborough Thomson, 13.12.43.
**p. 456** 'He was reserved': Dr E. G. Bywaters to the author, 9.11.85.
**p. 457** 'Professor Wittgenstein has been doing': Bywaters to Cuthbertson, 8.2.44.
**p. 457** 'Professor Wittgenstein left us today': Bywaters to Herrald, 16.2.44.

## 22 SWANSEA

**p. 458** 'I don't know if you remember Rhees': NM to LW, 7.12.43.
**p. 458** 'If, e.g., I leave here': LW to RR, 9.2.44.
**p. 459** 'The weather's foul': LW to NM, 15.12.45.
**p. 459** 'his remedies would be all too drastic': *Recollections*, p. 32.
**p. 460** 'I hadn't a good impression': LW to RH, 17.3.44.
**p. 460** 'If it ever happens': *Recollections*, p. 149.
**p. 461** 'is that you can read it': LW to NM, 24.11.42.
**p. 461** 'I think you must stop creeping': LW to RH, 17.3.44.
**p. 461** 'I wish I knew more': LW to RH, 24.3.44.
**p. 462** 'It seems to me': LW to RH, 20.4.44.
**p. 463** 'I wish you *luck*': LW to RH, 8.6.44.
**p. 463** 'Yes I do': quoted by Rush Rhees in conversation with the author.
**p. 464** 'If someone tells me': quoted in Drury, *Recollections*, p. 88.
**p. 464** 'An honest religious thinker': *Culture and Value*, p. 73.
**p. 464** 'A miracle is, as it were': ibid., p. 45.
**p. 464** 'I am not a religious man': *Recollections*, p. 79.
**p. 464** 'Isn't she an angel': quoted by Mrs Clement in conversation with the author.
**p. 466** 'Wittgenstein's chief contribution': quoted by Rush Rhees in conversation with the author. (Rhees had no doubt that his memory was correct, but it must be pointed out that Professor John Wisdom had, when I asked him, no recollection of the episode.)
**p. 466** 'What about your work on mathematics?': quoted by Rush Rhees in conversation with the author.
**p. 467** 'I want to call': MS 169, p. 37.
**p. 469** 'The application of the concept': *Remarks on the Foundations of Mathematics*, VI, p. 21.
**p. 469** 'I may give a new rule': ibid., p. 32.
**p. 470** 'I'll probably take on a war-job': LW to RH, 3.8.44.
**p. 470** 'What I'll do': LW to RH, 3.9.44.

## 23 THE DARKNESS OF THIS TIME

**p. 471** 'Russell's books': quoted in *Recollections*, p. 112.
**p. 472** 'Russell isn't going to kill himself': see Malcolm, op. cit., p. 57.
**p. 472** 'The earlier Wittgenstein': Russell, *My Philosophical Development*, p. 161.
**p. 472** 'I've seen Russell': LW to RR, 17.10.44.
**p. 472** 'It is not an altogether pleasant experience': Russell, op. cit., p. 159.
**p. 473** 'Moore is as nice as always': LW to RR, 17.10.44.
**p. 473** 'I fear': LW to GEM, 7.3.41; see *Briefe*, p. 254.
**p. 474** 'He did not realise': quoted in Sister Mary Elwyn McHale, op. cit., p. 77.
**p. 474** 'with his great love for truth': Malcolm, op. cit., p. 56.
**p. 474** 'Thinking is sometimes easy': LW to RR, 17.10.44.
**p. 474** 'I then thought': LW to NM, 16.11.44.
**p. 475** 'We sat in silence': Malcolm, op. cit., p. 36.
**p. 475** 'Had I had it before': LW to NM, 22.5.45.
**p. 476** 'This war': LW to RH, dated only 'Thursday', but probably autumn 1944.
**p. 476** 'I'm sorry to hear': LW to RR, 28.11.44.
**p. 476** 'you were right': ibid.
**p. 477** 'How does the philosophical problem': *Philosophical Investigations*, I, 308.
**p. 478** 'The "Self of selves"': William James, *Principles of Psychology*, I, 301.
**p. 478** 'not the meaning of the word': *Philosophical Investigations*, I, 410.
**p. 478** 'I always enjoy reading anything of William James': *Recollections*, p. 106.
**p. 479** 'The Term's over': LW to RR, 13.6.45.
**p. 479** 'going damn slowly': LW to NM, 26.6.45.
**p. 479** 'I might publish by Christmas': LW to NM, 17.8.45.
**p. 480** 'The last 6 months': LW to RH, 14.5.45.
**p. 480** 'this peace is only a truce': LW to NM, undated.
**p. 480** 'lots of luck': LW to RH, 8.9.45.
**p. 480** 'self-righteousness in international affairs': quoted in Ruth Dudley Edwards, *Victor Gollancz: A Biography*, p. 406.
**p. 481** 'glad to see that someone': LW to Victor Gollancz, 4.9.45; reproduced in full, ibid., pp. 406–7.
**p. 482** 'Polemic, or the art of throwing eggs': *Recollections*, p. 203.
**p. 482** 'L. Wiltgenstein, Esq.': quoted in Edwards, op. cit., p. 408. Wittgenstein's reaction was told to me by Rush Rhees.
**p. 482** 'enjoying my absence from Cambridge': LW to NM, 8.9.45.
**p. 482** 'My book is gradually': LW to NM, 20.9.45.
**p. 484** 'It is not without reluctance': *Culture and Value*, p. 66.

**p. 484** 'They mean to do it': see Britton, op. cit., p. 62.
**p. 485** 'The hysterical fear': *Culture and Value*, p. 49.
**p. 485** 'The truly apocalyptic view': ibid., p. 56.
**p. 485** 'Science and industry': ibid., p. 63.
**p. 486** 'My type of thinking': quoted Drury, *Recollections*, p. 160.
**p. 486** 'In fact, nothing is more *conservative*': quoted Rhees, *Recollections*, p. 202.
**p. 486** 'I find more and more': see *Recollections*, pp. 207–8.
**p. 487** 'I'll talk about anything': told to the author by Rush Rhees.
**p. 487** 'One day in July': Britton, op. cit., p. 62.
**p. 488** 'the disintegrating and putrefying English civilization': MS 134; quoted in Nedo, op. cit., p. 321.

## 24 A CHANGE OF ASPECT

**p. 489** 'cheaply wrapped': *Culture and Value*, p. 50.
**p. 490** 'I am by no means sure': ibid., p. 61.
**p. 490** 'Wisdom is cold': ibid., p. 56.
**p. 490** '"Wisdom is grey"': ibid., p. 62.
**p. 490** 'I believe': ibid., p. 53.
**p. 491** 'it's as though my knees were stiff': ibid., p. 56.
**p. 491** 'I am very sad': *'Ich bin sehr traurig, sehr oft traurig. Ich fühle mich so, als sei das jetzt das Ende meines Lebens . . . Das* eine, *was die Liebe zu B. für mich getan hat ist: sie hat die übrigen kleinlichen Sorgen meine Stellung und Arbeit betreffend in den Hintergrund gejagt'*: MS 130, p. 144, 8.8.46.
**p. 491** 'just as a boy': MS 131, 12.8.46.
**p. 491** 'I feel as though': MS 131, 14.8.46.
**p. 492** 'It is the mark of a *true* love': MS 131, 14.8.46; quoted in Nedo, op. cit., p. 325.
**p. 492** 'I feel that my mental health': *'Ich fühle, meine geistige Gesundheit hängt an einem dünnen Faden. Es ist natürlich die Sorge und Angst wegen B., die mich so abgenützt hat. Und doch könnte auch das nicht geschehen, wenn ich nicht eben leicht entzündbar wäre, "highly inflammable"'*: MS 131, 18.8.46.
**p. 492** 'Were they stupid': MS 131, 20.8.46; *Culture and Value*, p. 49.
**p. 492** 'if a light shines on it': *Culture and Value*, pp. 57–8.
**p. 492** '"For our desires shield us"': *'"Denn die Wünsche verhüllen uns selbst das Gewünschte. Die Gaben kommen herunter in ihren eignen Gestalten etc." Das sage ich mir wenn ich die Liebe B's empfange. Denn dass sie das grosse, seltene Geschenk ist, weiss ich wohl; dass sie ein seltener Edelstein ist, weiss ich wohl, – und auch, dass sie nicht ganz von der Art ist, von der ich geträumt hatte'*: MS 132, 29.9.46.

**p. 493** 'Everything about the place': *'Alles an dem Ort stösst mich ab. Das Steife, Künstliche, Selbstgefällige der Leute. Die Universitätsatmosphäre ist mir ekelhaft'*: MS 132, 30.9.46.

**p. 493** 'What I miss most': LW to RF, 9.11.46.

**p. 493** 'So when you'll come back': LW to RF, Aug. 1946.

**p. 493** 'Sorry you don't get post': LW to RF, 7.10.46.

**p. 493** 'Why in hell': LW to RF, 21.10.46.

**p. 494** 'I'm feeling far better': LW to RF, 9.11.46.

**p. 494** 'I'm thinking every day': LW to RF, 21.10.46.

**p. 495** 'Not to threaten visiting lecturers': Popper's account is given in *Unended Quest: An Intellectual Autobiography*, pp. 122–3.

**p. 495** 'veneration for Wittgenstein': Ryle in Wood & Pitcher, op. cit., p. 11.

**p. 496** 'As little philosophy as I have read': MS 135, 27.7.47.

**p. 496** 'Practically every philosopher': Mary Warnock, diary, 14.5.47. I am very grateful to Lady Warnock, and to Oscar Wood and Sir Isaiah Berlin for their recollections of this meeting. The part of the exchange between Wittgenstein and Pritchard that is quoted comes from *A Wittgenstein Workbook*, p. 6.

**p. 497** 'For years': Anscombe, *Metaphysics and the Philosophy of Mind*, pp. vii–ix.

**p. 498** 'This man': quoted by Professor Anscombe in conversation with the author.

**p. 498** 'very unnerving': Iris Murdoch, quoted by Ved Mehta in *The Fly and the Fly Bottle*, p. 55.

**p. 498** 'More able than Ramsey?': story told to me by Rush Rhees.

**p. 499** 'were far from the centre': Kreisel, 'Wittgenstein's "*Remarks on the Foundations of Mathematics*"', *British Journal for the Philosophy of Science*, IX (1958), pp. 135–58.

**p. 499** 'tense and often incoherent': Kreisel, 'Critical Notice: "*Lectures on the Foundations of Mathematics*"', in *Ludwig Wittgenstein: Critical Assessments*, pp. 98–110.

**p. 499** 'Wittgenstein's views on mathematical logic': Kreisel, *British Journal for the Philosophy of Science*, op. cit., pp. 143–4.

**p. 499** 'As an introduction': Kreisel, 'Wittgenstein's Theory and Practice of Philosophy', *British Journal for the Philosophy of Science*, XI (1960), pp. 238–52.

**p. 500** 'These lectures are on the philosophy of psychology': from the notes taken by A. C. Jackson. These notes (together with those of the same lectures taken by P. T. Geach and K. J. Shah) have now been published as *Wittgenstein's Lectures on Philosophical Psychology: 1946–7*, but at the time of writing this I was dependent on privately circulated copies. There may be some slight variations between the notes as I give them and as they have been published.

**p. 501** 'Now let us go back to last day': ibid.

**p. 501** 'What I give is the morphology': Malcolm, op. cit., p. 43.

**p. 502** 'arose from the fact': Gasking and Jackson, 'Wittgenstein as a Teacher', Fann, op. cit., pp. 49–55.

**p. 502** 'I am showing my pupils': *Culture and Value*, p. 56.

**p. 502** 'In teaching you philosophy': Gasking and Jackson, op. cit., p. 51.

**p. 503** 'I still keep getting entangled': *Culture and Value*, p. 65.

**p. 503** 'Starting at the beginning': Malcolm, op. cit., p. 44.

**p. 503** 'All is happiness': *'Alles ist Glück. Ich könnte jetzt so nicht schreiben, wenn ich nicht die letzten 2 Wochen mit B. verbracht hätte. Und ich hätte sie nicht so verbringen können, wenn Krankheit oder irgend ein Unfall dazwischen gekommen wäre'*: MS 132, 8.10.46.

**p. 504** 'In love': *'Ich bin in der Liebe zu wenig* gläubig *und zu wenig* mutig . . . *ich bin leicht verletzt und fürchte mich davor, verletzt zu werden, und sich in* dieser *Weise selbst schonen ist der Tod aller Liebe. Zur wirklichen Liebe braucht es* Mut. *Das heisst aber doch, man muss auch den Mut haben, abzubrechen, und zu entsagen, also den Mut eine Todeswunde zu ertragen. Ich aber kann nur hoffen, dass mir das Fürchterlichste erspart bleibt'*: MS 132, 22.10.46.

**p. 504** 'I do not have the courage': *'Ich habe nicht den Mut und nicht die Kraft und Klarheit den Tatsachen meines Lebens gerade in's Gesicht zu schauen. – B. hat zu mir eine* Vor-*Liebe. Etwas, was nicht halten kann.* Wie *diese verwelken wird, weiss ich natürlich nicht. Wie* etwas *von ihr zu erhalten wäre, lebendig, nicht gepresst in einem Buch als Andenken, weiss ich auch nicht . . . Ich weiss nicht, ob und wie ich es aushalten werde,* dies *Verhältnis mit* dieser *Aussicht weiterzunähren . . . Wenn ich mir vorstelle, dass ich es abgebrochen hätte, so fürchte ich mich vor der Einsamkeit'*: MS 133, 25.10.46.

**p. 504** 'love is a *joy*': *'Die Liebe ist ein* Glück. *Vielleicht ein Glück mit Schmerzen, aber ein Glück . . . In der Liebe muss ich sicher* ruhen *können. – Aber kannst du ein warmes Herz zurückweisen; Ist es ein Herz, das warm für* mich *schlägt;* – I'll rather do anything than to hurt the soul of friendship. – I must know: he won't hurt *our friendship. Der Mensch kann aus seiner Haut nicht heraus. Ich kann nicht eine Forderung, die tief in mir, meinem ganzen Leben verankert, liegt, aufgeben. Denn die* Liebe *ist mit der Natur verbunden; und würde ich unnatürlich, so würde //müsste// die Liebe aufhören. – Kann ich sagen: "Ich werde vernünftig sein, und das nicht mehr verlangen."? . . . Ich kann sagen: Lass ihn gewähren, – es wird einmal anders werden. – Die* Liebe, *die ist die Perle von grossem Wert, die man am Herzen hält, für die man* nichts *eintauschen will, die man als das wertvollste schätzt. Sie* zeigt *einem überhaupt – wenn man sie hat – was grosser Wert* ist. *Man lernt, was es* heisst: *ein Edelmetall von allen andern aussondern . . . Das Furchtbare ist die Ungewissheit . . . "Auf Gott vertrauen" . . . Von da, wo ich bin, zum Gottvertrauen ist ein* weiter *Weg. Freudevolle Hoffnung und Furcht sind einander verschwistert. Ich kann die eine nicht haben ohne dass sie an die andre grenzt'*: MS 133, 26.10.46.

**p. 505** 'Trust in God': ibid.

**p. 505** 'Ask yourself these questions: *'Frag dich diese Frage: Wenn du stirbst, wer wird dir nachtrauern; und* wie tief *wird die Trauer sein? Wer trauert um F.; wie tief trauere ich um ihn, der mehr Grund zur Trauer hat als irgend jemand? Hat er* nicht *verdient, dass jemand sein ganzes Leben lang um ihn trauert? Wenn jemand so er. Da möchte man sagen: Gott wird ihn aufheben und ihm* geben, *was ein schlechter Mensch ihm versagt'*: MS 133, 10.11.46.

**p. 506** 'The fundamental insecurity': MS 133, 12.11.46.

**p. 506** 'Don't be too cowardly': MS 133, 15.11.46.

**p. 506** 'Can you not cheer up': *'Kannst du nicht auch ohne seine Liebe fröhlich sein?* Musst *du ohne diese Liebe in Gram versinken? Kannst du ohne diese Stütze nicht leben? Denn das ist die Frage: kannst du* nicht *aufrecht gehn, ohne dich auf diesen Stab zu lehnen? Oder kannst du dich nur nicht* entschliessen *ihn aufzugeben? Oder ist es beides? – Du* darfst *nicht immer Briefe erwarten, die nicht kommen . . . Es ist nicht Liebe, was mich zu dieser Stütze zieht, sondern, dass ich auf meinen zwei Beinen allein nicht sicher stehen kann'*: MS 133, 27.11.46.

**p. 506** 'Some men': *'Mancher Mensch ist im ganzen Leben krank und kennt nur das Glück, das der fühlt, der nach langen heftigen Schmerzen ein paar schmerzlose Stunden hat. (Es ist ein seeliges Aufatmen.)'*: MS 133, 23.11.46.

**p. 506** 'Is it so unheard of': *'Ist es so unerhört, dass ein Mensch leidet, dass z.B. ein ältlicher Mensch müde und einsam ist, ja selbst, dass er halb verrückt wird?'*: MS 133, 2.12.46.

**p. 506** 'Only nothing theatrical': MS 133, 12.2.46.

**p. 506** 'The belief in a benevolent father': MS 134, 4.4.47.

**p. 506** 'What good does all my talent do me': *'Wozu dient mir all meine Geschicklichkeit, wenn ich im Herzen unglücklich bin? Was hilft es mir, philosophische Probleme zu lösen, wenn ich mit der Hauptsache nicht ins Reine kommen kann?'*: MS 134, 13.4.47.

**p. 507** 'My lectures are going well': *'Meine Vorlesungen gehen gut, sie werden nie besser gehen. Aber welche Wirkung lassen sie zurück? Helfe ich irgendjemand? Gewiss nicht* mehr, *als wenn ich ein grosser Schauspieler wäre, der ihnen Tragödien vorspielt. Was sie lernen, ist nicht wert gelernt* *zu werden; und der persönliche Eindruck nützt ihnen nichts. Das gilt für Alle, mit vielleicht einer, oder zwei Ausnahmen'*: MS 133, 19.11.46.

**p. 507** 'Suppose I show it to a child': notes taken by P. T. Geach; see *Wittgenstein's Lectures on Philosophical Psychology*, p. 104 (but see also reference for p. 500).

**p. 508** 'It would have made': *Philosophical Investigations*, II, p. 195.

**p. 509** 'In the German language': Wolfgang Köhler, *Gestalt Psychology*, p. 148.

**p. 510** 'Here where': Goethe, *Italian Journey*, pp. 258–9.

**p. 510** 'The *Urpflanze*': ibid., p. 310.

**p. 511** 'Two uses': *Philosophical Investigations*, II, p. 193.

**p. 511** 'I explained to him': quoted Heller, op. cit., p. 6.

**p. 512** 'Well, so much the better': ibid.

**p. 513** 'When I tell the reader': Köhler, op. cit., p. 153.

**p. 513** 'Now Köhler said': see *Wittgenstein's Lectures on Philosophical Psychology*, pp. 329–30.

**p. 514** 'It makes no sense to ask': see ibid., p. 104.

**p. 514** 'Now you try': *Recollections*, p. 159.

**p. 514** 'The expression of a change': *Philosophical Investigations*, II, pp. 196–7.

**p. 515** 'Köhler says': *Remarks on the Philosophy of Psychology*, I, p. 982.

**p. 516** 'A philosopher says': *Culture and Value*, p. 61.

**p. 516** 'In this country': *'Für Leute wie mich liegt in diesem Lande nichts näher als Menschenhass. Gerade dass man sich in all dieser Solidität auch keine Revolution denken kann macht die Lage noch viel hoffnungsloser. Es ist als hätte diese ganze grenzenlose Öde "come to stay". Es ist als könnte man von diesem Land sagen, es habe ein nasskaltes geistiges Klima'*: MS 134, 13.4.47.

**p. 516** 'Cambridge grows more and more hateful': *'Cambridge wird mir mehr und mehr verhasst.* The disintegrating and putrefying English civilization. *Ein Land, in dem die Politik zwischen einem bösen Zweck und* keinem *Zweck schwankt'*: MS 134, 23.4.47.

**p. 516** '[I] feel myself to be an alien': *'fühle mich fremd //als Fremdling// in der Welt. Wenn dich kein Band an Menschen und kein Band an Gott bindet, so* bist *du ein Fremdling'*: MS 135, 28.7.47.

**p. 517** 'I wouldn't be altogether surprised': *Recollections*, p. 152.

**p. 517** 'This is an excellent book': ibid.

**p. 517** '. . . go somewhere': LW to GHvW, 27.8.47.

**p. 518** 'he was reacting': quoted by John Moran, op. cit., p. 92.

**p. 518** 'It's mostly bad': LW to GHvW, 6.11.47.

## 25 IRELAND

**p. 520** 'cold and uncomfortable': LW to RR, 9.12.47.
**p. 520** 'Sometimes my ideas': *Recollections*, pp. 153–4.
**p. 521** 'the prospect of becoming English': LW to GHvW, 22.12.47.
**p. 521** 'Cambridge is a dangerous place': LW to GHvW, 23.2.48.
**p. 521** 'There is nothing like the Welsh coast': LW to RR, 5.2.48.
**p. 521** 'The country here': LW to Helene, 10.1.48; quoted in Nedo, op. cit., p. 326.
**p. 522** 'In a letter': *Culture and Value*, pp. 65–6.
**p. 522** 'Heaven knows if I'll ever publish': LW to GHvW, 22.12.47.
**p. 522** 'I am in very good bodily health': LW to RR, 5.2.48.
**p. 522** 'My work's going moderately well': LW to NM, 4.1.48.
**p. 522** 'Feel unwell': MS 137, 3.2.48.
**p. 523** 'occasionally queer states': LW to NM, 5.2.48.
**p. 523** 'My nerves, I'm afraid': LW to RR, 5.2.48.
**p. 523** 'I often believe': LW to GHvW, 17.3.48.
**p. 523** 'They are very quiet': LW to GHvW, 22.12.47.
**p. 523** 'As soon as he had arrived': *Recollections*, pp. 154–5.
**p. 524** 'I often thought of you': LW to RR, 15.4.48.
**p. 525** 'quite nice': LW to NM, 5.6.48.
**p. 525** 'the man upon whom': MS 137, 17.7.48; quoted in Nedo, op. cit., p. 326.
**p. 526** 'Tinned food': story told to the author by Thomas Mulkerrins.
**p. 526** 'I thought you had company': ibid.
**p. 526** 'Nearly all my writings': *Culture and Value*, p. 77.
**p. 527** 'I've had a bad time': LW to NM, 30.4.48.
**p. 528** 'it's undoubtedly a great blessing': LW to Lee Malcolm, 5.6.48.
**p. 528** 'For though as you know': LW to NM, 4.6.48.
**p. 528** 'As I recall': see footnote to above letter.
**p. 529** Davis wrote to Raymond Chandler: see Frank MacShane, ed., *Selected Letters of Raymond Chandler* (Cape, 1981), p. 167.
**p. 529** 'All this was very boring': Norbert Davis, *Rendezvous with Fear*, p. 9.
**p. 529** 'Is he hurt?': ibid., p. 86.
**p. 529** 'Humour is not a mood': *Culture and Value*, p. 78.
**p. 530** 'So how do we explain': ibid., p. 70.
**p. 531** 'What would a person be lacking?': *Remarks on the Philosophy of Psychology*, II, p. 508.
**p. 532** 'What is lacking': ibid., pp. 464–8.
**p. 532** 'What is it like': *Culture and Value*, p. 83.
**p. 533** 'What is incomprehensible': *Remarks on the Philosophy of Psychology*, II, p. 474.

**p. 533** 'leaves everything as it is': *Philosophical Investigations*, I, 124.
**p. 533** 'Tradition is not something a man can learn': *Culture and Value*, p. 76.
**p. 534** 'I get tired': LW to GHvW, 26.5.48.
**p. 534** 'too soft, too weak': *Culture and Value*, p. 72.
**p. 534** 'Don't let the grief vex you!': *'Lass dich die Trauer nicht verdriessen! Du solltest sie ins Herz einlassen und auch den Wahnsinn nicht fürchten! Er kommt vielleicht als Freund und nicht als Feind zu dir und nur dein* Wehren *ist das Übel. Lass die Trauer ins Herz ein, verschliess ihr nicht die Tür. Draussen vor der Tür im Verstand stehend ist sie furchtbar, aber im* Herzen *ist sie's nicht'*: MS 137, 29.6.48.
**p. 534** 'Think a great deal': MS 137, 11.7.48.
**p. 534** 'But I have decided to *try*': MS 137, 17.7.48.
**p. 535** 'When I look at the faces': *Recollections*, p. 166.
**p. 536** 'I'm anxious to make hay': LW to NM, 6.11.48.
**p. 536** 'Just wait a minute': *Recollections*, p. 156.
**p. 536** 'I hear the words': *Last Writings*, I, p. 47.
**p. 536** 'Hegel seems to me': *Recollections*, p. 157.
**p. 537** 'hasn't the necessary multiplicity': ibid., p. 160.
**p. 537** 'Now you try': ibid., p. 159.
**p. 537** '"Denken ist schwer"': *Culture and Value*, p. 74.
**p. 537** 'It is impossible for me': *Recollections*, p. 160.
**p. 538** 'We say that someone has the "eyes of a painter"': *Last Writings*, I, p. 782.
**p. 538** 'We say that someone doesn't have a musical ear': ibid., p. 783; cf. *Philosophical Investigations*, II, xi, p. 214.
**p. 538** 'I would like it': *Recollections*, p. 160.
**p. 538** 'I think he felt': ibid., p. 97.
**p. 539** 'some sort of infection': LW to NM, 28.1.49.
**p. 539** 'Drury, I think': MS 138, 29.1.49.
**p. 539** 'great weakness and pain': MS 138, 11.2.49.
**p. 539** '[They] contain many excellent things': *Culture and Value*, p. 27.
**p. 540** 'for otherwise': MS 138, 2.3.49.
**p. 540** 'Nice time': MS 138, 15.3.49.
**p. 540** 'Often it is as though my soul were dead': MS 138, 17.3.49.
**p. 540** 'Of course it was rejected': *Recollections*, p. 161.
**p. 540** 'If Christianity is the truth': *Culture and Value*, p. 83.
**p. 540** 'I can't understand the Fourth Gospel': *Recollections*, p. 164.
**p. 541** 'The spring which flows gently': *Culture and Value*, p. 30.
**p. 541** 'It is one and the same': *Recollections*, p. 165.
**p. 541** 'If it is a good and godly picture': *Culture and Value*, p. 32.
**p. 541** 'Suppose someone were taught': ibid., p. 81.

**p. 542** 'What happens': LW to NM, 18.2.49.
**p. 542** 'While I was in Vienna': LW to NM, 17.5.49.
**p. 543** 'It is so characteristic': *Recollections*, p. 163.
**p. 543** 'has something to say': ibid., p. 159.
**p. 543** 'Now that is all I want': ibid., p. 168.
**p. 544** 'There is one thing that I'm afraid of': LW to GHvW, 1.6.49.
**p. 545** 'You have said something': LW to GEM, Oct. 1944.
**p. 546** 'Don't regard': *Philosophical Investigations*, II, p. 192.
**p. 546** 'But surely': ibid., p. 190.
**p. 547** 'We can imagine': ibid., p. 188.
**p. 548** 'Drury, just look at the expression': *Recollections*, p. 126.
**p. 548** 'If I see someone': *Philosophical Investigations*, II, p. 223.
**p. 548** 'It is important': *Culture and Value*, p. 74.
**p. 548** 'If a lion could talk': *Philosophical Investigations*, II, p. 223.
**p. 548** 'Is there such a thing': *ibid.*, p. 227.
**p. 549** 'It was said by many people': Dostoevsky, *The Brothers Karamazov*, p. 30.
**p. 549** 'Yes, there really have been people like that': *Recollections*, p. 108.
**p. 549** 'The confusion and barrenness': *Philosophical Investigations*, II, p. 232.

## 26 A CITIZEN OF NO COMMUNITY

**p. 552** 'My mind is tired & stale': LW to NM, 1.4.49.
**p. 552** 'I *know* you'd extend your hospitality': LW to NM, 4.6.49.
**p. 552** 'My anaemia': LW to NM, 7.7.49.
**p. 552** 'Ordinarily': Stuart Brown; quoted in McHale, op. cit., p. 78.
**p. 553** 'particularly because': LW to RF, 28.7.49.
**p. 553** 'probably the most philosophically strenuous': quoted ibid., p. 80.
**p. 554** 'But then, he added': Bouwsma's notes of his conversations with Wittgenstein have now been published; see *Wittgenstein Conversations 1949–1951*, p. 9.
**p. 554** 'I am a very vain person': ibid.
**p. 555** 'If I had planned it': ibid., p. 12.
**p. 556** 'I can prove now': Moore, 'Proof of an External World', *Philosophical Papers*, p. 146.
**p. 556** 'To understand a sentence': Malcolm, op. cit., p. 73.
**p. 557** 'Instead of saying': ibid., p. 72.
**p. 557** 'When the sceptical philosophers': ibid., p. 73.
**p. 557** 'Scepticism is *not* irrefutable': *Tractatus*, 6.51.
**p. 557** 'Certain propositions': Malcolm, op. cit., p. 74.
**p. 558** 'If I walked over to that tree': ibid., p. 71.
**p. 558** 'Just before the meeting': quoted in McHale, op. cit., pp. 79–80.

**p. 559** 'I don't want to die in America': Malcolm, op. cit., p. 77.
**p. 559** 'I am sorry that my life should be prolonged': LW to RR, 4.12.49.
**p. 559** 'My health is very bad': LW to Helene, 28.11.49; quoted in Nedo, op. cit., p. 337.
**p. 560** 'This is of the greatest importance': LW to NM, 11.12.49.
**p. 560** 'ARRIVED': LW to GHvW, 26.12.49.
**p. 560** 'I haven't been to a concert': LW to GHvW, 19.1.50.
**p. 560** 'I'm very happy': LW to Dr Bevan, 7.2.50.
**p. 561** 'Colours spur us to philosophise': *Culture and Value*, p. 66.
**p. 561** 'It's partly boring': LW to GHvW, 19.1.50.
**p. 561** 'I may find': *Culture and Value*, p. 79.
**p. 562** 'As I mean it': *On Colour*, II, p. 3.
**p. 562** 'If someone didn't find': ibid., p. 10.
**p. 562** 'Phenomenological analysis': ibid., p. 16.
**p. 562** 'We had expected her end': LW to GHvW, 12.2.50.
**p. 562** 'Wittgenstein, who took a long time': Paul Feyerabend, *Science in a Free Society*, p. 109.
**p. 563** 'everything descriptive': *On Certainty*, p. 56.
**p. 563** 'If "I know etc."': ibid., p. 58.
**p. 564** 'If language': *Philosophical Investigations*, I, 242.
**p. 564** 'woeful': see MS 173, 24.3.50.
**p. 564** 'I don't think I can give formal lectures': LW to NM, 5.4.50.
**p. 565** 'The thought': LW to NM, 17.4.50.
**p. 566** 'in my present state': LW to NM, 12.1.51.
**p. 566** 'I'm doing some work': LW to NM, 17.4.50.
**p. 566** 'That which I am writing about': *On Colour*, III, p. 295.
**p. 566** 'One and the same': ibid', p. 213.
**p. 566** 'Imagine someone': ibid., p. 263.
**p. 567** 'In the late spring': K. E. Tranøj, 'Wittgenstein in Cambridge, 1949–51', *Acta Philosophica Fennica*, XXVII, 1976; quoted in Nedo, op. cit., p. 335.
**p. 567** 'I like to stay': LW to NM, 17.4.50.
**p. 567** 'The house isn't very noisy': LW to GHvW, 28.4.50.
**p. 567** 'Pink wants to sit on six stools': quoted by Barry Pink in conversation with the author (he was perfectly sure that 'arse' was the word Wittgenstein used).
**p. 568** 'Certainly not!': quoted by Barry Pink in conversation with the author.
**p. 568** 'It is remarkable': *Culture and Value*, p. 48.
**p. 568** 'Shakespeare's similes': ibid., p. 49.
**p. 568** 'I believe': ibid., p. 85.
**p. 569** 'I could only stare': ibid., pp. 84–5.

**p. 570** 'If Moore were to pronounce': *On Certainty*, p. 155.
**p. 570** 'For months I have lived': ibid., pp. 70–71.
**p. 570** 'I could imagine': ibid., p. 264.
**p. 571** 'Everything that I have seen': ibid., p. 94.
**p. 571** 'The river-bed': ibid., p 97.
**p. 571** 'I believe': ibid., p. 239.
**p. 572** 'I have a world picture': ibid., p. 162.
**p. 572** 'Perhaps one could': *Culture and Value*, p. 85.
**p. 572** 'Life can educate one': ibid. p. 86.
**p. 572** 'The attitude that's in question': ibid., p. 85.
**p. 573** 'He wanted': Father Conrad to the author, 30.8.86.
**p. 574** 'we enjoyed our stay': LW to GHvW, 29.1.51.

## 27 STOREYS END

**p. 576** 'I can't even *think* of work': LW to NM, undated.
**p. 576** 'How lucky': this, and all other remarks of Wittgenstein's to Mrs Bevan quoted in this chapter, are given as they were told to me by Mrs Bevan in a series of conversations I had with her during 1985–7.
**p. 576** 'He was very demanding': extract from a written statement of her memories of Wittgenstein by Mrs Bevan.
**p. 577** 'I have been ill': LW to RF, 1.2.51.
**p. 578** 'I do philosophy': *On Certainty*, p. 532.
**p. 578** 'I believe': ibid., p. 387.
**p. 578** 'A doubt without an end': ibid., p. 625.
**p. 578** 'I am sitting': ibid., p. 467.
**p. 578** 'Doubting and non-doubting': ibid., p. 354.
**p. 579** 'Am I not': ibid., p. 501.
**p. 579** 'I remember': *Recollections*, p. 171.
**p. 580** 'Isn't it curious': ibid., p. 169.
**p. 580** 'God may say to me': *Culture and Value*, p. 87.

# 书目选

以下列出了写作这本传记时用到的主要出版资料。若需要维特根斯坦的著作和谈维特根斯坦的著作的一份详尽书目，见 V. A . and S . G . Shanker 编辑的 *Ludwig Wittgenstein: Critical Assessments*，*V : A Wittgenstein Bibliography*（Croom Helm，1986）


Anscombe, G. E. M. *Metaphysics and the Philosophy of Mind*, Collected Philosophical Papers, II (Blackwell, 1981)

Augustine, Saint *Confessions* (Penguin, 1961)

Ayer, A. J. *Wittgenstein* (Weidenfeld & Nicolson, 1985)

—— *Part of My Life* (Collins, 1977)

—— *More of My Life* (Collins, 1984)

Baker, G. P. *Wittgenstein, Frege and the Vienna Circle* (Blackwell, 1988)

Baker, G. P. and Hacker, P. M. S. *Wittgenstein: Meaning and Understanding* (Blackwell, 1983)

—— *An Analytical Commentary on Wittgenstein's Philosophical Investigations*, I (Blackwell, 1983)

—— *Wittgenstein: Rules, Grammar and Necessity: An Analytical Commentary on the Philosophical Investigations*, II (Blackwell, 1985)

—— *Scepticism, Rules and Language* (Blackwell, 1984)

Bartley, W. W. *Wittgenstein* (Open Court, rev. 2/1985)

Bernhard, Thomas *Wittgenstein's Nephew* (Quartet, 1986)

Block, Irving, ed., *Perspectives on the Philosophy of Wittgenstein* (Blackwell, 1981)

Bouwsma, O. K. *Philosophical Essays* (University of Nebraska Press, 1965)

—— *Wittgenstein: Conversations 1949–1951*, ed. J. L. Craft and Ronald E. Hustwit (Hackett, 1986)

Clare, George *Last Waltz in Vienna* (Pan, 1982)

Clark, Ronald W. *The Life of Bertrand Russell* (Jonathan Cape and Weidenfeld & Nicolson, 1975)

Coope, Christopher, et al. *A Wittgenstein Workbook* (Blackwell, 1971)
Copi, Irving M. and Beard, Robert W., ed., *Essays on Wittgenstein's Tractatus* (Routledge, 1966)
Dawidowicz, Lucy S. *The War Against the Jews 1933–45* (Weidenfeld & Nicolson, 1975)
Deacon, Richard *The Cambridge Apostles: A History of Cambridge University'. Elite Intellectual Secret Society* (Robert Royce, 1985)
Delany, Paul *The Neo-pagans: Rupert Brooke and the Ordeal of Youth* (The Free Press, 1987)
Dostoevsky, Fyodor *The Brothers Karamazov* (Penguin, 1982)
Drury, M. O'C. *The Danger of Words* (Routledge, 1973)
Duffy, Bruce *The World As I Found It* (Ticknor & Fields, 1987)
Eagleton, Terry 'Wittgenstein's Friends', *New Left Review*, CXXXV (September–October 1982); reprinted in *Against the Grain* (Verso, 1986)
Fann, K. T., ed., *Ludwig Wittgenstein: The Man and His Philosophy* (Harvester, 1967)
Feyerabend, Paul *Science in a Free Society* (Verso, 1978)
Ficker, Ludwig von *Denkzettel und Danksagungen* (Kösel, 1967)
Field, Frank *The Last Days of Mankind: Karl Kraus and His Vienna* (Macmillan, 1967)
Frege, Gottlob *The Foundations of Arithmetic* (Blackwell, 1950)
—— *Philosophical Writings* (Blackwell, 1952)
—— *Philosophical and Mathematical Correspondence* (Blackwell, 1980)
—— *The Basic Laws of Arithmetic* (University of California Press, 1967)
Freud, Sigmund *The Interpretation of Dreams* (Penguin, 1976)
—— *Jokes and Their Relation to the Unconscious* (Penguin, 1976)
Gay, Peter *Freud: A Life for Our Time* (Dent, 1988)
Goethe, J. W. *Italian Journey* (Penguin, 1970)
—— *Selected Verse* (Penguin, 1964)
Grant, R. T. and Reeve, E. B. *Observations on the General Effects of Injury in Man* (HMSO, 1951)
Hacker, P. M. S. *Insight and Illusion: Themes in the Philosophy of Wittgenstein* (Oxford, rev. 2/1986)
Hänsel, Ludwig 'Ludwig Wittgenstein (1889–1951)', *Wissenschaft und Weltbild* (October 1951), p. 272–8
Haller, Rudolf *Questions on Wittgenstein* (Routledge, 1988)
Hayek, F. A. von 'Ludwig Wittgenstein' (unpublished, 1953)
Heller, Erich *The Disinherited Mind: Essays in Modern German Literature and Thought* (Bowes & Bowes, 1975)
Henderson, J. R. 'Ludwig Wittgenstein and Guy's Hospital', *Guy's Hospital Reports*, CXXII (1973), pp. 185–93
Hertz, Heinrich *The Principles of Mechanics* (Macmillan, 1899)

Hilmy, S. Stephen *The Later Wittgenstein: The Emergence of a New Philosophical Method* (Blackwell, 1987)
Hitler, Adolf *Mein Kampf* (Hutchinson, 1969)
Hodges, Andrew *Alan Turing: The Enigma of Intelligence* (Burnett, 1983)
Iggers, Wilma Abeles *Karl Kraus: A Viennese Critic of the Twentieth Century* (Nijhoff, 1967)
James, William *The Varieties of Religious Experience* (Penguin, 1982)
—— *The Principles of Psychology*, 2 vols (Dover, 1950)
Janik, Allan and Toulmin, Stephen *Wittgenstein's Vienna* (Simon & Schuster, 1973)
Jones, Ernest *The Life and Work of Sigmund Freud* (Hogarth, 1962)
Kapfinger, Otto *Haus Wittgenstein: Eine Dokumentation* (The Cultural Department of the People's Republic of Bulgaria, 1984)
Kenny, Anthony *Wittgenstein* (Allen Lane, 1973)
—— *The Legacy of Wittgenstein* (Blackwell, 1984)
Keynes, J. M. *A Short View of Russia* (Hogarth, 1925)
Köhler, Wolfgang *Gestalt Psychology* (G. Bell & Sons, 1930)
Kraus, Karl *Die Letzten Tage der Menschenheit*, 2 vols (Deutscher Taschenbuch, 1964)
—— *No Compromise: Selected Writings*, ed. Frederick Ungar (Ungar Publishing, 1984)
—— *In These Great Times: A Karl Kraus Reader*, ed. Harry Zohn (Carcanet, 1984)
Kreisel, G. 'Wittgenstein's "*Remarks on the Foundations of Mathematics*"', *British Journal for the Philosophy of Science*, IX (1958), pp. 135–58
—— 'Wittgenstein's Theory and Practice of Philosophy', *British Journal for the Philosophy of Science*, XI (1960), pp. 238–52
—— 'Critical Notice: "*Lectures on the Foundations of Mathematics*"', in *Ludwig Wittgenstein: Critical Assessments*, ed. S. G. Shanker (Croom Helm, 1986), pp. 98–110
Leitner, Bernhard *The Architecture of Ludwig Wittgenstein: A Documentation* (Studio International, 1973)
Levy, Paul *G. E. Moore and the Cambridge Apostles* (Oxford, 1981)
Luckhardt, C. G. *Wittgenstein: Sources and Perspectives* (Harvester, 1979)
Mabbott, John *Oxford Memories* (Thornton's, 1986)
Mahon, J. 'The great philosopher who came to Ireland' *Irish Medical Times*,
—— (February 14, 1986)
McGuinness, Brian *Wittgenstein: A Life. Young Ludwig 1889–1921* (Duckworth, 1988)
—— , ed., *Wittgenstein and His Times* (Blackwell, 1982)
McHale, Sister Mary Elwyn *Ludwig Wittgenstein: A Survey of Source Material for a Philosophical Biography* (MA thesis for the Catholic University of America, 1966)

Malcolm, Norman *Ludwig Wittgenstein: A Memoir* (with a Biographical Sketch by G. H. von Wright) (Oxford, rev. 2/1984)
Manvell, Roger and Fraenkel, Heinrich *Hitler: The Man and the Myth* (Grafton, 1978)
Mays, W. 'Wittgenstein's Manchester Period', *Guardian* (24 March 1961)
—— 'Wittgenstein in Manchester', in '*Language, Logic, and Philosophy*': *Proceedings of the 4th International Wittgenstein Symposium* (1979), pp. 171–8
Mehta, Ved *The Fly and the Fly-Bottle* (Weidenfeld & Nicolson, 1963)
Moore, G. E. *Philosophical Papers* (Unwin, 1959)
Moran, John 'Wittgenstein and Russia', *New Left Review*, LXXIII (May–June 1972)
Morton, Frederic *A Nervous Splendour* (Weidenfeld & Nicolson, 1979)
Nedo, Michael and Ranchetti, Michele *Wittgenstein: Sein Leben in Bildern u* *Texten* (Suhrkamp, 1983)
Nietzsche, Friedrich *Twilight of the Idols* and *The Anti-Christ* (Penguin, 196
Ogden, C. K. and Richards, I. A. *The Meaning of Meaning* (Kegan Paul, 19
Parak, Franz *Am anderen Ufer* (Europäischer Verlag, 1969)
Partridge, Frances *Memories* (Robin Clark, 1982)
Popper, Karl *Unended Quest: An Intellectual Autobiography* (Fontana, 1976)
Ramsey, F. P. 'Critical Notice of L. Wittgenstein's "Tractatus Logico-Philosophicus"', *Mind*, XXXII, no. 128 (October 1923), pp. 465–78
—— *Foundations: Essays in Philosophy, Logic, Mathematics and Economics* (Routledge, 1978)
Rhees, Rush 'Wittgenstein' [review of Bartley, op. cit.] *The Human Word*, XIV (February 1974)
—— *Discussions of Wittgenstein* (Routledge, 1970)
—— *Without Answers* (Routledge, 1969)
—— , ed., *Recollections of Wittgenstein* (Oxford, 1984)
Russell, Bertrand *The Principles of Mathematics* (Unwin, 1903)
—— *The Problems of Philosophy* (Home University Library, 1912)
—— *Our Knowledge of the External World* (Unwin, 1914)
—— *Mysticism and Logic* (Unwin, 1918)
—— *Introduction to Mathematical Philosophy* (Unwin, 1919)
—— *The Analysis of Mind* (Unwin, 1921)
—— *The Practice and Theory of Bolshevism* (Unwin, 1920)
—— *Marriage and Morals* (Unwin, 1929)
—— *The Conquest of Happiness* (Unwin, 1930)
—— *In Praise of Idleness* (Unwin, 1935)
—— *An Inquiry into Meaning and Truth* (Unwin, 1940)
—— *History of Western Philosophy* (Unwin, 1945)
—— *Human Knowledge: Its Scope and Limits* (Unwin, 1948)

Russell, Bertrand *Logic and Knowledge*, ed. R. C. March (Unwin, 1956)
—— *My Philosophical Development* (Unwin, 1959)
—— *Autobiography* (Unwin, 1975)
Russell, Dora *The Tamarisk Tree*, I: *My Quest for Liberty and Love* (Virago, 1977)
Ryan, Alan *Bertrand Russell: A Political Life* (Allen Lane, 1988)
Schopenhauer, Arthur *Essays and Aphorisms* (Penguin, 1970)
—— *The World as Will and Representation*, 2 vols (Dover, 1969)
Shanker, S. G. *Wittgenstein and the Turning Point in the Philosophy of Mathematics* (Croom Helm, 1987)
Sjögren, Marguerite *Granny et son temps* (privately printed in Switzerland, 1982)
Skidelsky, Robert *John Maynard Keynes*, I: *Hopes Betrayed 1883–1920* (Macmillan, 1983)
Spengler, Oswald *The Decline of the West* (Unwin, 1928)
Sraffa, Piero *Production of Commodities By Means of Commodities* (Cambridge, 1960)
Steiner, G. *A Reading Against Shakespeare*, W. P. Ker Lecture for 1986 (University of Glasgow, 1986)
Tagore, Rabindranath *The King of the Dark Chamber* (Macmillan, 1918)
Thomson, George 'Wittgenstein: Some Personal Recollections', *The Revolutionary World*, XXXVII–IX (1979), pp. 87–8
Tolstoy, Leo *A Confession and Other Religious Writings* (Penguin, 1987)
—— *Master and Man and Other Stories* (Penguin, 1977)
—— *The Kreutzer Sonata and Other Stories* (Penguin, 1985)
—— *The Raid and Other Stories* (Oxford, 1982)
Waismann, F. *The Principles of Linguistic Philosophy*, ed. R. Harré (Macmillan, 1965)
Walter, Bruno *Theme and Variations: An Autobiography* (Hamish Hamilton, 1947)
Weininger, Otto *Sex and Character* (Heinemann, 1906)
Wittgenstein, Hermine, *Familienerinnerungen* (unpublished)
Wood, Oscar P. and Pitcher, George, ed., *Ryle* (Macmillan, 1971)
Wright, G. H. von *Wittgenstein* (Blackwell, 1982)
—— 'Ludwig Wittgenstein, A Biographical Sketch', in Malcolm, op. cit.
Wuchterl, Kurt and Hübner Adolf *Ludwig Wittgenstein in Selbstzeugnissen und Bilddokumenten* (Rowohlt, 1979)
Wünsche, Konrad, *Der Volksschullehrer Ludwig Wittgenstein* (Suhrkamp, 1985)

## TEXTS

Review of P. Coffey *The Science of Logic*, *The Cambridge Review*, XXXIV (1913), p. 351

'Notes on Logic', in *Notebooks 1914–16*, pp. 93–107
'Notes Dictated to G. E. Moore in Norway', in *Notebooks 1914–16*, pp. 108–19
*Notebooks 1914–16*, ed. G. E. M. Anscombe and G. H. von Wright (Blackwell, 1961)
*Prototractatus – An Early Version of Tractatus Logico-Philosophicus*, ed. B. F. McGuinness, T. Nyberg and G. H. von Wright (Routledge, 1971)
*Tractatus Logico-Philosophicus*, trans. C. K. Ogden and F. P. Ramsey (Routledge, 1922)
*Tractatus Logico-Philosophicus*, trans. D. F. Pears and B. F. McGuinness (Routledge, 1961)
*Wörterbuch für Volksschulen*, ed. Werner and Elizabeth Leinfelner and Adolf Hübner (Hölder-Pichler-Tempsky, 1977)
'Some Remarks on Logical Form', *Proceedings of the Aristotelian Society*, IX (1929), pp. 162–71; reprinted in *Essays on Wittgenstein's Tractatus*, ed. I. M. Copi and R. W. Beard (Routledge, 1966)
'A Lecture on Ethics', *Philosophical Review*, LXXIV, no. 1 (1968), pp. 4–14
*Philosophical Remarks*, ed. Rush Rhees (Blackwell, 1975)
*Philosophical Grammar*, ed. Rush Rhees (Blackwell, 1974)
*Remarks on Frazer's Golden Bough*, ed. Rush Rhees (Brynmill, 1979)
*The Blue and Brown Books* (Blackwell, 1975)
'Notes for Lectures on "Private Experience" and "Sense Data"', ed. Rush Rhees, *Philosophical Review*, LXXVII, no. 3 (1968), pp. 275–320; reprinted in *The Private Language Argument*, ed. O. R. Jones (Macmillan, 1971), pp. 232–75
'Cause and Effect: Intuitive Awareness', ed. Rush Rhees, *Philosophia*, VI, nos. 3–4 (1976)
*Remarks on the Foundations of Mathematics*, ed. R. Rhees, G. H. von Wright and G. E. M. Anscombe (Blackwell, 1967)
*Philosophical Investigations*, ed. G. E. M. Anscombe and R. Rhees (Blackwell, 1953)
*Zettel*, ed. G. E. M. Anscombe and G. H. von Wright (Blackwell, 1981)
*Remarks on the Philosophy of Psychology*, I, ed. G. E. M Anscombe and G. H. von Wright (Blackwell, 1980)
*Remarks on the Philosophy of Psychology*, II, ed. G. H. von Wright and Heikki Nyman (Blackwell, 1980)
*Last Writings on the Philosophy of Psychology*, I: *Preliminary Studies for Part II of Philosophical Investigations*, ed. G. H. von Wright and Heikki Nyman (Blackwell, 1982)
*Remarks on Colour*, ed. G. E. M. Anscombe (Blackwell, 1977)
*On Certainty*, ed. G. E. M. Anscombe and G. H. von Wright (Blackwell, 1969)

*Culture and Value*, ed. G. H. von Wright in collaboration with Heikki Nyman (Blackwell, 1980)

## NOTES OF LECTURES AND CONVERSATIONS

*Ludwig Wittgenstein and the Vienna Circle: Conversations Recorded by Friedrich Waismann* ed. B. F. McGuinness (Blackwell, 1979)

'Wittgenstein's Lectures in 1930–33', in G. E. Moore, *Philosophical Papers* (Unwin, 1959), pp. 252–324

*Wittgenstein's Lectures: Cambridge, 1930–1932*, ed. Desmond Lee (Blackwell, 1980)

*Wittgenstein's Lectures: Cambridge, 1932–1935*, ed. Alice Ambrose (Blackwell, 1979)

'The Language of Sense Data and Private Experience – Notes taken by Rush Rhees of Wittgenstein's Lectures, 1936', *Philosophical Investigations*, VII, no. 1 (1984), pp. 1–45; continued in *Philosophical Investigations*, VII, no. 2 (1984), pp. 101–40

*Lectures and Conversations on Aesthetics, Psychology and Religious Belief*, ed. Cyril Barrett (Blackwell, 1978)

*Wittgenstein's Lectures on the Foundations of Mathematics: Cambridge, 1939*, ed. Cora Diamond (Harvester, 1976)

*Wittgenstein's Lectures on Philosophical Psychology 1946–47*, ed. P. T. Geach (Harvester, 1988)

## CORRESPONDENCE

*Briefe, Briefwechsel mit B. Russell, G. E. Moore. J. M. Keynes, F. P. Ramsey, W. Eccles, P. Engelmann und L. von Ficker*, ed. B. F. McGuinness and G. H. von Wright (Suhrkamp, 1980)

*Letters to Russell, Keynes and Moore*, ed. G. H. von Wright assisted by B. F. McGuinness (Blackwell, 1974)

*Letters to C. K. Ogden with Comments on the English Translation of the Tractatus Logico-Philosophicus*, ed. G. H. von Wright (Blackwell/Routledge, 1973)

*Letters from Ludwig Wittgenstein with a Memoir by Paul Engelmann*, ed. B. F. McGuinness (Blackwell, 1967)

*Briefe an Ludwig von Ficker*, ed. G. H. von Wright with Walter Methlagl (Otto Müller, 1969)

'Letters to Ludwig von Ficker', ed. Allan Janik, in *Wittgenstein: Sources and Perspectives*, ed. C. G. Luckhardt (Harvester, 1979), pp. 82–98

'Some Letters of Ludwig Wittgenstein', in W. Eccles, *Hermathena*, XCVII (1963), pp. 57–65

Letter to the Editor, *Mind*, XLII, no. 167 (1933), pp. 415–16

'Some Hitherto Unpublished Letters from Ludwig Wittgenstein to Georg Henrik von Wright', *The Cambridge Review* (28 February 1983)

# 索引

（条目后的数字为原书页码，即本书边码。
此索引中，路德维希·维特根斯坦均写作 L.W.）

# 译者后记

翻译此书，最初动念于张玲雅女士的无果提议，她也提供了至今有用的原书复印本。此事之真有可能，则始终有赖于陈嘉映教授的教诲和支持。

原文中有极少数德文词，原作者未译，而以英文解说，中译保留德文词，译出英文解说，或也另加注解。

翻译《逻辑哲学论》中的引文时，参考了韩林合教授的《〈逻辑哲学论〉研究》;《哲学研究》中的引文照录陈嘉映教授的译文。

许许多多朋友给了我帮助、指点和鼓励，无法尽述。特别是我的朋友曾健，他帮忙译出了几乎全部德语人名和地名。许多弄不明白的地方，我请教了作者蒙克，蒙克教授很友好地逐条答复，而且回信神速。当然，遗留下的错误都由我负责。我必须感谢受不了我的编辑朱岳、罗丹。

王宇光

2011 年 4 月

**图书在版编目（CIP）数据**

维特根斯坦传：天才之为责任/（英）蒙克著；王宇光译．—杭州：浙江大学出版社，2014.4（2025.9重印）

书名原文：Ludwig Wittgenstein: the duty of genius

ISBN 978-7-308-12878-0

Ⅰ.①维… Ⅱ.①蒙…②王… Ⅲ.①维特根斯坦，L.（1889～1951）－传记 Ⅳ.①B561.59

中国版本图书馆CIP数据核字（2014）第019705号

**维特根斯坦传：天才之为责任**

[英] 瑞·蒙克 著 王宇光 译

---

**责任编辑** 王志毅

**营销编辑** 李嘉慧

**装帧设计** 罗 洪

**出版发行** 浙江大学出版社

（杭州市天目山路148号 邮政编码310007）

（网址：http:// www.zjupress.com）

**制 作** 北京大观世纪文化传媒有限公司

**印 刷** 北京中科印刷有限公司

**开 本** 710mm×1000mm 1/16

**印 张** 59.5

**字 数** 796千

**版 印 次** 2014年4月第1版 2025年9月第21次印刷

**书 号** ISBN 978-7-308-12878-0

**定 价** 168.00元

---

浙江省版权局著作权合同登记图字：11-2009-113